REGIME JURÍDICO DAS SOCIEDADES POR QUOTAS

ANOTADO

(ARTS. 197.º A 270.º-G, DO CSC)

HELDER QUINTAS
ADVOGADO

REGIME JURÍDICO DAS SOCIEDADES POR QUOTAS

ANOTADO
(ARTS. 197.º A 270.º-G, DO CSC)

ALMEDINA

REGIME JURÍDICO DAS SOCIEDADES POR QUOTAS
ANOTADO

AUTOR
HELDER QUINTAS

EDITOR
EDIÇÕES ALMEDINA, SA
Av. Fernão Magalhães, n.º 584, 5.º Andar
3000-174 Coimbra
Tel.: 239 851 904
Fax: 239 851 901
www.almedina.net
editora@almedina.net

PRÉ-IMPRESSÃO I IMPRESSÃO I ACABAMENTO
G.C. – GRÁFICA DE COIMBRA, LDA.
Palheira – Assafarge
3001-453 Coimbra
producao@graficadecoimbra.pt

Janeiro, 2010

DEPÓSITO LEGAL
304214/10

Os dados e as opiniões inseridos na presente publicação
são da exclusiva responsabilidade do(s) seu(s) autor(es).

Toda a reprodução desta obra, por fotocópia ou outro qualquer
processo, sem prévia autorização escrita do Editor, é ilícita
e passível de procedimento judicial contra o infractor.

Biblioteca Nacional de Portugal – Catalogação na Publicação

PORTUGAL. Leis, decretos, etc.

Regime jurídico das sociedades por
Quotas / anot. Hélder Quintas. - (Lei
anotada)
ISBN 978-972-40-4079-0

CDU   347

HELDER QUINTAS

OBRAS PUBLICADAS:
– "Código do Trabalho Anotado e Comentado", Almedina, 2009, em co-autoria.
– "Regime Jurídico dos Títulos de Crédito – Compilação anotada com Jurisprudência", 2.ª ed., Almedina, 2007, em co-autoria.
– "Regime (O) Jurídico dos Despedimentos", Almedina, Reimpressão, 2007, em co-autoria.
– "Prática (Da) Laboral à Luz do *Novo* Código do Trabalho", 4.ª ed., Almedina, 2007, em co-autoria.
– "Regulamentação do Código do Trabalho", 3.ª ed., Almedina, 2006, em co-autoria.
– "Direito dos Transportes – Legislação Nacional, Internacional e Comunitária: Jurisprudência Nacional e Comunitária", Almedina, 2002, em co-autoria.

ARTIGOS PUBLICADOS:
– "A concretização do princípio da boa fé enquanto limite normativo das cláusulas de mobilidade geográfica", PDT, n.ᵒˢ 74-75.

ABREVIATURAS

AAFDL – Associação Académica da Faculdade de Direito de Lisboa
Ac. – Acórdão
BFD – Boletim da Faculdade de Direito da Universidade de Coimbra
BMJ – Boletim do Ministério da Justiça
CC – Código Civil, aprovado pelo Decreto-Lei n.º 47 344, de 25 de Novembro de 1966
CCom – Código Comercial, aprovado pela Lei de 28 de Junho de 1888
CEE – Comunidade Económica Europeia
CIRE – Código da Insolvência e da Recuperação de Empresas, aprovado pelo Decreto-Lei n.º 53/2004, de 18 de Março
CJ – Colectânea de Jurisprudência
CPC – Código de Processo Civil, aprovado pelo Decreto-Lei n.º 44 129, de 28 de Dezembro de 1961
CPEREF – Código dos Processos Especiais de Recuperação da Empresa e de Falência, aprovado pelo Decreto-Lei n.º 315/98, de 20 de Outubro
CRC – Código do Registo Comercial, aprovado pelo Decreto-Lei n.º 403/86, de 03 de Dezembro
CRP – Constituição da República Portuguesa de 02 de Abril de 1975
CSC – Código das Sociedades Comerciais, aprovado pelo Decreto-Lei n.º 262/86, de 02 de Setembro
CT – Código do Trabalho, aprovado pelo Decreto-Lei n.º 7/2009, de 12 de Fevereiro
DDC – Divulgação do Direito Comunitário
DR – Diário da República
DRect – Declaração de Rectificação
EIRL – Estabelecimento Individual de Responsabilidade Limitada
FDC – Faculdade de Direito de Coimbra
FDUL – Faculdade de Direito da Universidade de Lisboa

FDUP	– Faculdade de Direito da Universidade do Porto
IDET	– Instituto de Direito das Empresas e do Trabalho
JOC	– Jornal Oficial das Comunidades Europeias
JOUE	– Jornal Oficial da União Europeia
MJ	– Ministério da Justiça
P	– Portaria
POC	– Plano Oficial de Contas
RC	– Relação de Coimbra
RDE	– Revista de Direito e Economia
RDS	– Revista de Direito das Sociedades
RDES	– Revista de Direito e de Estudos Sociais
RE	– Relação de Évora
RG	– Relação de Guimarães
RL	– Relação de Lisboa
RNPC	– Registo Nacional de Pessoas Colectivas
ROA	– Revista da Ordem dos Advogados
ROC	– Revisor Oficial de Contas
RP	– Relação do Porto
SA	– Sociedades Anónimas
SQ	– Sociedades por Quotas
STJ	– Supremo Tribunal de Justiça
SUQ	– Sociedades Unipessoais por Quotas
TC	– Tribunal Constitucional
TJC	– Tribunal de Justiça das Comunidades Europeias
TUE	– Tratado da União Europeia
UE	– União Europeia

PREFÁCIO

*Com a obra que agora vem a lume procuramos anotar o regime jurídico (específico) das sociedades por quotas, compreendido nos arts. 197.°
a 270.°-G, do Código das Sociedades Comerciais.*

As sociedades por quotas assumem-se como a espécie de sociedades comerciais dominante. Este domínio, com reflexos na economia nacional, deu azo a abundantes contributos doutrinários e jurisprudenciais, cuja agregação se impunha.

Numa época de prolíferas reformas legislativas (cujo mérito nos abstemos aqui de avaliar) cada vez mais os juristas procuram portos seguros nos cruzeiros pelo mar sinuoso *da aplicação do direito. Foi com este objectivo que nos atrevemos a publicar este trabalho.*

A este propósito importa sublinhar que, desde a reforma de 2006 e num espaço de tempo tão curto, o Código das Sociedades Comerciais já sofreu inúmeras alterações legislativas.

Nas anotações, para além de alguns comentários, reunimos alguma da vastíssima doutrina (optando-se por dar preferência aos textos publicados após a entrada em vigor do Código das Sociedades Comerciais) e jurisprudência produzidas sobre cada um dos preceitos anotados.

Os números assinalados a negrito correspondem aos números do artigo em anotação.

GRIJÓ, 15 de Setembro de 2009

CONSIDERAÇÕES PRÉVIAS

RESENHA HISTÓRICA

O regime jurídico das sociedades por quotas foi consagrado pela primeira vez na Ordem Jurídica Portuguesa através da Lei de 11 de Abril de 1901, publicada no Diário do Governo, I série, n.º 81, de 13 de Abril de 1901.

Este diploma tinha na sua génese a Proposta de Lei n.º 9-A, de 22 de Fevereiro de 1901, assinada pelo Ministro dos Negócios Eclesiásticos e de Justiça, ARTUR ALBERTO DE CAMPOS HENRIQUES.

Para maiores desenvolvimentos quanto ao respectivo processo de aprovação *vide* RAÚL VENTURA *in* "Sociedades…", vol. I, pp. 10 e ss.. Cfr., ainda, ANTÓNIO CAEIRO *in* "A parte geral do Código das Sociedades Comerciais", separata do BFD, Coimbra, 1988, pp. 3 e ss..

Só em 1986, com a aprovação do DL n.º 262/86, de 02 de Setembro, foi instituído um novo regime jurídico das sociedades por quotas (actualmente constituído pelos arts. 197.º a 270-F[1]).

ENQUADRAMENTO JURÍDICO

Os sujeitos da relação jurídica podem revestir a forma de pessoas singulares – capítulo I, do subTítulo I, do CC (arts. 66.º e ss.) ou pessoas colectivas – Capítulo II, do mesmo subTítulo (arts. 157.º e ss.).

As pessoas singulares são os "homens individualmente considerados, enquanto revestidos de personalidade jurídica", MANUEL DE ANDRADE *in* "Teoria Geral da Relação Jurídica", vol. I, Almedina, 1987, p. 43. Tal reconhecimento impõe-se "por exigência fundamental da dignidade jurí-

---

[1] Pertencem ao Código das Sociedades Comerciais (CSC) todas as disposições legais doravante referidas sem indicação da respectiva fonte.

dica", *vide* Mota Pinto *in* "Teoria Geral do Direito Civil", 3.ª edição, Coimbra Editora, 1993, p. 197.

As pessoas colectivas são entendidas como "organizações constituídas por um agrupamento de pessoas ou por um complexo patrimonial (massa de bens), tendo em vista a prossecução dum interesse comum determinado, e às quais a ordem jurídica atribui a qualidade de sujeitos de direito, isto é, reconhece como centros autónomos de relações jurídicas", Manuel de Andrade *in* "Teoria Geral...", vol. I, p. 45.

As pessoas colectivas, enquanto sujeitos da relação jurídica gozam de:

– Personalidade jurídica (aptidão para receber efeitos jurídicos) e concomitantemente de personalidade judiciária, conforme aliás resulta expressamente do art. 5.º, n.º 2, do CPC.

No entendimento de Antunes Varela/Miguel Bezerra/Sampaio Nora *in* "Manual de Processo Civil", 2.ª edição, Coimbra editora, 1985, p. 108 "A personalidade judiciária consiste, assim, na possibilidade de requerer ou de contra si ser requerida, em próprio nome, qualquer das providências de tutela jurisdicional reconhecidas na lei");

– Capacidade jurídica (aptidão para se ser titular de um círculo de relações jurídicas).

Os elementos constitutivos das pessoas colectivas são o substrato e o reconhecimento.

"O substrato vem a ser, num dado sentido, como que a materialidade sobre a qual intervém depois o reconhecimento. É o quid real (realidade extra-jurídica) que o direito, por intermédio do reconhecimento, investe de personalidade, atribuindo-lhe a qualificação de centro autónomo de relações jurídicas; a entidade social que o direito personifica através do reconhecimento, e sobre a qual assentará ou se erigirá, por conseguinte, a personalidade jurídica", Manuel de Andrade *in* "Teoria Geral...", vol. I, pp. 56 e 57.

A composição do substrato apresenta-se multifacetada e complexa, traduzindo-se num conjunto diversificado de elementos:

a) O elemento pessoal (pluralidade de indivíduos que se agrupam com vista à prossecução de um escopo ou finalidade comum, mediante actividades pessoais e meios materiais);

b) O elemento patrimonial (conjunto de bens afectados à prossecução da finalidade comum da pessoa colectiva);

c) O elemento teleológico (finalidade que a pessoa colectiva se propõe realizar, e que está na base da sua constituição).

O elemento teleológico assume especial relevância na aplicação do princípio da especialidade do fim, previsto no n.º 1, do art. 160.º, do CC. Segundo este princípio a "capacidade das pessoas colectivas abrange todos os direitos e obrigações necessários ou convenientes à prossecução dos seus fins".

O princípio da especialidade deve ser entendido com alguma ductilidade. Com efeito, alguns actos "podem afastar-se, quanto ao seu objecto, dos fins da pessoa colectiva, como a organização duma festa com o fim de angariar fundos para a colectividade", PIRES DE LIMA/ANTUNES VARELA *in* "Código Civil Anotado", vol. I, 4.ª edição, Coimbra Editora, 1987, p. 165.

d) O elemento intencional (intenção de constituir um novo ente jurídico, nas palavras de MANUEL DE ANDRADE *in* "Teoria Geral...", vol. I, p. 61, "um novo sujeito de direito, um novo centro pessoal de relações jurídicas");

e) O elemento organizatório (organização que permite reduzir "a uma unidade abstracta a pluralidade concreta das pessoas singulares que intervém na pessoa colectiva", MANUEL DE ANDRADE, *loc. cit.*).

Para maiores desenvolvimentos sobre o substrato e o reconhecimento da personalidade colectiva das Sociedades Comerciais, *vide* PINTO FURTADO *in* "Curso de Direito das Sociedades", 3.ª edição, Almedina, 2000, pp. 240 e ss.

Legalmente (dizemos legalmente, porque não iremos adoptar, aqui, as classificações doutrinais das pessoas colectivas, que distinguem as corporações das fundações e as pessoas colectivas de direito público das pessoas colectivas de direito privado, para maiores desenvolvimentos *vide* MANUEL DE ANDRADE *in* "Teoria Geral...", vol. I, pp. 68 e ss.), as pessoas colectivas podem classificar-se em:

a) Associações

As associações são as pessoas colectivas de substrato pessoal que não têm por fim a obtenção de lucros para distribuir pelos sócios, cfr. arts. 167.º a 184.º, do CC);

b) As fundações

As fundações são as pessoas colectivas de substrato patrimonial que, à semelhança das associações, não têm fim lucrativo. A distinção entre associações e fundações tem que ver com o facto de o elemento pessoal, nas primeiras, assumir o papel principal, impondo-se ao patrimonial, enquanto que, nas segundas, a actividade pessoal dos administradores está subordinada à afectação patrimonial feita pelo fundador, cfr., MOTA PINTO *in* "Teoria Geral...", p. 272.

Vide, no que diz respeito às associações e fundações, enquanto pessoas colectivas de utilidade pública, FREITAS DO AMARAL *in* "Curso de Direito Administrativo", 2.ª edição, vol. I, Almedina, 1994, pp. 566 e ss.;

c) As Sociedades

As sociedades, analisadas numa perspectiva contratualista, são definidas como as pessoas colectivas constituídas por duas ou mais pessoas que se obrigam a contribuir com bens ou serviços para o exercício em comum de certa actividade económica, que não seja de mera fruição, a fim de repartirem os lucros resultantes dessa actividade, cfr. art. 980.º, do CC.

Actualmente, as sociedades assumem-se como a estrutura típica e privilegiada da empresa nas economias de mercado.

A propósito da empresa é de salientar o conceito adoptado por COUTINHO DE ABREU *in* "Da empresarialidade – As empresas no direito", Almedina, 1996, p. 304. Para este autor, *loc. cit.*, a empresa em sentido objectivo "é a unidade jurídica fundada em organização de meios que constitui um instrumento de exercício relativamente estável e autónomo de uma actividade de produção para a troca".

De acordo com o disposto no art. 1.º, n.º 2, "São sociedades comerciais aquelas que tenham por objecto a prática de actos de comércio e adoptem o tipo de sociedade em nome colectivo, de sociedade por quotas, de sociedade anónima, de sociedade em comandita simples ou de sociedades em comandita por acções".

O regime jurídico específico das SQ encontra-se regulado no Título III, do CSC (arts. 197.º a 270.º-G) e diga-se, em jeito de curiosidade, que foi o que beneficiou de mais longos trabalhos preparatórios. Para maiores desenvolvimentos cfr. RAÚL VENTURA *in* "Sociedades por Quotas", vol. I, pp. 15 e ss. e ANTÓNIO CAEIRO *in* "A parte geral ...", pp. 3 e ss..

PERSONALIDADE E CAPACIDADE JURÍDICAS DAS SOCIEDADES

De acordo com o disposto no art. 5.º, as sociedades adquirem personalidade jurídica a partir da data do registo definitivo do contrato.

Podemos até considerar que à medida que vão sendo praticados os diferentes actos que compõem o processo de constituição de uma sociedade comercial, a mesma vai adquirindo *corpo e alma* (leia-se personalidade jurídica), que se forma plenamente com o registo definitivo. O que, aliás, resulta dos regimes específicos aplicáveis em cada um dos momentos de constituição de uma sociedade comercial.

a) Nas relações anteriores à celebração do contrato de sociedade
Convém distinguir aqui duas situações distintas:
Uma primeira em que dois ou mais indivíduos, quer pelo uso de uma firma comum quer por qualquer outro meio, criam a falsa aparência de que existe entre eles um contrato de sociedade, respondendo solidária e ilimitadamente pelas obrigações contraídas nesses termos por qualquer deles (art. 36.º, n.º 1).

Nesta hipótese (em que para além de não ter sido celebrado nenhum contrato, não foi acordada a constituição de uma sociedade comercial) a lei pura e simplesmente não atribui personalidade colectiva.

Uma segunda, em que tendo sido acordada a constituição de uma sociedade comercial, mas, antes da celebração do contrato de sociedade, os sócios iniciam a sua actividade, sendo aplicáveis às relações estabelecidas entre eles e com terceiros as disposições sobre sociedades civis (art. 36.º, n.º 2). Aqui já se vislumbra a existência, embora incipiente, de personalidade colectiva.

Do regime aplicável às sociedades civis é de destacar o art. 997.º, n.º 1, do CC, nos termos do qual a responsabilidade pelas obrigações sociais impende, pessoal e solidariamente, sobre os sócios.

As disposições sobre sociedades civis aplicáveis às relações com terceiros são as previstas nos arts. 996.º a 1000.º, do CC.

As disposições sobre sociedades civis aplicáveis às relações entre os sócios são as previstas nos arts. 983.º a 995.º, do CC.

b) Nas relações entre os sócios antes do registo
Às relações entre os sócios estabelecidas no período compreendido entre a celebração do contrato de sociedade e o seu registo definitivo são aplicáveis, com as necessárias adaptações, as regras estabelecidas no contrato e na presente lei, salvo aquelas que pressuponham o contrato definitivamente registado (art. 37.º, n.º 1).

c) Nas relações das sociedades não registadas com terceiros
Pelos negócios realizados em nome de uma SQ, no período compreendido entre a celebração do contrato de sociedade e o seu registo definitivo,

respondem ilimitada e solidariamente todos os que no negócio agirem em representação dela, bem como os sócios que tais negócios autorizarem, sendo que os restantes sócios respondem até às importâncias das entradas a que se obrigaram, acrescidas das importâncias que tenham recebido a título de lucros ou de distribuição de reservas (art. 40.º, n.º 1). Uma nota para referir que este regime específico deixa de ser aplicável, valendo o regime geral, caso os negócios tenham sido expressamente condicionados ao registo da sociedade e à assunção por esta dos respectivos efeitos (art. 40.º, n.º 2).

Os arts. 36.º, n.º 2, 37.º, n.º 1 e 40.º, n.º 1, foram alterados pelo DL 76-A/2006, de 29 de Março.

Em relação à personalidade jurídica, detenhamo-nos, com parcimónia, sobre o tema, cada vez mais badalado, da desconsideração da personalidade colectiva.

Este fenómeno jurídico foi despoletado nos EUA, sob a designação de "disregard of the legal entity" e "foi crismado na Alemanha como "Durchgriff (penetração) durch die juristische Person". A desconsideração da personalidade jurídica pode ser definida "como a derrogação ou não observância da autonomia jurídico-subjectiva e/ou patrimonial da pessoa colectiva em face dos seus membros", COUTINHO DE ABREU *in* "Da empresarialidade...", p. 205.

Esta figura é invocável, quando a constituição de uma pessoa colectiva conduza a resultados ilegítimos (como a fraude à lei, a violação de deveres contratuais e/ou o prejuízo de terceiros) o que se irá traduzir num abuso do direito "que assiste aos sócios de, através da sociedade, exercerem actividades económicas e de influenciarem a vida da pessoa colectiva de acordo com a sua própria vontade", AVEIRO PEREIRA *in* "O contrato de suprimento", Coimbra Editora, 1997, p. 36.

Cfr., ainda, quanto aos suportes axiológico-jurídicos da desconsideração da personalidade jurídica, INOCÊNCIO GALVÃO TELLES *in* "Venda a descendentes", ROA, Ano 39, Lisboa, 1979, pp. 531 a 533; MENEZES CORDEIRO *in* "Da Boa fé no direito civil", Almedina, 1997, pp. 1232 e 1233 e COUTINHO DE ABREU *in* "Da empresarialidade", Almedina, 1996, p. 209.

MENEZES CORDEIRO *in* "Do levantamento da personalidade colectiva", Direito e Justiça, vol. IV, 1989/90, p. 160, considera que a personalidade jurídica assume um duplo papel sistematizador ("ela faculta uma aproximação entre diversas situações que requerem, em nome de leis ou de contratos, uma aplicação que transcenda o fenómeno da personalização...") e dogmático (na medida em que traduz "um campo de concretização dos valores últimos do sistema...").

A nossa jurisprudência tem-se mostrado cautelosa na admissão desta figura. Cfr., no entanto, o Ac. da RP, de 13.05.93 *in* CJ, Ano XVIII, Tomo III, p. 199, que admitiu a desconsideração da personalidade jurídica de uma sociedade que serviu de testa-de-ferro num negócio celebrado entre pais e filhos, com o objectivo nítido de iludir a disposição do art. 877.º do CC. *Vide*, ainda, o Ac. do STJ, de 06.01.96 *in* BMJ, 253, p. 150 e o Ac. da RL, de 29.04.08 *in* CJ, Ano XXXIII, Tomo II, p. 130.

Sobre o percurso histórico-dogmático e natureza da desconsideração da personalidade jurídica, *vide* MENEZES CORDEIRO *in* "O levantamento da personalidade colectiva – No direito civil e comercial", Almedina, 2000.

A fechar, *vide*, no que diz respeito à responsabilidade dos sócios das sociedades de revisores de contas, em virtude da desconsideração da personalidade jurídica, CARNEIRO DA FRADA *in* "Uma «terceira via» no direito da responsabilidade civil?", Almedina, 1997, p. 44 (nota de rodapé n.º 33, *in fine*).

Para um perspectiva mais aprofundada sobre esta figura, cfr. PEDRO CAEIRO *in* "A desconsideração da Personalidade Jurídica das Sociedades Comerciais", AAFDL, 1994 e MARIA DE FÁTIMA RIBEIRO *in* "A Tutela dos Credores da Sociedade por Quotas e a "Desconsideração da Personalidade Jurídica"", Almedina, 2009.

De acordo com o n.º 1, do art. 6.º, a capacidade da sociedade compreende os direitos e as obrigações necessários ou convenientes à prossecução do seu fim, exceptuados aqueles que lhe sejam vedados por lei ou sejam inseparáveis da personalidade singular (princípio da especialidade).

Assim, podemos concluir que o fim proposto revela-se como critério definidor do conteúdo e âmbito da capacidade da sociedade.

O art. 6.º, n.º 1, foi fortemente inspirado no n.º 1, do art. 160.º, do CC, segundo o qual "A capacidade das pessoas colectivas abrange todos os direitos e obrigações necessários ou convenientes à prossecução dos seus fins".

De uma forma bem mais ampla e abstracta o n.º 2, do art. 12.º, da CRP, refere que "As pessoas colectivas gozam de direitos e estão sujeitas aos deveres compatíveis com a sua natureza".

Sobre a relação ou eventual duplicação dos arts. 6.º, n.º 1 e 160.º, n.º 1, do CC, *vide* JOÃO LABAREDA, "Prestação de garantias por sociedades comerciais a dívidas de outras entidades" *in* "Direito Societário Português – Algumas Questões", Quid Iuris, 1998, Lisboa, p. 170; CARVALHO FERNANDES/PAULO PITTA E CUNHA *in* "Assunção de dívida alheia. Capacidade de gozo das sociedades anónimas. Qualificação de negócio jurídico",

ROA, Ano 57, 1997, II, pp. 712 e 713; Pedro Albuquerque *in* "Da prestação de garantias por sociedades comerciais", ROA, Ano 57, I, 1997, p. 98 e Pedro Albuquerque *in* "A vinculação das sociedades comerciais", ROA, Ano 55, III, 1995, p. 696.

Quanto à questão de saber se do art. 6.º, n.º 1, resulta a incapacidade, retirada *a contrario*, cfr. Pedro Albuquerque *in* "Da prestação de garantias por sociedades comerciais", ROA, Ano 57, I, 1997, p. 98 e Osório de Castro *in* "Da prestação de garantias por sociedades a dívidas de outras entidades", ROA, Ano 56, II, 1996, p. 566 e ss..

FIM SOCIAL

Conforme já vimos, a capacidade da sociedade compreende os direitos e as obrigações necessários ou convenientes à prossecução do seu fim, exceptuados aqueles que lhe sejam vedados por lei ou sejam inseparáveis da personalidade singular (art. 6.º, n.º 1).

O fim ou escopo da sociedade (fim mediato da sociedade) traduz-se, fundamentalmente, na obtenção de lucro para ser distribuído pelos sócios (o escopo lucrativo).

No que diz respeito à distinção entre fins lucrativos individuais e fins associativos *vide* Filipe Cassiano dos Santos *in* "Estrutura Associativa e Participação Societária Capitalística", Coimbra Editora, 2006, pp. 245 e ss..

A norma do art. 6.º, n.º 1, é imperativa, visando proteger os interesses dos sócios e dos credores sociais, cfr. Coutinho de Abreu *in* "Curso de Direito Comercial", vol. II, Almedina, 2002, p. 185. Na opinião de Pedro Albuquerque *in* "A vinculação das sociedades...", pp. 705 e 706, a *ratio* do art. 6.º é a "de assegurar a tutela da confiança de quantos estabelecem relações com sociedades comerciais e, do mesmo passo, a segurança, certeza e celeridade do tráfego jurídico-societário".

Assim, os actos que não sejam necessários ou convenientes à prossecução do fim são, de acordo com o art. 294.º, do CC, nulos, porquanto violam disposição de carácter imperativo.

Vide, neste sentido, Coutinho de Abreu *in* "Curso de Direito...", p. 185; Alexandre Soveral Martins *in* "Da personalidade e capacidade jurídicas das sociedades comerciais" *in* "Estudos de Direito das Sociedades", sob a coordenação de Coutinho de Abreu, Coimbra, 1998, p. 81 e João Labareda *in* "Prestação de garantias...", p. 191.

O legislador no n.º 1, do art. 6.º, recorre a conceitos indeterminados como "necessários" ou "convenientes", abstendo-se de fornecer elementos concretizadores de tais conceitos.

A necessidade ou conveniência, a que se refere esta norma, consubstancia-se e, em certa medida, concretiza-se, no conceito de interesse económico, entendido este como a vantagem, contraprestação ou contrapartida económica, objectivamente adequada à obtenção de lucro, que a sociedade obtém ou poderá obter com a prática do acto.

O n.º 2, do art. 6.º, dispõe que as liberalidades que possam ser consideradas usuais, segundo as circunstâncias da época e as condições da própria sociedade, não são havidas como contrárias ao fim desta.

Antes de mais convém ter presente que nem todos os actos gratuitos praticados pelas sociedades são inválidos. Na verdade, existem actos gratuitos que as sociedades praticam que se revelam necessários e convenientes ao fim social (obtenção do lucro), cfr. COUTINHO DE ABREU in "Curso de Direito...", pp. 185 e 186.

A título de exemplo, destaquemos o patrocínio de provas desportivas, a realização de concursos de mérito, a oferta de produtos para promoção dos mesmos, etc.

Veja-se, ainda, os exemplos apresentados por COUTINHO DE ABREU in "Curso de Direito...", p. 186; LUÍS SERPA OLIVEIRA in "Prestação de garantias por sociedades", ROA, Ano 59, I, 1999, p. 397; OLIVEIRA ASCENSÃO in "Direito Comercial", vol. IV (Sociedades Comerciais), Lisboa, 2000, p. 31 e CARVALHO FERNANDES/PAULO PITTA E CUNHA in "Assunção de dívida alheia...", p. 711.

A sociedade para garantir a prossecução do seu fim social, não tem, necessariamente, que se limitar à prática de actos onerosos, gozando da faculdade de praticar quaisquer actos (mesmo que gratuitos) que se revelem, ainda que potencialmente, como meios adequados à obtenção de lucro.

Nas palavras de OLIVEIRA ASCENSÃO in "Direito Comercial", p. 31, basta que exista "de qualquer modo um interesse económico, que nos permite dizer que não é prejudicado o fim lucrativo da empresa". Cfr., no mesmo sentido, LUÍS SERPA OLIVEIRA in "Prestação de garantias...", p. 397.

O que está vedado à sociedade é a prática de actos que não se revelem necessários ou convenientes à realização do fim social.

Sobre a questão de saber se os actos a que se reporta o n.º 2, do art. 6.º, são ou não verdadeiras liberalidades, vide OSÓRIO DE CASTRO in "Prestação de garantias...", p. 840; PEDRO ALBUQUERQUE in "Da prestação de garantias…", pp. 106 e ss. e ALEXANDRE SOVERAL MARTINS *in* "Capacidade e Representação…", p. 474.

Nos termos do n.º 3, do art. 6.º, "Considera-se contrária ao fim da sociedade a prestação de garantias reais ou pessoais a dívidas de outras entidades, salvo se existir justificado interesse próprio da sociedade garante ou se se tratar de sociedade em relação de domínio ou de grupo".

Podemos concluir que este número consagra uma forte limitação à capacidade jurídica das sociedades comerciais, proibindo-as, por via de regra, de prestar garantias.

Esta limitação assenta na ideia de que, em princípio, a prestação de garantias, para além de ter natureza gratuita, revela-se inapta à obtenção do lucro. JOÃO LABAREDA *in* "Prestação de garantias…", p. 168, entende que, mesmo nos casos em que há recebimento de qualquer contrapartida, existe "…um agravamento da situação patrimonial do garante, que afecta os interesses dos credores e dos sócios".

As excepções a esta proibição resultam do próprio n.º 3, do art. 6.º. Assim, as sociedades comerciais não estão impedidas de prestar garantias quando:

a) *Exista justificado interesse próprio da sociedade garante*
No que diz respeito ao conceito de justificado interesse próprio, o legislador absteve-se de fornecer elementos concretizadores ou presuntivos.

O *justificado interesse sério* (que terá, necessariamente, que ser avaliado em concreto) consiste na conveniência do acto para o garante, "avaliada objectivamente pelo contributo que ele, inserido na actividade social, dá para a consecussão do fim societário, permitindo algum ganho, ainda que indirecto, ou obstando a alguma perda razoavelmente estimável, mesmo quando, por circunstâncias aleatórias, acaba por se revelar ruinoso", JOÃO LABAREDA *in* "Prestação de garantias…", p. 187.

No que diz respeito às garantias prestadas a dívidas de terceiros, *maxime* clientes ou fornecedores, LUÍS SERPA OLIVEIRA *in* "Prestação de garantias…", p. 399, defende que "o interesse da sociedade garante consistirá, seguramente, em contribuir para evitar, ou minorar, dificuldades dos seus fornecedores ou clientes, que podem, com grande margem de certeza, vir a reflectir-se no sucesso da sua própria actividade…".

Para PEDRO ALBUQUERQUE *in* "A vinculação das sociedades…", p. 705, "O poder de dar garantias em benefício de outros é, pois, um daqueles poderes que a lei confere ou *permite conferir* às sociedades".

Quanto à impossibilidade de a sociedade se desvincular das garantias por elas prestadas, *vide* PEDRO ALBUQUERQUE *in* "A vinculação...", pp. 705 e ss..

Em relação à assunção de dívidas, cfr., ainda, CARVALHO FERNANDES/PAULO PITTA E CUNHA *in* "Assunção de dívida alheia...", pp. 693 a 719; HENRIQUE MESQUITA *in* Parecer, ROA, Ano 57, 1997, II, pp. 721 a 737 e BRITO CORREIA *in* "Parecer sobre a capacidade de gozo das sociedades anónimas e os poderes dos seus administradores", ROA, Ano 57, 1997, II, pp. 739 a 776.

A sociedade é incapaz para prestar, gratuitamente, uma garantia sem que haja justificado interesse próprio, sendo assim, nulo o negócio, "sem que a eventual boa fé do respectivo beneficiário tenha o condão de determinar a subsistência do acto", OSÓRIO DE CASTRO *in* "Prestação de garantias...", pp. 848 e 849.

b) *Se trate de sociedade em relação de domínio ou de grupo*

Na opinião de MENEZES CORDEIRO *in* "Manual de Direito...", vol. I, p. 326, "Estas "excepções" são de tal ordem que acabam por consumir a regra". O mesmo autor concluiu que "a proibição do artigo 6.º/3 acaba por funcionar, apenas, perante situações escandalosas e, ainda aí, havendo má fé dos terceiros beneficiários".

Por sua vez, JOÃO LABAREDA *in* "Prestação de garantias...", p. 171, entende que com n.º 3, do art. 6.º, "a lei está simultaneamente a delimitar as excepções à regra geral e a balizar os poderes de intervenção da sociedade nesse domínio...". Quanto à impossibilidade de afastar a proibição legal de concessão de garantias dos casos previstos no n.º 3, do art. 6.º, *vide* JOÃO LABAREDA *in* "Prestação de garantias...", pp. 172 e 173.

O fim social (objecto mediato de toda a sociedade comercial) não se deve confundir com o objecto social (objecto imediato de toda a sociedade comercial), consistindo este nas actividades que os sócios, por indicação no contrato de sociedade, propõem que a sociedade venha a exercer (art. 11.º, n.º 2).

Retratando essa distinção, o n.º 4, do art. 6.º, dispõe que as cláusulas contratuais e as deliberações sociais que fixem à sociedade determinado objecto ou proíbam a prática de certos actos, não limitam a capacidade da sociedade, mas constituem os seus órgãos no dever de não excederem esse objecto ou de não praticarem esses actos. Sobre a vinculação da sociedade *vide* as anotações ao art. 260.º.

Sobre as limitações específicas impostas à capacidade de gozo das pessoas colectivas, cfr. MENEZES CORDEIRO *in* "Manual de Direito...", vol. I, pp. 327 e ss..

Para maiores desenvolvimentos sobre o art. 6.º, vide, para além da bibliografia já citada, PINTO FURTADO *in* "Comentário ao Código das Sociedades Comerciais – ARTIGOS 1.º A 19.º"', Almedina, 2009, pp. 226 e ss. e PAULO DE TARSO DOMINGUES *in* "A vinculação das sociedades por quotas no Código das Sociedades Comerciais", Revista da FDUP, Ano I, Coimbra Editora, 2004, pp. 285 e ss..

OBJECTO SOCIAL

O objecto social (objecto imediato das sociedades) consiste essencialmente na actividade económica que os sócios, por indicação no contrato de sociedade, propõem que a sociedade venha a exercer (cfr., conjugadamente, os arts. 980.º, do CC e o art. 11.º, n.º 2).

O objecto social deve constar do contrato de sociedade (art. 9.º, n.º 1, al. d)) e deve ser correctamente redigido em língua portuguesa (art. 11.º, n.º 1).

Juntamente com o objecto social, devem ser indicadas no contrato as actividades que os sócios propõem que a sociedade venha a exercer (art. 11.º, n.º 2).

A actividade tem sido entendida como um conjunto ou série de actos, organizatoriamente enquadrados. Cfr. COUTINHO DE ABREU *in* "Curso de Direito Comercial", vol. I, Almedina, 1998, p. 50 e VASCO LOBO XAVIER *in* "Direito Comercial", sumários, Coimbra 1977-78, p. 40. Quanto à distinção entre actividades principais, secundárias e acessórias, *vide* MENEZES CORDEIRO *in* "Manual de Direito...", vol. I, pp. 200 e 201.

A deliberação sobre as actividades compreendidas no objecto social compete aos sócios (art. 11.º, n.º 3).

Da leitura dos arts. 980.º, do CC e 11.º, n.º 2, podemos extrair o carácter certo ou determinado do objecto social.

Na opinião de PINTO FURTADO *in* "Curso de Direito das Sociedades", 4.ª edição, Almedina, 2001, p. 327, o objecto social deve ser determinado e não apenas determinável, "não sendo por isso de admitir a validade da cláusula que estabeleça como *objecto da sociedade* «o que a administração (ou assembleia geral) venha a fixar»". Quanto às vantagens inerentes à determinação do objecto social, cfr. PINTO FURTADO *in* "Curso de Direito...", p. 328. No que diz respeito aos efeitos da não especificação do objecto social, *vide* Coutinho de Abreu *in* "Curso de Direito...", vol. I, p. 13.

Pinto Furtado *in* "Curso de Direito...", p. 330, considera ainda que, o objecto social deve ser "tal como o *objecto do contrato* (art. 280-1 CC), *possível e conforme à lei*".

Para maiores desenvolvimentos sobre o art. 11.º, cfr. Pinto Furtado *in* "Comentário ao Código das Sociedades Comerciais – Artigos 1.º a 19.º", pp. 392 e ss..

O objecto das sociedades comerciais consiste na prática de actos de comércio (art. 1.º, n.º 2, 1.ª parte).

O legislador optou aqui pelo critério do objecto. Assim, para que uma sociedade se considere comercial, não basta a sua constituição nos termos do disposto no CSC, é, ainda, necessário que tenha por objecto a prática de actos comerciais. *Vide*, quanto às vantagens do critério do objecto, Raúl Ventura *in* "Sociedades por Quotas", vol. I, pp. 44 e ss..

Nos termos do art. 2.º, do CCom, "Serão considerados actos de comércio aqueles que se acharem especialmente regulados neste Código, e, além deles, todos os contratos e obrigações dos comerciantes, que não forem de natureza exclusivamente civil, se o contrário do próprio acto não resultar".

A definição de acto comercial, aqui adoptada, comporta vários planos, pelo que a doutrina tem vindo a considerar os actos comerciais numa perspectiva *quadripartida* que os distingue em:

a) Actos de comércio objectivos ("os factos jurídicos voluntários (ou os actos, simplesmente) previstos em lei comercial e análogos", Coutinho de Abreu *in* "Curso de Direito...", vol. I, p. 64) e actos de comércio subjectivos ("os factos jurídicos voluntários (ou os actos, simplesmente) dos comerciantes conexionáveis com o comércio em geral e de que não resulte não estarem conexionados com o comércio dos seus sujeitos", Coutinho de Abreu *in* "Curso de Direito...", vol. I., p. 71);

b) Actos de comércio autónomos ("São actos de comércio autónomos os qualificados de mercantis por si mesmos, independentemente de ligação a outros actos ou actividades comerciais" Coutinho De Abreu, *loc. cit.*) e actos de comércio acessórios (aqueles cuja comercialidade advém do facto de estarem associados ou conexionados com outros actos mercantis, *v.g.*, entre outros, a fiança (art. 101.º, do CCom) – cfr., no que diz respeito à acessoriedade do aval perante a fiança, PAULO SENDIM/EVARISTO MENDES *in* "A natureza do aval e a questão da necessidade ou não de protesto para accionar o avalista do aceitante", Almedina, 1991, pp. 24 e ss. –, o mandato (art. 231.º do CCom), o empréstimo (art. 394.º, do CCom) e o penhor (art. 397.º, do CCom));

c) Actos formalmente comerciais (são aqueles cuja comercialidade advém do texto legal, sem que a operação económica subjacente tenha, necessariamente, qualquer ligação com o comércio, cfr. VASCO LOBO XAVIER *in* "Direito...", sumários, p. 49, o exemplo típico de um acto formalmente comercial é a letra de câmbio); actos bilateralmente comerciais (aqueles cuja comercialidade se verifica em relação a ambos os sujeitos, por exemplo A, merceeiro, compra legumes a B, seu fornecedor para revenda) e actos unilateralmente comerciais (aqueles cuja comercialidade se verifica em relação a um dos sujeitos, por exemplo A, funcionário público compra ao concessionário B um automóvel para seu uso pessoal).

Para maiores e certamente bem melhores desenvolvimentos sobre a definição de acto comercial, cfr. COUTINHO DE ABREU *in* "Curso de Direito...", vol. I, pp. 33 e ss.; FERRER CORREIA *in* "Lições de Direito Comercial", vol. I, Universidade de Coimbra, 1973, pp. 55 e ss.; VASCO LOBO XAVIER *in* "Direito Comercial", vol. I, Universidade de Coimbra, 1977-78, pp. 29 e ss.; MANUEL ANTÓNIO PITA *in* "Direito Comercial", Fisco, Lisboa, 1992, pp. 21 e ss. e FILIPE CASSIANO DOS SANTOS *in* "Direito Comercial Português", Coimbra Editora, 2007, pp. 60 e ss..

As sociedades civis, por seu turno, não têm por objecto a prática de actos comerciais, pelo que o regime jurídico que as regula é o do Código Civil (arts. 980.º a 1021.º), excepção feita às sociedades que, embora se dediquem à prática de actos não comerciais, adoptem, nos termos do art. 1.º, n.º 4, qualquer um dos tipos societários do CSC (sociedades civis sob forma comercial).

TIPO SOCIETÁRIO

A doutrina tem distinguido, fundamentalmente, dois tipos de sociedades:

– As sociedades de pessoas e
– As sociedades de capitais.

No actual contexto jurídico-societário, esta distinção não tem apenas interesse académico. Na verdade, a classificação de uma sociedade como sendo de pessoas ou de capitais assume especial pertinência principalmente enquanto *padrão orientador* de interpretação e de integração da lei e/ou do próprio contrato de sociedade.

As primeiras caracterizam-se pela importância que os sócios, enquanto pessoas, têm no exercício da actividade social.

Neste tipo de sociedades, a capacidade jurídica dos sócios confunde-se um pouco com a da sociedade, basta citar, a título de exemplo, as seguintes disposições do CSC referentes às sociedades em nome colectivo (sociedades de pessoas por excelência):

- art. 175.º (responsabilidade subsidiária dos sócios em relação à sociedade e solidariamente com os outros sócios);
- art. 182.º (de acordo com o qual, "A parte de um sócio só pode ser transmitida por acto entre vivos, com o expresso consentimento dos restantes sócios");
- art. 191.º (nos termos deste artigo a gerência, em regra, cabe a todos os sócios) e
- art. 194.º (que consagra a regra da unanimidade para a alteração do contrato social).

Nas segundas, pelo contrário, "o que importa já não é tanto a *pessoa* do sócio, mas sim a sua "participação de capital" ou o seu contributo patrimonial – e já não pessoal – para o exercício da actividade societária", PEDRO MAIA *in* "Tipos de sociedades", Estudos de Direito das Sociedades, coordenados por COUTINHO DE ABREU, Coimbra, 1998, p. 24.

"As sociedades Anónimas (...) são o paradigma das sociedades de capitais (por oposição às sociedades de pessoas, que têm na sociedade em nome colectivo o seu modelo)", NOGUEIRA SERENS *in* "Notas sobre a sociedade anónima", 2.ª edição, Coimbra Editora, 1997, p. 5.

Indiquemos algumas normas do CSC relativas às SA, que encarnam perfeitamente essa natureza capitalística:

- art. 276.º (capital mínimo);
- art. 277.º, n.º 1 (segundo o qual "não são admitidas entradas em indústria");
- art. 285.º, n.º 1 (não diferimento das entradas por período superior a 5 anos);

- art. 288.°, n.° 1 (o direito mínimo à informação – "No que diz respeito aos accionistas de uma sociedade anónima, o legislador fez a distinção entre um direito mínimo à informação, um direito a informações preparatórias da assembleia geral, um direito à informação em assembleia geral e um direito colectivo à informação", SOVERAL MARTINS/ELISABETE RAMOS *in* "As participações sociais", Estudos de Direito das Sociedades, coordenados por COUTINHO DE ABREU, Coimbra, 1998, p. 107);
- art. 328.° (prevê que a transmissibilidade das acções não pode ser excluída pelo contrato social);
- art. 456.°, n.° 1 ("O contrato social pode autorizar o órgão de administração a aumentar o capital, uma ou mais vezes, por entradas em dinheiro").

A doutrina tem encontrado enormes dificuldades em classificar as SQ, muito por força da larguíssima liberdade de estipulação que permite às partes, dentro de uma estrutura amplamente definida, modificar o regime concretamente aplicável – fala-se, aqui, da *elasticidade* das sociedades por quotas, RAÚL VENTURA *in* "Sociedades por Quotas", vol. I, p. 35.

Neste seguimento é usual distinguir-se o *tipo legal* e o *estatuto normal* das SQ.

RAÚL VENTURA *in* "Sociedades por Quotas", vol. I, p. 36, acaba por concluir que tais fenómenos são irreais, porquanto a natureza de uma sociedade depende das circunstâncias e características concretas que estão na base do seu nascimento e vida.

E continua o mesmo autor, *loc. cit.*, "Por muito capitalista que seja a estrutura legal de uma sociedade por quotas, não parece real considerar como sociedade de capitais uma sociedade por quotas formada por pequeno número de sócios (o mínimo dois) com um pequeno capital (400 contos); em tais casos, o carácter pessoal da sociedade pode não estar expresso no seu estatuto, mas está implícito na sua constituição".

Apesar desta *elasticidade* típica, a doutrina tem entendido que o cariz originário das sociedades por quotas é de cunho personalista. Veja-se, a título de exemplo, RAÚL VENTURA *in* "Sociedades por Quotas", vol. I, pp. 37 e 38; NOGUEIRA SERENS *in* "Notas sobre a…", p. 6 e PEDRO MAIA *in* "Tipos de Sociedades", p. 25.

Este cariz presente nas seguintes disposições do CSC:

- Art. 198.°, n.° 1 (responsabilidade dos sócios perante os credores sociais até determinado montante);

Considerações Prévias

– Art. 214.º (de acordo com o qual qualquer sócio tem direito à informação, independentemente do valor da sua quota);
– Art. 225.º (nos termos do qual o contrato de sociedade pode estipular a intransmissibilidade das quotas aos herdeiros do sócio que venha a falecer);
– Art. 228.º (prevê que a cessão de quotas depende, em regra, de consentimento da sociedade).

Se estas disposições vincam o traço personalístico, facilmente se poderão citar outras de natureza, marcadamente, capitalística, *v.g*.:

– Art. 197.º, n.º 3 ("Só o património social responde para com os credores pelas dívidas da sociedade...");
– Art. 201.º (montante mínimo do capital social);
– Art. 202.º, n.º 1 (proibição de contribuições em indústria);
– Art. 219.º, n.º 6 ("a medida dos direitos e obrigações inerentes a cada quota determina-se segundo a proporção entre o valor nominal desta e o do capital"). *Vide*, quanto à função do capital social *ad intra* (nas relações internas) de determinação da posição jurídica do sócio, PAULO DE TARSO DOMINGUES *in* "Capital e património sociais, lucros, reservas e perdas", Estudos de Direito das Sociedades, coordenados por COUTINHO DE ABREU, Coimbra, 1998, pp. 137 e ss..

Para maiores desenvolvimentos sobre o conceito e a natureza das SQ, cfr. FERRER CORREIA *in* "A sociedade por quotas de responsabilidade limitada segundo o Código das Sociedades Comerciais", Temas de Direito Comercial e Direito Internacional Privado, Almedina, 1989, pp. 127 e ss..

Importa agora determinar qual o tipo doutrinal em que se inclui a SQ.

Em nossa opinião, nenhum e ambos, dependendo do contexto jurídico que *in casu* envolva a sociedade e da própria vontade real das partes.

Como considera RAÚL VENTURA *in* "Sociedades por Quotas", vol. I, p. 36 "...o carácter da sociedade variará por força de circunstâncias básicas da formação da sociedade concreta".

É, assim, importante "...apreciar se a sociedade tal *como os sócios a modelaram*, se reveste de um carácter personalístico ou capitalístico", PEDRO MAIA *in* "Tipos de Sociedades", p. 26.

Este mesmo autor, *loc. cit.*, afirma que "quando se discute se a sociedade por quotas é uma sociedade de pessoas ou de capitais, ou se coloca o problema perante o tipo ideal *elástico* – e o problema torna-se inútil – ou se consideram apenas os elementos fixos desse tipo ideal – e atraiçoa-se o significado do próprio tipo legal, eliminando a elasticidade, uma das suas características essenciais".

De qualquer forma, as SQ não se apresentam *absolutamente fiéis* a qualquer um dos modelos que acabamos de analisar, dada a especial diversidade das normas que integram o seu regime.

INTEGRAÇÃO DE LACUNAS

A regulamentação das sociedades por quotas contida nos arts. 197.º a 270.º-G, contém, necessariamente, lacunas cuja integração deve ser determinada.

A norma contida no art. 2.º procurou definir um critério geral de integração de lacunas, nos termos do qual:

"Os casos que a presente lei não preveja são regulados segundo a norma desta lei aplicável aos casos análogos e, na sua falta, segundo as normas do Código Civil sobre o contrato de sociedade no que não seja contrário nem aos princípios gerais da presente lei nem aos princípios informadores do tipo adoptado".

Na opinião de RAÚL VENTURA *in* "Sociedades por Quotas", vol. I, p. 51, podemos determinar a seguinte hierarquia de fontes reguladoras das SQ:

1.º As normas específicas do CSC sobre sociedades por quotas;
2.º Aquelas normas do CSC para as quais as normas do primeiro grupo expressamente remetam;
3.º As normas comuns a todos os tipos de sociedades;
4.º As normas específicas de outros tipos de sociedades que possam ser aplicadas por analogia;
5.º O direito subsidiário, constituído pelas normas do CC sobre contrato de sociedade, no que não seja contrário nem aos princípios gerais da presente lei nem aos princípios informadores do tipo adoptado.

TÍTULO III
Sociedades por quotas

CAPÍTULO I
Características e contrato

ARTIGO 197.º – **(Características da sociedade)**

1 – Na sociedade por quotas o capital está dividido em quotas e os sócios são solidariamente responsáveis por todas as entradas convencionadas no contrato social, conforme o disposto no artigo 207.º

2 – Os sócios apenas são obrigados a outras prestações quando a lei ou o contrato, autorizado por lei, assim o estabeleçam.

3 – Só o património social responde para com os credores pelas dívidas da sociedade, salvo o disposto no artigo seguinte.

NOTAS:

I. Anteprojectos: FERRER CORREIA (art. 1.º); VAZ SERRA (art. 1.º) e RAÚL VENTURA (art. 1.º, n.º 1).

Cfr. ANTÓNIO FERRER CORREIA/VASCO LOBO XAVIER/MARIA ÂNGELA COELHO/ANTÓNIO CAEIRO *in* "Sociedade por quotas de responsabilidade limitada – Anteprojecto de lei – 2.ª redacção e exposição de motivos", RDE, Ano III, n.º 1, Janeiro/Junho, 1977, Universidade de Coimbra, p. 156.

II. O capital social é "o elemento do pacto que se consubstancia numa cifra tendencialmente estável, "representativa da soma dos valores nominais das participações sociais fundadas em entradas em dinheiro e/ou espécie"…", necessariamente expressas em moeda com curso legal em Portugal "e que – inscrita no lado direito do balanço – determina o valor em que o activo deve superar o passivo", PAULO DE TARSO DOMINGUES *in* "Capital e património…", p. 130.

Em consequência de uma abordagem mais aprofundada, podemos considerar o capital social em duas perspectivas.

Na primeira, o capital social revela-se como cifra formal constante do pacto social (por imposição da al. f), do n.º 1, do art. 9.º). Falamos, aqui, do capital social nominal ou formal.

Na segunda, o capital social perfila-se como a "quantidade ou montante de bens que a sociedade está obrigada a conservar intactos e de que não pode dispor, uma vez que se destinam a cobrir o valor do capital social nominal inscrito no lado direito do balanço e que, consequentemente, apenas poderão ser afectados por força dos azares da actividade empresarial", PAULO DE TARSO DOMINGUES *in* "Capital e património...", p. 133. Neste caso, estamos perante o capital social real.

No nosso entendimento, o capital social, a que se reporta o artigo em anotação, é o capital social nominal.

Para maiores desenvolvimentos sobre o capital social, *vide* anotações ao art. 201.º.

III. As quotas são as participações sociais das SQ.

A participação social, também designada socialidade, pode ser definida como o *"conjunto unitário de direitos e obrigações actuais e potenciais do sócio (enquanto tal)"*, COUTINHO DE ABREU *in* "Curso de Direito...", vol. II, p. 205. Em sentido concordante, *vide* ALEXANDRE SOVERAL MARTINS/ELISABETE RAMOS *in* "As participações sociais", p. 89.

PAIS DE VASCONCELOS *in* "A participação social nas sociedades comerciais", Almedina, 2005, p. 472, propõe uma perspectiva tripla segundo a qual "a participação social nas sociedades comerciais é relação jurídica, é direito subjectivo e é o estatuto jurídico do sócio enquanto tal (*status socii*)".

Por seu turno, FILIPE CASSIANO DOS SANTOS *in* "Estrutura Associativa e Participação Societária Capitalística", Coimbra Editora, 2006, p. 75, considera que a participação social tem uma dupla natureza: "é posição contratual (ou voluntária), na medida em que contém posições activas exigíveis pelo sujeito por força da sua participação no acto que institui a sociedade (...), mas é, também, uma posição associativa, na medida em que contém faculdades relativas à participação na estrutura criada, que só no seio dessa estrutura e em face dela cobram sentido".

Numa análise mais aprofundada o referido autor, *ob. cit.*, p. 475, considera que a parte social é o meio que é apto para a realização do fim, "é o quinhão em que o sócio participa e beneficia da organização de meios que a sociedade incorpora".

A parte social, que pertence ao sócio titular, não se confunde com o património social, que pertence à sociedade.

Pela nossa parte, o legislador, com a fórmula introduzida no artigo em anotação, consagrou o elo de ligação entre o capital social e as quotas (participações sociais nas SQ), o qual se traduz no facto de o capital social (nominal) corresponder ao somatório dos valores nominais de cada uma das quotas.

Título III – Sociedades por quotas 31

Para maiores desenvolvimentos sobre as diferentes construções dogmáticas desenvolvidas em torno da natureza da participação social, cfr. PAIS DE VASCONCELOS *in* "A participação social...", pp. 370 a 414.

IV. Nas SQ, o sócio tem a obrigação de entrar para a sociedade com bens susceptíveis de penhora (al. a), do art. 20.°). Para maiores desenvolvimentos sobre a obrigação de entrada, *vide* as anotações ao art. 202.°.

O valor e a natureza das entradas são convencionados no contrato social, sendo os sócios, para além da própria entrada, solidariamente responsáveis por todas as entradas aí convencionadas, conforme o disposto no artigo 207.°.

A obrigação é solidária, quando cada um dos devedores responde pela prestação integral e esta a todos libera, ou quando cada um dos credores tem a faculdade de exigir, por si só, a prestação integral e esta libera o devedor para com todos eles (art. 512.°, n.° 1, do CC). Para maiores desenvolvimentos quanto às obrigações solidárias, *vide*, entre outros, ANTUNES VARELA *in* "Das Obrigações em geral", vol. I, 8.ª edição, Almedina, 1994, pp. 765 e ss.; ALMEIDA COSTA *in* "Direito das Obrigações", 7.ª edição, Almedina, 1998, pp. 580 e ss. e MENEZES LEITÃO *in* "Direito das Obrigações", Vol. I, Almedina, 2000, pp. 149 e ss..

Cfr. anotações ao art. 207.°.

V. Nos termos do **n.° 2**, os sócios, para além da obrigação de realizar as respectivas entradas e de responder solidariamente pelas entradas convencionadas no contrato social (art. 207.°), apenas são obrigados a outras prestações quando a lei ou o contrato, autorizado por lei, assim o estabelecerem. Conforme refere RAÚL VENTURA *in* "Sociedades por Quotas", vol. I, p. 47, o **n.° 2** tem "a vantagem de genericamente legitimar a obrigação doutras prestações e simultaneamente restringir a fonte destas".

A responsabilidade suplementar aqui admitida assenta no facto de o capital social, com que as SQ se constituem, ser, na maior parte dos casos, muito reduzido, o que determina um reforço de *financiamento* que permita o amplo exercício da respectiva actividade económica.

Para RAÚL VENTURA *in* "Sociedades por Quotas", vol. I, p. 47, "«Outras prestações» *determinadas por lei* são as respeitantes à responsabilidade dos sócios, como tais, quer na altura da fundação da sociedade quer posteriormente, e a restituição à sociedade de bens indevidamente recebidos desta, pois não se encontram na lei preceitos que, por outros motivos, obriguem os sócios a efectuar prestações em benefício da sociedade".

Do elenco das *(outras) prestações estabelecidas no contrato, mediante autorização legal*, destacam-se:

– As prestações acessórias (art. 209.°) e
– As prestações suplementares (arts. 210.° a 213.°).

Os suprimentos previstos no art. 243.º não são prestações, configurando verdadeiros contratos, não obstante poderem ser impostos a todos ou a alguns dos sócios.

Uma vez que estamos perante uma norma imperativa, a imposição contratual da realização de prestações só é admissível mediante autorização legal. Assim, a imposição contratual de outras prestações, não autorizada por lei, não vincula os sócios.

A realização destas prestações pode ser imposta na versão original do contrato de sociedade ou em alteração ulteriormente introduzida.

A este propósito importa referir que a imposição de *outras prestações*, estipulada no contrato (constitutivo) de sociedade, carece do consentimento de todos os sócios, enquanto que a imposição resultante de alteração pode ser deliberada, em regra, por $^3/_4$ dos votos correspondentes ao capital social (art. 265.º, n.º 1). Neste caso, a imposição não vincula os sócios que não tenham votado em sentido favorável (art. 86.º, n.º 2).

VI. O n.º 3 consagra a regra segundo a qual "só o património social responde para com os credores pelas dívidas da sociedade".

Nas sociedades de responsabilidade limitada (onde se incluem as SQ) e conforme o próprio nome indica, a responsabilidade da sociedade perante os credores fica limitada ao património social existente, não respondendo o património pessoal dos sócios pelas dívidas da sociedade. Esta regra constitui uma especial característica ontológica e simultaneamente uma vantagem das sociedades de responsabilidade limitada. Por outro lado, perfila-se como uma emanação da autonomização jurídica das sociedades comerciais (*maxime* as de responsabilidade limitada) face às pessoas jurídicas que compõem os seus órgãos sociais.

Nesta conformidade, traça-se uma clara distinção entre o património da sociedade e o património dos sócios.

Podíamos considerar que a responsabilidade exclusiva dos bens das SQ pelo cumprimento das obrigações já decorre do art. 601.º, do CC, uma vez que estamos perante pessoas jurídicas autónomas dotadas de personalidade e capacidade jurídicas próprias. Não obstante, o legislador, impulsionado por ímpetos clarificadores, optou por consagrar expressamente tal regra. Quanto aos motivos que levaram à sua consagração expressa, *vide* RAÚL VENTURA *in* "Sociedades por Quotas", vol. I, pp. 48 e 49.

Recorrendo à definição abraçada por MANUEL ANDRADE *in* "Teoria Geral...", vol. I, p. 205, o património pode ser entendido como "o conjunto das relações jurídicas (direitos e obrigações) com valor económico, isto é, avaliável em dinheiro, de que é sujeito activo e passivo uma dada pessoa – singular ou colectiva (*património global*)".

Nesta conformidade, o património é constituído por um lado activo (direitos) e por um lado passivo (obrigações).

Título III – Sociedades por quotas   33

Numa análise mais dissecante, PAULO DE TARSO DOMINGUES *in* "Capital e património...", p. 135, encara o património social sob três perspectivas:

"*a*) como património global, enquanto abrange o conjunto de todos os direitos e obrigações susceptíveis de avaliação pecuniária de que a sociedade é titular em determinado momento;

b) como património ilíquido ou bruto, enquanto engloba os elementos do activo da sociedade (bens e direitos) sem ter em contra o passivo; e

c) finalmente, como património líquido – e é este o sentido que, as mais das vezes, se quer significar com a expressão "património social", por ser o que maior interesse prático tem –, que consiste no valor do activo depois de descontado o passivo".

O património social enquanto "...fundo real de bens e direitos, efectivo, concreto e continuamente variável na sua composição e montante", não se confunde com o capital social nominal que é "um puro *nomen iuris*, um valor ideal e tendencialmente constante", PAULO DE TARSO DOMINGUES *in* "Capital e património...", pp. 135 e 136.

No momento da constituição da sociedade, o capital social pode, todavia, ser teoricamente igual ao património, "já que a parte das subscrições de capital não realizadas deverá figurar no activo como crédito da sociedade para com os sócios", PEREIRA DE ALMEIDA *in* "Sociedades Comerciais", 3.ª edição, Coimbra Editora, 2003, p. 213.

Ora, assumindo-se o património social uma garantia comum dos credores, importava garantir a sua existência e consistência. Preocupação que está bem presente no regime jurídico do capital social, mais precisamente nos seguintes princípios:

i) O princípio da exacta formação ou efectiva realização
ii) O princípio da conservação (ou da integridade) do capital

Para maiores desenvolvimentos sobre estes princípios, *vide* anotação ao art. 201.º.

No que diz respeito à ideia de responsabilidade pela diferença entre o capital social e o património, importa saber qual o sentido interpretativo a dar à conjugação dos arts. 19.º, n.º 3, parte final e 40.º.

Segundo o raciocínio de MANUEL ANTÓNIO PITA *in* "O regime da sociedade irregular e a integridade do capital social", Almedina, 2004, p. 552, a parte final do n.º 3, do art. 19.º "*não pode ser interpretada com o sentido de responsabilizar as pessoas indicadas no art. 40.º na exacta medida em que se mostrar necessário para salvaguardar a correspondência do património em relação ao capital nominal*".

Por sua vez, se, em virtude das vinculações que a sociedade assumiu, "o património deixar de corresponder ao capital, *funcionará a parte final do art.*

34 Regime Jurídico das Sociedades por Quotas

19.°, n.° 3 – as pessoas indicadas no art. 40.° continuam responsáveis na exacta medida do que se mostrar necessário para salvaguardar a correspondência do património em relação ao capital nominal", Nogueira Serens *in* "Notas sobre…", p. 31.

JURISPRUDÊNCIA:

I – A compensação pode ser invocada em sede de oposição à execução como facto extintivo ou modificativo da obrigação exequenda.

II – Em princípio, por dívidas da sociedade para com terceiros, só responde o património da sociedade e não o dos seus sócios, sejam ou não gerentes.

III – Tratando-se de dívidas fiscais, resulta da Lei Geral Tributária que a responsabilidade dos gerentes da sociedade é subsidiária da responsabilidade da própria sociedade.

IV – Os gerentes respondem em caso de "reversão", que consiste no chamamento à execução fiscal do responsável subsidiário, e ocorre quando, depois de executado o património social, o mesmo é insuficiente para pagar a dívida e o devedor subsidiário não logra provar que a falta ou insuficiência do património social não deriva de culpa sua.

V – O pagamento pelos actuais sócios de dívidas da sociedade, respeitantes a IRC e IVA de data anterior à aquisição das suas quotas na sociedade, sem ter ocorrido "reversão", não lhes confere um direito de crédito sobre os anteriores sócios-gerentes, cedentes das quotas que adquiriram.

Ac. da RP, de 30.10.07 *in* CJ, Ano XXXII, Tomo IV, p. 202

Só o património social responde para com os credores pelas dívidas da sociedade (artigo 197.°, n.° 3 do Código das Sociedades Comerciais) não sendo, por isso, penhorável o capital social caso em que se estaria a violar o princípio da intangibilidade do capital.

Ac. da RL, de 13.02.07 *in* www.dgsi.pt (Proc. n.° 446/2006-7)

ARTIGO 198.° – **(Responsabilidade directa dos sócios para com os credores sociais)**

1 – É lícito estipular no contrato que um ou mais sócios, além de responderem para com a sociedade nos termos definidos no n.° 1 do artigo anterior, respondem também perante os credores sociais até determinado montante; essa responsabilidade tanto pode ser solidária com a da sociedade, como subsidiária em relação a esta e a efectivar apenas na fase da liquidação.

Título III – Sociedades por quotas　　　35

2 – A responsabilidade regulada no número precedente abrange apenas as obrigações assumidas pela sociedade enquanto o sócio a ela pertencer e não se transmite por morte deste, sem prejuízo da transmissão das obrigações a que o sócio estava anteriormente vinculado.

3 – Salvo disposição contratual em contrário, o sócio que pagar dívidas sociais, nos termos deste artigo, tem direito de regresso contra a sociedade pela totalidade do que houver pago, mas não contra os outros sócios.

NOTAS:

I. Anteprojectos: FERRER CORREIA (art. 2.°); VAZ SERRA (art. 2.°) e RAÚL VENTURA (art. 2.°).

Cfr. ANTÓNIO FERRER CORREIA/VASCO LOBO XAVIER/MARIA ÂNGELA COELHO/ANTÓNIO CAEIRO *in* "Sociedade por quotas ...", p. 157.

II. O n.° 1 foi rectificado pelo art. 4.°, do DL n.° 280/87, de 08 de Julho.

III. O artigo em anotação consagra a chamada responsabilidade directa dos sócios perante os credores sociais.

Esta norma tem origem num dos subtipos de sociedades por quotas proposto por RAÚL VENTURA no seu anteprojecto: as sociedades por quotas limitadas por garantia. Neste subtipo societário a "obrigação de contribuição dos sócios é condicionada pela necessidade da contribuição para satisfação de débitos sociais, depois de dissolvida a sociedade".

Não obstante a opção pelo modelo tradicional das sociedades por quotas limitadas pelo capital, certo é que "a ideia da possível criação de responsabilidade suplementar dos sócios foi acolhida e, juntamente com ela, surgiu uma limitação por garantia em novos e mais restritos termos", RAÚL VENTURA *in* "Sociedades por Quotas", vol. I, p. 56.

ANTÓNIO FERRER CORREIA/VASCO LOBO XAVIER/MARIA ÂNGELA COELHO/ /ANTÓNIO CAEIRO *in* "Sociedade por quotas ...", p. 157, referem que a "possibilidade de estipular no pacto social uma responsabilidade directa dos sócios perante os credores sociais corresponde ao carácter maleável que se pretende imprimir à sociedade por quotas, no seguimento da orientação já hoje prevalecente (...). Na verdade, através desta estipulação, os contraentes podem atribuir à sociedade características que a situam a meio caminho entre a sociedade por quotas e a sociedade em nome colectivo".

O **n.° 1** admite que no contrato seja estipulado que um ou mais sócios, além de responderem por todas as entradas convencionadas no contrato social, respondem também perante os credores sociais até determinado montante.

Da leitura do preceito, podemos concluir que a responsabilidade em causa pode ser imposta apenas a um sócio, a vários sócios, a um grupo determinado de sócios ou mesmo a todos os sócios.

A responsabilidade directa dos sócios, aqui admitida, resulta de uma perspectiva dúctil das SQ que, neste caso, as aproxima das sociedades em nome colectivo, nas quais o sócio, além de responder individualmente pela sua entrada, responde pelas obrigações sociais subsidiariamente em relação à sociedade e solidariamente com os outros sócios (art. 175.º, n.º 1).

No grosso dos casos, a responsabilidade directa dos sócios reflecte-se na prestação de garantias pessoais exigidas pelos credores, cfr. PAIS DE VASCONCELOS *in* "A participação social...", pp. 253 e 254 e MENEZES CORDEIRO *in* "Manual de Direito das Sociedades", II, p. 262.

IV. A responsabilidade directa dos sócios permitida pelo artigo em anotação assenta em dois requisitos:

a) A estipulação contratual

A estipulação contratual pode ser feita inicialmente no contrato originário, ficando sujeita à unanimidade dos sócios (Cfr., quanto à celebração e registo do contrato de sociedade, os arts. 7.º a 19.º) ou, em momento ulterior, mediante alteração ao pacto social, cuja deliberação, em regra, só pode ser tomada por maioria de três quartos dos votos correspondentes ao capital social (art. 265.º, n.º 1). Cfr., ainda, os arts. 85.º e 86.º.

A este propósito, RAÚL VENTURA *in* "Sociedades por Quotas", vol. I, pp. 68 e 69, considera que é de aplicar o art. 86.º, n.º 2, segundo o qual, se a alteração envolver o aumento das prestações impostas pelo contrato aos sócios, esse aumento é ineficaz para os sócios que nele não tenham consentido.

A alteração do contrato pode servir não só para estipular originariamente a responsabilidade directa dos sócios, mas também para alterar o seu regime.

Se a alteração for no sentido de agravar a responsabilidade aplica-se o disposto no n.º 2, do art. 86.º.

Se a alteração do contrato acarretar uma redução da responsabilidade, RAÚL VENTURA *in* "Sociedades por Quotas", vol. I, p. 69, entende que não há dúvida de que, o "novo regime se aplicará a todas as obrigações sociais constituídas depois do estabelecimento daquele".

b) A indicação do montante de limitação

A possibilidade de estipulação de uma responsabilidade directa e ilimitada dos sócios seria absolutamente contrária à natureza das SQ, bem como aos princípios que a regem.

Com efeito, a não limitação da responsabilidade directa dos sócios afectaria sobremaneira a autonomia jurídica das sociedades e, no caso particular das SQ, atribuir-lhe-ia um cariz absolutamente personalístico que não lhe é reconhecido.

O montante de limitação não tem que ser igual para todos os sócios que assumam responsabilidade directa.

Do preceito em anotação, podemos extrair que a responsabilidade directa dos sócios abarca todas as obrigações sociais contraídas, independentemente da natureza ou fonte das mesmas.

RAÚL VENTURA *in* "Sociedades por Quotas", vol. I, p. 61, salienta que, no contrato, a responsabilidade directa pode ser restrita a determinadas obrigações, contanto, o respectivo objecto seja pecuniário.

V. Ao abrigo da parte final do **n.º 1**, a responsabilidade directa dos sócios, tanto pode ser solidária como subsidiária. Desta forma, cabe aos sócios estipular a modalidade adoptada. Segundo as palavras de RAÚL VENTURA *in* "Sociedades por Quotas", vol. I, p. 65, "uma cláusula que apenas referisse a responsabilidade directa do sócio, sem indicar se se trata de responsabilidade solidária ou de responsabilidade subsidiária a efectivar na fase de liquidação seria nula, por não se poder determinar o respectivo regime, uma vez que a lei não dá preferência a qualquer deles".

a) A responsabilidade solidária com a da sociedade

A obrigação é solidária, quando cada um dos devedores responde pela prestação integral e esta a todos libera, ou quando cada um dos credores tem a faculdade de exigir, por si só, a prestação integral e esta libera o devedor para com todos eles (art. 512.º, n.º 1, do CC).

Na obrigação solidária, pelo seu lado passivo (prevista no artigo em anotação), o credor pode exigir a prestação integral de qualquer dos devedores e a prestação efectuada por um destes libera-os a todos perante o credor comum.

Conforme resulta expressamente do n.º 2, do art. 512.º, do CC, a obrigação não deixa de ser solidária pelo facto de os devedores estarem obrigados em termos diversos ou com diversas garantias, ou de ser diferente o conteúdo das prestações de cada um deles.

Após o vencimento da dívida, o credor social pode optar por exigir a satisfação do seu crédito à sociedade ou a cada um dos sócios directamente responsáveis (cfr. art. 519.º, do CC).

b) A responsabilidade subsidiária em relação à sociedade a efectivar apenas na fase da liquidação

A subsidiariedade da responsabilidade implica que o credor só pode exigir o cumprimento ao sócio quando a sociedade (devedor principal) não cumpra nem possa cumprir a obrigação a que está adstrito.

Estamos, assim, perante uma modalidade de responsabilidade profundamente associada a uma perspectiva meramente garantística das obrigações.

No nosso entendimento, um dos elementos que compõem, naturalisticamente, a regra da subsidiariedade é a prévia excussão do património do devedor principal. Como tal, os credores só poderão exigir o pagamento aos sócios responsáveis, depois de excutido o património da sociedade.

Aliás, tal regra está, adjectivamente, prevista no n.º 1, do art. 828.º, do CPC, nos termos do qual, na execução movida contra o devedor principal e o devedor subsidiário que deva ser previamente citado, não podem ser penhorados os bens deste, enquanto não estiverem excutidos todos os bens do devedor principal.

Cfr. a fundamentação de RAÚL VENTURA, *ob. cit.*, p. 66.

A responsabilidade subsidiária dos sócios das sociedades em nome colectivo está, imperativamente, prevista no art. 175.º, n.º 1.

A responsabilidade subsidiária só pode ser efectivada no momento da liquidação.

A sociedade entra imediatamente em liquidação depois de dissolvida (art. 146.º, n.º 1).

De acordo com o n.º 1, do art. 141.º, a sociedade dissolve-se nos casos previstos no contrato e ainda:

a) Pelo decurso do prazo fixado no contrato;
b) Por deliberação dos sócios;
c) Pela realização completa do objecto contratual;
d) Pela ilicitude superveniente do objecto contratual;
e) Pela declaração de insolvência da sociedade.

Para além destas, existem, ainda, as causas de dissolução administrativa (previstas no art. 142.º) e as causas de dissolução oficiosa (previstas no art. 143.º).

O regime jurídico dos procedimentos administrativos de dissolução e de liquidação de entidades comerciais foi aprovado pelo n.º 3, do art. 1.º, do DL n.º 76-A/2006, de 29 de Março e foi publicado em anexo ao mesmo diploma.

A liquidação da sociedade está prevista nos arts. 146.º a 165.º.

Tendo em consideração que estamos perante uma obrigação subsidiária, que, como vimos, depende da prévia excussão do património do devedor principal, os sócios só podem ser directamente responsabilizados quando, no momento da liquidação, estiver demonstrado que o activo da sociedade é insuficiente para satisfazer a dívida.

VI. A regra consagrada no **n.º 2** (nos termos da qual a responsabilidade directa dos sócios abrange apenas as obrigações assumidas pela sociedade enquanto o sócio a ela pertencer e não se transmite por morte deste) resulta da natureza pessoal atribuída à responsabilidade directa dos sócios. Podemos, aqui, falar do princípio da pessoalidade da responsabilidade directa dos sócios. Cfr. ANTÓNIO FERRER CORREIA/VASCO LOBO XAVIER/MARIA ÂNGELA COELHO/ANTÓNIO CAEIRO *in* "Sociedade por quotas ...", p. 157.

A responsabilidade directa:

a) Abrange apenas as obrigações assumidas pela sociedade enquanto o sócio a ela pertencer

O limite temporal aqui imposto (que como vimos radica na natureza pessoal da responsabilidade) poderá ser alargado ou encurtado?

RAÚL VENTURA *in* "Sociedades por Quotas", vol. I, p. 63, rejeita o alargamento e aceita o encurtamento. Para este autor, *loc. cit.*, "Pode na verdade ser de interesse do sócio (…) não aceitar esta responsabilidade por período muito longo (…) e não pode dizer-se que por esse encurtamento os credores sociais são prejudicados."

Não obstante este entendimento, sentimo-nos inclinados a considerar que o limite temporal imposto não pode ser nem encurtado nem alargado.

Isto porque a responsabilidade directa dos sócios é uma clara excepção ao regime jurídico das SQ, cuja regra é a de que só o património social (leia-se a sociedade) responde para com os credores pelas dívidas sociais (art. 197.º, n.º 3).

Este regime, para além de, como já referimos, aproximar as SQ das sociedades em nome colectivo, atinge também a sua autonomia jurídica, admitindo a responsabilização directa dos sócios. Assim, os requisitos da sua admissibilidade devem ser aplicados de forma rígida, perfilando-se insustentável que as partes possam alargar ou restringir o seu conteúdo (pois desta forma estariam a desvirtuar, indefinidamente, todo o regime das SQ).

b) Não se transmite por morte do sócio

A responsabilidade directa do sócio não se transmite com a morte deste. Ou seja, com a morte do sócio, a responsabilidade directa extingue-se (PAIS DE VASCONCELOS *in* "Participações Sociais", p. 253, fala de caducidade de responsabilidade) apenas para as obrigações constituídas após o seu falecimento, não se transmitindo, assim, para os seus sucessores (falamos, aqui, da responsabilidade eventual ou abstracta, cfr. RAÚL VENTURA *in* "Sociedades por Quotas", vol. I, pp. 61 a 63).

No entanto e conforme resulta da parte final do **n.º 2**, o falecimento do sócio não faz cessar a responsabilidade directa que sobre ele impendia pelas obrigações assumidas em vida (RAÚL VENTURA *in* "Sociedades por Quotas", vol. I, p. 63, fala, aqui, da responsabilidade concreta).

No entendimento do mesmo autor, *ob. cit.*, p. 64, tais obrigações transmitem-se para todos os herdeiros.

Não obstante o **n.º 2** se reportar apenas à morte do sócio, parece defensável considerar que a responsabilidade abstracta cessa com a saída, independentemente da respectiva causa (exoneração, amortização ou cessão da quota), mantendo-se a responsabilidade concreta pelas obrigações anteriormente assumidas. Cfr. RAÚL VENTURA, *in* "Sociedades por Quotas", vol. I, pp. 64 e 65.

No que diz respeito à cessão de quotas, importa ter em consideração que, terminando a responsabilidade abstracta do cedente, a mesma só se verifica em relação ao cessionário, se for, originariamente, assumida por este, mediante uma

40   *Regime Jurídico das Sociedades por Quotas*

alteração ao contrato social. Por sua vez, a responsabilidade concreta mantém-se no cedente, podendo, no entanto, ser assumida pelo cessionário. Cfr. RAÚL VENTURA, *in* "Sociedades por Quotas", vol. I, p. 65.

VII. De acordo com o **n.º 3**, o sócio que pagar dívidas em virtude da responsabilidade directa aqui prevista tem direito de regresso contra a sociedade pela totalidade do que houver pago, mas não contra os outros sócios.

O direito de regresso é uma faculdade típica do devedor solidário consagrada expressamente no art. 524.º, do CC, segundo o qual "o devedor que satisfizer o direito do credor além da parte que lhe competir tem direito de regresso contra cada um dos condevedores, na parte que a estes compete".

O direito de regresso do **n.º 3** verifica-se apenas em relação a um dos condevedores (a sociedade), podendo ser exercido contra os outros sócios. Estamos, assim, perante um direito de regresso limitado a um condevedor.

Não obstante e admitindo o número em anotação disposição contratual em contrário, entendemos que nada impede que os outros sócios assumam parte das obrigações impostas ao sócio responsável. Tal assumpção pode operar-se originariamente no contrato de sociedade ou, em momento ulterior, mediante alteração do contrato social, como também pode resultar de convenção com o responsável não prevista no contrato, uma vez que estamos no âmbito dos efeitos internos entre condevedores.

Quanto às vantagens do regresso contra a sociedade e contra os restantes sócios, *vide* ALBINO MATOS *in* "Constituição de sociedades", 5.ª edição, Almedina, 2001, p. 28.

O legislador ao utilizar a expressão *"tudo quanto o sócio tenha pago"*, procurou, na opinião de RAÚL VENTURA, *in* "Sociedades por Quotas", vol. I, p. 67, evitar que "ao exercício do direito de regresso seja oposta a possível participação proporcional de sócio nas perdas sociais", prevista na al. b), do art. 20.º.

Enquanto titular do direito de regresso, o sócio transforma-se num credor social comum. Desta forma e tratando-se de responsabilidade solidária, pode reclamar o seu crédito em qualquer momento (antes ou depois da liquidação).

O exercício do direito de regresso, no caso de responsabilidade subsidiária, não tem qualquer utilidade prática, porquanto, tal como vimos, o credor só pode reclamar o crédito ao sócio responsável depois de excutido o património da sociedade. Com efeito, o direito de regresso é exercido no momento em que a sociedade não tem património próprio.

JURISPRUDÊNCIA:

I – Na sociedade por quotas havendo um capital que se acha dividido em quotas que são uma fracção do capital da sociedade pela qual se afere a medida dos direitos e obrigações de cada um dos sócios, existe também uma caracterís-

tica que é a de os sócios, em principio (salvo o estipulado no art. 198.° do CSC), não responderem perante os credores sociais, com as suas respectivas quotas sociais.

II – Os sócios poderão responder para com os credores sociais até determinado montante, em termos solidários ou subsidiários, se isso for estipulado no contrato, como resulta do n.° 1 do art. 198.° do CSC.

III – Contudo do art. 197.°, n.° 3 resulta expressamente que "só o património social responde para com os credores pelas dívidas da sociedade, salvo o disposto no art. seguinte (que aqui não está em causa)".

IV – Aceitar que pudessem ser nomeadas em penhora todas as quotas sociais da sociedade, ou seja, todo o seu capital social, corresponderia na prática a reconhecer que a sociedade executada não tem qualquer outro valor patrimonial e então ficaria em situação de insolvência, já que a lei não prevê para esta situação mecanismos de possibilidade de aquisição de quotas próprias e de amortização pela sociedade, fora do disposto nos arts. 220.° e 233.° do CSC.

Ac. da RP, de 03.11.05 *in* www.dgsi.pt (Proc. n.° 0535673)

ARTIGO 199.° – **(Conteúdo do contrato)**

O contrato de sociedade deve especialmente mencionar:

***a*) O montante de cada quota de capital e a identificação do respectivo titular;**

***b*) O montante das entradas efectuadas por cada sócio no contrato e o montante das entradas diferidas.**

NOTAS:

I. O contrato de sociedade constitui "a lei fundamental da sociedade", isto é, o "conjunto de regras que asseguram a realização dos seus objectivos – nomeadamente da actividade que se propõe prosseguir –, a sua existência, os seus aspectos estruturais e funcionais, em suma, a concretização da ideia que esteve subjacente à sua criação", PAULO OLAVO DA CUNHA *in* "Direito das Sociedades Comerciais", 3.ª edição, Almedina, 2007, p. 108.

Enquanto negócio jurídico que é, o contrato de sociedade rege-se pelo princípio da autonomia privada previsto no art. 405.°, do CC.

Do princípio da autonomia da vontade emanam a liberdade de celebração (segundo a qual, as partes podem optar por celebrar ou não celebrar o negócio jurídico) e a liberdade de estipulação (que se traduz na faculdade que as partes têm de fixar livremente o conteúdo do negócio jurídico).

Por outro lado, estamos perante um contrato nominado e típico, uma vez que dispõe de *nomen iuris* e está expressamente regulado no art. 980.º, do CC e nos arts. 7.º e ss..

O art. 980.º, do CC, define o contrato de sociedade como "aquele em que duas ou mais pessoas se obrigam a contribuir com bens ou serviços para o exercício em comum de certa actividade económica, que não seja de mera fruição, a fim de repartirem os lucros resultantes dessa actividade".

Quanto à sua natureza jurídica, o contrato de sociedade "começando por ter uma função primacialmente contratual, corolário do acordo de vontades daqueles que pretendem criar um centro autónomo de imputação de interesses, o acto passa a ter uma função predominantemente normativa de regulação das relações entre os sócios e, indirectamente, pela sua publicidade, de tutela das relações estabelecidas com terceiros", PAULO OLAVO DA CUNHA *in* "Direito das Sociedades…", p. 108.

Para melhores desenvolvimentos sobre o contrato de sociedade, cfr. HUGO DUARTE FONSECA *in* "Sobre a Interpretação do Contrato de Sociedade nas Sociedades por Quotas", Coimbra Editora, 2008 e PINTO MONTEIRO *in* "negócio jurídico e contrato de sociedade comercial", Nos 20 Anos do Código das Sociedades Comerciais, vol. I, Coimbra Editora, 2007, pp. 91 e ss..

II. O contrato de sociedade deve ser reduzido a escrito e as assinaturas dos seus subscritores reconhecidas presencialmente, salvo se forma mais solene for exigida para a transmissão dos bens com que os sócios entram para a sociedade, devendo, neste caso, o contrato revestir essa forma (art. 7.º, n.º 1).

Antes da entrada em vigor do DL n.º 76-A/2006, de 29 de Março, o contrato de sociedade tinha obrigatoriamente de ser celebrado por escritura pública. Com este diploma, tal obrigatoriedade só se verifica se for esse o formalismo exigido para a transmissão dos bens com que os sócios entram para a sociedade, *v.g.*, tratando-se de um bem imóvel (nos termos do art. 875.º, do CC, o contrato de compra e venda de bens imóveis só é válido se for celebrado por escritura pública).

Fora destes casos, o único formalismo exigido é o reconhecimento presencial dos subscritores.

A este propósito é de referir que os conservadores, os oficiais de registo, os advogados e os solicitadores têm competência para fazer reconhecimentos presenciais, conforme resulta do art. 38.º, do DL n.º 76-A/2006, com a redacção introduzida pela L n.º 8/2007, de 17 de Janeiro.

III. O conteúdo do contrato é constituído por menções obrigatórias e facultativas.

As menções obrigatórias podem ser gerais ou especiais.

As menções obrigatórias gerais são as previstas no art. 9.º, n.º 1, mais precisamente:

Título III – Sociedades por quotas 43

a) Os nomes ou firmas de todos os sócios fundadores e os outros dados de identificação destes;

b) O tipo de sociedade;

c) A firma da sociedade;

d) O objecto da sociedade;

e) A sede da sociedade;

f) O capital social, salvo nas sociedades em nome colectivo em que todos os sócios contribuam apenas com a sua indústria;

g) A quota de capital e a natureza da entrada de cada sócio, bem como os pagamentos efectuados por conta de cada quota;

h) Consistindo a entrada em bens diferentes de dinheiro, a descrição destes e a especificação dos respectivos valores;

i) Quando o exercício anual for diferente do ano civil, a data do respectivo encerramento, a qual deve coincidir com o último dia do mês de calendário, sem prejuízo do previsto no artigo 7.º, do Código do Imposto sobre o Rendimento das Pessoas Colectivas.

As menções especiais (expressamente previstas no artigo em anotação) são:

a) *o montante de cada quota de capital e a identificação do respectivo titular*

Raúl Ventura *in* "Sociedades por Quotas", vol. I, p. 73, entende que a "referência a titular de quota de capital não é correcta, devendo a exigência legal ser entendida como identificação do sócio cuja entrada corresponde a cada quota de capital";

b) *o montante das entradas efectuadas por cada sócio no contrato e o montante das entradas diferidas*

Do regime jurídico do capital social emana, desde logo, o princípio da exacta formação.

Este princípio significa que, "na constituição da sociedade (...), o valor do património social (que é então formado pelas entradas dos sócios) deve corresponder realmente ao valor do capital social nominal; ou seja, devem os sócios, naquele momento, entregar (ou assumir o compromisso de entregar) para o património da sociedade bens cujo valor corresponda efectivamente à cifra do capital social", Paulo de Tarso Domingues *in* "Garantias da Consistência do Património Social", Problemas do Direito das Sociedades, Almedina, 2003, p. 499.

Um dos corolários do princípio da exacta formação é o regime do tempo das entradas previsto no art. 26.º, de acordo com o qual as entradas dos sócios devem ser realizadas até ao momento da celebração do contrato de sociedade (cfr. o art. 202.º).

No entanto, a parte final do citado art. 26.º contempla, genericamente, a possibilidade de diferimento da realização das entradas em dinheiro. No caso

44   *Regime Jurídico das Sociedades por Quotas*

das SQ, só é admissível o diferimento de metade das entradas em dinheiro (art. 202.º, n.º 2).

O fundamento legal da obrigatoriedade da menção prevista na **al. b)** traduz--se na necessidade de garantir a consistência do património social e, concomitantemente, de assegurar a tutela dos credores sociais.

IV. A consequência para a falta de menções obrigatórias é a nulidade, a qual pode ser sanável ou insanável (cfr. art. 42.º).

Em conformidade com a al. b), do n.º 1, do art. 42.º, constituem nulidades insanáveis a falta de menção:

    i) do objecto;
    ii) do capital social.

Por sua vez, nos termos conjugados do n.º 2 e da al. b), do n.º 1, do art. 42.º, constituem nulidades sanáveis a falta de menção:

    i) da firma;
    ii) da sede social;
    iii) do valor da entrada de algum sócio e das prestações realizadas por conta desta.

A sanabilidade destas nulidades opera por deliberação social que, nas SQ, só pode ser tomada por maioria de $^3/_4$ dos votos correspondentes ao capital social ou por número ainda mais elevado de votos exigido pelo contrato de sociedade (cfr., conjugadamente, os arts. 42.º, n.º 2 e 265.º, n.º 1).

O regime da nulidade está previsto nos arts. 285.º, e ss., do CC.

V. As estipulações do contrato de sociedade relativas a entradas em espécie devem descrever os bens e especificar os respectivos valores, sob pena de ineficácia (art. 9.º, n.º 2).

Em nossa opinião, a ineficácia a que se reporta esta norma é a ineficácia em sentido estrito, traduzindo esta "a situação do negócio jurídico que, não tendo, em si, quaisquer vícios não produza, todavia, todos os seus efeitos, por força de factores extrínsecos", MENEZES CORDEIRO *in* "Tratado de Direito Civil Português", I Parte Geral, Tomo I, Almedina, 1999, p. 577.

As entradas em espécie devem ser objecto de relatório elaborado por um ROC sem interesse na sociedade, designado por deliberação dos sócios na qual estão impedidos de votar os sócios que efectuam as entradas (art. 28.º, n.º 1).

JURISPRUDÊNCIA:

I – O problema da interpretação das cláusulas dos pactos sociais resume--se à descoberta do sentido objectivo da declaração negocial, não se podendo ter

Título III – Sociedades por quotas 45

em conta a vontade real das partes, nem elementos estranhos ao contrato social, porque estão em jogo interesses de terceiros, daqueles que hajam contratado com a sociedade.

II – Porém, quanto às sociedades por quotas, se a interpretação objectiva é de exigir no tocante às cláusulas que visam a protecção dos credores sociais, já essa exigência se não impõe quanto às cláusulas sobre relações corporativas internas e às de natureza jurídica individual, vigorando, nesta matéria, os princípios gerais de interpretação dos negócios jurídicos formais, admitindo-se o recurso a quaisquer elementos interpretativos contemporâneos do negócio, ou anteriores ou posteriores à sua conclusão.

III – A estipulação estatuária pela qual são nomeados os gerentes inclui-se naquelas cuja interpretação se deve fazer com recurso a todos os elementos interpretativos.

IV – A simples designação de gerente no contrato de sociedade e a atribuição da gerência a todos os sócios não significa a atribuição, a cada um deles, de um direito especial à gerência.

V – A interpretação das declarações ou cláusulas contratuais constitui matéria de facto, de exclusiva competência das instâncias.

VI – (...)

Ac. do STJ, de 17.04.08 *in* CJ, Ano XVI, Tomo II, p. 33

ARTIGO 200.° – **(Firma)**

1 – A firma destas sociedades deve ser formada, com ou sem sigla, pelo nome ou firma de todos, algum ou alguns dos sócios, ou por uma denominação particular, ou pela reunião de ambos esses elementos, mas em qualquer caso concluirá pela palavra "Limitada" ou pela abreviatura "Lda.".

2 – Na firma não podem ser incluídas ou mantidas expressões indicativas de um objecto social que não esteja especificamente previsto na respectiva cláusula do contrato de sociedade.

3 – No caso de o objecto contratual da sociedade ser alterado, deixando de incluir actividade especificada na firma, a alteração do objecto deve ser simultaneamente acompanhada da modificação da firma.

NOTAS:

I. Anteprojectos: FERRER CORREIA (art. 10.°); VAZ SERRA (art. 4.°, n.° 4) e RAÚL VENTURA (art. 85.°).

Cfr. ANTÓNIO FERRER CORREIA/VASCO LOBO XAVIER/MARIA ÂNGELA COELHO/ANTÓNIO CAEIRO *in* "Sociedade por quotas ...", p. 162.

II. O **n.º 3** foi alterado pelo DL n.º 76-A/2006, de 29 de Março.

III. A apreciação da admissibilidade de firmas e denominações compete ao Registo Nacional de Pessoas Colectivas, cujo regime foi aprovado pelo DL n.º 129/98, de 13 de Maio (em diante designado RNPC).

IV. Qualquer actividade comercial é exercida sob uma designação nominativa, que compõe a firma.

Numa concepção objectiva "...(predominante nos direitos inglês e americano, e em certa medida no italiano e alemão) a firma é um sinal distintivo do estabelecimento comercial. Daí decorrem, como corolários, a possibilidade de tal designação ser composta livremente e ser transmitida com o estabelecimento, independentemente de acordo expresso".

Por sua vez, na concepção subjectiva, "a firma é um sinal distintivo do comerciante, o nome que ele usa no exercício da sua empresa", PUPO CORREIA *in* "Direito Comercial", 7.ª edição, Ediforum, 2001, p. 216.

O nosso ordenamento jurídico adoptou a concepção subjectiva.

Assim, podemos considerar, como ponto de partida, que a firma é, à luz da nossa concepção jurídico-normativa, o nome comercial do comerciante, o sinal que o distingue e identifica.

COUTINHO DE ABREU *in* "Curso de Direito...", p. 132, considera que esta noção é insuficiente. "Com efeito, além de identificar comerciantes, a firma individualiza alguns não-comerciantes: as sociedades civis de tipo comercial (...). Por outro lado, alguns comerciantes são identificados, não por uma firma, mas por uma "denominação"".

V. Quanto à sua formação, a firma pode revestir uma das seguintes modalidades:

a) Firma-nome

A firma-nome é constituída apenas pelo nome ou firma de uma ou mais pessoas ou sociedades.

Nos termos do **n.º 1**, a firma-nome das SQ pode ser formada pelo nome ou firma de:
 – todos os sócios;
 – alguns sócios;
 – algum sócio.

A ancestral distinção entre o uso do *nome* e o uso da *firma* de sócios mantém-se na formação da firma da sociedade, ficando, assim, "autorizada a inclusão

Título III – Sociedades por quotas 47

do nome civil do sócio, embora este seja comerciante e tenha uma firma, e bem assim a inclusão da firma duma sociedade sócia", RAÚL VENTURA *in* "Sociedades por Quotas", vol. I, p. 88.

Podemos extrair ainda do **n.º 1** que, em princípio, a firma das SQ não pode ser formada por nome ou firma de pessoas singulares ou colectivas que não sejam sócios da sociedade.

b) Firma-denominação
A firma-denominação é formada por uma denominação, que deverá, na medida do possível, dar a conhecer o objecto social.

c) Firma-mista
A firma-mista é formada, simultaneamente, pelo nome e pela denominação.
Conforme resulta expressamente do **n.º 1**, nas SQ é admissível adoptar qualquer uma destas três modalidades.

VI. Os princípios gerais da firma são, essencialmente, os seguintes:

a) Princípio da autonomia privada
O princípio da autonomia privada consiste no direito de o interessado escolher, dentro dos limites legais, a firma a adoptar.

A autonomia privada tem, à semelhança do que se verifica no direito civil, como corolários a liberdade de celebração (que, aqui, corresponde à liberdade de escolher e assumir uma firma) e a liberdade de estipulação (que, neste caso, correspondente à liberdade de escolher a composição e o conteúdo da firma). Cfr., para maiores desenvolvimentos, MENEZES CORDEIRO *in* "Manual de Direito Comercial", I volume, 2001, Almedina, pp. 279 e ss..

b) Princípio da obrigatoriedade
De acordo com este princípio, a firma é um sinal distintivo de uso obrigatório, cfr., mormente, a al. c), do n.º 1, do art. 9.º.

c) Princípio da verdade
Resulta deste princípio que a firma deve corresponder, na medida do possível, ao estatuto jurídico e situação real do seu titular, não podendo ser constituída por elementos susceptíveis de falsear, deturpar ou confundir tais realidades.

Comos corolários deste princípio podemos destacar as seguintes imposições legais:
– Os elementos componentes das firmas e denominações devem ser verdadeiros e não induzir em erro sobre a identificação, natureza ou actividade do seu titular (art. 32.º, n.º 1, do RNPC);
– Os elementos típicos das firmas e denominações, ainda que constituídos por designações de fantasia, siglas ou composições, não podem sugerir actividade diferente da que constitui o objecto social (art. 32.º, n.º 2, do RNPC e art. 10.º, n.º 1);

- Das firmas e denominações das sociedades não podem fazer parte expressões que possam induzir em erro quanto à caracterização jurídica da sociedade, designadamente, expressões correntemente usadas na designação de organismos públicos ou de pessoas colectivas sem finalidade lucrativa (art. 10.°, n.° 5, al. a) e art. 32.°, n.° 4, al. a), do RNPC);
- Na firma não podem ser incluídas ou mantidas expressões indicativas de um objecto social que não esteja especificadamente previsto na respectiva cláusula do contrato de sociedade (**n.° 2**).

No que concerne às SQ, o princípio da verdade está presente e claramente reforçado, nos **n.ᵒˢ 1 e 2**.

d) Princípio da exclusividade e novidade

Segundo este princípio, as firmas e denominações devem ser distintas e não susceptíveis de confusão ou erro com as registadas ou licenciadas no mesmo âmbito de exclusividade, mesmo quando a lei permita a inclusão de elementos utilizados por outras já registadas, ou com designações de instituições notoriamente conhecidas (art. 33.°, n.° 1, do RNPC).

No que diz respeito às sociedades comerciais, a exclusividade traduz-se no direito, após o registo definitivo, ao uso exclusivo da firma e denominação em todo o território nacional (cfr., conjugadamente, os arts. 35.°, n.° 1 e 37.°, n.° 2, do RNPC).

Resulta, ainda, deste princípio, as seguintes imposições legais aplicáveis às sociedades comerciais:

- Quando a firma da sociedade for constituída exclusivamente por nomes ou firmas de todos, algum ou alguns sócios, deve ser completamente distinta das que já se acharem registadas (art. 10.°, n.° 2);
- A firma da sociedade constituída por denominação particular ou por denominação e nome ou firma de sócio não pode ser idêntica à firma registada de outra sociedade, ou por tal forma semelhante que possa induzir em erro (art. 10.°, n.° 3).

e) Princípio da estabilidade

O princípio da estabilidade não está expressamente previsto na lei. "Ele pode, todavia, ser construído pro via doutrinária. Segundo o princípio da estabilidade a firma, quando identificada com uma empresa ou um estabelecimento, conservar-se-ia mau grado a alteração a nível do seu titular", MENEZES CORDEIRO *in* "Manual de Direito Comercial", p. 288.

Segundo este autor, *loc. cit.*, o art. 44.°, do RNPC, dá corpo a este "princípio ao permitir, ainda que com autorização escrita do cedente e com menção à transmissão, a conservação, pelo adquirente dum estabelecimento, da firma usada pelo transmitente".

e) Princípio da licitude

Numa primeira abordagem, o princípio da licitude consubstancia-se na proibição de usar expressões proibidas por lei ou ofensivas da moral ou dos bons costumes (art. 10.°, n.° 5, al. b) e art. 32.°, n.° 4, al. b), do RNPC).

Para MOTA PINTO *in* "Teoria Geral...", p. 552, "Os bons costumes são uma noção variável, com os tempos e os lugares, abrangendo o conjunto de regras éticas aceites pelas pessoas honestas, correctas, de boa fé, num dado ambiente e num certo momento".

MENEZES CORDEIRO *in* "Tratado de Direito...", p. 440, perspectiva os bons costumes como espaço envolvente de duas áreas: "códigos de conduta sexual e familiar e códigos deontológicos, que a lei não explicita mas que são de fácil reconhecimento objectivo, em cada momento social".

A moral aqui referida "é a moral *positiva*, a que se dá também, muitas vezes, o nome de *moral dos costumes*. É o conjunto de preceitos, concepções e regras, altamente obrigatórios para a consciência, pelos quais se rege, antes e para além do direito, algumas vezes até em conflito com ele, a conduta dos homens numa sociedade. Trata-se da moralidade reinante, vigente. (...) Dito de outro modo ainda: é aquilo que os homens aprendem ou julgam apreender no seu esforço de realização dos valores éticos, como única fonte e fundamento de todo o *dever-ser* e obrigatoriedade nas suas relações consigo mesmos e com os outros homens", CABRAL MONCADA *in* "Filosofia do Direito e do Estado", vol. 2.°, reimpressão, Coimbra Editora, 1995, p. 134. Para maiores desenvolvimentos sobre a moral *vide*, entre outros, HERBERT HART *in* "O conceito de Direito", Fundação Calouste Gulbenkian, 1986, pp. 169 e ss..

O princípio da licitude compreende, também, a proibição do uso de:

– Expressões incompatíveis com o respeito pela liberdade de opção política, religiosa ou ideológica (art. 32.°, n.° 4, al. c), do RNPC);

– Expressões que desrespeitem ou se apropriem ilegitimamente de símbolos nacionais, personalidades, épocas ou instituições cujo nome ou significado seja de salvaguardar por razões históricas, patrióticas, científicas, institucionais, culturais ou outras atendíveis (art. 32.°, n.° 4, al. d), do RNPC).

f) Princípio da unidade

Segundo este princípio o comerciante deve adoptar uma só firma (art. 38.°, do RNPC).

Embora o art. 38.°, do RNPC, se reporte expressamente apenas ao comerciante, a doutrina tem entendido, sem reservas, que o princípio da unidade é, igualmente, aplicável às sociedades comerciais, cfr. MENEZES CORDEIRO *in* "Manual de Direito Comercial", p. 288.

COUTINHO DE ABREU *in* "Curso de Direito...", p. 147, entende que a aplicação do princípio da unidade às sociedades comerciais decorre dos arts. 9.°, n.° 1, al. c) e 171.°, n.° 1.

50 *Regime Jurídico das Sociedades por Quotas*

g) Princípio da capacidade distintiva

O princípio da capacidade distintiva significa que as firmas e as denominações, "enquanto sinais *distintivos* de comerciantes, hão-de ser constituídas de forma a poderem desempenhar a função diferenciadora", COUTINHO DE ABREU *in* "Curso de Direito...", p. 146.

Cfr. art. 10.º, n.º 4 e art. 33.º, n.º 3, do RNPC.

O princípio da capacidade distintiva não se (con)funde com o princípio da exclusividade ou da novidade. Conforme refere RAÚL VENTURA *in* "Sociedades por Quotas", vol. I, p. 98, "Não se trata, por enquanto da novidade ou da exclusivismo da firma, mas de exigir que a firma seja, em si mesma e sem comparação com outras, susceptível de identificar uma sociedade".

Conclui este mesmo autor, *ob. cit.*, p. 99 que não pode constituir firma duma sociedade "uma palavra ou expressão que, por si mesma, seja insusceptível de preencher a função identificadora, em certo tempo e em certo meio".

VII. Embora não esteja expressamente previsto na lei, nada obsta a que a firma seja composta por expressões de fantasia, "ficando assim facilitada a constituição de firmas distintas para sociedade com objecto idêntico e de firmas com maior eficácia publicitária", COUTINHO DE ABREU *in* "Curso de Direito...", p. 135.

ARMANDO MANUEL TRIUNFANTE *in* "Código das Sociedades Comerciais – Anotado", Coimbra Editora, 2007, p. 201, nota de rodapé n.º 208, salienta que, no caso de a SQ ter escolhido uma firma-denominação, "nada impede que se constituam exclusivamente com expressões de fantasia [o regime do art. 3.º, al. *a)*, e o art. 10.º do DL n.º 111/2005, de 8 de Julho, aplicável à constituição de sociedades na hora (...) são indesmentíveis nessa matéria]".

Ao abrigo do **n.º 1**, a firma pode ser formada por uma sigla.

"Em sentido vulgar *sigla* é um caso particular de *acrografia*, isto, é, de escrita abreviada através de expressões diminutivas das palavras comuns.

Em conexão com a *firma*, pode dizer-se que a sigla é a sua *vulgata*, uma composição anagramática, de simples iniciais ou, em suma, qualquer forma de abreviatura da *firma*, propriamente dita, constituindo, pois, uma forma acrográfica destinada a mais fácil memorização e penetração no público", PINTO FURTADO *in* "Curso de Direito...", p. 283.

Convém referir que a firma de uma SQ não pode ser formada apenas por uma sigla. De facto, esta tem sempre que estar associada ao seu conteúdo formativo obrigatório (o nome ou firma de todos, algum ou alguns dos sócios, uma denominação particular ou ambos).

Um dos elementos que compõem igualmente o conteúdo formativo obrigatório da firma é a palavra "limitada" ou a abreviatura "Lda.".

Este elemento permite saber que a firma pertence a uma sociedade comercial e, por outro lado, qual o tipo de sociedade adoptado.

Título III – Sociedades por quotas   51

A abreviatura "Lda." resulta da prática portuguesa que, assim, ficou consagrada expressamente na lei, cfr. RAÚL VENTURA *in* "Sociedades por Quotas", vol. I, p. 100.

A menção "limitada" ou "Lda." não pode ser substituída por outra expressão, como por exemplo "sociedade por quotas". "Nada impede que na composição da firma seja também empregada a expressão «sociedade por quotas», mas mesmo quando isso aconteça, a palavra «limitada» deve concluir a firma", RAÚL VENTURA *in* "Sociedades por Quotas", vol. I, p. 101.

Podemos, assim, concluir que, o legislador pretendeu tornar obrigatório o uso da expressão limitada, designadamente, de modo a garantir que os terceiros, que estabeleçam ou possam vir a estabelecer relações jurídicas com a sociedade, tenham conhecimento que a mesma é acima de tudo uma pessoa jurídica com responsabilidade limitada.

VIII. Conforme já vimos, o **n.º 2** constitui um corolário do princípio da verdade.

Na opinião de RAÚL VENTURA *in* "Sociedades por Quotas", vol. I, p. 95, o disposto nesta norma é "justo em qualquer dos pressupostos. Não faz sentido que a sociedade mantenha uma firma onde conte uma actividade que, por força da alteração da cláusula de objecto, deixou de poder exercer; a verdade ou sinceridade da firma não deve ser limitada ao momento da constituição da sociedade".

IX. Por sua vez, o **n.º 3** é, segundo este autor, *ob. cit.*, pp. 95 e 96, "complemento e instrumento do disposto no **n.º 2**. A maneira prática de impedir que se mantenha na firma a menção de uma actividade que deixou de estar integrada no objecto social consiste em impor a simultaneidade de alteração do objecto e de alteração da firma; no caso de o objecto contratual da sociedade ser alterado, deixando de incluir actividade especificada na firma, a escritura de alteração do objecto não poderá ser outorgada sem que ser proceda simultaneamente à modificação da firma".

A alteração ao **n.º 3** introduzida pelo DL n.º 76-A/2006 consistiu, essencialmente, na eliminação da expressão "escritura", que deixou de ser exigida para a alteração do contrato de sociedade, conforme resulta do n.º 3, do art. 85.º.

JURISPRUDÊNCIA:

I – A firma constitui, a par do nome e insígnia do estabelecimento e da marca, um dos sinais distintivos do comércio.

II – Enquanto sinal distintivo e nominativo de uso obrigatório, identifica o comerciante (em nome individual ou as sociedades) na sua individualidade económica, podendo ser formada por um ou vários nomes completos ou abreviados

52 Regime Jurídico das Sociedades por Quotas

(firma-nome), por uma expressão alusiva ao comércio exercido na empresa (firma-denominação) ou cumulativamente por ambos (firma-mista).

III – Com a alteração do art. 10.º do C.S.C., introduzida pelo DL n.º 257/ /96, de 31/12, deixou de ser imperativo o uso dos dizeres em português, pelo que a firma das sociedades comerciais pode ser redigida em língua estrangeira, mesmo na parte em que se dê a conhecer o objecto da sociedade.

IV – A denominação particular integrante de uma firma deve dar a conhecer quanto possível o objecto da sociedade.

V – Por força do princípio da verdade da constituição das firmas, estas e suas denominações não podem conter palavras, expressões ou abreviaturas que induzam em erro quanto à caracterização dos respectivos titulares e não podem incluir elementos que sugiram actividades diversas daquelas que os respectivos titulares exercem ou pretendem exercer.

VI – As denominações "B…" e "C…" não respeitam o princípio da verdade da firma, por não assumirem suficiente e indispensável capacidade distintiva, dado o espectro genérico da sua designação, sendo susceptíveis de induzir em erro sobre a identificação e natureza da actividade de que a sociedade se propõe desenvolver.
Ac. da RC, de 08.03.06 *in* www.dgsi.pt (Proc. n.º 4131/05)

I – O princípio da novidade ou da exclusividade das firmas tem como causa final a não confundibilidade pelo consumidor comum.

II – Para além da protecção do titular da firma, está a ordem material dos mercados, na base da boa-fé e das condições reais em que se exercem a propaganda comercial e o consumismo.

III – O juízo sobre imitação ou confundibilidade terá de basear-se na perspectiva do homem comum, face à globalidade das firmas e, nestas, ao elemento fundamental.

IV – Ofende estes princípios a firma Cafeeira de Torres Vedras L.ª face à já existente Cafeeira, L.ª.
Ac. do STJ, de 22.01.97 *in* CJ, Ano V, Tomo I, p. 67

ARTIGO 201.º – **(Montante do capital)**
A sociedade por quotas não pode ser constituída com um capital inferior a 5 000 euros nem posteriormente o seu capital pode ser reduzido a importância inferior a essa.

NOTAS:

I. Anteprojectos: FERRER CORREIA (art. 40.º); VAZ SERRA (art. 28.º) e RAÚL VENTURA (art. 4.º).

Cfr. ANTÓNIO FERRER CORREIA/VASCO LOBO XAVIER/MARIA ÂNGELA COELHO/ANTÓNIO CAEIRO *in* "Sociedade por quotas ...", p. 196.

II. O artigo em anotação tem a redacção introduzida pelo DL n.º 343/98, de 06 de Novembro.

III. O capital social pode ser definido como "o elemento do pacto que se consubstancia numa cifra tendencialmente estável, "representativa da soma dos valores nominais das participações sociais fundadas em entradas em dinheiro e/ou espécie"...", necessariamente expressas em moeda com curso legal em Portugal "e que – inscrita no lado direito do balanço – determina o valor em que o activo deve superar o passivo", PAULO DE TARSO DOMINGUES *in* "Capital e património...", p. 130.

Para maiores desenvolvimentos sobre a noção de capital social, *vide* PAULO DE TARSO DOMINGUES *in* "Do capital social", pp. 15 e ss..

O montante do capital social deve ser sempre e apenas expresso em moeda com curso legal em Portugal (art. 14.º).

Conforme já referimos na anotação ao art. 197.º, podemos distinguir:

a) O capital social real

O capital social real perfila-se como a "quantidade ou montante de bens que a sociedade está obrigada a conservar intactos e de que não pode dispor, uma vez que se destinam a cobrir o valor do capital social nominal inscrito no lado direito do balanço e que, consequentemente, apenas poderão ser afectados por força dos azares da actividade empresarial", PAULO DE TARSO DOMINGUES *in* "Capital e património...", p. 133.

b) O capital social nominal ou formal

O capital social nominal ou formal revela-se como a cifra formal constante do pacto social (cfr. al. f), do n.º 1, do art. 9.º);

GARRIGUES, citado por PAULO DE TARSO DOMINGUES *in* "Capital e património...", p. 142, nota de rodapé n.º 54, recorrendo a uma imagem figurativa, equipara o capital social nominal "a um dique que vai retendo as águas (os elementos do activo), até que estas superam o dique. Nesse momento, a sociedade gerou lucros que poderão ser então distribuídos aos sócios".

À semelhança do que se verifica no art. 197.º, o capital social, a que alude o artigo em anotação, é o capital social nominal.

IV. O capital social constitui uma menção obrigatória do contrato de sociedade (al. f), do n.º 1, do art. 9.º).

A exigência deste requisito parece "determinada por um imperativo de política legislativa, em face da dupla função" que caracteriza o capital social: "assegurar a viabilidade do empreendimento (*função directa*) e por essa forma garantir mediatamente os interesses dos credores (*função indirecta*)", Pinto Furtado *in* "Curso de Direito...", p. 309.

Uma análise mais perfunctória, aponta uma multiplicidade de funções do capital social que convém destacar, seguindo-se de perto e fielmente as considerações de Paulo de Tarso Domingues *in* "Capital e património...", pp. 136 e ss.. Para este autor, *loc. cit.*, as funções do capital social podem dividir-se em:

a) Funções ad intra *(nas relações internas)*

a.1) A função de determinação da posição jurídica do sócio

O capital social constitui, aqui, um elemento importante para a determinação de certos direitos e obrigações dos sócios.

Em primeiro lugar, porque a participação dos sócios nos lucros e nas perdas é, nos termos do art. 22.°, proporcional à sua participação social.

Em segundo lugar, porque o exercício de um grande número de direitos depende da titularidade de certa participação mínima no capital social.

a.2) A função de "arrumação" do poder societário

Neste domínio, o capital social funciona como instrumento de determinação das relações de poder dentro da sociedade.

De facto e no entendimento de Paulo de Tarso Domingues *in* "Capital e património...", p. 138, "as deliberações do colégio dos sócios (a quem cabe, em princípio, definir as "traves mestras" da organização societária) dependem, em regra, da sua aprovação pela maioria dos votos emitidos" (cfr., para as SQ, o art. 250.°, n.° 3).

b) Funções ad extra *(nas relações externas)*

b.1) A função de avaliação económica da sociedade

Neste caso, o capital social assume-se como o instrumento para *auscultar a saúde* financeira da sociedade e mais concretamente para apurar a existência de lucros ou de perdas.

Na realidade, partindo do princípio que o capital social "corresponde ao valor dos bens que os sócios afectaram ao exercício do objecto social, pode afirmar-se, de uma forma simplificada, que, se – decorrido determinado prazo – o património líquido lhe for superior, a sociedade conseguiu gerar riqueza, obteve lucro; se, pelo contrário, lhe for inferior, então a sociedade teve perdas", Paulo de Tarso Domingues *in* "Capital e património...", p. 140.

b.2) A função de garantia

A função de garantia é reconhecida como a função principal do capital social. Neste caso, o capital social funciona como instrumento jurídico de tutela dos interesses e direitos dos credores, revelando-se, para estes, como o garante do pagamento dos respectivos créditos de que sejam titulares.

"A cifra do capital social funciona, pois, como a linha d'água (...) que, sem identificação de bens concretos, retém no activo bens cujo valor corresponde ao

Título III – Sociedades por quotas 55

valor do capital social – impendido, desse modo, a sua devolução aos sócios –, porquanto aqueles bens se destinam precisamente a garantir o pagamento dos credores sociais, solução que se apresenta como o remédio para a limitação da responsabilidade patrimonial por parte dos sócios", PAULO DE TARSO DOMINGUES *in* "Capital e património...", p. 142.

Cfr., ainda, este mesmo autor *in* "Do capital social", pp. 200 e ss..

V. De entre os princípios fundamentais em que assenta o capital social destacamos os seguintes:

a) O princípio da exacta formação ou efectiva realização

Segundo este princípio, na constituição da sociedade, "o valor do património social (que é então formado pelas entradas dos sócios) deve corresponder realmente ao valor do capital social nominal; ou seja, devem os sócios, naquele momento, entregar (ou assumir o compromisso de entregar) para o património da sociedade bens cujo valor corresponda efectivamente à cifra do capital social", PAULO DE TARSO DOMINGUES *in* "Garantias da Consistência...", p. 499.

Neste contexto, o art. 25.º, n.º 1, impõe que o valor das entradas (que no momento da criação da sociedade constituem o património social) não pode ser inferior ao valor nominal das participações sociais dos sócios (capital social nominal).

Tendo em consideração a fórmula utilizada pelo legislador no n.º 1, do art. 25.º, parece admissível que o património social seja superior ao capital social nominal, cfr. PAULO DE TARSO DOMINGUES *in* "Garantias da Consistência...", p. 499.

A correspondência entre o património social e o capital social nominal, fica, no entanto, beliscada pelas despesas de constituição e registo, "mas o desvio que assim se produz é proporcionalmente pouco importante e pode ser desconsiderado", PAIS DE VASCONCELOS *in* "A Participação Social ...", p. 241.

b) Princípio da conservação (ou da integridade) do capital

Este princípio assenta na necessidade de "assegurar a conservação de um património líquido de valor igual, pelo menos, ao capital social; ou seja, do que se trata é da conservação do capital social real", PAULO DE TARSO DOMINGUES *in* "Garantias da Consistência...", p. 520.

Como corolários do princípio da exacta formação ou efectiva realização e do princípio da conservação do capital podemos destacar designadamente:

i) A obrigação de o sócio entrar para a sociedade com bens susceptíveis de penhora (al. a), do art. 20.º). Na opinião de PAULO DE TARSO DOMINGUES *in* "Garantias da Consistência...", p. 503, "a entrada de um sócio, em qualquer tipo de sociedade, não terá que consistir necessariamente num bem susceptível de penhora (...), mas, antes, num bem que (...) seja susceptível de avaliação económica e possa, nessa medida, aproveitar aos credores sociais no quadro da empresa societária";

ii) A interdição das entradas em indústria (art. 202.°, n.° 1);

iii) O regime jurídico das entradas em dinheiro (art. 202.°, n.ᵒˢ 2 a 5);

iv) O tempo das entradas que a lei não mande efectuar no contrato de sociedade (art. 203.°);

v) A verificação das entradas em espécie (art. 28.°);

vi) A intangibilidade do capital social real. De acordo com esta regra, os sócios só poderão afectar o património social quando o valor do património líquido exceder a cifra do capital social. Cfr. PAULO DE TARSO DOMINGUES *in* "Garantias da Consistência...", p. 520.

O regime da intangibilidade do capital social está previsto nos arts. 31.° a 35.°.

De acordo com o art. 32.°, n.° 1 (na versão introduzida pelo DL n.° 185/2009, de 12 de Agosto), sem prejuízo do preceituado quanto à redução do capital social, não podem ser distribuídos aos sócios bens da sociedade quando o capital próprio desta, incluindo o resultado líquido do exercício, tal como resulta das contas elaboradas e aprovadas nos termos legais, seja inferior à soma do capital social e das reservas que a lei ou o contrato não permitem distribuir aos sócios ou se tornasse inferior a esta soma em consequência da distribuição

Por outro lado, por força do art. 32.°, n.° 2 (na versão introduzida pelo DL n.° 185/2009, de 12 de Agosto), os incrementos decorrentes da aplicação do justo valor através de componentes do capital próprio, incluindo os da sua aplicação através do resultado líquido do exercício, apenas relevam para efeitos de distribuição (nos termos do n.° 1), quando os elementos ou direitos que lhes deram origem sejam alienados, exercidos, extintos, liquidados ou, também quando se verifique o seu uso, no caso de activos fixos tangíveis e intangíveis.

O interesse na conservação do capital social real manifesta-se, ainda, no n.° 2, do art. 31.°, o qual impõe aos membros da administração o dever de não cumprirem deliberações dos sócios se tiverem fundadas razões para crer que as mesmas violam o art. 32.°.

A responsabilidade penal dos gerentes decorrente da distribuição ilícita de bens da sociedade está prevista no art. 514.°;

vii) A obrigatoriedade de constituição de uma reserva legal (218.°, n.° 1);

viii) O regime da perda de metade do capital (art. 35.°).

O art. 35.° apresenta um historial de vigência no mínimo curioso.

Com efeito, o art. 2.°, do DL n.° 262/86, de 02 de Setembro (que aprovou o CSC), estipulava que a sua *entrada em vigor* seria *fixada em diploma legal.*

Volvidos 15 anos, o art. 4.°, do DL n.° 237/2001, de 30 de Agosto (sob a epígrafe *Entrada em vigor do artigo 35.° do Código das Sociedades Comerciais*), determinou que *o artigo 35.° do Código das Sociedades Comerciais* entraria *em vigor na data de entrada em vigor daquele diploma.*

Acontece que, a aplicação do art. 35.° levantaria inúmeros problemas de ordem económica e social que se pretenderam evitar.

Daí que, o legislador, através do DL n.º 162/2002, de 11 de Julho, tenha introduzido consideráveis alterações, com a ressalva de *a dissolução imediata prevista no n.º 4*, só ocorrer *a partir do momento da aprovação das contas do exercício de 2004, ou seja, em 2005* (cfr. preâmbulo do DL n.º 162/2002). Devemos destacar a inclusão da perda de metade do capital social, nos termos do n.º 4, do art. 35.º, no elenco das causas de dissolução imediata (cfr. al. f), do art. 141.º).

As alterações introduzidas pelo DL n.º 162/2002, foram motivadas pela necessidade de *requalificação do tecido empresarial português,* tendo em consideração que o artigo em anotação serve *como motor para a busca oportuna de soluções dirigidas ao eficiente desenvolvimento da actividade empresarial ou, sendo caso disso, à cessação de actividades empresariais inviáveis*, combatendo as ditas *«empresas-fantasma»* (cfr. Preâmbulo do referido diploma).

Na opinião de MENEZES CORDEIRO *in* "Manual de Direito das Sociedades", I, p. 563, os contributos do DL n.º 237/2001 e do DL n.º 162/2002 (escudando-se no artigo 17.º, da 2.ª Directiva n.º 77/91/CE, do Conselho, de 13 de Dezembro de 1976) vieram agravar a severidade do art. 35.º.

Não obstante e como já referimos, para efeito da dissolução imediata prevista no n.º 4, do art. 35.º, considerava-se que o exercício de 2003 seria o primeiro exercício relevante (art. 2.º, n.º 1, do DL n.º 162/2002, de 11 de Julho).

Como salienta MENEZES CORDEIRO *in* "Manual de Direito das Sociedades", I, p. 563, o DL n.º 162/2002 "remeteu a sua eficácia para 2004/2005: a sua aparente severidade veio, afinal, encobrir o adiamento real da aplicação do artigo 35.º. Vamos ver. Uma boa doutrina comercialista obviaria a tais excessos legislativos".

Cfr., ainda sobre esta matéria, AVEIRO PEREIRA *in* "O contrato de suprimento", Coimbra Editora, 1997, pp. 20 e ss..

O art. 35.º viria a ser alterado pelo DL n.º 19/2005, de 18 de Janeiro, numa clara tentativa de ajustar tal norma à situação económico-financeira das sociedades comerciais. Conforme se lê no preâmbulo "O presente diploma decorre de uma reponderação da questão a uma luz que se considera mais correcta e realista, instituindo um regime mais conforme com a letra e o espírito da 2.º Directiva, sobre direito das sociedades (Directiva n.º 77/91/CEE, de 13 de Dezembro de 1976)".

Com a referida alteração, a perda de metade do capital deixou de ser encarada numa perspectiva *catastrofista*, que apresentava como principal solução a dissolução da sociedade (perspectiva que, diga-se, foi sentenciando a aplicação do art. 35.º).

O DL n.º 19/2005, abandonando tal perspectiva, passou a encarar a perda de metade do capital social como um sinal indiscutível de alerta para os sócios, "enquanto indício de que raramente deixará de ser uma crise considerável da sociedade. Daí que se imponha que eles sejam informados da situação para que possam adoptar as medidas que tenham por convenientes, na esteira do que é, aliás, exigido pelo artigo 17.º, da 2.ª Directiva, sobre direito das sociedades", cfr.

respectivo preâmbulo. Em consequência, a perda de metade do capital social, prevista no art. 35.º, deixou de estar incluída no elenco das causas de dissolução imediata.

A actual redacção do art. 35.º (introduzida pelo DL n.º 19/2005, entretanto, alterada pelo DL n.º 76-A/2006, de 29 de Março) é a seguinte:

"1 – Resultando das contas de exercício ou de contas intercalares, tal como elaboradas pelo órgão de administração, que metade do capital social se encontra perdido, ou havendo em qualquer momento fundadas razões para admitir que essa perda se verifica, devem os gerentes convocar de imediato a assembleia geral ou os administradores requerer prontamente a convocação da mesma, a fim de nela se informar os sócios da situação e de estes tomarem as medidas julgadas convenientes.

2 – Considera-se estar perdida metade do capital social quando o capital próprio da sociedade for igual ou inferior a metade do capital social.

3 – Do aviso convocatório da assembleia geral constarão, pelo menos, os seguintes assuntos para deliberação pelos sócios:

a) A dissolução da sociedade;

b) A redução do capital social para montante não inferior ao capital próprio da sociedade, com respeito, se for o caso, do disposto no n.º 1 do artigo 96.º;

c) A realização pelos sócios de entradas para reforço da cobertura do capital".

De acordo com o n.º 2, do art. 35.º, há perda de metade do capital social, quando o capital próprio da sociedade for igual ou inferior a metade do capital social. Numa tentativa de concretizar esta conceito, PEREIRA DE ALMEIDA *in* "Sociedades Comerciais", p. 217, considera que "Por perda de mais de metade do capital deve entender-se a situação em que a sociedade tem uma situação líquida negativa inferior a metade do valor do capital social, isto é, o activo menos o passivo externo – passivo sem contar com capital social – é inferior a metade do valor do capital social".

A redução do capital social está regulada nos arts. 94.º a 96.º, com as alterações introduzidas pela L n.º 8/2007, de 17 de Janeiro.

Para uma perspectiva actual do regime da redução do capital social, cfr. PAULO OLAVO DA CUNHA *in* "O novo regime da redução do capital social e o artigo 35.º do CSC", Homenagem da FDL ao Professor Doutor INOCÊNCIO GALVÃO TELLES – 90 anos, Almedina, 2007, pp. 1023 e ss. e PAULO DE TARSO DOMINGUES *in* "O novo regime da redução do capital social", Estudos em Honra do Professor Doutor JOSÉ DE OLIVEIRA ASCENSÃO, vol. II, Almedina, 2008, pp. 1325 a 1345.

VI. O capital social mínimo das SQ, previsto no artigo em anotação é de € 5 000, capital esse que deve ser conservado enquanto durar a sociedade.

No entendimento de ALEXANDRE MOTA PINTO *in* "Capital social e tutela dos credores para acabar de vez com o capital social mínimo nas sociedades por quotas", Nos 20 Anos do Código das Sociedades Comerciais, vol. I, Coimbra Editora, 2007, p. 848, este limite mínimo de capital permite "o surgimento de sociedades subcapitalizadas. Ninguém duvidará, na verdade, que € 5 000 é um capital insuficiente para muitas empresas que assumam a forma jurídica de sociedades por quotas...".

Este mesmo autor, *ob. cit.*, p. 858, acaba mesmo por defender que a "supressão do capital social mínimo nas sociedades por quotas (constante do artigo 201.° do Código das Sociedades Comerciais) constituirá um importante estímulo à iniciativa empresarial".

JURISPRUDÊNCIA:

I – (…)

II – O princípio da intangibilidade do capital social não obsta à rectificação do título de constituição da sociedade, por erro quanto ao montante das quotas dos sócios, o que afasta a intenção de redução do capital social de modo ilícito.
Ac. do STJ, de 22.11.95 *in* CJ, Ano III, Tomo III, p. 118

*I – A **dissolução** da sociedade comercial por falta do aumento atempado do capital social, previsto no n.° 4 do artigo 533.° do Código das Sociedades Comerciais, não é imediata;*
II – Não obstante, intentada pelo MP a acção dissolutória prevista no referido normativo, a sociedade relapsa não pode servir-se da suspensão da instância ou de qualquer outro meio processual de obstar o seu prosseguimento;
*III – Porém, aplicando por analogia o disposto no artigo 144.°, n.° 2 (quanto à sanação do vício previsto na alínea d) do n.° 1 do artigo 142.°) ambos do CSC ao caso previsto no n.° 4 do artigo 533.° do mesmo diploma, a **dissolução** deixaria de ser ordenada se, na pendência da acção, e pelo meio adequado, se mostrasse que a sociedade tinha, entretanto, já procedido ao aumento do capital.*
Ac. RP, de 04.05.95 *in* www.dgsi.pt (Proc. n.° 0082066)

CAPÍTULO II
Obrigações e direitos dos sócios

SECÇÃO I
Obrigação de entrada

ARTIGO 202.º – **(Entradas)**

1 – Não são admitidas contribuições de indústria.

2 – Só pode ser diferida a efectivação de metade das entradas em dinheiro, mas o quantitativo global dos pagamentos feitos por conta destas, juntamente com a soma dos valores nominais das quotas correspondentes às entradas em espécie, deve perfazer o capital mínimo fixado na lei.

3 – A soma das entradas em dinheiro já realizadas deve ser depositada em instituição de crédito, numa conta aberta em nome da futura sociedade, até ao momento da celebração do contrato.

4 – Os sócios devem declarar no acto constitutivo, sob sua responsabilidade, que procederam ao depósito referido no número anterior.

5 – Da conta referida no n.ᵒˢ 3 só podem ser efectuados levantamentos:

a) **Depois de o contrato estar definitivamente registado;**

b) **Depois de celebrado o contrato, caso os sócios autorizem os gerentes a efectuá-los para fins determinados;**

c) **Para liquidação provocada pela inexistência ou nulidade do contrato ou pela falta de registo.**

NOTAS:

I. Anteprojectos: FERRER CORREIA (art. 25.º); VAZ SERRA (art. 38.º) e RAÚL VENTURA (art. 13.º).

Cfr. ANTÓNIO FERRER CORREIA/VASCO LOBO XAVIER/MARIA ÂNGELA COELHO/ANTÓNIO CAEIRO in "Sociedade por quotas ...", p. 178.

II. O artigo em anotação tem a redacção introduzida pelo DL n.º 280/87, de 08 de Julho, pelo DL n.º 237/2001, de 30 de Agosto e pelo DL n.º 76-A/2006, de 29 de Março.

III. As obrigações que os sócios têm para com a sociedade, podem dividir-se em principais e acessórias.

Título III – Sociedades por quotas   61

As obrigações principais, expressamente previstas no art. 20.°, são:

a) a obrigação de entrada e

b) a obrigação de quinhoar nas perdas.

Em conformidade com a a), do art. 20.°, os sócios têm a obrigação de entrar para a sociedade com bens susceptíveis de penhora ou, nos tipos de sociedade em que tal seja permitido, com indústria.

A obrigação de entrada é um dos corolários do princípio da exacta formação, analisado na anotação ao art. 201.°.

A entrada pode ser definida como a prestação de carácter patrimonial que os sócios estão obrigados a realizar a favor da sociedade e que se destina a garantir a prossecução do respectivo objecto social.

Segundo PAULO DE TARSO DOMINGUES *in* "O regime das entradas dos sócios com créditos", Nos 20 Anos do Código das Sociedades Comerciais, vol. I, Coimbra Editora, 2007, p. 789, "deve entender-se por entrada, em sentido técnico-jurídico, toda a contribuição patrimonial do sócio para a sociedade que se destina ao pagamento das participações sociais que adquire; i.é, entrada social é a contribuição patrimonial que o sócio se obriga a realizar e a entregar à sociedade como contraprestação das participações sociais que subscreve".

PINTO FURTADO *in* "Curso de Direito...", p. 104, considera que a "entrada funciona como um *acto de disposição* a favor da sociedade, que poderá, segundo os casos, contra a *parte, quota* ou *acção*, envolver a prestação de uma quantia em dinheiro e consistir então numa *compra e venda*; a alienação do domínio de um bem em *espécie*, constituindo nesse caso numa *troca* (sujeita à regra do art. 939.° CC); a mera disposição do *gozo*, sento então um *usufruto* ou uma *locação*; a transmissão da titularidade de um *estabelecimento comercial ligado a um prédio arrendado*, tendo nesse caso a natureza jurídica de um trespasse; a prestação de serviços, em suma, caso em que consistirá numa *prestação de serviço* do art. 1154.° CC – não, obviamente, um *contrato de trabalho*.

A entrada é uma prestação que tem como contraprestação a *parte, quota* ou *acção*. Não é, por conseguinte, uma alienação ou oneração a *título gratuito*, uma *liberalidade*, mas um *acto dispositivo a título oneroso*".

A entrada do sócio deve consistir em bens susceptíveis de penhora e, assim, aptos a responder pelo cumprimento das obrigações da sociedade (cfr., conjugadamente, art. 20.° e art. 601.°, do CC).

Mais uma vez está presente a preocupação com a consistência do património social.

Na opinião de PAULO DE TARSO DOMINGUES *in* "Garantias da Consistência...", p. 503, "entrada de um sócio, em qualquer tipo de sociedade, não terá que consistir necessariamente num bem susceptível de penhora ..., mas, antes, num bem que ... seja susceptível de avaliação económica e possa, nessa medida, aproveitar aos credores sociais no quando da empresa societária". Este autor, *loc. cit.*, aponta a título de exemplo, o aviamento.

O regime processual da penhora está previsto, designadamente, nos arts. 821.º a 863.º-B, do CPC.

Os sócios são solidariamente responsáveis por todas as entradas convencionadas no contrato social (art. 197.º, n.º 1).

A invalidade do contrato não exime os sócios do dever de realizar ou completar as suas entradas (art. 52.º, n.º 4).

IV. No que concerne ao valor da entrada podemos distinguir:

a) O valor nominal da entrada

O valor nominal da entrada é o valor da participação social (nas SQ, a quota) a que a mesma corresponde.

a) O valor real da entrada

O valor real da entrada "é o que corresponder à cifra, em dinheiro, em que ela se traduza, quando pecuniária ou ao valor dos bens que implique, quando em espécie", MENEZES CORDEIRO *in* "Manual de Direito das Sociedades", I, p. 524.

No que concerne ao seu montante, as entradas não podem ter um valor inferior ao da quota atribuída ao sócio.

Nada impede, como é evidente, que a entrada tenha valor superior ao da quota, "diz-se, então, acima do par. Teremos, nessa eventualidade, um prémio de subscrição" ou de "emissão", também dito "ágio", que passará a integrar as reservas", MENEZES CORDEIRO *in* "Manual de Direito das Sociedades", I, p. 525.

V. Atendendo à natureza e conteúdo da entrada, podemos distinguir:

a) As entradas em indústria

As entradas em indústria consistem na contribuição com serviços, textualmente prevista no art. 980.º, do CC.

Parece que estamos perante duas nomenclaturas que retratam a mesma realidade. ANTÓNIO PEREIRA DE ALMEIDA *in* "Sociedades Comerciais", p. 65, considera que as entradas em indústria são as entradas em trabalho.

No nosso entendimento, as entradas em indústria traduzem-se na contribuição com qualquer actividade física ou intelectual adequada à realização do objecto social.

Para RAÚL VENTURA *in* "Sociedades por Quotas", vol. I, p. 121, a entrada com o serviço de administração da sociedade não é admissível.

Em sentido contrário, MENEZES CORDEIRO *in* "Manual de Direito das Sociedades", II, p. 148, defende uma total dependência face à livre vontade das partes. De acordo com este autor, *loc. cit.*, pode mesmo acontecer que a entrada com serviço de gerência se revele, em virtude das capacidades do sócio de indústria, como uma mais-valia para a sociedade. "Poderá mesmo ser um excelente negócio para todos: não vislumbramos porque iria o Direito impedi-lo."

As entradas em indústria não são permitidas em todas as sociedades comerciais (parte final da al. a), do art. 20.º).

Pela nossa parte, este tratamento discriminatório prende-se com a natureza pessoalista que caracteriza este tipo de entradas.

Na verdade, estas contribuições, sendo admitidas nas sociedades em nome colectivo, são expressamente proibidas nas SQ (**n.º 1**), o que consubstancia um reflexo do lado capitalista deste tipo de sociedades (de natureza mista ou *bipolar*).

Numa outra perspectiva, a proibição das entradas em indústria impõe-se como uma manifestação do princípio da exacta formação e da correlativa preocupação com a consistência do património social.

Uma pessoa só poderá ser sócia de uma SQ, "se realmente contribuir com bens para a mesma.

Quando assim não suceda, deve entender-se que a criação da participação social – que não corresponda a uma entrada do sócio – é nula por violação de normas legais imperativas (art. 294.º CC)", PAULO DE TARSO DOMINGUES *in* "Garantias da Consistência...", p. 499;

b) As entradas em espécie

De forma algo abrangente, o art. 28.º, n.º 1, caracteriza as entradas em espécie como as entradas em bens diferentes de dinheiro. Estamos perante uma noção pela negativa que carece de concretização.

Em traços largos, as entradas em espécie podem ser definidas como os contributos dos sócios para a sociedade compostos por direitos patrimoniais ou créditos susceptíveis de avaliação económica.

Em jeito de conclusão, PAULO OLAVO DA CUNHA *in* "Direito das Sociedades...", p. 238, considera que as entradas em espécie "são integradas por créditos e outros bens ou valores realizáveis em dinheiro".

Podemos indicar os seguintes exemplos de entradas em espécie:
– Letras de câmbio ou outros títulos de crédito. Com exclusão do cheque que, para efeitos de entrada, é considerado dinheiro;
– Estabelecimentos comerciais e industriais. Para maiores desenvolvimentos sobre a entrada através da transmissão de estabelecimento *vide* ABILIO NETO *in* "Código das Sociedades Comerciais", p. 453;
– Prédios rústicos e urbanos;
– Bens móveis sujeitos a registo, como, por exemplo, os automóveis;
– Valores mobiliários, designadamente acções;
– Bens móveis não sujeitos a registo, designadamente, máquinas, mobiliário, material informático, etc.;
– Patentes, modelos de utilidade, desenhos, modelos e marcas;
– *Know-how*.

Para maiores desenvolvimentos sobre o *Know-how* como entrada em espécie, *vide* PAULO DE TARSO DOMINGUES *in* "Garantias da Consistência...", pp. 506 e ss.

PAULO OLAVO DA CUNHA *in* "Direito das Sociedades...", p. 238, acrescenta, ainda, os seguintes exemplos de entradas em espécie:
– "Garantias transmissíveis";

– "Cedência de créditos (sobre terceiros ou sobre a própria sociedade, quando já constituída)";
– "Ouro e metais preciosos";
– "Cessão da posição contratual em contrato-promessa de compra e venda (de imóvel)".

Quanto às entradas com créditos, veja-se PAULO DE TARSO DOMINGUES *in* "O regime das entradas ...", pp. 785 e ss..

Sobre a idoneidade dos direitos reais de gozo para a a realização do capital social, cfr. MANUEL ANTÓNIO PITA *in* "O uso e fruição de bens na realização do capital social", Homenagem da FDL ao Professor Doutor INOCÊNCIO GALVÃO TELLES – 90 anos, Almedina, 2007, pp. 775 e ss..

Por força do princípio da exacta formação, as entradas em bens diferentes de dinheiro devem ser objecto de um relatório elaborado por um ROC sem interesses na sociedade, designado por deliberação dos sócios na qual estão impedidos de votar os sócios que efectuam as entradas (art. 28.º, n.º 1).

De facto, às entradas em espécie podem ser atribuídos valores subjectivos. Conforme sublinha MENEZES CORDEIRO *in* "Manual de Direito das Sociedades", I, p. 527, "Repare-se que não basta, aqui, relevar o valor que, por acordo, os sócios lhe queiram atribuir: a sociedade tem um património objectivo, que interessa à comunidade e, em especial, aos credores. Por isso, o Direito preocupa-se com o conhecimento do valor exacto dos "bens", procurando que seja devidamente determinado".

O revisor que tenha elaborado o referido relatório não pode, durante dois anos contados da data do registo do contrato de sociedade, exercer quaisquer cargos ou funções profissionais nessa sociedade ou em sociedades que com ela se encontrem em relação de domínio ou de grupo (art. 28.º, n.º 2, com a redacção introduzida pelo DL n.º 76-A/2006, de 29 de Março). Esta regra impõe-se como garantia da independência e isenção do revisor responsável.

Nos termos do disposto no n.º 3, do art. 28.º, o relatório do revisor deve, pelo menos:

a) Descrever os bens;

b) Identificar os seus titulares;

c) Avaliar os bens, indicando os critérios utilizados para a avaliação;

d) Declarar se os valores encontrados atingem ou não o valor nominal da parte, quota ou acções atribuídas aos sócios que efectuaram tais entradas, acrescido dos prémios de emissão, se for caso disso, ou a contrapartida a pagar pela sociedade.

As regras de verificação das entradas em espécie insertas no art. 28.º são normas imperativas que visam, fundamentalmente, tutelar os interesses de terceiros, designadamente, os credores sociais.

Segundo MENEZES CORDEIRO *in* "Manual de Direito das Sociedades", I, p. 528, estamos "perante regras imperativas. Nem por comum acordo podem ser postergadas".

Título III – Sociedades por quotas   65

Para maiores desenvolvimentos acerca da determinação do valor da entrada em espécie, *vide* PINTO FURTADO *in* "Curso de Direito...", pp. 95 e ss..

Se se verificar a existência de erro na avaliação feita pelo revisor, o sócio é responsável pela diferença que porventura exista, até ao valor nominal da sua participação (art. 25.°, n.° 2).

Uma nota para fazer referência à entrada em espécie oculta. Conforme salienta FERNANDO OLIVEIRA E SÁ *in* "A transformação de créditos em capital e o problema das entradas em espécie ocultas", nos 20 Anos do Código das Sociedades Comerciais, vol. II, Coimbra Editora, 2007, p. 687, "estamos perante uma entrada em espécie oculta quando a realização unitária de uma entrada é cindida em dois negócios juridicamente distintos: um deles aparece como relativo ao cumprimento da obrigação de entrada em dinheiro; o outro serve para fazer sair dinheiro da sociedade e, ao mesmo tempo, para aceitar outros objectos patrimoniais como prestação respeitante à obrigação de entrada. Através da conjugação destes dois actos, assistimos à produção do efeito típico de uma entrada em espécie dissimulada numa entrada em dinheiro".

c) As entradas em dinheiro

As entradas em dinheiro são o contributo dos sócios composto por moeda com curso legal (cfr. art. 14.°).

No conceito de moeda com curso legal devemos incluir o numerário (notas e moedas metálicas), bem como os cheques. Para PAULO OLAVO DA CUNHA *in* "Direito das Sociedades...", p. 238, os cheques "têm uma função liberatória plena, constituindo um meio de pagamento. Portanto, as entradas em sociedades comerciais tituladas por cheque devem ser consideradas em dinheiro".

No caso de SQ constituídas ao abrigo do regime especial previsto no DL n.° 111/2005, de 08 de Julho, a entrada tem obrigatoriamente de ser em dinheiro, cfr. resulta, *a contrario,* do art. 2.°, al. b), do referido diploma.

VI. Em regra, as entradas dos sócios devem ser realizadas até ao momento da celebração do contrato de sociedade (art. 26.°, 1.ª parte, com a redacção introduzida pelo DL n.° 76-A/2006). Também, aqui, o legislador procurou assegurar o respeito pelo princípio da exacta formação.

No entanto, a 2.ª parte, do citado art. 26.°, admite o diferimento da efectivação das entradas em dinheiro (nos casos e termos em que a lei o permita).

Nas SQ, *os termos* do diferimento estão previstos no **n.° 2**.

Assim, para este tipo de sociedades, o diferimento da efectivação de metade das entradas em dinheiro é admissível, contanto esteja satisfeito, através das entradas em dinheiro (efectivamente realizadas) e/ou em espécie, o capital mínimo previsto no art. 201.°, ou seja, € 5000.

A propósito do **n.° 2**, importa saber se cada sócio tem que realizar a percentagem legalmente fixada da sua participação social ou se basta estar glo-

66 *Regime Jurídico das Sociedades por Quotas*

balmente realizada tal percentagem do capital social, ainda que um ou alguns dos sócios não entreguem imediatamente aquele montante.

Na opinião de PAULO DE TARSO DOMINGUES *in* "Garantias da Consistência...", p. 506, "a interpretação correcta ... deverá ser, parece, a de considerar que cada sócio tem que realizar, no mínimo, 50% ou 30% (consoante se trata de SQ ou SA) da sua entrada em dinheiro".

De acordo com a al. b), do art. 199.°, o montante das entradas diferidas deve ser, obrigatoriamente, mencionado no contrato de sociedade.

VII. Os actos de administração e as deliberações dos sócios que liberem total ou parcialmente os sócios da obrigação de efectuar entradas estipuladas são nulos (art. 27.°, n.° 1).

A dação em cumprimento da obrigação de liberar a entrada em dinheiro pode ser deliberada como alteração do contrato de sociedade, com observância do preceituado relativamente a entradas em espécie (art. 27.°, n.° 2).

A dação em cumprimento é uma causa extintiva das obrigações "que consiste em o devedor se exonerar do vínculo a que se acha adstrito, mediante uma prestação diversa da que era devida", ALMEIDA COSTA *in* "Direito das Obrigações", pp. 978 e 979.

O regime jurídico da dação em cumprimento está previsto nos arts. 837.° e 840.°, do CC.

Nos termos do disposto no n.° 3, do art. 27.°, o contrato de sociedade pode estabelecer penalidades para a falta de cumprimento da obrigação de entrada.

Os lucros correspondentes às quotas não liberadas não podem ser pagos aos sócios que se encontrem em mora, mas devem ser-lhes creditados para compensação da dívida de entrada, sem prejuízo da execução, nos termos gerais ou especiais, do crédito da sociedade. Estamos perante a única situação em que a compensação é admitida como causa de extinção da obrigação de entrada (art. 27.°, n.os 4 e 5).

A falta de realização pontual de uma prestação relativa a uma entrada importa o vencimento de todas as demais prestações em dívida pelo mesmo sócio, ainda que respeitem a outras quotas (art. 27.°, n.° 6). Trata-se de uma regra prevista no art. 781.°, do CC, nos termos do qual "Se a obrigação puder ser liquidada em duas ou mais prestações, a falta de realização de uma delas importa o vencimento de todas".

Todavia existe uma significativa diferença. Enquanto que o art. 781.°, do CC, não se aplica a outras dívidas que o devedor tenha para com o mesmo credor, o art. 27.°, n.° 6, "abre excepção a essa regra, estendendo a dívidas de entradas de outras quotas o vencimento antecipado resultante da falta de pagamento de uma prestação de quota não liberada", RAÚL VENTURA *in* "Sociedades por Quotas", vol. I, p. 147.

Este mesmo autor, *loc. cit.*, destaca, ainda, que um "outro efeito do art. 27.º, n.º 6, relativamente ao disposto no art. 781.º CC, consiste em impedir a convenção em contrário, que esse artigo do CC permite".

VIII. Com o não cumprimento da obrigação de entrada, a sociedade adquire um crédito sobre o sócio, o qual, como é natural, pode ser reclamado a qualquer momento.

Sucede que, "não "obstante o rigor legal da limitação temporal do diferimento das entradas, não se encontra na lei um dever que recaia sobre a sociedade de cobrar as entradas em mora sobre os sócios remissos", PAIS DE VASCONCELOS *in* "A participação social...", p. 252.

Ora, tendo presente que a realização do capital social e o cumprimento das entradas visam, fundamentalmente, assegurar a garantia patrimonial dos credores sociais, a lei confere a estes o poder de exigirem dos sócios, em favor da sociedade, as entradas não realizadas, a partir do momento em que elas se tornem exigíveis, bem como o poder de as promover judicialmente antes de se tornarem exigíveis, nos termos do contrato, desde que isso seja necessário para a conservação ou satisfação dos seus direitos (art. 30.º).

Cfr. o Ac. da RP, de 13.11.06 *in* www.dgsi.pt (Proc. n.º 0652553).

Estamos perante uma verdadeira sub-rogação cujo regime está consagrado nos arts. 606.º a 609.º, do CC.

Podemos, assim, concluir que, o sócio está obrigado a realizar a sua entrada, em primeira linha, perante a sociedade e, em segunda linha, perante os credores.

A invalidade de um contrato não exonera os sócios da responsabilidade pessoal e solidária perante terceiros que lhes incumba (art. 52.º, n.º 4).

A sociedade pode ilidir o pedido desses credores, satisfazendo-lhes os seus créditos com juros de mora, quando vencidos, ou mediante o desconto correspondente à antecipação, quando por vencer, e com as despesas acrescidas (art. 30.º, n.º 2).

Para MENEZES CORDEIRO *in* "Manual de Direito das Sociedades", I, p. 528, esta disposição é um preceito dispensável, "já que o pagamento pode ser feito por terceiro (767.º/1) e antecipado pelo devedor (779.º, ambos do Código Civil). De todo o modo, facilita a referência ao "desconto" e às "despesas"".

IX. A soma das entradas em dinheiro deve ser depositada em instituição de crédito, numa conta aberta em nome da sociedade, até ao momento da celebração do contrato (**n.º 3**, com a redacção introduzida pelo DL n.º 76-A/2006).

Na sua versão inicial, o **n.º 3** exigia que as entradas em dinheiro fossem depositadas numa contra aberta em nome da futura sociedade, da qual só poderiam ser efectuados levantamentos depois de o contrato estar definitivamente registado ou para os fins de liquidação provocada quer pela nulidade do contrato quer pela falta de registo.

Este número viria a ser, desde logo, alterado pelo DL n.º 280/87, que introduziria a seguinte redacção:

"A soma das entradas em dinheiro já realizadas deve ser depositada em instituição de crédito, antes de celebrado o contrato, numa contra aberta em nome da futura sociedade, devendo ser exibido ao notário o comprovativo de tal depósito por ocasião da escritura".

A propósito desta alteração, ANTÓNIO CAEIRO *in* "As modificações ao Código das Sociedades Comerciais", *Ab Uno Ad Omnes*, 75 anos da Coimbra Editora, Coimbra Editora, 1998, pp. 381 e 382, entendia que o regime anterior era "inteiramente coerente com a concepção que via no registo o momento culminante do processo de constituição da sociedade, com a consequente atribuição da personalidade jurídica ao novo ente. (…).

Por outro lado, constituída um incentivo à rápida promoção do registo da sociedade e evitava certamente que um grande número de actos fosse praticado em nome da sociedade, antes de efectuado o registo".

Nos termos do art. 543.º, os depósitos de entradas de capital deviam ser efectuados na Caixa Geral de Depósitos, enquanto os Ministros das Finanças e da Justiça, em portaria conjunta, não autorizassem que o fossem noutras instituições de crédito.

Neste seguimento, a P n.º 228/92, de 25 de Julho, publicada no DR, 2.ª Série, autorizou que os referidos depósitos fossem efectuados em qualquer instituição de crédito com fundos próprios não inferiores a 3,5 milhões de contos.

Antes de 2001, o artigo em anotação exigia que fosse exibido, ao notário, o comprovativo do depósito das entradas em dinheiro.

Com o **n.º 4,** aditado pelo DL n.º 237/2001, passou a ser possível comprovar o depósito apenas mediante declaração dos sócios, prestada sob a sua responsabilidade.

Acresce que, com a *febre privatista* do DL n.º 76-A/2006, deixou de ser imposta a exibição do comprovativo do depósito ao notário (até porque deixou de ser exigida a escritura pública para a contrato de sociedade, cfr. art. 7.º, n.º 1) ou a qualquer entidade pública.

De facto, da leitura conjugada dos **n.ºs 3 e 4,** resulta que aos sócios é apenas exigido que declarem no acto constitutivo, sob sua responsabilidade, que procederam ao depósito das entradas.

Convém referir que o sócio que declarar, falsamente, que procedeu a este depósito pode ser punido com pena de prisão até 3 meses e multa até 60 dias (art. 519.º).

É claro que a redacção actual limitou-se a consagrar uma prática que era usual, senão mesmo dominante, na constituição de sociedades comerciais.

Daí que, como refere MENEZES CORDEIRO *in* "Manual de Direito das Sociedades", I, p. 528, de "*iure condendo*, não se justificam estes "depósitos" obri-

Título III – Sociedades por quotas

gatórios, hoje reduzidos a mero ritual. Melhor seria admitir, como entradas, créditos sobre os sócios, que a sociedade cobraria quando necessário".

Curiosamente, após esta amálgama de alterações legislativas, o regime que temos hoje é em muito semelhante ao regime previsto na Lei das Sociedades por Quotas, de 11 de Abril de 1901, cujo art. 5.º, § 2.º dispunha o seguinte:

"Na escritura de constituição de sociedade deve indicar-se o valor das contribuições em bens diversos de dinheiro, com descrição destes, assim como fazer--se menção expressa do cumprimento do disposto no presente artigo e seu § 1.º, ficando os associados que na escritura intervierem solidariamente responsáveis para com a sociedade e terceiros pelo valor atribuído no momento da constituição da sociedade àquelas contribuições e pela falta de cumprimento dos referidos preceitos".

X. A norma prevista no **n.º 5** tem, hoje, uma aplicação muito residual. Isto porque, conforme já referimos, na prática, os sócios não estão obrigados a efectuar o depósito em instituição de crédito, bastando que declarem no acto constitutivo da sociedade que procederam a tal depósito.

No entanto, para os casos em que os sócios optem por efectuar efectivamente tal depósito e no caso previsto na al. b), **do n.º 5**, note-se que a autorização dos sócios deve ser dada por deliberação social. Para RAÚL VENTURA *in* "Sociedades por Quotas", vol. I, p. 130, tal autorização pode igualmente ser dada no próprio contrato de sociedade.

Para este mesmo autor, *ob. cit.*, p. 131, a conclusão a tirar da al. b) é que, após a celebração do contrato de sociedade, "os sócios dispõem dessas importâncias como quiserem, de modo que a intenção da lei quanto à segurança dessas importâncias até ao momento em que a sociedade, pelo registo definitivo, adquire personalidade jurídica e existe como tal, esfumou-se".

De acordo com a al. c), do **n.º 5,** o levantamento é admissível para liquidação provocada pela inexistência ou nulidade do contrato ou pela falta de registo.

De facto, nos termos do n.º 1, do art. 52.º, a declaração de nulidade e a anulação do contrato de sociedade determinam a entrada da sociedade em liquidação.

ARTIGO 203.º – **(Tempo das entradas)**

1 – O pagamento das entradas que a lei não mande efectuar no contrato de sociedade ou no acto de aumento de capital só pode ser diferido para datas certas ou ficar dependente de factos certos e determinados; em qualquer caso, a prestação pode ser exigida a partir do momento em que se cumpra o período de cinco anos sobre a celebra-

ção do contrato ou a deliberação de aumento de capital ou se encerre prazo equivalente a metade da duração da sociedade, se este limite for inferior.

2 – Salvo acordo em contrário, as prestações por conta das quotas dos diferentes sócios devem ser simultâneas e representar fracções iguais do respectivo montante.

3 – Não obstante a fixação de prazos no contrato de sociedade, o sócio só entra em mora depois de interpelado pela sociedade para efectuar o pagamento, em prazo que pode variar entre 30 e 60 dias.

NOTAS:

I. Anteprojectos: FERRER CORREIA (art. 71.°); VAZ SERRA (art. 41.°) e RAÚL VENTURA (art. 16.°).

II. Como vimos mais desenvolvidamente na anotação ao art. 202.°, os sócios podem, por estipulação contratual, prever o diferimento da realização das entradas em dinheiro, o qual, nas SQ, só pode corresponder à efectivação de metade dessas entradas (cfr., articuladamente, os arts. 26.° e 202.°, n.° 2).

Por força do art. 89.°, n.° 1, esta regra aplica-se igualmente às entradas nos aumentos de capital.

Mais uma vez está aqui presente a preocupação em assegurar a consistência do património social e em determinar temporalmente a sua exacta formação.

O legislador, para evitar que a formação do património social seja protelada para data incerta ou mesmo *ad eternum*, impôs os dois requisitos previstos no **n.° 1**.

O pagamento das entradas relativas à constituição da sociedade ou ao aumento de capital só pode ser diferido para datas certas ou ficar dependente de factos certos e determinados, ou seja, o diferimento verificar-se-á a termo.

O termo pode ser definido como uma cláusula acessória através da qual o cumprimento de uma obrigação (de entrada) só se torna exigível numa ou mais datas certas (uma vez que as entradas podem ser realizadas em várias prestações) ou fica dependente de factos certos e determinados.

No domínio do direito civil, o termo "é certo quando se sabe antecipadamente o momento exacto em que se verificará (p. ex., o devedor fica obrigado a cumprir a sua prestação «no dia 1 de Janeiro» de determinado ano ou «dentro de um mês» a contar de certa data), e incerto quando esse momento é desconhecido (p. ex., consistir o termo na morte de alguém, a qual, como se sabe, é certa, mas a sua hora incerta)", MOTA PINTO *in* "Teoria Geral do Direito Civil", p. 573.

O pagamento das entradas pode ficar dependente de facto certo e determinado, "certeza quanto à verificação do facto, determinação quanto à identificação do facto". Isto significa que "é lícito o *dies certus an*, quer seja *certus quando*, quer seja *incertus quando*", RAÚL VENTURA *in* "Sociedades por Quotas", vol. I, pp. 135 e 136.

Por conseguinte, não é admissível um diferimento condicionado (facto futuro e incerto). Conforme alerta este mesmo autor, *ob. cit.*, p. 136, uma "entrada condicional, embora parcialmente, tornaria inseguro o capital social e, se a condição não se verificasse, tornaria o capital parcialmente fictício".

Quanto às regras do cômputo do termo, *vide* o art. 279.°, do CC.

A frase "*só pode ser diferido para datas certas ou ficar dependente de factos certos e determinados*" deve ser entendida "como esclarecimento das cláusulas lícitas consequente rejeição doutras cláusulas e não como imposição de cláusula fixadora do tempo de cumprimento", RAÚL VENTURA *in* "Sociedades por Quotas", vol. I, p. 138.

A intenção da lei é fixar prazos mínimos em benefício da sociedade e não em benefício dos sócios, tornando exigíveis "as prestações a partir dos momentos que fixa como máximos de diferimento, mas não exclui que as prestações possam ser exigidas antes daqueles momentos", RAÚL VENTURA, *loc. cit.*.

Solução que está em harmonia com o regime geral das obrigações, mais precisamente com o art. 777.°, n.° 1, do CC, segundo o qual na falta de estipulação ou disposição especial da lei, o credor tem o direito de exigir a todo o tempo o cumprimento da obrigação, assim como o devedor pode a todo o tempo exonerar--se dela.

Para MENEZES CORDEIRO *in* "Manual de Direito das Sociedades", II, p. 253, se as partes não indicarem, no contrato, qual o prazo de diferimento, há uma lacuna. "Essa lacuna deve ser integrada em termos objectivos, com aproximação às regras próprias da interpretação da lei. Teremos de considerar, caso a caso, o que se passa. Assim:

- ou resulta do contrato que as entradas diferidas devem coincidir com determinado evento *certus an*, ainda que *incertus quando*: nessa altura, a integração aproximará, dessa eventualidade, o prazo de efectivação;
- ou apenas emerge que as partes não quiseram vincular-se a nenhuma data, altura em que operam os limites legais máximos: cinco anos ou metade da duração da sociedade".

As designadas cláusulas de chamada pela gerência, segundo as quais o cumprimento da obrigação de entrada depende do chamamento da gerência, são, na opinião de RAÚL VENTURA *in* "Sociedades por Quotas", vol. I, p. 139, nulas, porquanto prevêem um diferimento proibido pelo **n.° 1**. Isto porque, as referidas chamadas constituem um facto incerto, "pois a gerência (ou melhor, a sociedade credora, actuando pela gerência), pode efectuar ou deixar de efectuar a chamada", RAÚL VENTURA *in* "Sociedades por Quotas", vol. I, p. 139.

Na opinião de MENEZES CORDEIRO *in* "Manual de Direito das Sociedades", II, p. 254, estamos perante uma entrada condicionada, mais precisamente, uma

72   *Regime Jurídico das Sociedades por Quotas*

condição (potestativa) do "chamamento" da gerência, "tal "chamamento" ou é objectivamente justificado (*certus an*) ou tem o limite dos cinco anos ou metade da duração da sociedade".

III. A prestação pode sempre ser exigida a partir do momento em que se cumpra o período de cinco anos sobre a celebração do contrato ou a deliberação de aumento de capital ou se encerre prazo equivalente a metade da duração da sociedade, se este limite for inferior (2.ª parte, do **n.° 1**).

Neste caso, saímos dos terrenos da autonomia privada e entramos nos da imperatividade legal. Imperatividade esta cuja *ratio* assenta na necessidade de fixar um prazo razoável para o diferimento.

Na verdade quando "no contrato de sociedade é fixado um certo montante de capital social, subentende-se que tal montante é necessário para a actividade social e esta não se compadece com a existência de créditos da sociedade sobre os sócios para a realização das entradas, antes pressupõe a realização destas, com a respectiva colocação dos bens à disposição da sociedade. Permitir que inicialmente seja estipulado um capital, metade do qual pode indefinidamente deixar de ser realizado, é consentir uma simples aparência", RAÚL VENTURA *in* "Sociedades por Quotas", vol. I, p. 136.

O legislador estipulou dois prazos máximos para o diferimento da realização de entradas:

a) o prazo de cinco anos sobre a celebração do contrato ou a deliberação de aumento de capital;

b) o prazo equivalente a metade da duração da sociedade.

No entendimento de RAÚL VENTURA *in* "Sociedades por Quotas", vol. I, p. 136, da articulação destes dois prazos resulta, que "prevalecerá no caso concreto o mais curto destes dois prazos, o que praticamente conduz a ser de cinco anos contados da celebração do contrato de sociedade o prazo máximo de diferimento, salvo se a duração da sociedade for inferior a dez anos. A duração a atender para o efeito é a estipulada no contrato de sociedade e não a que de facto uma sociedade possa ter".

IV. As cláusulas de diferimento da prestação de entradas caducam na data da dissolução da sociedade, mas os liquidatários só poderão exigir das dívidas dos sócios (previstas no art. 153.°) as importâncias que forem necessárias para satisfação do passivo da sociedade e das despesas de liquidação, depois de esgotado o activo social, mas sem incluir neste os créditos litigiosos ou considerados incobráveis (art. 153.°, n.° 3).

V. Ao abrigo do **n.° 2,** as prestações relativas às obrigações de entrada dos diferentes sócios devem ser simultâneas e representar fracções iguais dos respectivos montantes.

Título III – Sociedades por quotas   73

Esta norma consagra o princípio da igualdade de tratamento dos sócios. A simultaneidade reporta-se à exigibilidade do cumprimento e não ao cumprimento efectivo. Um "sócio poderá, para deixar de cumprir a sua obrigação, alegar que foi colocado em situação desigual por ainda não estarem vencidas as obrigações de outros sócios, mas não poderá defender-se alegando que, vencidas igualmente todas as obrigações, algum outro sócio ainda não cumpriu", RAÚL VENTURA *in* "Sociedades por Quotas", vol. I, p. 140.

Para além da simultaneidade, a lei exige ainda a igualdade no montante das prestações, "mas a disposição não pode ser entendida à letra. «Fracções iguais do respectivo montante» inculca fracções *numericamente* iguais, mas o entendimento correcto será fracções *percentualmente* iguais", RAÚL VENTURA, *loc. cit.*.

Em suma, a igualdade aqui prevista "exige o pagamento simultâneo da mesma percentagem da importância em dívida", RAÚL VENTURA, *loc. cit.*.

Conforme resulta, expressamente, da frase *salvo acordo em contrário*, as prestações por conta das quotas podem, contanto haja acordo nesse sentido, não representar fracções iguais do respectivo montante. Ou seja, "desde que os quotistas o convencionem, pode um realizar, por. ex., imediatamente 70% e outro 50% das suas entradas", PAULO DE TARSO DOMINGUES *in* "Garantias da Consistência...", p. 506.

O poder aqui conferido à vontade das partes *não é de estranhar*, uma vez que o princípio da igualdade "não vigora contra a vontade dos interessados", RAÚL VENTURA *in* "Sociedades por Quotas", vol. I, p. 140.

VI. Por força do disposto no **n.° 3**, o sócio só entra em mora depois de interpelado pela sociedade para efectuar o pagamento, em prazo que pode variar entre 30 e 60 dias, não obstante a fixação de prazos no contrato de sociedade.

O regime do artigo em anotação não afasta a aplicação das regras do direito das obrigações, mais precisamente o princípio geral da constituição em mora consagrado no n.° 2, do art. 804.°, do CC. Este princípio, quando importado para o campo societário em análise, determina que o sócio inadimplente só será constituído em mora se a prestação em falta (relativa à obrigação de entrada) não for realizada no tempo devido, por causa que lhe seja imputável.

Por sua vez, a exigência de interpelação prevista no **n.° 3** constitui uma derrogação (MENEZES CORDEIRO *in* "Manual de Direito das Sociedades", II, p. 254 e PAULO OLAVO DA CUNHA *in* "Direito das Sociedades...", p. 243, falam de desvio) à norma do art. 805.°, n.° 2, al. a), do CC, de acordo com a qual a verificação da mora depende apenas do decurso do prazo estabelecido para o cumprimento e não da interpelação do devedor.

Este tratamento mais favorável (que concede ao sócio mais algum tempo para cumprir a sua obrigação) justifica-se pela gravidade das sanções aplicá-

74   *Regime Jurídico das Sociedades por Quotas*

veis previstas no art. 204.°, n.° 1, mais precisamente a exclusão e a perda total ou parcial da quota. Cfr. RAÚL VENTURA *in* "Sociedades por Quotas", vol. I, p. 148.

Por outro lado, MENEZES CORDEIRO *in* "Manual de Direito das Sociedades", II, p. 254, considera que a "exigência de interpelação cifra-se num *favor socii*, destinado a prevenir que este, por desconhecimento da ocorrência do facto *certus an* ou por esquecimento, entre em mora, desencadeando um sempre desagradável conflito com a sociedade".

De qualquer forma estamos perante um claro reflexo da vertente pessoalista das SQ.

O tratamento mais favorável contido nesta norma não se limita à exigência de interpelação, vai mais além, facultando ao sócio uma prazo entre 30 e 60 dias para proceder ao pagamento (aquilo a que MENEZES CORDEIRO *in* "Manual de Direito das Sociedades", II, p. 254, chama de "eficácia diferida da própria interpelação").

O prazo mínimo (30 dias) e o máximo (60 dias) devem ser contados a partir da recepção da interpelação pelo sócio devedor. Cfr. RAÚL VENTURA *in* "Sociedades por Quotas", vol. I, p. 148.

A interpelação pode ser judicial ou extrajudicial, nos termos do n.°1, do art. 805.°, do CC.

Do regime geral das obrigações, mais precisamente do n.° 1, do art. 806.°, do CC, resulta, ainda, que, na obrigação pecuniária de entrada, o sócio inadimplente, com a constituição em mora, torna-se devedor dos respectivos juros.

Depois de verificado o termo, os gerentes têm o dever de proceder à interpelação com a maior brevidade possível, sob pena de incorrerem no dever de indemnizar a sociedade pelos danos sofridos pela omissão (de interpelação), de acordo com o art. 72.°.

Ao invés, os "prejuízos eventuais dos credores sociais são evitados pelas faculdades que o art. 30.° lhes concede", RAÚL VENTURA *in* "Sociedades por Quotas", vol. I, p. 148.

A falta de realização pontual de uma prestação relativa a uma entrada importa o vencimento de todas as demais prestações em dívida pelo mesmo sócio, ainda que respeitem a outras quotas (art. 27.°, n.° 6).

VII. Se o sócio não efectuar o pagamento no prazo fixado na interpelação sujeita-se às sanções previstas no art. 204.°.

JURISPRUDÊNCIA:

I – A acção sub-rogatória intentada nos termos do art. 30.° do Código das Sociedades Comerciais constitui modalidade da acção sub-rogatória prevista no art. 606.° e ss. do Código Civil.

Título III – Sociedades por quotas 75

II – Na hipótese da al. a), permite-se aos credores que exerçam os direitos da sociedade relativamente às entradas não realizadas, a partir do momento em que estas sejam exigíveis.

III – Embora se encontre decorrido o prazo convencionado para a realização das entradas em falta (não efectuadas no momento constitutivo da sociedade anónima), os sócios só entram em mora depois de interpelados pela sociedade, para efectuar o pagamento, prova que incumbe à Autora (credora social).

IV – Não tendo a Autora feito essa prova, mas provando-se que a sociedade devedora não tem quaisquer bens susceptíveis de penhora, verifica-se a hipótese da al. b), em que os poderes sub-rogatórios dos credores da sociedade, quanto às entradas, já não dependem de estas se terem tornado exigíveis, nos termos contratuais, mas, apenas, de a sua promoção judicial ser necessária "para a conservação ou satisfação dos seus direitos".

V – A acção sub-rogatória prevista no art. 30 do CSC é a acção sub-rogatória indirecta, que é exercida em proveito de todos os credores, conforme resulta do estatuído no art. 609 do Cód. Civil.

Ac. RP, de 13.11.06 *in* www.dgsi.pt (Proc. n.° 0652553) e CJ, Ano XXXI, Tomo V, p. 174

ARTIGO 204.° – **(Aviso ao sócio remisso e exclusão deste)**

1 – Se o sócio não efectuar, no prazo fixado na interpelação, a prestação a que está obrigado, deve a sociedade avisá-lo por carta registada de que, a partir do 30.° dia seguinte à recepção da carta, fica sujeito a exclusão e a perda total ou parcial da quota.

2 – Não sendo o pagamento efectuado no prazo referido no número anterior e deliberando a sociedade excluir o sócio, deve comunicar-lhe, por carta registada, a sua exclusão, com a consequente perda a favor da sociedade da respectiva quota e pagamentos já realizados, salvo se os sócios, por sua iniciativa ou a pedido do sócio remisso, deliberarem limitar a perda à parte da quota correspondente à prestação não efectuada; neste caso, deverão ser indicados na declaração dirigida ao sócio os valores nominais da parte perdida por este e da parte por ele conservada.

3 – A estas partes não é aplicável o disposto no artigo 219.°, n.° 3, não podendo, contudo, cada uma delas ser inferior a 50 euros.

4 – Se, nos termos do n.° 2 deste artigo, tiver sido declarada perdida pelo sócio remisso apenas uma parte da quota, é aplicável à venda dessa parte, à responsabilidade do sócio e à dos anteriores ti-

tulares da mesma quota, bem como ao destino das quantias obtidas, o disposto nos artigos seguintes.

NOTAS:

I. Anteprojectos: FERRER CORREIA (art. 73.º); VAZ SERRA (art. 45.º) e RAÚL VENTURA (art. 20.º).

II. O **n.º 3** tem a redacção introduzida pelo DL n.º 343/98, de 06 de Novembro.

III. As consequências legais da falta de cumprimento da obrigação de entrada estão previstas no artigo em anotação e nos arts. 205.º a 208.º.

Nos termos do disposto no **n.º 1**, quando o sócio inadimplente não realizar a prestação a que está obrigado, dentro do prazo fixado na interpelação, a sociedade deve avisá-lo por carta registada de que, a partir do 30.º dia seguinte à recepção desta, fica sujeito a exclusão e à perda total ou parcial da quota.

O legislador procurou, aqui, dar ao sócio inadimplente, de forma algo *implorativa*, uma *nova oportunidade*, concedendo-lhe, para além do prazo de 30 ou 60 dias fixado na interpelação, mais 30 dias para realizar a prestação em mora (relembremos que o sócio só entra em mora depois de interpelado pela sociedade, nos termos do art. 203.º, n.º 3).

A mora na realização da entrada é, no entendimento de MENEZES CORDEIRO *in* "Manual de Direito das Sociedades", II, p. 255, "duplamente grave: põe em causa o próprio ente colectivo e conduz, por via do sistema de responsabilidade subjacente às sociedades por quotas, à responsabilização solidária dos sócios cumpridores".

CAROLINA CUNHA *in* "A exclusão de sócios (em particular, nas sociedades por quotas)", Problemas do Direito das Sociedades, Almedina, 2003, p. 213, sublinha que uma das razões que explica a preocupação do legislador com a situação do sócio inadimplente é o princípio da tutela do capital social quanto à sua exacta formação.

O prazo previsto no artigo em anotação é um prazo admonitório que "corresponde à adaptação do artigo 808.º/1, do Código Civil", MENEZES CORDEIRO *in* "Manual de Direito das Sociedades", II, p. 255.

IV. O processo de execução coactiva da dívida de entrada estabelecido nos arts. 204.º e ss. "não é de forçosa utilização", RAÚL VENTURA *in* "Sociedades por Quotas", vol. I, p. 152. Cfr., neste mesmo sentido, MENEZES CORDEIRO *in* "Manual de Direito das Sociedades", II, p. 255 e, ainda, ao abrigo da Lei de 11 de Abril de 1901, AVELÃS NUNES *in* "O direito de exclusão de sócios nas sociedades comerciais", reimpressão, Almedina, 2002, p. 98.

Por conseguinte, a sociedade tem a faculdade de optar pelo regime especial previsto no CSC ou pelos meios comuns de efectivação do seu crédito. Este direito de opção não significa que o regime geral e o regime especial sejam cumuláveis.

A este propósito, RAÚL VENTURA *in* "Sociedades por Quotas", vol. I, p. 155, considera que "a expedição do aviso não fixa o processo adoptado pela sociedade; coloca a sociedade em condições de poder deliberar o processo especial de execução, mas não a impede de adoptar o processo geral.

É, pois, nesta altura que, vindo a ser tomada resolução expressa, esta definirá o processo adoptado: ou os sócios deliberam excluir sócio remisso e continuará o processo especial; ou os sócios deliberam não excluir o sócio remisso e fica aberta necessariamente a via do processo geral...".

Se a sociedade optar pelo regime geral de execução, o aviso não é obrigatório, uma vez que este constitui, apenas, o primeiro e necessário acto do processo especial de execução previsto no CSC. Esta conclusão é extraível, desde logo, do n.º 4, do art. 207.º.

V. A forma exigida para o aviso é a carta registada, mas nada impede que seja observada forma mais solene, como por exemplo, a notificação judicial avulsa.

Segundo RAÚL VENTURA *in* "Sociedades por Quotas", vol. I, p. 153, a carta registada não pode ser substituída pela proposição da acção de cobrança da prestação em dívida.

O aviso previsto no **n.º 1** deve mencionar, obrigatoriamente, que o sócio inadimplente fica sujeito a exclusão e a perda total ou parcial da quota.

O termo *ad quem* do aviso "há-de ser a recepção do aviso pelo sócio", RAÚL VENTURA *in* "Sociedades por Quotas", vol. I, p. 153.

VI. Se o sócio inadimplente não efectuar a prestação em falta no prazo de 30 dias previsto no **n.º 1**, a sociedade pode deliberar:

i) a sua exclusão ou

ii) limitar a perda à parte da quota correspondente à prestação não efectuada.

No entendimento de RAÚL VENTURA *in* "Sociedades por Quotas", vol. I, p. 153, os pressupostos da deliberação de exclusão são:

"a) a mora no cumprimento da prestação;

b) o aviso feito ao sócio nos termos do art. 204.º, n.º 1;

c) não ter o sócio efectuado a prestação em dívida até à data da deliberação".

Na ausência de disposição contratual em contrário, a deliberação de exclusão pode ser tomada por maioria simples, dado que não existe preceito legal que imponha a maioria qualificada.

A exclusão de sócio está, genericamente, sujeita a deliberação dos sócios, nos termos do art. 246.º, n.º 1, al. c).

Em virtude da existência de manifesto conflito de interesses, o sócio inadimplente não pode votar sobre a deliberação de exclusão (al. d), do n.º 1, do art. 251.º).

Se a deliberação de exclusão for tomada em assembleia geral, o sócio visado deve ser convocado para a mesma, não podendo ser afastado o seu direito de participação, cfr. art. 248.º, n.º 5.

Já na vigência da Lei de 11 de Abril de 1901, Avelãs Nunes *in* "O direito de exclusão...", p. 101, defendia que o sócio remisso devia ser convocado "porque, antes da exclusão, ele goza de todos os direitos que lhe confere a sua posição social (...). De resto, porque a sociedade é livre de votar ou não a exclusão do remisso, a presença deste na assembleia e os esclarecimentos que ele possa prestar são elementos importantes para a formação de uma vontade social esclarecida".

Com a tomada da deliberação de exclusão fica "precludida a faculdade geral de execução; seria na verdade exagerado e injusto permitir que a sociedade, depois de ter excluído o sócio e aberto o caminho para se pagar pela venda da quota, simultaneamente executasse o sócio para se pagar pro outros bens, nos termos gerais. Ficará, contudo, sempre ressalvado o recurso ao processo geral, para que a sociedade obtenha satisfação integral do seu crédito, no caso de não a ter conseguido através do processo especial", Raúl Ventura *in* "Sociedades por Quotas", vol. I, p. 156.

Paralelamente, depois de tomada a respectiva deliberação, a sociedade deve comunicar-lhe, mais uma vez por carta registada, a sua exclusão e a consequente perda a favor da sociedade da respectiva quota e pagamentos já realizados.

Tenhamos em consideração que, se o sócio inadimplente oferecer e efectuar satisfação parcial, a sociedade não perde o direito de optar pela exclusão, *vide* Raúl Ventura *in* "Sociedades por Quotas", vol. I, p. 156. Até porque, em princípio, a prestação deve ser realizada integralmente, nos termos do art. 763.º, do CC.

Cfr., ainda, no que diz respeito à exclusão de sócio, os arts. 241.º e 242.º.

Em alternativa à exclusão, os sócios podem, mediante deliberação, optar pela limitação da perda à parte da quota correspondente à prestação não efectuada. Quanto ao regime da deliberação valem as considerações tecidas na nota anterior.

Para Raúl Ventura *in* "Sociedades por Quotas", vol. I, p. 159, não existe verdadeiramente uma parte da quota correspondente à prestação não efectuada; há, isso sim, "um valor nominal da quota e um valor de entrada já efectuada, donde resulta um valor de entrada ainda não efectuada".

Ainda na opinião deste autor, *ob. cit.*, pp. 156 e 157, a eficácia da perda parcial da quota é muito duvidosa, porquanto "dificilmente se vê vantagem para a sociedade em manter o sócio remisso com uma quota menor integralmente paga e ser perdida a favor da sociedade uma quota totalmente por liberar, cuja venda é mais do que problemática".

Compete aos sócios optar entre a perda total e a perda parcial, consoante o interesse da sociedade.

A perda da quota significa, naturalmente, que o sócio deixa de ser titular da mesma, por outras palavras, deixa de encabeçar o conjunto de direitos e obrigações que a mesma comporta.

A perda parcial da quota implica uma divisão da quota em duas, "para permanecer a parte correspondente às prestações já realizadas como *quota*, pelo respectivo montante, na titularidade do sócio, e declarar *a outra quota, relativa ao valor remanescente,* perdida para a *sociedade*", PINTO FURTADO *in* "Curso de Direito...", p. 222.

Se o sócio remisso, cuja quota não liberada foi declarada perdida a favor da sociedade, for titular de quotas liberadas, as mesmas não são afectadas. Nesse caso, o sócio não é excluído, pois mantém as quotas liberadas.

Por outro lado, se o sócio inadimplente for titular de outras quotas não liberadas, a sociedade poderá "adoptar para umas o processo geral de execução e para outras deliberar a perda da quota a favor da sociedade; para umas deliberar a perda total e para outras a perda parcial, etc.", RAÚL VENTURA *in* "Sociedades por Quotas", vol. I, p. 161.

A sociedade, depois de tomada a deliberação, deve comunicar ao sócio remisso:

a) a perda parcial da quota;

b) os valores nominais da parte perdida por este e

c) os valores nominais da parte por ele conservada.

VII. Nos termos conjugados do **n.º 3** e do art. 219.º, n.º 3, cada um dos valores nominais das partes conservadas pode ser inferior a € 100, mas nunca inferior a € 50.

JURISPRUDÊNCIA:

I – Cedente e cessionário são solidariamente responsáveis pelas prestações relativas às quotas que estiverem em dívida à data da cessão.

II – Mas a sociedade tem de dar cumprimento ao disposto nos arts. 204.º e 205.º do CSC.

Ac. do STJ, de 22.03.07 *in* CJ, Ano XV, Tomo I, p. 137

I – Contrariamente ao disposto no artigo 805.º, n.º 2, alínea a) do Código Civil, no caso das sociedades comerciais, ainda que a obrigação tenha prazo certo, não basta o decurso desse prazo para que o sócio fique constituído em mora, pois terá sempre de ser interpelado, judicial ou extrajudicialmente, nos termos do n.º 1 do artigo 204.º do Código das Sociedades Comerciais.

80   *Regime Jurídico das Sociedades por Quotas*

II – Além disso, a não realização da prestação no prazo fixado na interpelação não determina, só por si, a exclusão do sócio remisso e a perda total ou parcial da quota, mas, tão somente a sua sujeição a essas consequências.

III – Tal sujeição só se tornará efectiva depois da sociedade avisar esse sócio, por carta registada, de que, a partir do trigésimo dia seguinte à sua recepção, ficará passível de exclusão e da perda total ou parcial da respectiva quota.

IV – Só depois de ter sido interpelado e avisado é que, não tendo sido efectuado o pagamento, a sociedade poderá deliberar a exclusão do sócio, com a consequente perda, a favor dela, da respectiva quota e dos pagamentos já realizados, artigo 204.°, n.° 2 do Código das Sociedades Comerciais.

V – Ora, não tendo a sociedade interpelado o Autor, fixando um prazo para cumprimento da obrigação, antes do referido aviso, a assembleia geral que deliberou a sua exclusão e perda da quota a favor da sociedade, é nula como resulta da segunda parte da alínea a) do n.° 1 do artigo 56.° do Código das Sociedades Comerciais, pois os artigos 203.° e 204.° deste Código são imperativas, não podendo ser derrogados por vontade unânime dos sócios.

VI – Como é de lei, o recurso de revista tem por objecto essencialmente matéria de direito, pois só excepcionalmente – parte final do n.° 2, do artigo 722.°, do Código de Processo Civil – o Supremo Tribunal de Justiça se pode ocupar da matéria de facto.

Ac. do STJ, de 16.05.95 *in* www.dgsi.pt (Proc. n.° 086581)

ARTIGO 205.° – **(Venda da quota do sócio excluído)**

1 – A sociedade pode fazer vender em hasta pública a quota perdida a seu favor, se os sócios não deliberarem que ela seja vendida a terceiros por modo diverso, mas, neste caso, se o preço ajustado for inferior à soma do montante em dívida com a prestação já efectuada por conta da quota, a venda só pode realizar-se com o consentimento do sócio excluído.

2 – Os sócios podem ainda deliberar:

***a)* Que a quota perdida a favor da sociedade seja dividida proporcionalmente às dos restantes sócios, vendendo-se a cada um deles a parte que assim lhe competir; é aplicável neste caso o n.° 3 do artigo 204.°;**

***b)* Que a mesma quota seja vendida indivisa, ou após divisão não proporcional às restantes quotas, a todos, a alguns ou a um dos sócios; esta deliberação deverá obedecer ao disposto no artigo 265.°, n.° 1, e aos demais requisitos que o contrato de sociedade porventura fixar.**

Qualquer sócio pode, todavia, exigir que lhe seja atribuída uma parte proporcional à sua quota.

3 – Nos casos previstos no número anterior, a sociedade deve comunicar por carta registada ao sócio excluído o preço por que os outros sócios pretendem adquirir a quota. Se o preço total oferecido foi inferior à soma do montante em dívida com o já prestado, pode o sócio excluído declarar a sociedade no prazo de 30 dias que se opõe à execução da deliberação, desde que aquele preço não alcance o valor real da quota, calculado nos termos do artigo 1021.º do Código Civil, com referência ao momento em que a deliberação foi tomada.

4 – Na hipótese prevista na segunda parte do número anterior, a deliberação não pode ser executada antes de decorrido o prazo fixado para a oposição do sócio excluído e, se esta for deduzida, antes de transitada em julgado a decisão que, a requerimento de qualquer sócio, declara tal oposição ineficaz.

NOTAS:

I. Anteprojectos: FERRER CORREIA (art. 75.º); VAZ SERRA (art. 46.º) e RAÚL VENTURA (art. 21.º).

II. A al. a), do **n.º 2** e o **n.º 4** foram rectificados pelo art. 4.º, do DL n.º 280//87, de 08 de Julho.

III. O artigo em anotação prevê o regime de venda da quota do sócio excluído.

Com a exclusão do sócio, a respectiva quota e os pagamentos já realizados consideram-se perdidos a favor da sociedade (art. 204.º, n.º 3).

A quota perdida a favor da sociedade converte-se, como é natural, numa quota própria desta.

Numa abordagem sinóptica podemos considerar as seguintes hipóteses:

i) A sociedade faz vender em hasta pública a quota (1.ª parte, do **n.º 1**);

ii) Os sócios deliberam vender a quota a terceiros por modo diverso (2.ª parte, do **n.º 1**);

iii) Os sócios deliberam que a quota seja dividida proporcionalmente às dos restantes sócios, vendendo-se a cada um deles a parte que assim lhe competir (al. a), do **n.º 2**);

iv) Os sócios deliberam que a quota seja vendida indivisa, ou após divisão não proporcional às restantes quotas, a todos, a alguns ou a um dos sócios.

IV. A venda em hasta pública apresenta-se, aqui, como a "solução de base". Cfr. MENEZES CORDEIRO *in* "Manual de Direito das Sociedades", II, p. 257.

A *ratio* da venda em hasta pública é, essencialmente, "assegurar a obtenção de um preço não influenciado por factores pessoais", RAÚL VENTURA *in* "Sociedades por Quotas", vol. I, p. 169. Em nossa opinião, a venda em hasta pública visa, igualmente, garantir que não haja manipulação do preço da venda.

PINTO FURTADO *in* "Curso de Direito…", p. 222, considera que a venda em hasta pública significa "uma simples venda *entre os sócios*".

Parece resultar inequivocamente do texto legal ("a sociedade *pode* fazer vender"), que estamos perante uma faculdade e não um dever.

Para RAÚL VENTURA *in* "Sociedades por Quotas", vol. I, pp. 167 e 168, é possível fazer uma outra leitura do preceito: "referindo-se somente à possibilidade de venda em *hasta pública*, contraposta à venda por modo diverso, que fica dependente do consentimento do sócio. Lido desta maneira, o preceito apenas se pronuncia sobre o *modo de venda* a utilizar pela sociedade, deixando omisso o problema da *faculdade ou dever* de venda por algum dos modos previstos".

A modalidade de venda em hasta pública tem vindo a ser erradicada do nosso sistema jurídico. A título de exemplo podemos destacar a substituição desta modalidade de venda pela venda mediante propostas em carta fechada, no âmbito da acção executiva, mais precisamente, na parte referente à venda de bens penhorados. De acordo com o preâmbulo do DL n.º 329-A/95, de 12 de Dezembro (que alterou o CPC), no "que se reporta à venda de bens penhorados (…), estabelece-se como forma de venda judicial a venda mediante proposta em carta fechada, inspirada no regime já em vigor no Código de Processo Tributário, eliminando-se – por razões que obviamente se prendem com a indispensável «moralização» e transparência da acção executiva, nesta fase essencial – a arrematação em hasta pública".

Por estes mesmos motivos e aproveitando *os ventos da mudança*, entendemos que o legislador, nas inúmeras alterações ao CSC que levou a cabo e no que concerne à venda de quota de sócio excluído, podia ter aproveitado para substituir esta modalidade de venda pela venda mediante proposta em carta fechada.

V. Como alternativa à venda em hasta pública, os sócios podem optar por vender a quota a terceiro por modo diverso (2.ª hipótese).

Esta opção de venda carece de deliberação dos sócios. Deliberação essa que, em nossa opinião, deverá ser tomada por maioria simples, uma vez que não existe disposição legal diversa (de acordo como o art. 250.º, n.º 3, salvo disposição diversa da lei ou do contrato, as deliberações consideram-se tomadas se obtiverem a maioria dos votos emitidos).

A decisão sobre o modo de venda da quota não cabe no âmbito dos poderes da gerência. De facto, nesta matéria, aos gerentes cumpre apenas executar a deliberação tomada pelos sócios, sob pena de serem responsáveis pelos prejuízos causados à sociedade, nos termos do art. 72.º.

Se o preço ajustado for inferior à soma do montante em dívida com a prestação já efectuada por conta da quota (o que, no fundo, corresponde ao valor total da entrada), a venda carece de consentimento do sócio excluído.

O consentimento deve ser prévio à venda, conforme resulta, desde logo, da natureza e finalidade do consentimento.

A expressão "montante em dívida", significa apenas que neste não devem ser incluídos os juros contados até à venda. Cfr. RAÚL VENTURA *in* "Sociedades por Quotas", vol. I, p. 169.

De acordo com o art. 246.º, n.º 1, al. b), a alienação de quotas próprias está sujeita a deliberação dos sócios.

VI. Os sócios podem ainda deliberar que a quota seja dividida proporcionalmente às dos restantes sócios, vendendo-se a cada um deles a parte que assim lhe competir (3.ª hipótese).

Esta hipótese, bem como a prevista na al. b), do **n.º 2**, perfilam-se como manifestações da natureza pessoalista das SQ. Com efeito, o legislador *tomou consciência* de que os sócios, tendo em consideração que a venda da quota implicaria o ingresso de um estranho na sociedade e no projecto que esta encerra, poderiam ter interesse em adquirir a quota do sócio excluído, evitando, assim, tal ingresso.

Os sócios adquirentes devem dar o consentimento para a venda, sendo certo que "como consentimento deva ser bastante o voto na deliberação", RAÚL VENTURA *in* "Sociedades por Quotas", vol. I, p. 170.

A venda prevista na al. a), do **n.º 2,** implica a divisão da quota.

Esta modalidade de venda depende de deliberação dos sócios, conforme resulta não só do artigo em anotação, mas também dos arts. 221.º, n.º 6 e 246.º, n.º 1, al. b).

Esta deliberação pode ser tomada por maioria simples, uma vez que não existe preceito legal que imponha a maioria qualificada. Neste mesmo sentido, cfr. Ac. do STJ, de 01.02.1995 *in* CJ, Ano III, Tomo I, p. 57 e www.dgsi.pt (Proc. n.º 085839).

A remissão para o n.º 3, do art. 204.º (que, por sua vez, alude ao art. 219.º, n.º 3), significa que cada um dos valores nominais das quotas resultantes da divisão pode ser inferior a € 100, mas nunca inferior a € 50.

VII. Os sócios podem deliberar que a quota seja vendida indivisa, ou após divisão não proporcional às restantes quotas, a todos, a alguns ou a um dos sócios (4.ª hipótese).

Neste caso, a lei faz uma remissão expressa para o disposto no art. 265.º, n.º 1, exigindo a maioria qualificada de $3/4$ dos votos para a tomada da deliberação.

No entanto, qualquer sócio pode exigir que lhe seja atribuída uma parte proporcional à sua quota. Este direito tem como finalidade "evitar um eventual abuso da maioria, embora qualificada, consistente em deliberar a venda a algum ou alguns sócios em detrimento de outro ou outros que também a pretenderiam; não tem, portanto, aplicação no caso de ser tomada deliberação no sentido de a quota ser vendida indivisa a todos os sócios", RAÚL VENTURA *in* "Sociedades por Quotas", vol. I, pp. 171 e 172.

VIII. No **n.º 3** temos mais uma norma garantística da posição do sócio excluído, a qual impõe à sociedade, no caso de venda da quota aos outros sócios, a obrigação de comunicar aquele, por carta registada, o preço de aquisição oferecido.

O interesse desta comunicação reside não só na necessidade de dar conhecimento do preço ao sócio para que este possa usar os meios de protecção dos seus interesses, mas também para efeitos de "início da contagem do prazo para o uso desses meios", RAÚL VENTURA *in* "Sociedades por Quotas", vol. I, p. 172.

Se o preço total oferecido for inferior à soma do montante em dívida com o já prestado, o sócio excluído pode declarar, no prazo de 30 dias, que se opõe à execução da deliberação.

Constatamos que, no caso de venda a terceiro, apenas é exigido o consentimento do sócio excluído, enquanto que aqui a lei concede um direito de oposição. Esta diferença de regime justifica-se "porque, na hipótese de venda a sócios, a salvaguarda dos interesses do sócio excluído deve ser limitada pelo atendível interesse dos outros sócios em adquirir a quota em questão", RAÚL VENTURA *in* "Sociedades por Quotas", vol. I, p. 172.

Nas palavras deste mesmo autor, *loc. cit.*, o direito de oposição depende da verificação de requisitos de forma e de fundo. "Requisito de forma é a declaração do sócio à sociedade no prazo de 30 dias, o qual, segundo as regras gerais, se contará da recepção da comunicação feita pela sociedade. Quanto ao fundo, haverá – como no caso do n.º 1 – que comparar o preço oferecido, por um lado, e a soma do montante em dívida com o já prestado, por outro lado".

A lei exige, ainda, outro requisito de fundo para o exercício do direito de oposição, mais precisamente que o preço total oferecido não alcance o valor real da quota, calculado nos termos do art. 1021.º, do CC, com referência ao momento da tomada da deliberação.

Da conjugação do **n.º 3** e do art. 1021.º, do CC, podemos concluir que o valor real da quota deve ser calculado com base no estado da sociedade à data da tomada da deliberação.

Assim, se o preço total oferecido for inferior à soma do montante em dívida com o já prestado "e também inferior ao valor real da quota, o sócio pode exercer oposição", RAÚL VENTURA *in* "Sociedades por Quotas", vol. I, p. 173.

Título III – Sociedades por quotas

No entanto, se o preço total oferecido for superior à soma do montante em dívida com o já prestado (não obstante ser inferior ao valor real da quota) ao sócio não é conferido tal direito.

IX. O n.º 4 é uma norma de natureza cautelar que constitui um corolário do **n.º 3.**

Se o sócio manifestar a intenção de exercer o direito de oposição, a sociedade não poderá executar a deliberação de venda enquanto não tiver decorrido o prazo fixado para a oposição.

Pode, todavia, suceder que o sócio excluído declare que não pretende exercer o direito de oposição ou, depois de o exercer, abdicar do mesmo. Nestes casos, *fica livre o caminho* para a execução da deliberação de venda.

JURISPRUDÊNCIA:

I – Cedente e cessionário são solidariamente responsáveis pelas prestações relativas às quotas que estiverem em dívida à data da cessão.

II – Mas a sociedade tem de dar cumprimento ao disposto nos arts. 204.º e 205.º do CSC.

Ac. do STJ, de 22.03.07 *in* CJ, Ano XV, Tomo I, p. 137

ARTIGO 206.º – **(Responsabilidade do sócio e dos anteriores titulares da quota)**
1 – O sócio excluído e os anteriores titulares da quota são solidariamente responsáveis, perante a sociedade, pela diferença entre o produto da venda e a parte da entrada em dívida. Contra o crédito da sociedade não é permitida compensação.

2 – O titular anterior que pagar à sociedade ou a um sócio sub-rogado nos termos do artigo seguinte tem o direito de haver do sócio excluído e de qualquer dos antecessores deste o reembolso da importância paga, depois de deduzida a parte que lhe competir. A obrigação de que trata este número é conjunta.

NOTAS:

I. Anteprojectos: FERRER CORREIA (art. 77.º); VAZ SERRA (art. 50.º) e RAÚL VENTURA (art. 24.º).

II. Como vimos na anotação ao art. 205.º, a quota do sócio excluído pode ser vendida por valor inferior à parte da entrada em dívida. Por outras palavras, o produto da venda pode não ser suficiente para liquidar a parte da entrada, ainda, em dívida.

Neste caso, o sócio excluído e os anteriores titulares da quota são solidariamente responsáveis por tal diferença.

No que directamente diz respeito ao sócio excluído, o artigo em anotação não cria uma responsabilidade nova, reafirma, isso sim, a responsabilidade existente derivada da obrigação genérica de entrada, ainda não cumprida. O que significa, naturalmente, que tal obrigação não se extinguiu com a venda da quota.

Para efeitos do artigo em anotação, *anteriores titulares da quota* são todos os titulares, para além do sócio excluído, "independentemente do título de aquisição da quota, pois a lei não distingue entre títulos de aquisição derivada e títulos de aquisição originária ou entre os vários possíveis títulos de aquisição derivada. Indiferente é também o momento da aquisição, anterior ou posterior ao vencimento da prestação determinante da exclusão, com ressalva do adquirente da quota pela venda efectuada no processo coactivo de liberação da quota", RAÚL VENTURA *in* "Sociedades por Quotas", vol. I, p. 177.

III. O alargamento da responsabilidade, decorrente do artigo em anotação, constitui um reforço das garantias de satisfação do crédito da sociedade.

No caso previsto no **n.º 1**, "a transmissão da quota operou-se antes da dívida ser paga e foi também uma transmissão da obrigação", RAÚL VENTURA *in* "Sociedades por Quotas", vol. I, p. 178.

A responsabilidade do sócio excluído e dos anteriores titulares da quota é solidária.

Para ANTUNES VARELA *in* "Das obrigações em geral", I, p. 765, a "obrigação diz-se *solidária*, pelo seu lado passivo, *quando o credor pode exigir a prestação integral de qualquer dos devedores e a prestação efectuada por um destes os libera a todos perante o credor comum*".

Desta forma, a sociedade pode exigir a dívida a um, a alguns ou a todos os devedores solidários.

O regime das obrigações solidárias está previsto nos arts. 512.º a 533.º, do CC.

A responsabilidade dos anteriores titulares só se torna exigível a partir da venda da quota e se o produto desta não for suficiente para satisfazer, na totalidade, o montante da entrada em dívida. Para além disso é, ainda, necessário que o processo que conduziu ao apuramento da diferença entre o produto da venda e a entrada em dívida, seja regular. "O antigo titular demandado pela sociedade poderá opor-lhe os vícios do referido processo", RAÚL VENTURA *in* "Sociedades por Quotas", vol. I, p. 180.

Os meios de defesa do devedor solidário estão previstos no art. 514.º, do CC.

IV. Se a quota existente no momento da exclusão não for igual à quota que pertenceu a alguém qualificado como *anterior titular*, devem ser incluídos "nos antigos titulares de quotas os comproprietários de uma quota que foi partilhada, os titulares das quotas que forma unificadas", RAÚL VENTURA *in* "Sociedades por Quotas", vol. I, p. 178 (*ressuscitando* o art. 22.º, n.º 4, do seu anteprojecto).

V. A responsabilidade a que alude o artigo em anotação é, no nosso entendimento, a responsabilidade contratual ou obrigacional, uma vez que resulta do não cumprimento de uma obrigação prevista no contrato de sociedade. Conforme resulta do art. 798.º, do CC, *o devedor que falta culposamente ao cumprimento da obrigação torna-se responsável pelo prejuízo que causa ao credor*.

VI. A lei não estabelece nenhum prazo para a sociedade fazer valer os seus direitos contra anteriores titulares da quota, ressalvado, como é natural, o prazo de prescrição. O prazo de prescrição da responsabilidade contratual é, na ausência de norma especial em contrário, o ordinário de 20 anos previsto no art. 309.º, do CC.

VII. A parte final, do **n.º 1**, proíbe que o crédito da sociedade seja sujeito a compensação.

Conforme resulta já do art. 27.º, n.º 5, a obrigação de entrada não pode extinguir-se por compensação.

A compensação é uma causa de extinção das obrigações (prevista nos arts. 847.º a 856.º, do CC), de acordo com a qual "quando duas pessoas estejam reciprocamente obrigados a entregar coisas fungíveis da mesma natureza, é admissível que as respectivas obrigações sejam extintas, total ou parcialmente, pela dispensa de ambas de realizar as suas prestações ou pela dedução a uma das prestações da prestação devida pela outra parte", MENEZES LEITÃO *in* Direito das obrigações", vol. II, 3.ª edição, Almedina, 2005, p. 191.

Esta proibição tem como fundamento a necessidade de assegurar que o património social corresponda realmente ao valor do capital social nominal (princípio da exacta formação).

VIII. A solução apresentada pelo legislador no **n.º 2** para a repartição da obrigação entre todos os titulares da quota, parece ser a divisão da "importância paga por um antigo titular pelo número total dos titulares que a quota teve; o antigo titular que efectuar o pagamento procederá a essa divisão, conservará como sua responsabilidade uma parte e reclamará de cada um dos outros a parte correspondente", RAÚL VENTURA *in* "Sociedades por Quotas", vol. I, p. 183.

A obrigação diz-se conjunta quando a prestação é fixada globalmente, competindo, todavia, a cada um dos sujeitos apenas uma parte do débito ou do crédito comum, cfr. ANTUNES VARELA *in* "Das Obrigações...", pp. 761 e 762.

88 *Regime Jurídico das Sociedades por Quotas*

ARTIGO 207.º – **(Responsabilidade dos outros sócios)**

1 – Excluído um sócio, ou declarada perdida a favor da sociedade parte da sua quota, são os outros sócios obrigados solidariamente a pagar a parte da entrada que estiver em dívida, quer a quota tenha sido ou não já vendida nos termos dos artigos anteriores; nas relações internas esses sócios respondem proporcionalmente às suas quotas.

2 – No caso de aumento do capital, os antigos sócios são obrigados, nos termos do número anterior, a pagar as prestações em dívida respeitantes às novas quotas, e os novos sócios a pagar as prestações em dívida relativas às quotas antigas, mas o antigo sócio, que tiver liberado a sua quota pode desobrigar-se, pondo-a à disposição da sociedade, nos 30 dias seguintes à interpelação para o pagamento. Este direito não pode ser excluído nem limitado no contrato de sociedade.

3 – O sócio que tiver efectuado algum pagamento nos termos deste artigo pode sub-rogar-se no direito que assiste à sociedade contra o excluído e seus antecessores, segundo o disposto no artigo 206.º, a fim de obter o reembolso da quantia paga.

4 – Se a sociedade não fizer qualquer das declarações a que alude o n.º 2 do artigo 204.º e, por via de execução contra o sócio remisso, não for possível obter o montante em dívida, vale, quanto aos sócios, o disposto na parte aplicável do n.º 1 do presente artigo.

5 – Para determinar os outros sócios responsáveis atender-se-á ao tempo da deliberação prevista no n.º 1 e à data da proposição da acção executiva prevista no n.º 4.

NOTAS:

I. Anteprojectos: FERRER CORREIA (art. 78.º); VAZ SERRA (art. 50.º) e RAÚL VENTURA (art. 24.º).

II. A responsabilidade solidária prevista no artigo em anotação perfila-se como um corolário do princípio da exacta formação e como manifestação do interesse na realização e integração rápida do capital social. Por outro lado, constitui, ainda, um elemento caracterizador essencial das SQ face às SA, impondo-se como um dos principais reflexos da sua natureza pessoalista.

Estas duas realidades constituem a *ratio legis* da imperatividade que caracteriza esta norma.

Assim, são nulos os negócios jurídicos (designadamente entre a sociedade e os sócios ou entre sócios), as cláusulas de contratos e as deliberações sociais que violem este preceito, cfr. o art. 294.º, do CC e o art. 56.º, n.º 1, al. d).

III. A responsabilidade dos sócios pelas entradas está genericamente consagrada no art. 197.º, n.º 1, cabendo ao artigo em anotação a previsão dos seus efeitos. Conforme já referimos na anotação ao art. 197.º, o valor e a natureza das entradas são convencionados no contrato social, sendo os sócios, para além da própria entrada, solidariamente responsáveis por todas as entradas aí convencionadas.

A obrigação é solidária, quando cada um dos devedores responde pela prestação integral e esta a todos libera ou quando cada um dos credores tem a faculdade de exigir, por si só, a prestação integral e esta libera o devedor para com todos eles (art. 512.º, n.º 1, do CC). Neste seguimento, a sociedade pode demandar um, alguns ou todos os sócios. Por outro lado, aquele que tiver pago totalmente o montante em dívida pode exercer contra os restantes responsáveis o direito de regresso, na medida da proporção das quotas de cada um (**n.º 1**).

Para maiores desenvolvimentos quanto às obrigações solidárias, *vide*, entre outros, ANTUNES VARELA *in* "Das Obrigações...", pp. 765 e ss.; ALMEIDA COSTA *in* "Direito das Obrigações", pp. 580 e ss. e MENEZES LEITÃO *in* "Direito das Obrigações", vol. I, pp. 149 e ss..

IV. O objecto da responsabilidade é apenas a parte da entrada que estiver em dívida no momento em que o pagamento for exigido ao sócio remisso, considerando-se, assim, excluídos os juros de mora devidos pelo sócio remisso e as despesas que a sociedade tenha realizado com eventuais tentativas de cobrança por outras vias. Cfr. RAÚL VENTURA *in* "Sociedades por Quotas", vol. I, p. 189.

V. À luz do artigo em anotação podemos destacar três pressupostos alternativos da responsabilidade dos sócios, quais sejam:

a) a exclusão do sócio remisso (**n.º 1**);

b) a perda total ou parcial da quota do sócio remisso a favor da sociedade (**n.º 1**);

c) a não realização das declarações a que alude o n.º 2, do art. 204.º e a impossibilidade de obter o montante em dívida, por via da execução contra o sócio remisso (**n.º 4**).

Basta a verificação de um destes pressupostos para que a responsabilidade dos sócios seja constituída.

O ónus da prova dos pressupostos da responsabilidade dos sócios impende sobre a sociedade.

VI. Não existe no CSC norma que permita aos credores sociais demandar directamente os sócios pelo montante da entrada em dívida. "Existe, porém, o art. 30.º que define os direitos dos credores quanto às entradas e que interpreto amplamente, como abrangendo não só os direitos da sociedade contra o sócio remisso mas também quanto aos outros sócios, pois de outra forma a responsabilidade des-

90   *Regime Jurídico das Sociedades por Quotas*

tes outros sócios ficaria inteiramente nas suas próprias mãos", RAÚL VENTURA *in* "Sociedades por Quotas", vol. I, p. 190. Cfr., neste mesmo sentido, MENEZES CORDEIRO *in* "Manual de Direito das Sociedades", II, p. 260.

VII. Os sujeitos passivos da responsabilidade aqui prevista são "os outros sócios".

RAÚL VENTURA *in* "Sociedades por Quotas", vol. I, pp. 190 e 191, considera que não podem considerar-se "outros sócios":

a) o sócio remisso e excluído;

b) os anteriores titulares da quota, pois estão sujeitos ao regime especial de responsabilidade previsto no art. 206.º;

c) o adquirente da quota, pela venda desta, realizada pela sociedade, ao abrigo do art. 205.º.

Por sua vez, devem ser considerados *outros sócios* "todos os que, no momento que deva ser considerado, forem titulares de relações de sociedade válidas e eficazes: os fundadores da sociedade que ainda se mantenham como sócios no referido momento, os transmissários de fundadores da sociedade, ou de transmissários destes, desde que a transmissão se tenha tornado eficaz para com a sociedade; os adquirentes de outras quotas por força de venda efectuada ao abrigo do art. 205.º", RAÚL VENTURA *in* "Sociedades por Quotas", vol. I, p. 191.

A sociedade que possua quotas próprias não deve ser considerada como "outro sócio", RAÚL VENTURA, *loc. cit.*.

Para determinar "os outros sócios" deve atender-se ao momento da deliberação de exclusão e à data da propositura da acção executiva intentada contra o sócio remisso (**n.º 5**).

VIII. O **n.º 2** consagra uma espécie de responsabilidade cruzada que apresenta *duas linhas direccionais*. Assim, havendo aumento de capital:

a) os antigos sócios são solidariamente responsáveis pelo pagamento das prestações em dívida respeitantes às novas quotas e

b) os novos sócios são solidariamente responsáveis pelo pagamento das prestações em dívida relativas às quotas antigas.

O antigo sócio, caso tenha liberado a sua quota, pode desobrigar-se, colocando-a à disposição da sociedade, nos 30 dias seguintes à interpelação para o pagamento (prevista no art. 203.º, n.º 3). Este direito não pode ser objecto de exclusão ou limitação contratual.

Ao invés, o novo sócio não goza de qualquer protecção legal contra a responsabilidade pelas entradas de quotas anteriores ao aumento, dado que no momento em que se torna sócio não "pode – ou não deve – ignorar as responsabilidades assumidas; assim com aceita ser sócio, sabendo que é responsável pelo pagamento integral das quotas do aumento, tem maneira de saber, se quiser,

Título III – Sociedades por quotas 91

que o capital anterior não está inteiramente realizado e pode responder pelas entradas em dívida", RAÚL VENTURA *in* "Sociedades por Quotas", vol. I, p. 193.

IX. O sócio que tiver efectuado o pagamento da parte da entrada que estiver em dívida pode, para obter o respectivo reembolso, subrogar-se no correlativo direito da sociedade contra o excluído e seus antecessores, deduzindo, naturalmente, a parte que lhe competia (cfr., conjugadamente, o **n.º 3** e o art. 206.º).

O regime da sub-rogação está previsto nos arts. 589.º a 594.º, do CC.

Na opinião de RAÚL VENTURA *in* "Sociedades por Quotas", vol. I, p. 196, a sociedade, depois de obter a satisfação da dívida por meio dos outros sócios a quem tenha exigido o pagamento, deve proceder à venda da quota.

JURISPRUDÊNCIA:

I – O artigo 1241.º do Código de Processo Civil, ao prescrever no seu n.º 4 que as acções que prevê devem ser propostas contra o administrador da falida e respectivos credores, afirma-se pela positiva, com o sentido de que do lado passivo da relação jurídica processual se hão-de encontrar, sob pena de ilegitimidade, aqueles sujeitos processuais, sendo, porém, de afastar a sua relevância negativa, no sentido de que derroga, no âmbito desse tipo de acções, as normas gerais sobre legitimidade das partes consignadas nos artigos 26.º, e seguintes do mesmo Código.

II – A nulidade da declaração do autor exarada em pacto social da falida, da transferência para esta, em ordem à realização da sua quota social, de todos os valores, bens e direitos de uma sociedade cujas quotas, através de vicissitudes várias, se foram reunir nas mãos do autor, implica a restituição a esta sociedade de todos estes direitos, bens e valores.

III – Com essa devolução adivinham evidentes prejuízos para a massa falida e para os credores e daí que estes e o administrador tenham interesse em contradizer, sendo por isso partes legítimas.

IV – Por outro lado, a transferência para a falida dos bens e direitos que, a proceder a invocada nulidade, teriam de ser devolvidos destinava-se a realizar a quota do autor na falida e, operando a nulidade retroactivamente e "ex tunc", essa quota, verificada a restituição, não se encontraria liberada, por não integralmente paga.

V – Nas sociedades por quotas cada sócio responde pessoalmente, com todos os seus bens, pela realização da sua quota e responde ainda, solidariamente com os demais sócios, pelas prestações devidas à sociedade por algum dos outros associados – princípio da responsabilidade pela integração do capital social.

VI – Esta responsabilidade dos sócios existe perante a sociedade, podendo os credores subrogar-se a esta no exercício de tal direito.

92 Regime Jurídico das Sociedades por Quotas

VII – Assim, decretada a nulidade, e removidos aqueles direitos, bens e valores da falida para a outra sociedade unipessoal do autor, a falida, representada pelo seu administrador, e os seus credores poderiam ver-se na necessidade, na eventual impossibilidade de cobrar do autor a parte que faltar para integral realização da quota deste, de demandar para esse efeito os demais sócios da falida.

VIII – Para tanto necessário se tornaria que a declaração judicial de nulidade pudesse produzir efeitos de caso julgado na órbita dos demais sócios, o que só seria possível com a sua intervenção na causa.

IX – Deste jeito, a intervenção de todos os sócios da falida nesta demanda, pela própria natureza de relação material controvertida, é necessária para que a decisão a proferir venha a produzir o seu efeito útil normal, até para que se não dê o caso de o pacto social ser declarado parcialmente nulo quanto ao autor e continuar válido quanto aos demais sócios não demandados.

X – Assim, a falta dos sócios na demanda é motivo de ilegitimidade.

Ac. da RP, de 16.12.91 *in* www.dgsi.pt (Proc. n.º 9140059)

ARTIGO 208.º – **(Aplicação das quantias obtidas na venda da quota)**

1 – As quantias provenientes da venda da quota do sócio excluído, deduzidas as despesas correspondentes, pertencem à sociedade até ao limite da importância da entrada em dívida.

2 – Pelas forças do excedente, se o houver, deve a sociedade restituir aos outros sócios as quantias por eles desembolsadas, na proporção dos pagamentos feitos; o restante será entregue ao sócio excluído até ao limite da parte da entrada por ele prestada. O remanescente pertence à sociedade.

NOTAS:

I. Anteprojectos: FERRER CORREIA (art. 79.º); VAZ SERRA (art. 53.º) e RAÚL VENTURA (art. 25.º).

II. O regime constante do artigo em anotação assenta, desde logo, na existência de um leque de variáveis decorrentes do não cumprimento da realização de entrada (a que correspondem, como é evidente, diferentes sujeitos passivos) e, paralelamente, na consagração de um conjunto de meios de cobrança da entrada em dívida. Com efeito, impunha-se ao legislador a obrigação de prever com clareza qual o destino a dar ao produto da venda da quota, de molde a evitar-se a duplicação de valores obtidos.

III. Conforme resulta do art. 205.°, a sociedade pode fazer vender a quota do sócio excluído.

Da quantia obtida devem ser deduzidas, desde logo, as despesas inerentes à venda, as quais podem ter sido assumidas pela sociedade, pelo adquirente da quota ou por qualquer outra pessoa.

O resultado de tal dedução pertence à sociedade até ao limite da importância da entrada em dívida (**n.° 1**).

O art. 14.°, § 2.°, da Lei de 1901, admitia expressamente a retenção da prestação e da indemnização por mora. No artigo em anotação, o limite da retenção é apenas a entrada em dívida, excluindo-se, assim, os juros de mora.

IV. Pode suceder que o valor da venda seja superior ao montante das despesas respectivas acrescido do montante em dívida. Neste caso, temos um "excedente".

O excedente deve, gradualmente, ser canalizado pela sociedade para:

a) restituir aos outros sócios as quantias por eles desembolsadas, na proporção dos pagamentos que hajam feito por força do art. 207.°. De facto, a sociedade pode optar por demandar os sócios, mesmo antes de esgotar outros meios de cobrança, designadamente, a promoção da venda da quota;

b) entregar ao sócio excluído até ao limite da parte da entrada por ele prestada. Com efeito, uma vez que só é admissível o diferimento da efectivação de metade das entradas em dinheiro (art. 202.°, n.° 2), o sócio pode ter feito algum pagamento parcial da dívida inicial de entrada.

SECÇÃO II
Obrigações de prestações acessórias

NOTAS:

A epígrafe desta secção foi rectificada pelo art. 4.º, do DL n.º 280/87, de 08 de Julho.

ARTIGO 209.º – **(Obrigações de prestações acessórias)**
1 – O contrato de sociedade pode impor a todos ou a alguns sócios a obrigação de efectuarem prestações além das entradas, desde que fixe os elementos essenciais desta obrigação e especifique se as prestações devem ser efectuadas onerosa ou gratuitamente. Quando o conteúdo da obrigação corresponder ao de um contrato típico, aplica-se a regulamentação legal própria desse tipo de contrato.
2 – Se as prestações estipuladas forem não pecuniárias, o direito da sociedade é intransmissível.
3 – No caso de se convencionar a onerosidade, a contraprestação pode ser paga independentemente da existência de lucros de exercício.
4 – Salvo disposição contratual em contrário, a falta de cumprimento das obrigações acessórias não afecta a situação do sócio como tal.
5 – As obrigações acessórias extinguem-se com a dissolução da sociedade.

NOTAS:

I. Anteprojectos: FERRER CORREIA (art. 3.º); VAZ SERRA (art. 3.º) e RAÚL VENTURA (art. 3.º).
Cfr. ANTÓNIO FERRER CORREIA/VASCO LOBO XAVIER/MARIA ÂNGELA COELHO/ANTÓNIO CAEIRO *in* "Sociedade por quotas …", pp. 157 e 158.

II. O n.º 2 foi rectificado pelo art. 4.º, do DL n.º 280/87, de 08 de Julho.

III. O lado passivo da posição jurídica do sócio não se esgota com as obrigações de entrada e de quinhoar nas perdas (previstas no art. 20.º). Muitos outros deveres e obrigações de natureza legal ou contratual se impõem aos sócios, designadamente, a obrigação de prestações acessórias a que se reporta o artigo em anotação.

Estas prestações são acessórias da obrigação de entrada (assumindo-se esta como obrigação principal). O que significa, naturalmente, que não constituem capital social, nem estão sujeitas ao seu regime. Cfr. PINTO FURTADO *in* "Curso de Direito...", p. 224.

RUI PINTO DUARTE *in* "Suprimentos, prestações acessórias e prestações suplementares – notas e questões", Problemas do Direito das Sociedades, Almedina, 2003, p. 265, salienta, todavia, que "a prática contabilística parece ser a de também as considerar elemento integrante do capital".

Quanto à sua natureza, as obrigações de prestações acessórias "surgem como cláusulas acidentais facultativas e típicas, próprias dos contratos de sociedade. O legislador deixa-as à disposição dos interessados para que melhor possam compor os seus negócios", MENEZES CORDEIRO *in* "Manual de Direito das Sociedades", II, p. 268.

Segundo RAÚL VENTURA *in* "Sociedades por Quotas", vol. I, p. 207, a expressão "impor" utilizada "terá de ser entendida como «criar, estabelecer, estipular», pois não é logicamente possível que, no contrato de sociedade em que participam todos os sócios fundadores, uns forcem os outros – «imponham aos outros» – a assunção de obrigações".

IV. Para além da obrigação de entrada, podemos distinguir as obrigações de prestações acessórias, as obrigações de prestações suplementares e os suprimentos, que constituem a *zona obrigacional periférica* do lado passivo da posição jurídica dos sócios.

Antes da entrada em vigor do CSC, as prestações acessórias não gozavam de autonomia jurídica, (con)fundindo-se com as prestações suplementares que, de resto, sempre integraram o regime jurídico das SQ, precursoramente instituído pela Lei 11 de Abril de 1901 (cfr. arts. 17.º a 19.º). As prestações suplementares estão, actualmente, reguladas nos arts. 210.º a 213.º.

Assim, só com o CSC foi conferido às prestações acessórias um tratamento legal autónomo.

Como bem salienta MENEZES CORDEIRO *in* "Manual de Direito das Sociedades", II, p. 266, "Trata-se de prestações independentes: filhas da autonomia privada, elas vinculam imediatamente os sócios podendo atingi-los todos ou apenas alguns, diferenciada ou paralelamente".

Não obstante, como veremos AA entendem que as obrigações acessórias pecuniárias são, na realidade, prestações suplementares.

Por sua vez, a obrigação de realizar suprimentos (cujo regime contratual está consagrado nos arts. 243.º a 245.º), quando contratualmente fixada, "é exemplo paradigmático de uma obrigação acessória, uma vez que é um empréstimo qualificado precisamente por ser feito por um sócio em favor de uma sociedade", PAULO OLAVO DA CUNHA *in* "Direito das Sociedades...", p. 431. Cfr., ainda, MENEZES CORDEIRO *in* "Manual de Direito das Sociedades", II, p. 267.

96   *Regime Jurídico das Sociedades por Quotas*

A propósito das vantagens das obrigações acessórias, ANTÓNIO FERRER CORREIA/VASCO LOBO XAVIER/MARIA ÂNGELA COELHO/ANTÓNIO CAEIRO *in* "Sociedade por quotas ...", p. 158, salientam o interesse na vinculação de um determinado sócio ao exercício da gerência ou, tratando-se de prestação de coisas, a não atribuição à sociedade, a título de entrada, do direito à respectiva utilização.

Para uma síntese comparativa dos regimes das prestações acessórias, das prestações suplementares e dos suprimentos, *vide* RUI PINTO DUARTE *in* "Suprimentos, prestações ...", pp. 264 e ss..

V. Ao contrário do que se verifica na obrigação de entrada (em que vigora o princípio da igualdade dos sócios), as obrigações acessórias podem ser impostas a um, a alguns ou a todos os sócios. Paralelamente, a prestação acessória de cada um dos sócios pode ter objecto, qualitativa e quantitativamente, distinto das prestações acessórias dos outros sócios.

Assim, "as obrigações acessórias assumidas pelos sócios são individuais e independentes, mesmo no aspecto da responsabilidade por elas", RAÚL VENTURA *in* "Sociedades por Quotas", vol. I, p. 208.

Conforme refere PAULO OLAVO DA CUNHA *in* "Direito das Sociedades...", p. 431, o conteúdo da obrigação acessória "pode ser idêntico e proporcional às diversas participações ou ser criado *intuitus personae*".

VI. A fonte das obrigações acessórias é, necessariamente, o contrato de sociedade, compreendendo-se, aqui, não só o contrato de sociedade inicial ou primitivo, mas também as respectivas alterações. Note-se que, a alteração do contrato que estipula as obrigações de prestações acessórias, só é eficaz caso haja consentimento dos sócios que vierem a ser obrigados (cfr. art. 86.º, n.º 2).

RUI PINTO DUARTE *in* "Suprimentos, prestações...", p. 278, entende, no entanto, que nada impede os sócios de uma sociedade de acordarem "em efectuar prestações acessórias pecuniárias, na ausência de cláusula estatutária".

VII. O conteúdo da obrigação acessória depende da autonomia das partes. Cfr. MENEZES CORDEIRO *in* "Manual de Direito das Sociedades", II, p. 267.

No que concerne ao seu conteúdo, podemos, desde logo, distinguir as prestações de *dare*, de *facere* e de *non facere*.

Ainda quanto ao seu conteúdo, é de referir que o artigo em anotação não exige a estipulação da periodicidade e regularidade, sendo, assim, possível estipular que a execução das prestações acessórias seja imediata ou protelada: "a prazo *certus an certus quando*, apenas *certus an* ou sob condição (*incertus an*)", MENEZES CORDEIRO *in* "Manual de Direito das Sociedades", II, p. 267.

Em suma, as prestações acessórias podem "ser instantâneas ou duradouras, únicas ou fraccionadas, periódicas ou irregulares", MENEZES CORDEIRO, *loc. cit.*.

VIII. O contrato de sociedade tem de fixar os elementos essenciais da obrigação acessória (**n.º 1**).

Estamos perante uma norma de natureza imperativa que visa garantir níveis de certeza e segurança na conformação do conteúdo nuclear da obrigação.

Os elementos essenciais dos negócios jurídicos são as condições ou requisitos gerais para a sua validade, mais precisamente a capacidade das partes, a respectiva declaração de vontade e o seu objecto (possível, física e legalmente).

"Por seu lado, os elementos essenciais de cada tipo negocial previsto, nomeado e regulado na lei (venda, locação, mandato, testamento, etc.) são as cláusulas ou estipulações negociais (contidas na respectiva declaração ou declarações de vontade) que o caracterizam ou contradistinguem, que o estremam em face dos restantes – *maxime* em face dos tipos vizinhos; são as notas específicas do conceito de cada uma dessas particulares figuras de negócios jurídicos. Assim, na compra e venda, a promessa da entrega da coisa vendida, com transferência da propriedade dela, e a promessa do pagamento do preço...", MANUEL ANDRADE *in* "Teoria Geral...", vol. II, pp. 34 e 35. Cfr., ainda, HEINRICH HORSTER *in* "A parte Geral do Código Civil Português", reimpressão, Almedina, 2000, p. 421.

O ante-projecto de ANTÓNIO FERRER CORREIA/VASCO LOBO XAVIER/MARIA ÂNGELA COELHO/ANTÓNIO CAEIRO *in* "Sociedade por quotas ...", p. 157, fazia referência ao conteúdo, duração e modalidades da obrigação.

Para maiores desenvolvimentos sobre o conteúdo do contrato, veja-se CARLOS FERREIRA DE ALMEIDA *in* "Contratos", II, Almedina, 2007, pp. 9 e ss..

RAÚL VENTURA *in* "Sociedades por Quotas", vol. I, p. 215, considera que a duração constitui um elemento essencial da obrigação acessória.

Para este autor, *loc. cit.*, "as cláusulas que não fixem o conteúdo da obrigação acessória com a certeza exigível são nulas por violação de preceito legal imperativo e determinam ou não a nulidade total do contrato, nos termos gerais".

Em conformidade com o disposto no art. 400.º, n.º 1, do CC, a determinação da prestação pode ser confiada a uma ou outra das partes ou a terceiro. Assim, importa apurar se os aspectos da prestação que, de acordo com esta regra, seriam deixados à determinação de terceiros, podem no contrato de sociedade ser remetidos, por exemplo, para deliberação da assembleia. Sobre esta questão RAÚL VENTURA *in* "Sociedades por Quotas", vol. I, p. 213, entende que "não pode ser deixado para determinação pelas partes ou por terceiros (incluindo nestes as deliberações dos sócios), nada que deva ser fixado no contrato, por força daquele preceito; para além desse núcleo, vigora a regra geral do direito das obrigações".

Ainda a este propósito, PAULO OLAVO DA CUNHA *in* "Direito das Sociedades...", p. 428, considera que os sócios podem pontualmente pronunciar-se, querendo, sem ter de modificar previamente o contrato social. "Há que fixar o regime-regra contratual, designadamente se as prestações são ou não onerosas, mas nada impede que se atribua ao colectivo dos sócios a faculdade de deliberar diversamente. Por exemplo:

«As prestações acessórias mencionadas no número anterior serão prestadas a título oneroso, salvo se diversamente deliberado por uma maioria de dois terços dos votos correspondentes ao capital social»", ob. cit., p. 429.

Cfr. o exemplo de cláusula de prestações acessórias de capital apresentado por PAULO OLAVO DA CUNHA in "Direito das Sociedades...", p. 430.

IX. O contrato de sociedade deve, ainda, especificar se as prestações são onerosas ou gratuitas.

A tradicional distinção entre negócios onerosos e gratuitos assenta nos respectivos conteúdos e finalidades.

Os negócios onerosos pressupõem "atribuições patrimoniais de ambas as partes, existindo, segundo a perspectiva destas, um *nexo ou relação de correspectividade* entre as referidas atribuições patrimoniais", MOTA PINTO in "Teoria Geral do Direito Civil", 3.ª edição, Coimbra Editora, 1993, pp. 402 e 403.

Ao invés, os negócios gratuitos caracterizam-se "pela intervenção de uma intenção liberal (*animus donandi, animus beneficiandi*). Uma parte tem a intenção, devidamente manifestada, de efectuar uma atribuição patrimonial a favor da outra, sem contrapartida ou correspectivo", MOTA PINTO, *loc. cit.*.

Fazendo uma transposição para as obrigações acessórias, podemos considerar, de forma algo grosseira, que a prestação é onerosa ou gratuita consoante a sociedade assuma ou não uma prestação como contrapartida da realizada pelo sócio.

Quanto ao problema da sobrevalorização da prestação do sócio, *vide* RAÚL VENTURA in "Sociedades por Quotas", vol. I, p. 218.

As obrigações acessórias, mesmos as gratuitas, "têm um fim social, que as afasta das liberalidades ou doações", RAÚL VENTURA in "Sociedades por Quotas", vol. I, p. 218.

Este autor, *ob. cit.*, p. 217, entende que a remissão para a regulamentação do tipo do negócio não permite tirar conclusões quanto à onerosidade ou gratuitidade da prestação.

COUTINHO DE ABREU in "Curso de Direito...", II, p. 322, refere que a especificação "não tem de ser explícita ou directa ("onerosa" ou "gratuita", "com pagamento" ou "sem pagamento", "remunerada" ou "não remunerada", etc.) pode ser implícita".

Assim para este autor, *ob. cit.*, pp. 322 e 323, "falando-se de "prestações pecuniárias para cobertura das perdas de exercício", ou de "comodato" de certas máquinas, concluir-se-á tratar-se de prestações gratuitas; falando-se de "empréstimos" ou "mútuos" de quantias em dinheiro, presumir-se-á (...) o carácter oneroso dessas prestações".

A cláusula que estipula a obrigação acessória que não especifique se as prestações são onerosas ou gratuitas é nula por violação de norma imperativa. Na opinião de RAÚL VENTURA in "Sociedades por Quotas", vol. I, p. 217, esta "solução é, contudo, praticamente exagerada, tornando nula uma obrigação de cuja exis-

Título III – Sociedades por quotas 99

tência ninguém dúvida, apenas por dúvidas relativas à contrapartida dela. Mais justificável seria uma presunção legal ilidível".

X. Nos termos da parte final, do **n.º 1**, o conteúdo da obrigação acessória pode corresponder a um contrato típico ou atípico.

Nas palavras de RUI PINTO DUARTE *in* "Tipicidade e atipicidade dos contratos", Almedina, 2000, p. 45, "típicos são os contratos reconduzíveis aos tipos legais e atípicos os não reconduzíveis". Quanto ao regime dos contratos atípicos *vide* este mesmo autor, *ob. cit.*, pp. 130 e ss..

Se o conteúdo da obrigação corresponder ao de um contrato típico, aplica--se a regulamentação própria desse tipo de contrato (**n.º 1**, parte final). Esta regra de remissão está, embora de forma especificada, prevista, também, para a execução da prestação nas sociedades civis (art. 984.º, do CC).

Conforme esclarece RAÚL VENTURA *in* "Sociedades por Quotas", vol. I, p. 221, "no contrato de sociedade, a estipulação de obrigação acessória não constitui um contrato típico enxertado no contrato de sociedade; quer a relação jurídica daí decorrente coincida ou não com uma relação jurídica típica (...), a sua fonte é aquela estipulação do contrato de sociedade e, no primeiro caso, são complementarmente aplicáveis as regras específicas dessa relação; em casos especiais, pode suceder que o cumprimento da obrigação acessória se desdobre na celebração de negócios jurídicos típicos, que, por definição, ficam sujeitos à regulamentação legal própria desse tipo".

Assim, se o conteúdo da obrigação acessória corresponder à cedência do gozo de um bem imóvel mediante pagamento de um valor, será aplicável o regime da locação, previsto nos arts. 1222.º e ss..

Por sua vez, se o conteúdo da obrigação consistir na prestação de um serviço, o regime aplicável será o do contrato de prestação de serviços, consagrado nos arts. 1154.º e ss..

Finalmente, se o conteúdo da obrigação se traduzir na transmissão da propriedade de uma coisa, é aplicável o regime do contrato de compra e venda, constante dos arts. 874.º e ss..

A regulamentação geral do tipo de negócio não é, contudo, aplicável "quando seja contrariada pela natureza, propósitos ou disposições especiais das obrigações acessórias", RAÚL VENTURA *in* "Sociedades por Quotas", vol. I, p. 228.

XI. As prestações acessórias podem ser pecuniárias e não pecuniárias (**n.º 2**).

As prestações acessórias pecuniárias são as prestações realizadas em moeda com curso legal (cfr. art. 14.º). Cfr., ainda, os arts. 550.º e ss., do CC.

Como já vimos na anotação ao art. 202.º, no conceito de moeda com curso legal está incluído o numerário (notas e moedas metálicas), bem como os cheques.

As prestações não pecuniárias são todas as prestações não realizadas em moeda com curso legal, designadamente, a prestação de um serviço, a entrega de um bem, etc..

Para Rui Pinto Duarte *in* "Suprimentos, prestações...", p. 280, a possibilidade de as prestações acessórias serem pecuniárias "parece um erro legislativo, quer por abrir a porta à subcapitalização nominal das sociedades, quer por, no que às sociedades por quotas respeita, criar uma zona de sobreposição com a figura das prestações suplementares". Cfr., ainda, Pais de Vasconcelos *in* "A participação social...", pp. 260 e 261.

Este mesmo autor *loc. cit.*, p. 262, considera "que as obrigações de os sócios procederem a entregas de dinheiro, para reforço da liquidez ou a cobertura de perdas, devem ser qualificadas como prestações suplementares", fazendo, assim, uma interpretação restritiva do **n.º 2**.

De *iure condito*, Rui Pinto Duarte, *in* "Suprimentos, prestações...", p. 280, acaba mesmo por pugnar pela "aplicação, por analogia, das regras próprias das prestações suplementares e dos suprimentos a alguns casos de prestações acessórias pecuniárias (mormente das relativas a sociedades por quotas)".

As prestações acessórias não pecuniárias emanam da natureza pessoalista das SQ.

Se o legislador, quanto à obrigação principal de entrada, optou por proibir as entradas em indústria, fazendo eco do vertente capitalista das SQ, no que concerne às prestações acessórias, *abriu as portas* a todo o tipo de prestação não pecuniária, nomeadamente, a prestação de actividade física ou intelectual, exacerbando, desta feita, o lado pessoalista destas sociedades.

Cfr. Pais de Vasconcelos *in* "A participação social...", p. 259 e Pinto Furtado *in* "Curso de Direito...", p. 224.

Este tratamento diferenciado está associado ao facto de a proibição das entradas em indústria assentar na necessidade de assegurar a consistência do património social, revelando-se como um corolário do princípio da exacta formação, necessidade que não se manifesta nas prestações acessórias.

Em abono das prestações não pecuniárias, Pais de Vasconcelos *in* "A participação social...", p. 259, considera que "pode ser vantajoso, para a sociedade e para o sócio, que este, para além da sua entrada de capital, ponha à disposição da sociedade uma sua especial competência ou exerça uma específica actividade que seja útil para a prossecução do fim social". Cfr., também, Rui Pinto Duarte *in* "Suprimentos, prestações...", p. 280.

Nos termos do **n.º 2**, as prestações não pecuniárias são intransmissíveis. No entendimento de Menezes Cordeiro *in* "Manual de Direito das Sociedades", II, p. 267, estamos perante "um caso de interdição legal de cessão de créditos, a subsumir no art. 577.º/1, do Código Civil".

Em consequência e mais uma vez fazendo uma interpretação *a contrario*, podemos concluir que as prestações pecuniárias são transmissíveis.

Importa ter presente que a obrigação acessória é parte integrante da quota e transmite-se, salvo algumas excepções, "quando e porque a quota se transmite", Raúl Ventura *in* "Sociedades por Quotas", vol. I, p. 225.

Título III – Sociedades por quotas   101

Com a transmissão da quota em que se inclui a obrigação acessória o anterior titular "libertou-se da obrigação, que passou a caber ao cessionário", RAÚL VENTURA, *loc. cit.*.

Pode, contudo, suceder que a obrigação acessória tenha uma natureza marcadamente pessoal. Neste caso, RAÚL VENTURA, *ob. cit.*, p. 226, entende que tal pessoalidade não pode impedir a transmissão da quota, pelo que a única solução viável é a extinção da obrigação.

Estas considerações valem, quer para a transmissão *inter vivos*, quer para a transmissão *mortis causa*.

XII. Vejamos agora os seguintes exemplos de prestações acessórias:
- O fornecimento de bens, em regime de exclusividade ou não;
- A transmissão de bens;
- A atribuição do uso ou fruição de determinado bem;
- O uso de patentes, marcas, designações de fantasia, siglas ou composições;
- A prestação de determinada actividade intelectual ou manual;
- A prestação de serviços;
- A obrigação de não concorrência.

Quanto à obrigação de os sócios prestarem garantias pessoais a dívidas da sociedade, cfr. RAÚL VENTURA *in* "Sociedades por Quotas", vol. I, p. 211.

XIII. Se a prestação for onerosa, a contraprestação pode ser paga independentemente da existência de lucros de exercício (**n.º 3**).

O lucro de exercício é a "expressão monetária do resultado positivo da actividade desenvolvida pela empresa social durante o mesmo exercício", VASCO LOBO XAVIER/MARIA ÂNGELA COELHO *in* "Lucro obtido no exercício, Lucro de Balanço e Lucro Distribuível", Coimbra, 1982, p. 261.

RAÚL VENTURA *in* "Sociedades por Quotas", vol. I, p. 220, explica que esta norma "tem valor meramente assertório: a contraprestação pode ser paga independentemente da existência de lucros de balanço, porque isso é da própria natureza do negócio celebrado e esta impede que esse pagamento seja considerado como ilegal atribuição aos sócios de importâncias necessárias para a conservação do capital".

No nosso entendimento, esta regra assenta, ainda, no facto de, relativamente à obrigação acessória, não vigorar, como vimos, o princípio da igualdade dos sócios, podendo a mesma ser imposta apenas a um sócio. Por conseguinte seria extremamente penalizador para o sócio fazer depender a contraprestação da existência de lucros de exercício.

XIV. Salvo disposição contratual em contrário, a falta de cumprimento das obrigações acessórias não afecta a situação do sócio como tal (**n.º 4**). Esta regra constitui uma especificidade do regime das obrigações acessórias.

102   *Regime Jurídico das Sociedades por Quotas*

Com efeito, aqui, o incumprimento da obrigação não afecta a situação do sócio, ou seja, não implica, designadamente, a sua exclusão, ao contrário do que se verifica em relação à obrigação de entrada (veja-se as anotações ao art. 204.°). Conforme resulta literalmente da primeira parte do **n.° 4**, esta norma tem natureza supletiva. Desta forma, pode ser contratualmente estipulado que o não cumprimento da obrigação acessória implique a exclusão do sócio (cfr., ainda, o art. 241.°).

Por outro lado, nada obsta a que "os sócios convencionem, no contrato de sociedade, que a falta de cumprimento das obrigações acessórias determine, por ex., a suspensão dos respectivos direitos sociais (v.g., do direito aos lucros, ao exercício da gerência, ao voto, etc) ...", Abílio Neto *in* "Código das Sociedades...", p. 463.

Refira-se, ainda, que se "a quota com a obrigação acessória é transmitida a quem não possa cumprir esta, o apuramento da impossibilidade e respectivas consequências reportar-se-ão ao cessionário", Raúl Ventura *in* "Sociedades por Quotas", vol. I, p. 231.

Para maiores desenvolvimentos sobre o significado do **n.° 4**, *vide* Raúl Ventura *in* "Sociedades por Quotas", vol. I, pp. 229 e 230.

XV. As obrigações acessórias extinguem-se com a dissolução da sociedade **(n.° 5)**.

Esta norma é imperativa, "por corresponder à natureza dessas obrigações, que são destinadas a facilitar a *vida normal* da sociedade e deixam de ter cabimento quando a sociedade se dissolve e a fase de liquidação é iniciada", Raúl Ventura *in* "Sociedades por Quotas", vol. I, p. 215.

Conforme já expusemos, o artigo em anotação não impõe que seja estipulado a periodicidade e regularidade da obrigação. Neste seguimento, o **n.° 5** funciona como uma barreira temporal, fixando a duração máxima das obrigações acessórias.

Raúl Ventura *in* "Sociedades por Quotas", vol. I, p. 215, faz saber que esta norma "pode ser utilizada para suprir a falta de fixação contratual da duração".

De acordo com o n.° 1, do art. 141.°, as sociedades dissolvem-se:

– Pelo decurso do prazo fixado no contrato;
– Por deliberação dos sócios;
– Pela realização completa do objecto contratual;
– Pela ilicitude superveniente do objecto contratual;
– Pela declaração de insolvência da sociedade.

Se a sociedade for insolvente, o registo do encerramento do processo de insolvência após o rateio final, implica a sua extinção (cfr. art. 234.°, n.° 3, do CIRE). No caso de encerramento por insuficiência da massa insolvente, a liquidação da sociedade prossegue nos termos do regime jurídico dos procedimentos administrativos de dissolução e de liquidação (cfr. art. 234.°, n.° 4, do CIRE).

O regime jurídico dos procedimentos administrativos de dissolução e de liquidação está previsto no Anexo III, do DL n.° 76-A/2006, de 29.03, entretanto,

Título III – Sociedades por quotas 103

rectificado pela DRect n.° 28-A/2006, de 26.05 e alterado pelo DL n.° 318/2007, de 26.09.

Por sua vez, a dissolução administrativa pode, nos termos do n.° 1, do art. 142.°, ser requerida com fundamento em facto previsto na lei ou no contrato e quando:

- Por período superior a um ano, o número de sócios for inferior ao mínimo exigido por lei, excepto se um dos sócios for uma pessoa colectiva pública ou entidade a ela equiparada por lei para esse efeito;
- A actividade que constitui o objecto contratual se torne de facto impossível;
- A sociedade não tenha exercido qualquer actividade durante dois anos consecutivos;
- A sociedade exerça de facto uma actividade não compreendida no objecto contratual.

Por iniciativa do serviço de registo competente ou dos próprios interessados, a dissolução administrativa pode, ainda, verificar-se quando:

- Durante dois anos consecutivos, a sociedade não tenha procedido ao depósito dos documentos de prestação de contas e a administração tributária tenha comunicado ao serviço de registo competente a omissão de entrega da declaração fiscal de rendimentos pelo mesmo período;
- A administração tributária tenha comunicado ao serviço de registo competente a ausência de actividade efectiva da sociedade, verificada nos termos previstos na legislação tributária;
- A administração tributária tenha comunicado ao serviço de registo competente a declaração oficiosa da cessação de actividade da sociedade, nos termos previstos na legislação tributária (art. 143.°).

A imperatividade da norma não impede, como é natural, que as partes fixem outras causas de extinção (por exemplo de natureza temporal).

Uma das causas de extinção da obrigação acessória é a própria extinção da quota, da qual a mesma é parte integrante, RAÚL VENTURA *in* "Sociedades por Quotas", vol. I, p. 227.

JURISPRUDÊNCIA:

I – Um ano, após o início do funcionamento do Lar de idosos, quando a Autora regressava à Casa de Repouso, depois de, dela se ter ausentado da parte da manhã, foi-lhe impedido o acesso e não voltou a ter acesso a ela, sem que se tenham apurado razões para que tal tivesse acontecido. A partir de então foram os RR. que passaram a dirigir a Casa de Repouso, não obstante tenha protestado não só junto dos RR. como através da convocação da Assembleia Geral da Ré Sociedade, mas nunca veio a surgir qualquer deliberação.

II – Sendo a Autora sócia da Ré e tendo comprado e entregue o mobiliário e equipamento necessário para o funcionamento da "Casa de Repouso", com dinheiro seu não se tendo provado que esses bens correspondessem à, entrada em espécie da Autora relativa à sua participação social na Sociedade Ré, a entrega do mobiliário para o funcionamento do "Lar de Idosos", constitui prestação acessória à Sociedade Ré, efectuada nos termo do disposto nos arts. 209.°, n.° 1 e 244.°, n.° 1 do C.S.C. (Código das Sociedades Comerciais).

III – As prestações acessórias podem consistir, não apenas na prestação de serviço ou trabalho, mas também, na obrigação de ceder o gozo à sociedade de determinada coisa móvel ou imóvel ou de mutuar certa importância a título gratuito ou oneroso (suprimentos).

IV – Tendo a A. ficado fortemente "abalada" com a sua expulsão da Sociedade que havia criado, a gravidade desses actos, merecem a tutela do direito, pelo que tem direito a indemnização por danos não patrimoniais e a indemnização correspondente ao valor dos imóveis, usados na sociedade, pelo período decorrido ao longo da sua utilização, a título de "reintegração de capital".

Ac. da RL, de 23.03.06 *in* www.dgsi.pt (Proc. n.° 1779/2006-6)

Nas sociedades comerciais, a obrigação de constituir suprimentos cessa com a dissolução da sociedade ou com a declaração da sua falência.

Ac. da RP, de 23.10.01 *in* www.dgsi.pt (Proc. n.° 0120913)

SECÇÃO III
Prestações suplementares

ARTIGO 210.° – **(Obrigações de prestações suplementares)**
1 – Se o contrato de sociedade assim o permitir, podem os sócios deliberar que lhes sejam exigidas prestações suplementares.

2 – As prestações suplementares têm sempre dinheiro por objecto.

3 – O contrato de sociedade que permita prestações suplementares fixará:

a) **O montante global das prestações suplementares;**

b) **Os sócios que ficam obrigados a efectuar tais prestações;**

c) **O critério de repartição das prestações suplementares entre os sócios a elas obrigados.**

4 – A menção referida na alínea a) do número anterior é sempre essencial; faltando a menção referida na alínea b), todos os sócios são obrigados a efectuar prestações suplementares; faltando a menção referida na alínea c), a obrigação de cada sócio é proporcional à sua quota de capital.

5 – As prestações suplementares não vencem juros.

NOTAS:

I. Anteprojectos: FERRER CORREIA (art. 4.°) e VAZ SERRA (art. 59.°).

Cfr. ANTÓNIO FERRER CORREIA/VASCO LOBO XAVIER/MARIA ÂNGELA COELHO/ANTÓNIO CAEIRO *in* "Sociedade por quotas ...", p. 159.

II. Como referimos na anotação ao art. 209.°, o lado passivo da posição jurídica do sócio não se esgota com as obrigações de entrada e de quinhoar nas perdas (previstas no art. 20.°). De facto, existem outros deveres e obrigações, como por exemplo, a obrigação de prestações suplementares previstas no artigo em anotação, que compõe esse lado passivo.

Os sujeitos passivos desta obrigação são "aqueles que, no momento da deliberação de exigência das prestações suplementares ou no momento posterior do vencimento das prestações suplementares tenham a qualidade de sócios", SOFIA GOUVEIA PEREIRA *in* "As Prestações Suplementares no Direito Societário Português", *Principia*, 2004, pp. 160, faz notar que 7 e ss..

Por sua vez, o lado activo é encabeçado pela sociedade.

"No caso de a sociedade adquirir uma quota à qual caberia especial ou proporcionalmente efectuar prestações suplementares, essa obrigação suspende-se

106 *Regime Jurídico das Sociedades por Quotas*

nos termos e pelos motivos expostos no comentário ao art. 220.°", RAÚL VENTURA *in* "Sociedades por Quotas", vol. I, p. 243.

Conforme resulta da expressão legal, as prestações suplementares são entradas em dinheiro que constituem um suplemento (complemento ou reforço) do património social, traduzindo-se, assim, num acréscimo do activo da sociedade sem alterar o capital social, pelo que não se confundem com este.

PINTO FURTADO *in* "Curso de Direito...", p. 226, considera que as prestações suplementares formam como "que um *capital inominal*". Por seu turno, PAULO OLAVO DA CUNHA *in* "Direito das Sociedades...", p. 440, utiliza a expressão "*quase capital*".

Em termos contabilísticos, as prestações suplementares são tratadas como um elemento integrante do capital, estando previstas no capital próprio.

As prestações suplementares são uma modalidade prevista expressamente para as SQ. Não obstante, PAIS DE VASCONCELOS *in* "A participação social...", p. 257, entende que nada impede "a que noutros tipos de sociedades os sócios façam constar dos estatutos a obrigação de prestações suplementares...".

Para maiores desenvolvimentos sobre a admissibilidade das prestações suplementares nas SA, *vide* SOFIA GOUVEIA PEREIRA *in* "As Prestações Suplementares ...", pp. 187 e ss..

III. As prestações suplementares são o meio privilegiado para quem "investe com capital próprio contemplando a hipótese de vir a retirar parte dele", RUI PINTO DUARTE *in* "Suprimentos, prestações ...", p. 280.

Por conseguinte, não constituem um mútuo, como os suprimentos. Cfr. MENEZES CORDEIRO *in* "Manual de Direito das Sociedades", II, p. 269.

Por outro lado, implicam custos mais reduzidos e apresentam uma tramitação mais simples, por exemplo, em relação ao aumento de capital. *Vide* PAIS DE VASCONCELOS *in* "A participação social...", p. 257.

Para PEREIRA DE ALMEIDA *in* "Sociedades Comerciais", p. 38, o interesse destas prestações é impor a realização de entradas para além do capital social, "...naquelas situações em que, no momento da constituição da sociedade, se antevê a possibilidade de o capital se tornar insuficiente, para a realização do objecto social, mas não se quer constituir a sociedade, desde logo, com um capital mais elevado, que eventualmente não venha a ser necessário, mas que teria de ser realizado no prazo máximo de 5 anos (art. 203.°)".

Finalmente, importa referir que as prestações suplementares podem ser convenientes para cobrir perdas de capital. "A fim de restabelecer o crédito da sociedade ou até de evitar a dissolução desta, o sócio pode preferi efectuar uma prestação que, em teoria, lhe pode vir a ser restituída", RAÚL VENTURA *in* "Sociedades por Quotas", vol. I, p. 237.

Para uma síntese comparativa dos regimes das prestações acessórias, das prestações suplementares e dos suprimentos, veja-se RUI PINTO DUARTE *in* "Suprimentos, prestações...", pp. 264 e ss..

IV. Ao contrário das prestações acessórias, cuja fonte constitutiva é apenas o contrato de sociedade, a obrigação de prestações suplementares assenta não só no contrato de sociedade, mas também em ulterior deliberação dos sócios (**n.º 1**).

O **n.º 1** constitui uma norma imperativa, sendo sempre exigida autorização contratual (originária ou superveniente) para as prestações suplementares, a qual pode, todavia, ter carácter genérico.

Desta forma, basta que "o contrato de sociedade, no elenco das competências da assembleia geral, refira a exigência de prestações suplementares, desde que se indique o montante global das prestações suplementares que podem ser exigidas", SOFIA GOUVEIA PEREIRA *in* "As Prestações Suplementares ...", p. 126.

A estipulação de prestações suplementares "em instrumento que não possa qualificar-se, designadamente por motivos formais, como «contrato de sociedade» não é bastante", RAÚL VENTURA *in* "Sociedades por Quotas", vol. I, p. 240.

PAIS DE VASCONCELOS *in* "A participação social...", p. 255, entende que são possíveis as prestações suplementares não previstas no pacto, "desde que o sejam voluntariamente". Com efeito, continua este autor, *loc. cit.*, "Os sócios podem deliberar, em assembleia geral, a chamada de prestações suplementares espontâneas, mesmo que no pacto não conste essa obrigação. De diferente do regime legal, esta modalidade tem, como característica, a sua não obrigatoriedade". Cfr., ainda, RUI PINTO DUARTE *in* "Suprimentos, prestações...", pp. 277 e 278.

Para maiores desenvolvimentos sobre as prestações suplementares espontâneas, *vide* PAIS DE VASCONCELOS *in* "A participação social...", pp. 255 e ss..

No entendimento de SOFIA GOUVEIA PEREIRA *in* "As Prestações Suplementares ...", p. 232, a faculdade de exigir prestações suplementares apresenta-se como um direito potestativo constitutivo.

De facto, para esta autora, *loc. cit.*, "o sócio, a partir do momento da estipulação contratual das prestações suplementares, fica sujeito a que a sociedade, mediante uma declaração unilateral consubstanciada na deliberação de chamamento da assembleia geral, tenha o poder de constituir um verdadeiro direito de crédito sobre ele (o qual fica desde logo obrigado a entregar a quantia exigida), sendo esta a estrutura típica dos direitos potestativos".

SOFIA GOUVEIA PEREIRA *in* "As Prestações Suplementares ...", p. 233, considera ainda que o contrato de sociedade tem, "em relação à obrigação de prestações suplementares, a natureza de um contrato-quadro, em que a cláusula de prestações suplementares tem a natureza de uma cláusula atributiva de competência à assembleia geral (...)".

V. As prestações suplementares têm, obrigatoriamente, natureza pecuniária (**n.º 2**). Para maiores desenvolvimentos sobre as prestações pecuniárias, *vide* anotação ao art. 209.º.

VI. À semelhança do que se verifica no contrato de sociedade que fixe prestações acessórias, também o contrato de sociedade que estipule prestações suple-

108   *Regime Jurídico das Sociedades por Quotas*

mentares tem um conteúdo essencial obrigatório. Todavia, neste caso, o legislador não se limitou a exigir a fixação dos elementos essenciais e a natureza da obrigação (como nas prestações acessórias), indo mais longe na especificação desse conteúdo. De facto, nos termos do **n.º 3**, o contrato de sociedade tem que fixar:

a) *O montante global das prestações suplementares*

A fixação do montante global das prestações suplementares prende-se com a natureza das SQ, impondo-se, desde logo para evitar que a responsabilidade dos sócios para com a sociedade seja ilimitada. Cfr. PEREIRA DE ALMEIDA *in* "Sociedades Comerciais", p. 255.

Conforme refere RAÚL VENTURA *in* "Sociedades por Quotas", vol. I, p. 242, a fixação do montante global das prestações suplementares não obedece, naturalmente, a fórmulas sacramentais, sendo admissíveis as seguintes redacções:

"«são exigíveis prestações suplementares até ao montante de 1000»" ou "«a cada sócio são exigíveis prestações suplementares até ao montante de 100»", a multiplicação do montante individual pelo número de sócios fornece claramente o montante global".

Para este mesmo autor, *loc. cit.*, é, ainda, "possível fixar o montante global por meio de remissa para o capital, prestações iguais ao capital, ou que sejam um múltiplo ou submúltiplo dele".

O montante global das prestações suplementares, enquanto elemento essencial (conforme dispõe o **n.º 4**) deve sempre ser mencionado no contrato de sociedade, sob pena de nulidade da respectiva cláusula. A sua omissão não pode ser objecto de suprimento legal.

RAÚL VENTURA *in* "Sociedades por Quotas", vol. I, p. 243, considera nula a seguinte cláusula: "«prestações que forem necessárias para suprir perdas do capital social»", pois nem pode saber-se, a data da estipulação, quantas vezes as perdas se repetirão nem qual o montante de cada perda".

Segundo entendimento do Tribunal da RE (Ac. de 15.10.87 *in* CJ, n.º 87, 4.º, p. 290), não "é possível a exigência de prestações suplementares em montante indexado às eventuais perdas".

A falta de indicação do montante global das prestações suplementares "fere de nulidade a cláusula que não a contenha", SOFIA GOUVEIA PEREIRA *in* "As Prestações Suplementares …", p. 127.

b) *Os sócios que ficam obrigados a efectuar tais prestações*

Ao contrário do que se verifica em relação à obrigação de entrada, em que vigora o princípio da igualdade dos sócios, a obrigação de prestações suplementares pode, no nosso entendimento, ser imposta a um, a alguns ou a todos os sócios. Este regime, que não decorre expressamente do artigo em anotação (ao contrário do que se verifica no art. 209.º, n.º 1, 1.ª parte, para as prestações acessórias), parece resultar dos **n.ᵒˢ 3**, al. b) e **4**.

PEREIRA DE ALMEIDA *in* "Sociedades Comerciais", p. 59, sustenta que o princípio da igualdade de tratamento dos sócios "só será violado se a assembleia deliberar exigir as prestações suplementares apenas a alguns sócios, deixando de fora outros a quem também deveria exigir simultaneamente".

A obrigatoriedade da menção aqui em análise resulta da necessidade de determinar com certeza e segurança quais os sócios a quem a sociedade pode exigir as prestações.

Na falta da referida menção todos os sócios ficam obrigados a efectuar prestações suplementares (**n.º 4**). O artigo em anotação não refere se esta obrigação é solidária (conforme se verifica, por exemplo, na obrigação de entrada, cfr. art. 197.º).

Podemos considerar que, por exemplo, se um dos sócios não realizar a prestação suplementar a que estava obrigado por força do **n.º 4**, os outros sócios serão responsáveis solidariamente pela mesma. Embora a lei não faça referência expressa, entendemos por aplicação analógica do art. 197.º (e por ausência de elementos de exclusão desta figura), que estamos perante uma obrigação solidária. Por outro lado, o legislador quando pretendeu consagrar a natureza conjunta da obrigação fê-lo expressamente, cfr. art. 206.º, n.º 2, parte final.

c) O critério de repartição das prestações suplementares entre os sócios a elas obrigados

Também, aqui, não vigora o princípio da igualdade dos sócios. Com efeito, as prestações suplementares a que ficam vinculados os sócios não têm que ser proporcionais às respectivas quotas, nem sequer ter igual valor, impondo-se, assim, mais uma vez por critérios de certeza e de segurança jurídicas, a menção do critério de repartição adoptado.

A propósito desta alínea, RAÚL VENTURA *in* "Sociedades por Quotas", vol. I, p. 245, escreve que a mesma "é consequência ou parte do sistema instituído na alínea *b)*; se é lícito no contrato criar a obrigação de prestações suplementares apenas para alguns dos sócios, não há motivo para impedir que a repartição da obrigação global de prestações suplementares seja também feita por estipulação contratual".

A falta desta menção implica a aplicação da regra da proporcionalidade da prestação suplementar em relação à quota (**n.º 4**, parte final).

Conforme vimos, o **n.º 3** impõe o conteúdo obrigatório do contrato de sociedade. Os sócios podem, no entanto, regulamentar "as prestações suplementares, desde que não violem nenhuma regra imperativa. Assim, podem estabelecer alguns pormenores dos regime de exigibilidade das prestações e também podem condicionar a própria obrigação de as prestar, por exemplo, ligando-a a certas finalidades, restringindo-a à manutenção dos sócios fundadores, etc.", RAÚL VENTURA *in* "Sociedades por Quotas", vol. I, p. 245.

Para maiores desenvolvimentos acerca da exigibilidade das prestações suplementares no caso de haver modificações subjectivas na sociedade (por exemplo, amortização e cessão), veja-se RAÚL VENTURA *in* "Sociedades por Quotas", vol. I, pp. 243 e 244.

VII. As prestações suplementares não vencem juros (**n.º 5**), uma vez que "se destinam a suprir insuficiências de capital e constituem capitais próprios da sociedade", PEREIRA DE ALMEIDA *in* "Sociedades Comerciais", p. 256.

Na opinião de RAÚL VENTURA *in* "Sociedades por Quotas", vol. I, p. 245, o não vencimento de juros, torna menos apetecida a obrigação de prestações suplementares "e pode inclinar os sócios para a prestação de suprimentos...".

JURISPRUDÊNCIA:

I – As prestações suplementares, exigíveis, podem sê-lo até à medida do montante previamente fixado, menção absolutamente imperativa – artigo 210.º, n.º 4 do Código das Sociedades Comerciais, implicando a sua omissão a nulidade da cláusula. Isto é, o montante global das prestações suplementares há-de ser claramente determinado, e não apenas determinável.

II – Ora, a referência que se faz no n.º 2, da cláusula 6 do pacto social para as "reservas da sociedade existentes em cada momento" viola flagrantemente essa exigência legal do artigo 210.º, n.º 3 do Código das Sociedades Comerciais, pelo que é nula a deliberação social que aprovou a redacção do n.º 2 dessa cláusula 6, nos termos do artigo 58.º, n.º 1, alínea a) do Código das Sociedades Comerciais.

III – A alínea a), do n.º 2 da cláusula 8 é injustificadamente restritiva dos interesses dos sócios tutelado pelo artigo 214.º do Código das Sociedades Comerciais, ao conceder à gerência o prazo de um mês para a prestação das informações concretamente solicitadas, violando o n.º 2 do artigo 214.º citado; assim como o prazo de vinte e quatro horas contemplado na alínea b) do n.º 2 da cláusula 8 dos estatutos sociais é gravemente limitativo do direito de informação, sendo evidente a sua invalidade, o mesmo sucedendo, "mutatis mutandi" quanto ao teor do n.º 3 da mesma cláusula 8, pelo que é anulável nos termos do artigo 58.º, n.º 1, alínea a), no que também foca os livros de escrita, não carecendo o sócio de pedir qualquer informação à gerência, podendo colhê-lha mediante exame directo dos livros, que terão de se encontrar sempre à sua disposição – citado artigo 214.º do Código das Sociedades Comerciais.

IV – As cláusulas das alíneas c) e d) da nova versão do pacto social do n.º 1, da cláusula 17, porque se reportam a casos em que a quota fica sujeita a procedimento judicial, suportando o risco de transmissão, não são inovadoras relativamente ao artigo 9.º do original contrato de sociedade, onde com a expressão "ou qualquer forma sujeita a processo judicial" aí usada, não quis compreender todos os procedimentos jurídicos susceptíveis de conduzirem à transmissão da quota, com intromissão no grémio social de estranhos, pelo que são inteiramente válidas.

V – O pacto social pode, ao abrigo do n.º 2 do artigo 246.º do Código das Sociedades Comerciais, disposição imperativa, atribuir aos gerentes poderes

Título III – Sociedades por quotas

sobre a aquisição de imóveis, estabelecimentos comerciais e participações noutras empresas, pelo que é válida a n.º 2, alínea a), b) e c) da cláusula 26, nesta parte posta em crise pelo Autor.

VI – A recusa de informação ou de consulta, artigo 215.º, n.º 1 do Código das Sociedades Comerciais, tem de resultar de factos objectivos, e não da apreciação pelos obrigados à prestação da informação, de carácter – alusivo ou não – da respectiva utilização subsequente, não sendo lícito subordinar a obrigatoriedade da prestação da informação aos sócios à indicação, por parte destes, dos motivos porque desejam obtê-las, pelo que é manifesto que os n.ºs 2 e 3 da cláusula 7 violam o disposto nos artigos 214.º, e 215.º, do Código das Sociedades Comerciais, sendo anuláveis nos termos da alínea a) do n.º 1 do seu artigo 58.º.

VII – Ambas as alíneas a) e b) da cláusula 8 são anuláveis, de harmonia com o disposto no artigo 58.º, do Código das Sociedades Comerciais ao condicionar a prestação de informação a um controlo "de mérito" e subjectivo.

VIII – O artigo 11.º dos estatutos, agora aprovados, no tocante à exclusão do sócio é anulável, nos termos dos preceitos conjugados dos artigos 233.º, n.ºs 1 e 2, 241.º, n.ºs 1 e 2 e 58.º, n.º 1, alínea a) do Código das Sociedades Comerciais.

IX – O artigo 12.º, n.º 2, relativamente ao regime contratual originário, dificulta a transmissão das quotas, pelo que é ineficaz relativamente ao Autor, que não aprovou a sua redacção – artigo 229.º, n.º 4 do Código das Sociedades Comerciais, bem como remeter o pagamento ou importância devida pela aquisição ou amortização da quota para momento que entender, atento o preceituado no artigo 232.º, n.º 2, alínea c) do Código das Sociedades Comerciais pelo que nos n.ºs 2, 3 e 4 da cláusula 13 são anuláveis, por violação das alíneas d) e e) do n.º 2 do artigo 231.º, do Código das Sociedades Comerciais.

X – O artigo 14.º do pacto social, trata de factos novos permissivos da amortização, omissos na versão originária, cuja legalidade estava condicionada à unanimidade da deliberação dos sócios – artigo 233.º, n.º 2 do Código das Sociedades Comerciais, pelo que é anulável nos termos do seu artigo 58.º, n.º 1, alínea a).

XI – O n.º 4 do artigo 20.º dos estatutos é inovador na medida em que no anterior artigo 10.º se previa a exclusão do sócio como efeito da infracção nele previsto – o exercer, sem conhecimento da sociedade, por conta própria ou alheia, actividade concorrente com a sociedade – pelo que é inválida a deliberação que aprovou, por violar os artigos 233.º, n.º 2 e 241.º do Código das Sociedades Comerciais.

Ac. do STJ, de 13.04.94 *in* www.dgsi.pt (Proc. n.º 083239) e CJ, Ano II, Tomo II, p. 27

ARTIGO 211.° – (Exigibilidade da obrigação)

1 – A exigibilidade das prestações suplementares depende sempre de deliberação dos sócios que fixe o montante tornado exigível e o prazo de prestação, o qual não pode ser inferior a 30 dias a contar da comunicação aos sócios.

2 – A deliberação referida no número anterior não pode ser tomada antes de interpelados todos os sócios para integral liberação das suas quotas de capital.

3 – Não podem ser exigidas prestações suplementares depois de a sociedade ter sido dissolvida por qualquer causa.

NOTAS:

I. Anteprojectos: FERRER CORREIA (art. 4.°) e VAZ SERRA (art. 59.°).

Cfr. ANTÓNIO FERRER CORREIA/VASCO LOBO XAVIER/MARIA ÂNGELA COELHO/ANTÓNIO CAEIRO *in* "Sociedade por quotas ...", p. 159.

II. O n.° 1 é uma norma de natureza imperativa.

A necessidade de deliberação dos sócios para exigir as prestações suplementares (também designada deliberação de chamada) decorre não só do **n.° 1**, mas também do art. 246.°, n.° 1, al. a).

A deliberação a que se reporta o n.° 1, do art. 210.°, é a mesma a que alude o artigo em anotação.

Como já tivemos oportunidade de referir na anotação ao art. 210.°, a obrigação de prestações suplementares tem como facto constitutivo não só o contrato de sociedade, mas também a ulterior deliberação dos sócios. Assim, a sua constituição funda-se em dois actos de verificação sucessiva.

Nos termos do **n.° 1**, as prestações suplementares só se tornam exigíveis depois de deliberadas pelos sócios.

Esta deliberação, uma vez que não implica alteração do contrato de sociedade, pode ser tomada por maioria simples dos votos emitidos (cfr. o art. 250.°, n.° 3).

Refira-se, ainda, que a deliberação só pode ser tomada pelos sócios, sendo nula "a cláusula contratual que atribua essa competência aos gerentes ou ao conselho fiscal, se a sociedade o tiver, bem como será nula a deliberação tomada por algum destes órgãos sem o pretenso apoio em cláusula contratual", RAÚL VENTURA *in* "Sociedades por Quotas", vol. I, p. 248.

III. Conforme se verifica para o contrato de sociedade que permita as prestações suplementares, o legislador estipulou um conteúdo obrigatório também para as respectivas deliberações de exigibilidade.

Desta forma, a deliberação de exigibilidade das prestações suplementares deve fixar:

a) *o montante tornado exigível*

O montante tornado exigível não se confunde, como é evidente, com o montante global das prestações suplementares, as quais, de acordo com a al. a), do n.º 3, do art. 210.º, deve constar do contrato de sociedade que estipula as prestações suplementares.

Nesta perspectiva, os sócios podem fixar um montante exigível inferior ao montante global das prestações suplementares, devendo sempre nortear a sua opção pelos interesses da sociedade. Nas palavras de Raúl Ventura *in* "Sociedades por Quotas", vol. I, p. 248, "A fixação por deliberação dos sócios do montante tornado exigível mostra que não é forçoso o pagamento por uma só vez das prestações cujo montante global é fixado pelo contrato".

A lei não faz referência à proporcionalidade na chamada, a qual não se confunde com a proporcionalidade da obrigação. Assim, podemos, hipoteticamente, admitir que "os sócios ao fixarem o montante tornado exigível em certo momento, pretendam fazer recair esse pagamento na totalidade ou agravadamente sobre algum dos sócios. Aí intervém o princípio da igualdade de tratamento dos sócios, a assegurar a proporcionalidade, sendo anulável a deliberação que o viole.

Aliás, a deliberação não tem de indicar concretamente o montante da prestação de cada sócio; ela indicará o montante global da prestação chamada e, por simples operação baseada no critério legal ou contratual de repartição, apura-se o montante das prestações individuais", Raúl Ventura *in* "Sociedades por Quotas", vol. I, p. 249.

b) *o prazo de realização da prestação*

A *ratio* desta imposição consiste na necessidade de assegurar que o sócio possa prever, com certeza e segurança, qual o prazo que dispõe para realizar a prestação, de forma a não ser surpreendido com a exigência de um pagamento imediato, cuja não realização teria as consequências previstas no art. 212.º.

Convém, todavia, lembrar que, por força do **n.º 2**, a deliberação só pode ser tomada depois de interpelados todos os sócios para integral liberação das suas quotas de capital.

O prazo é "estabelecido em benefício dos sócios e, portanto, cada um deles pode efectuar o pagamento antes de ele ter terminado ou ate antes de ele começar a correr", Raúl Ventura *in* "Sociedades por Quotas", vol. I, p. 249.

O início da contagem do prazo fixado para a prestação depende sempre da comunicação a cada um dos sócios da deliberação tomada.

A comunicação é feita pela gerência, na qualidade de executora da deliberação social.

IV. A deliberação de exigibilidade das prestações suplementares só pode ser tomada depois de interpelados todos os sócios para integral liberação das suas quotas de capital (**n.º 2**).

Esta norma é imperativa, não podendo ser derrogada nem pelo contrato de sociedade nem pela deliberação de chamada.

O motivo desta imperatividade assenta na ideia de que seria "injustificado que os sócios, antes de terem sido chamados a cumprir o dever de integralmente efectuar as prestações de capital, efectuem prestações sujeitas a um regime mais benévolo para eles (possibilidade de restituição)", RAÚL VENTURA *in* "Sociedades por Quotas", vol. I, p. 250.

Por outro lado e uma vez que as prestações suplementares se destinam "a suprir insuficiências de capital, não tinha sentido o seu chamamento antes de o capital social se encontrar totalmente realizado", PEREIRA DE ALMEIDA *in* "Sociedades Comerciais", p. 256.

A interpelação dos sócios para o cumprimento da obrigação de entrada está prevista no art. 203.°, n.° 3.

Ainda quanto à obrigação de entrada, cfr. os arts. 20.° e 202.° e ss..

V. As prestações suplementares não podem ser exigidas depois de a sociedade ter sido dissolvida por qualquer causa (**n.° 3**).

Em sentido técnico "isto significa que a obrigação de prestação suplementar se extingue pela dissolução da sociedade; não se extingue a dívida da prestação suplementar já exigida nos termos do art. 211.°, n.° 1", RAÚL VENTURA *in* "Sociedades por Quotas", vol. I, p. 251.

Esta regra faz todo o sentido, se considerarmos que os interesses que as prestações suplementares visavam satisfazer extinguem-se com a dissolução da sociedade (*v.g.*, o reforço do capital para exercício do objecto social).

Importa referir que as prestações acessórias extinguem-se, igualmente, com a dissolução da sociedade (art. 209.°, n.° 5).

Quanto às causas de dissolução, veja-se anotação ao art. 209.°.

VI. Para maiores desenvolvimentos sobre os vícios da autorização e da exigência de prestações suplementares, veja-se SOFIA GOUVEIA PEREIRA *in* "As Prestações Suplementares ...", pp. 142 e ss..

ARTIGO 212.° – (**Regime da obrigação de efectuar prestações suplementares**)

1 – É aplicável à obrigação de efectuar prestações suplementares o disposto nos artigos 204.° e 205.°

2 – Ao crédito da sociedade por prestações suplementares não pode opor-se compensação.

3 – A sociedade não pode exonerar os sócios da obrigação de efectuar prestações suplementares, estejam ou não estas já exigidas.

4 – O direito a exigir prestações suplementares é intransmissível e nele não podem sub-rogar-se os credores da sociedade.

NOTAS:

I. Anteprojectos: FERRER CORREIA (art. 6.º) e VAZ SERRA (art. 59.º). Cfr. ANTÓNIO FERRER CORREIA/VASCO LOBO XAVIER/MARIA ÂNGELA COELHO/ANTÓNIO CAEIRO *in* "Sociedade por quotas ...", p. 160.

II. O legislador não definiu um regime próprio para o incumprimento das prestações suplementares, remetendo expressamente para os arts. 204.º e 205.º (relativos à obrigação de entrada). Ao invés, para as prestações acessórias optou, no nosso entendimento, por uma remissão tácita, resultante da interpretação *a contrario* do n.º 4, do art. 209.º.

Para PEREIRA DE ALMEIDA *in* "Sociedades Comerciais", p. 256, a razão da sujeição da obrigação de prestações suplementares ao regime da obrigação de entrada, reside no facto de aquelas constituírem o capital próprio da sociedade e funcionarem "como um suplemento do capital social, a que os sócios se obrigaram no momento da constituição da sociedade, prevendo a eventual necessidade de reforço dos capitais próprios sem recurso ao aumento de capital social".

Por seu lado e concretamente quanto à exclusão do sócio, MENEZES CORDEIRO *in* "Manual de Direito das Sociedades", II, p. 267, considera que a mesma compreende-se, uma vez que estamos perante "...obrigações assumidas no pacto social; o incumprimento justifica, em relação ao faltoso, como que uma resolução contratual. O legislador reforça os traços próprios da sua efectivação e da sua natureza pessoal".

III. O "n.º 1 é imperativo; isso resulta da sua letra e da sua história", RAÚL VENTURA *in* "Sociedades por Quotas", vol. I, p. 251.

A remissão para os arts. 204.º e 205.º poderá gerar algumas dificuldades de articulação, quando haja cumulação de incumprimento das obrigações de entrada e de prestações suplementares.

De forma bastante assertiva, PEREIRA DE ALMEIDA *in* "Sociedades Comerciais", p. 256, sustenta que, da leitura do artigo em anotação, podemos extrair que "Uma vez exigidas as prestações suplementares, a obrigação dos sócios ao seu pagamento fica sujeita ao mesmo regime da realização das quotas, com excepção da responsabilidade dos anteriores titulares da quota e dos outros sócios e da subrogação dos credores da sociedade (art. 212.º). Por conseguinte, em caso de não realização da prestação suplementar o sócio poderá ser excluído".

Se o sócio, depois de interpelado para cumprir a obrigação de entrada e depois de lhe ter sido comunicada a deliberação a exigir a realização das prestações suplementares (a deliberação de chamada, prevista no artigo 211.º, n.º 1),

116 Regime Jurídico das Sociedades por Quotas

não cumprir nenhuma das obrigações, deverá seguir-se inteiramente o processo estabelecido nos arts. 204.º a 208.º. Com efeito, o facto de estar *também* em falta uma prestação suplementar não liberta o sócio dos efeitos da falta de cumprimento da obrigação relativa ao capital.

IV. Nos casos em que há incumprimento apenas da obrigação de prestações suplementares, não existem dificuldades na aplicação do n.º 1, do art. 204.º. Na verdade, se o sócio não realizar a prestação dentro do prazo previsto no art. 211.º, n.º 1, a sociedade deve avisá-lo por carta registada de que, a partir do 30.º dia seguinte à recepção desta, fica sujeito à exclusão e à perda total da quota.

Se o sócio não realizar a prestação neste segundo prazo, a sociedade pode deliberar e comunicar-lhe, por carta registada, a sua exclusão, aplicando-se, assim, a primeira parte do n.º 2, do art. 204.º.

Havendo perda dos pagamentos já efectuados, "o sócio perde a quota, mas a quota liberada como se encontra, e perde as prestações suplementares efectuadas – ou seja, estas não poderão ser-lhe restituídas, se e quando deliberada for a restituição", RAÚL VENTURA *in* "Sociedades por Quotas", vol. I, p. 258.

No caso de redução de perda de quota, este mesmo autor, *ob. cit.* p. 259, considera que todos os preceitos que pressupõem essa redução, quer por iniciativa da sociedade, quer por iniciativa do sócio interessado, são inaplicáveis.

Embora o **n.º 1** remeta apenas para os arts. 204.º e 205.º, RAÚL VENTURA *in* "Sociedades por Quotas", vol. I, pp. 259 e 260, entende que é de aplicar o princípio estabelecido no art. 206.º, n.º 1, "quanto à responsabilidade do sócio pela diferença entre o produto da venda da quota e a parte da entrada em dívida", bem como o regime consagrado no art. 208.º.

V. Se a deliberação de chamada de prestações suplementares tiver sido tomada depois de iniciado o processo de incumprimento da obrigação de entrada, há que distinguir se a sociedade deliberou ou não a exclusão.

Se o sócio já tiver sido excluído, a deliberação de chamada não produz qualquer efeito, porquanto já havia perdido a qualidade de sócio que suportava a obrigação respectiva.

Se o sócio ainda não tiver sido excluído, "o único acto do processo já realizado é o aviso e o único remédio será repeti-lo, para incluir a dívida de prestação suplementar", RAÚL VENTURA *in* "Sociedades por Quotas", vol. I, p. 260.

Em relação ao processo de venda da parte da quota perdida, *vide* RAÚL VENTURA *in* "Sociedades por Quotas", vol. I, pp. 260 e 261.

VI. Ao crédito da sociedade por prestações suplementares não pode opor-se compensação (**n.º 2**). Esta proibição está, igualmente, prevista para o crédito da sociedade decorrente do não cumprimento da obrigação de entrada (cfr. art. 206.º, n.º 1, parte final).

Título III – Sociedades por quotas

Desta forma, fica "vedada a compensação entre o crédito da sociedade a haver do sócio uma prestação acessória e o crédito do sócio a haver da sociedade restituição duma prestação complementar", RAÚL VENTURA *in* "Sociedades por Quotas", vol. I, p. 261.

Para maiores desenvolvimentos, veja-se a anotação ao art. 206.º.

VII. A sociedade não pode exonerar os sócios da obrigação de efectuar prestações suplementares, estejam ou não estas já exigidas (**n.º 3**).

Esta norma, de natureza imperativa, visa assegurar a satisfação dos interesses compreendidos na disposição contratual que estipula as prestações suplementares e na respectiva deliberação de chamada.

Quanto à proibição de liberação das obrigações de entrada, cfr. o art. 27.º, n.º 1.

"A referência a «sociedade» faz incluir tanto deliberações de sócios como actos de gerência", RAÚL VENTURA *in* "Sociedades por Quotas", vol. I, p. 262.

A proibição de exoneração, aqui em análise, aplica-se quer nos casos em que a prestação suplementar ainda não tiver sido exigida (ou seja, quando não tiver sido tomada nem comunicada a deliberação de chamada, prevista no art. 210.º, n.º 1), quer nos casos em que a mesma se tenha tornado exigível (ou seja, quando tiver sido tomada e comunicada a deliberação de chamada, nos termos do art. 211.º, n.º 1).

Contudo, "quanto a prestações suplementares ainda não exigidas, a sociedade pode eliminar a respectiva obrigação, ou reduzi-la, por meio de alteração do contrato de sociedade. Com efeito, não existe para a redução do montante das prestações suplementares constante do contrato algo de semelhante ao processo de redução do capital", RAÚL VENTURA *in* "Sociedades por Quotas", vol. I, p. 262.

VIII. O direito a exigir prestações suplementares é intransmissível e nele não podem sub-rogar-se os credores da sociedade (**n.º 4**).

Estamos perante o direito de a sociedade tomar e comunicar a deliberação de chamada, tornando a prestação suplementar exigível (como é evidente, trata-se de um direito anterior à exigibilidade da prestação suplementar).

Podemos, assim, concluir que o crédito da sociedade à prestação suplementar (exigível em virtude da comunicação e tomada da deliberação de chamada) é transmissível e nele podem sub-rogar-se os credores sociais.

No que concerne às entradas não realizadas, note-se que os credores sociais podem, a partir do momento em que aquelas se tornem exigíveis, exercer os respectivos direitos da sociedade (al. a), do art. 30.º).

O regime da sub-rogação está previsto nos arts. 589.º a 594.º, do CC.

118 Regime Jurídico das Sociedades por Quotas

ARTIGO 213.° – (**Restituição das prestações suplementares**)

1 – As prestações suplementares só podem ser restituídas aos sócios desde que a situação líquida não fique inferior à soma do capital e da reserva legal e o respectivo sócio já tenha liberado a sua quota.

2 – A restituição das prestações suplementares depende de deliberação dos sócios.

3 – As prestações suplementares não podem ser restituídas depois de declarada a falência da sociedade.

4 – A restituição das prestações suplementares deve respeitar a igualdade entre os sócios que as tenham efectuado, sem prejuízo do disposto no n.° 1 deste artigo.

5 – Para o cálculo do montante da obrigação vigente de efectuar prestações suplementares não serão computadas as prestações restituídas.

NOTAS:

I. Anteprojectos: FERRER CORREIA (art. 7.°).

Cfr. ANTÓNIO FERRER CORREIA/VASCO LOBO XAVIER/MARIA ÂNGELA COELHO/ANTÓNIO CAEIRO *in* "Sociedade por quotas ...", p. 160.

II. As prestações suplementares gozam de um regime próprio de restituição, o qual está previsto no artigo em anotação.

Antes de mais, debrucemo-nos sobre o conceito e o alcance jurídico da restituição.

A restituição está, no nosso direito civil, intimamente ligada à figura do enriquecimento sem causa.

Nos termos do art. 473.°, n.° 1, aquele que, sem causa justificativa, enriquecer à custa de outrem é obrigado a restituir aquilo com que injustamente se locupletou.

Na ausência de melhor referência normativa, atenderemos ao conceito de restituição a que alude o art. 479.°, do CC. Até porque, "a expressão restituição parece destituída de um significado técnico preciso, assumindo tão-só, o sentido, corrente na linguagem quotidiana, de devolução", JÚLIO GOMES *in* "O conceito de enriquecimento, o enriquecimento forçado e os vários paradigmas do enriquecimento sem causa", Universidade Católica, 1998, p. 88.

Numa primeira abordagem, a restituição pode traduzir-se na reposição (ou restauração) de uma determinada situação no seu estado original.

Todavia, JÚLIO GOMES *in* "O conceito de enriquecimento...", pp. 86 e 87, faz notar que "a restituição de que falamos, em conexão com o enriquecimento sem causa, tem um sentido mais restrito e incorpora a ideia de devolução de uma determinada coisa ou direito...".

Para este autor, *ob. cit.*, pp. 87 e 88, a restituição acaba "por consistir na criação de um novo direito (sucedâneo do direito de propriedade)…".

Conforme dispõe o art. 479.º, n.º 1, do CC, a obrigação de restituir fundada no enriquecimento sem causa compreende tudo quanto se tenha obtido à custa do empobrecido ou, se a restituição em espécie não for possível, o valor correspondente.

Por tudo isto, consideramos que a restituição prevista no artigo em anotação terá, necessariamente, como objecto apenas a devolução ou restituição do valor exacto da prestação suplementar realizada, ficando, naturalmente, excluídos, *v.g.*, os juros. Lembramos que as prestações suplementares não vencem juros (art. 210.º, n.º 5).

A correlatividade que une a prestação suplementar e a restituição determina a unidade dos respectivos objectos. Assim, ambas devem ser realizadas em dinheiro (cfr., quanto às prestações suplementares, o art. 210.º, n.º 2).

Podemos falar, aqui, de um efeito *boomerang*, na medida em que a prestação regressa ao património do sócio.

Para RAÚL VENTURA *in* "Sociedades por Quotas", vol. I, p. 265, "A sociedade não pode pretender pagar com bens diferentes de dinheiro uma dívida cujo objecto é dinheiro; se acordar com um sócio a entrega, com restituição de prestação suplementar, de outros bens em vez de dinheiro, há uma dação em cumprimento, a qual fica justamente sujeita a todos os requisitos da restituição de prestação suplementar".

III. A prestação deve ser restituída ao titular da quota, mesmo que a prestação suplementar não tenha sido por si realizada. Com efeito, pode suceder que o titular tenha adquirido a quota depois de realizada a prestação.

RAÚL VENTURA *in* "Sociedades por Quotas", vol. I, p. 264, admite a eficácia de acordos entre o transmitente e o transmissário da quota quanto ao direito à restituição relativamente à sociedade, "mediante notificação desta, quando o direito à restituição das prestações suplementares seja separado dos outros direitos patrimoniais do sócio, ou por cessão isolada desse direito ou por retenção desse direito pelo cedente da quota".

IV. O artigo em anotação, com excepção do **n.º 5**, é uma norma imperativa, cfr. RAÚL VENTURA *in* "Sociedades por Quotas", vol. I, p. 265. Todavia, nada impede os sócios de regulamentarem a restituição de prestações suplementares, contanto não atinjam o âmbito de tal imperatividade.

Neste seguimento, os sócios podem, por exemplo, estipular um prazo para a restituição ou a possibilidade de esta ser efectuada em duas ou mais prestações. Ao invés, estão expressamente excluídas as cláusulas que, *v. g.*, permitam a restituição que torne a situação líquida inferior à soma do capital e da reserva legal, bem como as que dispensem a deliberação dos sócios.

V. De acordo com o **n.º 1**, a restituição depende do preenchimento cumulativo de dois requisitos substantivos, quais sejam:

a) Que a situação líquida não fique inferior à soma do capital e da reserva legal

Este requisito transpõe para as prestações suplementares o princípio consignado no art. 32.º, segundo o qual não podem ser distribuídos aos sócios bens da sociedade quando a situação líquida desta, tal como resulta das contas elaboradas e aprovadas nos termos legais, for inferior à soma do capital e das reservas que a lei ou o contrato não permitem distribuir aos sócios ou se tornasse inferior a esta soma em consequência da distribuição. Esta limitação traduz-se num dos corolários do princípio da intangibilidade do capital social.

Em traços gerais, a situação líquida corresponde à situação patrimonial da sociedade reportada ao valor do activo deduzido o passivo.

As reservas legais são valores correspondentes a lucros acumulados que os sócios, por imposição legal, não podem distribuir.

Nos termos do art. 295.º, n.º 1 *ex vi* art. 218.º, n.º 2, uma percentagem não inferior à 20.ª parte dos lucros da sociedade é destinada à constituição da reserva legal e, sendo caso disso, à sua reintegração, até que aquela represente a 5.ª parte do capital social. O contrato de sociedade pode fixar uma percentagem e montante mínimo mais elevados.

O limite mínimo da reserva legal não pode ser inferior a € 2 500 (art. 218.º, n.º 1, 2.ª parte).

Quanto ao montante do capital social, cfr. anotações ao art. 201.º.

b) O respectivo sócio já tenha liberado a sua quota

O preenchimento deste requisito impõe-se por razões de natureza equitativa, visando garantir o justo equilíbrio na relação jurídica existente entre a sociedade e os sócios.

Podemos, aliás, considerar que estamos perante uma situação equiparável à excepção de não cumprimento do contrato prevista nos arts. 428.º a 431.º, do CC. Isto porque, a sociedade não efectua (nem pode efectuar) a restituição enquanto o sócio não realizar a prestação que lhe cabe (a obrigação de entrada).

Conforme resulta da expressão "respectivo sócio", para que se considere preenchido este requisito, basta que o sócio (beneficiário da restituição) tenha liberado a sua quota, mesmo que os outros sócios ainda não tenham efectuado tal liberação (ou seja, mesmo que o capital não se encontre integralmente realizado).

Ao invés, o art. 21.º, § 3, da Lei de 1901 impunha a integral realização do capital, esta "mudança de atitude da nova lei representa indubitavelmente um enfraquecimento da protecção dos credores; em vez de integral liberação do capital, pode, depois de restituídas prestações suplementares, manter-se por liberar uma parte do capital", Raúl Ventura *in* "Sociedades por Quotas", vol. I, p. 266.

Mais acrescenta esta autor, *ob. cit.*, pp. 265 e 266, que a "limitação «desde que» equivale a «na medida em que»; a restituição deve conter-se no referido limite, sem interessar se subsiste ou não prestação por restituir, designadamente porque, nesta outra parte, existe impedimento derivado daquele preceito".

Para uma compreensão sinóptica do sistema legal consagrado no n.º 1, veja-se Raúl Ventura *in* "Sociedades por Quotas", vol. I, p. 268.

VI. A restituição das prestações suplementares depende de deliberação dos sócios (**n.º 2** e art. 246.º, n.º 1, al. a)).

A deliberação de restituição das prestações suplementares é tomada por maioria simples, "visto nenhuma maioria qualificada ser expressamente exigida nem a natureza do acto a tornar exigível", Raúl Ventura *in* "Sociedades por Quotas", vol. I, p. 269.

A eficácia da deliberação não depende da comunicação aos sócios.

A restituição deve ser efectuada pela gerência, dentro dos limites da sua competência.

VII. As prestações suplementares não podem ser restituídas depois de declarada a falência da sociedade (**n.º 3**).

Esta norma comporta uma intensa protecção dos credores sociais, acarretando "não um simples diferimento da restituição mas sim a perda do direito à restituição. Os credores sociais deixam de estar sujeitos à eventual concorrência destes créditos dos sócios", Raúl Ventura *in* "Sociedades por Quotas", vol. I, p. 270.

Uma nota para referir que a terminologia utilizada nesta disposição está desactualizada. Com efeito, o Código da Insolvência e da Recuperação de Empresas (CIRE), aprovado pelo DL n.º 53/2004, de 18 de Março, passou a utilizar a expressão "insolvência".

Quanto à declaração de insolvência, *vide*, entre outros, os arts. 28.º e 367.º e ss.., do CIRE.

VIII. De acordo com o **n.º 4**, a restituição das prestações suplementares deve respeitar a igualdade entre os sócios que as tenham efectuado, sem prejuízo do disposto no **n.º 1**.

A igualdade de tratamento "não consiste em atribuir a todos os sócios importâncias iguais, mas sim em atribuir-lhes fracções da restituição global proporcionais aos montantes que tenham prestado, conforme o critério de repartição contratualmente estabelecido ao abrigo do disposto no art. 210.º, n.º 3, al. *c*)", Raúl Ventura *in* "Sociedades por Quotas", vol. I, p. 270.

No que diz respeito à parte final do **n.º 4**, há que entender que "a gerência, ao ratear entre os sócios a restituição global deliberada, deverá calcular a quantia devida ao sócio naquela situação, mas só efectuará o pagamento depois de liberada a quota. Só há, pois, desrespeito na igualdade entre sócios quanto ao tempo do pagamento.

O princípio da igualdade de tratamento não é desrespeitado quando algum sócio renuncie ao seu direito de participar em certa restituição, para favorecer outro ou outros", RAÚL VENTURA, *ob. cit.*, pp. 270 e 271.

IX. Para o cálculo do montante da obrigação vigente de efectuar prestações suplementares não serão computadas as prestações restituídas (**n.° 5**).

O **n.° 5** contém a única norma dispositiva do artigo em anotação. Nos termos deste preceito, os sócios podem estipular que as prestações restituídas sejam computadas para o cálculo do montante da referida obrigação.

Estamos perante uma "regra interpretativa do sentido da limitação da obrigação de prestações suplementares, a qual fica a significar que não podem ser exigidas aos sócios prestações suplementares *enquanto* estiver atingido o montante máximo fixado no contrato", RAÚL VENTURA *in* "Sociedades por Quotas", vol. I, p. 271.

X. Depois de totalmente satisfeitos, na fase da liquidação, os credores sociais, "nada obsta à restituição das prestações suplementares; nem os interesses dos credores sociais, que já estão satisfeitos, nem os interesses da sociedade, cuja actividade está extinta", RAÚL VENTURA *in* "Sociedades por Quotas", vol. I, p. 273.

Quanto à questão de saber se o sócio tem direito a exigir a restituição, *vide* o mesmo autor, *ob. cit.*, p. 272.

SECÇÃO IV
Direito à informação

ARTIGO 214.º – **(Direito dos sócios à informação)**

1 – Os gerentes devem prestar a qualquer sócio que o requeira informação verdadeira, completa e elucidativa sobre a gestão da sociedade, e bem assim facultar-lhe na sede social a consulta da respectiva escrituração, livros e documentos. A informação será dada por escrito, se assim for solicitado.

2 – O direito à informação pode ser regulamentado no contrato de sociedade, contanto que não seja impedido o seu exercício efectivo ou injustificadamente limitado o seu âmbito; designadamente, não pode ser excluído esse direito quando, para o seu exercício, for invocada suspeita de práticas susceptíveis de fazerem incorrer o seu autor em responsabilidade, nos termos da lei, ou quando a consulta tiver por fim julgar da exactidão dos documentos de prestação de contas ou habilitar o sócio a votar em assembleia geral já convocada.

3 – Podem ser pedidas informações sobre actos já praticados ou sobre actos cuja prática seja esperada, quando estes sejam susceptíveis de fazerem incorrer o seu autor em responsabilidade, nos termos da lei.

4 – A consulta da escrituração, livros ou documentos deve ser feita pessoalmente pelo sócio, que pode fazer-se assistir de um revisor oficial de contas ou de outro perito, bem como usar da faculdade reconhecida pelo artigo 576.º do Código Civil.

5 – O sócio pode inspeccionar os bens sociais nas condições referidas nos números anteriores.

6 – O sócio que utilize as informações obtidas de modo a prejudicar injustamente a sociedade ou outros sócios é responsável, nos termos gerais, pelos prejuízos que lhes causar e fica sujeito a exclusão.

7 – À prestação de informações em assembleia geral é aplicável o disposto no artigo 290.º

8 – O direito à informação conferido nesta secção compete também ao usufrutuário quando, por lei ou convenção, lhe caiba exercer o direito de voto.

NOTAS:

I. Anteprojectos: FERRER CORREIA (art. 119.º); VAZ SERRA (arts. 127.º e 128.º) e RAÚL VENTURA (arts. 76.º a 79.º).

II. Nas sociedades civis, o direito de informação está consagrado no art. 988.º, n.º 1, do CC, de acordo com o qual "Nenhum sócio pode ser privado, nem sequer por cláusula do contrato, do direito de obter dos administradores as informações de que necessite sobre os negócios da sociedade, de consultar os documentos a eles pertinentes e de exigir a prestação de contas".

Por sua vez, nas sociedades comerciais, o direito à informação está genericamente previsto na al. c), do n.º 1, do art. 21.º ("Todo o sócio tem direito a obter informações sobre a vida da sociedade, nos termos da lei e do contrato").

Esta norma "estruturante e programática" consiste num "dispositivo de carácter geral, significativamente inserido numa secção que a lei especificamente dedica às obrigações e direitos de *todo o sócio...*", João Labareda *in* "Direito à informação", Problemas do Direito das Sociedades, Almedina, 2003, p. 141.

No domínio específico das SQ, o direito à informação está regulado nos arts. 214.º a 216.º.

O direito à informação constitui uma das componentes do lado activo da posição jurídica do sócio.

"Por outro lado – e complementarmente –, o direito à informação integra o núcleo essencial de faculdades que dão corpo à categoria que, em termos mais vastos, tenho designado por direito à participação activa na vida da sociedade. (...)

Perspectivado, porém, como realidade autonomizada, portadora de um regime específico, o direito à informação conforma-se como um verdadeiro poder jurídico, conferido aos sócios para satisfação de interesses pessoais atendíveis e entendidos como dignos de tutela, ainda que, por eles e através deles, se intente, de igual forma, realizar objectos comuns, determinantes da própria existência da sociedade e que lhe conferem razão de ser.

É por isso que cada sócio goza da faculdade de apresentar à sociedade – através dos seus órgãos e agentes e dentro dos limites da lei – as pretensões informativas que deseje concretizar e esta – por intermédio dos destinatários imediatos – tem o dever de as satisfazer, a não ser que, sempre e só nos estritos milites da lei, se verifique justa causa de recusa", João Labareda *in* "Direito à informação", p. 124.

Para uma breve resenha histórica do direito à informação, cfr. João Labareda *in* "Direito à informação", p. 121.

III. Conforme se extrai do **n.º 1**, o sujeito activo do direito à informação é o sócio.

Coloca-se, agora, a questão de saber se a qualidade de gerente do sócio é condição *excludente* do exercício de tal direito.

Raúl Ventura *in* "Sociedades por Quotas", vol. I, p. 290, entendia que o sujeito activo da relação era apenas o sócio *não gerente*. Segundo este Autor, *loc. cit.*, assim "se dizia expressamente no Projecto e assim deverá ser entendido o artigo vigente, apesar de nele não figurarem as palavras «não gerente». O sócio

Título III – Sociedades por quotas 125

gerente não necessita deste direito porque a sua função dentro da sociedade envolve o poder de conhecer directamente todos os factos sociais e tem pessoalmente ao seu alcance aquilo que o sócio não gerente necessita de obter por meio daquele direito". Cfr., neste mesmo sentido, CARLOS PINHEIRO TORRES *in* "Direito à Informação nas Sociedades Comerciais", Almedina, 1998, pp. 175 e ss., bem como o Ac. da RP, de 13.04.99 *in* BMJ, 486, p. 369 e os Acs. do STJ, de 01.07.97 *in* www.dgsi.pt (Proc. n.º 97A387) e de 25.10.90 *in* www.dgsi.pt (Proc. n.º 079137).

Esta posição, de certa forma dogmatizante, parece desenquadrada das finalidades e do espírito do direito à informação. Na verdade, o impedimento do exercício deste direito pelos sócios não gerentes poderá, designadamente, prejudicar o controlo da gestão social, a participação activa na vida da sociedade e/ou a avaliação das participações sociais (que como veremos constituem as principais finalidades deste direito).

Aliás, não será difícil imaginar determinadas situações em que um determinado sócio, não obstante ser gerente, esteja, na prática, impedido ou impossibilitado de aceder à informação sobre a vida da sociedade.

Este impedimento ou impossibilidade pode, designadamente, derivar do facto de o sócio em causa ser apenas um gerente de direito (e, por isso, sem qualquer ligação com o exercício da gerência) ou assentar numa situação de conflito com outro ou outros gerentes.

MENEZES CORDEIRO *in* "Manual de Direito das Sociedades", II, p. 283, sublinha que o sócio-gerente não fica excluído, "desde que se trate de elementos a que não tenha tido acesso". Cfr., ainda, PAULO OLAVO DA CUNHA *in* "Direito das Sociedades...", p. 302.

Na nossa jurisprudência são de destacar, entre outros, o Ac. do STJ, de 13.09.2007 *in* CJ, Ano XV, Tomo III, p. 48; o Ac. da RC, de 28.03.07 *in* www.dgsi.pt (Proc. n.º 1300/06.1TBAGD.C1); o Ac. da RP, de 01.07.02 *in* www.dgsi.pt (Proc. n.º 0250177) e o Ac. da RP de 27.01.98 *in* www.dgsi.pt (Proc. n.º 9420791).

IV. A informação é um direito do sócio, pelo que estão excluídas, do âmbito do preceito em análise, as informações a prestar por um órgão da sociedade a outro órgão da sociedade, cfr. RAÚL VENTURA *in* "Sociedades por Quotas", vol. I, p. 281.

O sujeito passivo do direito é a sociedade, competindo, no entanto, aos gerentes o dever funcional de prestar a informação.

No âmbito do direito à informação estão incluídos todos os factos relacionados com a "gestão da sociedade", a qual, por sua vez, abrange todos "os eventos que compõem a vida social. O sócio não pode pedir ao gerente nem justificações de actos praticados, nem juízos valorativos sobre eles, nem previsões, de âmbito mais ou menos vasto. Um vez, porém, que, embora excepcionalmente, pode pedir informações sobre actos cuja prática seja esperada, poderá nesses casos inquirir a intenção da prática de tais actos", Raúl Ventura *in* "Sociedades por Quotas", vol. I, p. 292.

Para este autor, *ob. cit.*, p. 288, o artigo em anotação é aplicável mesmo que a sociedade esteja em liquidação.

V. O direito à informação deve ser exercido mediante requerimento do sócio, o qual não está sujeito a forma especial.

Por outro lado, nesse requerimento o sócio não está obrigado a fundamentar o pedido, "embora para certos efeitos lhe convenha fazê-lo", Raúl Ventura *in* "Sociedades por Quotas", vol. I, p. 292. Cfr., ainda Pereira de Almeida *in* "Sociedades Comerciais", p. 78 e o Ac. do STJ, de 13.04.94 *in* CJ, Ano II, Tomo II, p. 27.

O requerimento é dirigido à gerência, uma vez que é este o órgão funcionalmente competente para prestar a informação pedida. Se o pedido for dirigido a um gerente deve ser entendido como dirigido à gerência.

À semelhança do respectivo requerimento, também a prestação da informação não está sujeita a forma especial. Assim, a informação pode ser dada verbalmente.

A prestação da informação por escrito só é obrigatória se o sócio o solicitar. Esta regra constitui mais uma manifestação do lado personalista das SQ.

A regulamentação do direito à informação (prevista no **n.º 2**) pode determinar que a informação seja sempre prestada por escrito.

VI. Para Pereira de Almeida *in* "Sociedades Comerciais", p. 77, "o direito à informação compreende:
 – o direito geral à informação;
 – o direito à informação preparatória das assembleias gerais;
 – o direito à informação nas assembleias gerais".

Cfr., ainda, Alexandre Soveral Martins/Elisabete Ramos *in* "As participações sociais", p. 107.

Por sua vez, Pinto Furtado *in* "Curso de Direito…", p. 230, considera os seguintes níveis de manifestação do direito à informação: "a *informação permanente* (que é prestada, em cada momento, a pedido do sócio interessado), a *informação intercalar* (que deve ser prestada como preparatória de cada *reunião de assembleia*) e a *informação em assembleia* (que deve ser prestada na própria *reunião de assembleia*, como elemento instrutório do *debate*)".

Convém ter presente que cada uma das modalidades que o direito à informação pode revestir é autónoma em relação às outras. Desta forma, o sócio que, por exemplo, exerça o direito geral à informação não pode ser impedido de exigir informação preparatória das assembleias gerais, ainda que estejam em causa os mesmos factos.

VII. O direito à informação inclui ainda o direito à consulta (**n.º 1**, 2.ª parte).

O objecto do direito à consulta é constituído pela escrituração, pelos livros e pelos documentos da própria sociedade, ficando, assim, excluídos quaisquer documentos de outra pessoa singular ou colectiva.

Como é natural, o direito à consulta abrange qualquer documento que integre o acervo da sociedade, independentemente do órgão social detentor.

A consulta terá obrigatoriamente que ser efectuada na sede social e não noutro local, ainda que o sócio o tenha requerido.

Esta limitação espacial ao exercício do direito à informação tem como finalidades:

– assegurar a confidencialidade da documentação relativa à sociedade, impedindo-se, assim, a sua consulta por terceiros (por exemplo, empresas concorrentes), a qual poderia, com toda a probabilidade, prejudicar os interesses da sociedade;
– evitar o respectivo extravio ou perda;
– garantir que a documentação da sociedade esteja sempre disponível para consulta na sede social.

PAULO OLAVO DA CUNHA *in* "Direito das Sociedades...", p. 303, acrescenta que o direito à consulta inclui ainda a faculdade de "requerer a fotocópia dos elementos consultados, bem como solicitar os esclarecimentos que considerar devidos".

Note-se que o relatório de contas e o respectivo anexo, nas sociedades em que é obrigatório, constitui um dos elementos essenciais do direito à informação, cfr. PAULO OLAVO DA CUNHA, *ob. cit.*, p. 297.

No que diz respeito ao relatório de gestão, às contas de exercício e aos demais documentos de prestação de contas, cfr. arts. 65.º e ss..

O exercício do direito à consulta está previsto no **n.º 4**.

VIII. A *ratio* do direito à informação assenta, fundamentalmente:

a) Na necessidade de controlo da gestão da sociedade

A gestão da sociedade está confiada a um órgão próprio (no caso das SQ, a gerência), sendo absolutamente necessário e legítimo que os sócios tomem conhecimento do seu exercício.

Conforme consta do n.º 21, do preâmbulo, do DL n.º 262/86, de 02 de Setembro (que aprovou o Código das Sociedades Comerciais) "Regula-se com bastante pormenor o direito dos sócios à informação, procurando garantir-lhes a possibilidade de um efectivo conhecimento sobre o modo como são conduzidos os negócios sociais e sobre o estado da sociedade (artigos 214.º a 216.º)".

Paralelamente, importa, ainda, assegurar o controlo efectivo da actuação dos gerentes, de molde a criar um elemento de dissuasão de actos negligentes e prejudiciais por parte destes.

b) Na participação activa na vida da sociedade

Só faz sentido falar de participação activa na vida da sociedade se "aos sócios, que não intervêm quotidianamente na gestão, não for dada a possibilidade de conhecer, com a maior amplitude possível, os factos relevantes da existência e do funcionamento societários, quer para poderem equacionar a continuação ou alteração da rota traçada, quer para, quando for o caso, poderem reagir a actuações prejudiciais", João Labareda *in* "Direito à informação", p. 124.

c) No interesse na avaliação da participação social

O direito à informação manifesta-se, ainda, como instrumento essencial de avaliação das participações sociais. De realçar que essa avaliação pode ser determinante para a formação da vontade negocial (no caso de alienação de quota), para a tomada da deliberação de aumento de capital, para a decisão de conservação da quota, etc.

IX. O direito à informação é:

a) Individual, uma vez que é exercido por cada um dos sócios, *per si*, sem intervenção de outrem, embora possa ser exercido no interesse social;

b) Universal, porquanto tem como sujeito activo a generalidade dos sócios, independentemente do valor da sua participação social;

c) Amplo, porque "estão expressamente acolhidas as diferentes fontes de informação (…), por outro lado, não se constata qualquer ressalva de carácter geral no que respeita às matérias objecto da informação", João Labareda *in* "Direito à informação", pp. 136 e 137.

d) Não absoluto ou limitado, tendo em consideração a consagração de "limitações extrínsecas e intrínsecas" ao seu exercício, cfr. João Labareda *in* "Direito à informação", p. 137. Cfr., anotação ao art. 215.º.

Pereira de Almeida *in* "Sociedades Comerciais", p. 77 e João Labareda *in* "Direito à informação", p. 133, consideram, ainda, que o direito à informação é um direito irrenunciável e inderrogável. Em sentido contrário, Raúl Ventura *in* "Sociedades por Quotas", vol. I, p. 287, entende que "pelo contrato social é derrogável na exacta medida em que o n.º 2 permite a regulamentação contratual".

X. A informação é verdadeira quando não contém elementos inexactos ou não conformes com a realidade, nem no seu conjunto, induza "em erro acerca da existência ou do conteúdo dos factos a respeita. A veracidade da informação deve aferir-se pelo juízo que um homem de cultura média formaria em presença da sua efectiva prestação", Carlos Pinheiro Torres *in* "Direito à Informação …", p. 208.

A informação é completa quando contém todos os elementos necessários para corresponder a toda a amplitude da respectiva solicitação, ou seja o grau de completude da informação mede-se pelo teor do requerimento que desencadeia a sua prestação. Cfr. Carlos Pinheiro Torres, *loc. cit.*.

A informação é elucidativa quando dissipa as dúvidas ou elimina o desconhecimento sobre os factos ou razões que justificam a sua solicitação. Cfr. Carlos Pinheiro Torres *ob. cit.*, p. 209.

A prestação de informações falsas ou incompletas pode constituir crime punível com prisão até 3 meses e multa até 60 dias, se pena mais grave não couber por força de outra disposição legal (art. 519.°).

XI. O direito à informação pode ser regulamentado no contrato de sociedade (**n.° 2**).

Apesar de o legislador ter dedicado uma secção ao direito à informação, alguns dos aspectos que o envolvem, designadamente, os procedimentais, não foram legalmente tratados.

Desta forma e tendo em consideração os contornos jurídicos que este direito pode assumir, optou-se por colocar na disposição das partes a sua regulamentação.

Refira-se que esta regulamentação pactícia "reporta-se exclusivamente a aspectos de procedimento – que pode, note-se, ser muito relevantes e pacificadores da vida social (…)", João Labareda *in* "Direito à informação", p. 134. Cfr., ainda, Paulo Olavo da Cunha *in* "Direito das Sociedades...", p. 304.

O direito à informação só pode ser regulamentado pelo contrato social, ficando, assim, afastada a possibilidade de regulamentação por deliberação dos sócios.

A regulamentação do direito à informação, atendendo aos interesses em jogo, sofreu as seguintes limitações:

a) O exercício efectivo do direito à informação

Como é natural, a regulamentação do direito à informação não pode impedir o exercício do próprio direito. Este impedimento pode concretizar-se através de cláusulas que imponham regras procedimentais de difícil cumprimento, tornando inoperante o direito.

Conforme salienta Paulo Olavo da Cunha *in* "Direito das Sociedades...", p. 304, é fundamental que o regulamento "não se traduza na negação do direito e que não colida com o normal exercício do direito ou com princípios fundamentais caracterizadores do Direito das Sociedades Comerciais, como o princípio da igualdade de tratamento dos accionistas".

b) O âmbito do direito à informação

A regulamentação não pode limitar injustificadamente o âmbito do direito à informação.

O âmbito do direito à informação pode, contudo, ser limitado, havendo causas justificativas que imponham essa restrição, mormente, interesses da sociedade que devam prevalecer sobre os interesses que o direito à informação visa satisfazer.

Importa destacar que a ponderação destes interesses terá que ser feita caso a caso, isto porque, em abstracto, não existem circunstâncias que justifiquem a limitação do âmbito legal do direito à informação. Cfr. Raúl Ventura *in* "Sociedades por Quotas", vol. I, p. 287.

130 *Regime Jurídico das Sociedades por Quotas*

Se se verificarem algumas das situações previstas na 2.ª parte, do **n.º 2**, o direito à informação torna-se absoluto, não podendo ser excluído em nenhuma circunstância.

A expressão "autor" a que alude a 2.ª parte, do **n.º 2,** reporta-se ao autor do acto objecto do direito à informação.

Cfr. alguns exemplos de regulamentação do direito à informação apresentados por PAULO OLAVO DA CUNHA *in* "Direito das Sociedades...", pp. 303 a 305.

XII. Em regra, o direito à informação abrange actos já praticados. No entanto e nos termos do **n.º 3**, o sócio pode pedir informações de actos cuja prática seja esperada, quando estes sejam susceptíveis de fazerem incorrer o seu autor em responsabilidade criminal ou civil. Podemos, assim, considerar que os actos futuros, em princípio, não integram o âmbito do direito à informação, salvo se forem susceptíveis de constituir responsabilidade do seu autor.

XIII. A consulta da escrituração, livros ou documentos deve ser feita pessoalmente pelo sócio (**n.º 4**).

A natureza *intuitus personae* do direito à consulta, expressamente manifestada no **n.º 4**, tem por base a necessidade de assegurar a não ingerência de estranhos na vida da sociedade.

Por outro lado, "apontam-se os numerosos casos em que a impossibilidade de consulta, por pessoa estranha, só ou em colaboração com o sócio, redundaria em fracasso da consulta – circunstâncias pessoais do sócio, especialidade da informação pretendida pela consulta", RAÚL VENTURA *in* "Sociedades por Quotas", vol. I, p. 295.

A expressão "pessoalmente" significa que o direito em causa não pode ser objecto de representação ou delegação noutra pessoa, mesmo tratando-se de sócio da sociedade. Cfr., neste mesmo sentido, RAÚL VENTURA *in* "Sociedades por Quotas", vol. I, p. 295 e CARLOS PINHEIRO TORRES *in* "Direito à Informação ...", pp. 185 e 186.

A norma pode, todavia, "ser derrogada no contrato, em sentido favorável ao sócio, isto é, no sentido da delegação ou representação", RAÚL VENTURA *in* "Sociedades por Quotas", vol. I, p. 295.

O sócio, no exercício (pessoal) do direito à consulta, pode fazer-se assistir (ou, simplesmente, acompanhar) de um ROC ou de outro perito. A consagração desta faculdade tem como finalidade garantir a obtenção de uma informação completa, adequada, satisfatória e qualificada. Com efeito, a assistência de um técnico devidamente qualificado assegurará, em princípio, a qualidade da informação.

Para efeitos deste artigo, perito deve ser entendido como o especialista na matéria que é objecto da consulta, "o qual pode ser, nomeadamente, um revisor oficial de contas ou um jurista", PAULO OLAVO DA CUNHA *in* "Direito das Sociedades...", p. 302.

Título III – Sociedades por quotas 131

A este propósito coloca-se a questão de saber se são exigíveis documentos comprovativos da habilitação especializada.

Nas palavras de RAÚL VENTURA *in* "Sociedades por Quotas", vol. I, p. 296, "se não são exigíveis diplomas de habilitação especializada, também não pode ser facultada a consulta a qualquer pessoa, sem habilitações ou experiência necessárias para ser alcançado o fim visado pela lei".

O STJ considerou que "não pode deixar de se atribuir à sociedade o direito de verificar se a pessoa por quem o sócio se faz acompanhar satisfaz os requisitos legais, identificando-a e verificando se é efectivamente um revisor oficial de contas ou um perito", Ac. de 25.11.99 *in* www.dgsi.pt (Proc. n.º 99B888). Cfr., ainda, MENEZES CORDEIRO *in* "Direito das Sociedades", vol. II, p. 285.

Este poder de verificação das habilitações do ROC ou perito resulta da necessidade de assegurar a não ingerência de um (qualquer) estranho na vida da sociedade.

No exercício do direito de consulta, o sócio tem a faculdade de tirar cópias ou fotografias, ou usar de outros meios destinados a obter a reprodução da coisa ou documento, desde que a reprodução se mostre necessária e se lhe não oponha motivo grave (art. 576.º, do CC *ex vi* **n.º 4**, parte final).

Convém esclarecer que a prestação de informações em assembleia geral não afasta os direitos de consulta ou de obtenção de informações fora da assembleia. Cfr., neste sentido, embora reportando-se ao direito de informação nas SA, o Ac. do STJ, de 13.04.94 *in* CJ, Ano II, Tomo II, pp. 28 e 29.

O disposto para o direito de consulta vale para o direito de inspecção. Cfr RAÚL VENTURA *in* "Sociedades por Quotas", vol. I, p. 296; CARLOS PINHEIRO TORRES *in* "Direito à Informação ...", p. 186 e MENEZES CORDEIRO *in* "Manual de Direito das Sociedades", II, p. 285.

XIV. O sócio pode inspeccionar os bens sociais nas condições referidas nos números anteriores (**n.º 5**).

Sem prejuízo da remissão aqui prevista, o direito de inspecção "carece de regulamentação estatutária que discipline o seu exercício, sob pena de poder causar grandes danos à sociedade, se deficientemente exercido, ou de o seu exercício ser sistematicamente recusado sem justificação adequada", PAULO OLAVO DA CUNHA *in* "Direito das Sociedades...", p. 296.

XV. O sócio que utilize as informações obtidas de modo a prejudicar injustamente a sociedade ou outros sócios é responsável, nos termos gerais, pelos prejuízos que lhes causar e fica sujeito a exclusão (**n.º 6**).

As consequências aqui estipuladas impõem-se por força da amplitude do direito à informação e da necessidade de assegurar o respeito pelas finalidades visadas pelo seu exercício.

Para efeitos deste número não "se exige nem que o direito tenha sido exercido com a intenção de prejudicar a sociedade ou outros sócios nem que a utili-

132 *Regime Jurídico das Sociedades por Quotas*

zação da informação obtida tenha tido essa intenção; basta que *do modo de utilização* tenha resultado esse prejuízo", Raúl Ventura *in* "Sociedades por Quotas", vol. I, p. 296.

Não "há prejuízo injusto, por exemplo, quando, com base na informação obtida, o sócio propõe uma acção de responsabilidade, promove a destituição dum gerente ou a redução da sua remuneração, exige a restituição dum suprimento", Raúl Ventura, *ob. cit.*, p. 297.

Esta norma só é aplicável aos sócios, ficando excluída a "responsabilidade em que possa incorrer o perito por quem o sócio se faça assistir no exercício do direito de consulta ou de inspecção", Raúl Ventura, *loc. cit.*.

Isto não significa, como é evidente, que o perito ou ROC não possam ser responsabilizados nos termos gerais.

A utilização da informação assim obtida não implica a exclusão automática do sócio, a qual fica dependente do respectivo processo deliberativo. Cfr. Raúl Ventura *in* "Sociedades por Quotas", vol. I, p. 297.

Menezes Cordeiro *in* "Manual de Direito das Sociedades", II, p. 290, entende que a exclusão "cabe na medida em que o abuso de informação implique uma quebra grave do pacto social".

XVI. À prestação de informações em assembleia geral é aplicável o disposto no artigo 290.º (**n.º 7**).

Os **n.ᵒˢ** 1 a **3** regulam o direito à informação fora da assembleia geral (direito geral à informação e direito à informação preparatória das assembleias gerais). Já no que concerne ao direito à informação em assembleia geral, o legislador optou por remeter para o regime das SA (mais precisamente para o art. 290.º).

O regime que regula esta modalidade tem como objectivo garantir a obtenção imediata da informação pretendida.

Na assembleia geral, o sócio pode requerer que lhe sejam prestadas informações verdadeiras, completas e elucidativas que lhe permitam formar opinião fundamentada sobre os assuntos sujeitos a deliberação (art. 290.º, n.º 1, 1.ª parte *ex vi* **n.º 7**).

O direito à informação na assembleia geral é exercido mediante requerimento, devendo a informação solicitada estar relacionada com os assuntos em discussão na mesma.

Em regra, o beneficiário da informação é o próprio requerente da mesma. No entanto, pode suceder "que o pedido vise a informação geral da assembleia, isto é, que o pedido seja formulado por quem já tem o conhecimento, mas pretenda por esse meio alargá-lo a outrem", Raúl Ventura *in* "Sociedades por Quotas", vol. I, p. 302.

Na linha de pensamento do mesmo autor, *ob. cit.*, p. 300, um "sócio que, por lei ou contrato, não possa *participar* na assembleia, não goza manifestamente de um direito a exercer *na* assembleia".

Título III – Sociedades por quotas

O dever de informação abrange as relações entre a sociedade e outras sociedades com ela coligadas (art. 290.º, n.º 1, 2.ª parte *ex vi* **n.º 7**).

As informações devem ser prestadas pelo órgão da sociedade que para tal esteja habilitado e só podem ser recusadas se a sua prestação for susceptível de ocasionar grave prejuízo à sociedade ou a outra sociedade com ela coligada ou violação de segredo imposto por lei (art. 290.º, n.º 2 *ex vi* **n.º 7**). Diga-se que a informação por órgão habilitado oferece mais garantias de perfeição.

Os motivos de recusa aqui previstos resultam do princípio do interesse social, PEREIRA DE ALMEIDA *in* "Sociedades Comerciais", p. 85.

A recusa injustificada das informações é causa de anulabilidade da deliberação (art. 290.º, n.º 3 *ex vi* **n.º 7**).

Há recusa ilícita de informação "sempre que o órgão competente denegue essa prestação ou forneça informação falsa, incompleta ou não elucidativa", Ac. do STJ, de 28.02.02 *in* www.dgsi.pt (Proc. n.º 02B017).

A recusa ilícita de informações pode constituir infracção criminal punível com prisão até 3 meses e multa até 60 dias (art. 518.º).

Cfr. anotações ao art. 215.º.

PAULO OLAVO DA CUNHA *in* "Direito das Sociedades...", p. 294, entende que os documentos de prestação de contas, incluindo relatório de gestão devem estar ao dispor dos sócios 15 dias antes da assembleia geral (art. 289.º, n.º 1 *ex vi* art. 248.º, n.º 1). Cfr., ainda, PEREIRA DE ALMEIDA *in* "Sociedades Comerciais", pp. 83 e 84.

JURISPRUDÊNCIA:

I – Analisando o regime do inquérito judicial a sociedade conclui-se que o processo em referência se subdivide em duas fases, na primeira das quais o juiz aprecia os fundamentos invocados pelo requerente e, haja ou não resposta dos requeridos, decide se há motivo para proceder ao inquérito.

II – Com reporte a uma sociedade por quotas, sobre o requerente do inquérito recai o ónus de provar, para além da sua qualidade de sócio, a recusa de informação pedida, ou a prestação de informação falsa, incompleta ou não elucidativa, recaindo sobre a sociedade o ónus de provar a factualidade de que se possa retirar a licitude da recusa (facto impeditivo do direito do requerente).

III – A expressão "direito à informação" é usada tanto num sentido amplo – abrangendo o direito dos sócios a obterem dos gerentes informação verdadeira, completa e elucidativa, o direito à consulta de livros e documentos e o direito à inspecção de bens sociais – como num sentido estrito, de direito do sócio a haver, a seu requerimento, informação prestada pelos gerentes.

134 — Regime Jurídico das Sociedades por Quotas

IV – No que respeita ao direito à informação em sentido estrito o pedido pode ter por objecto qualquer assunto referente à gestão da sociedade, abrangendo aquela gestão os eventos que compõem a vida social.

V – No que concerne ao direito à consulta de livros e documentos, o n.º 1 do art. 214 concede ao sócio uma faculdade o mais ampla possível – pressuposto é que se trate de escrituração, livros e documentos da sociedade – devendo a consulta ser efectuada na sede da sociedade, não podendo o sócio exigir consulta noutro local.

VI – Não resulta da lei que o sócio tenha o direito de exigir da gerência da sociedade que lhe entregue cópias dos documentos de que a sociedade dispõe – poderá, quanto muito, o sócio usar da faculdade que lhe é conferida pelo art. 576.º do CC, tirando cópias ou, por qualquer outro meio, obter a reprodução do documento, sendo esta faculdade condicionada por mostrar-se necessária a reprodução e o gerente não alegar motivo grave para se lhe opor.

VII – O recurso a inquérito judicial é admissível quando ao sócio tenha sido recusada a informação – nas vertentes de não fornecimento de informações em sentido estrito (ou de fornecimento de informação falsa, incompleta ou não elucidativa) bem como de recusa do direito de consulta ou do direito de inspecção; necessário é que haja recusa injustificada de informação nos termos em que a lei a desenha.

Ac. da RL, de 02.10.08 *in* www.dgsi.pt (Proc. n.º 4451/2008-2)

A propósito deste acórdão, cfr. anotação de MENEZES CORDEIRO *in* RDS, Ano I, n.º 2, Almedina, 2009, pp. 427 a 441.

I – Não tem apoio legal a distinção entre o direito ao acesso à informação e o direito à informação em relação ao sócio-gerente de sociedade por quotas que não exerce as funções de gerência de facto em cumprimento de acordo societário estabelecido com a outra sócio-gerente, que por via dele passa a ser a exclusiva gerente de facto.

II – O referido sócio-gerente de direito tem direito a exigir daquela gerente de facto e de direito a pertinente informação sobre a gestão da respectiva sociedade, e, se ela lha recusar, a requerer o inquérito judicial previsto no art. 216.º, n.º 1, do Cód. das Sociedades Comerciais.

Ac. do STJ, de 13.09.07 *in* CJ, Ano XV, Tomo III, p. 48

Convocada uma assembleia-geral com vista à aprovação de contas e aplicação dos respectivos resultados impõe-se que a sociedade coloque à disposição de todos os seus sócios toda a informação sobre a situação económica da mesma, como resulta do disposto nos arts. 263.º, n.º 1 e 214.º, n.º 4 do CSC.

Sem informação verdadeira, completa e elucidativa sobre a situação da sociedade, um qualquer seu sócio não se está habilitado a discutir construtivamente o tema da ordem do dia e a votar conscientemente.

Título III – Sociedades por quotas 135

Não tendo sido respeitado este direito à informação, as deliberações toma-das em assembleia-geral são anuláveis, de acordo com o art. 58.°, n.° 1, al. c) do CSC.
Ac. do STJ, de 17.04.07 *in* www.dgsi.pt (Proc. n.° 07A869)

O sócio gerente mantém o direito à informação e ao pedido de inquérito judicial, previsto no artigo 216.°, n.° 1 do Código das Sociedades Comerciais, para o tornar efectivo, quando ocorram circunstâncias impeditivas de acesso à informação.
Ac. da RP, de 28.03.07 *in* www.dgsi.pt (Proc. n.° 1300/06.1TBAGD.C1)

I – Para o exercício do direito de informação, a lei exige o fornecimento ao sócio dos elementos mínimos de informação, sob pena de a deliberação subse-quente vir a ser anulada. A lei não quer que o sócio vote "às cegas" nas coisas respeitantes à sociedade de que faz parte.
II – Para além da convocatória expedida dever conter a menção de que a documentação da sociedade ficava, a partir da data de expedição da mesma à disposição da sócia, a sociedade está obrigada (independentemente das razões pessoais do sócio gerente) a fornecer esses elementos e a permitir o acesso aos mesmos desde que a outra sócia manifestasse interesse nisso.
Ac. da RL, de 16.11.06 *in* www.dgsi.pt (Proc. n.° 8903/2006-6)

I – O sócio de uma sociedade comercial que é dela gerente, querendo e devendo conhecer a situação da sociedade, não tem legitimação substantiva para requerer inquérito judicial ao abrigo do art. 214.° do CSC.
II – Mas tem para peticionar investidura em cargo social, nos termos e com os efeitos dos arts. 1500.° e 1501.° do CPC.
Ac. da RE, de 18.10.05 *in* CJ, Ano XXX, Tomo IV, p. 274

O direito à informação por parte dos sócios das sociedades comerciais, tem que ser efectivo, ou seja, deve ser prestado por forma a atingir-se o escopo legal, que é o de o sócio poder colher os elementos que considere indispensáveis ao seu esclarecimento, por forma a poder votar conscientemente.
Exibir os documentos pedidos, sem se facultar o tempo indispensável à sua consulta, traduz-se na omissão do direito dos sócios à informação.
Ac. da RL, de 04.03.04 *in* www.dgsi.pt (Proc. n.° 165/2004-6)

O direito a informação sobre a vida da sociedade, designadamente nas sociedades por quotas, é reconhecido a todos os sócios, mesmo que se trate de sócios-gerentes.
Ac. da RP, de 01.07.02 *in* www.dgsi.pt (Proc. n.° 0250177)

136   *Regime Jurídico das Sociedades por Quotas*

I – Há recusa ilícita de informação, nos termos do art. 290.°, n.° 3 do CSC sempre que o órgão competente denegue essa prestação ou forneça informação falsa, incompleta ou não elucidativa.
II – Segundo os critérios de repartição do "ónus de afirmação", nos termos do art. 342.° do Cód. Civil, o pleito será decidido contra a parte que não cumpriu esses ónus relativamente a factos indispensáveis à sua pretensão.
Ac. do STJ, de 28.02.02 *in* www.dgsi.pt (Proc. n.° 02B017)

I – Não faz sentido requerer-se a apresentação de escrituras públicas em posse de terceiro ... que são públicas. Estão à disposição dos interessados na competente repartição pública.
II – O direito à informação (artigo 214.° do Código das Sociedades Comerciais) é atribuído aos sócios em relação à sociedade e não a esta em relação àqueles.
III – Se uma sociedade comercial intenta acção especial de jurisdição voluntária contra um dos sócios gerentes para que apresente extractos bancários mensais das suas contas e cópias das escrituras de alienação de certos terrenos bem como os suportes documentais da efectiva entrada do produto na Caixa Social, é lícito absolver o requerido da instância, oficiosamente, com base na excepção dilatória inominada de falta de interesse processual.
Ac. da RP, de 16.10.01 *in* www.dgsi.pt (Proc. n.° 0121302)

I – O sócio não pode recorrer ao processo especial previsto no art. 1014.° do Cód. Proc. Civil para exigir a prestação de contas da gerência.
II – O meio idóneo para a exigir é o inquérito previsto no art. 67.° do Cód. Soc. Comerciais.
Ac. do STJ, de 16.05.00 *in* CJ, Ano VIII, Tomo II, p. 61

O direito à informação por parte de uma sociedade, sócia de outra e em assembleia geral desta, deve ser pessoalmente exercido pelo seu representante legal e não por qualquer terceiro, podendo fazer-se acompanhar por revisor oficial de contas.
Ac. da RP, de 04.05.00 *in* www.dgsi.pt (Proc. n.° 0030512)

I – Sem embargo do dever que recai sobre os anteriores gerentes ou co--gerentes de prestarem todas as informações que se revelarem importantes relativamente ao período de gerência, o dever de prestação de contas impende sobre os gerentes que, de acordo com o regular funcionamento da sociedade, tenham sido incumbidos de gestão, nos termos do art. 65.°, n.° 4 do CSC.
II – Essa obrigação e a sua sujeição à assembleia geral deve ser cumprida nos três primeiros meses de cada ano civil.

Título III – Sociedades por quotas 137

III – Em caso de incumprimento, qualquer sócio, independentemente do valor da sua quota, pode requerer ao tribunal que se proceda a inquérito, nos termos do art. 67.° do CSC.
Ac. da RC, de 01.02.00 *in* CJ, Ano XXV, Tomo I, p. 15

I – A gestão da sociedade abrange apenas os actos substantivos ou as operações em que ela se objectiva, e já não a sua escrituração cuja informação poderá ser obtida directamente pelo sócio interessado através do exercício do direito de consulta.
II – A recusa de informação que não se integra no âmbito da gestão da sociedade não justifica que a mesma possa ser obtida através de inquérito judicial.
Ac. da RP, de 17.01.00 *in* www.dgsi.pt (Proc. n.° 9951036) e CJ, Ano XXV, Tomo I, p. 184

I – O direito do sócio a obter informação directa sobre os negócios sociais, sendo violado, pode originar o pedido de inquérito sobre os pontos de que se deseja esclarecimento e informação.
II – esse direito é também reconhecido ao próprio sócio gerente que não obtenha dos outros gerentes a informação que pretende.
Ac. da RP, de 06.12.99 *in* www.dgsi.pt (Proc. n.° 9951178)

I – Procurando conciliar os interesses em conflito do sócio e da sociedade, o legislador determina, no n.° 4, do artigo 214.°, do Cód. Soc. Comerciais, que a consulta tenha de ser feita pessoalmente pelo sócio não sendo admitida representação ou delegação, admitindo, porém, em contrapartida, que o sócio se faça assistir por um revisor oficial de contas ou por outro perito.
II – Sendo assim, não pode deixar de se atribuir à sociedade o direito de verificar se a pessoa por quem o sócio se faz acompanhar satisfaz os requisitos legais, identificando-a e verificando se é efectivamente um revisor oficial de contas ou um perito.
III – A sociedade poderá, até, recusar a assistência de determinado revisor, oficial de contas ou perito com fundamento idêntico ao que pode invocar para recusar a consulta pelo próprio sócio, nos termos do artigo 215.°, n.° 1, Cód. Soc. Comerciais.
Ac. do STJ, de 25.11.99 *in* www.dgsi.pt (Proc. n.° 99B888) e CJ, Ano VII, Tomo III, p. 120

I – A determinação do conteúdo mínimo de informação a prestar ao sócio, prévia à A.G. anual, não resulta apenas do art. 263.°, n.° 1 do C.S.C., mas ainda do art. 214.°.
II – Um dos casos em que a recusa de informação é legítima é o de as circunstâncias do caso indicarem razoável probabilidade de utilização incorrecta da informação.

138   Regime Jurídico das Sociedades por Quotas

III – A apreciação do receio deve ser feita objectivamente, sem para isso contarem as convicções ou predisposições dos gerentes.
IV – A enumeração dos elementos mínimos é apenas exemplificativa.
Ac. do STJ, de 01.07.99 *in* www.dgsi.pt (Proc. n.º 99B478)

I – O direito à informação a que alude o artigo 214.º do Código das Sociedades Comerciais apenas pode ser exigido por sócio não gerente pois o sócio gerente, no período em que o foi, conheceu os negócios e o movimento da sociedade.
Ac. da RP, de 13.04.99 *in* www.dgsi.pt (Proc. n.º 9720483)

I – O facto de um sócio de uma sociedade por quotas estar impedido de votar qualquer deliberação não o impede de estar presente na assembleia geral, para a qual deve ser convocado, e de aí pedir informações, consulta de escrituração, livros e documentos necessários à formação da sua opinião acerca do assunto que vai ser objecto de deliberação.
II – O sócio impedido de votar pode requerer a anulação da deliberação social respectiva.
Ac. da RP, de 28.05.98 *in* www.dgsi.pt (Proc. n.º 9830648)

I – O direito à informação por parte dos sócios, desdobra-se em três outros direitos, que são, o direito geral de informação sobre negócios sociais, direito de pedir inquérito judicial à sociedade e o direito a informações tendo em vista a deliberação em assembleia geral.
II – O direito a inquérito social está dependente tão só da recusa de informações pedidas ao abrigo dos artigos 214.º do Código das Sociedades Comerciais (sociedades por quotas) ou da prestação de informações falsas, incompletas ou não elucidativas.
III – O inquérito não é, sequer, dependente de prévia recusa ou insatisfação do pedido de informações à sociedade "se as circunstâncias do caso fizerem presumir que a informação não será prestada ao accionista nos termos da lei.
Ac. da RP, de 05.05.98 *in* www.dgsi.pt (Proc. n.º 9820303)

I – Não tendo havido disponibilidade informativa as deliberações acordadas em assembleia geral poderão vir a ser anuladas.
II – Incide sobre o sócio que alegue falta de informação o ónus da prova sobre tal carência.
III – Se a sociedade não disponibilizou o conhecimento de documentação que não estava ao seu dispor antes da assembleia geral não é injustificado o facto de não ter viabilizado aquela disponibilidade.
IV – Qualquer sócio pode suscitar a suspensão dos trabalhos da assembleia geral, cabendo-lhe a prova de tal proposta e da sua viabilidade.
Ac. do STJ, de 17.02.98 *in* CJ, Ano VI, Tomo I, p. 88 e www.dgsi.pt (Proc. n.º 98A005)

Título III – Sociedades por quotas   139

I – O direito dos sócios à informação não é afastado pelo simples facto de serem gerentes, justificando-se a atribuição de tal direito, pelo menos, naqueles casos em que o sócio não exerce efectivamente a gerência nem em tal está interessado. Não tendo o requerente feito prova de se encontrar nesta situação nem da recusa a examinar a escrituração, livros e documentos da sociedade requerida, improcede o pedido fundamentado no artigo 1497.° do Código de Processo Civil na redacção anterior à reforma operada pelos Decretos-Leis n.° 329-A/95, de 12 de Dezembro e n.° 180/96, de 25 de Setembro.
Ac. da RP, de 27.01.98 *in* www.dgsi.pt (Proc. n.° 9420791)

O sócio de uma sociedade comercial que é, dela, gerente, querendo (e devendo) conhecer a situação da sociedade, em princípio não tem legitimação (substantiva) para requerer inquérito judicial ao abrigo do artigo 214.° do CSC86 mas, sim, para peticionar investidura em cargo social, nos termos e com os efeitos dos artigos 1500.° e 1501.° do CPC67.
Ac. do STJ, de 01.07.97 *in* www.dgsi.pt (Proc. n.° 97A387)

I – É exigida à requerente do exame da escrituração comercial e dos documentos concernentes às operações comerciais, a prova inicial da sua qualidade de "sócio", devendo acrescer os seguintes requisitos adicionais: ter-lhe sido recusado o exame e ter o direito de proceder a esse exame.
II – A solução que sacrifique a estrita legalidade à solução que se julgue, em cada caso, mais conveniente e oportuna, não pode dispensar a prova da qualidade de sócio e do requisito relativo à "recusa".
III – O direito à informação, sendo qualificado como um direito extra-patrimonial do sócio, exerce-se contra a sociedade, posto que seja o gerente quem, dentro da sociedade, deve prestar a informação.
IV – O pedido de informação à sociedade não obriga esta ao seu cumprimento se não for assinado pelo sócio requerente cuja assinatura possa ser identificável pelo destinatário.
V – A "quota social" é sobretudo um direito de participação numa sociedade, não competindo ao cônjuge do sócio mais direitos do que se reconhecem ao associado à quota.
VI – A "quota social, nos regimes de bens do casamento, só é comunicável quanto ao seu valor económico.
VII – O artigo 8.° do Código das Sociedades Comerciais é uma norma interpretativa e, portanto, de aplicação retroactiva.
Ac. do STJ, de 20.03.97 *in* www.dgsi.pt (Proc. n.° 97A791)

I – O direito a examinar a escrituração e os documentos concernentes às operações sociais pertence exclusivamente aos sócios.

140 Regime Jurídico das Sociedades por Quotas

II – Não tem esse direito o cônjuge do sócio que não tenha esta qualidade no tocante às relações com a sociedade por não ter celebrado o contrato de sociedade nem ter adquirido a participação social.

III – O cônjuge do sócio duma sociedade por quotas não adquire a qualidade de sócio pelo simples facto de o regime matrimonial lhe reconhecer comunhão em bens do seu cônjuge.

Ac. da RL, de 20.03.97 *in* CJ, Ano XXII, Tomo II, p. 86

I – O sócio de uma sociedade por quotas tem o direito de ser informado pelo gerente sobre os actos de gestão da mesma.

II – Sendo recusada a informação ou prestada por forma obscura, incompleta ou falsa, pode o sócio que a pediu convocar a assembleia geral para obter deliberação no sentido de a informação ser dada, completada ou corrigida, podendo também, para conseguir esse resultado, optar por inquérito judicial à sociedade.

Ac. da RP, de 29.10.96 *in* www.dgsi.pt (Proc. n.° 9620501)

I – O direito à informação, que a Lei confere ao sócio, tem de ser exercido na sede social;

II – Existindo determinados documentos na sede social da ré, incumbe ao sócio interessado aí examiná-los, não podendo ficar à espera que aquela lhos enviasse ou que o Tribunal os encontrasse mais tarde.

Ac. da RL, de 16.11.95 *in* www.dgsi.pt (Proc. n.° 0092402)

I, II, III, IV – (…)

V – Quando o sócio solicita informações no decurso da assembleia, aquelas devem ter uma relação com os assuntos debatidos nesta;

VI – A valoração da utilidade e adequação das informações deve ser aferida segundo as regras da experiência comum, só interessando as que, efectivamente, contribuem para a formação e fundamentação da opinião do sócio sobre o assunto a deliberar;

VII – O Código das Sociedades Comerciais consagrou uma concepção subjectiva do abuso de direito;

VIII – Há abuso de direito, quando o sócio maioritário aprova uma deliberação social que não foi imposta pelo interesse social e excede manifestamente os limites da boa fé e os interesses dos restantes sócios.

Ac. da RL, de 03.03.94 *in* www.dgsi.pt (Proc. n.° 0061506)

I – Se a deliberação para a aprovação do relatório da gestão e das contas de exercício não foi precedida do fornecimento aos sócios de elementos mínimos de informação, tal deliberação é anulável e não nula, como resulta da alínea c) do n.° 1 do artigo 58.° do Código das Sociedades Comerciais.

II – A qualidade de gerente não afasta o direito á informação consagrado no artigo 214.° daquele Código.

III – O facto de o relatório da gestão e os documentos da prestação de contas não se encontrarem patentes na sede social, em termos de os sócios se poderem pronunciar na assembleia geral, daí não resulta vício a atingir a deliberação, se, cópia desses documentos, foram enviados aos sócios, uma vez que esse envio é um processo mais perfeito de comunicação, um mais em relação á exigência de estar patente na sede social.

IV – O conteúdo do relatório de gestão está imperativamente fixado no artigo 66 do Código das Sociedades Comerciais

Ac. do STJ, de 07.10.93 *in* www.dgsi.pt (Proc. n.° 083854)

I – Constituem pressupostos de exclusão de sócio de sociedade por quotas a existência de comportamento desleal ou gravemente perturbador do funcionamento da sociedade e que desse comportamento decorra para a sociedade prejuízos relevantes, efectivos ou potenciais;

II – Verificam-se tais pressupostos quando um sócio, para além de propalar entre os colaboradores da empresa que esta vai fechar por falta de qualidade dos produtos, dá concomitantemente colaboração a empresa concorrente;

III – Não é possível de fundamentar indemnização por danos não patrimoniais a deliberação, não impugnada, que destitui um gerente invocando justa causa;

IV – E também não o é a recusa do direito de informação, nos termos do art. 215.°, n.° 1, do CSC;

V – Mesmo considerando-se ilícita tal recusa, a violação não revestia a gravidade exigida no art. 416.°, n.° 1, CC, para fundar indemnização por danos não patrimoniais.

Ac. da RL, de 06.06.91 *in* www.dgsi.pt (Proc. n.° 0023236)

I – O direito à informação do sócio não compreende o direito de exigir aos gerentes da sociedade o envio de documentos de qualquer natureza.

II – Quanto aos documentos, o sócio tem apenas o direito a consultá-los, pessoalmente, na sede social, podendo fazer-se assistir de um revisor oficial de contas ou de outro perito (art. 214.°, n.ᵒˢ 1 e 4 do C.S. Comerciais).

Ac. da RL, de 23.05.91 *in* www.dgsi.pt (Proc. n.° 0027822)

I – Abrangendo o segredo profissional a que os advogados estão sujeitos os factos de que a parte contrária do cliente, ou os respectivos representantes, lhe tenham dado conhecimento durante negociação para acordo corrigível, e que sejam relativos a pendência, não infringe tal obrigação a junção a processo de carta de advogado, enviada em resposta a outra recebida, em que se não foca qualquer negociação para acordo corrigível ou outro.

II – No âmbito do direito à informação dos sócios de sociedades comerciais por quotas, o facto de ser recusada a informação ou fornecida informação presumivelmente falsa, incompleta ou não elucidativa, dá ao sócio o direito a requerer inquérito à sociedade. A informação deve ser prestada por escrito, se assim for solicitado. O direito à informação está limitado pelo princípio do abuso de direito. Deve entender-se que não houve recusa se a sociedade prestou as informações possíveis que o requerente poderia ter completado através de consulta feita na escrita da sociedade.
Ac. da RL, de 06.11.90 *in* www.dgsi.pt (Proc. n.° 0031971)

I – Os titulares do direito a informação são os sócios não gerentes, porque, por definição, os gerentes estão informados.

II – Como o gerente não perde, por ter essas funções a qualidade de sócio, terá direito a informação, nos mesmos termos dos restantes sócios não gerentes se não tiver efectivo acesso a gerência.

III – A atribuição de gratificações a alguns funcionários da sociedade, em detrimento do lucro dos sócios, aprovada por maioria contra a vontade do autor e de outro sócio não constitui abuso de direito, mas resulta da vontade social expressa por maioria, sem embargo de, eventual e aparentemente, haver favoritismo resultante de alguns dos beneficiados serem parentes dos sócios maioritários.

IV – Para tal deliberação ser anulável nos termos da alínea b) do n.° 1 do artigo 58.° do Código das Sociedades Comerciais era necessário que fosse idónea para satisfazer o propósito de um dos sócios de conseguir vantagens em detrimento da sociedade ou dos sócios.
Ac. do STJ, de 25.10.90 *in* www.dgsi.pt (Proc. n.° 079137)

ARTIGO 215.° – **(Impedimento ao exercício do direito do sócio)**

1 – Salvo disposição diversa do contrato de sociedade, lícita nos termos do artigo 214.°, n.° 2, a informação, a consulta ou a inspecção só podem ser recusadas pelos gerentes quando for de recear que o sócio as utilize para fins estranhos à sociedade e com prejuízo desta e, bem assim, quando a prestação ocasionar violação de segredo imposto por lei no interesse de terceiros.

2 – Em caso de recusa de informação ou de prestação de informação presumivelmente falsa, incompleta ou não elucidativa, pode o sócio interessado provocar deliberação dos sócios para que a informação lhe seja prestada ou seja corrigida.

NOTAS:

I. Anteprojectos: FERRER CORREIA (art. 120.º); VAZ SERRA (art. 127.º, n.º 3) e RAÚL VENTURA (art. 77.º).

II. O artigo em anotação prevê a recusa lícita de informação. Note-se que estamos perante a recusa de prestação da informação pedida e não da recusa de aceitação do pedido, por falta dos requisitos exigidos (*v.g.*, requisitos procedimentais).

Conforme podemos extrair do artigo em anotação, o direito à informação não é um direito absoluto, mas sim limitado.

Esta limitação traduz-se numa tentativa de definição da "esfera do segredo que a sociedade pode opor às pretensões de informação dos sócios" e que segundo alguns autores parte "do direito à reserva, segredo ou intimidade, que, pertencendo às pessoas singulares como direito de personalidade, é extensivo, por geral consenso, às pessoas colectivas", RAÚL VENTURA *in* "Sociedades por Quotas", vol. I, p. 310.

Na opinião de PAIS DE VASCONCELOS *in* "A participação social...", pp. 188, "é notória uma maior transparência das sociedades de pessoas em relação às sociedades de capitais. Na sociedade em nome colectivo, a partilha de informação é total. Na sociedade por quotas, o acesso dos sócios à informação começa a ser restringido. Nas sociedades anónimas, os accionistas só têm acesso á informação em condições e circunstâncias especificamente determinadas na lei".

Para uma perspectiva crítica da reserva da informação, veja-se JOÃO LABAREDA *in* "Direito à informação", pp. 145 e ss..

III. A recusa lícita da informação tem os seguintes fundamentos:

a) Receio de utilização para fins estranhos à sociedade e com prejuízo desta
Este fundamento "é o segredo relativo, no sentido de que a entidade tutelada, neste caso a sociedade, pode retirar ao facto ou à notícia o carácter secreto", RAÚL VENTURA *in* "Sociedades por Quotas", vol. I, p. 302.

A recusa é legítima quando as circunstâncias do caso indiciam, com razoável probabilidade, uma utilização indevida da informação.

A avaliação do receio deve ser feita com base nos elementos objectivos que compõem o caso, sem influência de "convicções ou predisposições dos gerentes", RAÚL VENTURA *in* "Sociedades por Quotas", vol. I, p. 302. Cfr., ainda, o Ac. da RP, de 05.01.99 *in* CJ, Ano XXIV, Tomo I, p. 179.

Para MENEZES CORDEIRO *in* "Manual de Direito das Sociedades", II, p. 287, esta avaliação deve ainda respeitar as regras da experiência comum. Cfr., ainda, o Ac. da RL, de 03.03.94 *in* www.dgsi.pt (Proc. n.º 0061506).

RAÚL VENTURA *in* "Sociedades por Quotas", vol. I, p. 302, entende que a expressão "fins estranhos à sociedade" deve ser entendida também como fins que "sejam estranhos à própria qualidade de sócio".

Em sentido contrário, CARLOS PINHEIRO TORRES *in* "Direito à Informação …", p. 222, considera que é preferível interpretar tal expressão no seu sentido literal, "como fins estranhos apenas aos interesses da sociedade".

De sublinhar que os elementos que compõem este fundamento de recusa são de verificação cumulativa, ou seja, a utilização para fins estranhos à sociedade deve ser causador de prejuízo.

Quanto à possibilidade de invocação do instituto do abuso de direito (art. 334.°, do CC) como fundamento de recusa da informação. Cfr. RAÚL VENTURA *in* "Sociedades por Quotas", vol. I, p. 309, CARLOS PINHEIRO TORRES *in* "Direito à Informação …", pp. 220 e 221 e MENEZES CORDEIRO *in* "Manual de Direito das Sociedades", II, p. 287.

b) *A prestação ocasionar violação de segredo imposto por lei no interesse de terceiros*

Este fundamento é qualificado como segredo absoluto. "Titular do interesse no segredo não é a sociedade, mas sim um terceiro relativamente a ela; a sociedade, assume neste caso uma posição passiva, pois é ela que está vinculada ao segredo", RAÚL VENTURA *in* "Sociedades por Quotas", vol. I, p. 314.

No elenco do segredo absoluto, "a doutrina costuma incluir o segredo de Estado, o segredo militar, o segredo profissional e o segredo bancário", RAÚL VENTURA, *ob. cit.*, p. 315.

A definição de segredo absoluto compreende tanto o segredo legalmente imposto (a que alude o artigo em anotação), como o segredo voluntariamente imposto.

"Casos haverá, contudo, em que a obrigação contratual de segredo é merecedora de protecção, para a qual não vejo outro meio, além de lhes aplicar o tratamento do segredo relativo. A violação da obrigação contratual de segredo pode causar um prejuízo à sociedade, que deve ser evitado nos termos em que a lei protege o segredo relativo", RAÚL VENTURA, *loc. cit.*.

PAIS DE VASCONCELOS *in* "A participação social...", pp. 198, considera que a expressão "no interesse de terceiros" é redundante, "dado que lei, ao impor segredo, o não faz no interesse da própria sociedade, mas antes sempre de terceiro".

Coloca-se a questão de saber se os fundamentos da recusa são taxativos.

Na opinião de RAÚL VENTURA *in* "Sociedades por Quotas", vol. I, p. 309, a expressão "só podem" aponta claramente no sentido da taxatividade. Cfr., ainda, CARLOS PINHEIRO TORRES *in* "Direito à Informação …", p. 221.

Em sentido oposto, MENEZES CORDEIRO *in* "Manual de Direito das Sociedades", II, p. 286, sufraga que a "informação é um direito disponível, que deve ser articulado com outros princípios e direitos, *maxime* na lógica do artigo 335.° do Código Civil (colisão de direitos). Além disso, o direito à informação nada pode contra a natureza das coisas. Assim, a informação será recusada (ainda que temporariamente) se o próprio gerente a ela não tiver acesso, se ele estiver impedido

Título III – Sociedades por quotas   145

de a ela aceder (de férias ou em serviço) ou se, estando ao serviço da sociedade, ele não puder, de todo, interromper a tarefa".

Este autor, *loc. cit.*, aponta ainda como fundamento da recusa a falta de praticabilidade.

No que concerne à recusa de informação motivada por actividade concorrente, cfr., ainda, o Ac. do STJ, de 25.11.99 *in* CJ, Ano VII, Tomo III, p. 120.

IV. Conforme resulta expressamente da 1.ª parte, do **n.º 1**, o contrato de sociedade pode estipular regime diferente do previsto no preceito em anotação, contanto sejam respeitados os limites fixados no n.º 2, do art. 214.º (cfr. anotações aí inseridas).

V. Quando o sócio requer a informação pode suceder uma de três situações:
– A informação é prestada;
– A informação é recusada;
– A informação prestada é presumivelmente falsa, incompleta ou não elucidativa. Esta presunção de falsidade deve assentar nas regras da experiência comum.

As consequências da recusa injustificada da informação são fundamentalmente:

a) A determinação da anulabilidade da deliberação social tomada, nos termos da al. c), do n.º 1, do art. 58.º. Com efeito, de acordo com esta disposição, as deliberações que não tenham sido precedidas do fornecimento ao sócio de elementos mínimos de informação são anuláveis.

Nos termos do n.º 4, do art. 58.º, consideram-se elementos mínimos de informação: as menções que devem constar do aviso convocatório (art. 377.º, n.º 8) e os documentos que devem ser colocados para exame dos sócios no local e durante o tempo prescritos pela lei ou pelo contrato;

b) A provocação, pelo sócio interessado, de deliberação dos sócios para que a informação seja prestada ou corrigida (**n.º 2**). Estamos perante "um direito e não um dever ou ónus do sócio, o qual poderá exercê-lo ou passar, sem mais, ao inquérito judicial facultado pelo art. 216.º"", RAÚL VENTURA *in* "Sociedades por Quotas", vol. I, p. 314;

c) A abertura de inquérito judicial pelo sócio interessado (art. 216.º);

d) A constituição de responsabilidade civil, nos termos dos arts. 798.º e 483.º, n.º 1, ambos do CC e art. 72.º;

e) A constituição de responsabilidade criminal nos termos dos arts. 518.º e 519.º.

O STJ, no Ac. de 28.02.02 *in* www.dgsi.pt (Proc. n.º 02B017), considerou que há recusa ilícita de informação "sempre que o órgão competente ... forneça informação falsa, incompleta ou não elucidativa".

146 Regime Jurídico das Sociedades por Quotas

VI. Não poderíamos deixar de fazer uma breve referência à figura do abuso de informação privilegiada (*insider trading*) previsto no art. 449.°.

Esta figura está expressamente prevista para as SA, o que não significa que o uso abusivo de informação privilegiada não mereça censura jurídico-normativa no âmbito das SQ.

CARLOS PINHEIRO TORRES *in* "Direito à Informação ...", p. 247, considera que "quanto às sociedades por quotas, deve entender-se que o gerente que utiliza abusivamente informação confidencial na sua posse está sujeito à sua *destituição com justa causa por violação grave dos seus deveres*, conclusão que resulta do n.° 6 do artigo 257.°, entendimento reforçado pela regra geral de *diligência* prevista no art. 64.°'". Sem prejuízo de incorrer em responsabilidade pelos danos causados, nos termos do art. 72.°.

JURISPRUDÊNCIA:

I – O gerente único não pode negar ao seu consórcio, convocado para assembleia geral afim de analisar, discutir e deliberar sobre a aprovação das contas do exercício, os elementos relativos ao inventário, produtos obsoletos e deteriorados, clientes com cobranças difíceis ou duvidosas, remunerações e balancete geral analítico.

II – A apreciação do receio a que alude o n.° 1 do art. 215.° do CSC deve ser feita objectivamente, sem para isso contarem convicções ou predisposições do gerente.

Ac. da RP, de 05.01.99 *in* CJ, Ano XXIV, Tomo I, p. 177

I – As prestações suplementares, exigíveis, podem sê-lo até à medida do montante previamente fixado, menção absolutamente imperativa – artigo 210.°, n.° 4 do Código das Sociedades Comerciais, implicando a sua omissão a nulidade da cláusula. Isto é, o montante global das prestações suplementares há-de ser claramente determinado, e não apenas determinável.

II – Ora, a referência que se faz no n.° 2, da cláusula 6 do pacto social para as "reservas da sociedade existentes em cada momento" viola flagrantemente essa exigência legal do artigo 210.°, n.° 3 do Código das Sociedades Comerciais, pelo que é nula a deliberação social que aprovou a redacção do n.° 2 dessa cláusula 6, nos termos do artigo 58.°, n.° 1, alínea a) do Código das Sociedades Comerciais.

III – A alínea a), do n.° 2 da cláusula 8 é injustificadamente restritiva dos interesses dos sócios tutelado pelo artigo 214.° do Código das Sociedades Comerciais, ao conceder à gerência o prazo de um mês para a prestação das informações concretamente solicitadas, violando o n.° 2 do artigo 214.° citado; assim como o prazo de vinte e quatro horas contemplado na alínea b) do n.° 2 da cláusula 8 dos estatutos sociais é gravemente limitativo do direito de informação,

Título III – Sociedades por quotas   147

sendo evidente a sua invalidade, o mesmo sucedendo, "mutatis mutandi" quanto ao teor do n.° 3 da mesma cláusula 8, pelo que é anulável nos termos do artigo 58.°, n.° 1, alínea a), no que também foca os livros de escrita, não carecendo o sócio de pedir qualquer informação à gerência, podendo colhê-lha mediante exame directo dos livros, que terão de se encontrar sempre à sua disposição – citado artigo 214.° do Código das Sociedades Comerciais.

IV – As cláusulas das alíneas c) e d) da nova versão do pacto social do n.° 1, da cláusula 17, porque se reportam a casos em que a quota fica sujeita a procedimento judicial, suportando o risco de transmissão, não são inovadoras relativamente ao artigo 9.° do original contrato de sociedade, onde com a expressão "ou qualquer forma sujeita a processo judicial" aí usada, não quis compreender todos os procedimentos jurídicos susceptíveis de conduzirem à transmissão da quota, com intromissão no grémio social de estranhos, pelo que são inteiramente válidas.

V – O pacto social pode, ao abrigo do n.° 2 do artigo 246.° do Código das Sociedades Comerciais, disposição imperativa, atribuir aos gerentes poderes sobre a aquisição de imóveis, estabelecimentos comerciais e participações noutras empresas, pelo que é válida a n.° 2, alíneas a), b) e c) da cláusula 26, nesta parte posta em crise pelo Autor.

VI – A recusa de informação ou de consulta, artigo 215.°, n.° 1 do Código das Sociedades Comerciais, tem de resultar de factos objectivos, e não da apreciação pelos obrigados à prestação da informação, de carácter – alusivo ou não – da respectiva utilização subsequente, não sendo lícito subordinar a obrigatoriedade da prestação da informação aos sócios à indicação, por parte destes, dos motivos porque desejam obtê-las, pelo que é manifesto que os n.ᵒˢ 2 e 3 da cláusula 7 violam o disposto nos artigos 214.°, e 215.°, do Código das Sociedades Comerciais, sendo anuláveis nos termos da alínea a) do n.° 1 do seu artigo 58.°.

VII – Ambas as alíneas a) e b) da cláusula 8 são anuláveis, de harmonia com o disposto no artigo 58.°, do Código das Sociedades Comerciais ao condicionar a prestação de informação a um controlo "de mérito" e subjectivo.

VIII – O artigo 11.° dos estatutos, agora aprovados, no tocante à exclusão do sócio é anulável, nos termos dos preceitos conjugados dos artigos 233.°, n.ᵒˢ 1 e 2, 241.°, n.ᵒˢ 1 e 2 e 58.°, n.° 1, alínea a) do Código das Sociedades Comerciais.

IX – O artigo 12.°, n.° 2, relativamente ao regime contratual originário, dificulta a transmissão das quotas, pelo que é ineficaz relativamente ao Autor, que não aprovou a sua redacção – artigo 229.°, n.° 4 do Código das Sociedades Comerciais, bem como remeter o pagamento ou importância devida pela aquisição ou amortização da quota para momento que entender, atento o preceituado no artigo 232.°, n.° 2, alínea c) do Código das Sociedades Comerciais pelo que nos n.ᵒˢ 2, 3 e 4 da cláusula 13 são anuláveis, por violação das alíneas d) e e) do n.° 2 do artigo 231.°, do Código das Sociedades Comerciais.

148 *Regime Jurídico das Sociedades por Quotas*

X – O artigo 14.° do pacto social, trata de factos novos permissivos da amortização, omissos na versão originária, cuja legalidade estava condicionada à unanimidade da deliberação dos sócios – artigo 233.°, n.° 2 do Código das Sociedades Comerciais, pelo que é anulável nos termos do seu artigo 58.°, n.° 1, alínea a).

XI – O n.° 4 do artigo 20.° dos estatutos é inovador na medida em que no anterior artigo 10.° se previa a exclusão do sócio como efeito da infracção nele previsto – o exercer, sem conhecimento da sociedade, por conta própria ou alheia, actividade concorrente com a sociedade – pelo que é inválida a deliberação que aprovou, por violar os artigos 233.°, n.° 2 e 241.° do Código das Sociedades Comerciais.

Ac. do STJ, de 13.04.94 *in* www.dgsi.pt (Proc. n.° 083239) e CJ, Ano II, Tomo II, p. 27

ARTIGO 216.° – **(Inquérito judicial)**

1 – O sócio a quem tenha sido recusada a informação ou que tenha recebido informação presumivelmente falsa, incompleta ou não elucidativa pode requerer ao tribunal inquérito à sociedade.

2 – O inquérito é regulado pelo disposto nos n.ºs 2 e seguintes do artigo 292.°

NOTAS:

I. Conforme vimos na anotação ao art. 215.°, uma das consequências da recusa de informação ou da prestação de informação presumivelmente falsa, incompleta ou não elucidativa é a abertura de inquérito judicial mediante requerimento do sócio. Para maiores desenvolvimentos cfr. anotações ao art. 215.°.

O inquérito judicial funciona como garantia de efectivação do direito à informação, correspondendo a um processo de jurisdição voluntária, regulado nos arts. 1479.° a 1483.°, do CPC. Cfr. Paulo Olavo da Cunha *in* "Direito das Sociedades...", p. 308 e Pereira de Almeida *in* "Sociedades Comerciais", p. 81.

II. A admissibilidade do inquérito judicial está limitada aos fundamentos previstos no artigo em anotação (a recusa ilegítima e a prestação de informação falsa incompleta ou não elucidativa).

O inquérito judicial pode ainda assentar na existência de circunstâncias que façam presumir que a informação não será prestada ao sócio, cfr. Ac. do STJ, de 21.09.06 *in* www.dgsi.pt (Proc. n.° 6067/2006-6).

Aliás, conforme resulta do n.° 6, do art. 292.°, aplicável por via do **n.° 2**, o inquérito judicial pode ser requerido sem precedência de pedido de informações

Título III – Sociedades por quotas

à sociedade se as circunstâncias do caso fizerem presumir que a informação não será prestada ao sócio.

III. Conforme expusemos nas anotações ao art. 214.°, o sócio gerente tem direito à informação, mantendo, em consequência, o direito de requerer o inquérito judicial nos termos do artigo em anotação. Cfr., entre outros, o Ac. da RC, de 28.02.07 *in* www.dgsi.pt (Proc. n.° 1300/06.1TBAGD.C1).

IV. Nos termos do n.° 2, do art. 292.° *ex vi* **n.° 2**, o juiz pode determinar que a informação pedida seja prestada ou pode, conforme o disposto no CPC, ordenar:

a) A destituição de pessoas cuja responsabilidade por actos praticados no exercício de cargos sociais tenha sido apurada;

b) A nomeação de um gerente, ao qual compete, conforme determinado pelo tribunal, propor e seguir, em nome da sociedade, acções de responsabilidade, baseadas em factos apurados no processo, assegurar a gestão da sociedade e praticar os actos indispensáveis para reposição da legalidade (cfr. n.° 3, do art. 292.° *ex vi* **n.° 2**).

Se o gerente foi nomeado para propor e seguir, em nome da sociedade, acções de responsabilidade, baseadas em factos apurados no processo e praticar os actos indispensáveis para reposição da legalidade, as suas funções terminam quando, ouvidos os interessados, o juiz considere desnecessária a sua continuação (cfr. n.° 5, al. a), do art. 292.° *ex vi* **n.° 2**). Por sua vez, se foi nomeado para assegurar a gestão da sociedade as suas funções terminam quando forem eleitos os novos administradores (cfr. n.° 5, al. b), do art. 292.° *ex vi* **n.° 2**);

c) A dissolução da sociedade, se forem apurados factos que constituam causa de dissolução, nos termos da lei ou do contrato, e ela tenha sido requerida. Neste caso, o juiz pode suspender os restantes gerentes que se mantenham em funções ou proibi-los de interferir nas tarefas confiadas à pessoa nomeada (cfr. n.° 4, do art. 292.° *ex vi* **n.° 2**). *Vide* os arts. 141.° e ss..

JURISPRUDÊNCIA:

1. Carece de razoabilidade que ao sócio gerente se reconheça aquele que é considerado um direito maior, o tal «direito de acesso à informação» e se lhe recuse o exercício do direito menor, o tal «direito à prestação de informação». Mais carecido de razoabilidade, ainda, quando é certo que o art. 67.°, n.° 1 do CSC adoptou uma redacção que não distingue os sócios gerentes daqueles que apenas são sócios.

2. Aos gerentes, sejam ou não sócios, é possível lançar mão da acção de inquérito judicial com base na falta de prestação de informações pelos restantes gerentes da sociedade.

Ac. da RL, de 18.11.08 *in* www.dgsi.pt (Proc. n.° 8185/2008-1)

I – O exercício do direito social de inquérito judicial, radicado em violação do direito à informação, através da acção declarativa, com processo especial, a que se reportam os arts. 1479.º e segs. do CPC, limita-se às sociedades, não se estendendo, consequentemente, às associações.

II – A tutela judicial efectiva do direito à informação dos associados, talqualmente a do direito a ser informado, verificados os pressupostos a que alude o art. 573.º do CC, é assegurada através de acção declarativa, com processo comum.

Ac. do STJ, de 26.06.08 *in* www.dgsi.pt (Proc. n.º 08B1761)

I – Não tem apoio legal a distinção entre o direito ao acesso à informação e o direito à informação em relação ao sócio-gerente de sociedade por quotas que não exerce as funções de gerência de facto em cumprimento de acordo societário estabelecido com a outra sócia-gerente, que por via dele passa a ser a exclusiva gerente de facto.

II – O referido sócio-gerente de direito tem direito a exigir daquela gerente de facto e de direito a pertinente informação sobre a gestão da respectiva sociedade, e, se ela lhe recusar, a requerer ao inquérito judicial previsto no art. 216.º, n.º 1, do Cód. das Sociedades Comerciais.

Ac. do STJ, de 13.09.07 *in* CJ, Ano XXV, Tomo III, p. 48

O sócio gerente mantém o direito à informação e ao pedido de inquérito judicial, previsto no artigo 216.º, n.º 1 do Código das Sociedades Comerciais, para o tornar efectivo, quando ocorram circunstâncias impeditivas de acesso à informação.

Ac. da RC, de 28.03.07 *in* www.dgsi.pt (Proc. n.º 1300/06.1TBAGD.C1)

I – O recurso ao inquérito judicial não é imotivado nem se pode basear em mera suspeita de irregularidades na administração dos bens sociais.

II – Deverá basear-se em factos concretos cuja prova cabe a quem pede o inquérito e deverão revelar a falsidade da informação ou a sua insuficiência.

Ac. da RP, de 26.10.06 *in* www.dgsi.pt (Proc. n.º 0634458)

1 – Tratando-se de prestação de informações, são requisitos para a realização do inquérito judicial previsto no artigo 216.º, n.º 1, a qualidade de sócio do requerente e a recusa por parte da sociedade na prestação da informação solicitada pelo dito sócio ou a prestação de informação presumivelmente falsa, incompleta ou não elucidativa da questão que se pretende clarificar ou ainda a existência de circunstâncias que façam presumir que a informação não será prestada ao sócio.

2 – O direito á informação apenas pode ser exigido por sócio não gerente, pois o sócio gerente, no período em que o foi, conheceu os negócios e o movimento da sociedade.

Título III – Sociedades por quotas   151

3 – Para o desempenho das respectivas funções, o gerente tem, necessariamente, de se informar por forma completa e fundamentada acerca de todos os aspectos da vida societária. Só assim ficará habilitado a poder tomar decisões.

4 – Ao contrário do que sucede com o direito subjectivo à informação do sócio, em que este tem a possibilidade de o exercer ou não, os gerentes estão vinculados ao cumprimento da obrigação de gestão da sociedade, pelo que estão obrigados a exercer os poderes que lhe são conferidos para esse efeito.

5 – Daí que o objecto do direito à informação do gerente incida não obviamente sobre os actos de administração já realizados, mas sobre as fontes de informação que lhe permitem exercer as suas obrigações de gestão da sociedade.
Ac. do STJ, de 21.09.06 *in* www.dgsi.pt (Proc. n.° 6067/2006-6)

1 – Tratando-se de prestação de informações, são requisitos para a realização do inquérito judicial previsto no artigo 216.°, n.° 1, a qualidade de sócio do requerente e a recusa por parte da sociedade na prestação da informação solicitada pelo dito sócio ou a prestação de informação presumivelmente falsa, incompleta ou não elucidativa da questão que se pretende clarificar ou ainda a existência de circunstâncias que façam presumir que a informação não será prestada ao sócio.

2 – O direito á informação apenas pode ser exigido por sócio não gerente, pois o sócio gerente, no período em que o foi, conheceu os negócios e o movimento da sociedade.

3 – Para o desempenho das respectivas funções, o gerente tem, necessariamente, de se informar por forma completa e fundamentada acerca de todos os aspectos da vida societária. Só assim ficará habilitado a poder tomar decisões.

4 – Ao contrário do que sucede com o direito subjectivo à informação do sócio, em que este tem a possibilidade de o exercer ou não, os gerentes estão vinculados ao cumprimento da obrigação de gestão da sociedade, pelo que estão obrigados a exercer os poderes que lhe são conferidos para esse efeito.

5 – Daí que o objecto do direito à informação do gerente incida não obviamente sobre os actos de administração já realizados, mas sobre as fontes de informação que lhe permitem exercer as suas obrigações de gestão da sociedade.
Ac. da RL, de 21.09.06 *in* www.dgsi.pt (Proc. n.° 6067/2006-6)

O sócio de uma sociedade pode requerer inquérito se vir recusada a informação pedida ou se a informação recebida for presumivelmente falsa, incompleta ou não elucidativa ou, ainda, embora a informação ainda não haja sido recusada, se concorrerem circunstâncias que façam presumir que a informação não será prestada ao sócio que a pretenda.
Ac. da RP, de 14.09.06 *in* www.dgsi.pt (Proc. n.° 0633440)

I – O inquérito judicial pode se requerido quando a informação sobre a situação da sociedade, solicitada pelo sócio, lhe tenha sido recusada, não lhe haja sido prestada, seja falsa, incompleta ou não elucidativa, desde que o sócio informe previamente a gerência do motivo porque pretende examinar a escrita ou obter a informação.

II – Os gerentes devem prestar a qualquer sócio que o requeira informação verdadeira, completa e elucidativa sobre a gestão da sociedade e facultar-lhe na sede social a consulta da respectiva escrituração, livros e documentos, não estando o sócio obrigado a marcar a data para ir obter as informações ou para se inteirar da forma como a sociedade está e ser gerida.

III – Se o exame à escrita lhe for recusado ou permitido mas de forma incompleta ou irregular o sócio pode deslocar-se à sociedade acompanhado ou não de um contabilista ou técnico de contas para examinar a escrita.

IV – Não se verificando os pressupostos de que depende a realização do inquérito judicial à sociedade requerida (pedido de informação válido e falta de informação ou informação deficiente), improcede liminarmente a pretensão do requerente formulada no requerimento inicial, nos termos do disposto no art. 234.º-A, n.º 1, do CPC.

Ac. da RL, de 29.06.06 *in* www.dgsi.pt (Proc. n.º 4657/2006-6)

Em inquérito judicial o princípio de que o justo receio de uso indevido da informação deve ser avaliado em termos objectivos, devendo contudo, essa apreciação necessariamente assentar em elementos suficientemente consistentes que permitam constatar tal receio, não sendo de aceitar para o efeito meras suspeições de ordem subjectiva.

Ac. da RP, de 19.01.06 *in* www.dgsi.pt (Proc. n.º 0536276)

O recurso ao inquérito judicial não é imotivado nem se pode basear em mera suspeita de irregularidades na administração dos bens sociais; deverá basear-se em factos concretos cuja prova cabe a quem pede o inquérito e deverão revelar a falsidade da informação ou a sua insuficiência.

Ac. da RP, de 07.04.05 *in* www.dgsi.pt (Proc. n.º 0531171)

I – O Código das Sociedades Comerciais não limita o direito à informação através de inquérito judicial aos sócios não gerentes ou não administradores.

II – Também um sócio gerente pode requerer a abertura de inquérito judicial.

Ac. da RP, de 19.10.04 *in* www.dgsi.pt (Proc. n.º 0424278) e CJ, Ano XXIX, Tomo IV, p. 194

Para a acção com processo especial de inquérito judicial têm legitimidade passiva não apenas a sociedade mas, também, o gerente que detém a função de apresentar as contas da gerência.

Ac. da RL, de 25.05.04 *in* www.dgsi.pt (Proc. n.º 3859/2004-7)

Título III – Sociedades por quotas — 153

I – O sócio tem direito a obter informações sobre a vida da sociedade.

II – O sócio a quem tenha sido recusada informação ou que tenha recebido informação presumivelmente falsa, incompleta ou não elucidativa, pode requerer ao tribunal inquérito à sociedade.

III – Embora no contrato promessa as partes se obriguem a celebrar determinado contrato, pode-se naquele estabelecer um determinado regulamento contratual que rege as relações entre as partes até à celebração do contrato definitivo.

IV – Tal contrato promessa mantém-se válido, estando as partes obrigadas a cumprir as cláusulas do respectivo regulamento contratual, enquanto não for revogado.

V – Num contrato promessa de cessão de quotas o sócio promitente cedente pode-se obrigar a não exercer determinados direitos sociais.

VI – Sendo essa autolimitação de exercício de direitos incompatível com o direito à informação, o sócio não pode requerer informações ou inquérito judicial que vão contra tal limitação.

Ac. do STJ, de 08.07.03 *in* www.dgsi.pt (Proc. n.º 03B1995)

I – O sócio, gerente ou não, tem legitimidade para requerer o inquérito judicial do artigo 216 do Código das Sociedades Comerciais, mas na qualidade de sócio.

II – O gerente, sócio ou não, pode usar do meio de investidura de cargos sociais do artigo 1500 do Código de Processo Civil, mas na qualidade de gerente.

III – Se acumular a qualidade de sócio e gerente, o uso de um ou de outro meio está na sua disponibilidade, escolhendo o meio que tenha por mais adequado ao quadro factual porventura existente e que mais se adequar ao fim em vista.

Ac. da RP, de 02.12.02 *in* www.dgsi.pt (Proc. n.º 0251491) e CJ, Ano XXVII, Tomo V, p. 186

I – O sócio que pode requerer inquérito judicial à sociedade, nos termos do artigo 216.º, n.º 1, do CSC, é o sócio não gerente.

II – O gerente, sócio ou não, tem direito de acesso a toda a documentação da empresa que lhe permite satisfazer o dever de informar os sócios sobre a gestão da sociedade, direito aquele que constitui um dos poderes da gerência cuja expressão global é qualitativamente diversa de um mero direito de se informar.

III – Impedindo-se a um gerente o exercício efectivo de poderes de gerência (artigos 252.º, n.º 1, e 259.º do CSC), o que sucede quando lhe é impedido o acesso à documentação da empresa, o meio processual a utilizar é o da investidura em cargo social, que se realizará por forma a que tais poderes sejam assegurados.

Ac. da RL, de 07.02.02 *in* CJ, Ano XXVII, Tomo I, p. 103

Num processo especial de inquérito judicial previsto no art. 67.° do Cód das Sociedades Comerciais, são partes legítimas, como autor, o sócio requerente e como réu o único sócio-gerente da sociedade, não o sendo a respectiva sociedade.

Ac. da RL, de 08.05.01 *in* www.dgsi.pt (Proc. n.° 0014481)

O direito de pedir inquérito à sociedade depende da prova de recusa ilícita de informação ou da sua prestação falsa, incompleta ou não elucidativa, cujo ónus impende sobre o requerente.

Ac. da RP, de 22.01.01 *in* www.dgsi.pt (Proc. n.° 0050849)

I – Não pode considerar-se um pedido de inquérito judicial fundando na não apresentação de contas, do relatório de gestão e demais documentos de prestação de contas relativamente a determinado ano como uma ampliação, desenvolvimento ou consequência do pedido inicialmente formulado respeitante à ocultação de elementos contabilísticos relativos ao exercício do ano anterior àquele e à falta de aprovação das contas apresentadas.

II – O pedido de inquérito judicial não pode triunfar se se verificar, não uma situação de falta de apresentação de contas mas antes de falta de aprovação das mesmas.

Ac. da RL, de 12.10.00 *in* CJ, Ano XXV, Tomo IV, p. 111

I – A legitimidade deve ser analisada pela titularidade da relação material controvertida, tal como é configurada pelo Autor.

II – Apenas o sócio accionista pode legalmente requerer inquérito judicial à sociedade.

III – Não tendo a requerente, enquanto cônjuge eventualmente meeira de um sócio ou como fiel depositária da quota social arrolada, a qualidade de sócia nem sendo legalmente titular da relação jurídica por ela configurada na petição inicial, ela carece de legitimidade processual para intentar inquérito judicial.

Ac. da RP, de 13.03.00 *in* www.dgsi.pt (Proc. n.° 0050129)

I – O inquérito judicial, previsto no artigo 216.°, n.° 1 do Código das Sociedades Comerciais, é o meio adequado para um gerente, que só formalmente o é, obter informação sobre a sociedade.

Ac. da RP, de 01.02.00 *in* www.dgsi.pt (Proc. n.° 9921595)

I – Aos gerentes de sociedade não é reconhecido o direito de pedirem inquéritos judiciais.

II – A consulta da escrituração, livros e documentos deve ser feita na sede social, não tendo o sócio que pretende a consulta o direito de o fazer fora dessa sede.

Título III – Sociedades por quotas   155

III – O requerente do inquérito deverá expor os motivos do mesmo e indicar os factos que lhe interesse averiguar.
Ac. do STJ, de 10.07.97 *in* CJ, Ano V, Tomo II, p. 166

O sócio de uma sociedade comercial que é, dela, gerente, querendo (e devendo) conhecer a situação da sociedade, em princípio não tem legitimação (substantiva) para requerer inquérito judicial ao abrigo do artigo 214 do CSC86 mas, sim, para peticionar investidura em cargo social, nos termos e com os efeitos dos artigos 1500 e 1501 do CPC67.
Ac. do STJ, de 01.07.97 *in* www.dgsi.pt (Proc. n.º 9951036)

I – Os pressupostos do pedido de inquérito judicial, no âmbito das sociedades por quotas, reconduzem-se a dois: a) ser o requerente sócio da sociedade e, como tal, titular de um direito à informação consignado no artigo 214, do CSC; b) ter sido recusada ao requerente informação verdadeira, completa e elucidativa sobre a gestão da mesma sociedade.
II – Verificados tais pressupostos, deve ser ordenado o inquérito judicial, no âmbito do qual serão averiguados pontos concretos indicados pelo requerente.
Ac. da RL, de 14.12.95 *in* www.dgsi.pt (Proc. n.º 0086432)

A consulta por um sócio de livros da sociedade não pode ser pedida através de inquérito judicial.
Ac. da RE, de 13.10.94 *in* CJ, Ano XIX, Tomo IV, p. 276

I – Dirigida por sócio carta à sociedade pedindo uma informação, não vindo assinada por sócio e contendo antes um P, seguido de assinatura ilegível, não está a sociedade obrigada a prestá-la.
II – A sociedade nada tinha que alegar sobre o facto de o subscritor da carta representar ou não o sócio uma vez que a petição inicial era omissa acerca dessa representatividade.
III – No processo de inquérito judicial não é admissível resposta à oposição do requerido.
Ac. do STJ, de 27.04.93 *in* CJ, Ano I, Tomo II, p. 72

Para que seja reconhecido ao Autor o direito de requerer inquérito judicial, à sociedade comercial de que é sócio incumbe-lhe alegar e provar que provocou qualquer deliberação social, nos termos e para os efeitos do disposto no n.º 2 do art. 215.º do Código das Sociedades Comerciais.
Ac. da RL, de 04.07.91 *in* www.dgsi.pt (Proc. n.º 0032816)

SECÇÃO V
Direito aos lucros

ARTIGO 217.º – **(Direito aos lucros do exercício)**
1 – Salvo diferente cláusula contratual ou deliberação tomada por maioria de três quartos dos votos correspondentes ao capital social em assembleia geral para o efeito convocada, não pode deixar de ser distribuído aos sócios metade do lucro do exercício que, nos termos desta lei, seja distribuível.

2 – O crédito do sócio à sua parte dos lucros vence-se decorridos 30 dias sobre a deliberação de atribuição de lucros, salvo diferimento consentido pelo sócio; os sócios podem, contudo, deliberar, com fundamento em situação excepcional da sociedade, a extensão daquele prazo até mais 60 dias.

3 – Se, pelo contrato de sociedade, os gerentes ou fiscais tiverem direito a uma participação nos lucros, esta só pode ser paga depois de postos a pagamento os lucros dos sócios.

NOTAS:

I. Anteprojectos: FERRER CORREIA (art. 81.º); VAZ SERRA (art. 56.º) e RAÚL VENTURA (art. 83.º).

II. O artigo em anotação tem a redacção introduzida pelo DL n.º 280/87, de 08 de Julho.

III. A posição jurídica do sócio é composta pelo lado activo e passivo, sendo que, o lado activo é constituído por um conjunto de direitos dos quais se destaca, primacialmente, o direito aos lucros. PAIS DE VASCONCELOS *in* "A participação social...", pp. 67, prefere falar de poder de exigir e receber a quota parte do lucro.

Este direito é uma componente essencial do estatuto do sócio. Esta essencialidade resulta, desde logo, do facto de o lucro constituir uma contrapartida do capital social realizado.

O titular do direito aos lucros é "aquele que for sócio no momento dessa deliberação, ainda que não tivesse a qualidade de sócio no período do exercício a que se reportam os dividendos, ou que a venha a perder no período que medeia entre a deliberação e o vencimento", PEREIRA DE ALMEIDA *in* "Sociedades Comerciais", p. 99.

Por outro lado, o fim ou escopo da sociedade traduz-se, fundamentalmente, na obtenção de lucro para ser distribuído pelos sócios (o escopo lucrativo).

FILIPE CASSIANO DOS SANTOS *in* "O direitos aos Lucros", Problemas do Direito das Sociedades, Almedina, 2003, p. 187, considera mesmo que o direito ao lucro é "a contraface na esfera jurídica do sócio deste escopo de repartir os lucros que é imposto à sociedade, e é, por isso, não uma pretensão concreta a uma prestação, mas antes o reflexo na esfera jurídica do sócio de uma regra de funcionamento da organização societária...".

FILIPE CASSIANO DOS SANTOS *in* "A posição do accionista face aos lucros de balanço", Coimbra Editora, 1996, p. 19, afirma ainda que estamos perante "um direito directamente derivado do próprio conceito de sociedade e que consiste pelo menos no direito de todo o sócio a participar na distribuição dos lucros obtidos com o exercício da actividade social".

Para maiores desenvolvimentos sobre a natureza do lucro da sociedade, cfr. MANUEL ANTÓNIO PITA *in* "Direito aos Lucros", Almedina, 1989, p. 49 e ss..

No que diz respeito à distinção entre fins lucrativos individuais e fins associativos *vide* FILIPE CASSIANO DOS SANTOS *in* "Estrutura Associativa e Participação Societária Capitalística", Coimbra Editora, 2006, pp. 245 e ss..

IV. O direito aos lucros está genericamente previsto no art. 21.º, n.º 1, al. a), perfilando-se, no que concerne às sociedades civis, como um elemento essencial do respectivo contrato. Cfr. parte final, do art. 980.º, do CC.

O lucro pode ser definido como "o benefício da actividade social resultante das contas; é a diferença positiva entre as receitas geradas num certo exercício e as despesas e custos suportados em igual período.

A verificação da existência de lucro reporta-se à variação (positiva) registada nas contas da sociedade com referência a uma determinada data", PAULO OLAVO DA CUNHA *in* "Direito das Sociedades...", p. 30.

Para PAIS DE VASCONCELOS *in* "A participação social...", p. 69, "o lucro é a diferença positiva entre o custo e a receita da actividade económica da sociedade. Se a receita for maior que o custo, há lucro; se for inferior, há prejuízo".

O direitos aos lucros compreende:

a) O lucro final ou de liquidação

O lucro final ou de liquidação "é o lucro que se apura no termo da sociedade, quando esta se liquida, e que consiste no excedente do património social líquido sobre o fundo posto em comum pelos sócios.

Este lucro pode simplificadamente ser representado pela seguinte equação:

$$Lf = PS - CS$$

em que

Lf = Lucro final

PS = Património social líquido

CS = Capital social", PAULO DE TARSO DOMINGUES *in* "Capital e património...", p. 156.

Quanto à partilha do activo na fase da liquidação, cfr. os arts. 147.º e 156.º.

b) O lucro periódico ou de balanço

O lucro de balanço representa "o acréscimo patrimonial gerado e acumulado pela sociedade desde o início da sua actividade até determinada data (a da elaboração do balanço) e que é distribuível pelos sócios, correspondendo à diferença entre o património líquido da sociedade, por um lado, e a soma do capital e das reservas indisponíveis (reservas legais e estatutárias), por outro", PAULO DE TARSO DOMINGUES *in* "Capital e património...", p. 156.

Este lucro corresponde à seguinte equação:

$$\text{"Lb} = \text{PS} + (\text{CS} + \text{Reserv})$$

em que

Lb = Lucro de balanço
PS = Património social líquido
CS = Capital social
Reserv = Reservas indisponíveis", PAULO DE TARSO DOMINGUES *in* "Capital e património...", p. 158.

c) O lucro de exercício

O lucro de exercício traduz-se "na expressão monetária do resultado positivo da actividade desenvolvida pela empresa social durante o mesmo exercício", VASCO LOBO XAVIER/MARIA ÂNGELA COELHO *in* "Lucro Obtido no Exercício, Lucro de Balanço e Lucro distribuível", Coimbra, 1982, p. 261.

Trata-se, assim, "do excedente patrimonial criado apenas durante esse ano – que no balanço consta da rubrica "Resultados do Exercício" da Situação Líquida – e que poderá traduzir-se na seguinte equação:

$$\text{Lex} = \text{PSf} - \text{PSi}$$

em que

Lex = lucro de exercício
PSf = património líquido no final do exercício
PSi = património líquido no início do exercício", PAULO DE TARSO DOMINGUES *in* "Capital e património...", p. 158. Cfr., ainda, a noção apresentada por EVARISTO MENDES *in* Lucros de exercício", RDES, Ano XXXVIII, Janeiro--Dezembro, n.ºs 1, 2, 3, 4, 1996, p. 357.

O lucro de exercício é um elemento de determinação da parcela de lucro que cabe aos sócios, nos termos do artigo em anotação.

Para maiores desenvolvimentos sobre o apuramento do lucro de exercício, veja-se MANUEL ANTÓNIO PITA *in* "Direito aos Lucros", Almedina, 1989, pp. 61 e ss..

V. Vejamos algumas das características do direito aos lucros.

a) Abstracção

O direito aos lucros é um direito abstracto, na medida em que depende da verificação "das seguintes condições para se converter em *direito concreto*:

– Aprovação do balanço

Título III – Sociedades por quotas

– Existência de lucros distribuíveis
– Deliberação de distribuição", Pereira de Almeida *in* "Sociedades Comerciais", p. 93;

b) Irrenunciabilidade e inderrogabilidade

Estas duas características decorrem, desde logo, da essencialidade que caracteriza o lucro enquanto elemento do contrato de sociedade.

O direito aos lucros é, em abstracto, um direito irrenunciável "embora o sócio possa renunciar aos lucros em concreto, isto é, um sócio não pode renunciar ao seu direito aos lucros futuros, mas já pode renunciar ao dividendo que lhe tenha sido atribuído". Pereira de Almeida *in* "Sociedades Comerciais", p. 88.

De igual forma, o direito aos lucros, sendo, em abstracto, um direito inderrogável, pode "ser renunciável em concreto, após a aquisição pelo sócio do direito a determinado dividendo", Pereira de Almeida, *ob. cit.*, p. 86.

A este propósito importa ter em consideração o disposto no n.º 1, do art. 22.º, segundo o qual é nula a cláusula (naturalmente, subscrita pelo sócio afectado) que exclui um sócio da comunhão nos lucros ou que o isente de participar nas perdas da sociedade.

O legislador pretendeu, aqui, proibir os pactos leoninos (terminologia usada ainda no art. 994.º, do CC, para as sociedades civis).

Esta limitação legal significa "que nenhum dos sócios pode reservar para si a parte do leão, o que equivale a não ser possível clausular a exclusão de um, ou mais, dos sócios dos lucros da sociedade. Esta regra é imperativa e deve ser objecto de interpretação extensiva, no sentido de que também não é possível reduzir o direito aos lucros de tal maneira que na prática tudo se reconduza a uma situação idêntica. Quer dizer, não é admissível tornar essa participação de tal maneira ínfima que acabe por, na prática, o sócio não ter direito aos lucros ou ter um direito extremamente reduzido", Paulo Olavo da Cunha *in* "Direito das Sociedades...", p. 271. Cfr., ainda, Pereira de Almeida *in* "Sociedades Comerciais", p. 87 e Filipe Cassiano dos Santos *in* "O direitos aos Lucros", p. 189.

Assim, a faculdade atribuída aos sócios de regulamentação da repartição dos lucros admitida na 1.ª parte do n.º 1, do art. 22.º, sofre, aqui, uma especial limitação.

O fundamento desta limitação reside, mais uma vez, na necessidade de salvaguardar um elemento essencial do contrato de sociedade (o lucro).

Conforme resulta expressamente do art. 22.º, n.º 3, a cláusula *leonina* é nula.

Em princípio, esta nulidade não atingirá a validade do contrato de sociedade, aplicando-se as disposições legais supletivas (cfr. art. 292.º, do CC).

"Excepcionalmente, todo o negócio será nulo, quando se mostre que não teria sido concluído sem a parte viciada (art. 292.º CC, segunda parte); portanto, não haverá possibilidade neste caso de substituir a cláusula leonina pelas regras supletivas legais", Raúl Ventura *in* "Sociedades por Quotas", vol. I, p. 328;

160   *Regime Jurídico das Sociedades por Quotas*

c) Cindibilidade

Segundo FILIPE CASSIANO DOS SANTOS *in* "O direitos aos Lucros", p. 190, o direito aos lucros é cindível da participação social;

d) Intangibilidade e carácter definitivo

O direito aos lucros forma-se, definitivamente, na esfera jurídica de cada sócio com a deliberação da assembleia geral.

O n.º 2, do art. 31.º, prevê "uma circunstância superveniente que parece pôr em causa a intangibilidade e o carácter definitivo do direito", FILIPE CASSIANO DOS SANTOS *in* "O direitos aos Lucros", p. 190.

VI. A operação de atribuição dos lucros "traduz-se na prática – pelos órgãos sociais competentes – dum negócio jurídico modificativo do património da pessoa jurídica societária em benefício dos sócios: a chamada deliberação de «atribuição» ou «distribuição» de lucros. Normalmente, tal modificação dá-se mediante a «investidura» destes na titularidade de créditos pecuniários sobre a sociedade, no montante global deliberado, aumentando, assim, o passivo social", EVARISTO MENDES *in* Lucros de exercício", pp. 358 e 359.

O regime do direito aos lucros apresenta uma dupla supletividade, relativa à repartição (art. 22.º, n.º 1, parte final) e à distribuição de lucros (parte inicial do **n.º 1**).

De acordo com a regra supletiva prevista no n.º 1, do art. 22.º, a repartição dos lucros opera-se de acordo com a proporção dos valores nominais das respectivas participações no capital.

Esta regra assenta no facto de o lucro constituir uma contrapartida do capital social realizado.

Se o contrato determinar somente a parte de cada sócio nos lucros, presumir-se-á ser a mesma a sua parte nas perdas (n.º 2, do art. 22.º).

A cláusula pela qual a divisão de lucros ou perdas seja deixada ao critério de terceiro é nula (art. 22.º, do n.º 4).

Estamos aqui perante mais um corolário da essencialidade do direito aos lucros. Com efeito, constituindo este direito um elemento essencial do contrato de sociedade, não se compreenderia que fosse permitido a um terceiro (estranho à relação jurídica societária) interferir na divisão dos lucros.

VII. A distribuição de lucros aos sócios pode ser efectuada como lucros de exercício, como distribuição de reservas ou como partilha do saldo de liquidação. Cfr. RAÚL VENTURA *in* "Sociedades por Quotas", vol. I, p. 309.

A regra supletiva prevista na 2.ª parte, do **n.º 1**, estabelece um mínimo de distribuição de lucros aos sócios correspondente a metade do lucro de exercício distribuível. Quanto à natureza salomónica desta solução legal, cfr. PEREIRA DE ALMEIDA *in* "Sociedades Comerciais", p. 95.

PAULO OLAVO DA CUNHA *in* "Direito das Sociedades...", p. 268, escreve que esta solução "harmoniza todos os interesses envolvidos: o interesse dos sócios – em receber periodicamente uma remuneração, ainda que irregular, do capital que investiram – e o interesse social, de a maioria do capital poder anualmente reservar para reforço dos capitais próprios da sociedade metade dos seus resultados e, pontualmente, sempre que tal se justificar, mas mediante um amplo consenso (três quartos do capital), poder a sociedade não distribuir lucros do exercício".

Esta regra pode ser afastada por via do contrato ou mediante deliberação tomada por $^3/_4$ dos votos correspondentes ao capital social.

"Diversas podem ser as **cláusulas estatutárias** sobre aplicação de resultado: as que impõem a aplicação de todos os lucros em reservas; as que permitem atribuir a reservas uma percentagem superior a metade dos lucros distribuíveis; as que só permitem atribuir a reservas uma percentagem inferior a metade desses lucros; as que obrigam à distribuição anual de todos os lucros distribuíveis; as que apenas dizem que a distribuição de lucros depende do que a assembleia geral deliberar", PEREIRA DE ALMEIDA *in* "Sociedades Comerciais", p. 95.

No entendimento de PAULO OLAVO DA CUNHA *in* "Direito das Sociedades...", p. 267, a faculdade de regulamentação estatutária prevista no artigo em anotação admite "limitações convencionais, garantindo aos sócios e accionista o direito a receber uma certa para do lucro do exercício distribuível".

Para este autor, *loc. cit.*, as "sociedades constituem-se para distribuir todos os resultados que geram periodicamente, no pressuposto de que os respectivos capitais próprios são adequados e suficientes à prossecução da actividade que se propõem realizar. Por isso, é natural que os sócios tenham uma expectativa a receber periodicamente rendimentos gerados pela sociedade, de certo modo com base no capital que anteriormente investiram. (...) Daí que não faça qualquer sentido admitir a possibilidade de restringir este direito social, para além do montante que, razoavelmente, a lei estabelece como mínimo".

MENEZES CORDEIRO *in* "Manual de Direito das Sociedades", II, p. 293, defende que nos "termos gerais, o pacto social pode afastar a regra da lei estipulando, por exemplo, que cabe à sociedade, por maioria simples, deliberar a não distribuição de lucros".

Para FILIPE CASSIANO DOS SANTOS *in* "O direitos aos Lucros", pp. 195 e 196, a deliberação que, sem a maioria de $^3/_4$ distribua menos do que este montante ou pura e simplesmente não distribua lucros é nula. Por sua vez, RAÚL VENTURA *in* "Sociedades por Quotas", vol. I, p. 335, considera que a "deliberação que atribua aos sócios menos de metade do lucro de exercício distribuível é anulável; não é nula, porque que a disposição violada pode ser derrogada".

"Estatutariamente, podem os sócios estabelecer um mínimo superior ao mínimo legal – direito a, por exemplo, sessenta, setenta, oitenta ou noventa porcento dos lucros do exercício distribuíveis –, e simultaneamente prever que a derrogação passa ser deliberada, mas apenas relativamente a níveis superiores a

162   Regime Jurídico das Sociedades por Quotas

metade dos lucros do exercício distribuíveis, por uma maioria inferior à legalmente prevista. Contudo, consideramos não ser admissível, por violar o interesse social, agravar contratualmente a maioria qualificada de três quartos dos votos correspondentes ao capital social, fixando-a em quatro quintos ou até na unanimidade, para derrogar pontualmente o direito aos lucros do exercício", PAULO OLAVO DA CUNHA in "Direito das Sociedades...", p. 269.

A expressão "para o efeito convocada" não significa que tenha de ser convocada uma assembleia única e exclusivamente para tomar a deliberação de distribuição, pois isso suporia "duas deliberações: uma para autorizar que aos sócios não seja distribuída metade do lucro do exercício e outra para proceder à atribuição do lucro, em parte (ou nada) aos sócios", RAÚL VENTURA in "Sociedades por Quotas", vol. I, p. 337.

Segundo este autor, *loc. cit.*, "o máximo que a referida frase pode significar é que no aviso convocatório fique expresso que a proposta de aplicação dos lucros envolverá a atribuição aos sócios de menos de metade dos lucros do exercício distribuíveis".

VIII. Na opinião de PEREIRA DE ALMEIDA in "Sociedades Comerciais", p. 95, "na ausência de qualquer cláusula estatutária sobre distribuição de lucros, a assembleia geral só poderá deliberar por maioria simples a distribuição da totalidade dos lucros distribuíveis ou mantê-los em *"resultados transitados""*.

Se, no fim do exercício, a sociedade apresenta lucros distribuíveis e por maioria simples delibera não aprovar qualquer distribuição, os sócios afectados podem requerer a anulação da deliberação. Na opinião de PAULO OLAVO DA CUNHA in "Direito das Sociedades...", p. 270, esta solução não garante os interesses dos sócios. Com efeito, para este autor, *loc. cit.*, os sócios "poderão requerer, ao tribunal, a execução especifica da deliberação de aprovação de contas e dos resultados do exercício inscritos no relatório de gestão, devendo o tribunal conceder-lhes 50% dos lucros do exercício distribuíveis, se não existir um mínimo estatutário superior (*i.e.*, cláusula que preveja uma distribuição mínima em percentagem mais elevada)". Cfr. o art. 830.º, do CC.

FILIPE CASSIANO DOS SANTOS in "O direitos aos Lucros", p. 198, defende que as cláusulas que imponham que a totalidade dos lucros seja levada a reserva não são inválidas.

"Os lucros que seja lícito distribuir mas que seja deliberado reter constituem reservas livres", PAIS DE VASCONCELOS in "A participação social...", p. 91.

Este mesmo autor, *ob. cit.*, p. 93, alerta para "a deliberação abusiva de retenção de lucros com o fim de prejudicar minorias, que pode dar lugar à respectiva impugnação judicial com fundamento na alínea b) do n.º 1 do artigo 58.º do Código das Sociedades Comerciais".

Quanto à importância de amortizações, reintegrações e provisões mais elevadas, cfr. PAIS DE VASCONCELOS, *ob. cit.*, p. 88.

Para maiores desenvolvimentos sobre a atribuição de gratificações aos gerentes e eventual violação do direito ao lucro, *vide* FILIPE CASSIANO DOS SANTOS *in* "O direitos aos Lucros", pp. 196 e 197.

IX. Como já vimos, o direito aos lucros é um direito abstracto cuja concretização depende, nomeadamente, da deliberação de distribuição. Neste sentido, o art. 31.º, n.º 1, estipula que nenhuma distribuição de bens sociais, ainda que a título de distribuição de lucros de exercício ou de reservas, pode ser feita aos sócios sem ter sido objecto de deliberação destes.

Assim, aprovado um determinado benefício, resultante das contas aprovadas, é essencial que a respectiva distribuição seja objecto de deliberação.

"Se a deliberação de aprovação das contas estiver inquinada de qualquer vício ela, em princípio, irá arrastar necessariamente a deliberação de aplicação de resultados que é tomada na mesma assembleia. Mas o contrário já não é verdade; quer dizer, se a deliberação de aprovação das contas for correcta pode, não obstante, haver um vício relativamente à deliberação de aplicação de resultados, porque pode desrespeitar por exemplo uma cláusula estatutária que imponha um determinado mínimo aos sócios ou accionistas. E então é esta que irá ser atacada; e esta única e exclusivamente", PAULO OLAVO DA CUNHA *in* "Direito das Sociedades...", p. 271.

Na deliberação devem ser expressamente mencionadas quais as reservas distribuídas, no todo ou em parte, quer isoladamente, quer juntamente com lucros de exercício (art. 33.º, n.º 4).

X. Em princípio, não podem ser distribuídos aos sócios bens da sociedade quando o capital próprio desta, incluindo o resultado líquido do exercício, tal como resulta das contas elaboradas e aprovadas nos termos legais, seja inferior à soma do capital social e das reservas que a lei ou o contrato não permitem distribuir aos sócios ou se tornasse inferior a esta soma em consequência da distribuição. (art. 32.º, n.º 1, com a redacção introduzida pelo DL n.º 185/2009, de 12 de Agosto).

Esta regra, enquadrada no regime do direito aos lucros, assume-se como o principal corolário do princípio da intangibilidade do capital social, constituindo, ainda, "o fundamento legal do princípio essencial de que o capital social constitui a garantia dos credores", PAULO OLAVO DA CUNHA *in* "Direito das Sociedades...", p. 272.

A deliberação que aprove a distribuição de lucros em violação desta regra é nula, nos termos da al. d), do n.º 1, do art. 56.º.

Nos termos do art. 32.º, n.º 2 (com a redacção introduzida pelo DL n.º 185/ /2009, de 12 de Agosto), os incrementos decorrentes da aplicação do justo valor através de componentes do capital próprio, incluindo os da sua aplicação através do resultado líquido do exercício, apenas relevam para efeitos de distribuição (nos termos do n.º 1) quando os elementos ou direitos que lhes deram origem sejam

164   *Regime Jurídico das Sociedades por Quotas*

alienados, exercidos, extintos, liquidados ou, também quando se verifique o seu uso, no caso de activos fixos tangíveis e intangíveis.

As reservas cuja existência e montante não figurem expressamente no balanço não podem ser utilizadas para distribuição aos sócios (art. 33.º, n.º 3).

Refira-se, ainda, que não podem ser distribuídos aos sócios os lucros de exercício:

i) que sejam necessários para cobrir prejuízos transitados ou para formar ou reconstituir reservas legais e estatutárias (art. 33.º, n.º 1). Daqui resulta que os lucros são apurados em relação ao conjunto dos exercícios e não para cada exercício isoladamente.

Segundo PEREIRA DE ALMEIDA *in* "Sociedades Comerciais", p. 89, vigora "aqui o **princípio da solidariedade dos exercícios sociais**: no cálculo dos lucros não é possível considerar os lucros de um só exercício, fazendo abstracção dos que o precederam e dos resultados relativos. (...).

Só haverá lucro distribuível quando o activo da sociedade for superior à cifra do capital social e da reserva legal. Antes disso não poderá haver distribuição de quaisquer dividendos ou entrega de quaisquer bens aos sócios. A tal se opõe o **princípio da intangibilidade do capital social**";

ii) enquanto as despesas de constituição, de investimento e de desenvolvimento não estiverem completamente amortizadas, excepto se o montante das reservas livres e dos resultados transitados for, pelo menos, igual ao dessas despesas não amortizadas (art. 33.º, n.º 2).

A propósito da distribuição de lucros, não restam hoje dúvidas de que os sócios têm direito a uma distribuição periódica. Como refere PINTO FURTADO *in* "Curso de Direito...", p. 226, "Destinando-se, aliás, a *sociedade* a realizar *lucros* para se repartirem entre os sócios (art. 980 CC) e não parecendo justo nem fazendo sentido (especialmente nas sociedades por tempo indeterminado) impor-lhes que esperem pela *dissolução*, para só com o termo da actividade se partilharem os resultados finais, haverá assim uma enorme conveniência prática em proporcionar a susceptibilidade de *distribuições periódicas de lucros*".

Note-se, contudo, que "opção entre distribuir o lucro a final ou no termo da cada exercício depende dos sócios. (...) a sua distribuição pode, nos estatutos, ficar estipulado que seja a final, na liquidação, ou ao fim de certo número de anos, ou que não se dê nos primeiros anos, ou ano sim ano não. Porém, para que assim seja, é necessário que assim fique estipulado nos estatutos", PAIS DE VASCONCELOS *in* "A participação social...", p. 84.

No que diz respeito aos adiantamentos sobre lucros no decurso do exercício, RAÚL VENTURA *in* "Sociedades por Quotas", vol. I, p. 339, considera aplicável analogicamente, às SQ, o art. 297.º. Em sentido manifestamente contrário, PAULO OLAVO DA CUNHA *in* "Direito das Sociedades...", pp. 278 e 279, entende não ser possível a distribuição antecipada de lucros nas SQ, afastando, claramente, a aplicação analógica daquele preceito.

Sobre esta questão, veja-se, ainda, Pais de Vasconcelos *in* "A participação social...", p. 90 e Pereira de Almeida *in* "Sociedades Comerciais", p. 95.

XI. Os lucros correspondentes a quotas não liberadas não podem ser pagos aos sócios que se encontrem em mora, mas devem ser-lhes creditados para compensação da dívida de entrada, sem prejuízo da execução, nos termos gerais ou especiais, do crédito da sociedade (n.º 4, do art. 27.º).

Esta imposição legal prende-se com o facto de o direito aos lucros ser, desde logo, uma contrapartida da obrigação de entrada, constituindo uma excepção de não cumprimento semelhante à prevista no art. 428.º, do CC.

Importa, no entanto, referir que, nos termos do art. 428.º, do CC, o não cumprimento é encarado como uma faculdade do contraente, enquanto que no n.º 4, do art. 27.º, está consagrado como uma proibição.

XII. Cabe aos gerentes proceder à distribuição dos lucros aos sócios, dentro dos limites legais.

Tenhamos presente, todavia, que os gerentes não devem cumprir a deliberação de distribuição de lucros se:

– a situação líquida da sociedade se tiver tornado inferior à soma do capital e das reservas que a lei ou o contrato não permitem distribuir aos sócios ou se tornasse inferior a esta soma em consequência da distribuição (cfr., conjugadamente, o art. 32.º, n.º 1 e o n.º 2, al. a), do art. 31.º). Como conclui, Paulo de Tarso Domingues *in* "Capital e património ...", pp. 160 e 161, "Na disponibilidade dos sócios está apenas a distribuição do lucro de balanço, i. é, do valor do activo líquido que exceda o montante do capital acrescido das reservas indisponíveis (cfr. artigo 32.º CSC)";

– esta violar qualquer uma das normas previstas nos arts. 32.º e 33.º (al. b), do n.º 2, do art. 31.º);

– esta, embora baseando-se em contas da sociedade aprovadas pelos sócios, enferma de vícios cuja correcção implicaria uma alteração das contas que, por sua vez, tornaria ilícito deliberar a distribuição, nos termos dos artigos 32.º e 33.º.

Estes limites na distribuição dos bens sociais são a expressão máxima do *princípio da intangibilidade* do capital social, segundo o qual o património líquido da sociedade não poderá descer abaixo do capital social acrescido do valor das reservas, por virtude da atribuição de bens aos sócios. Cfr. Paulo de Tarso Domingues *in* "Capital e património...", pp. 146 e ss..

Os gerentes, nos oito dias seguintes à deliberação tomada, devem requerer, em nome da sociedade, inquérito judicial para verificação dos factos que estiveram na base do não cumprimento da deliberação, salvo se entretanto a sociedade tiver sido citada para a acção de invalidade de deliberação por motivos coincidentes com os da dita resolução (art. 31.º, n.º 3).

Sem prejuízo do disposto no CPC sobre o procedimento cautelar de suspensão de deliberações sociais (arts. 396.° e ss., do CPC), a partir da citação da sociedade para a acção de invalidade de deliberação de aprovação do balanço ou de distribuição de reservas ou lucros de exercício os gerentes não podem efectuar aquela distribuição com fundamento nessa deliberação (art. 31.°, n.° 4).

Em caso de improcedência da acção de invalidade de deliberação de aprovação do balanço ou de distribuição de reservas ou lucros de exercício, os respectivos autores, caso se prove que litigaram temerariamente ou de má fé, serão solidariamente responsáveis pelos prejuízos que a demora daquela distribuição tenha causado aos outros sócios (art. 31.°, n.° 5).

A distribuição ilícita de bens da sociedade constitui crime previsto e punido pelo art. 514.°.

XIII. Os sócios, bem como o transmissário do direito do sócio, devem restituir à sociedade os bens ou outros benefícios patrimoniais que dela tenham recebido com violação do disposto na lei, todavia aqueles que tenham recebido a título de lucros ou reservas importâncias cuja distribuição não era permitida pela lei, designadamente pelos artigos 32.° e 33.°, só são obrigados à restituição se conheciam a irregularidade da distribuição ou, tendo em conta as circunstâncias, deviam não a ignorar (cfr., articuladamente, os n.ºs 1, 2 e 5, do art. 34.°).

Os credores sociais podem propor acção para restituição à sociedade destas importâncias nos termos em que lhes é conferida acção contra membros da administração (art. 34.°, n.° 3).

Cabe à sociedade ou aos credores sociais o ónus de provar o conhecimento ou o dever de não ignorar a irregularidade (art. 34.°, n.° 4).

XIV. O contrato de sociedade pode atribuir a algum ou alguns sócios um direito especial quanto a lucros (art. 24.°, n.° 1). Refira-se que esta atribuição só pode operar por via contratual e não através, *v.g.*, de deliberação social.

Este direito constitui parte integrante da respectiva quota. "São erradas certas teses segundo as quais o direito especial quanto a lucros seria – pelo menos na medida da especialidade – meramente pessoal", RAÚL VENTURA *in* "Sociedades por Quotas", vol. I, p. 322.

Aliás, conforme prevê o n.° 3, do art. 24.°, o direito especial quanto a lucros, enquanto direito patrimonial que é, transmite-se com a respectiva quota.

Os direitos especiais não podem ser suprimidos ou coarctados sem o consentimento do respectivo titular, salvo regra legal ou estipulação contratual expressa em contrário (n.° 5, do art. 20.°).

XV. Dispõe o **n.° 2** que o crédito do sócio aos lucros vence-se decorridos 30 dias sobre a deliberação de distribuição.

Tenhamos, novamente, em linha de conta que o direito aos lucros é um direito abstracto cuja concretização depende, nomeadamente, da deliberação de distribuição (cfr. art. 31.º, n.º 1).

O vencimento do crédito resultante do direito aos lucros só se verifica quando tiverem decorrido 30 dias após a deliberação de distribuição. Assim sendo, "nessa data a sociedade tem de pôr à disposição dos sócios (portanto a sociedade ainda pode obter algum ganho entretanto) os bens que resolveu distribuir", PAULO OLAVO DA CUNHA *in* "Direito das Sociedades…", p. 275.

Esta norma não é imperativa, pelo que os sócios podem deliberar a extensão daquele prazo até mais de 60 dias, com fundamento em situação excepcional da sociedade (2.ª parte, do **n.º 2**). Pode "suceder também que o próprio sócio consinta em que o crédito não se vença imediatamente (*i.e.*, decorridos os referidos 30 dias), aceitando o seu diferimento", PAULO OLAVO DA CUNHA *in* "Direito das Sociedades…", p. 275.

A deliberação da prorrogação deve ter como fundamento uma situação excepcional da sociedade, como por exemplo, "as dificuldades passageiras de tesouraria que a sociedade possa ultrapassar com a mobilização de recursos menos líquidos ou com o recurso ao crédito", PAIS DE VASCONCELOS *in* "A participação social…", p. 106.

Depois de somados os referidos prazos, constatamos que a sociedade passa a ter um prazo total de 90 dias para pagamento dos lucros.

Refira-se, ainda, que este prazo é estabelecido em benefício da sociedade, nada impedindo que a mesma antecipe o pagamento. "Como este não é nenhum dos casos em que o art. 805.º CC admite a mora independentemente de interpelação, a sociedade só fica constituída em mora depois de os sócios a interpelar", RAÚL VENTURA *in* "Sociedades por Quotas", vol. I, p. 347.

XVI. A participação nos lucros a que os gerentes ou fiscais tiverem direito, por força do contrato, só pode ser paga depois de postos a pagamento os lucros dos sócios (**n.º 3**).

A remuneração dos gerentes só pode consistir, total ou parcialmente, em participação nos lucros da sociedade, mediante cláusula expressa do contrato de sociedade (art. 255.º, n.º 3).

O **n.º 3** estabelece uma graduação no pagamento, dando prevalência aos lucros dos sócios em relação à participação devida aos gerentes ou fiscais.

Esta prioridade assenta, antes de mais, no facto de, conforme já referimos, o lucro constituir um elemento essencial do contrato de sociedade.

Para RAÚL VENTURA *in* "Sociedades por Quotas", vol. I, p. 348, esta norma não afecta o direito dos gerentes ou fiscais às referidas participações.

Segundo este mesmo autor, *loc. cit.*, a prioridade no pagamento aqui estabelecida visa certamente "evitar que os gerentes ou fiscais se aproveitem do seu conhecimento da situação da tesouraria da sociedade para, cobrando primeiro os seus créditos, lesarem os interesses dos sócios".

A expressão "postos a pagamento os lucros dos sócios" não está isenta de algumas dificuldades de interpretação.

No nosso entendimento, o legislador pretendeu assegurar que os meios de recebimento de lucros fossem colocados à disposição dos sócios. Assim, se o respectivo pagamento estiver dependente apenas da vontade dos sócios, a sua efectiva concretização não é necessária.

Conforme conclui PAULO OLAVO DA CUNHA *in* "Direito das Sociedades...", p. 277, naturalmente "que, com esta regra, tais pessoas serão ainda mais diligentes".

RAÚL VENTURA *in* "Sociedades por Quotas", vol. I, p. 348, sustenta que, atendendo "ao fim querido pelo legislador, não haverá que esperar pelo pagamento a todos os sócios (interpretação que a letra do preceito não comporta), mas atender-se-á à disponibilidade de tesouraria para a satisfação dos créditos dos sócios, anunciada genericamente a estes pela sociedade. Somos assim levados a concluir que, nas sociedades em que a remuneração de gerentes ou fiscais compreenda participação nos lucros de exercício, haverá necessidade de declaração da sociedade de estarem os lucros a pagamento, para aquelas participações poderem ser pagas".

XVII. Quanto à aplicação do artigo em anotação a sociedades constituídas antes da sua entrada em vigor, veja-se, PAIS DE VASCONCELOS *in* "A participação social...", pp. 96 e ss.

JURISPRUDÊNCIA:

I – Uma deliberação social é abusiva quando, sem violar específicas disposições da lei ou dos estatutos da sociedade, é susceptível de causar aos sócios minoritários um dano, assim se contrariando o interesse social.

II – Não é abusiva a deliberação que, assentando em factos verdadeiros não contestados, e susceptível de gerar receios negativos quanto aos resultados do exercício, não se venham a concretizar.

III – O facto de em anos anteriores, sem qualquer perturbação da vida económica e societária, não terem sido distribuídos lucros superiores a 50%., releva também no sentido de a deliberação de não distribuição de lucros naquele exercício, prefigurado de problemático, não constituir uma deliberação anti-societária e em prejuízo de sócios minoritários. É antes uma deliberação válida tomada no interesse da sociedade.

Ac. da RE, de 09.11.06 *in* www.dgsi.pt (Proc. n.º 1676/06-3)

I – Nas sociedades comerciais por quotas, o direito aos lucros é um direito corporativo, geral e comum, do sócio em face da sociedade.

II – A cláusula contratual que exclua ou reduza a um mínimo desrazoável este direito de quinhoar nos lucros em proporção da quota é nula, por contrária à essência do contrato de sociedade.

III – A convenção em contrário da distribuição proporcional dos lucros tem, necessariamente, de constar do pacto social, ou seja, do contrato de sociedade.

IV – A maioria de três quartos previsto no artigo 217.° do Código das Sociedades Comerciais apenas releva para a deliberação que retira da distribuição pelos sócios até metade dos lucros distribuíveis e não para alteração das regras, legais ou estatutárias, relativas a essa distribuição.

Ac. da RP, de 07.12.99 *in* www.dgsi.pt (Proc. n.° 9921418)

I – A deliberação, tomada por maioria de ²/₃ dos votos correspondentes ao capital social, que não procedeu à distribuição aos sócios de metade dos lucros de exercício de harmonia com o disposto no art. 217.° do CSC, está ferida de anulabilidade.

II – O Tribunal não se queda na mera anulação daquela deliberação, devendo condenar a sociedade a pagar ao sócio o quinhão que lhe compete naquela metade, por lei reservada aos sócios.

Ac. da RL, de 13.10.98 *in* CJ, Ano XXIII, Tomo IV, p. 31

I – As reservas livres produzidas pela sociedade não devem ser consideradas como frutos civis.

II – No regime de comunhão de adquiridos tais reservas livres constituem bens próprios do cônjuge.

Ac. da RL, de 09.10.97 *in* CJ, Ano XXII, Tomo IV, p. 114

A deliberação derrogatória tomada em violação da norma supletiva do artigo 217.°, n.° 1 do Código das Sociedades Comerciais de 1986 é anulável, e não nula.

Ac. do STJ, de 28.05.96 *in* www.dgsi.pt (Proc. n.° 088096)

I – É anulável a deliberação respeitante à não distribuição de lucros.

II – Não é nula a deliberação que concede gratificação aos sócios-gerentes.

III – A decisão de não distribuição de lucros de exercício não é um acto de administração ordinária do cabeça de casal, pelo que a tomada de posição na assembleia tem de ser assumida por todos os herdeiros da quota para a todos vincular.

Ac. da RL, de 16.05.95 *in* CJ, Ano XX, Tomo III, p. 28

I – São anuláveis, nos termos dos arts. 55.° e 58.°, n.° 1, al. a) do C. S. Comerciais, as deliberações sociais que, alterando o contrato de sociedade,

170   *Regime Jurídico das Sociedades por Quotas*

criem direitos especiais para algum ou alguns sócios, desde que não tomadas por unanimidade.

II – Criam direitos especiais as cláusulas de alterações aprovadas que autorizam determinado sócio ou sócios, ainda que gerentes, a exercer actividade concorrente da sociedade, conferem autorização genérica e ilimitada para que alguns sócios dividam ou cedam as suas quotas, ficando os demais sujeitos ao regime supletivo do C. Sociedades Comerciais ou, finalmente, permitam a alguns dos sócios cedência de quotas, sem possibilidade de exercício de preferência pelos demais.

III – É válida a deliberação, tomada por maioria, nos termos da lei, de alteração da percentagem dos lucros líquidos destinada pelo pacto social para dividendos.

Ac. da RC, de 10.07.94 *in* CJ, Ano XIX, Tomo IV, p. 18

I – Numa sociedade por quotas, salvo diferente cláusula contratual ou deliberação tomada por maioria de três quartos dos votos correspondentes ao capital social em assembleia geral para o efeito convocada, não pode deixar de ser distribuído aos sócios metade do lucro do exercício que, nos termos da lei, seja distribuível.

II – A deliberação tomada com violação dessa regra é anulável.

Ac. do STJ, de 06.07.93 *in* www.dgsi.pt (Proc. n.º 083786)

I – Numa sociedade por quotas, entre o interesse social na manutenção e valorização da empresa (e respectivo património) e o interesse dos sócios «uti singuli» na distribuição periódica de lucros impõe-se guardar um justo termo de conciliação, uma composição equilibrada.

II – É contrária aos bons costumes – e por isso nula – uma deliberação que culmina uma prática reiterada de mais de vinte e cinco anos de não distribuição de lucros, contra a vontade dum sócio detentor duma participação correspondente a 40% do capital recebendo os sócios maioritários gerentes ordenados e gratificações de gerência.

III – Os correspondentes votos de tomada ou aprovação da deliberação são abusivos.

IV – É admissível uma cláusula do pacto social autorizando a colectividade dos sócios, deliberando por maioria simples, a decidir, ano a ano, sobre o destino a dar aos resultados do exercício.

V – A cláusula não obsta a que, ao tomar a deliberação, a maioria controladora deva levar em devida conta o referido interesse individual dos sócios minoritários.

Ac. do STJ, de 07.01.93 *in* BMJ, n.º 423, pp. 539 e ss.; www.dgsi.pt (Proc. n.º 079811) e CJ, Ano I, Tomo III, p. 5

Título III – Sociedades por quotas   171

A propósito deste acórdão, cfr. anotação de EVARISTO MENDES *in* Lucros de exercício", pp. 257 a 364.

I – O Código das Sociedades Comerciais aplica-se às situações jurídicas que subsistiam à data da sua entrada em vigor, salvo se a lei ou o pacto social impuserem uma solução diferente.

II – O problema da interpretação de cláusulas do pacto social resume-se à descoberta do sentido objectivo da declaração negocial, não podendo ter-se em conta a vontade real das partes nem elementos estranhos ao contrato social, pois estão em jogo interesses de terceiros.

III – É anulável a deliberação tomada em Assembleia Geral de uma sociedade por quotas que viola o estabelecido no artigo 217.°, n.° 1 do Código das Sociedades Comerciais a respeito da distribuição aos sócios de metade do lucro do exercício.

Ac. da RL, de 20.10.92 *in* www.dgsi.pt (Proc. n.° 0048801)

I – Os sócios das sociedades por quotas têm um direito abstracto aos lucros, concretizado pelo pacto social, seja quanto ao destino a dar-lhes, seja quanto à medida da sua distribuição pelos sócios;

II – De acordo com o n.° 1 do artigo 217.° do Código das Sociedades Comerciais (redacção do Decreto-Lei n.° 280/87, de 8 de Julho) metade do lucro de exercício que, nos termos legais, seja distribuível, não pode deixar de ser distribuído aos sócios (salvo cláusula contratual ou deliberação por maioria de $^3/_4$ dos votos tomada em assembleia geral para o efeito convocada);

III – Existe no Código de Processo Civil preceito especial disciplinador de "abuso de direito" cometido em assembleias gerais – artigo 58.°.

Ac. do STJ, de 28.05.92 *in* www.dgsi.pt (Proc. n.° 081893)

I – Abusam do respectivo direito de voto, nos termos previstos no art. 334.° do Código Civil, os sócios maioritários que aprovam uma deliberação de não distribuição de dividendos que culmina um processo de retenção sistemática de lucros, coarctando o direito da minoria de participar nos resultados da empresa, enquanto eles recebem substancias ordenados e gratificações de gerência.

II – A deliberação assim tomada é anulável.

III – É permitido estipular no pacto social que a assembleia geral deliberará, ano a ano, por maioria simples (ou outra maioria diferente da legal), acerca do destino a dar aos lucros, afastando, assim, a regra legal supletiva do art. 217.°, n.° 1, do CSC.

IV – A cláusula que se limita a prescrever a distribuição dos lucros de exercício que a assembleia não delibere afectar a outros fins deve interpretar-se no sentido de que tal assembleia só pode deliberar essa afectação a outros fins pela

172 Regime Jurídico das Sociedades por Quotas

maioria prescrita na lei acerca da (não) distribuição de dividendos (actualmente maioria qualificada de $^3/_4$).
V – *Uma deliberação tomada, nesse caso, sem a maioria requerida é nula.*
Ac. da RC, de 02.07.91 *in* CJ, Ano XVI, Tomo 4, p. 89

A propósito deste acórdão, cfr. anotação de EVARISTO MENDES *in* Lucros de exercício", pp. 257 a 364.

I – *Nos termos do artigo 217.°, n.° 1 do Código das Sociedades Comerciais, e necessária a maioria de $^3/_4$ para afastar o principio geral da atribuição aos sócios de metade dos lucros.*
II – *Uma clausula do contrato de sociedade que dispõe que anualmente será dado balanço, que os lucros líquidos apurados, deduzidos 5% de reserva legal e quaisquer outras percentagens para fundos especiais deliberados, serão divididos pelos sócios proporcionalmente, traduz uma reafirmação do principio participativo e nunca na sua supressão.*
III – *Diverso seria se tal clausula referisse que, mediante outra maioria, os sócios podiam ser privados de todos os lucros.*
Ac. do STJ, de 13.11.90 *in* www.dgsi.pt (Proc. n.° 079507)

I – *O art. 217.° do CSC (versão original) atribui aos sócios de sociedade por quotas um direito subjectivo ao recebimento da respectiva quota-parte de metade do lucro de exercício distribuível.*
II – *Tais sócios podem fazer valer, directamente, em tribunal esse direito no caso de a assembleia deliberar, por maioria, não distribuir lucros na medida imposta por lei.*
III – *O meio judicial adequado é a acção de condenação da sociedade a pagar-lhes o dividendo que legalmente lhes cabe.*
IV – *É inadmissível uma cláusula do pacto social autorizando a colectividade dos sócios, deliberando por maioria simples, a decidir, ano a ano, sobre o destino a dar aos resultados do exercício.*
V – *É anulável por «abuso de direito» ou «excesso de poder» uma deliberação – maioritária – de retenção sistemática de lucros (não imposta pelo interesse social), com oposição da minoria, recebendo os sócios maioritários vantagens da sociedade não acessíveis a esta".*
Ac. da RC, de 06.03.90 *in* CJ, Ano XV, Tomo 2, p. 45

A propósito deste acórdão, cfr. anotação de EVARISTO MENDES *in* Lucros de exercício", pp. 257 a 364.

Título III – Sociedades por quotas

ARTIGO 218.º – (Reserva legal)

1 – É obrigatória a constituição de uma reserva legal.
2 – É aplicável o disposto nos artigos 295.º e 296.º, salvo quanto ao limite mínimo de reserva legal, que nunca será inferior a € 2 500.

NOTAS:

I. Anteprojectos: FERRER CORREIA (art. 83.º); VAZ SERRA (art. 56.º) e RAÚL VENTURA (art. 83.º).

II. O **n.º 2** tem a redacção introduzida pelo DL n.º 343/98, de 06 de Novembro.

III. As reservas são valores correspondentes aos resultados positivos gerados pela sociedade que os sócios não podem (por imposição legal ou contratual) ou decidem não distribuir.

As reservas juntamente com o capital social integram o capital próprio da sociedade.

O capital próprio coincide "fundamentalmente, com a noção tradicional de *situação líquida*, traduzindo-se no saldo final entres os valores patrimoniais dos activos e dos passivos. Quando esta diferença é de sinal negativo, costuma dizer-se que o operador respectivo está em situação de *falência técnica*", PINTO FURTADO *in* "Curso de Direito…", p. 303.

As reservas inscrevem-se no passivo do balanço, representando "um passivo «ideal» como o capital, cuja função é garantir os terceiros credores contra ilícitas distribuições de lucros", RAÚL VENTURA *in* "Sociedades por Quotas", vol. I, p. 366.

Conforme salienta PINTO FURTADO *in* "Curso de Direito…", p. 325, as reservas não se devem confundir com os rácios de solvabilidade e as provisões que devem ser constituídas de acordo com as normas prudenciais. "Os primeiros constituem *a relação percentual entre os fundos próprios e o total dos elementos do activo e extrapatrimoniais, ponderada em função do respectivo risco (…).*

As segundas constituem *verbas antecipadamente contabilizadas como passivo para garantir a solvibilidade na satisfação futura de determinados encargos a que se está vinculado*".

De forma algo generalista, a doutrina tem entendido que a "constituição de reservas se reconduz a um de três motivos: uma ideia de previdência, uma ideia de desenvolvimento da empresa, uma ideia de protecção dos accionistas", RAÚL VENTURA *in* "Sociedades por Quotas", vol. I, p. 348.

IV. Vejamos alguns dos tipos de reservas apontados pela doutrina:
a) Reservas legais
Quanto às reservas legais, *vide* anotação ao **n.º 2**.

b) Reservas estatutárias ou contratuais

As reservas estatutárias ou contratuais são as reservas que são impostas pelo contrato ou pelos estatutos da sociedade.

Estas reservas podem ter os mais variados fins: "modernização de equipamentos, compra de instalações, incorporação no capital social, etc.", PAULO DE TARSO DOMINGUES *in* "Capital e património...", p. 164.

Os sócios, alterando a cláusula contratual que prevê a constituição das reservas, podem desafectá-las do fim para que foram constituídas e distribuí-las a título de dividendos. Cfr. PAULO DE TARSO DOMINGUES *in* "Capital e património...", p. 164.

As reservas contratuais estão expressamente previstas no art. 33.º, n.º 1.

c) Reservas facultativas ou livres

As reservas facultativas (também designadas complementares ou extraordinárias) "são as reservas que os sócios podem, em cada ano, deliberar constituir através da não distribuição dos correspondentes lucros", PAULO DE TARSO DOMINGUES *in* "Capital e património...", p. 164.

PINTO FURTADO *in* "Curso de Direito...", p. 303, entende que estas reservas "constituem-se unicamente porque a gestão social as considerou aconselháveis a uma administração prudente".

Para PAULO OLAVO DA CUNHA *in* "Direito das Sociedades...", p. 424, as "reservas livres são constituídas por todos os lucros distribuíveis que não são de facto distribuídos".

Segundo o entendimento deste mesmo autor, *ob. cit.*, p. 273, o excesso das reservas legais pode ser "convertido em reservas livres, por deliberação dos sócios, e posteriormente distribuído sob a forma de lucros".

Às reservas livres faz referência, designadamente, o art. 220.º, n.º 2, parte final.

d) Reservas ocultas

As reservas ocultas "resultam de um processo indirecto de não distribuir dividendos, com a dissimulação de lucros, o que se consegue quer pela subvalorização de bens do activo quer pela sobrevalorização de verbas do passivo.

Apesar de a eventual constituição destas reservas contrariar as regras da elaboração do balanço, o legislador societário parece aludir implicitamente a elas no artigo 33.º, n.º 3 CSC, quando refere "as reservas que não constam do balanço. Nesta referência, porém pode – e deverá – ver-se o afloramento de um princípio geral que considera que tais reservas não são admissíveis e não podem, por isso, ser invocadas para quaisquer efeitos", PAULO DE TARSO DOMINGUES *in* "Capital e património...", pp. 164 e 165.

PINTO FURTADO *in* "Curso de Direito...", p. 303, faz saber que as reservas ocultas "podem consistir no registo contabilístico por defeito do valor de certos bens do património social, como quando se estabelecem, prudentemente, percentagens de amortização de bens perecíveis que, antes de perecerem, acabam por apresentar um valor real significativamente superior ao constante do balanço, ou quando, pelos preços de mercado, vêm a valorizar-se certos bens relativamente ao montante por que foram adquiridos e contabilizados".

V. O **n.º 2** reporta-se às reservas legais.

As reservas legais são, conforme o nome indica, as reservas impostas por lei, que se destinam, única e exclusivamente, a cobrir perdas e a incorporar o capital (cfr. art. 296.º *ex vi* **n.º 2**), sendo assim indisponíveis.

PAULO DE TARSO DOMINGUES *in* "Capital e património...", p. 166, considera que a principal finalidade da reserva legal é "a de funcionar como um escudo, como uma primeira defesa da integridade do capital social. Com efeito, havendo perdas decorrentes da actividade da sociedade, elas poderão afectar o capital social. Porém, a existir reserva legal, essas perdas irão ser compensadas e cobertas, em primeira linha, pelos bens que no activo lhe correspondem, pelo que esta (a reserva legal) serve de "almofada" que apara e amortece os "golpes" que as perdas constituem para o capital social". Cfr., ainda, PAULO OLAVO DA CUNHA *in* "Direito das Sociedades...", p. 423.

Conforme faz notar PAULO DE TARSO DOMINGUES *in* "Garantias da Consistência...", p. 525, "há quem defenda (C. Costa, Portale) que as perdas incidem automaticamente sobre a reserva legal, independentemente da vontade da sociedade e duma deliberação social nesse sentido".

As reservas legais estão expressamente previstas no art. 33.º, n.º 1.

A doutrina tem, ainda, distinguido as reservas legais especiais. As "chamadas reservas *equiparadas à reserva legal* (porque só poderão ser gastas em casos idênticos aos permitidos para esta *reserva)*", constituídas, por exemplo com os ágios, com os saldos positivos de reavaliações consentidas por lei, e ainda com as importâncias correspondente a bens obtidos a título gratuito, etc.. Cfr. PINTO FURTADO *in* "Curso de Direito...", p. 323.

VI. O regime das reservas legais está previsto nos arts. 295.º e 296.º, sendo aplicáveis às SQ por força do **n.º 2**.

O valor da reserva legal das SQ, indicado no n.º 1, do art. 295.º, corresponde a uma percentagem não inferior à 20.ª parte dos lucros da sociedade. De igual forma, a lei impõe a reintegração da reserva legal até que a mesma represente a 5.ª parte do capital social (n.º 1, do art. 295.º *ex vi* **n.º 2**).

A percentagem a que se refere esta disposição incide sobre os lucros de exercício.

O **n.º 1** e a 1.ª parte do n.º 1, do art. 295.º são normas imperativas. Por conseguinte, o contrato de sociedade não pode isentar a sociedade da constituição e reintegração da reserva legal. Analogamente, os sócios estão impedidos de tomar deliberações no sentido de extinguir a reserva que já esteja constituída.

O propósito do legislador foi assegurar a existência efectiva de uma reserva legal.

Refira-se, ainda, que os lucros do exercício, que sejam necessários para formar ou reconstituir reservas legais, não são distribuíveis (cfr. art. 33.º, n.º 1). Raúl Ventura *in* "Sociedades por Quotas", vol. I, p. 364, afasta a hipótese de redução da reserva legal, paralela à redução do capital. "A lei não a prevê e não é possível aplicar por analogia o preceituado quanto ao capital".

VII. O valor do limite mínimo previsto no **n.º 2**, foi introduzido pelo DL n.º 343/98, de 06 de Novembro. O valor anterior era de 200.000$00.

No contrato de sociedade podem fixar-se percentagem e montante mínimo mais elevados para a reserva legal.

O valor mínimo previsto é, actualmente € 2 500, montante que corresponde a metade do capital social mínimo previsto no art. 201.º.

Assim, a "reserva legal (global mínima) só será de 1/5 do capital social, para as sociedades que tenham um capital superior a € 12 500,00", Paulo Olavo da Cunha *in* "Direito das Sociedades…", p. 423.

VIII. As reservas previstas no n.º 2, do art. 295.º, são reservas distintas e separadas da reserva legal, não obstante ser-lhes aplicável o regime desta.

Assim, nos termos desta disposição estão sujeitas ao regime da reserva legal:

a) Ágios obtidos na emissão de acções, obrigações com direito a subscrição de acções, ou obrigações convertíveis em acções, em troca destas por acções e em entradas em espécie. Consistindo estes:

a.1 – Quanto à emissão de acções, na diferença para mais entre o valor nominal e a quantia que os accionistas tiverem desembolsado para as adquirir (al. a), do n.º 1, do art. 295.º);

a.2 – Quanto à emissão de obrigações com direito de subscrição de acções ou de obrigações convertíveis, na diferença para mais entre o valor de emissão e o valor por que tiverem sido reembolsadas (al. b), do n.º 1, do art. 295.º);

a.3 – Quanto à troca de obrigações com direito de subscrição de acções ou de obrigações convertíveis em acções, na diferença para mais entre o valor da emissão daquelas e o valor nominal destas (al. c), do n.º 1, do art. 295.º);

a.4 – Quanto às entradas em espécie, na diferença para mais entre o valor atribuído aos bens em que a entrada consiste e o valor nominal das acções correspondentes (al. d), do n.º 1, do art. 295.º).

Mediante portaria dos Ministros das Finanças e da Justiça, estas reservas podem, no entanto, ser dispensadas, no todo ou em parte, do regime da reserva legal (art. 295.º, n.º 4);

b) Saldos positivos de reavaliações monetárias que forem consentidos por lei, na medida em que não forem necessários para cobrir prejuízos já acusados no balanço;

c) Importâncias correspondentes a bens obtidos a título gratuito, quando não lhes tenha sido imposto destino diferente, bem como acessões e prémios que venham a ser atribuídos a títulos pertencentes à sociedade.

IX. A reserva tem obrigatoriamente de ser utilizada para um dos fins previstos no art. 296.°. Nesta perspectiva, a nossa doutrina considera que este preceito dispõe sobre a (in)disponibilidade das reservas legais, "estabelecendo um regime rigoroso que visa salvaguardar a intangibilidade do capital social", PAULO OLAVO DA CUNHA *in* "Direito das Sociedades...", p. 273.

Com efeito, nos termos deste artigo, a reserva legal só pode ser utilizada:

a) Para cobrir a parte do prejuízo acusado no balanço do exercício que não possa ser coberto pela utilização de outras reservas. Neste caso, é estabelecida "uma ordem de prioridade entre «reserva legal» e «outras reservas» (embora não entre as «outras reservas»), só em último caso sendo lícito o recurso à reservas legal", RAÚL VENTURA *in* "Sociedades por Quotas", vol. I, p. 368;

b) Para cobrir a parte dos prejuízos transitados do exercício anterior que não possa ser coberto pelo lucro do exercício nem pela utilização de outras reservas. Aqui, "o condicionamento da utilização da reserva legal é duplo: o prejuízo transportado do exercício anterior não ser coberto por um lucro do ano em causa (prioridade da cobertura da perda anterior pelo lucro actual); a perda transportada do ano anterior não ser coberta pela utilização de outras reservas (reservas «livres», no correspondente preceito alemão)", RAÚL VENTURA, *loc. cit.*;

c) Para incorporação no capital. Note-se que, como é natural, depois de efectuada a incorporação da reserva legal no capital, "deve iniciar-se a constituição da reserva legal, nos termos e pelos modos estabelecidos no art. 295.°, reportada ao novo capital aumentado", RAÚL VENTURA *in* "Sociedades por Quotas", vol. I, p. 369.

A sociedade pode aumentar o seu capital por incorporação nas reservas disponíveis para o efeito (art. 91.°, n.° 1).

Este aumento de capital só pode ser realizado depois de aprovadas as contas do exercício anterior à deliberação, mas, se já tiverem decorrido mais de seis meses sobre essa aprovação, a existência de reservas a incorporar só pode ser aprovada por um balanço especial, organizado e aprovado nos termos prescritos para o balanço anual (art. 91.°, n.° 2).

O capital da sociedade não pode ser aumentado por incorporação de reservas enquanto não estiverem vencidas todas as prestações do capital, inicial ou aumentado (art. 91.°, n.° 3).

O aumento por incorporação de reservas depende de deliberação social nesse sentido, a qual deve ser aprovada por maioria de $^3/_4$ dos votos conforme exigido para a alteração do contrato (cfr. 265.º, n.º 1).

Nos termos do n.º 4, do art. 91.º, a deliberação deve mencionar expressamente:

a) A modalidade do aumento do capital;
b) O montante do aumento do capital;
c) As reservas que serão incorporadas no capital.

As limitações de utilização da reserva legal, previstas no art. 296.º, "vigoram até á dissolução da sociedade. Satisfeitos na fase de liquidação os débito sociais, o saldo de liquidação é partilhado entre os sócios, sem atenção às reservas, legais ou facultativas, que estavam constituídas antes da dissolução", Raúl Ventura *in* "Sociedades por Quotas", vol. I, p. 365.

X. A violação de preceitos legais (por exemplo, através de uma deliberação social) relativos à constituição, reforço ou utilização da reservas legal produz nulidade nos termos do art. 69.º, n.º 3.

Os gerentes que contribuíram e/ou executaram tal violação podem ser responsabilizados penalmente (art. 514.º) ou civilmente (cfr. arts. 78.º e 79.º).

Raúl Ventura *in* "Sociedades por Quotas", vol. I, pp. 369 e 370, considera que a violação dos arts. 218.º, 295.º e 296.º, por falta de constituição ou reintegração e utilização indevida da reserva legal é nula, por força do art. 56.º, n.º 1, al. d).

Para este autor, *ob. cit.*, p. 370, é indubitável "que o excesso, relativamente ao máximo da reserva legal, não pode considerar-se incluído nessa reserva e, que, portanto, haverá nulidade, pelo menos nessa medida".

XI. No caso de existirem quotas próprias (ou seja, se parte do capital for detido pela própria sociedade), importa ter em consideração que enquanto as mesmas pertencerem à sociedade deve tornar-se indisponível uma reserva de montante igual àquele por que elas estejam contabilizadas (art. 324.º, n.º 1, al. b) *ex vi* art. 220.º, n.º 4).

Para Paulo Olavo da Cunha *in* "Direito das Sociedades...", p. 423, isto significa que "é necessário criar uma reserva especial que cubra precisamente o montante equivalente ao que é representado pro essa participações (quotas e acções) próprias".

Para Pinto Furtado *in* "Curso de Direito...", p. 323, estamos perante um exemplo de reserva legal especial.

CAPÍTULO III
Quotas

SECÇÃO I
Unidade, montante e divisão da quota

ARTIGO 219.º – **(Unidade e montante da quota)**

1 – Na constituição da sociedade a cada sócio apenas fica a pertencer uma quota, que corresponde à sua entrada.

2 – Em caso de divisão de quotas ou de aumento de capital, a cada sócio só pode caber uma nova quota. Na última hipótese, todavia, podem ser atribuídas ao sócio tantas quotas quantas as que já possuía.

3 – Os valores nominais das quotas podem ser diversos, mas nenhum pode ser inferior a 100 euros, salvo quando a lei o permitir.

4 – A quota primitiva de um sócio e as que posteriormente adquirir são independentes. O titular pode, porém, unificá-las, desde que estejam integralmente liberadas e lhes não correspondam, segundo o contrato de sociedade, direitos e obrigações diversos.

5 – A unificação deve ser reduzida a escrito, comunicada à sociedade e registada.

6 – A medida dos direitos e obrigações inerentes a cada quota determina-se segundo a proporção entre o valor nominal desta e o do capital, salvo se por força da lei ou do contrato houver de ser diversa.

7 – Não podem ser emitidos títulos representativos de quotas.

NOTAS:

I. Anteprojectos: FERRER CORREIA (arts. 43.º e 44.º); VAZ SERRA (art. 33.º) e RAÚL VENTURA (art. 5.º).

Cfr. ANTÓNIO FERRER CORREIA/VASCO LOBO XAVIER/MARIA ÂNGELA COELHO/ANTÓNIO CAEIRO *in* "Sociedade por quotas ...", pp. 198 e 199.

II. O artigo em anotação tem a redacção introduzida pelo DL n.º 280/87, de 08 de Julho e pelo DL n.º 257/96, de 31 de Dezembro.

O **n.º 3** tem a redacção introduzida pelo DL n.º 343/98, de 06 de Novembro.

O **n.º 5** (que havia sido alterado pelo art. 1.º, do DL n.º 237/2001, de 30 de Agosto) tem a redacção introduzida pelo DL n.º 76-A/2006, de 29 de Março e pela DRect n.º 28-A/2006, de 28 de Maio.

III. Nas SQ, o capital está dividido em quotas (art. 197.º, n.º 1).

As quotas são, grosso modo, as participações sociais das SQ. Para maiores desenvolvimentos sobre as participações sociais veja-se a anotação ao art. 197.º.

Podemos distinguir:

a) *a quota de capital*

A quota de capital pode ser definida como a expressão "em unidades monetárias da entrada que cada sócio (ou um conjunto de sócios unificado para o feito) se obriga a efectuar ou já efectuou para a formação do capital, inicial ou aumentado, conforme a convenção das partes nos limites da lei. A quota de capital não é a entrada", RAÚL VENTURA *in* "Sociedades por Quotas", vol. I, p. 375. Este mesmo autor, *ob. cit.*, p. 394, acaba por referir que esta definição "deve ser completada acrescentando: reduzida ou aumentada, depois da formação da sociedade, conforme a lei determinar ou permitir para ser mantida a sua função".

b) *a quota de participação*

A quota de participação é "o conjunto dos direitos e obrigações sociais do sócio", RAÚL VENTURA *in* "Sociedades por Quotas", vol. I, p. 375.

Para este autor, *loc. cit.*, entre a quota de capital e a quota de participação "há uma ligação necessária e uma ligação normal. Necessária, porque não pode haver quota de participação sem ter havido quota de capital; sem entrada para a sociedade e sem a correspondente expressão monetária, que é a quota de capital, não há sócio e a quota de participação autonomiza a posição jurídica do sócio. Normal, porque a quota de capital constitui a medida normal da quantidade de direitos e vinculações quantitativamente delimitáveis que formam a quota de participação".

A quota a que alude o artigo em anotação é a quota de capital.

IV. No que diz respeito à titularidade da quota, a doutrina admite os seguintes sistemas possíveis:

"– sistema da unidade inicial (Alemanha e Lei Portuguesa de 1901): cada sócio pode subscrever apenas uma quota; se depois adquirir outra, ambas conservam a sua individualidade;

– sistema da unidade permanente (Áustria, Itália, México e Suíça): cada sócio subscreve uma única quota; se depois adquirir outra, esta funde-se com a primeira;

– sistema da pluralidade: cada sócio pode ser sempre titular de várias quotas. (…).

O Código das Sociedades Comerciais acabaria por optar pelo sistema da unidade inicial da quota de cada sócio (219.º/1), seguida pela pluralidade superveniente das que, depois, viesse a adquirir (219.ª/4, 1.ª parte). Todavia o sócio com várias quotas poderia, proceder à sua unificação, desde que se mostrem reunidos" os requisitos da 2.ª parte, do **n.º 4**, MENEZES CORDEIRO *in* "Manual de Direito das Sociedades", II, pp. 318 e 319.

Por sua vez, PEREIRA DE ALMEIDA *in* "Sociedades Comerciais", p. 234, considera que o sistema português é o de quota inicial única "temperado pela possibilidade de unificação e divisão de quotas".

RAÚL VENTURA *in* "Sociedades por Quotas", vol. I, p. 380, entende que a participação social deve ser unitária, "em função dos respectivos titulares, e o legislador, em vez de admitir a unificação voluntária das quotas, devia ordená-la automaticamente. No entanto, o CSC, mantendo a tradição, adoptou o sistema de quota inicial única, compensando-o, contudo, com a voluntária unificação de quotas pelo seu titular".

De qualquer forma, parece consensual que a quota única é mais uma das marcas deixadas pelo lado pessoalista das SQ. De facto, o sistema da pluralidade é próprio das sociedades de capitais, como as SA.

Quanto à aplicação do sistema da quota única em casos de contitularidade e aquisição da quota e compropriedade dos bens componentes da entrada, cfr. RAÚL VENTURA *in* "Sociedades por Quotas", vol. I, pp. 380 a 382.

V. Em caso de divisão de quotas ou de aumento de capital, a cada sócio só pode caber uma nova quota (**n.º 2**, 1.ª parte).

Esta norma consagra o princípio da unidade da quota nos casos de divisão de quotas e de aumento de capital.

Este princípio deve ser considerado em sentido lato, englobando não só a unidade da quota inicial, como também a unidade da quota permanente.

No caso de divisão de quotas e de aumento de capital, o legislador foi para além do sistema da quota única inicial, prevendo o regime de quota única permanente.

A divisão de quota está regulada no art. 221.º.

Nos termos do **n.º 1**, a quota só pode ser dividida mediante amortização parcial, transmissão parcelada ou parcial, partilha ou divisão entre contitulares.

"Em nenhum destes casos é permitido que a um dos interessados fique pertencendo mais do que uma quota, daquelas que resultarem da divisão: o titular da quota não pode ceder parcialmente à mesma pessoa mais do que uma quota, quer a divisão seja parcelada quer parcial; a divisão ou partilha da quota entre contitulares não pode atribuir mais do que uma quota individual a cada um dos contitulares", RAÚL VENTURA *in* "Sociedades por Quotas", vol. I, p. 382.

No caso de aumento de capital, podem, todavia, ser atribuídas ao sócio tantas quotas quantas as que já possuía (**n.º 2**, 2.ª parte).

O aumento do capital está regulado nos arts. 87.º a 93.º e 269.º.

Neste domínio, o aumento do capital social suscita o problema da cumulação da quota anterior com a quota no capital aumentado ou da cumulação de duas quotas nesse mesmo capital.

Da leitura do **n.º 2**, podemos concluir que não é admissível atribuir a um sócio mais uma quota no capital aumentado. Já no caso de o sócio, antes do aumento, ser titular de mais de uma quota é lícito que, no capital aumentado, lhe seja atribuído correspondente número de quotas.

O aumento de capital pode operar-se por novas entradas ou por incorporação nas reservas (art. 91.º).

O **n.º 2** aplica-se "seguramente ao caso de aumento por incorporação de reservas, quando sejam criadas novas quotas. (...) Quando o aumento do capital é feito por novas entradas, parece que, embora ele já possuísse várias quotas, faz uma só entrada e a esta deve corresponder uma só quota", RAÚL VENTURA *in* "Sociedades por Quotas", vol. I, p. 383.

VI. Os valores nominais das quotas podem ser diversos, mas nunca inferiores a € 100 (**n.º 3**).

Da leitura desta norma podemos extrair que os valores nominais das quotas não têm que ser iguais.

Esta regra resulta do facto de o valor da entrada corresponder ao montante da quota. Assim, não sendo exigido aos sócios a realização de entradas de valores iguais, não seria possível impor a igualdade dos montantes das quotas.

O **n.º 3** fixa, ainda, um montante mínimo de quota, que, num sistema de quota inicial única, "ou se justifica por se entender que participações *reais* de muito pequeno montante não têm interesse, ou para evitar que, valendo-se do pequeno montante permitido, sejam criadas quotas fictícias", RAÚL VENTURA *in* "Sociedades por Quotas", vol. I, p. 391. Cfr., ainda, MENEZES CORDEIRO *in* "Manual de Direito das Sociedades", II, p. 321.

O montante mínimo actual (€ 100) foi introduzido pelo DL n.º 343/98, de 06 de Novembro. O valor anterior era de 20.000$00.

Para MENEZES CORDEIRO *in* "Direito das Sociedades", II, p. 321, o montante mínimo das quotas "é relativamente elevado perante o capital mínimo, fixado em € 5 000 (201.º). Na lei alemã, actual redacção, a quota deve, tal como no nosso direito, ter o valor mínimo de 100; todavia, o capital social mínimo é, aí, de € 25 000 (§ 5/I)".

O montante da quota não pode ser fixado arbitrariamente, devendo corresponder ao valor da entrada. De facto, conforme dispõe o n.º 1, do art. 25.º, o valor nominal da quota atribuída a um sócio não pode exceder o valor da sua entrada, como tal se considerando ou a respectiva importância em dinheiro ou o valor atribuído aos bens no relatório do ROC, exigido pelo artigo 28.º.

Conforme resulta da parte final, do **n.º 3**, a lei pode permitir um montante de quota inferior a € 100. Veja-se, a título de exemplo os arts. 204.º, n.º 3, 205.º, n.º 2, al. a) e 238.º, n.º 1.

Para RAÚL VENTURA *in* "Sociedades por Quotas", vol. I, p. 391, estamos perante casos em que a lei pretende facilitar a divisão da quota e por isso permite

Título III – Sociedades por quotas   183

que alguma quota resultante da divisão tenha um valor inferior àquele mínimo. Esta permissão legal impõe, por sua vez, um montante mínimo de € 50.

No caso de divisão voluntária de quotas (art. 221.°), cada uma das quotas daí resultante não poderá ter um valor inferior a € 100 (art. 221.°, n.° 1, parte final).

VII. A quota primitiva de um sócio e as que posteriormente adquirir são independentes (**n.° 4**, parte inicial).

Para efeitos desta norma *"quota primitiva de um sócio"* deve "significar «quota inicial originariamente adquirida pelo sócio que se dispõe a adquirir a outra»", Raúl Ventura *in* "Sociedades por Quotas", vol. I, p. 384. No entanto para este autor, *loc. cit.*, é indiferente que se trate de quota primitiva "ou de qualquer quota que o sócio possua no momento da segunda aquisição".

Este mesmo autor, *ob. cit.*, p. 385, acaba mesmo por concluir que "interpretado amplamente o primeiro período do n.° 4 do art. 219.°, ele regerá todos os casos especiais em que sejam adquiridas quotas, quer por quem já seja titular de uma, quer por quem não o seja. As quotas conservam-se independentes".

Quanto à questão de saber se a pluralidade de quotas implica uma correspondente pluralidade de participações. Cfr. Raúl Ventura *in* "Sociedades por Quotas", vol. I, pp. 389 e 390.

Nos termos da 2.ª parte, do **n.° 4**, o sócio titular das quotas pode, porém, unificá-las, desde que estejam integralmente liberadas e lhes não correspondam, segundo o contrato de sociedade, direitos e obrigações diversos.

Quanto à divisão, cfr. as anotações ao art. 221.°.

Importa, no entanto, destacar que a unificação da quota é apresentada no **n.° 4** "como um acto do titular das várias quotas a unificar, e acto exclusivamente dessa pessoa; a sociedade não intervém na unificação, nem sequer para lhe dar prévio consentimento", Raúl Ventura *in* "Sociedades por Quotas", vol. I, p. 386.

Para maiores desenvolvimentos sobre algumas situações relativas à unificação de quotas, *vide* Raúl Ventura *in* "Sociedades por Quotas", vol. I, pp. 386 e ss..

A unificação das quotas depende de dois requisitos substanciais:

a) Liberação integral das quotas

A unificação não é admissível se, por exemplo, a obrigação de entrada a que corresponde uma das quotas não tiver sido integralmente cumprida.

Este requisito não teve como finalidade proteger o direito de crédito da sociedade contra o sócio inadimplente (uma vez que este não seria afectado pela unificação de quota liberada com quota não integralmente liberada), outrossim evitar desnecessárias complicações no processo de execução coercivo estabelecido nos arts. 204.° e ss.. Cfr. Raúl Ventura *in* "Sociedades por Quotas", vol. I, p. 388.

Para maiores desenvolvimentos sobre a obrigação de entrada, cfr. anotações aos arts. 202.° e ss..

b) *Que às quotas não correspondam, segundo o contrato de sociedade, direitos e obrigações diversos*

O legislador procurou evitar a mistura de regimes diversos, "com a consequente destrinça das quotas na respectiva aplicação. Basta, pois, que uma das quotas não seja inteiramente «ordinária» para a unificação não ser impossível", Raúl Ventura *in* "Sociedades por Quotas", vol. I, p. 388.

A expressão "obrigações diversas" parece reportar-se a outras obrigações como a de prestações acessórias e suplementares. Assim, se a uma das quotas corresponder uma obrigação de prestação suplementar e à outra corresponder uma obrigação de prestações acessórias, a unificação não é admissível.

Para Raúl Ventura *in* "Sociedades por Quotas", vol. I, p. 389, se às duas quotas corresponderem iguais obrigações de prestações suplementares, não há impedimento à unificação.

VIII. Se o **n.º 4** prevê os requisitos substanciais da unificação, o **n.º 5** contém os respectivos requisitos formais.

Nos termos deste número, a unificação deve ser reduzida a escrito, comunicada à sociedade e registada.

O **n.º 5** foi alterado pelo DL n.º 76-A/2006, reflectindo a preocupação do legislador na simplificação dos actos relativos às sociedades.

Note-se, todavia, que, no que diz respeito à unificação, o legislador, através do DL n.º 237/2001, já havia eliminado a obrigatoriedade de escritura pública.

Cfr. o art. 3.º, n.º 1, al. c), do CRC.

Armando Manuel Triunfante *in* "Código das Sociedades ...", p. 212, salienta que a alteração introduzida pelo DL n.º 76-A/2006, "revela-se de difícil compreensão. Com efeito, ao prescindir da escritura pública e ao referir-se apenas ao documento particular o legislador tinha-se já conformado com a exigência mínima de documento escrito". Assim, aquela alteração "apenas se pode explicar por uma questão de estilo (...)".

Este mesmo autor, *loc. cit.*, considera, também que o reconhecimento presencial das assinaturas não é requisito indispensável para a unificação de quotas.

A consequência da não observância da forma escrita é a nulidade da transmissão de quotas nos termos gerais do art. 220.º, do CC. Cfr. Armando Manuel Triunfante *in* "Código das Sociedades ...", p. 213.

Importa, ainda, destacar que a redacção do **n.º 5** foi rectificada pela DRect n.º 28-A/2006.

Esta rectificação teve como intuito clarificar "a sucessão temporal de actos relacionados com a unificação e quotas. Deste modo, ao contrário da redacção anterior, não se trata de celebrar a unificação (por documento escrito), registar e comunicar à sociedade, mas sim de comunicar à sociedade e registar", Armando Manuel Triunfante *in* "Código das Sociedades ...", p. 213.

Título III – Sociedades por quotas 185

Por outro lado, relaciona-se com o novo regime de registo dos factos relativos às quotas (arts. 242.°-A a 242.°-F). "Este regime caracteriza-se por transferir a generalidade das competências do registo para a própria sociedade. Deste modo, torna-se obrigatória a comunicação prévia da unificação das quotas à sociedade para, posteriormente, ser efectuado o registo", ARMANDO MANUEL TRIUNFANTE *in* "Código das Sociedades ...", p. 213.

A comunicação à sociedade deve ser acompanhada dos documentos que titulem a unificação das quotas, tal como exige o art. 242.°-B, n.° 3, "documentos esses que serão arquivados e depositados. Não se trata, pois, somente, de dar conhecimento, mas de simultaneamente solicitar o registo necessário", ARMANDO MANUEL TRIUNFANTE *in* "Código das Sociedades ...", p. 214.

Este mesmo autor, *ob. cit*, p. 215, acaba por concluir que esta comunicação "é algo mais do que isso, designadamente a solicitação para o registo da unificação da quota e a própria atribuição de eficácia junto da sociedade".

IX. A medida dos direitos e obrigações inerentes a cada quota determina-se segundo a proporção entre o valor nominal desta e o do capital, salvo se por força da lei ou do contrato houver de ser diversa (**n.° 6**).

MENEZES CORDEIRO *in* "Manual de Direito das Sociedades", II, p. 320, considera que esta norma "fixa o princípio básico de que a quota de participação é determinada pela quota de capital".

RAÚL VENTURA *in* "Sociedades por Quotas", vol. I, p. 395, sustenta que o **n.° 6** deve ter a seguinte leitura: "a medida relativa dos direitos e obrigações inerentes a cada quota (de participação) determina-se segundo a proporção entre o montante da respectiva quota (de capital) e o capital".

X. Não podem ser emitidos títulos representativos de quotas (**n.° 7**).

Esta proibição traça, uma clara distinção entre as quotas e as acções. Conforme refere RAÚL VENTURA *in* "Sociedades por Quotas", vol. I, p. 397, "a representação das quotas por títulos negociáveis aproximaria (...) a quota e a acção e, de outro lado, contrariaria a forma dos actos de cessão (...)".

Na opinião de MENEZES CORDEIRO *in* "Manual de Direito das Sociedades", II, p. 320, esta proibição "visa, essencialmente, a protecção geral da confiança: na presença de títulos representativos das quotas, particularmente quando negociáveis, o público poderia esquecer as diversas restrições que impendem sobre a transmissão da quota".

As quotas são bens imateriais (incorpóreos) cuja transmissão está sujeita a forma escrita (art. 228.°, n.° 1).

PAULO OLAVO DA CUNHA *in* "Direito das Sociedades...", pp. 315 e 316, considera, no entanto, que, com o fenómeno da desmaterialização das acções, esta característica deixou de constituir um traço distintivo entre a quota e a acção.

186 *Regime Jurídico das Sociedades por Quotas*

De qualquer forma, consideramos que esta norma traduz uma clara manifestação do lado pessoalista das SQ.

Quanto aos certificados de quotas, *vide* RAÚL VENTURA *in* "Sociedades por Quotas", vol. I, pp. 396 e ss..

XI. O art. 23.º, n.º 1, admite expressamente a constituição de usufruto sobre participações sociais.

O usufruto é definido como "o direito de gozar temporária e plenamente uma coisa ou direito alheio, sem alterar a sua forma ou substância" (art. 1439.º, do CC).

Para maiores desenvolvimentos sobre o usufruto, cfr., entre outros, SANTOS JUSTO *in* "Direitos Reais", Coimbra Editora, 2007, pp. 349 e ss.; RUI PINTO DUARTE *in* "Curso de Direitos Reais", Principia, 2.ª edição, 2007, pp. 166 e ss.; JOSÉ ALBERTO VIEIRA *in* "Direitos Reais", Coimbra Editora, 2008, pp. 743 e ss.; JOSÉ DE OLIVEIRA ASCENSÃO *in* "Direito Civil – Reais", 5.ª edição, reimpressão, Coimbra Editora, 2000, pp. 470 e ss. e CARVALHO FERNANDES *in* "Lições de Direitos Reais", 3.ª edição, 2.ª reimpressão, *Quid Iuris*, 2000, pp. 381 e ss..

Nas palavras de PAULO OLAVO DA CUNHA *in* "Direito das Sociedades...", p. 374, o usufruto de participações sociais consiste "numa situação que se caracteriza por dois sujeitos, o proprietário (da raiz) e o usufrutuário, terem simultaneamente pretensões em relação a uma mesma participação social".

De acordo com o art. 1467.º, n.º 1, do CC *ex vi* art. 23.º, n.º 2, o usufrutuário de quotas tem direito:

a) Aos lucros distribuídos correspondentes ao tempo de duração do usufruto;

b) A votar nas assembleias gerais, salvo quando se trate de deliberações que importem alteração dos estatutos ou dissolução da sociedade, caso em que o voto pertence conjuntamente ao usufrutuário e ao titular da raiz (art. 1467.º, n.º 2, do CC *ex vi* art. 23.º, n.º 2);

c) A usufruir os valores que, no acto de liquidação da sociedade ou da quota, caibam à parte social sobre que incide o usufruto.

A constituição de usufruto sobre quotas, após o contrato de sociedade, deve ser reduzida a escrito (cfr., articuladamente, os arts. 23.º, n.º 1 e 228.º, n.º 1).

A constituição de usufruto sobre quotas está sujeito a registo (art. 3.º, n.º 1, al. h), do CRC).

O n.º 2, do art. 23.º, refere que, para além dos direitos indicados nos arts. 1466.º e 1467.º, do CC, o usufrutuário da quota goza ainda dos mais direitos que lhe são atribuídos pelo CSC, *v.g.*, o direito de participar no aumento do capital previsto no art. 269.º, n.º 1.

XII. As quotas podem ser objecto de penhor, devendo este ser constituído na forma exigida e dentro das limitações estabelecidas para a sua transmissão entre vivos (art. 23.º, n.º 3).

Para melhores desenvolvimentos sobre o penhor de quotas, cfr. NOGUEIRA SERENS *in* "Penhor de Quota", parecer, CJ, Ano XXI, Tomo IV, pp. 5 e ss..

Título III – Sociedades por quotas

ARTIGO 220.º – **(Aquisição de quotas próprias)**
1 – A sociedade não pode adquirir quotas próprias não integralmente liberadas, salvo o caso de perda a favor da sociedade, previsto no artigo 204.º
2 – As quotas próprias só podem ser adquiridas pela sociedade a título gratuito, ou em acção executiva movida contra o sócio, ou se, para esse efeito, ela dispuser de reservas livres em montante não inferior ao dobro do contravalor a prestar.
3 – São nulas as aquisições de quotas próprias com infracção do disposto neste artigo.
4 – É aplicável às quotas próprias o disposto no artigo 324.º

NOTAS:

I. Anteprojectos: Ferrer Correia (art. 68.º); Vaz Serra (art. 57.º) e Raúl Ventura (art. 29.º).
Cfr. António Ferrer Correia/Vasco Lobo Xavier/Maria Ângela Coelho/António Caeiro *in* "Sociedade por quotas ...", pp. 222 e 223.

II. O n.º **4** foi rectificado pelo art. 4.º, do DL n.º 280/87, de 08 de Julho.

III. O artigo em anotação prevê o regime das quotas próprias.
Segundo o entendimento de Raúl Ventura *in* "Sociedades por Quotas", vol. I, p. 430, "«Própria» é a quota na sociedade que vai adquiri-la ou a adquiriu e detém: uma quota na sociedade que fica a ser da sociedade; e só é *própria* em função dessa aquisição e detenção, actual ou futura.
Assim, não podem ser consideradas «quotas próprias» as quotas numa sociedade que uma outra adquira e detenha (...)".
Por sua vez, Paulo Olavo da Cunha *in* "Direito das Sociedades...", p. 365, define a quota própria como "a participação social que uma sociedade detém em si mesma, no seu próprio capital".
Na opinião deste autor, *loc. cit.*, faz mais sentido falar em quota própria no singular do que em quotas próprias, "dado que tendencialmente, neste tipo societário, deverá corresponder uma única quota a cada sócio; e se esta for a própria sociedade não haverá razões para excepção. Portanto a excepção é a própria situação".
A quota própria fica integrada como elemento que compõem o património social.
Aqui, reside, um dos traços distintivos em relação à amortização, uma vez que esta tem como efeito a extinção da quota (art. 232.º, n.º 2). Aliás, esta diferença está na base da exigência de cláusula contratual permissiva para a amor-

tização, ao contrário da aquisição de quotas próprias, em que tal cláusula não é exigida.

Para RAÚL VENTURA *in* "Sociedades por Quotas", vol. I, p. 431, "quando a sociedade intervém na aquisição de uma quota de um sócio por um outro sócio ou terceiro (...) a quota é transmitida directamente do antigo para o novo sócio e não é, em momento algum, quota própria. Em contrapartida quando outra sociedade adquira uma quota por conta da sociedade, esta deverá ser tratada como quota própria".

As quotas podem, ainda, tornar-se próprias "por serem incluídas num património adquirido globalmente pela sociedade: fusão por incorporação; liquidação de sociedade nos termos do art. 148.°", RAÚL VENTURA *in* "Sociedades por Quotas", vol. I, p. 440.

Para uma análise da evolução do regime das quotas próprias, cfr. MENEZES CORDEIRO *in* "Direito das Sociedades", II, p. 339.

IV. Numa primeira abordagem sentimo-nos tentados a considerar a aquisição de quotas próprias (através da qual uma sociedade se torna titular das suas próprias participações sociais) como um fenómeno paradoxal ou, nas palavras de MENEZES CORDEIRO *in* "Direito das Sociedades", II, p. 337, *contra naturam*. Para este autor, *loc. cit.*, o mesmo "resulta da lógica da personalização colectiva, por um lado e da transmissibilidade das posições sociais, por outro".

É claro que a ordem jurídica não poderia deixar de reconhecer a estranheza (aparente ou não) das quotas próprias, proibindo, nesta medida, a sua aquisição originária, directa ou indirecta.

COUTINHO DE ABREU *in* "Curso de Direito...", II, p. 394, considera como aquisição originária, a aquisição que se opera na constituição da sociedade ou em aumento do capital por novas entradas. De forma mais genérica, RAÚL VENTURA *in* "Sociedades por Quotas", vol. I, p. 434, entende que há aquisição originária "quando a quota é, desde a sua criação, pertença da próprias sociedade".

Não obstante, o legislador, tendo em consideração alguns interesses e/ou valores preponderantes, admitiu a aquisição derivada de quotas próprias, dentro de alguns limites. A aquisição derivada verifica-se quando a quota é transmitida à sociedade por um sócio.

Podemos considerar que os limites e/ou requisitos fixados para a aquisição derivada de quotas próprias operam em dois níveis cumulativos.

Um primeiro nível previsto no **n.° 1** que proíbe a aquisição de quotas próprias não integralmente liberadas. Quanto à obrigação de entrada, cfr. anotação ao art. 202.°.

Importa ainda ter em consideração que, usando o legislador a expressão "integralmente", é proibida a aquisição de quotas próprias ainda que uma grande parte das mesmas tenha sido liberada (*v.g.*, 90%).

RAÚL VENTURA *in* "Sociedades por Quotas", vol. I, p. 442, faz notar que esta proibição "é categórica e independente da situação patrimonial da sociedade".

Refira-se, ainda, que no seu âmbito não está compreendida "a antecipação do pagamento do preço (por exemplo, sinal e princípio de pagamento em contrato-promessa); o sócio pode utilizar essa quantia para liberar a quota e, aliás, quase impossível será determinar se foi essa a fonte dos recursos para a liberação da quota. É, no entanto, impossível compensar o débito de liberação da quota com o débito da sociedade por aquisição da quota, porque neste caso a quota teria sido adquirida antes de liberada", RAÚL VENTURA *in* "Sociedades por Quotas", vol. I, p. 444.

A aquisição de quotas próprias não integralmente liberadas é, todavia, admitida no caso da perda a favor da sociedade, prevista no art. 204.° (parte final, do **n.° 1**). Cfr. anotações ao art. 204.°.

Esta excepção mostra, por um lado, "que a referida perda torna a quota *própria da sociedade* e, por outro lado, é justificada por a quota ser adquirida pela sociedade precisamente para, pelos meios previstos na lei, se chegar à liberação", RAÚL VENTURA *in* "Sociedades por Quotas", vol. I, p. 441.

O segundo nível de requisitos está previsto no **n.° 2**.

Assim, as quotas próprias (integralmente liberadas) só podem ser adquiridas pela sociedade:

a) a título gratuito

As aquisições a título gratuito de quotas "produzem o efeito estrutural de a sociedade se tornar sócia de si própria. Não produzem efeitos patrimoniais nocivos a sócios ou credores, pois ou não alteram a situação patrimonial da sociedade ou a melhoram, se tiverem valor de realização", RAÚL VENTURA *in* "Sociedades por Quotas", vol. I, p. 441;

b) em acção executiva movida contra a sociedade

Este requisito reporta-se, naturalmente, à acção executiva intentada pela própria sociedade e não por um terceiro. De facto, pode muito bem suceder que a sociedade, na qualidade de credora, exerça os seus direitos creditícios sobre a quota, uma vez que esta constitui um bem do sócio devedor susceptível de penhora.

Com esta aquisição, naturalmente onerosa, a lei pretendeu "viabilizar a oposição à entrada de estranhos (que, no âmbito da acção executiva, estivessem em vias de adquirir a quota) na sociedade", PAULO OLAVO DA CUNHA *in* "Direito das Sociedades...", p. 366.

Do ponto de vista processual, entendemos que esta aquisição operará por via da adjudicação (art. 875.° e ss., do CPC).

Convém referir que a adjudicação pode ficar prejudicada, se for apresentada (por um terceiro) proposta de maior preço (do que o apresentado pela sociedade). Neste caso, serão observadas as regras previstas nos arts. 893.° e 894.°, do CPC;

190   *Regime Jurídico das Sociedades por Quotas*

c) se, para esse efeito, dispuser de reservas livres em montante não inferior ao dobro do contravalor a prestar

Para Paulo Olavo da Cunha *in* "Direito das Sociedades...", p. 366, estamos perante "uma regra restritiva, segundo a qual para adquirir onerosamente uma participação própria, e desde que não o faça no âmbito do processo executivo, a sociedade deve aceitar imobilizar, como reserva especial, uma quantia correspondente à que necessita de despender para pagar essa quota. Antecipe-se, contudo, que esta regra não se afasta do regime aplicável à aquisição de acções próprias. Assim, se a quota custar € 10 000,00, a sociedade para a adquirir deverá dispor de reservas livres de, pelo menos, € 20 000,00, ficando posteriormente € 10 000,00 afectos a uma reserva legal especial [cfr. art. 324.º, n.º 1, al. b) *ex vi* art. 220.º, n.º 4]".

Raúl Ventura *in* "Sociedades por Quotas", vol. I, pp. 446 e 447, refere, ainda, que "se a sociedade não possui reservas, a compra de uma quota ou acção pela sociedade significa realmente que uma parte do património que devia garantir os credores é restituída ao sócio e assim deixa de estar sujeita à acção dos credores sociais".

A expressão *"se, para esse efeito, ela dispuser de reservas livres"* não esclarece se devemos atender à situação da sociedade resultante do último balanço aprovado ou se devemos considerar a situação real da sociedade no momento relevante (a aquisição da quota).

No entendimento de Raúl Ventura *in* "Sociedades por Quotas", vol. I, p. 449, deverá atender-se à situação da sociedade no momento relevante "para o caso de, no decurso do exercício, a sociedade ter atingido uma situação real que lhe permita adquirir a quota própria".

A verificação de cada um dos requisitos reportar-se-á ao momento da aquisição e não ao momento da deliberação. Cfr. Raúl Ventura *in* "Sociedades por Quotas", vol. I, p. 451.

Os **n.ºs 1 e 2** assentam na "necessidade de assegurar a integração do capital social e a necessidade de evitar a atribuição aos sócios de valores indispensáveis à conservação do mesmo capital", António Ferrer Correia/Vasco Lobo Xavier/Maria Ângela Coelho/António Caeiro *in* "Sociedade por quotas ...", p. 222.

Para além dos factos aquisitivos gerais, o CSC prevê dois factos aquisitivos especiais.

O primeiro está previsto no art. 204.º, segundo o qual a quota perdida a favor da sociedade torna-se própria desta. "O segundo aparece no art. 237.º, n.º 3, e consiste na criação, por deliberação dos sócios, de uma ou mais quotas, em vez duma quota amortizada, destinadas a serem alienadas a um ou alguns sócios ou a terceiro; criadas as quotas, ficam sendo próprias até serem alienadas", Raúl Ventura *in* "Sociedades por Quotas", vol. I, p. 449. Cfr., ainda, Menezes Cordeiro *in* "Manual de Direito das Sociedades", II, p. 341.

Para maiores desenvolvimentos sobre a sujeição da aquisição da quota a condição suspensiva ou termo, cfr. RAÚL VENTURA *in* "Sociedades por Quotas", vol. I, pp. 451 e 452.

V. A aquisição, a alienação e a oneração de quotas próprias dependem de deliberação dos sócios (art. 246.°, n.° 1, al. b)),a qual pode ser tomada por maioria simples.

A deliberação "deve conter a indicação da quota a adquirir e das condições de pagamento do preço ou outra contrapartida", RAÚL VENTURA *in* "Sociedades por Quotas", vol. I, p. 453.

Esta deliberação pode autorizar a gerência a adquirir, em nome da sociedade, quotas próprias. Cfr. COUTINHO DE ABREU *in* "Curso de Direito...", II, pp. 394 e 395.

As quotas próprias podem ser alienadas aos sócios ou a terceiros.

Os sócios não podem exigir que a venda de quotas próprias "lhes seja feita, pois isso corresponderia a invocar um direito de preferência na alienação de bens sociais que a lei não lhes concede (mas pode ser contratualmente criado)", RAÚL VENTURA *in* "Sociedades por Quotas", vol. I, p. 459.

Finalmente, diga-se ainda que, no caso de a venda ser, em primeira linha, oferecida ou feita a sócios, deve ser observado o princípio da igualdade de tratamento destes (previsto no art. 321.°), que, assim, é encarado como princípio geral também na alienação de quotas próprias. Cfr. RAÚL VENTURA *in* "Sociedades por Quotas", vol. I, p. 460.

VI. Vejamos, detalhadamente, as vantagens e desvantagens indicadas por MENEZES CORDEIRO *in* "Manual de Direito das Sociedades", II, pp. 337 e 338, para a aquisição de capital próprio.

Vantagens:

"– evita a dispersão do capital;

– previne a entrada de sócios indesejáveis;

– reforça o peso da administração: com efeito, será esta que, em princípio, tomará as decisões inerentes às participações sociais próprias, isto é, da sociedade considerada;

– traduz um aumento da procura das participações sociais em jogo, fazendo subir o seu valor no mercado: um fenómeno particularmente importante no tocante a acções cotadas em bolsa".

Desvantagens:

"– descapitaliza a sociedade, em detrimento dos credores: ao adquirir capital próprio, a sociedade gasta – em princípio e logicamente – o valor correspondente; no limite, caso adquirisse o seu capital todo, ficaria apenas com posições abstractamente representativas, mas sem conteúdo;

– desequilibra o funcionamento interno da sociedade: a administração irá exercer os direitos inerentes às participações próprias, uma vez que a ela assistem os poderes de representação; com isso enfraquece o papel dos sócios e os próprios mecanismos de deliberação social e de fiscalização;
– põe vem causa a lógica das sociedades, enquanto expressão da cooperação e da organização económico-privadas".

Muitas das vezes, os propósitos da aquisição de participações próprias são internos. Como por exemplo, quando um "quotista ou grupo de quotistas leva a sociedade a adquirir quotas próprias para contrabalançar o poder de voto doutro grupo (por exemplo, disputas quanto à gerência da sociedade) ou quando se pretende aumentar os lucros futuros de todos os sócios que se mantenham na sociedade, afastando em altura apropriada alguns outros.

Também é possível adquirir quotas próprias para facilitar a liquidação da sociedade ou a sua transformação", Raúl Ventura *in* "Sociedades por Quotas", vol. I, p. 432.

Raúl Ventura, *ob. cit.*, p. 433, refere ainda que a aquisição de quotas próprias é oferecida pelo CSC "em alternativa com outras operações (…): art. 225.º, n.º 2 (quota não transmitida para os sucessores do sócio falecido); art. 226.º, n.º 2 (amortização obrigatória, por falecimento do sócio); art. 231.º, n.º 1 (recusa de consentimento de cessão de quota); art. 240.º, n.º 3 (exoneração do sócio)".

Cfr. António Ferrer Correia/Vasco Lobo Xavier/Maria Ângela Coelho/António Caeiro *in* "Sociedade por quotas …", pp. 198 e 199.

VII. As disposições que regulam a aquisição e detenção de quotas próprias são imperativas. Cfr. Raúl Ventura *in* "Sociedades por Quotas", vol. I, p. 435.

Esta imperatividade não impede, como é natural, que o contrato de sociedade proíba pura e simplesmente a aquisição de quotas próprias. Com efeito, "estão em causa interesses dos sócios; os terceiros, neste campo, talvez tivessem interesse em que a lei proibisse tal aquisição e aquela cláusula em vez de os prejudicar só pode reverter em benefício dos seus interesses", Raúl Ventura *in* "Sociedades por Quotas", vol. I, pp. 434 e 435. Neste mesmo sentido, Menezes Cordeiro *in* "Manual de Direito das Sociedades", II, p. 341.

Aliás, tal possibilidade resulta do art. 317.º, n.º 1, cuja aplicação analógica às quotas próprias é sustentada, como veremos infra, por Paulo Olavo da Cunha *in* "Direito das Sociedades…", p. 366.

Se o contrato contiver cláusulas que manifestem "a vontade do sócio se obrigar a vender, de a sociedade se obrigar a comprar ou as duas coisas, coincide com o conteúdo do contrato-promessa definido no art. 410.º C.C.", Raúl Ventura *in* "Sociedades por Quotas", vol. I, p. 436.

No entanto, este autor, *ob. cit.*, pp. 436 e 437, acaba por concluir que não estamos perante um verdadeiro contrato-promessa, pelo que as consequências do

Título III – Sociedades por quotas   193

incumprimento "serão as que resultarem da lei ou do contrato, conforme o fim visado pela aquisição, e não as consequências normais do incumprimento dum contrato-promessa de compra e venda".

VIII. As aquisições de quotas próprias que violem o disposto no art. 204.º são nulas (**n.º 3**).

Esta nulidade "não se compadece com o apuramento dos requisitos *só* no momento do pagamento da contrapartida, se este não coincidir com o do acto de aquisição. A nulidade infirma o acto, sem se poder esperar pelo que aconteça tempo depois", RAÚL VENTURA *in* "Sociedades por Quotas", vol. I, p. 452.

Conforme consta do Ac. da RE, de 09.12.04 *in* www.dgsi.pt (Proc. n.º 2058/ /04-3), para invocar esta nulidade é necessário alegar e provar:

"*a*) Que existiu uma aquisição de quota por parte da própria sociedade, por determinado preço;

b) Que sejam indicadas as reservas que existiam no momento da aquisição;

c) O valor das reservas livres da sociedade no momento da aquisição".

A declaração de nulidade implica que o negócio correspondente não se possa converter num contrato-promessa, uma vez que manteria um objecto legalmente impossível (Ac. do STJ, de 15.03.94 *in* www.dgsi.pt (Proc. n.º 084605). Já MENEZES CORDEIRO *in* "Manual de Direito das Sociedades", II, p. 342, não vê dificuldade "em construir um contrato-promessa de aquisição de quotas próprias ou, até, uma aquisição definitiva, sujeitos à condição suspensiva de verificação dos requisitos legais".

IX. O artigo 324.º (relativo às acções próprias) é aplicável às quotas próprias (**n.º 4**).

Antes de mais, convém ter presente que o regime das acções próprias (previsto nos arts. 316.º a 325.º-B) é mais restritivo do que o regime das quotas próprias. De facto, se compararmos, por exemplo, os limites e pressupostos fixados para a aquisição e posse de cada uma daquelas participações sociais, chegamos à conclusão que o regime das quotas próprias é mais permissivo.

A este propósito note-se, por exemplo, que "a lei não estabelece limites quanto ao montante de quotas próprias que a sociedade pode adquirir e deter. É, pois, possível chegar-se ao extremo de todas as quotas pertencerem à sociedade – teremos então uma "sociedade de ninguém" (...). Que não deverá manter-se duradouramente (qualquer sociedade supõe um substrato pessoal, composto ao menos por um sócio), sendo passível de dissolução se o substrato pessoal não for reconstituído (cfr. o art.142.º, 1, a))", COUTINHO DE ABREU *in* "Curso de Direito...", II, p. 395.

Conforme dispõe o n.º 1, do art. 324.º, enquanto as acções pertencerem à sociedade, devem:

a) Considerar-se suspensos todos os direitos inerentes às acções, excepto o de o seu titular receber novas acções no caso de aumento de capital por incorporação de reservas

A aquisição de quotas próprias, ao contrário da amortização, não implica a extinção da quota, outrossim a sua suspensão.

A suspensão dos direitos inerentes às quotas próprias tem por base a dificuldade em conceber que uma sociedade detenha uma participação em si própria, "a estranheza quanto ao exercício do direito de voto pela sociedade nas suas próprias deliberações ou quanto à confusão entre direitos e obrigações da sociedade, constituem manifestações de pormenor daquela dificuldade básica", RAÚL VENTURA *in* "Sociedades por Quotas", vol. I, p. 454.

Segundo MENEZES CORDEIRO *in* "Manual de Direito das Sociedades", II, p. 342, durante "a suspensão de direitos não são, designadamente, dispensados lucros nem exercido o voto".

Quanto ao direito ao dividendo, veja-se RAÚL VENTURA *in* "Sociedades por Quotas", vol. I, pp. 455 e 456.

Fica excluído do âmbito da suspensão, o direito de receber novas quotas no caso de aumento de capital por incorporação de reservas. Tenhamos presente que, nos termos do art. 92.º, n.º 2, as quotas próprias participam nesta modalidade de aumento de capital.

Esta excepção "tem o intuito prático de não reduzir o valor da participação da sociedade em si mesma, como sucederia se as novas acções deixassem de lhe ser atribuídas", RAÚL VENTURA *in* "Sociedades por Quotas", vol. I, p. 456.

O regime do aumento de capital por incorporação nas reservas está previsto nos arts. 91.º a 93.º.

Para RAÚL VENTURA *in* "Sociedades por Quotas", vol. I, p. 457, a suspensão não é aplicável "a direitos de crédito adquiridos pela sociedade juntamente com as quotas, mas já autonomizados e relativamente aos quais o accionista se comporta como qualquer terceiro".

No que diz respeito às obrigações inerentes às quotas próprias, RAÚL VENTURA, *loc. cit.*, entende que as mesmas devem, igualmente, ser consideradas suspensas;

b) Tornar-se indisponível uma reserva de montante igual àquele por que elas estejam contabilizadas

Esta reserva "não tem necessariamente montante igual à contrapartida da aquisição das acções ou quotas e que, portanto, pode ser inferior à reserva requerida pelo art. 220.º, n.º 2, parte final, como requisito da aquisição. A reserva permanente só será necessária se a quota própria for contabilizada no activo e o seu montante deve ser igual àquele por que a quota for contabilizada", RAÚL VENTURA *in* "Sociedades por Quotas", vol. I, p. 458.

De acordo com o n.º 2, do art. 324.º, no relatório anual do conselho de administração ou do conselho de administração executivo devem ser claramente indicados:

a) O número de acções próprias adquiridas durante o exercício, os motivos das aquisições efectuadas e os desembolsos da sociedade;

b) O número de acções próprias alienadas durante o exercício, os motivos das alienações efectuadas e os embolsos da sociedade;

c) O número de acções próprias da sociedade por ela detidas no fim do exercício.

Quanto ao relatório de gestão, cfr., ainda, os arts. 65.° e ss..

X. Apesar de o **n.° 4** não se referir ao art. 316.°, RAÚL VENTURA *in* "Sociedades por Quotas", vol. I, p. 437 e COUTINHO DE ABREU *in* "Curso de Direito...", II, p. 394, consideram que esta norma é aplicável às quotas próprias.

Nos termos do n.° 1, do art. 316.°, uma sociedade não pode subscrever e, por outra causa, só pode adquirir e deter acções próprias nos casos e nas condições previstos na lei.

Por outro lado não pode encarregar outrem de, em nome deste, mas por conta da sociedade, subscrever ou adquirir acções dela própria, sob pena de:

– as acções pertencerem para todos os efeitos, incluindo a obrigação de as liberar, à pessoa que as subscreveu ou adquiriu (art. 316.°, n.os 2 e 3);

– serem nulos os actos praticados com vista a essa aquisição, excepto em execução de crédito e se o devedor não tiver outros bens suficientes (art. 316.°, n.os 2 e 6).

Nos termos do n.° 5, do art. 316.°, os gerentes intervenientes nestas operações proibidas são pessoal e solidariamente responsáveis pela liberação das acções.

Por fim, refira-se, ainda, que a sociedade não pode renunciar ao reembolso das importâncias que tenha adiantado a alguém para subscrever ou adquirir acções próprias, nos termos do n.° 2, do art. 316.°, nem deixar de proceder com toda a diligência para que tal reembolso se efective (art. 316.°, n.° 4).

Com base na excepcionalidade da detenção de participações próprias, PAULO OLAVO DA CUNHA *in* "Direito das Sociedades...", p. 366, defende, embora com reservas, a aplicação analógica do art. 317.° às quotas próprias.

Por via de regra, uma sociedade não pode adquirir e deter acções próprias representativas de mais de 10% do seu capital (art. 317.°, n.° 2).

Todavia, nos termos do n.° 3, do art. 317.°, a aquisição de acções próprias pode ultrapassar esta percentagem se:

a) A aquisição resulte do cumprimento pela sociedade de disposições da lei;

b) A aquisição vise executar uma deliberação de redução de capital;

c) For adquirido um património, a título universal;

d) A aquisição seja feita a título gratuito;

e) A aquisição seja feita em processo executivo para cobrança de dívidas de terceiros ou por transacção em acção declarativa proposta para o mesmo fim;

f) A aquisição decorra de processo estabelecido na lei ou no contrato de sociedade para a falta de liberação de acções pelos seus subscritores.

A aquisição de acções próprias deve ter como contrapartida bens que, nos termos dos artigos 32.º e 33.º, possam ser distribuídos aos sócios, devendo o valor dos bens distribuíveis ser, pelo menos, igual ao dobro do valor a pagar por elas (art. 317.º, n.º 4).

XI. Conforme resulta da leitura conjugada dos n.os 1 e 2, do art. 487.º, uma sociedade não pode adquirir quotas das sociedades que a dominem, sob pena de nulidade.

Esta proibição não se aplica às aquisições a título gratuito, por adjudicação em acção executiva movida contra devedores ou em partilha de sociedades de que seja sócia.

XII. O gerente de sociedade que, em violação da lei, subscrever ou adquirir para a sociedade quotas próprias desta, ou encarregar outrem de as subscrever ou adquirir por conta da sociedade, ainda que em nome próprio, ou por qualquer título facultar fundos ou prestar garantias da sociedade para que outrem subscreva ou adquira quotas ou acções representativas do seu capital, é punido com multa até 120 dias (art. 510.º, n.º 1).

JURISPRUDÊNCIA:

I – Na sociedade por quotas havendo um capital que se acha dividido em quotas que são uma fracção do capital da sociedade pela qual se afere a medida dos direitos e obrigações de cada um dos sócios, existe também uma característica que é a de os sócios, em principio (salvo o estipulado no art. 198.º do CSC), não responderem perante os credores sociais, com as suas respectivas quotas sociais.

II – Os sócios poderão responder para com os credores sociais até determinado montante, em termos solidários ou subsidiários, se isso for estipulado no contrato, como resulta do n.º 1 do art. 198.º do CSC.

III – Contudo do art. 197.º, n.º 3 resulta expressamente que "só o património social responde para com os credores pelas dívidas da sociedade, salvo o disposto no art. seguinte (que aqui não está em causa)".

IV – Aceitar que pudessem ser nomeadas em penhora todas as quotas sociais da sociedade, ou seja, todo o seu capital social, corresponderia na prática a reconhecer que a sociedade executada não tem qualquer outro valor patrimonial e então ficaria em situação de insolvência, já que a lei não prevê para esta situação mecanismos de possibilidade de aquisição de quotas próprias e de amortização pela sociedade, fora do disposto nos arts. 220.º e 233.º do CSC.

Ac. da RP, de 03.11.05 *in* www.dgsi.pt (Proc. n.º 0535673)

Título III – Sociedades por quotas 197

I a IV – (...)
V – Para ser invocada a nulidade da aquisição por uma sociedade de quota própria, com violação do artigo 220.° do Código das Sociedades Comerciais, necessário é alegar e provar:
A – Que existiu uma aquisição de quota por parte da própria sociedade, por determinado preço;
B – Que sejam indicadas as reservas que existiam no momento da aqui-sição;
C – O valor das reservas livres da sociedade no momento da aquisição.
Ac. da RE, de 09.12.04 *in* www.dgsi.pt (Proc. n.° 2058/04-3)

Estando feridas de nulidade as aquisições de quotas próprias de uma so-ciedade por quotas em desobediência ao preceituado no artigo 220 do Código das Sociedades Comerciais, tem objecto legalmente impossível um contrato--promessa que vise a uma cessão de quotas em desobediência ao mesmo preceito legal.
Ac. do STJ, de 15.03.94 *in* www.dgsi.pt (Proc. n.° 084605) e CJ, Ano II, Tomo I, p. 155

I – É o momento de aquisição da quota que deve ser considerado para o efeito de se saber se, então, a sociedade dispunha de quantia suficiente para aqui-sição de quota própria, sem afectar o capital social.
II – A simples dificuldade de prova de um facto não altera a repartição do ónus da prova segundo as regras gerais ao caso aplicáveis.
Ac. da RP, de 08.03.90 *in* www.dgsi.pt (Proc. n.° 0224480)

ARTIGO 221.° – **(Divisão de quotas)**
1 – Uma quota só pode ser dividida mediante amortização par-cial, transmissão parcelada ou parcial, partilha ou divisão entre con-titulares, devendo cada uma das quotas resultantes da divisão ter um valor nominal de harmonia com o disposto no artigo 219.°, n.° 3.
2 – Os actos que importem divisão de quota devem ser reduzidos a escrito.
3 – O contrato pode proibir a divisão de quotas, contanto que da proibição não resulte impedimento à partilha ou divisão entre conti-tulares por período superior a cinco anos.
4 – No caso de divisão mediante transmissão parcelada ou parcial e salvo disposição diversa do contrato de sociedade, a divisão de quo-tas não produz efeitos para com a sociedade enquanto esta não pres-

tar o seu consentimento; no caso de cessão de parte de quota, o consentimento reporta-se simultaneamente à cessão e à divisão.

5 – É aplicável à divisão o disposto na parte final do n.° 2 do artigo 228.°

6 – O consentimento para a divisão deve ser dado por deliberação dos sócios.

7 – Se o contrato de sociedade for alterado no sentido de a divisão ser excluída ou dificultada, a alteração só é eficaz com o consentimento de todos os sócios por ela afectados.

8 – A quota pode também ser dividida mediante deliberação da sociedade, tomada nos termos do artigo 204.°, n.° 2.

NOTAS:

I. Anteprojectos: FERRER CORREIA (art. 45.°); VAZ SERRA (art. 36.°) e RAÚL VENTURA (art. 9.°).

Cfr. ANTÓNIO FERRER CORREIA/VASCO LOBO XAVIER/MARIA ÂNGELA COELHO/ANTÓNIO CAEIRO *in* "Sociedade por quotas ...", pp. 199 e 201.

II. O n.° 2, que havia sido alterado pelo art. 1.°, do DL n.° 237/2001, de 30 de Agosto, tem a redacção introduzida pelo DL n.° 76-A/2006, de 29 de Março.

III. Ao contrário das acções, cuja indivisibilidade está expressamente prevista no n.° 4, do art. 276.°, as quotas são divisíveis.

Esta divisibilidade tem como objectivo permitir que o sócio possa alienar parcialmente a sua quota ou fazer cessar uma situação de indivisão.

De forma a respeitar as linhas normativas em que assenta o sistema da quota única (para maiores desenvolvimentos acerca do sistema adoptado entre nós, cfr. anotação ao art. 219.°), o legislador optou por introduzir algumas limitações à divisão.

Conforme sublinha RAÚL VENTURA *in* "Sociedades por Quotas", vol. I, p. 464, "se não o fizesse, de pouco serviria o sistema da quota única inicial ou permanente e, por outro lado, estaria aberto o caminho à negociabilidade das quotas, considerada pelo legislador característica das participações em puras sociedades de capitais e, portanto, contrário ao carácter pessoal que, em certa medida, se pretendeu manter nas sociedade por quotas".

Para MENEZES CORDEIRO *in* "Manual de Direito das Sociedades", II, p. 324, "a divisão de quotas não altera a quota inicial. Não podem, só por aí, surgir mais direitos e obrigações do que os inicialmente existentes. As novas quotas, com esta ressalva, não são idênticas à quota donde provenham".

RAÚL VENTURA *in* "Sociedades por Quotas", vol. I, p. 465, considera ainda que a orientação do artigo em anotação consiste "em evitar a divisão da quota sem mudança do seu titular e em deixar ao critério da sociedade o número de quotas".

Como vimos na anotação ao art. 219.°, podemos distinguir a quota de capital e a quota de participação. A divisão da quota abrange ambas as quotas.

Segundo o entendimento de RAÚL VENTURA *in* "Sociedades por Quotas", vol. I, pp. 466 e 467, a divisão "não é um acto jurídico autónomo (...). A quota é um *efeito* da transmissão parcial ou parcelada ou de um acto de partilha ou divisão entre contitulares".

IV. A divisão de quota obedece a um regime próprio previsto, essencialmente, no artigo em anotação.

O legislador estipulou expressamente os factos jurídicos que podem determinar a divisão.

Assim, uma quota só pode ser dividida mediante:

*a) Amortização parcial (**n.° 1**)*

A Amortização parcial está prevista no art. 233.°, n.° 5.

Note-se que, nos casos de contitularidade da quota, se se verificar, em relação a um dos contitulares, facto que constitua fundamento de amortização pela sociedade, podem os sócios deliberar que a quota seja dividida, em conformidade com o título donde tenha resultado a contitularidade, desde que o valor nominal das quotas, depois da divisão, não seja inferior a € 50 (art. 238.°, n.° 1).

Na perspectiva de RAÚL VENTURA *in* "Sociedades por Quotas", vol. I, p. 478, "não há divisão de quota nas hipóteses previstas no art. 237.°, n.ºs 1 e 3, as quais respeitam a quotas amortizadas e, portanto, extintas, mas há divisão no caso prescrito no art. 238.°".

Este autor, *ob. cit.*, p. 473, entende que se a amortização, parcial ou total, for efectuada por deliberação dos sócios, "é esta deliberação o acto que tem por efeito a divisão da quota".

*b) Transmissão parcelada ou parcial (**n.° 1**)*

A transmissão parcelada consiste na "hipótese de a quota ser fraccionada em várias quotas, todas elas objecto de transmissão e, portanto, havendo substituição integral de titular. *Transmissão parcial* designa a hipótese de uma parte da quota manter-se na titularidade então existente e só parte ou partes destacadas da quota serem objecto de transmissão", RAÚL VENTURA *in* "Sociedades por Quotas", vol. I, pp. 473 e 474.

A transmissão aqui em causa, tanto pode ser *mortis causa* como *inter vivos*.

Exemplo típico de transmissão parcial é a cessão de uma parte da quota, *v. g.*, o sócio A, que tem uma quota de 80%, decide ceder 20% dessa quota.

RAÚL VENTURA *in* "Sociedades por Quotas", vol. I, p. 476, salienta que o artigo em anotação "não se aplica à transmissão isolada de direitos que fazem parte da quota, na medida em que tais direitos seja destacáveis e transmissíveis; por exemplo, não pode considerar-se divisão da quota a transmissão isolada do direito aos dividendos ou à respectiva quota de liquidação. Nesses casos nem se extinguiu a posição de sócio do transmitente do direito nem se criou nova posição de sócio".

Quanto à questão de saber se as quotas que resultam da divisão se identificam com a quota existente anteriormente, cfr. RAÚL VENTURA *in* "Sociedades por Quotas", vol. I, p. 487.

*c) Partilha ou divisão entre contitulares (**n.° 1**)*

Este caso, tem subjacente a ideia de que não seria aceitável limitar a divisão apenas às situações de contitularidade decorrentes da morte de um sócio. Com efeito, "ninguém pode ser forçado a permanecer na indivisão, para além dos limites fixados na lei (Cód. Civ., art. 1 412.°)", ANTÓNIO FERRER CORREIA/VASCO LOBO XAVIER/MARIA ÂNGELA COELHO/ANTÓNIO CAEIRO *in* "Sociedade por quotas ...", p. 200.

A contitularidade da quota está regulada nos arts. 222.° a 224.°.

Na opinião de RAÚL VENTURA *in* "Sociedades por Quotas", vol. I, p. 475, a "constituição de contitularidade sobre uma quota até então pertencente a uma só pessoa, quer o anterior proprietário da quota se mantenha como um dos seus contitulares quer nenhum direito, mesmo conjunto, conserve relativamente a tal quota, não é qualificável como divisão de quota".

De igual forma, não é divisão da quota a alienação por um dos contitulares do seu direito como contitular.

*d) Deliberação da sociedade, tomada nos termos do art. 204.°, n.° 2 (**n.° 8**)*

O art. 204.°, n.° 2, prevê algumas das consequências do não cumprimento da obrigação de entrada.

A deliberação aqui em causa tem como objecto a limitação da perda à parte da quota do sócio remisso correspondente à prestação não efectuada, sendo a outra parte da quota vendida.

De acordo com o entendimento de RAÚL VENTURA *in* "Sociedades por Quotas", vol. I, p. 477, o **n.° 8** "deveria dizer também «205.°, n.° 2». (...) trata-se de hipóteses em que o sócio não cumpriu a obrigação de entrada e a sociedade pode dispor da quota, admitindo-se: "*a*) que a quota seja dividida proporcionalmente às dos restantes sócios, vendendo-se a cada um deles a parte que assim lhe competir; *b*) que a quota seja vendida, após divisão não proporcional às restantes quotas, a todos, ou alguns sócios; *c*) que em lugar da venda integral da quota, se proceda à sua divisão, para o efeito de lhe ser de novo atribuída a parte da quota correspondente ao montante já prestado, sendo a outra parte vendida".

RAÚL VENTURA *in* "Sociedades por Quotas", vol. I, pp. 477 e 478, refere que existe também divisão de quota "nos casos em que a lei atribua o direito de aquisição da quota a uma pluralidade dos outros sócios, como no art. 231.°, n.° 4.

Estes outros casos previstos na lei não fogem ao princípio fundamental da divisão: uma mudança absoluta ou relativa de titular, como efeito de um facto previsto na lei".

A divisão de quotas que não resulte de amortização parcial, transmissão parcelada ou parcial, partilha ou divisão entre contitulares ou deliberação da sociedade, tomada nos termos do art. 204.°, n.° 2 é nula, por violação de norma imperativa, nos termos do art. 56.°, n.° 1, al. d).

No entendimento de RAÚL VENTURA *in* "Sociedades por Quotas", vol. I, p. 487, é "nula, por violação do art. 221.°, n.ºs 1 e 8 a deliberação da sociedade que divida a quota e não se enquadre no art. 204.°, n.° 2, (e 205.°, n.° 2) para a qual remete aquele n.° 8, ou 238.°, n.° 1".

V. Se uma quota for subscrita parcialmente em dinheiro e parcialmente noutros bens ou não estiver totalmente liberada "não há, em princípio, possibilidade de dividir a quota em partes, segundo algum daqueles critérios, e transmitir isoladamente uma delas. A divisão não é anterior á transmissão, antes é um efeito dela, não podendo, portanto, ser separadas quotas pagas e não pagas, ou parte subscrita em dinheiro e parte subscrita noutros bens para as tornar objecto de transmissão", RAÚL VENTURA *in* "Sociedades por Quotas", vol. I, p. 476.

O mesmo autor, *ob. cit.* p. 477, considera que o "sócio não pode dividir a quota em duas ou mais quotas para sobre alguma ou algumas delas fazer incidir penhor ou penhora; mais uma vez actua a regra fundamental da divisão como efeito da transmissão e, não efectuando o penhor ou a penhora, em si mesmos, uma transmissão, não produzem o efeito divisório".

VI. Um dos requisitos de validade exigidos para a divisão da quota impõe que as quotas daí resultantes passem a ter valor nominal mínimo de € 100 (cfr., conjugadamente, a parte final do **n.° 1** e o art. 219.°, n.° 3).

Esta regra não prejudica a aplicação de outras disposições especiais que, para certas divisões de quotas, admitem valores nominais inferiores a € 100, *v.g.*, o art. 204.°, n.° 3 e art. 238.°, n.° 1 (em ambos os casos, o valor nominal mínimo é € 50).

VII. No caso de quota não liberada, a respectiva obrigação de entrada transmite-se para o cessionário, quer tratando-se de transmissão unitária, quer tratando-se de transmissão parcelar ou parcial.

Importa, ainda, apurar se o transmitente da quota, antes de esta ser dividida, é responsável pelas entradas em dívida relativamente a cada uma das quotas divididas. A este propósito, RAÚL VENTURA *in* "Sociedades por Quotas", vol. I, p. 490, faz saber que "o art. 206 prescreve a responsabilidade solidária do sócio excluído e dos anteriores titulares da mesma quota, estes dentro do prazo de prescrição estabelecido no art. 174.°. O titular da quota unitária, transmitida por ele ou por um posterior cessionário, parcelada ou parcialmente, é anterior titular da quota, dada a ligação entre as quotas".

Em relação às obrigações acessórias, este autor, *ob. cit.*, p. 491, refere que se as mesmas forem divisíveis, não existe motivo para não as dividir no caso concreto, conforme os montantes das novas quotas. "Se a obrigação acessória não é divisível, ficará cada um dos titulares da nova quota obrigado a ela por inteiro".

Quanto à questão de saber se as quotas, objecto da divisão, mantêm a identificação com a quota dividida, cfr. RAÚL VENTURA *in* "Sociedades por Quotas", vol. I, pp. 487 e ss..

VIII. Os actos que importem divisão da quota devem ser reduzidos a escrito (**n.º 2**).

A redacção deste número foi introduzida pelo DL n.º 76-A/2006, reflectindo a preocupação do legislador na simplificação dos actos relativos às sociedades.

ARMANDO MANUEL TRIUNFANTE *in* "Código das Sociedades ...", p. 216, aponta outro fundamento para esta simplificação formal. Segundo este autor, *loc. cit.*, "Trata-se da possibilidade de ficar englobado pela referência efectuada pelo art. 4.º-A CSC que permite a substituição do referido documento por qualquer outro suporte desde que asseguradas idênticas inteligibilidade, durabilidade e autenticidade".

Na sua versão inicial, o CSC exigia que os actos que importassem divisão de quota constassem de escritura pública.

Com a alteração introduzida pelo DL n.º 237/2001, a partilha e a divisão entre contitulares passou a poder constar de documento particular.

A divisão está sujeita a registo nos termos da al. c), do n.º 1, do art. 3.º, do CRC.

IX. O contrato pode proibir a divisão de quotas (**n.º 3**, 1.ª parte). Por contrato de sociedade entende-se não só o contrato originário, como também as alterações de que o mesmo seja objecto (cfr., quanto à alteração do contrato, o requisito exigido pelo **n.º 7**).

A admissibilidade da divisão de quotas tem na sua origem a satisfação de interesses dos sócios. Compreende-se, assim, que seja facultada aos sócios a possibilidade de, pura e simplesmente, proibir a divisão.

"Tanto pode ser uma proibição absoluta para todas as quotas, como uma ou várias proibições relativas; quanto a certas quotas, quanto a certo tempo, quanto a certos adquirentes, quanto a certas espécies de transmissão, etc", RAÚL VENTURA *in* "Sociedades por Quotas", vol. I, p. 468.

A proibição pode respeitar à divisão resultante de amortização parcial, transmissão parcelada ou parcial, partilha ou divisão entre contitulares (cfr. parte final do **n.º 3**, *a contrario sensu*).

Título III – Sociedades por quotas 203

A proibição não pode implicar um impedimento à partilha ou divisão entre contitulares por período superior a 5 anos (parte final, do **n.º 3**).

Estamos perante "um compromisso entre o interesse da sociedade em não deixar dividir a quota e o interesse dos contitulares em fazer terminar o estado de indivisão; o primeiro prevalece durante cinco anos, findos os quais passa a atender-se ao interesse dos contitulares", RAÚL VENTURA *in* "Sociedades por Quotas", vol. I, p. 468.

Se a cláusula de proibição impedir a partilha ou a divisão entre contitulares por período superior a 5 anos, "a proibição reduz-se a cinco anos a contar da data em que a contitularidade se formou", RAÚL VENTURA, *loc. cit.*.

Paralelamente, nos termos do art. 1412.º, do CC, nenhum dos comproprietários é obrigado a permanecer na indivisão, salvo quando se houver convencionado que a coisa se conserva indivisa. Neste caso, o prazo convencionado para a indivisão não pode exceder 5 anos.

A proibição contratual de cessão *parcial* de quota "constitui uma das formas possíveis de exprimir a proibição da *divisão*", RAÚL VENTURA *in* "Sociedades por Quotas", vol. I, p. 469.

RAÚL VENTURA *in* "Sociedades por Quotas", vol. I, p. 469, aponta, ainda, outras cláusulas que indirectamente produzem a indivisibilidade de todas ou algumas quotas. Como por exemplo, as que estipulam um montante mínimo para cada quota ou a igualdade de montantes de todas as quotas, as que fixam um número máximo de sócios (entendidos estes como titulares singulares e não como contitulares) ou de quotas.

Para este autor, *ob. cit.*, p. 471, a recusa de consentimento produz, na prática, uma indivisão forçada, que para os interessados tem um efeito prático idêntico ao da proibição. "Assim, deverá entender-se que, também por meio de recusa de consentimento, a sociedade não poderá impedir por mais de cinco anos a partilha da quota entre contitulares".

Segundo este mesmo autor, *ob. cit.*, p. 487, é nulo "o acto (embora admitido, em princípio no art. 221.º, n.º 1) mediante o qual a divisão se efectuasse no caso de o contrato proibir a divisão, nos termos permitidos pelo art. 221.º, n.º 3".

X. A alteração do contrato de sociedade que exclua ou dificulte a divisão só é eficaz com o consentimento de todos os sócios por ela afectados (**n.º 7**).

Esta norma demonstra que a divisão da quota é encarada como uma vantagem do sócio que não lhe pode ser retirada total ou parcialmente, sem o seu consentimento.

Como vimos, no contrato originário (ou inicial) todos os sócios podem admitir a proibição de divisão de quotas, bem como estipular um regime que dificulte a divisão, conduzindo à sua proibição em determinadas situações.

No caso de alteração contratual que permita divisões anteriormente proibidas ou que reduza o grau de dificuldade anteriormente estipulado, "a lei dispensa o consentimento dos sócios, que assim considera beneficiados. No caso contrário, isto é, quando a alteração exclui ou dificulta divisões, a lei exige o consentimento de todos os sócios por ela afectados", RAÚL VENTURA *in* "Sociedades por Quotas", vol. I, p. 473.

A alteração do contrato que não cumpra este requisito é ineficaz, podendo tornar-se eficaz mediante consentimento posterior.

Ao contrário do disposto no **n.º 4** (que prevê a ineficácia para com a sociedade), o **n.º 7** refere apenas que a alteração não é eficaz sem o consentimento de todos os sócios por ela afectados.

Esta disposição "não diz que a alteração é ineficaz para os sócios que não a tenham consentido (…), havendo vários sócios afectados, a eficácia depende do consentimento de todos, não sendo fraccionável em função daqueles que tiverem dado o consentimento. Quanto aos sócios não afectados, a ineficácia resulta do disposto no art. 55.º", RAÚL VENTURA *in* "Sociedades por Quotas", vol. I, p. 473.

XI. A divisão de quotas resultante de transmissão parcelada ou parcial não produz efeitos para com a sociedade enquanto esta não prestar o seu consentimento (**n.º 4**, 1.ª parte).

Importa sublinhar que, o consentimento só é exigido para a transmissão. Por conseguinte, a amortização e a partilha ou divisão entre contitulares é livre.

Para RAÚL VENTURA *in* "Sociedades por Quotas", vol. I, p. 481, livre "é também, mas por força do disposto no art. 221.º, n.º 3, ao mandar aplicar a parte final do art. 228.º, n.º 2, a cessão parcial – ou melhor, a divisão resultante da cessão parcial – entre cônjuges, entre ascendentes e descendentes e entre sócios. Livre é ainda quando no facto determinante da divisão intervenha a própria sociedade, ou porque ela aliena ou porque ela adquira parte duma quota".

O consentimento pode ser "tácito ou implícito, como é o caso do consentimento dado para a cessão de parte de uma quota (art. 221.º, n.º 4, *"in fine"*)", PEREIRA DE ALMEIDA *in* "Sociedades Comerciais", p. 247.

Ao invés do consentimento da cessão (art. 230.º, n.º 1), o consentimento da divisão pode ser condicionado.

A 1.ª parte, do **n.º 4**, é uma norma dispositiva. Com efeito e conforme resulta expressamente do **n.º 4**, o contrato de sociedade pode estipular que a eficácia da divisão resultante de transmissão parcelada ou parcial não dependa do consentimento da sociedade. Por contrato de sociedade entende-se não só o contrato originário, mas também as respectivas alterações contratuais.

O âmbito da dispensa de consentimento, não sendo fixado por lei, "pode abranger todas as quotas, algumas quotas, algumas divisões de todas ou algumas quotas.

A dispensa do consentimento da cessão não implica dispensa do consentimento da divisão, pois os interesses a considerar em cada um dos casos são diferentes", RAÚL VENTURA *in* "Sociedades por Quotas", vol. I, p. 481.

PEREIRA DE ALMEIDA *in* "Sociedades Comerciais", p. 248, faz saber que para consentir antecipadamente a divisão, o contrato de sociedade deve indicar "todos os elementos individualizadores".

Este mesmo autor, *loc. cit.*, salienta, ainda, que "o consentimento pode ser dado posteriormente, uma vez que a sua falta não determina a invalidade, mas a simples ineficácia perante a sociedade (art. 221.°, n.° 4)". Cfr., neste mesmo sentido, RAÚL VENTURA *in* "Sociedades por Quotas", vol. I, p. 484.

A lei não estabelece qualquer prazo de caducidade para o consentimento concedido, pelo que "pode medear qualquer tempo entre o consentimento da divisão e o acto produtor do efeito divisório", RAÚL VENTURA *in* "Sociedades por Quotas", vol. I, p. 484.

Por outro lado, a alteração "da individualidade dos sócios que deliberaram o consentimento não influencia automaticamente o consentimento dado, por meio de uma deliberação que, para os novos sócios, tem natureza idêntica a qualquer deliberação anterior à sua entrada na sociedade. A alteração das circunstâncias quanto à repartição do capital social também não deve reflectir-se sobre o consentimento dado", RAÚL VENTURA *in* "Sociedades por Quotas", vol. I, p. 484.

Ao contrário do que se verifica em relação ao pedido de consentimento da cessão (art. 230.°), o CSC não definiu o processo de consentimento da divisão.

Assim, é "de aceitar o pedido meramente verbal; o pedido deverá indicar os elementos essenciais para o consentimento poder ser dado, nomeadamente aqueles que hão-de constar do consentimento, se este chegar a ser concedido: valores nominais das quotas resultantes da divisão e identificação das pessoas a quem estas ficam pertencendo. O pedido será encaminhado para o órgão competente para conhecer dele, mas não há qualquer prazo legal para este lhe ser apresentado ou para o dito órgão se pronunciar. Nota-se a falta de preceito semelhante ao do art. 230.°, n.° 4; o silêncio da sociedade não é equiparado por lei a consentimento", RAÚL VENTURA *in* "Sociedades por Quotas", vol. I, p. 482.

Conforme resulta do **n.° 4**, a sanção prevista para a divisão da quota sem consentimento é a ineficácia da mesma para com a sociedade.

XII. A cessão de quotas pode, por força da lei (art. 228.°, n.° 2) ou do contrato, depender de consentimento da sociedade. Neste caso, verifica-se uma cumulação de consentimentos. Prevendo esta situação a parte final, do **n.° 4**, estipula que, no caso de cessão de parte de quota, o consentimento reporta-se simultaneamente à cessão e à divisão, pelo que não é necessário emitir dois consentimentos.

RAÚL VENTURA *in* "Sociedades por Quotas", vol. I, p. 486, entende que "a recusa é também unitária, pois é logicamente impossível que a sociedade consinta a cessão mas recuse consentir a divisão, bem como que consinta a divisão mas recuse consentimento à cessão".

206 Regime Jurídico das Sociedades por Quotas

No caso de cessão de quotas entre cônjuges, entre ascendentes e descendente ou entre sócios, o consentimento para a divisão daí resultante não é exigido (cfr. art. 228.º, n.º 2, parte final *ex vi* **n.º 5**).

Refira-se, no entanto, que a divisão deve ser comunicada à sociedade por escrito ou por ela reconhecida, expressa ou tacitamente (art. 228.º, n.º 3). Cfr. MENEZES CORDEIRO *in* "Manual de Direito das Sociedades", II, p. 323.

XIII. O consentimento para a divisão deve ser dado por deliberação dos sócios (**n.º 6**).

Esta deliberação pode ser tomada:

a) em qualquer uma das modalidades previstas no art. 247.º;

b) por maioria simples dos votos emitidos, nos termos do art. 250.º, n.º 3, uma vez que não constitui uma alteração do contrato de sociedade (não sendo, assim, aplicável o art. 265.º).

Em princípio, o sócio interessado na divisão não está impedido de votar a deliberação de consentimento. De facto, esta não está incluída no elenco das situações de conflito de interesses.

Note-se, todavia, que não sendo aquele elenco taxativo. Assim, se, no caso concreto e ponderadas todas as circunstâncias, pudermos concluir que o sócio, interessado na divisão, encontra-se em situação de conflito de interesses com a sociedade, o mesmo não poderá votar.

Na perspectiva de PEREIRA DE ALMEIDA *in* "Sociedades Comerciais", p. 247, "o sócio interessado pode votar nessa deliberação, uma vez que não se trata de nenhuma das situações previstas no art. 251.º, n.º 1, nem análoga a elas, nem de conflitos entre o interesse do sócio da sociedade".

Na opinião de RAÚL VENTURA *in* "Sociedades por Quotas", vol. I, p. 483, fica excluída, por força do art. 251.º, n.º 1, al. c), a divisão de quota por perda parcial "prevista no art. 204.º, n.º 2, mas aí o sócio não pede consentimento para a quota ser dividida, nos termos simples das hipóteses normais; é um sócio remisso que pretende salvar da venda da quota pela sociedade uma parte dela correspondente ao montante já prestado".

JURISPRUDÊNCIA:

I – A quota de um sócio pode ser dividida mediante transmissão parcial e não é necessário o consentimento da sociedade quando a transmissão ocorra entre sócios, apenas devendo a divisão ser comunicada à sociedade por escrito ou tacitamente.

II – A divisão só tem eficácia perante a sociedade quando for registada.

III – Tendo uma sócia duma sociedade adquirido a outro sócio uma parte duma quota deste, que fez acrescer à sua, e tendo apresentado cópia da escritura desta transacção na assembleia geral convocada para o aumento de capital e con-

cessão de preferência aos sócios, não é motivo de destituição dos gerentes a não inclusão da sócia no aumento de capital por ela não usar do direito de preferência.
Ac. da RC, de 04.02.03 *in* CJ, Ano XXVII, Tomo I, p. 29

I – Os contitulares de quota que a tenham adquirido por sucessão mortis causa assumem a contitularidade de direitos reais sobre a mesma, podendo-se socorrer, por analogia, do regime da acção de divisão de coisa comum, no caso de não pretenderem permanecer na indivisão.
II – No caso da divisão derivar de partilha ou divisão entre os contitulares da quota, esta pode ser efectuada sem o consentimento da sociedade.
Ac. da RC, de 30.10.02 *in* CJ, Ano XXVII, Tomo IV, p. 28

I – Estabelecendo-se, por partilha de bens após divórcio, uma contitularidade dos ex-cônjuges sobre uma quota social, a sua posterior divisão e cessão entre ambos não está sujeita à exigência de consentimento da sociedade.
II – Nem dele necessitava também aquela partilha, por não ser um acto de transmissão, mas um negócio de natureza declarativa, com efeitos modificativos no objecto do direito.
III – Também dispensa tal consentimento a divisão, por cessão parcial, da quota que for feita a favor de filhos.
IV – Estas cessões, porém, só são eficazes em relação à sociedade se lhe forem comunicadas por escrito ou por ela reconhecidas, expressa ou tacitamente.
V – Só há reconhecimento tácito se a conduta em causa implicar uma atitude positiva quanto à validade ou legalidade do acto.
VI – Não valem como comunicação, para este efeito, os registos das transmissões, divisões e cessões.
Ac. do STJ, de 16.03.99 *in* www.dgsi.pt (Proc. n.° 98B766)

I – A quota de um sócio, ou parte dela, pode ser adjudicada em partilha subsequente ao divórcio desse sócio e seu cônjuge, a este último, sem consentimento da sociedade.
II – Um sócio pode dividir a sua quota e ceder parte dela a seu ex-cônjuge sem consentimento da sociedade.
III – Porém, estes actos só são eficazes perante a sociedade, se lhe forem comunicados, ou por ela reconhecidos.
IV – A constituição de usufruto sobre parte de uma quota a pessoa estranha à sociedade, necessita de ser autorizada por esta, e só produz efeitos perante ela, após lhe ter sido comunicada.
V – O nú-proprietário e o usufrutuário da mesma quota, devem ser considerados ambos como sócios, com poderes de intervenção consoante a natureza da deliberação para a qual se dirige a convocação a fazer.
Ac. da RL, de 13.10.95 *in* CJ, Ano XX, Tomo IV, p. 112

208 — Regime Jurídico das Sociedades por Quotas

A divisão ou cessão de quotas não constitui alteração do contrato que exija a maioria qualificada prevista no artigo 265.°, n.° 1 do Código das Sociedades Comerciais de 1986.

Ac. do STJ, de 01.02.95 *in* www.dgsi.pt (Proc. n.° 085839) e CJ, Ano III, Tomo I, p. 57

I – A divisão de quotas não altera a natureza da quota dividida dela não podendo resultar mais direitos e obrigações dos que constavam da quota original.

II – As quotas resultantes de uma divisão de quota não podem considerar-se como verdadeiramente novas e o seu valor não pode ser superior ao do valor original.

III – O adquirente de uma quota por cessão de alguém que é sócio há mais de três anos de uma sociedade tem direito a exigir deste as informações previstas no n.° 1 do artigo 214.° do Código das Sociedades Comerciais.

IV – A razão de ser do n.° 3 do artigo 231.° do citado Código está na protecção do sócio cedente e não na atribuição de qualquer valor especial à quota há mais de três anos na titularidade do sócio e baseia-se na ideia de que o interesse do sócio na realização do valor da quota apenas é atendível passado que seja um certo tempo após a sua entrada na sociedade.

Ac. da RL, de 08.10.92 *in* www.dgsi.pt (Proc. n.° 0042156)

I – Notório e apenas aquele facto sabido pela grande maioria das pessoas mediamente cultas de um grupo socio-politico organizado (Nação) artigo 514.° do Código de Processo Civil.

II – A divisão de quotas e a sua cessão são fenómenos intrasocietários que não tem, enquanto tal, projecção exterior.

Ac. do STJ, de 01.03.90 *in* www.dgsi.pt (Proc. n.° 079652)

I – Sendo arrendatária uma sociedade por quotas, a divisão de quotas e a cessão total das mesmas a terceiros não envolve cedência do gozo do locado ou trespasse, dado que tais fenómenos não se repercutem na sociedade que, por motivo da sua personalidade jurídica, se mantém idêntica.

II – Por isso, a sociedade não está vinculada a proceder à comunicação prevista no artigo 1038.°, alínea g) do Código Civil.

Ac. da RP, de 01.03.90 *in* www.dgsi.pt (Proc. n.° 0123027)

SECÇÃO II
Contitularidade da quota

ARTIGO 222.º – **(Direitos e obrigações inerentes a quota indivisa)**
1 – Os contitulares de quota devem exercer os direitos a ela inerentes através de representante comum.

2 – As comunicações e declarações da sociedade que interessem aos contitulares devem ser dirigidas ao representante comum e, na falta deste, a um dos contitulares.

3 – Os contitulares respondem solidariamente pelas obrigações legais ou contratuais inerentes à quota.

4 – Nos impedimentos do representante comum ou se este puder ser nomeado pelo tribunal, nos termos do artigo 223.º, n.º 3, mas ainda o não tiver sido, quando se apresenta mais de um titular para exercer o direito de voto e não haja acordo entre eles sobre o sentido de voto, prevalecerá a opinião da maioria dos contitulares presentes, desde que representem, pelo menos, metade do valor total da quota e para o caso não seja necessário o consentimento de todos os contitulares, nos termos do n.º 1 do artigo 224.º

NOTAS:

I. Anteprojectos: FERRER CORREIA (art. 46.º); VAZ SERRA (art. 61.º) e RAÚL VENTURA (art. 31.º).

Cfr. ANTÓNIO FERRER CORREIA/VASCO LOBO XAVIER/MARIA ÂNGELA COELHO/ANTÓNIO CAEIRO *in* "Sociedade por quotas ...", pp. 201 e 202.

II. O regime da contitularidade encontra-se regulado nos arts. 222.º a 224.º. Na opinião de PAIS DE VASCONCELOS *in* "A Participação Social ...", p. 358, este regime é aplicável por analogia às sociedades em nome colectivo.

Para uma análise crítica à arrumação sistemática adoptado, *vide* PAIS DE VASCONCELOS *in* "A Participação Social ...", pp. 358 e 359.

Para maiores desenvolvimentos sobre as múltiplas questões suscitadas ao abrigo do art. 9.º, da Lei de 1901 (que regulava esta matéria antes da entrada em vigor do CSC), veja-se MENEZES CORDEIRO *in* "Manual de Direito das Sociedades", II, pp. 326 e 327.

A contitularidade traduz-se na situação jurídica em que duas ou mais pessoas são titulares da mesma quota. Uma das características essenciais da contitularidade é a igualdade qualitativa das posições jurídicas dos contitulares.

O objecto da contitularidade é "a quota de participação e não a quota de capital", Raúl Ventura *in* "Sociedades por Quotas", vol. I, p. 498. Quanto à distinção entre quota de participação e quota de capital, veja-se a anotação ao art. 219.º.

Menezes Cordeiro *in* "Manual de Direito das Sociedades", II, p. 331, sublinha que a "indivisão das quotas é, tecnicamente, uma contitularidade. Todos os contitulares têm idênticos direitos e deveres, só que reportados a um mesmo objecto: a participação social, figurada pela quota".

Não existe contitularidade de quota "quando, em relação a uma quota, se crie um direito de usufruto ou quando de uma quota seja separado, para atribuição a pessoa diversa, um dos direitos que a compõem, como o direito ao lucro ou o direito ao saldo de liquidação", Raúl Ventura *in* "Sociedades por Quotas", vol. I, pp. 495 e 496.

A contitularidade é uma figura que gravita em torno de uma pluralidade de direitos e obrigações diametralmente direccionados e cujo exercício e cumprimento estão comprometidos por uma posição unitária.

Esta intrínseca complexidade potencia situações de conflitualidade e indefinição, justificando-se, assim, a relevância jurídico-dogmática que o legislador lhe reconheceu.

III. A contitularidade apresenta consideráveis pontos de identificação com a compropriedade, regulada nos arts. 1403.º e ss., do CC.

Nos termos do n.º 1, do art. 1403.º, do CC, existe compropriedade (propriedade em comum) quando duas ou mais pessoas são simultaneamente titulares do direito de propriedade sobre a mesma coisa.

Sobre esta questão, Raúl Ventura *in* "Sociedades por Quotas", vol. I, p. 498, defende que "repudiada a concepção de uma quota-coisa sobre a qual possa recair um direito real de propriedade, também a contitularidade não é uma compropriedade em sentido técnico e restrito, mas uma verdadeira contitularidade dos direitos e deveres componentes da quota. Assim, é mais curial designar a situação por *contitularidade*, como faz o CSC, do que por *compropriedade* como fazia o art. 9.º da Lei de 1901. Em contrapartida, a mudança de terminologia dificultou a determinação do regime legal subsidiariamente aplicável a esta situação".

Coloca-se, assim, a questão de saber se os preceitos reguladores da compropriedade são subsidiariamente aplicáveis à contitularidade.

Os anteprojectos de Raúl Ventura e Vaz Serra continham uma norma que determinava as seguintes fontes legais de regulamentação da contitularidade da quota: "as disposições da lei de sociedades por quotas, em seguida as regras próprias da espécie de contitularidade e finalmente as disposições do Código Civil sobre compropriedade", Raúl Ventura *in* "Sociedades por Quotas", vol. I, p. 498.

Apesar de esta norma não ter sido acolhida no CSC, este mesmo autor, *ob. cit.*, p. 499, acaba por concluir que as normas reguladoras da compropriedade são aplicáveis subsidiariamente à contitularidade de quota.

Neste mesmo sentido MENEZES CORDEIRO *in* "Manual de Direito das Sociedades", II, pp. 332 e 333, aludindo à natureza subsidiária geral que o Direito privado comum assume em todo o ordenamento jurídico português, considera que "são aplicáveis, em última instância, as regras sobre a comunhão".

No entanto este mesmo autor, *ob. cit.*, p. 333, alerta para a necessidade de "verificar, norma a norma, quais as regras civis compatíveis com a regulação especial prevista para as quotas. De todo o modo, parece inquestionável:

– a aplicação do direito de preferência graduado em 1.º lugar (1409.º/1, do Código Civil);
– o direito à divisão (*idem*, 1412.º).

A aplicabilidade deste último preceito é, aliás, implicitamente confirmada pelo art. 221.º/3".

Cfr., ainda, PAIS DE VASCONCELOS *in* "A Participação Social ...", p. 358.

A contitularidade não se confunde com a associação à quota, cfr. RAÚL VENTURA *in* "Sociedades por Quotas", vol. I, p. 496 e MENEZES CORDEIRO *in* "Manual de Direito das Sociedades", II, p. 333.

IV. Tendo em consideração o momento da sua constituição, a contitularidade pode ser:

a) Originária

A contitularidade é originária quando a quota, desde a respectiva formação (no contrato inicial ou em aumento de capital), sempre teve vários titulares.

b) Derivada

A contitularidade derivada resulta de acto *inter vivos* ou *mortis causa* referente à quota preexistente.

Nas palavras de RAÚL VENTURA *in* "Sociedades por Quotas", vol. I, p. 496, a "contitularidade derivada pode resultar de qualquer facto lícito – cessão da quota simultaneamente a várias pessoas; cessão de parte indivisa duma quota, formando-se contitularidade entre o anterior titular e o adquirente dessa parte indivisa; caída da quota em comunhão matrimonial; herança ou legado. Esse facto constitutivo pode ser um acto jurídico ou um simples facto jurídico, como no caso de sucessão legal".

MENEZES CORDEIRO *in* "Manual de Direito das Sociedades", II, p. 326, destaca, como decorrência mais frequente, a hereditária: "por morte de um anterior titular, sucedem-lhe vários herdeiros os quais decidem prolongar a comunhão hereditária por uma situação de contitularidade na quota que fora do *de cuius*".

Mais adiante, este mesmo autor, *ob. cit.*, p. 330, a propósito da herança indivisa, refere que nesse caso "nenhum dos herdeiros tem, em rigor, a qualidade de sócio, embora eles possam nomear um representante comum: tal qualidade man-

212   *Regime Jurídico das Sociedades por Quotas*

tém-se na própria herança. Havendo indivisão simples, todos os contitulares são sócios, embora devam recorre ao tal representante".

O início da contitularidade derivada corresponde ao momento "em que, para a sociedade, comece a produzir efeito o acto constitutivo dessa contitularidade; assim, quando for necessária a notificação da sociedade, esta desconhece juridicamente a situação de contitularidade enquanto não tiver sido notificada (...)", RAÚL VENTURA *in* "Sociedades por Quotas", vol. I, p. 496.

V. A cessação da contitularidade pode operar por constituição (ou reconstituição) de uma situação de titularidade individual (MENEZES CORDEIRO *in* "Manual de Direito das Sociedades", II, p. 332, fala de confusão, "reunindo-se todos os co-direitos num único titular") ou por divisão da quota.

No "primeiro caso, terá de haver uma transmissão ou uma adjudicação da quota a uma só pessoa; no segundo, há um acto ou facto que, dissolvendo a contitularidade, provoca a divisão da quota", RAÚL VENTURA *in* "Sociedades por Quotas", vol. I, p. 497.

VI. Verificando-se, relativamente a um dos contitulares da quota, facto que constitua fundamento de amortização pela sociedade, podem os sócios deliberar que a quota seja dividida, em conformidade com o título donde tenha resultado a contitularidade, desde que o valor nominal das quotas, depois da divisão, não seja inferior a € 50 (art. 238.º, n.º 1).

VII. A contitularidade, enquanto centro autónomo de posições jurídicas, é constituída por um lado activo (correspondente ao exercício dos direitos dos contitulares inerentes à quota, cfr. **n.º 1**) e um lado passivo (correspondente às obrigações dos sócios decorrentes da quota, cfr. **n.º 3**).

Para o lado activo, o legislador consagrou a regra prevista no **n.º 1**, de acordo com a qual os contitulares de quota devem exercer os direitos a ela inerentes através de representante comum. Segundo MENEZES CORDEIRO *in* "Manual de Direito das Sociedades", II, p. 330, daqui podemos inferir "que um contitular, isolado, não tem legitimidade para propor acções de anulação de deliberações sociais, embora possa pedir a sua suspensão, se for cabeça-de-casal e não tiver atribuído a outro o papel de representante".

RAÚL VENTURA *in* "Sociedades por Quotas", vol. I, p. 500, entende que esta disposição teve "em vista as relações entre a sociedade e os contitulares, embora reflexamente atinjam as relações entre os contitulares".

Podemos concluir que todos os direitos e deveres inerentes à quota devem ser exercidos e cumpridos por um representante comum.

Se os mesmos contitulares tiverem mais de uma quota, deverá ser nomeado um representante para cada quota. Cfr. RAÚL VENTURA *in* "Sociedades por Quotas", vol. I, p. 515.

O representante comum "não é um mero "representante". Além dos poderes de representação propriamente ditos, ele dispõe de todo um estatuto quanto aos actos que pode praticar e, eventualmente, quanto ao sentido do seu exercício. Trata-se, pois, de um prestador de serviços, inserido numa típica situação de mandato.

A designação mais correcta seria, pois, a de um mandatário comum, dotado de poderes de representação. E a todo o seu desempenho aplicam-se, supletivamente, as regras do mandatado e da representação (1157.º e seguintes e 258.º e seguintes do Código Civil). Mandantes serão, aqui, os diversos contitulares representados", MENEZES CORDEIRO in "Manual de Direito das Sociedades", II, p. 332.

Para além do caso previsto no **n.º 4**, perfilam-se como excepções a esta regra os direitos de exercício individual, ou por outras palavras, os direitos que não podem ser exercidos através de representante comum (direitos cujo exercício não pode, como é natural, ficar excluído).

RAÚL VENTURA in "Sociedades por Quotas", vol. I, p. 502, destaca como direitos de exercício individual, o direito de uso de coisas sociais e o direito de ser eleito para certos cargos sociais.

Este mesmo autor, *ob. cit.* p. 503, considera, no entanto, que em "cada caso se determinará se o direito é ou não de exercício necessariamente individual. Tal não é, por exemplo, o direito de informação (...). O direito de impugnação de deliberações sociais também não é por natureza, um direito de exercício individual".

VIII. Os contitulares respondem solidariamente pelas obrigações legais ou contratuais inerentes à quota (**n.º 3**). Estamos, aqui, perante o lado passivo da contitularidade.

Este regime de responsabilidade visa, em primeira linha, assegurar os interesses da sociedade, daí a conveniência desta "em restringir contratualmente a possibilidade de pôr termo à situações de contitularidade e a correlativa vantagem dos sócios contitulares em a fazer cessar rapidamente. Indirectamente, são também beneficiados os credores da sociedade e por isso o preceito é cogente, sendo nula a cláusula do contrato que pretende derrogá-la. O art. 222.º, n.º 3, prevalece sobre os regimes gerais ou especiais que, para cada espécie de contitularidade, regulem a responsabilidade dos contitulares", RAÚL VENTURA in "Sociedades por Quotas", vol. I, p. 509.

No entendimento de MENEZES CORDEIRO in "Manual de Direito das Sociedades", II, p. 331, o legislador aflorou "aqui a ideia de solidariedade que domina no campo comercial (artigo 100.º do Código VEIGA BEIRÃO); por outro, emerge aqui a clara preocupação de, mercê do fenómeno da indivisão, não enfraquecer a sociedade no seu todo".

ANTUNES VARELA in "Das obrigações em geral", I, p. 765, ensina que a "obrigação diz-se *solidária*, pelo seu lado passivo, *quando o credor pode exigir a*

214 Regime Jurídico das Sociedades por Quotas

prestação integral de qualquer dos devedores e a prestação efectuada por um destes os libera a todos perante o credor comum", cfr. art. 512.°, do CC.

Assim, o cumprimento da obrigação pode ser exigido a um, a alguns ou a todos os contitulares.

O regime das obrigações solidárias está previsto nos arts. 512.° a 533.°, do CC.

Os meios de defesa do devedor solidário estão plasmados no art. 514.°, do CC.

RAÚL VENTURA *in* "Sociedades por Quotas", vol. I, p. 507, alerta, contudo, para o facto de haver "deveres de exercício necessariamente individual, como por exemplo, o dever de fidelidade (para quem entenda que ele existe neste tipo de sociedades) e o dever contratual de não concorrência com a sociedade".

Por *"obrigações inerentes à quota"* devem entender-se todas as obrigações patrimoniais que a integram, *v.g.*, obrigação de entrada (al. a), do art. 20.°), obrigação de prestações acessórias (art. 209.°), obrigação de prestações suplementares (art. 210.°) e obrigação de cumprimento de prestações de outros sócios (art. 207.°).

Conforme já referimos, a contitularidade pode ser originária ou derivada, impondo-se, assim, a delimitação temporal da responsabilidade solidária em cada uma daquelas modalidades.

Se a contitularidade for originária, "a responsabilidade solidária abrange todas as obrigações constituídas a partir desse momento; sendo a contitularidade derivada, ficam sujeitas a esse regime, além das obrigações constituídas a partir da aquisição, todas as que aos contitulares pertençam por virtude da aquisição, quer as obrigações vencidas que vincendas, incluindo as respeitantes aos antigos proprietários das quotas", RAÚL VENTURA *in* "Sociedades por Quotas", vol. I, pp. 509 e 510.

Finalmente, convém salientar que as "obrigações pessoais do transmitente da quota, que devem considerar-se extintas por efeito da transmissão, ficam, por definição, excluídas", RAÚL VENTURA, *ob. cit.*, p. 510.

IX. As comunicações e declarações da sociedade que interessem aos contitulares devem ser dirigidas ao representante comum e, na falta deste, a um dos contitulares (**n.° 2**).

Esta regra foi estabelecida para benefício da sociedade e não dos contitulares da quota.

Tendo por base esta ideia, RAÚL VENTURA *in* "Sociedades por Quotas", vol. I, p. 508, entende que quando o representante comum não seja um dos contitulares, é ainda possível dirigir a comunicação a todos os contitulares, dado que não "há motivo para invalidar a comunicação, porventura mais incómoda, que a sociedade tenha resolvido dirigir a todos os interessados".

X. O representante comum pode, por diversos motivos, estar impedido de representar os contitulares ou não estar ainda *habilitado* (por ausência de nomeação judicial nos termos do art. 223.º, n.º 3) para desempenhar tal cargo, não obstante reunir as condições para ser nomeado.

O **n.º 4**, prevendo esta situação, fixou uma regra para suprir o impedimento ou impossibilidade de actuação do representante comum.

Embora esteja aparentemente restringida ao direito de voto, esta regra terá de abranger outros direitos.

RAÚL VENTURA *in* "Sociedades por Quotas", vol. I, p. 505, destaca o direito de participar na assembleia (pelo menos como direito de estar presente na assembleia) e o direito de informação a exercer na assembleia ou antes dela. Quanto ao direito de discussão na assembleia a posição do autor é menos clara.

O legislador adoptou um "sistema de representação conjunta, por uma certa maioria de contitulares, o que não contraria a intenção legislativa de dar remédio à falta de representante comum, pois os contitulares só deixarão de exercer o direito de voto se, por motivos que lhe são imputáveis, não aproveitarem tal remédio", RAÚL VENTURA *in* "Sociedades por Quotas", vol. I, pp. 505 e 506.

Em consonância com o art. 1407.º, n.º 1, do CC, a expressão "maioria dos contitulares presentes" significa que, entre os contitulares presentes, deve formar--se uma maioria, "em certo sentido, que represente pelo menos metade do valor nominal da quota", RAÚL VENTURA *in* "Sociedades por Quotas", vol. I, p. 506.

Por outro lado, a expressão "presentes" tem em vista a presença no momento e local onde seja exercido o direito de voto (por exemplo, presentes na assembleia geral onde seja tomada a deliberação sujeita a votação).

A regra da maioria não vigora se a votação tiver por objecto a extinção, alienação ou oneração da quota, aumento das obrigações, renúncia ou redução dos direitos dos sócios. Nestes casos em que é exigido o consentimento de todos os contitulares (cfr., conjugadamente, **n.º 4**, parte final e art. 224.º, n.º 1, parte final).

JURISPRUDÊNCIA:

I – Direitos (sociais) especiais são os direitos atribuídos no contrato social a certo(s) sócio(s) ou a sócios titulares de acções de certas categorias, conferindo-lhe(s) uma posição privilegiada que não pode, em princípio, ser suprimida ou limitada sem o consentimento do(s) respectivo(s) titular(es).

II – A simples designação de gerente no contrato de sociedade não significa a atribuição de um direito especial à gerência, antes constituindo, por razões de simplicidade, rapidez e economia, um modo alternativo e por opção dos sócios, da eleição posterior por sua deliberação.

III – O direito especial pode ser atribuído a todos os sócios da mesma sociedade, respeitando a correspondente cláusula apenas às relações dos sócios entre si e com a sociedade.

216 *Regime Jurídico das Sociedades por Quotas*

IV – O representante comum prossegue os interesses dos contitulares perante a sociedade para o exercício de direitos inerentes à quota indivisa (arts. 222.º, n.º1 e 223.º, n.º5, do CSC), actuando não com um poder próprio, mas como mandatário, de acordo com as instruções dos mandantes (que perscrutará informalmente).

Ac. da RP, de 25.10.07 *in* www.dgsi.pt (Proc. n.º 0734156)

– Não pode confundir-se legitimidade processual com legitimidade substantiva.

– O facto de estar em causa uma quota indivisa de uma sociedade e de a acção dever ser proposta por todos os seus contitulares, ou pelo cabeça-de-casal, não impede que a acção não possa, também, ser instaurada, não por aqueles, mas por alguém que, munido de poderes especiais, esteja incumbido de os representar.

– Sendo, pois, admissível a intervenção de um representante comum que, para esse efeito, assegure a legitimidade processual, desde que se encontre munido da respectiva procuração com os referidos poderes especiais para a prática do acto.

Ac. da RL, de 01.02.07 *in* www.dgsi.pt (Proc. n.º 268/07-6)

Na situação de contitularidade, derivada da sucessão numa participação social, de sociedade anónima, a cabeça-de-casal, também herdeira, é parte ilegítima para a instauração de procedimento cautelar de suspensão de deliberações sociais, com fundamento no artigo 58, n.º 1, al. b) do Código das Sociedades Comerciais, se desacompanhada dos demais herdeiros.

Ac. da RP, de 11.12.06 *in* www.dgsi.pt (Proc. n.º 0653666)

I – O art. 222.º do CSC, quando determina que, não havendo representante comum, as declarações e comunicações da sociedade devem ser comunicadas a um dos contitulares da quota social, quer significar que não é necessário a comunicação a todos os contitulares.

II – Trata-se dum afloramento do princípio de que na contitularidade de direitos cada um dos titulares pode exercer plenamente esses direitos sem prejuízo das consequências que daí advenham face aos restantes.

III – Aliás, o art. 224.º do CSC, ao determinar o modo como deliberam os contitulares da quota remete para os preceitos do C. Civil que regulam a compropriedade.

Ac. do STJ, de 14.03.06 *in* www.dgsi.pt (Proc. n.º 06B227) e CJ, Ano XIV, Tomo I, p. 134

I – O contitular de uma quota social, ainda que desacompanhado dos restantes contitulares, tem legitimidade para invocar a nulidade da deliberação social que procedeu à amortização dessa quota.

Título III – Sociedades por quotas

II – Prevendo o pacto social que a sociedade pode amortizar a quota em caso de "penhora, arresto ou outra diligência judicial que afecte a quota", não é legítima a amortização fundada no facto de a quota de que era titular um dos cônjuges ter sido adjudicada a ambos os cônjuges em processo de inventário subsequente ao processo de divórcio.

III – Não havendo representante comum em regime de contitularidade, todos os titulares devem ser convocados para as assembleias gerais da sociedade.

A omissão de convocação de qualquer contitular para a assembleia geral onde foi deliberada a amortização da quota gera a nulidade da deliberação.
Ac. da RL, de 21.09.04 *in* CJ, Ano XXIX, Tomo IV, p. 87

I – O exercício judicial dos direitos inerentes à quota indivisa pode ser levada a cabo pelo representante comum.

II – A simples comunicação escrita à sociedade da nomeação do representante comum é formalmente bastante para legitimar a intervenção deste na acção.

III – Na deliberação de alteração do contrato de sociedade, para efeitos de cálculo da maioria qualificada, não pode ser considerado o capital social pertencente à sociedade.
Ac. da RE, de 02.05.02 *in* CJ, Ano XXVII, Tomo III, p. 239

I – Quando as contas disserem respeito a uma universalidade de direito, como é a herança, constituem um todo, devendo o obrigado eximir-se da sua responsabilidade, em relação a todos os herdeiros, o que implica a intervenção de todos eles, num único processo, sob pena de a sentença que as julgar não produzir o seu efeito útil normal, uma vez que não revestiria força de caso julgado, a não ser em relação aos que tivessem estado em juízo.

II – O art. 2091.º, do Código Civil, reserva para os herdeiros a prática ou o exercício de todos os direitos relativos à herança, que não contendam com os actos de mera administração ordinária, entre os quais não pode deixar de incluir-se o da prestação de contas, que têm de ser accionados, conjuntamente, por todos os herdeiros ou contra todos os herdeiros.

III – No caso de transmissão de quotas para uma pluralidade de herdeiros, os contitulares de quota social indivisa adquirem a qualidade de sócios, mas só através de um representante comum podem fazer valer em juízo, com legitimidade, os seus direitos.

IV – a autora, embora herdeira e cabeça-de-casal, carece de legitimidade activa para exigir a prestação de contas da administração do sócio-gerente da sociedade, relativamente à quota social indivisa que faz parte da herança, em comum e sem determinação de parte ou direito, cujo capital social está integrado, também, por aquela quota, desacompanhada dos demais co-herdeiros ou, pelo menos, sem provocar a possível intervenção destes, como parte principal, nos termos do estipulado pelos artigos 320.º do CPC.
Ac. da RC, de 02.05.00 *in* www.dgsi.pt (Proc. n.º 15/2000)

I – Os contitulares de quota indivisa de sociedade por quotas, apesar de qualificados como sócios, devem ser considerados como apenas um sócio gerente, através do representante comum, na hipótese de a sociedade não ter gerentes, nomeados, assumindo todos os sócios os poderes de gerência.

II – Os negócios jurídicos praticados em nome de outrem, sem poderes de representação são ineficazes em relação a essa pessoa, o que é aplicável à hipótese de desistência da instância.

Ac. do STJ, de 26.10.99 *in* www.dgsi.pt (Proc. n.º 99A715) e CJ, Ano VII, Tomo III, p. 61

I – O contitular de quota tem legitimidade para requerer a suspensão de deliberação social, sobretudo se também for o cabeça de casal da herança de que aquela faz parte.

II – Só a não teria, se ele próprio atribuísse a outro a qualidade de representante comum.

Ac. do STJ, de 20.05.97 *in* www.dgsi.pt (Proc. n.º 97A254)

I – Enquanto a herança se mantiver indivisa os herdeiros são contitulares do direito à herança, têm tão só um direito a uma parte ideal, não de cada um dos bens de que se compõe a herança, mas sim da própria herança em si mesmo considerada.

II – Assim e falecido um sócio de uma sociedade e mantendo-se indivisa a herança por aquele deixada os respectivos herdeiros não adquirem desde logo a qualidade de sócio até se determinar quem, na respectiva partilha judicial ou extra-judicial virá a "encabeçar" a quota que era pertença do "de cujus".

Ac. da RL, de 12.06.96 *in* www.dgsi.pt (Proc. n.º 0001936)

I – A quota de um sócio, ou parte dela, pode ser adjudicada em partilha subsequente ao divórcio desse sócio e seu cônjuge, a este último, sem consentimento da sociedade.

II – Um sócio pode dividir a sua quota e ceder parte dela a seu ex-cônjuge sem consentimento da sociedade.

III – Porém, estes actos só são eficazes perante a sociedade, se lhe forem comunicados, ou por ela reconhecidos.

IV – A constituição de usufruto sobre parte de uma quota a pessoa estranha à sociedade, necessita de ser autorizada por esta, e só produz efeitos perante ela, após lhe ter sido comunicada.

V – O nú-proprietário e o usufrutuário da mesma quota, devem ser considerados ambos como sócios, com poderes de intervenção consoante a natureza da deliberação para a qual se dirige a convocação a fazer.

Ac. da RL, de 13.10.95 *in* CJ, Ano XX, Tomo IV, p. 112

Título III – Sociedades por quotas 219

I – No caso de transformação de sociedade por quotas em sociedade anónima, o direito de propor acção de dissolução, concedido ao sócio discordante por falta de amortização ou de aquisição da sua quota, reporta-se à sociedade antes da transformação.

II – Tratando-se de quota indivisa, tal acção deve ser proposta por todos os seus contitulares ou pelo representante comum, munido de poderes especiais de disposição, sob pena de ilegitimidade.

III – A aceitação, por esses contitulares, das acções da nova sociedade, seguida da sua divisão entre eles, traduz-se em renúncia ao exercício do direito de pedir a dissolução.

Ac. do STJ, de 08.06.95 *in* www.dgsi.pt (Proc. n.º 087102)

A gerente de determinada sociedade por quotas carece de legitimidade para interpor acção que visa anular a cessão de quotas feita em assembleia geral, ainda que seja a cabeça de casal da herança indivisa de que as quotas cedidas fazem parte.

Ac. da RL, de 02.03.95 *in* CJ, Ano XX, Tomo II, p. 63

I – Os herdeiros do titular de quota societária adquirem, em princípio e sem prejuízo, designadamente, do disposto pelo artigo 225.º, n.º 1 do Código das Sociedades Comerciais, a qualidade de sócios.

II – Estando em causa uma contitularidade da posição social, inserta em herança indivisa, sem prejuízo da existência dos direitos e obrigações próprias dos sócios, a lei vigente estabelece um regime próprio para o exercício dos direitos que não sejam exclusivamente individuais.

III – Basicamente a lei preconiza que o exercício dos direitos deve ser realizado através de representante comum, designado por lei ou testamento, pelos novos contitulares, ou judicialmente.

IV – Na falta de representante comum, é logicamente admissível a intervenção conjunta de todos os contitulares.

V – Carece de legitimidade activa um contitular para sozinho, desencadear acção de anulação de deliberação social que não tenha um alcance exclusivamente pessoal atinente a esse contitular.

Ac. do STJ, de 04.10.94 *in* www.dgsi.pt (Proc. n.º 086048)

O contitular de quota indivisa não tem legitimidade para propor acções de anulação de deliberações sociais.

Ac. da RL, de 22.02.94 *in* www.dgsi.pt (Proc. n.º 0064381)

Instaurada acção para declaração da nulidade, por simulação, de cessões de quotas feitas pelo autor ao réu, pode a ex-mulher deste, como contitular des-

sas quotas por se integrarem nos bens do casal por partilhar, intervir na acção como opoente.
Ac. do STJ, de 04.11.93 *in* CJ, Ano I, Tomo III, p. 90

I – Os direitos inerentes à quota de sócio falecido são exercidos através de um representante comum dos herdeiros enquanto a herança se mantiver indivisa.

II – Não tem a cabeça de casal, também sócia, que diligenciar pela convocatória da Assembleia Geral, de se avisar a si própria, nem, caso esta seja convocada por outro sócio, têm de lhe ser enviados dois avisos – um, na qualidade de titular da quota, e outro, na qualidade de representante comum dos contitulares – bastando um único para afastar a hipótese de Assembleia Geral não convocada, mesmo que nele não tenha sido feita a alusão àquela dupla qualidade.

III – Não está ferida de qualquer tipo de invalidade a deliberação de destituição de uma sócia do cargo de gerente da sociedade, tomada por unanimidade, em Assembleia Geral para que foram convocadas as três únicas sócias, que além das respectivas quotas são contitulares da quota indivisa, e em que a sócia, também representante desta quota, não mencionou a qualidade em que votou.
Ac. da RP, de 01.06.93 *in* www.dgsi.pt (Proc. n.º 0310976)

Nos termos do n.º 2 do artigo 222.º do Código das Sociedades Comerciais, na falta de representante comum dos co-titulares da quota, tendo a sociedade endereçado a convocatória da assembleia geral pelo menos a alguns dos co-titulares, cumpriu os deveres impostos por lei.
Ac. do STJ, de 18.12.90 *in* www.dgsi.pt (Proc. n.º 079671)

Embora na época anterior ao actual Código das Sociedades Comerciais nem a doutrina nem a jurisprudência fossem unânimes quanto ao problema de saber se qualquer dos comproprietários de uma quota social indivisa podia exercer, mesmo desacompanhado dos restantes titulares, os respectivos direitos, o certo é que, no caso, se mostra que a quota já foi partilhada em inventário pelo que a autora é, agora, sócia autónoma e tem legitimidade para, só por si, demandar a sociedade.
Ac. da RL, de 05.04.90 *in* www.dgsi.pt (Proc. n.º 0035842)

I – Segundo o artigo 9.º da L.S.Q., quando e proposta acção de anulação de deliberação social, os respectivos comproprietários de quota social indivisa devem exercer em conjunto os direitos a ela inerentes, ou então fazer-se representar por outrem.

II – O Decreto-Lei n.º 262/86, de 2 de Setembro, que revogou expressamente a L.S.Q., mantém regime idêntico, ao prescrever que o representante comum, pode, em princípio, exercer perante a sociedade todos os poderes inerentes a quota indivisa.
Ac. do STJ, de 31.05.90 *in* www.dgsi.pt (Proc. n.º 078798)

Título III – Sociedades por quotas   221

ARTIGO 223.º – (**Representante comum**)

1 – O representante comum, quando não for designado por lei ou disposição testamentária, é nomeado e pode ser destituído pelos contitulares. A respectiva deliberação é tomada por maioria, nos termos do artigo 1407.º, n.º 1, do Código Civil, salvo se outra regra se convencionar e for comunicada à sociedade.

2 – Os contitulares podem designar um de entre eles ou o cônjuge de um deles como representante comum; a designação só pode recair sobre um estranho se o contrato de sociedade o autorizar expressamente ou permitir que os sócios se façam representar por estranho nas deliberações sociais.

3 – Não podendo obter-se, em conformidade com o disposto nos números anteriores, a nomeação do representante comum, é lícito a qualquer dos contitulares pedi-la ao tribunal da comarca da sede da sociedade; ao mesmo tribunal pode qualquer contitular pedir a destituição, com fundamento em justa causa, do representante comum que não seja directamente designado pela lei.

4 – A nomeação e a destituição devem ser comunicadas por escrito à sociedade, a qual pode, mesmo tacitamente, dispensar a comunicação.

5 – O representante comum pode exercer perante a sociedade todos os poderes inerentes à quota indivisa, salvo o disposto no número seguinte; qualquer redução desses poderes só é oponível à sociedade se lhe for comunicada por escrito.

6 – Excepto quando a lei, o testamento, todos os contitulares ou o tribunal atribuírem ao representante comum poderes de disposição, não lhe é lícito praticar actos que importem extinção, alienação ou oneração da quota, aumento de obrigações e renúncia ou redução dos direitos dos sócios. A atribuição de tais poderes pelos contitulares deve ser comunicada por escrito à sociedade.

NOTAS:

I. Anteprojectos: FERRER CORREIA (art. 48.º); VAZ SERRA (art. 63.º) e RAÚL VENTURA (art. 33.º).

Cfr. ANTÓNIO FERRER CORREIA/VASCO LOBO XAVIER/MARIA ÂNGELA COELHO/ANTÓNIO CAEIRO *in* "Sociedade por quotas ...", pp. 203 a 205.

II. Da leitura dos **n.ᵒˢ 1** e **3**, podemos extrair quatro modalidades de designação de representante comum, quais sejam:

a) Designação por via legal (*n.° 1*)

A cláusula do contrato de sociedade que restringe a designação legal de representante comum apenas aos contitulares é inválida. Cfr. RAÚL VENTURA *in* "Sociedades por Quotas", vol. I, p. 521.

No caso de participação social em comunhão conjugal (que não se confunde com a contitularidade), será considerado como sócio, nas relações com a sociedade, aquele que tenha celebrado o contrato de sociedade ou, no caso de aquisição posterior ao contrato, aquele por quem a participação tenha vindo ao casal (art. 8.°, n.° 2).

Esta regra não impede o exercício dos poderes de administração atribuídos pela lei civil ao cônjuge do sócio que se encontrar impossibilitado, por qualquer causa, de a exercer. Cfr. ANTÓNIO FERRER CORREIA/VASCO LOBO XAVIER/ /MARIA ÂNGELA COELHO/ANTÓNIO CAEIRO *in* "Sociedade por quotas ...", pp. 198 e 199.

Direitos que, no caso de morte do sócio, o cônjuge tenha à participação (art. 8.°, n.° 3).

Para maiores desenvolvimentos, cfr. PAIS DE VASCONCELOS *in* "A Participação Social ...", pp. 353 e ss. e RAÚL VENTURA *in* "Sociedades por Quotas", vol. I, pp. 517 e ss.

b) Designação por disposição testamentária (*n.° 1*)

O testamento é o acto unilateral e revogável pelo qual uma pessoa dispõe, para depois da morte, de todos os seus bens ou de parte deles (art. 2179.°, n.° 1, do CC).

O testamento pode conter disposições de carácter não patrimonial, onde se inclui, por exemplo, a designação de representante comum de contitulares de quota. Estas disposições são válidas se fizerem parte de um acto revestido de forma testamentária, ainda que nele não figurem disposições de carácter patrimonial (art. 2179.°, n.° 2, do CC).

c) Nomeação pelos contitulares (*n.° 1*)

Na ausência de norma legal ou disposição testamentária, o representante comum pode ser nomeado pelos contitulares.

Na falta de regra convencional, a deliberação da nomeação pode ser tomada por maioria, nos termos do art. 1407.°, n.° 1, do CC, o qual, por sua vez, remete para o art. 985.°, do CC.

Da articulação desta disposições podemos concluir que a maioria aqui exigida "será a que reúna os sufrágios de mais de metade dos contitulares (...), desde que eles representem pelo menos metade do valor total das partes dos contitulares (art. 1407.°, n.° 1, parte final)", RAÚL VENTURA *in* "Sociedades por Quotas", vol. I, p. 519.

Os contitulares podem, por unanimidade, convencionar outra regra para a nomeação do representante comum, estipulando uma maioria diferente da legalmente prevista.

Título III – Sociedades por quotas   223

A lei não exige forma especial, quer para a convenção unânime de todos os contitulares que estabeleça "a regra a observar na nomeação do representante comum quer para a própria nomeação", RAÚL VENTURA *in* "Sociedades por Quotas", vol. I, p. 519.

A regra de nomeação, convencionalmente estipulada, deve ser comunicada à sociedade. Convém antes de mais referir que esta comunicação não se confunde com a comunicação de nomeação propriamente dita (prevista no **n.º 4**).

A finalidade da exigência desta comunicação é assegurar que a sociedade possa aquilatar da legitimidade do representante, segundo aquela regra. Cfr. ANTÓNIO FERRER CORREIA/VASCO LOBO XAVIER/MARIA ÂNGELA COELHO/ANTÓNIO CAEIRO *in* "Sociedade por quotas ...", p. 204.

A lei, para além de não exigir forma especial para a comunicação da regra de nomeação, não determina nenhuma cominação para a sua falta.

Perante esta constatação RAÚL VENTURA *in* "Sociedades por Quotas", vol. I, p. 518, considera que "parece que a sociedade não tem o dever de reconhecer o representante comum nomeado por forma diferente da estabelecida na lei, enquanto a comunicação não lhe tiver sido feita, mas também parece que, por suspeita de existência de outra regra, a sociedade não pode deixar de reconhecer o representante cuja nomeação tenha obtido pelo menos a maioria prescrita na lei (por exemplo, se lhe for comunicada uma nomeação por unanimidade, não tem de esperar esclarecimento sobre se a unanimidade foi casual ou se era exigida por uma regra convencionada entes os contitulares)".

O **n.º 2** aplica-se, exclusivamente, aos casos de nomeação pelos contitulares. Nos termos da 1.ª parte, deste preceito, os contitulares podem designar um de entre eles ou o cônjuge de um deles como representante comum.

Em princípio, a nomeação deverá recair sobre uma pessoa que não seja estranha à sociedade.

Como refere PAULO OLAVO DA CUNHA *in* "Direito das Sociedades...", p. 277, a "lógica é a sociedade permanecer fechada". Com efeito, o legislador teve em conta o interesse que a sociedade pode ter em evitar a intromissão de estranhos nos assuntos da sociedade. Estamos, aqui, perante uma manifestação do cunho personalista das SQ. Cfr. ANTÓNIO FERRER CORREIA/VASCO LOBO XAVIER/ /MARIA ÂNGELA COELHO/ANTÓNIO CAEIRO *in* "Sociedade por quotas ...", p. 204.

De acordo com a 2.ª parte, do **n.º 2**, a nomeação de representante comum só pode recair sobre um estranho se o contrato de sociedade:

– *o autorizar expressamente*

Se o contrato de sociedade contiver uma cláusula que autorize a nomeação de um estranho, existe, naturalmente, consentimento expresso de todos os contitulares.

Ou

– *permitir que os sócios se façam representar por estranho nas deliberação sociais*

RAÚL VENTURA *in* "Sociedades por Quotas", vol. I, p. 520, defende que, neste caso, "não há motivo para proibir aos contitulares da quota aquilo que um sócio, titular individual da quota, pode fazer".

d) Nomeação judicial

A nomeação judicial depende, desde logo, da impossibilidade de obtenção de nomeação do representante comum em conformidade com o disposto nos **n.ᵒˢ 1 e 2**.

Embora o legislador se refira genericamente aos **n.ᵒˢ 1 e 2**, as situações de impossibilidade de obtenção de nomeação resultam, na prática, da ausência de votação, da não recolha de votos ou da não obtenção da maioria (por exemplo, por empate na votação) ou unanimidade exigidas. Cfr. RAÚL VENTURA *in* "Sociedades por Quotas", vol. I, p. 520 e MENEZES CORDEIRO *in* "Manual de Direito das Sociedades", II, p. 329.

Qualquer um dos contitulares tem legitimidade para requerer a nomeação judicial do representante comum.

O tribunal territorialmente competente para proceder à referida nomeação é o tribunal da comarca da sede social.

O tribunal, dentro dos limites que norteiam a função jurisdicional, goza de inteira liberdade, podendo nomear um representante comum que não seja contitular.

A cláusula do contrato de sociedade que proíba a nomeação judicial de pessoas que não sejam contitulares é inválida, uma vez que restringe inadmissivelmente aquela liberdade.

III. Qualquer contitular pode, com fundamento em justa causa, pedir ao tribunal da comarca da sede social a destituição do representante comum que não seja directamente designado pela lei (**n.º 3**, 2.ª parte).

À semelhança da nomeação, qualquer contitular tem legitimidade para pedir a destituição do representante comum.

A destituição judicial parece depender de dois requisitos:

a) A existência de justa causa

Antes de mais importa referir que a justa causa é um conceito indeterminado, cuja avaliação depende sempre da ponderação casuística dos elementos que compõem cada situação jurídica.

Não obstante, podemos, neste domínio, definir a justa causa como o comportamento do representante comum, que pela sua gravidade, objectiva e/ou subjectivamente apreciada, ponha em causa a relação de confiança e a lealdade que devem existir entre aquele e os contitulares, tornando inexigível, de acordo com a boa fé, a continuação da respectiva relação jurídica.

MENEZES CORDEIRO *in* "Manual de Direito das Sociedades", II, p. 329, estabelece uma aproximação com a justa causa "requerida para a revogação do mandato conferido também no interesse do mandatário ou de terceiro (artigo 1170.º, n.º 2, do Código Civil): nunca da justa causa laboral".

Para maiores desenvolvimentos sobre a justa causa na revogação do mandato, cfr. JANUÁRIO GOMES *in* "Revogação do mandato civil", Almedina, 1989, pp. 219 e ss..

b) Não se tratar de representante comum directamente designado por lei
No entendimento de RAÚL VENTURA *in* "Sociedades por Quotas", vol. I, p. 522, a expressão "directamente" refere-se "ao modo de designação, para o qual a lei é bastante, sem concorrência de qualquer manifestação de vontade da parte de contitulares da quota ou de outras entidades. Nesse sentido, não é directamente designado pela lei o representante designado em disposição testamentária, o qual pode ser destituído judicialmente".

Da leitura da norma em análise parece resultar a impossibilidade de destituição com justa causa do representante comum directamente designada por lei. Sobre esta questão MENEZES CORDEIRO *in* "Manual de Direito das Sociedades", II, p. 329, considera que, na "sua preocupação regulamentadora, o legislador excedeu-se: é óbvio que o representante "directamente designado pela lei" não poderá deixar de ser destituível "com justa causa". Quando muito, esta teria de assumir contornos mais exigentes".

O **n.º 3** (que regula apenas a destituição judicial) não prejudica a possibilidade de o representante comum nomeado pelos contitulares ser destituído por estes.

Neste caso, a destituição não depende, em princípio, da verificação de justa causa. RAÚL VENTURA *in* "Sociedades por Quotas", vol. I, p. 522, salienta que não é analogicamente aplicável "o disposto para a destituição judicial; compreende-se que o tribunal só possa destituir com fundamento em justa causa, mas daí não se segue que os contitulares estejam sujeitos à mesma restrição, e não o devem estar, a não ser que expressamente a ela se tenham sujeitado".

A deliberação de destituição deve ser tomada por maioria, nos termos do art. 1407.º, n.º 1, do CC (igualmente exigida para a nomeação). Conforme refere RAÚL VENTURA *in* "Sociedades por Quotas", vol. I, p. 522, é "de presumir que, ao estabelecerem uma regra para a nomeação ou ao aceitarem para esse efeito a regra supletiva legal, os interessados tenham a vontade mais geral de proceder do mesmo modo quando se trata de destituir o representante nomeado".

Note-se que, tratando-se de designação legal, a própria lei pode prever as causas e modo de destituição. Veja-se, a título de exemplo, o disposto no art. 2086.º, do CC, a propósito da remoção do cabeça-de-casal. Como é óbvio, nestes casos, os contitulares não podem destituir, por sua livre vontade, o representante comum.

IV. A nomeação e a destituição devem ser comunicadas por escrito à sociedade (**n.º 4**, 1.ª parte).

Segundo RAÚL VENTURA *in* "Sociedades por Quotas", vol. I, p. 521, o efeito prático desta norma consiste "apenas em os continuares e o seu representante não poderem invocar a representação sem a terem comunicado (por exemplo, não poderem argumentar contra uma comunicação da sociedade dirigida a um dos contitulares, com fundamento em estar nomeado um representante comum, ainda não notificado à sociedade); como todas as normas desse género, deixa ao arbítrio da sociedade prevalecer-se ou não da falta de notificação".

A sociedade pode dispensar, mesmo tacitamente a comunicação da nomeação e da destituição (**n.º 4**, 2.ª parte).

A dispensa da comunicação pode ser expressa ou tácita. Recorrendo à fórmula empregue pelo legislador para a declaração negocial (art. 217.º, n.º 1, do CC), podemos considerar que a dispensa da comunicação é expressa, quando feita por palavras, escrito ou qualquer outro meio directo de manifestação de vontade e tácita, quando se deduz de factos que, com toda a probabilidade, a revelam.

A dispensa de comunicação aplica-se para todos os efeitos futuros e não apenas para o caso concreto de reconhecimento, cfr. RAÚL VENTURA *in* "Sociedades por Quotas", vol. I, p. 521.

V. O n.º 5 define, genericamente, os poderes que se incluem no âmbito da competência do representante comum.

Em regra, o representante comum pode exercer perante a sociedade todos os poderes inerentes à quota indivisa. MENEZES CORDEIRO *in* "Manual de Direito das Sociedades", vol. II, p. 330, fala de poderes gerais de administração.

Importa, desde já, referir que o representante comum está funcionalmente legitimado apenas para representar os contitulares na relação com a sociedade e não nas relações com terceiros. Cfr. RAÚL VENTURA *in* "Sociedades por Quotas", vol. I, p. 523.

Por outro lado, à esfera de competência do representante comum impõem-se, como veremos, as limitações previstas no **n.º 6**, bem como as que resultarem da vontade dos contitulares.

Com efeito, da leitura da parte final do **n.º 5** resulta que os contitulares podem introduzir restrições aos poderes genericamente atribuídos ao representante comum.

RAÚL VENTURA *in* "Sociedades por Quotas", vol. I, p. 523, sublinha, todavia, que o "artigo não estabelece o modo de introduzir tais restrições, mas parece que ou constam do acto de nomeação ou posteriormente deverão ser deliberadas pelos contitulares pelo mesmo «processo» – maioria legal ou maioria qualificada ou unanimidade – que da lei ou da convenção resultar para a própria nomeação".

Para PAIS DE VASCONCELOS *in* "A Participação Social ...", p. 356, as "deliberações maioritárias dos contitulares quanto ao exercício dos direitos sociais têm apenas eficácia interna e não são oponíveis à sociedade, pelo que, o incumprimento pelo representante comum da deliberação, o desvio ou o abuso dos poderes de representação são questões meramente internas a dirimir entre os contitulares, que poderão dar lugar a responsabilidade civil mas não afectam a validade e eficácia do acto praticado".

Título III – Sociedades por quotas   227

A eficácia externa da redução (oponibilidade à sociedade) depende da respectiva comunicação por escrito à sociedade (parte final, do **n.º 5**).

VI. O n.º 6 estipula os limites à competência do representante comum. O representante comum não pode praticar actos que importem extinção, alienação ou oneração da quota, aumento de obrigações e renúncia ou redução dos direitos dos sócios (**n.º 6**). RAÚL VENTURA *in* "Sociedades por Quotas", vol. I, p. 524, acrescenta que, o representante comum está, ainda, impedido de acordar com a sociedade a amortização de quota.

A limitação aos poderes do representante comum justifica-se, desde logo, pelo facto de este constituir um mero representante dos contitulares perante a sociedade para o exercício dos direitos inerentes à quota.

Em princípio, a extinção, alienação ou oneração da quota, aumento de obrigações, renúncia ou redução dos direitos dos sócios são actos que devem ser praticados por todos os contitulares.

Esta limitação pode, contudo, ser afastada mediante a atribuição de poderes especiais ao representante comum, a qual pode ter como fonte a lei, o testamento, a vontade de todos os contitulares ou uma decisão judicial. Na verdade, a prática de algum daqueles actos pelo representante comum poderá ser, nalguns casos, necessária para assegurar os direitos dos próprios contitulares.

Uma vez que as fontes de alargamento correspondem às fontes de nomeação, a atribuição de poderes especiais deve ser expressa. Cfr. RAÚL VENTURA *in* "Sociedades por Quotas", vol. I, p. 525.

A deliberação dos contitulares que atribua ao representante comum poderes para praticar actos de extinção, alienação ou oneração da quota, aumento de obrigações, renúncia ou redução dos direitos dos sócios deve ser tomada por unanimidade (art. 224.º, n.º 1).

Para maiores desenvolvimentos acerca da admissibilidade do alargamento judicial, *vide* RAÚL VENTURA *in* "Sociedades por Quotas", vol. I, pp. 525 e 526.

Para que o representante possa praticar algum destes actos é necessário que a lei, o testamento, a deliberação ou a decisão judicial façam referência expressa ao acto em causa ou basta que a mesma atribua poderes genéricos de disposição? No nosso entendimento, parece resultar da lei que basta a atribuição de poderes genéricos de disposição.

O alargamento de poderes deve ser comunicado por escrito à sociedade (**n.º 6**, parte final). A lei não fala aqui de inoponibilidade no caso de ausência de comunicação.

JURISPRUDÊNCIA:

1. O representante comum não pode praticar actos que envolvam actos de extinção, alienação ou oneração da quota, aumento de obrigações e renúncia ou redução dos direitos dos sócios – art. 223.º, 6 do CSC.

228   Regime Jurídico das Sociedades por Quotas

2. Numa sociedade familiar, o cabeça de casal, relativamente a duas quotas indivisas da herança aberta pela morte de um dos sócios, não pode, sem consentimento expresso dos contitulares dessas quotas, votar a dissolução da sociedade que, embora mediatamente, acarretará a sua extinção.
Ac. do STJ, de 22.01.09 *in* www.dgsi.pt (Proc. n.º 08B3959)

A propósito deste acórdão, cfr. anotação de MENEZES CORDEIRO *in* RDS, Ano I, n.º 2, Almedina, 2009, pp. 421 a 425.

I – Direitos (sociais) especiais são os direitos atribuídos no contrato social a certo(s) sócio(s) ou a sócios titulares de acções de certas categorias, conferindo-lhe(s) uma posição privilegiada que não pode, em princípio, ser suprimida ou limitada sem o consentimento do(s) respectivo(s) titular(es).
II – A simples designação de gerente no contrato de sociedade não significa a atribuição de um direito especial à gerência, antes constituindo, por razões de simplicidade, rapidez e economia, um modo alternativo e por opção dos sócios, da eleição posterior por sua deliberação.
III – O direito especial pode ser atribuído a todos os sócios da mesma sociedade, respeitando a correspondente cláusula apenas às relações dos sócios entre si e com a sociedade.
IV – O representante comum prossegue os interesses dos contitulares perante a sociedade para o exercício de direitos inerentes à quota indivisa (arts. 222.º, n.º 1 e 223.º, n.º 5, do CSC), actuando não com um poder próprio, mas como mandatário, de acordo com as instruções dos mandantes (que perscrutará informalmente).
Ac. da RP, de 25.10.07 *in* www.dgsi.pt (Proc. n.º 0734156)

I – O cabeça de casal, a quem cabe a administração da herança indivisa, tem poderes para exercer todos os direitos sociais, no tocante à participação social indivisa (fora os casos previstos no artigo 223.º/6, para os quais necessita, como qualquer outro representante comum, que lhe sejam conferidos poderes de disposição).
II – Fora esses casos, participar nas assembleias-gerais, nas deliberações sociais, exercer o inerente direito de voto, ou o direito a informação, são actos de mera administração, que se não vê excluídos das atribuições do cabeça de casal.
III – Não se vê justificação para se obstar á sua intervenção individual quando, em relação às mesmas questões, pretenda impugnar as deliberações ou, prévia e cautelarmente, requerer a suspensão das deliberações ilegais.
Ac. do STJ, de 21.12.06 *in* www.dgsi.pt (Proc. n.º 0636729)

I – Julgada parte ilegítima a autora na acção que intentara para anulação de deliberações sociais de uma sociedade de que é sócia, como contitular de uma quota, por não ser a representante comum, não pode a ilegitimidade ser sanada pela intervenção principal dos demais contitulares da quota.

II – Também não pode prosseguir o processo ao abrigo do princípio da adequação formal com a nomeação do representante comum da mencionada quota porque a sua nomeação pelo tribunal só é feita na hipótese de não poder ser feita pelos contitulares.

Ac. da RP, de 21.03.00 *in* www.dgsi.pt (Proc. n.º 0020282)

I – Os contitulares de quota indivisa de sociedade por quotas, apesar de qualificados como sócios, devem ser considerados como apenas um sócio gerente, através do representante comum, na hipótese de a sociedade não ter gerentes, nomeados, assumindo todos os sócios os poderes de gerência.

II – Os negócios jurídicos praticados em nome de outrem, sem poderes de representação são ineficazes em relação a essa pessoa, o que é aplicável à hipótese de desistência da instância.

Ac. do STJ, de 26.10.99 *in* www.dgsi.pt (Proc. n.º 99A715) e CJ, Ano VIII, Tomo III, p. 61

I – Pode ser pedida ao tribunal a destituição do representante comum dos herdeiros do falecido sócio de uma sociedade comercial, cuja herança integra a respectiva quota, quando esse representante tenha sido nomeado por testamento ou pelos contitulares da quota para exercer os direitos a ela inerentes.

Ac. da RP, de 22.06.99 *in* www.dgsi.pt (Proc. n.º 9920168)

A Lei não exige forma alguma para a nomeação (ou destituição) do representante comum dos contitulares de uma quota social indivisa, quando esse representante comum não seja designado por lei ou disposição testamentária.

Ac. da RL, de 29.03.93 *in* www.dgsi.pt (Proc. n.º 0068052)

ARTIGO 224.º – **(Deliberação dos contitulares)**

1 – A deliberação dos contitulares sobre o exercício dos seus direitos pode ser tomada por maioria, nos termos do artigo 1407.º, n.º 1, do Código Civil, salvo se tiver por objecto a extinção, alienação ou oneração da quota, aumento de obrigações, renúncia ou redução dos direitos dos sócios; nestes casos, é exigido o consentimento de todos os contitulares.

2 – A deliberação prevista na primeira parte do número anterior não produz efeitos em relação à sociedade, apenas vinculando os contitulares entre si e, para com estes, o representante comum.

NOTAS:

I. Anteprojectos: FERRER CORREIA (art. 47.°); VAZ SERRA (art. 62.°) e RAÚL VENTURA (art. 32.°).

Cfr. ANTÓNIO FERRER CORREIA/VASCO LOBO XAVIER/MARIA ÂNGELA COELHO/ANTÓNIO CAEIRO *in* "Sociedade por quotas ...", pp. 202 e 203.

II. O n.° **1** foi rectificado pelo art. 4.°, do DL n.° 280/87, de 08 de Julho.

III. Conforme já vimos na anotação ao art. 222.°, os contitulares actuam, em regra, por meio de representante comum, o qual, como o nome indica, não passa de um mero *representante* no exercício dos direitos inerentes à quota indivisa.

Conforme salientam ANTÓNIO FERRER CORREIA/VASCO LOBO XAVIER/MARIA ÂNGELA COELHO/ANTÓNIO CAEIRO *in* "Sociedade por quotas ...", p. 203, a "actuação do representante comum está, naturalmente, subordinada às directrizes dos comproprietários que o designaram".

Embora não resulte expressamente do texto legal, as deliberações dos contitulares têm como objecto o exercício dos direitos inerentes às quotas, os quais podem ser exercidos contra a sociedade ou contra outras entidades, "como no caso de acção de responsabilidade contra gerente da sociedade. Sobre direitos de contitulares que, apesar de respeitarem à quota, não tenham aquela natureza e se dirijam contra pessoas que seja terceiros relativamente às relações de sociedade, poderá haver deliberações dos contitulares, mas não estão abrangidas pelo art. 224.°", RAÚL VENTURA *in* "Sociedades por Quotas", vol. I, p. 528.

Estas deliberações devem ser cumpridas pelo representante comum, sob pena de este se tornar o verdadeiro dono de negócios que não lhe pertencem. Cfr. RAÚL VENTURA *in* "Sociedades por Quotas", vol. I, p. 528.

Como é evidente a actuação do representante comum, dentro dos poderes que lhe são conferidos, não está dependente da existência de deliberações previamente tomadas.

ANTÓNIO FERRER CORREIA/VASCO LOBO XAVIER/MARIA ÂNGELA COELHO/ /ANTÓNIO CAEIRO *in* "Sociedade por quotas ...", p. 203, consideram mesmo que nada impede que "ao representante comum sejam concedidos poderes para actuar independentemente de instruções concretas dos seus constituintes".

A representação dos contitulares apresenta pontos de identificação com o mandato. De facto, conforme salienta RAÚL VENTURA *in* "Sociedades por Quotas", vol. I, p. 528, estamos perante um quadro semelhante "aos das relações entre mandante e mandatário: definido o objecto do mandato, o mandatário tem o poder e o dever de o executar, mas deve obediência às instruções do mandante, as quais neste caso resultam das referidas deliberações".

IV. O n.º 1 estipula que as deliberações dos contitulares sobre o exercício dos seus direitos podem ser tomadas por maioria, nos termos do art. 1407.º, n.º 1, do CC. Esta regra foi igualmente fixada para a deliberação de nomeação do representante comum (cfr. 2.ª parte, do n.º 1, do art. 223.º).

Da articulação do art. 1407.º, n.º 1, do CC, com o art. 985.º, do CC (para o qual aquele remete) resulta que a maioria exigida corresponde a mais de metade dos contitulares que representem pelo menos metade do valor total das quotas.

RAÚL VENTURA *in* "Sociedades por Quotas", vol. I, p. 529, considera que os contitulares podem, mediante convenção, fixar "deliberações unânimes ou tomadas por maioria diferente da maioria mínima admitida pela lei".

O n.º 1 revela, ainda, "uma preocupação de clareza e certeza quando, em vez de recorrer à fórmula tradicional e doutrinária dos actos de administração e de disposição, exclui da regra da maioria e exige expressamente a unanimidade para *a extinção, alienação ou oneração da quota, o aumento de obrigações, renúncia ou redução de direitos dos sócios*", PAIS DE VASCONCELOS *in* "A Participação Social ...", p. 357.

A exigência da unanimidade assenta no facto de estarmos perante actos que produzem efeitos jurídicos irreversíveis na quota.

V. A deliberação dos contitulares sobre o exercício dos seus direitos não produz efeitos em relação à sociedade, apenas vinculando os contitulares entre si e, para com estes, o representante comum (**n.º 2**).

Esta disposição perfila-se como um corolário lógico do sistema legal adoptado para a actuação dos contitulares. Com efeito, as "deliberações dos contitulares têm eficácia apenas nas relações internas destes", RAÚL VENTURA *in* "Sociedades por Quotas", vol. I, p. 529.

O representante comum – independentemente de ser ou não um dos contitulares – fica também vinculado à deliberação. "Isto significa que o representante comum deve agir, para com a sociedade, em conformidade com a deliberação tomada pelos contitulares.

No caso de divergência ente a deliberação tomada pelos contitulares e a actuação do representante comum, perante a sociedade, eficaz é esta última, pois a deliberação dos contitulares nenhuma eficácia tem para com a sociedade. O reflexo da desobediência do representante comum aparece apenas entre ele e os contitulares da quota, fornecendo a estes possível justa causa para a destituição e, se disso for caso, para reclamar indemnização", RAÚL VENTURA *in* "Sociedades por Quotas", vol. I, p. 530.

Por sua vez, MENEZES CORDEIRO *in* "Manual de Direito das Sociedades", II, p. 331, salienta que estamos, aqui, perante "um caso de eficácia da representação aparente: no sentido de atingir poderes que não lhe foram atribuídos pelo negócio de base".

JURISPRUDÊNCIA:

I – O artigo 224 do Código das Sociedades Comerciais estabelece dois diferentes regimes de deliberação dos contitulares e de eficácia das deliberações relativamente à sociedade na qual o representante comum vai exercer os direitos dos contitulares.

II – No caso de divergência entre a deliberação tomada pelos contitulares e a actuação do representante comum, perante a sociedade, eficaz é esta última, pois a deliberação dos contitulares nenhuma eficácia tem para com a sociedade.

O reflexo da desobediência do representante comum aparece apenas entre eles e os contitulares da quota, fornecendo a estes possível justa causa para a destituição e, se for caso disso, para reclamar indemnização.

III – Relativamente às deliberações que tenham por objecto a extinção, alienação ou oneração da quota, aumento das obrigações, renúncia ou redução dos direitos dos sócios, caso em que é exigido o consentimento de todos os contitulares e em que a deliberação é eficaz em relação à sociedade.

IV – Em abstracto, despida das condições em que é votada, a deliberação de aumento do capital social de uma sociedade por quotas não pode considerar--se como um acto que aumente as obrigações dos contitulares, traduza renúncia aos seus direitos ou represente uma redução desses direitos.

Ac. da RP, de 01.10.96 *in* www.dgsi.pt (Proc. n.° 9620291)

SECÇÃO III
Transmissão da quota

ARTIGO 225.º – (Transmissão por morte)

1 – O contrato de sociedade pode estabelecer que, falecendo um sócio, a respectiva quota não se transmitirá aos sucessores do falecido, bem como pode condicionar a transmissão a certos requisitos, mas sempre com observância do disposto nos números seguintes.

2 – Quando, por força de disposições contratuais, a quota não for transmitida para os sucessores do sócio falecido, deve a sociedade amortizá-la, adquiri-la ou fazê-la adquirir por sócio ou terceiro; se nenhuma destas medidas for efectivada nos 90 dias subsequentes ao conhecimento da morte do sócio por algum dos gerentes, a quota considera-se transmitida.

3 – No caso de se optar por fazer adquirir a quota por sócio ou terceiro, o respectivo contrato é outorgado pelo representante da sociedade e pelo adquirente.

4 – Salvo estipulação do contrato de sociedade em sentido diferente, à determinação e ao pagamento da contrapartida devida pelo adquirente aplicam-se as correspondentes disposições legais ou contratuais relativas à amortização, mas os efeitos da alienação da quota ficam suspensos enquanto aquela contrapartida não for paga.

5 – Na falta de pagamento tempestivo da contrapartida os interessados poderão escolher entre a efectivação do seu crédito e a ineficácia da alienação, considerando-se neste último caso transmitida a quota para os sucessores do sócio falecido a quem tenha cabido o direito àquela contrapartida.

NOTAS:

I. Anteprojectos: FERRER CORREIA (arts. 51.º, 52.º e 53.º); VAZ SERRA (arts. 65.º, 66.º e 74.º) e RAÚL VENTURA (arts. 35.º e 42.º).

Cfr. ANTÓNIO FERRER CORREIA/VASCO LOBO XAVIER/MARIA ÂNGELA COELHO/ANTÓNIO CAEIRO *in* "Sociedade por quotas ...", pp. 207 e 208.

II. O **n.º 3** tem a redacção introduzida pelo DL n.º 76-A/2006, de 29 de Março.

III. Da análise do regime consagrado na Secção III, do CSC (sob a epígrafe "Transmissão da quota") resulta que a regra geral é a da transmissibilidade da quota.

A transmissibilidade das participações sociais constitui uma característica das sociedades de capitais. Ora, não sendo a SQ uma sociedade de capitais pura, justificava-se, por imposição do seu lado personalista, a introdução de restrições à transmissão da quota.

Em regra, a morte do sócio implica a transmissão da quota para os seus sucessores.

O contrato de sociedade pode, no entanto, estabelecer que, falecendo um sócio, a respectiva quota não se transmita aos sucessores do falecido, bem como condicionar a transmissão a certos requisitos (**n.º 1**).

Estas disposições contratuais são designadas de cláusulas de estabilização, "pois mantêm a sociedade no âmbito pessoal existente à morte de um sócio, evitando a entrada de novos sócios", RAÚL VENTURA *in* "Sociedades por Quotas", vol. I, p. 537.

O legislador pretendeu estabelecer um equilíbrio entre os interesses em conflito (interesses dos herdeiros e interesse da sociedade em impedir ou controlar o ingresso de novos sócios). Cfr. ANTÓNIO FERRER CORREIA/VASCO LOBO XAVIER/ /MARIA ÂNGELA COELHO/ANTÓNIO CAEIRO *in* "Sociedade por quotas ...", p. 209.

As cláusulas de estabilização podem:

a) estabelecer que a quota não se transmitirá aos sucessores do falecido

A cláusula não tem que reproduzir as palavras "*a quota não se transmite aos sucessores do sócio*". RAÚL VENTURA *in* "Sociedades por Quotas", vol. I, p. 543, considerava que seria natural que, quando os interessados não pretendessem libertar totalmente a transmissão *mortis causa* de quotas, indicassem concretamente o regime a "que pretendem submeter aquela transmissão, embora de futuro se deva contar com a possibilidade (...) de remissão para preceitos legais".

Esta restrição tem um alcance mais amplo quanto aos sucessores do sócio falecido, abrangendo "todos eles, sem qualquer distinção, inclusivamente quanto à fonte legal ou testamentária da sucessão e quanto ao carácter de herança ou de legado", RAÚL VENTURA *in* "Sociedades por Quotas", vol. I, p. 543.

b) condicionar a transmissão a certos requisitos

Neste caso, não estamos perante uma tentativa de interferência "no sistema legal ou testamentário da sucessão; seria inconcebível que o contrato de sociedade determinasse quem deve ser o sucessor da quota. Lícito é apenas criar uma intransmissibilidade da quota *se* a sucessão for deferida a certas pessoas", RAÚL VENTURA *in* "Sociedades por Quotas", vol. I, p. 543.

A lei exige apenas que o requisito seja certo. Esta expressão não deve ser interpretada em sentido "indefinido (algum, qualquer, requisito), mas como impondo a concreta definição do requisito estipulado. Não é possível definir rigorosamente o grau de concretização necessária, mas é indispensável que o texto da cláusula permita determinar com segurança o requisito a que a transmissão fixa sujeito", RAÚL VENTURA *in* "Sociedades por Quotas", vol. I, p. 544.

Por outro lado, a cláusula pode ser redigida pela positiva ou pela negativa, "isto é, prevendo a condição da transmissibilidade ou mencionando as circuns-

Título III – Sociedades por quotas 235

tâncias determinantes da intransmissibilidade", RAÚL VENTURA *in* "Sociedades por Quotas", vol. I, p. 544.

A cláusula pode, por exemplo, estabelecer que "as quotas somente se transmitirão com o consentimento da sociedade ou para certas categorias de herdeiros", COUTINHO DE ABREU *in* "Curso de Direito...", II, pp. 350 e 351.

IV. Se, por um lado, a lei permite a restrição à transmissibilidade, por outro, determina qual o destino a dar à quota.

Com efeito, se a quota, por força de disposições contratuais (admitidas no **n.° 1**) não for transmitida para os sucessores do sócio falecido, a sociedade deve, amortizá-la, adquiri-la ou fazê-la adquirir por sócio ou terceiro (1.ª parte, do **n.° 2**).

Note-se, antes de mais, que esta regra aplica-se quer nos casos em que haja cláusula de intransmissibilidade (1.ª restrição), quer nos casos em que haja cláusula de condicionamento à transmissão (2.ª restrição).

Para RAÚL VENTURA *in* "Sociedades por Quotas", vol. I, p. 545, o interesse que a lei tentou proteger foi o dos sócios supérstites e não o dos sucessores do sócio falecido. "Na verdade, é aos primeiros e não aos segundos que, em teoria pelo menos, interessa que a quota seja amortizada ou seja adquirida por pessoa diferente dos sucessores, a fim de ser evitada a sucessão, que afinal e apesar de tudo, virá a efectuar-se no caso de não serem aproveitadas as possibilidades abertas pela cláusula contratual".

Não existe nenhuma ordem de preferência no recurso aos meios que irão determinar o destino da quota (a amortização, a aquisição pela sociedade ou a aquisição por sócio ou terceiro). Qualquer um deles pode ser utilizado independentemente "de outros terem ou não sido tentados", RAÚL VENTURA *in* "Sociedades por Quotas", vol. I, p. 545.

a) Amortização

À amortização de quota de sócio falecido aplicam-se as normas relativas à amortização de quotas em geral (cfr. arts. 232.° e ss.).

Veja-se, ainda, a remissão expressamente prevista no **n.° 4**.

Quanto à questão de saber se é lícita uma amortização estatutária ou automática, por morte do sócio, *vide* RAÚL VENTURA *in* "Sociedades por Quotas", vol. I, pp. 539 e ss..

b) Aquisição pela sociedade

Neste caso, são aplicáveis as normas relativas à aquisição pela sociedade de quotas próprias (cfr. art. 220.°).

c) Aquisição por sócio ou terceiro

Esta modalidade de aquisição não sacrifica os interesses dos sucessores do sócio falecido, nem prejudica os interesses da sociedade.

Para os sucessores é "indiferente que a quota seja extinta ou venha a pertencer a outra pessoa, desde que recebam a contrapartida. A sociedade, se tivesse como únicos meios de evitar a transmissão a amortização ou a aquisição por ela própria, poderia estar, na altura própria, impedida de os utilizar, por não estarem preenchidos os requisitos de que legalmente aquelas operações dependem, nomeadamente a existência de bastantes reservas livres", RAÚL VENTURA *in* "Sociedades por Quotas", vol. I, p. 547.

No caso de aquisição por sócio, este autor, *loc. cit.*, alerta, ainda, para a necessidade de respeitar o princípio da igualdade de tratamento dos sócios, "o qual impõe que a todos eles seja dada igual oportunidade de adquirir a quota, ou integralmente ou proporcionalmente dividida ou em contitularidade".

Importa referir que o legislador optou por não qualificar o negócio de aquisição da quota. De acordo com RAÚL VENTURA *in* "Sociedades por Quotas", vol. I, p. 549, "o negócio em vista só pode ser um contrato de compra e venda, pois só ele é compatível com a protecção mínima dos sucessores-titulares. Estes não podem deixar de receber uma contrapartida pela quota e tal contrapartida não pode deixar de ser uma quantia em dinheiro, sendo inconcebível que os sucessores titulares fossem forçados a receber outro bem proposto pela sociedade".

V. Segundo parecer de ANTUNES VARELA *in* CJ, Ano I, Tomo I, 1993, pp. 265 e ss., a posição jurídica de sócio é insusceptível de ser adquirida por usucapião.

VI. A escolha de um dos meios previstos é feita por deliberação dos sócios.

No caso de amortização ou aquisição pela sociedade tal imposição resulta expressamente da al. b), do n.º 1, do art. 246.º.

RAÚL VENTURA *in* "Sociedades por Quotas", vol. I, p. 555, entende que também a opção pela aquisição da quota por sócio ou terceiro deve ser objecto de deliberação, "por vários motivos: primeiro, porque, embora tome determinada direcção, a opção é feita entre várias possibilidades, duas das quais, como se disse, dependem de deliberação; segundo, porque não faria sentido confiar aos gerentes uma opção que acarreta a entrada de novo sócio ou a atribuição a sócios ou sócios de uma quota social".

Segundo MENEZES CORDEIRO *in* "Direito das Sociedades", II, p. 347, na "assembleia geral onde se debate o destino da quota do sócio falecido, podem participar os sucessores".

Se no prazo de 90 dias subsequente ao conhecimento da morte do sócio por algum dos gerentes, a quota não for amortizada ou adquirida (por exemplo, por falta de vontade da sociedade ou por impedimento resultante, designadamente, de condicionamento legal da amortização e da aquisição de quota própria (cfr. art. 220.º)) a restrição, contratualmente estabelecida, torna-se inexistente, considerando-se a quota transmitida para os sucessores do sócio (2.ª parte, do **n.º 2**).

Conforme resulta da leitura conjugada dos n.os 2 e 3, do art. 227.º, os direitos e obrigações inerentes à quota ficam suspensos até ao decurso do referido prazo de 90 dias, com excepção dos direitos necessários à tutela da posição jurídica dos sucessores, nomeadamente votar em deliberações sobre alteração do contrato ou dissolução da sociedade.

O decurso deste prazo de 90 dias "faz caducar a faculdade de a sociedade amortizar a quota, adquiri-la ou fazê-la adquirir e assim esse decurso normaliza a transmissão, fazendo desaparecer os impedimentos potenciais suscitados pela cláusula de intransmissibilidade ou de condicionamento da transmissão", RAÚL VENTURA *in* "Sociedades por Quotas", vol. I, p. 556.

Neste hipótese, a transmissão produz-se "desde a morte do sócio, apenas com limitação durante algum tempo", RAÚL VENTURA *in* "Sociedades por Quotas", vol. I, p. 556.

O conhecimento da morte do sócio não depende de comunicação pelos sucessores. Cfr. RAÚL VENTURA *in* "Sociedades por Quotas", vol. I, p. 555.

Para efeitos desta norma, por gerente entende-se "também a pessoa que, na falta de todos os gerentes designados, tenha, por força da lei, o encargo de administrar a sociedade", RAÚL VENTURA, *loc. cit.*.

VII. A aquisição da quota por sócio ou terceiro deve ser celebrada por contrato, no qual devem outorgar o representante da sociedade e o adquirente (**n.º 3**).

No anteprojecto de FERRER CORREIA, o art. 53.º, n.º 3, continha a expressão "outorgarão apenas". A exigência de intervenção apenas do representante da sociedade e do alienante tinha como finalidade superar o obstáculo representado pela eventual recusa dos herdeiros em outorgar o contrato, de molde a assegurar o funcionamento da respectiva providência legal. Cfr. ANTÓNIO FERRER CORREIA/VASCO LOBO XAVIER/MARIA ÂNGELA COELHO/ANTÓNIO CAEIRO *in* "Sociedade por quotas ...", p. 210.

A redacção deste número foi introduzida pelo DL n.º 76-A/2006, reflectindo a preocupação do legislador na simplificação dos actos relativos às sociedades.

Na sua versão inicial, exigia-se a celebração de escritura pública, a qual seria outorgada apenas pelo representante da sociedade e o adquirente, se fosse sócio ou terceiro.

Face à versão inicial, é de destacar a alteração da forma exigida, a redução do âmbito de aplicação da norma apenas à aquisição por sócio ou terceiro e a, consequente, eliminação da expressão "...se for sócio ou terceiro". RAÚL VENTURA *in* "Sociedades por Quotas", vol. I, p. 549, entendia que esta frase justificava-se, já que, se a quota fosse adquirida pela própria sociedade, a escritura seria outorgada apenas pelo representante da sociedade.

A aquisição de quota pela sociedade foi expressamente excluída pelo DL n.º 76-A/2006.

ARMANDO MANUEL TRIUNFANTE *in* "Código das Sociedades ...", p. 220, considera que "não será correcta a interpretação que pretenda fazer intervir nessa aquisição os próprios sucessores, uma vez que se mantêm os interesses que obstam a essa participação. Parece-nos, então, que, nessa situação, se deve continuar a advogar, como já se fazia antes, a necessidade de intervenção única da própria sociedade".

O **n.º 3** fala apenas de contrato, abstendo-se de fazer qualquer referência à forma exigida. Ora, uma vez que, como vimos, estamos perante um contrato de compra e venda, serão aplicáveis as regras relativas à forma desse contrato. Cfr. ARMANDO MANUEL TRIUNFANTE *in* "Código das Sociedades ...", p. 220.

Da leitura do **n.º 3** salta desde logo à vista a eliminação do poder de disposição da quota por parte dos respectivos sucessores-titulares, o qual é conferido à sociedade que outorgará, por meio de representante, o contrato de aquisição.

Com efeito, o "representante da sociedade, ao outorgar a escritura, não representa, mediata ou imediatamente, os sucessores-titulares, antes invoca e usa um poder de disposição de coisa alheia conferido pelo referido preceito. Os sucessores-titulares são completamente afastados da operação, quer na fase de são completamente afastados da operação, quer na fase de negociações quer na de celebração", RAÚL VENTURA *in* "Sociedades por Quotas", vol. I, p. 549.

Para PEREIRA DE ALMEIDA *in* "Sociedades Comerciais", p. 238, estamos perante "um caso de representação legal para obviar a obstrução por parte dos herdeiros cedentes".

VIII. Em princípio, à determinação e ao pagamento da contrapartida devida pelo adquirente aplicam-se as correspondentes disposições legais ou contratuais relativas à amortização (**n.º 4**).

Esta norma personifica a protecção mínima legalmente concedida aos sucessores.

Na verdade, os sucessores, na medida em que não gozam do poder de dispor livremente da quota, ficam afastados do respectivo processo negocial e da respectiva celebração, justificando-se, assim, que a lei fixe as regras que regulam a determinação e o pagamento da contrapartida da aquisição.

A contrapartida da amortização está regulada no art. 235.º.

Nos termos da al. a), do n.º 1, do art. 235.º, a contrapartida da amortização é o valor de liquidação da quota, determinado nos termos do artigo 105.º, n.º 2, com referência ao momento da deliberação.

O pagamento da contrapartida é fraccionado em duas prestações, a efectuar dentro de seis meses e um ano, respectivamente, após a fixação definitiva da contrapartida (al. b), do n.º 1, do art. 235.º).

A regra do **n.º 4** impõe-se à sociedade, proibindo a venda da quota em condições menos favoráveis às previstas no art. 235.º, n.º 1. Na opinião de PEREIRA DE ALMEIDA *in* "Sociedades Comerciais", p. 237, esta regra vale mesmo "que porventura os herdeiros encontrem um terceiro que ofereça um valor mais elevado pela quota, pois o que está em causa é a protecção da sociedade contra a entrada de estranhos".

Quanto à possibilidade de a sociedade efectuar sem acordo dos sucessores-titulares, a venda da quota por um preço correspondente à contrapartida da amortização e nos prazos determinados supletivamente pela lei, havendo oferta supe-

Título III – Sociedades por quotas 239

rior e melhor proposta de prazos de pagamento, *vide* RAÚL VENTURA *in* "Sociedades por Quotas", vol. I, pp. 551 e ss..

RAÚL VENTURA *in* "Sociedades por Quotas", vol. I, p. 551, entende que a sociedade e os sucessores do sócio podem elaborar acordo, no qual os sucessores, "desinteressados da transmissão sucessória da quota e preferindo receber uma quantia inferior ou conceder diferimento superior ao estabelecido no art. 235.º, n.º 1, autoriza a sociedade a proceder dessa forma. Nada parece impedir este segundo acordo ou outro que altere aquelas regras supletivas".

A sociedade não está vinculada a qualquer processo de designação do adquirente que assegure "a possibilidade de ofertas de preços da quota ou condições de pagamento deste", RAÚL VENTURA *in* "Sociedades por Quotas", vol. I, p. 551.

O produto da venda da quota é devido aos sucessores do sócio falecido.

A regra prevista no **n.º 4** é supletiva, podendo ser afastada por cláusula contratual, a qual incidirá, apenas, sobre a determinação e o pagamento da contrapartida da aquisição da quota.

Os efeitos da alienação da quota ficam suspensos enquanto a contrapartida devida pelo adquirente não for paga (parte final, do **n.º 4**).

Nesta norma é "patente a defesa dos interesses do sucessor da quota e a preterição dos interesses dos restantes sócios, pois consequência daquela regra é que a quota, até ao pagamento da contrapartida, se mantém na titularidade daqueles que a cláusula visava afastar. Na verdade, suspensos os efeitos da alienação, a quota não é entretanto transmitida para o adquirente escolhido pela sociedade. Poderá parecer que esta cautela do legislador introduz grave entorse no funcionamento da cláusula, mas compreende-se que a escolha pela sociedade do adquirente da quota, sem intervenção do sucessor do sócio nesta qualidade, seja acompanhada de defesas do interesse deste", RAÚL VENTURA *in* "Sociedades por Quotas", vol. I, pp. 552 e 553.

A parte final, do **n.º 4**, aplica-se mesmo quando a quota é adquirida pela própria sociedade. Cfr. RAÚL VENTURA *in* "Sociedades por Quotas", vol. I, p. 553.

IX. Na falta de pagamento tempestivo da contrapartida os interessados poderão escolher entre a efectivação do seu crédito e a ineficácia da alienação, considerando-se, neste último caso, transmitida a quota para os sucessores do sócio falecido a quem tenha cabido o direito àquela contrapartida (**n.º 5**).

O legislador procurou, aqui, salvaguardar os interesses dos herdeiros. Cfr. ANTÓNIO FERRER CORREIA/VASCO LOBO XAVIER/MARIA ÂNGELA COELHO/ANTÓNIO CAEIRO *in* "Sociedade por quotas ...", p. 210.

A falta de pagamento tempestivo da contrapartida deve ser entendida como falta de pagamento de qualquer das respectivas prestações.

Por sua vez, "o momento a atender como falta de pagamento tempestivo deve ser o da entrada em mora do devedor; o sucessor do sócio falecido é credor do adquirente e nesse aspecto não há especialidade no seu direito de crédito", RAÚL VENTURA *in* "Sociedades por Quotas", vol. I, p. 554.

240   *Regime Jurídico das Sociedades por Quotas*

Na falta de pagamento tempestivo da contrapartida devida pelo adquirente, os interessados podem optar por uma das seguintes vias:

a) A efectivação do seu crédito

Neste caso, os interessados optam por insistir no cumprimento do contrato de compra e venda da quota.

Se os interessados optarem pela efectivação do seu crédito, perdem a vantagem da suspensão dos efeitos da alienação, nos termos da parte final, do **n.º 4**. Cfr. RAÚL VENTURA, *ob. cit.*, p. 553.

b) A ineficácia da aquisição

O corolário da ineficácia da aquisição é a transmissão da quota para o sucessor, "eliminando supervenientemente o obstáculo ou impedimento a esta criado pela deliberação da sociedade", RAÚL VENTURA *in* "Sociedades por Quotas", vol. I, p. 556.

Nesta hipótese, não existe uma nova transmissão do adquirente para os sucessores, tudo se passando como se a alienação "não tivesse existido e, portanto, a quota é transmitida para os sucessores desde a morte do sócio", RAÚL VENTURA *in* "Sociedades por Quotas", vol. I, p. 556.

A escolha não obedece a nenhuma forma especial, "podendo resultar tacitamente da exigência do pagamento em mora, quando tenha sido efectuada nesse sentido. Se foi exercida no sentido da ineficácia, terá de haver uma comunicação à sociedade", RAÚL VENTURA *in* "Sociedades por Quotas", vol. I, p. 554.

A lei não define um prazo para os interessados escolherem o meio pretendido. No entanto, uma "vez feita a escolha, ela é irrevogável, não sendo, por exemplo, lícito ao interessado convolar para a ineficácia da alienação no caso de não ter conseguido o pagamento do crédito por ele exigido", RAÚL VENTURA, *loc. cit.*.

JURISPRUDÊNCIA:

1 – Falecendo um dos sócios na sociedade comercial por quotas, e inexistindo no contrato social impedimento no sentido da quota não ser transmitida aos sucessores do falecido e não deliberando a sociedade nos 90 dias seguintes ao conhecimento do falecimento do sócio, no sentido de amortizar a quota, adquirir a quota ou fazê-la adquirir por terceiro, então ipso jure a quota do falecido sócio transmitese para os sucessores do mesmo. É o que estabelece o artigo 225.º do CSC.

2 – A quota indivisa fica até à partilha na titularidade dos sucessores do falecido sócio, em regime de contitularidade, devendo os contitulares exercer os direitos inerentes à quota através de um representante comum.

3 – O capital social da sociedade pertencia ao casal e seus dois filhos. Por via do falecimento do pai da Autora, dada a dissolução da comunhão conjugal e a sucessão hereditária, as duas quotas pertencentes ao pai e à mãe da ora Autora, passaram a estar registadas em comum e sem determinação de parte ou direito, e a pertencer à ora Autora, ao irmão e à mãe de ambos. É o regime estabelecido

Título III – Sociedades por quotas   241

nos artigos 222.° a 224.° do CSC, que se estriba no fundo no regime da compropriedade dos artigos 1403.° e ss do C. Civil.

4 – Estatuto do representante comum: o n.° 5 do artigo 223.° do C.S.C. estabelece a regra, o 6 as limitações. O representante comum representa a quota indivisa, é mandatário dela. O representante comum representa os contitulares perante a sociedade para o exercício de direitos inerentes à quota. Não tem a ver com relações entre os contitulares e terceiros, de que o representante comum está afastado.

5 – O representante comum dos titulares das quotas indivisas não pode participar na votação da deliberação sobre a dissolução da sociedade, se a lei, o testamento, todos os contitulares ou o tribunal não atribuírem ao representante comum poderes de disposição.

6 – Os elementos literal, lógico e o teleológico de interpretação, considerando que o representante comum não pode praticar actos que levem à redução dos direitos dos sócios, obriga a considerar que este não pode participar na votação de uma proposta que, levada à assembleia geral, possa vir a desembocar numa deliberação no sentido da dissolução da sociedade.

7 – Tendo a representante comum nela participado, e votado, é de concluir que o fez sem ter poderes para tal, não estava munida de poderes especiais de disposição (que a existirem tinham de ser comunicados obrigatoriamente à sociedade), o que fere a deliberação de anulabilidade – artigo 58.°, n.° 1, al. a) do CSC, por violação do estatuto do representante comum – artigo 223.°, n.ºs 5 e 6 do CSC.

Ac. da RL, de 07.10.08 *in* www.dgsi.pt (Proc. n.° 6727/2008-1)

I – Salvo disposição diversa do contrato social, as quotas transmitem-se para os sucessores dos sócios falecidos nos termos do direito comum das sucessões.

II – Mas pode o contrato social estabelecer que, falecendo um sócio, a respectiva participação não se transmitirá aos sucessores do falecido, bem como condicionar a transmissão a certos requisitos.

III – Todavia, não é suficiente a manifestação isolada de vontade de qualquer dos sócios sobrevivos, perante os herdeiros do sócio falecido, para provocar a exclusão deles da sociedade.

IV – Já no domínio da Lei das Sociedades por Quotas de 1901era defendido pela melhor doutrina que a cláusula que conferia aos sócios sobrevivos a faculdade de não admissão na sociedade dos herdeiros do sócio falecido configurava uma verdadeira amortização de quota, tese essa que veio a ser consagrada no actual 225.° do C.S.C., que por essa razão se considera ter carácter interpretativo do direito anterior.

V – Contendo o contrato social limitações à transmissão de quotas por morte (quer no interesse da sociedade, quer no interesse dos sucessores), a opção pela amortização da quota ou pela aquisição da quota do sócio falecido tem de ser tomada por deliberação dos sócios.

242 Regime Jurídico das Sociedades por Quotas

VI – Assim, como a exclusão da sociedade dos herdeiros do sócio, configura uma amortização da quota do sócio falecido, essa exclusão, como tal, depende, imperativamente, de uma deliberação social.

VII – De resto, o mesmo regime, isto é, a dependência de prévia deliberação social, é aplicável às alternativas legalmente previstas à amortização, como sejam a aquisição da quota pela sociedade ou por um sócio ou por terceiro.

Ac. da RL, de 19.09.06 *in* www.dgsi.pt (Proc. n.° 06A2395) e CJ, Ano XIV, Tomo III, p. 55

Se, falecido um sócio de uma sociedade por quotas, a sociedade não toma a deliberação a que alude o art. 225.°, n.° 2, do CSC – não amortização, aquisição para si, para sócio ou terceiro, no prazo de 90 dias após o conhecimento da morte por algum dos gerentes – o sócio sobrevivo pode adquirir a quota que ao falecido pertencia, não estando tal direito dependente de prévia e favorável deliberação social.

Ac. da RP, de 13.02.06 *in* www.dgsi.pt (Proc. n.° 0556628)

I – O regime próprio das sociedades comerciais não altera a regra sucessória sobre o objecto da sucessão.

II – O contrato de sociedade pode estatuir no sentido da não-transmissão ou do seu condicionamento a certos requisitos.

III – Actualmente, uma cláusula de estabilização por força da qual os sucessores de sócio falecido ficassem sempre e apenas com um direito de crédito correspondente ao valor da quota, mas sem que alguma vez pudessem adquirir a qualidade de sócios, seria nula.

IV – A posição de sucessor jurídico define-se pela possibilidade de ser alterada por acto alheio (da sociedade) e a tutela só pode respeitar à situação como tal, não à mudança dessa posição. O direito de votar na deliberação de amortização ou na de aquisição por entidade designada pela sociedade ou por nenhuma destas medidas está suspenso.

V – Mesmo no caso de estar impedido de votar, o sócio (não o sucessor do sócio, nos casos em que o direito de voto está suspenso), porque tem o direito de participar numa assembleia geral, tem de para ela ser convocado, sob pena de invalidade do que se deliberar.

Ac. do STJ, de 23.01.01 *in* www.dgsi.pt (Proc. n.° 00A3654)

I – O prazo do n.° 2 do art. 225.° do CSC é norma especial para os casos de morte de sócio de sociedade por quotas, pelo que prevalece sobre o prazo geral do n.° 2 do art. 234.° do mesmo Código.

II – Embora a sociedade só adquira o direito a amortizar depois de decorrido o prazo de 60 dias sobre a morte do sócio caso os herdeiros deste não tenham feita a comunicação a que se refere a alínea c) do n.° 1 do art. 8.° do Pacto Social, tem de exercer esse direito dentro do prazo de 90 dias subsequen-

Título III – Sociedades por quotas 243

tes ao conhecimento da morte do sócio por alguns dos gerentes, sob pena de a quota se considerar transmitida para os herdeiros.

III – Nos termos do art. 235.°, n.° 1, a) do CSC, salvo estipulação em contrário do contrato de sociedade ou acordo das partes, a contrapartida da amortização é o valor de liquidação da quota determinado nos termos do art. 105.°, n.° 2, com referência ao momento da deliberação.

IV – Sendo, segundo os estatutos, o valor da quota para efeitos de amortização (ou de aquisição) aquele que se revelar mais elevado dentre o nominal e o do último balanço aprovado, a apreciação de qual deles é o mais elevado tem de poder ser efectuada antes da deliberação de amortizar.

V – O valor do último balanço aprovado, tendo em conta a obrigação legal da gerência de apresentar anualmente à aprovação o relatório da gestão e as contas relativas ao exercício há-de reportar-se ao ano económico imediatamente anterior.

VI – É susceptível de apreciação em procedimento cautelar a questão de abuso de direito.

VII – Uma deliberação social que permita que o valor da quota resultante do balanço de 1998 apurado em momento posterior ao afastamento dos herdeiros da sociedade, restringindo-lhes qualquer controle sobre essas contas é apta a causar-lhes prejuízo.

Ac. da RE, de 16.11.00 *in* CJ, Ano XXV, Tomo V, p. 260

I – O regime próprio das sociedades comerciais não altera a regra sucessória sobre o objecto da sucessão.

II – O contrato de sociedade pode estatuir no sentido da não-transmissão ou do seu condicionamento a certos requisitos.

III – Actualmente, uma cláusula de estabilização por força da qual os sucessores de sócio falecido ficassem sempre e apenas com um direito de crédito correspondente ao valor da quota, mas sem que alguma vez pudessem adquirir a qualidade de sócios, seria nula.

IV – A posição de sucessor jurídico define-se pela possibilidade de ser alterada por acto alheio (da sociedade) e a tutela só pode respeitar à situação como tal, não à mudança dessa posição. O direito de votar na deliberação de amortização ou na de aquisição por entidade designada pela sociedade ou por nenhuma destas medidas está suspenso.

V – Mesmo no caso de estar impedido de votar, o sócio (não o sucessor do sócio, nos casos em que o direito de voto está suspenso), porque tem o direito de participar numa assembleia geral, tem de para ela ser convocado, sob pena de invalidade do que se deliberar.

Ac. do STJ, de 10.05.00 *in* www.dgsi.pt (Proc. n.° 00A3654)

É nula a assembleia geral de uma sociedade comercial por quotas, onde foi deliberada a amortização de uma quota por virtude do falecimento do respectivo

244 Regime Jurídico das Sociedades por Quotas

sócio titular se para a mesma não tiver sido convocada a legatária da raiz da quota em causa.
Ac. da RL, de 10.05.00 *in* www.dgsi.pt (Proc. n.º 0012907)

I – No âmbito interno dos sócios que alterem um pacto societário, essa alteração é eficaz, abrangendo-se, nessa eficácia, os herdeiros que sucedem na posição jurídica de um sócio que assumiu essa deliberação, mesmo sem registo.

II – Estando em causa uma cláusula estatuária de simples possibilidade de amortização da quota do sócio falecido, os sucessores adquirem, por força e à data desse óbito, a contitularidade dessa quota e, consequentemente, o direito de serem convocados para qualquer assembleia geral, enquanto não ocorrer amortização ou acto semelhante.

IV – Se essa convocatória não tiver ocorrido, possam, ou não, votar quanto à amortização e até porque, pelo menos, sempre poderiam aceitar, ou não, a contrapartida que se deliberasse, são nulas as deliberações.
Ac. do STJ, de 23.09.97 *in* www.dgsi.pt (Proc. n.º 97A083)

I – (...)
II – Quando o contrato de sociedade estabelece a amortização de quota no caso de falecimento de um sócio, os seus sucessores têm a qualidade jurídica de transmissários da quota do falecido sócio enquanto se não efectivar a amortização.

III – Nessa qualidade, e enquanto se não concretizar a amortização da quota, os sucessores do sócio falecido devem ser convocados para as assembleias da sociedade que, entretanto, se vierem a realizar.
Ac. da RP, de 17.06.96 *in* CJ, Ano XXI, Tomo III, p. 222

I – Enquanto a herança se mantiver indivisa os herdeiros são contitulares do direito à herança, têm tão só um direito a uma parte ideal, não de cada um dos bens de que se compõe a herança, mas sim da própria herança em si mesmo considerada.

II – Assim e falecido um sócio de uma sociedade e mantendo-se indivisa a herança por aquele deixada os respectivos herdeiros não adquirem desde logo a qualidade de sócio até se determinar quem, na respectiva partilha judicial ou extra-judicial virá a "encabeçar" a quota que era pertença do "de cujus".
Ac. da RL, de 12.06.96 *in* www.dgsi.pt (Proc. n.º 0001936) e CJ, Ano XXI, Tomo III, p. 114

I – Os herdeiros do titular de quota societária adquirem, em princípio e sem prejuízo, designadamente, do disposto pelo artigo 225.º, n.º 1 do Código das Sociedades Comerciais, a qualidade de sócios.

II – Estando em causa uma contitularidade da posição social, inserta em herança indivisa, sem prejuízo da existência dos direitos e obrigações próprias dos sócios, a lei vigente estabelece um regime próprio para o exercício dos direitos que não sejam exclusivamente individuais.

III – Basicamente a lei preconiza que o exercício dos direitos deve ser realizado através de representante comum, designado por lei ou testamento, pelos novos contitulares, ou judicialmente.

IV – Na falta de representante comum, é logicamente admissível a intervenção conjunta de todos os contitulares.

V – Carece de legitimidade activa um contitular para sozinho, desencadear acção de anulação de deliberação social que não tenha um alcance exclusivamente pessoal atinente a esse contitular.

Ac. do STJ, de 04.10.94 *in* www.dgsi.pt (Proc. n.º 086048)

ARTIGO 226.º – **(Transmissão dependente da vontade dos sucessores)**

1 – Quando o contrato atribuir aos sucessores do sócio falecido o direito de exigir a amortização da quota ou por algum modo condicionar a transmissão da quota à vontade dos sucessores e estes não aceitem a transmissão, devem declará-lo por escrito à sociedade, nos 90 dias seguintes ao conhecimento do óbito.

2 – Recebida a declaração prevista no número anterior, a sociedade deve, no prazo de 30 dias, amortizar a quota, adquiri-la ou fazê--la adquirir por sócio ou terceiro, sob pena de o sucessor do sócio falecido poder requerer a dissolução da sociedade por via administrativa.

3 – É aplicável o disposto no n.º 4 do artigo anterior e nos n.ᵒˢ 6 e 7 do artigo 240.º.

NOTAS:

I. Os **n.ᵒˢ 2** e **3** têm a redacção introduzida pelo DL n.º 76-A/2006, de 29 de Março.

II. O art. 225.º prevê a possibilidade de a transmissão da quota do sócio falecido ser contratualmente afastada ou condicionada no interesse dos outros sócios.

Por seu turno, o artigo em anotação consagra a hipótese de o contrato fazer depender a transmissão da quota da vontade dos sucessores do sócio falecido. Cfr. PAULO OLAVO DA CUNHA *in* "Direito das Sociedades...", p. 393 e MENEZES CORDEIRO *in* "Manual de Direito das Sociedades", II, p. 347.

A cláusula contratual admitida no artigo em anotação pode:

a) atribuir aos sucessores do sócio falecido o direito de exigir a amortização da quota

A referência à amortização da quota "justifica-se por esse ser um meio já praticado no domínio da lei anterior por alcançar tal finalidade e representa um

246 *Regime Jurídico das Sociedades por Quotas*

modo de condicionamento da transmissão à vontade dos sucessores, visto que a estes compete decidir se efectivam ou não tal exigência", RAÚL VENTURA *in* "Sociedades por Quotas", vol. I, p. 560.

b) por algum modo condicionar a transmissão da quota à vontade dos sucessores

O legislador optou por fazer uma referência genérica aos meios de condicionamento da transmissão. Para RAÚL VENTURA, *loc., cit.*, por "ser impossível prever todas as cláusulas tendentes a esse efeito. Indispensável será, porém, que a transmissão fique, pelo meio usado, dependente da vontade dos sucessores".

Pode, contudo, suceder que a cláusula contratual faça depender a transmissão da quota da vontade da sociedade e simultaneamente da vontade dos sucessores. V.g., as cláusulas que "atribuem à sociedade o direito de amortizar a quota e aos sucessores o direito de exigir a amortização. A simultaneidade desses direitos não prejudica a aplicação do disposto no art. 226.°, embora manifestamente crie a possibilidade de a quota ser amortizada pela sociedade, apesar de os sucessores preferirem a transmissão e vice versa", RAÚL VENTURA *in* "Sociedades por Quotas", vol. I, p. 560.

O artigo em anotação (à semelhança do art. 225.°) determina a transmissão da quota para os sucessores, de acordo com as regras do direito sucessório e no momento da morte do sócio. Importa, no entanto, referir que estamos perante uma transmissão "precária, que pode terminar por vontade dos sucessores, e cujos efeitos se apagam retroactivamente, nos termos do art., 227.°", RAÚL VENTURA *in* "Sociedades por Quotas", vol. I, pp. 560 e 561.

III. Se os sucessores do sócio falecido não aceitarem a transmissão devem declará-lo por escrito à sociedade nos 90 dias seguintes ao conhecimento do óbito (parte final do **n.° 1**).

Note-se que os 90 dias (prazo igualmente fixado para a sociedade optar pelas medidas previstas no n.° 2, do art. 225.°) são contados não a partir do óbito, mas sim do seu conhecimento pelos sucessores.

Se os sócios não declararem, no referido prazo de 90 dias, que não pretendem que a quota se transmita para eles, o possível impedimento considera-se inexistente, tornando-se a transmissão definitiva.

A declaração dos sucessores no sentido da não aceitação da transmissão deve ser feita por escrito.

A exigência da forma escrita justifica-se uma vez que estamos perante um acto que, no fundo, constituiu uma *renúncia* a um direito.

IV. Depois de receber a declaração dos sócios de não aceitação da transmissão, a sociedade deve, no prazo de 30 dias, amortizar a quota, adquiri-la ou fazê-la adquirir por sócio ou terceiro, sob pena de o sucessor do sócio falecido poder requerer a dissolução da sociedade por via administrativa (**n.° 2**).

Esta norma contém uma verdadeiro dever da sociedade, a que correspondente o direito dos sucessores do sócio.

RAÚL VENTURA *in* "Sociedades por Quotas", vol. I, p. 562, fala de uma verdadeira prestação de facto. A prestação de facto está regulada nos arts. 933.º e ss., do CPC.

Os sucessores não podem exigir a utilização de um determinado meio, dado que a escolha cabe à sociedade, atendendo não só "aos requisitos legais dalgumas daquelas operações – amortização e aquisição de quota própria – com a interesses doutras ordens", RAÚL VENTURA, *ob. cit.*, p. 561.

Paralelamente ao que se verifica na escolha dos meios previstos no art. 225.º, n.º 2, também a escolha dos meios consagrados no **n.º 2** depende de deliberação dos sócios. Cfr. anotações ao art. 225.º.

A lei fixou o prazo de 30 dias, a contar do recebimento de declaração de não aceitação da transmissão, para a sociedade utilizar os meios legalmente previstos.

Este prazo "justifica-se como elemento do processo criado em benefício dos sucessores, e por isso pode ser renunciado por estes. Dentro do prazo devem ser praticados todos os actos necessários para ser alcançada a finalidade pretendida", RAÚL VENTURA *in* "Sociedades por Quotas", vol. I, pp. 561 e 562.

Se a sociedade não amortizar, adquirir ou fizer adquirir por sócio ou terceiro a quota, o sucessor pode requerer a dissolução administrativa da sociedade.

Para MENEZES CORDEIRO *in* "Manual de Direito das Sociedades", II, p. 348, esta solução é pesada, sendo "susceptível de destruir, pela raiz, um empreendimento totalmente viável. Aos estatutos cabe, designadamente e para essa eventualidade, prever alternativas: pagamentos faseados e prazos mais alargados.

Também é possível fixar outros métodos de compensação. Mas não ao ponto de se chegar a valores irrisórios, sob pena de abuso de direito".

MENEZES CORDEIRO e outros *in* "Código das Sociedades Comerciais – Anotado", pp. 588 e 589, alertam para a necessidade de "o intérprete-aplicador revelar cautela no modo como acomoda o mencionado prazo. Em múltiplas circunstâncias a exigência de observância rigorosa do 30 dias pode configurar abuso de direito por parte do sucessor".

Na redacção anterior ao DL n.º 76-A/2006, o **n.º 2** previa a dissolução judicial, a qual com este diploma foi substituída pela dissolução administrativa.

Conforme resulta expressamente do n.º 1, do art. 142.º, a dissolução administrativa pode ser requerida com fundamento em facto previsto na lei (como o plasmado no **n.º 2**).

O regime jurídico dos procedimentos administrativos de dissolução e de liquidação está consagrado no Anexo III, do DL n.º 76-A/2006, de 29.03, entretanto, rectificado pela DRect n.º 28-A/2006, de 26.05 e alterado pelo DL n.º 318/ /2007, de 26.09.

Infelizmente, o legislador optou por não estipular nenhum prazo para a apresentação do requerimento de dissolução administrativa.

248   *Regime Jurídico das Sociedades por Quotas*

V. Por força da remissão expressa do **n.º 3** para os n.ᵒˢ 6 e 7, do art. 240.º, os sucessores do sócio falecido podem, ainda, requerer a dissolução administrativa da sociedade nos seguintes casos:

a) se a contrapartida não puder ser paga por implicar que a situação líquida da sociedade fique inferior à soma do capital e da reserva legal e o sócio não queira esperar por uma situação líquida que permita o pagamento (cfr., conjugadamente, n.º 6, do art. 240.º e n.º 1, do art. 236.º);

b) se o adquirente da quota não pagar tempestivamente a contrapartida, sem prejuízo de a sociedade se substituir, nos termos do n.º 1, do art. 236.º (n.º 7, do art. 240.º).

Note-se que na redacção anterior à introduzida pelo DL n.º 76-A/2006, o **n.º 3** remetia apenas para o n.º 5, do art. 240.º. Diga-se, contudo, que a actual remissão para os n.ᵒˢ 6 e 7, do art. 240.º, não introduziu nenhuma alteração substantiva. De facto, conforme refere ARMANDO MANUEL TRIUNFANTE *in* "Código das Sociedades ...", p. 222, "a norma que anteriormente era alvo de remissão foi "recolocada" e dividida em duas normas diferente, assim se explicando que a remissão, agora, se faça para os n.ᵒˢ 6 e 7 do art. 240.º CSC".

VI. Se a sociedade optar pela aquisição da quota e salvo estipulação contratual em sentido diferente, à determinação e ao pagamento da contrapartida devida pelo adquirente aplicam-se as correspondentes disposições legais ou contratuais relativas à amortização, mas os efeitos da alienação da quota ficam suspensos enquanto aquela contrapartida não for paga (n.º 4, do art. 225.º *ex vi* **n.º 3**).

ARTIGO 227.º – **(Pendência da amortização ou aquisição)**

1 – A amortização ou a aquisição da quota do sócio falecido efectuada de acordo com o prescrito nos artigos anteriores retrotrai os seus efeitos à data do óbito.

2 – Os direitos e obrigações inerentes à quota ficam suspensos enquanto não se efectivar a amortização ou aquisição dela nos termos previstos nos artigos anteriores ou enquanto não decorrerem os prazos ali estabelecidos.

3 – Durante a suspensão, os sucessores poderão, contudo, exercer todos os direitos necessários à tutela da sua posição jurídica, nomeadamente votar em deliberações sobre alteração do contrato ou dissolução da sociedade.

NOTAS:

I. Anteprojectos: FERRER CORREIA (art. 54.º) e RAÚL VENTURA (art. 42.º). Cfr. ANTÓNIO FERRER CORREIA/VASCO LOBO XAVIER/MARIA ÂNGELA COELHO/ANTÓNIO CAEIRO *in* "Sociedade por quotas ...", pp. 208 a 210.

II. O n.º 1 foi rectificado pelo art. 4.º, do DL n.º 280/87, de 08 de Julho.

III. O artigo em anotação define a situação jurídica da quota durante o período que medeia entre a morte do sócio e a adopção (ou não) de alguma das medidas facultadas ou impostas à sociedade, nos termos do arts. 225.º e 226.º.

A ideia geral "consiste claramente em suspender os direitos e obrigações componentes da quota, até a situação estar esclarecida, e posteriormente cobrir este espaço de suspensão por meio da retroactividade da medida que venha a ser tomada pela sociedade", RAÚL VENTURA *in* "Sociedades por Quotas", vol. I, p. 566.

IV. Os direitos e obrigações inerentes à quota ficam suspensos enquanto não se efectivar a sua amortização ou aquisição nos termos previstos nos arts. 225.º e 226.º ou enquanto não decorrerem os prazos ali estabelecidos (**n.º 2**).

Através da suspensão dos direitos e obrigações inerentes à quota, procurou-se evitar a intromissão, na vida da sociedade, de pessoas (sucessores do sócio falecido) "que presumivelmente nela se conservarão durante pouco tempo ou, por outros palavras, aquela suspensão contrabalança a precariedade da situação dos ditos sucessores", RAÚL VENTURA *in* "Sociedades por Quotas", vol. I, p. 567.

A suspensão, na medida em que atinge os direitos e obrigações inerentes à quota, impede os sucessores de exercer os respectivos direitos e a sociedade de exigir o cumprimento das respectivas obrigações.

O legislador faz uma referência genérica a direitos e obrigações. Assim, quanto aos direitos, não existe nenhuma distinção entre direitos patrimoniais e extra-patrimoniais, "sendo, portanto, vedados a atribuição de lucros, o voto, a nomeação para cargos sociais que só possam ser exercidos por sócios e até o direito de impugnar deliberações sociais anuláveis", RAÚL VENTURA *in* "Sociedades por Quotas", vol. I, p. 566.

No que diz respeito às obrigações, tanto podem ser principais (obrigação de entrada e obrigação de quinhoar nas perdas, art. 20.º) como acessórias (obrigação de prestações acessórias (art. 209.º) e obrigação de prestações suplementares (art. 210.º)).

A suspensão inicia-se com a morte do sócio e não com o seu conhecimento pela sociedade.

A suspensão cessa quando:

a) for efectivada a amortização ou aquisição nos termos dos arts. 225.º e 226.º, consoante o caso;

250   *Regime Jurídico das Sociedades por Quotas*

Esta exigência justifica-se, designadamente, para aqueles casos em que a aquisição tenha sido outorgado, mas não tenha sido paga a contrapartida. De facto, a aquisição só se torna efectiva quando tiver sido paga a respectiva contrapartida.

Refira-se ainda que a expressão "efectivada" está prevista no n.º 2, do art. 225.º.

ou

b) quando decorrerem os prazos estabelecidos nos arts. 225.º e 226.º, *designadamente:*

– o prazo de 90 dias para a sociedade efectivar a amortização ou aquisição da quota no caso de não transmissão para os sucessores, por imposição contratual (art. 225.º, n.º 2) e

– o prazo de 30 dias para a sociedade amortizar, adquirir ou fazer adquirir a quota no caso de não transmissão para os sucessores, por vontade destes (art. 226.º, n.º 2).

Na opinião de RAÚL VENTURA *in* "Sociedades por Quotas", vol. I, p. 568, "a suspensão deve continuar até que, pelo funcionamento do art. 225.º, n.º 5, o pagamento esteja efectuado na totalidade ou o sucessor do sócio tenha feito a escolha ali permitida. Para tanto, interpreto a expressão «enquanto não decorrerem os prazos ali estabelecidos», com sendo todos, incluindo o período previsto no art. 225.º, n.º 5, necessários para se definir a transmissão ou não transmissão definitiva da quota para o sucessor do sócio falecido".

V. Conforme já referimos, a suspensão dos direitos e obrigações inerentes à quota perfila-se como um mecanismo de tutela da sociedade. Sucede que essa mesma suspensão constitui, simultaneamente, um verdadeiro cerceamento dos direitos dos sucessores do sócio, que podem, assim, ver a sua situação jurídica gravemente prejudicada, por acção (ou omissão) dos outros sócios.

Conforme alerta RAÚL VENTURA *in* "Sociedades por Quotas", vol. I, pp. 568 e 569, suponha-se "que, aproveitando aquela suspensão, os outros sócios, só por si, introduzem no contrato de sociedade alterações prejudiciais aos referidos sucessores, ou que deliberam a fusão ou transformação da sociedade ou o aumento do capital em termos incomportáveis para os sucessores ou redutores da possível influência destes na sociedade e, depois de assim procederem, não amortizam a quota nem a fazem adquirir pela sociedade ou terceiro".

O legislador, para proteger a posição jurídica dos sucessores, previu a solução consagrada no **n.º 3**, nos termos do qual, durante a suspensão, os sucessores poderão exercer todos os direitos necessários à tutela da sua posição jurídica, nomeadamente votar em deliberações sobre alteração do contrato ou dissolução da sociedade.

A técnica legislativa adoptada consistiu na previsão de uma cláusula geral ("direitos necessários à tutela da sua posição jurídica") e de um exemplo-padrão que preenche aquela cláusula (o direito de "votar em deliberações sobre alteração do contrato ou dissolução da sociedade").

Nas palavras de RAÚL VENTURA *in* "Sociedades por Quotas", vol. I, p. 571, "só podem ser necessários o direito à informação, o direito de impugnar deliberações sociais e o direito de voto".

Para estes mesmo autor, *ob. cit.*, p. 570, os "direitos que, por força do n.º 3, podem ser exercidos durante a suspensão, não devem ser aqueles que respeitam à própria situação jurídica do sucessor na quota ou aos limites e consequências da precariedade desta (...). Afigura-se, pois, que a tutela em vista apenas respeita à conservação da quota, com o seu conteúdo jurídico, absoluto e relativo, isto é, em si mesmo e relativamente às posições dos outros sócios".

Em consonância com o entendimento doutrinal perfilhado noutros ramos do direito, para a interpretação e aplicação de cláusulas gerais (como a prevista no **n.º 3**), o preenchimento destas deve ser avaliada com base numa ponderação global de todas as circunstâncias objectivas e subjectivas que envolvem o caso concreto. Sendo certo, no entanto, que o exemplo-padrão não poderá deixar de servir como indicador do tipo de direitos que a norma considera como necessários à tutela da posição jurídica do sucessor do sócio falecido.

O direito de voto sobre o destino da quota, na medida em que está claramente excluído do âmbito do **n.º 3**, fica suspenso. Cfr. RAÚL VENTURA *in* "Sociedades por Quotas", vol. I, p. 570.

FERRER CORREIA *in* "A sociedade por quotas segundo o Código das Sociedades Comerciais", p. 161, pugna pela eliminação, como se não tivesse sido escrita, da parte final, do **n.º 3**, uma vez que a mesma está em contradição com o **n.º 2**.

Cfr. MENEZES CORDEIRO e outros *in* "Código das Sociedades Comerciais – Anotado", p. 591.

VI. O n.º 1 determina a retroactividade da amortização e aquisição da quota.

Este preceito justifica-se em função dos **n.os 2 e 3**, servindo como elemento que garante a justeza e completude do sistema adoptado para a transmissão de quotas *mortis causa*.

De facto, suspensos os direitos e obrigações inerentes à quota durante um determinado período e adoptada definitivamente uma das medidas quanto ao destino da quota, "é pouco curial deixar um espaço intermédio de regime temporário, o qual é assim coberto pela retroactividade até à data do óbito. Como que se apaga a existência desse período provisório e precário, ligando directamente a nova situação e a morte do sócio", RAÚL VENTURA *in* "Sociedades por Quotas", vol. I, p. 571.

Em princípio, a retroactividade da amortização da quota não implicará grandes questões, considerando-se a quota extinta desde a morte do sócio.

252 Regime Jurídico das Sociedades por Quotas

Já no que diz respeito à retroactividade da aquisição da quota, cfr. RAÚL VENTURA *in* "Sociedades por Quotas", vol. I, pp. 571 e ss..

JURISPRUDÊNCIA:

I – Quando o contrato da sociedade estabelece a amortização da quota no caso de falecimento de um sócio, os seus sucessores têm a qualidade jurídica de transmissários da quota do falecido enquanto se não efectiva a amortização.

II – Assim nessa qualidade e enquanto se não concretizar a amortização da quota os sucessores do sócio falecido têm de ser convocados para as assembleias gerais que se vierem a realizar, sob pena de serem nulas as deliberações nelas tomadas – (cfr. n.º 3 do art. 227.º, n.º 5 do art. 248.º e n.º 1 do art. 56.º – todos do CSC).

Ac. da RL, de 14.05.00 *in* CJ, Ano XXV, Tomo III, p. 88

ARTIGO 228.º – (**Transmissão entre vivos e cessão de quotas. Regime geral**)

1 – A transmissão de quotas entre vivos deve ser reduzida a escrito.

2 – A cessão de quotas não produz efeitos para com a sociedade enquanto não for consentida por esta, a não ser que se trate de cessão entre cônjuges, entre ascendentes e descendentes ou entre sócios.

3 – A transmissão de quota entre vivos torna-se eficaz para com a sociedade logo que lhe for comunicada por escrito ou por ela reconhecida, expressa ou tacitamente.

NOTAS:

I. Anteprojectos: FERRER CORREIA (art. 55.º); VAZ SERRA (art. 68.º) e RAÚL VENTURA (art. 36.º).

Cfr. ANTÓNIO FERRER CORREIA/VASCO LOBO XAVIER/MARIA ÂNGELA COELHO/ANTÓNIO CAEIRO *in* "Sociedade por quotas ...", pp. 210 e 211.

II. O n.º 1 tem a redacção introduzida pelo DL n.º 76-A/2006, de 29 de Março.

III. A transmissão de quotas divide-se em duas espécies:

a) A transmissão *mortis causa*, regulada nos arts. 225.º a 227.º;

b) A transmissão entre vivos ou *inter vivos*, regulada nos arts. 228.° a 231.°.

A transmissão de quotas entre vivos é um conceito amplo que compreende a transmissão voluntária e a transmissão não voluntária.

Assim, podemos dividi-la em duas sub-espécies:

b.1) A transmissão não voluntária

No conceito de transmissão não voluntária incluem-se todas as formas de transmissão que não se fundam na vontade do seu titular, como, por exemplo, a venda ou adjudicação judiciais, cfr. art. 239.°.

b.2) A transmissão voluntária

A transmissão *inter vivos* voluntária é tipificadamente denominada como cessão de quotas, tendo como elemento caracterizador a voluntariedade do facto transmissivo.

Por conseguinte, não haverá transmissão nem cessão "quando o acto tem um efeito extintivo da quota ou quando sobre a quota é constituído um direito de usufruto ou ainda quando a aquisição da quota é originária; não há cessão de quota quando faltar um acto voluntário do seu titular, com sucede com a perda da quota a favor da sociedade, nos termos do art. 204.°, a arrematação e a adjudicação judiciais", RAÚL VENTURA *in* "Sociedades por Quotas", vol. I, p. 577.

Nos casos em que a sociedade se funda num contrato, a quota (participação social nas SQ) assumir-se-á como uma verdadeira posição contratual. Motivo pelo qual alguns autores tem encarado a cessão de quotas como uma cessão da posição contratual. Cfr., CARLOS MOTA PINTO *in* "Cessão da Posição Contratual", reimpressão, Almedina, 2003, p. 82 e RAÚL VENTURA *in* "Sociedades por Quotas", vol. I, pp. 578 e ss.. *Vide*, ainda ALEXANDRE SOVERAL MARTINS *in* "Sobre o Consentimento da Sociedade para a Cessão de Quotas", BFD, Volume Comemorativo, Coimbra Editora, 2003, pp. 676 e 677.

A importância desta qualificação não é meramente académica, na medida em que constitui um precioso elemento de determinação da regulamentação legal da cessão de quotas, a qual, neste contexto, será "constituída em primeira linha pelos preceitos que lhe são especialmente dedicados, a seguir pelos preceitos reguladores da cessão de posição contratual, e na medida em que esta não seja completa, continuar-se-á a integração lançando mão dos preceitos que por sua vez integrem lacunas da regulamentação legal da cessão de posição contratual e que são de duas ordens: preceitos disciplinadores da cessão de créditos e da transmissão de obrigação, preceitos reguladores do negócio material em que a cessão de posição contratual (cessão de quotas) se inclua", RAÚL VENTURA *in* "Sociedades por Quotas", vol. I, p. 582.

A cessão da posição contratual está regulada nos arts. 424.° e ss., do CC.

A cessão de quotas não se traduz num acto jurídico meramente abstracto de contratualidade neutra, pelo contrário, cada cessão integra-se necessariamente num contrato translativo, como, por exemplo, a venda, a permuta ou a doação. Cfr. RAÚL VENTURA *in* "Sociedades por Quotas", vol. I, pp. 582 e 583. Para

Menezes Cordeiro *in* "Manual de Direito das Sociedades", II, p. 349, a cessão "é uma designação genérica que envolve múltiplas hipóteses: compra e venda, doação, sociedade e os mais diversos negócios, típicos ou atípicos".

Quanto à aplicação dos regimes da cessão da posição contratual e da compra e venda ou doação, cfr., ainda, Pereira de Almeida *in* "Sociedades Comerciais", p. 240.

Numa perspectiva talvez redutora, podemos, ainda, dividir a cessão de quotas em:

– *Cessão onerosa*

A cessão onerosa integra-se geralmente num contrato de compra e venda.

Compra e venda é o contrato pelo qual se transmite a propriedade de uma coisa, ou outro direito, mediante um preço (art. 874.º, do CC).

Para maiores desenvolvimentos sobre a caracterização do contrato de compra e venda, veja-se, entre outros, Nuno Pinto Oliveira *in* "Contrato de Compra e Venda", Almedina, 2007, pp. 14 e ss..

– *Cessão gratuita*

A cessão gratuita integra-se geralmente numa doação.

Doação é o contrato pelo qual uma pessoa, por espírito de liberalidade e à custa do seu património, dispõe gratuitamente de uma coisa ou de um direito, ou assume uma obrigação, em benefício do outro contraente (art. 940.º, do CC).

Para maiores desenvolvimentos sobre o contrato de doação, *vide*, entre outros, Almeida Costa *in* "Noções Fundamentais de Direito Civil", 4.ª edição, Almedina, 2001, pp. 349 e ss..

IV. Nos termos do **n.º 1**, a transmissão de quotas entre vivos deve ser reduzida a escrito.

A redacção deste número foi introduzida pelo DL n.º 76-A/2006, reflectindo a preocupação do legislador na simplificação dos actos relativos às sociedades.

Na sua versão inicial, a transmissão de quota entre vivos devia constar de escritura pública, excepto quando ocorresse em processo judicial.

Note-se que, na actual redacção, o **n.º 1** deixou de tratar diferenciadamente a transmissão em processo judicial e de exigir a celebração de escritura pública.

O **n.º 1** (conforme já se verificava na versão anterior) aplica-se a qualquer acto de transmissão entre vivos e não apenas à transmissão voluntária (qualificada como cessão de quotas). Raúl Ventura *in* "Sociedades por Quotas", vol. I, p. 583, salientava que "o preceito tinha a extensão indicada pela sua letra; aplica-se a qualquer acto de transmissão entre vivos e não apenas àqueles qualificáveis como cessão.

Nas transmissões de quotas ocorridas em processo judicial incluem-se as que constituam elemento de transacção judicial".

A redução a escrito justifica-se por força da natureza incorpórea da quota, constituindo forma especial para a transmissão, "o que significa que a eventual

Título III – Sociedades por quotas 255

preterição da mesma provoca a nulidade do negócio translativo (cfr. art. 220.° do CC)", PAULO OLAVO DA CUNHA *in* "Direito das Sociedades...", p. 392.

Este autor, *ob. cit.*, p. 392, nota de rodapé n.° 474, alerta, ainda, para o facto de a lei não exigir "que a cessão conste de um único documento, mas tão só que *seja reduzida a escrito* (...). Por sua vez, o novo artigo 4.°-A (...) também não esclarece essa questão, fincado em aberto apurar se as manifestações de vontade que formam o negócio podem ser reduzidas a escrito em diferentes instrumentos (troca de cartas, por exemplo)".

De acordo com o art. 4.°-A, aditado pelo DL n.° 76-A/2006, a exigência ou a previsão de forma escrita, de documento escrito ou de documento assinado, feita no CSC em relação a qualquer acto jurídico, considera-se cumprida ou verificada ainda que o suporte em papel ou a assinatura sejam substituídos por outro suporte ou por outro meio de identificação que assegurem níveis pelo menos equivalentes de inteligibilidade, de durabilidade e de autenticidade.

Para maiores desenvolvimentos sobre o art. 4.°-A, veja-se ARMANDO MANUEL TRIUNFANTE *in* "Código das Sociedades ...", pp. 9 e ss..

A transmissão de quotas está sujeita a registo, nos termos da al. c), do n.° 1, do art. 3.°, do CRC.

O registo da transmissão de quotas é obrigatório, por força do n.° 1, do art. 15.°, do CRC.

A transmissão de quotas só produz efeitos contra terceiros depois da data do respectivo registo (art. 14.°, n.° 1, do CRC).

Por outro lado, a transmissão, enquanto facto relativo a quotas, só é eficaz perante a sociedade depois de solicitado o registo (art. 242.°-A, aditado pelo DL n.° 76-A/2006). Cfr. anotações ao art. 242.°-A.

O registo deve ser requerido no prazo de 2 meses após a transmissão (n.° 2, do art. 15.°, do CRC).

V. Em princípio, a cessão de quotas não produz efeitos para com a sociedade enquanto não for consentida por esta (1.ª parte, do **n.° 2**).

O **n.° 2** aplica-se apenas à cessão de quotas. Conforme sublinha RAÚL VENTURA *in* "Sociedades por Quotas", vol. I, p. 584, o "n.° 2, do art. 228.° aplica-se literalmente apenas à cessão e esse é também o seu alcance substancial. É intencional a diferença de expressões entre, por um lado, aquele n.° 2 e, por outro lado, os n.os 1 e 3 do mesmo artigo e justifica-se por o consentimento da sociedade ser uma limitação imposta à *vontade* do titular da quota".

Na cessão de quotas está latente um conflito de interesses. Por um lado, o sócio titular tem interesse na transmissão da quota (e consequente saída da sociedade) e no recebimento imediato e por vezes necessário, do preço da quota. Por outro lado, os restantes sócios podem ter interesse na manutenção do sócio (cedente) na sociedade ou na não aquisição, por um terceiro, da qualidade de sócio.

256 *Regime Jurídico das Sociedades por Quotas*

Com a regra do **n.º 2**, o CSC rompeu com o regime anterior, o qual partia, supletivamente, da livre transmissão da quota, dando prevalência ao interesse do sócio cedente. Com efeito, nos termos do regime actual, a regra (supletiva) é a da necessidade de consentimento da sociedade.

Partilhamos da opinião de PAULO OLAVO DA CUNHA *in* "Direito das Sociedades...", pp. 385 e 386 quando refere que a "limitação à livre transmissibilidade da quota é um efeito natural da crescente pessoalização das sociedades por quotas, gradualmente mais fechadas, a ponto de a lei admitir que uma sociedade se feche completamente ao exterior, proibindo em absoluto a cessão (cfr. art. 229.º, n.º 1 *in fine*)".

FERRER CORREIA *in* "A sociedade por quotas segundo o Código das Sociedades Comerciais", p. 162, considerava que a exclusão do princípio da livre cedibilidade das quotas afastava a SQ do modelo que o legislador porventura havia visionado. Para este autor, *loc. cit.*, na vida real o que prevalece é que "a sociedade por quotas real é uma sociedade que considera em princípio indesejável a intromissão de estranhos – uma sociedade animada de um espírito xenófobo, pois que vive em larga medida da cooperação entre os sócios e do seu empenhamento pessoal na empresa comum".

Cfr., ainda, PEDRO MAIA *in* "Tipos de Sociedades", p. 25 e ALEXANDRE SOVERAL MARTINS *in* "Sobre o Consentimento...", p. 675.

O consentimento não é necessário para o contrato-promessa de cessão, RAÚL VENTURA *in* "Sociedades por Quotas", vol. I, pp. 611 e 612.

VI. O consentimento é um acto jurídico unilateral da sociedade, praticado por deliberação dos sócios, podendo ser expresso ou tácito. Para maiores desenvolvimentos quanto ao pedido e prestação de consentimento *vide* anotações ao art. 230.º.

Do ponto de vista temporal, o consentimento pode ser anterior, contemporâneo ou ulterior à cessão. Cfr. RAÚL VENTURA *in* "Sociedades por Quotas", vol. I, p. 623 e ALEXANDRE SOVERAL MARTINS *in* "Sobre o Consentimento...", p. 679.

O consentimento é um requisito legal de eficácia da cessão de quotas. De facto, a sua falta não afecta a validade da cessão, implicando apenas a sua ineficácia perante a sociedade.

A ineficácia pode ser absoluta ou relativa.

"Diz-se absoluta a ineficácia *erga omnes*, a que pode ser invocada por qualquer interessado e opera *ipso iure. Ineficácia relativa* é a ineficácia apenas em relação a certas pessoas, em favor das quais foi estabelecida, e só estas podendo invocá-la. Idêntica, ou em todo o caso muito próxima desta última, é a figura da *inoponibilidade*", MANUEL DE ANDRADE *in* "Teoria Geral ...", vol. II, p. 412.

A ineficácia prevista **n.º 2** é relativa.

Na prática, a falta de consentimento implica que a sociedade pode ignorar a cessão, tudo se passando com se esta não "tivesse existido: ao cedente e não ao

Título III – Sociedades por quotas

cessionário exigirá a sociedade o cumprimento de obrigações e o cedente, não o cessionário, tem legitimidade para exercer os direitos sociais", RAÚL VENTURA *in* "Sociedades por Quotas", vol. I, pp. 585 e 586.

De salientar que, a eficácia da cessão perante a sociedade depende, ainda, de um outro requisito: o registo (art. 242.°-A, aditado pelo DL n.° 76-A/2006).

Por sua vez, na relação entre o cedente e o cessionário, a cessão é plenamente eficaz. PEREIRA DE ALMEIDA *in* "Sociedades Comerciais", p. 242, realça que, nas "relações entre cedente e cessionário, tudo se passará como se de uma associação à quota ou "convention de croupier" se tratasse".

No que diz respeito aos terceiros, a cessão torna-se eficaz com o registo (art. 14.°, n.° 1, do CRC).

Segundo MENEZES CORDEIRO *in* "Direito das Sociedades", II, p. 350, o "negócio-base da cessão sujeita-se às vicissitudes comuns de qualquer contrato. Pode, designadamente e verificados os competentes pressupostos, ser resolvido por alteração das circunstâncias (437.°/1, do Código Civil), por incumprimento ou anulado por erro".

VII. A regra da necessidade de consentimento é, como já referimos, uma regra supletiva, que pode ser afastada pelo contrato, conforme dispõe o art. 229.°, n.° 2.

O consentimento não deve ser confundido com o direito de preferência dos sócios e/ou da sociedade. Cfr. PAULO OLAVO DA CUNHA *in* "Direito das Sociedades…", p. 388.

No nosso sistema jurídica, este direito não está consagrado, assim, o mesmo só poderá ser constituído pela via contratual.

Com efeito e conforme considera RAÚL VENTURA *in* "Sociedades por Quotas", vol. I, p. 611, se "atendermos à definição contida no art. 414.° CC e à sua extensão por força do art. 423.°, as quotas podem ser objecto de pactos de pactos de preferência – pactos pelos quais algum sócio assume a obrigação de dar preferência a outrem na alienação de determinada quota, quer essa alienação seja a título gratuito ou a titulo oneroso, quer o exercício do direito de preferência esteja protegido por uma obrigação prévia de o alienante comunicar o facto ou oferecer a quota, quer o não esteja".

A este propósito, PAULO OLAVO DA CUNHA *in* "Direito das Sociedades…", p. 389, sublinha que a "boa técnica contratual aconselharia, em nossa opinião, que, restringindo o contrato de sociedade a transmissibilidade em vida de participações sociais, consentimento e direito de preferência fossem objecto de regulamentação estatutária em separado, de forma a evitar qualquer confusão entre os institutos". Cfr., o exemplo dado pelo autor, *ob. cit.*, p. 390.

Para maiores desenvolvimentos, veja-se, A. LUIS GONÇALVES *in* "Exercício do direito de preferência pelos sócios de uma sociedade por quotas na cessão de uma das quotas", RDES, Ano XXXVII, n.° 19, 1995, pp. 89 e ss.; Pereira de Almeida *in* "Sociedades Comerciais", pp. 244 e ss.; Menezes Cordeiro *in* "Manual de Direito das Sociedades", II, p. 353 e Raúl Ventura *in* "Sociedades por Quotas", vol. I, pp. 613 e ss..

VIII. No caso de cessão entre cônjuges, entre ascendentes e descendentes ou entre sócios o consentimento da sociedade não é exigido (**n.° 2**, parte final).

Esta norma tem natureza supletiva. Com efeito, o n.° 3, do art. 229.°, admite que, por via contratual, seja exigido o consentimento da sociedade também para todas ou algumas daquelas cessões.

A dispensa legal do consentimento nas cessões entre sócios justifica-se, uma vez que, neste caso, o cessionário não é um terceiro estranho à sociedade (o que constitui o principal fundamento do consentimento).

No caso de cessão entre cônjuges, entre ascendentes e descendentes, "a lei faz prevalecer os interesses familiares do titular da quota a possíveis interesses da sociedade", Raúl Ventura *in* "Sociedades por Quotas", vol. I, p. 585.

A expressão "cessão entre ascendentes e descendentes" não pode ser interpretada "como apenas cessão do ascendente para o descendente", Raúl Ventura *in* "Sociedades por Quotas", vol. I, p. 585.

A propósito da cessão de quotas entre cônjuges tenhamos em atenção que o regime do **n.° 2** não consome o regime do Código Civil. Conforme alerta Coutinho de Abreu *in* "Curso de Direito…", II, p. 359, "quando o negócio que serve de base à cessão é uma compra e venda, ela só é válida quando os cônjuges estejam separados judicialmente de pessoas e bens – art. 1714.°, 2, do CCiv.; quando o negócio causal seja uma doação, a cessão só não será válida se vigorar imperativamente entre os cônjuges o regime da separação de bens – art. 1762.° do CCiv.".

Para maiores desenvolvimentos, *vide* Coutinho de Abreu *in* "Curso de Direito…", II, pp. 359 e ss. e Alexandre Soveral Martins *in* "Sobre o Consentimento…", p. 680.

Cfr., ainda, Rita Lobo Xavier *in* "Participação social em sociedade por quotas integrada na comunhão conjugal e tutela dos direitos do cônjuge e do ex-cônjuge do "sócio"", Nos 20 Anos do Código das Sociedades Comerciais, vol. III, Coimbra Editora, 2007, pp. 993 e ss. e João Labareda *in* "Da Alienação e Oneração de Participações Sociais por Sócio Casado", Direito Societário Português – Algumas questões, *Quid Iuris*, 1998, pp. 197 e ss..

A não sujeição da cessão de quotas entre ascendentes e descendentes ao consentimento da sociedade (prevista no **n.° 2**), não implica, naturalmente, o afastamento do art. 877.°, n.° 1, do CC. Esta disposição impõe, no caso de venda (onde se inclui a cessão de quotas) de pais e avós a filhos ou netos, o consentimento dos outros filhos ou netos, sob pena de anulabilidade.

IX. A transmissão de quota entre vivos torna-se eficaz para com a sociedade logo que lhe for comunicada por escrito ou por ela reconhecida, expressa ou tacitamente (**n.º 3**).

Esta norma tem natureza imperativa.

Como vimos, o **n.º 2** aplica-se apenas à cessão de quotas. Por sua vez, o **n.º 3** aplica-se a todas as formas de transmissão entre vivos.

Para RAÚL VENTURA *in* "Sociedades por Quotas", vol. I, p. 586, a expressão "transmissão de quotas entre vivos" está usada em toda a sua extensão, abrangendo também a sub-espécie cessão de quotas. Isto porque, a "necessidade ou vantagem da comunicação à sociedade existe também no caso de cessão".

Este mesmo autor, *ob. cit.*, p. 586, faz referência expressa à inclusão da transmissão de quotas em processo executivo. "O art. 239.º, n.º 4, manda notificar oficiosamente à sociedade a decisão judicial que determine a venda da quota em processo de execução, falência ou insolvência de sócio, mas esta notificação visa o exercício de direitos de preferência, além de que por ela a sociedade não fica tendo conhecimento da efectiva venda da quota, incluindo a pessoa do comprador".

Assim, podemos concluir que a eficácia da cessão de quotas depende, simultaneamente, do consentimento e da comunicação ou reconhecimento.

Na articulação destes dois requisitos legais, RAÚL VENTURA *in* "Sociedades por Quotas", vol. I, p. 591, esclarece que "se o consentimento da sociedade precede o acto de cessão, este torna-se eficaz pela comunicação; se a comunicação tem por objecto uma cessão ainda não consentida, a comunicação não constitui por si pedido de consentimento e a cessão continua ineficaz, enquanto o consentimento não for devidamente pedido e obtido; o mesmo se dirá se for comunicada uma cessão não consentida expressamente; o pedido de consentimento posterior à cessão para que não tenha ainda sido pedido o consentimento deve ter-se como comunicação depois de obtido o consentimento".

PEDRO MAIA *in* "Registo e Cessão de Quotas", Reformas do Código das Sociedades, colóquios n.º 3, IDET, Almedina, 2007, p. 166, dá nota de uma aparente contradição entre o art. 242.º-A e o **n.º 3**. Na verdade, aquele preceito faz depender a eficácia dos factos relativo a quotas (transmissão) da solicitação do respectivo registo. Por sua vez, nos termos do **n.º 3**, a transmissão da quota só se torna eficaz com a comunicação à sociedade ou com o seu reconhecimento.

Pode suceder que o sócio comunique a transmissão, mas não solicite o registo.

PEDRO MAIA in "Registo e Cessão ...", p. 166, entende que a "cessão, cujo registo não tenha sido solicitado à sociedade, não deixará de produzir efeitos em relação a esta se, nos termos do art. 230.º CSC, tiver sido prestado o consentimento".

X. A lei não determina a quem compete a realização da comunicação. Assim, quer o cedente, quer o cessionário têm legitimidade para a realizar, tudo dependendo, na prática, dos interesses em causa.

O legislador absteve-se de fixar um prazo para a comunicação e para o reconhecimento da cessão, ficando ao interesse do cedente ou do cessionário a escolha do momento em que a comunicação será feita. "A doutrina regista cláusulas contratuais em que é fixado um prazo para a comunicação, mas reputo-as inválidas, pois dispõem de interesse alheio", RAÚL VENTURA *in* "Sociedades por Quotas", vol. I, p. 588.

Quanto à distinção entre exigência de comunicação e o pedido de informação, cfr. RAÚL VENTURA *in* "Sociedades por Quotas", vol. I, p. 588.

O objecto da comunicação é um facto que já ocorreu (a transmissão). "Necessário se torna, portanto, que à sociedade sejam comunicados todos os elementos definidores daquele facto: os sujeitos, a quota transmitida, o lugar e a data do acto, o conteúdo do acto, de modo a poder-se verificar ter ocorrido uma transmissão. Além disso, porém, é indispensável indicar a forma do acto, como elemento essencial da validade da transmissão comunicada (...)

Ao contrário do proposto em anteprojectos, a lei não exige que a comunicação seja acompanhada por documento comprovativo da transmissão ocorrida. Julgou-se preferível aplicar nesse aspecto os princípios gerais: a sociedade pode contentar-se com a simples (desacompanhada de documento probatório) comunicação da cessão, mas também pode exigir a prova do facto alegado pelo comunicante, sobre o qual recai esse ónus", RAÚL VENTURA *in* "Sociedades por Quotas", vol. I, p. 589.

A invalidade da comunicação determina a manutenção da ineficácia da cessão. Quanto à relação entre a invalidade da comunicação e a invalidade da transmissão, cfr. RAÚL VENTURA *in* "Sociedades por Quotas", vol. I, p. 588.

A eficácia para com a sociedade de actos que, nos termos da lei, devam ser-lhe notificados ou comunicados, não depende de registo ou de publicação (art. 170.°).

XI. O **n.° 3** estabelece uma equiparação entre a comunicação e o reconhecimento.

O reconhecimento pode ser expresso ou tácito (parte final, do **n.° 3**). Recorrendo à fórmula empregue pelo legislador para a declaração negocial (art. 217.°, n.° 1, do CC), podemos considerar que o reconhecimento é expresso, quando feito por palavras, escrito ou qualquer outro meio directo de manifestação de vontade e tácito, quando se deduz de factos que, com toda a probabilidade, o revelam.

A RP, no Ac. de 25.01.90 *in* www.dgsi.pt (Proc. n.° 0224175), entendeu que o reconhecimento não fica preenchido com o simples conhecimento, sendo indispensável uma atitude positiva de aceitação da cessão de quotas.

MENEZES CORDEIRO *in* "Direito das Sociedades", II, p. 349, refere que "a oneração de quotas, com usufruto ou com penhor, está sujeita às limitações estabelecidas para a sua transmissão".

Título III – Sociedades por quotas 261

JURISPRUDÊNCIA:

I e II – (…)
III. A eficácia da anulação de uma cessão de quotas, pretendida na acção por alguns cessionários, que adquiriram individualmente as quotas, é possível obter sem necessidade de intervenção de terceiro.
IV. A cessão de quotas não está destituída de valor, quando na participação social está integrado o valor da carteira de clientes, que no ano anterior tinha gerado receitas superiores ao preço da cessão, assim como outros bens, ainda que sem valor determinado.
V. Não se surpreendendo uma conduta dolosa nos cedentes, e, como tal ilícita, não pode efectivar-se a responsabilidade civil.
VI. Correspondendo a quantia pecuniária entregue aos cedentes à contrapartida pela cessão de quotas, não se pode afirmar que falte causa justificativa ao seu recebimento.
Ac. da RL, de 25.06.09 *in* www.dgsi.pt (Proc. n.º 3269/04.8TBVFX.L1-6)

I. O erro de julgamento vicia materialmente a sentença, sendo corrigido mediante recurso, mas não afecta o aspecto formal da sentença, visado pela arguição da nulidade da sentença.
II. A celebração da escritura pública de cessão de quotas e a elaboração dos documentos particulares, com as respectivas declarações de vontade complementares, sendo simultâneas, no tempo e no espaço, constituem um acordo regulador dos interesses dos seus outorgantes, nomeadamente da transmissão onerosa da participação social.
III. Ao aceitar as obrigações de garante do cedente, o cessionário, por efeito da cessão de quotas, assume a obrigação principal perante o cedente.
IV. Essa obrigação, não sendo acessória, não tem natureza da fiança.
Ac. da RL, de 09.12.08 *in* www.dgsi.pt (Proc. n.º 10011/2008-6)

I – Seno pressuposto e base da cessão de quotas de uma sociedade comercial a obtenção definitiva de autorização para construção de um posto de abastecimento para o qual já fora obtido da CM Porto um despacho de viabilidade favorável, a interpretação do negócio terá de ser de que a celebração foi feita no pressuposto de que a decisão definitiva sobre a viabilidade construtiva teria de ocorrer em prazo curto.
II – Conduz a absoluta impossibilidade construtiva um despacho que só veio a ser obtido 14 anos mais tarde, em condições diferentes das que constavam do requerimento apresentado.
III – A cessão de quotas é um acto objectivamente comercial, pelo que havendo pluralidade de devedores impera o regime da solidariedade passiva nas obrigações de restituição e indemnização.
Ac. do STJ, de 16.10.08 *in* CJ, Ano XVI, Tomo III, p. 72

I – Está-se perante erro vício ou erro sobre os motivos determinantes de vontade quando o declarante tem uma representação inexacta de circunstâncias que foram determinantes para a realização do negócio.

II – Existe erro sobre circunstâncias relativa ao objecto do negócio, que leva à anulação do contrato, quando o declarante, em contrato promessa de cessão de quotas, indica como sendo da sociedade valores que vêm a verificar-se ser bastante inferiores aos anunciados

Ac. do STJ, de 05.06.08 *in* CJ, Ano XVI, Tomo II, p. 108

I) O contrato-promessa, apesar de contrato preliminar, não deixa de ser um contrato completo, valendo a se.

II) Mesmo depois de celebrado o contrato definitivo, se as partes nisso acordarem, o que sucede frequentemente em relação a cláusulas que não constituem elementos nucleares do negócio, pode subsistir validamente parte do clausulado no contrato-promessa.

III) Em princípio, com a celebração do contrato prometido o contrato-promessa esgota a sua função, ficando a prevalecer como objecto contratual o conteúdo emergente das declarações negociais constantes do contrato definitivo.

IV) Tendo havido simulação do preço, na escritura definitiva de cessão da quota – onde as partes declararam, intencional e concertadamente, um preço inferior ao real com intenção de enganar o fisco – a nulidade emergente da simulação não se propaga ao negócio jurídico, apenas afectando o objecto imediato da simulação – o preço – que deve ser considerado não o declarado, mas o que realmente foi negocialmente querido.

IV) Sendo a simulação arguida pelos simuladores só é admissível prova testemunhal se houver uma aparência de prova do negócio fraudulento assente em prova escrita, o contrato-promessa que antecedeu ao negócio definitivo pode ser considerado esse começo de prova.

Ac. do STJ, de 05.06.07 *in* www.dgsi.pt (Proc. n.º 07A1364)

O n.º 2 do art. 228.º do CSC é uma norma supletiva e tem de ser interpretado em conjugação com o que está prescrito no n.º 3 do art. 229.º do mesmo diploma legal.

Sendo o pacto social totalmente omisso no que tange à cessão entre cônjuges, ascendentes e à cessão a estranhos, só se pronunciando relativamente à cessão entre sócios que é livre, vale a referida disposição supletiva do n.º 2 do art. 228.º.

Como assim, a doação feita pelo sócio pai a favor de uma sua filha é perfeitamente válida, pois não estava sujeita a qualquer consentimento da sociedade.

Ac. do STJ, de 30.05.06 *in* www.dgsi.pt (Proc. n.º 06A1482)

Título III – Sociedades por quotas 263

1. Nos termos do art. 23.°, n.° 1, do CSC, na redacção do DL 262/86 de 2/9, a constituição de usufruto sobre participações sociais, após o contrato de sociedade, está sujeita às limitações estabelecidas para a transmissão destas.

2. A constituição de usufruto sobre quota ou parte de quota não é eficaz para com a sociedade se, por ela, não for consentida, nos termos do art. 228.°, n.° 2, 230.° e 231.° do CSC.

3. Estando a constituição de usufruto sujeita às mesmas regras que a transmissão, pode vir a ser reconhecido o direito de preferência sobre o usufruto constituído sobre a quota.

Ac. da RL, de 22.09.05 *in* www.dgsi.pt (Proc. n.° 3032/2005-6)

I – Actualmente, a regra na transmissão de quotas por acto inter vivos é a da necessidade de consentimento da sociedade – art. 229.°, n.° 2, do C.S.C..

II – A falta desse consentimento não interfere, contudo, com a validade da cessão, desde que aquele seja obtido posteriormente, assim se tornando eficaz a cessação relativamente à sociedade – art. 228.°, n.° 2, do CSC.

Ac. da RL, de 18.01.05 *in* www.dgsi.pt (Proc. n.° 3500/04)

I – A anulabilidade de um negócio jurídico de cessão de quota de uma sociedade pode ser arguida pelo adquirente, com base em erro que viciou a sua vontade, dentro do ano subsequente à cessação do vício.

II – Tendo tal aquisição sido consumada, em 1990, e não tendo o preço sido pago, não se extinguiu aquele prazo, apesar da invocação do erro ter ocorrido cerca de 10 anos depois.

III – Todavia, tal anulabilidade é ininvocável pelo errante, por o negócio se ter por confirmado, se o adquirente da quota entrou a administrar a sociedade, logo em 1990 e, desde aí, tomou conhecimento das circunstâncias económico-financeiras da sociedade – que serviam de fundamento ao alegado erro que viciou a sua vontade negocial – e sempre se comprometeu a pagar o preço em dívida pela aquisição da quota social.

IV – Revelando tal procedimento confirmação do negócio anulável, sanado ficou o vício da anulabilidade, tendo caducado o direito pretendido exercer pela via dos embargos de executado.

Ac. da RP, de 29.11.04 *in* www.dgsi.pt (Proc. n.° 0452541)

I – Se as partes denominam certo acordo de vontades de "Contrato-Promessa de Cessão de Quotas" e nele inseriram cláusulas que, interpretadas por um declaratário normal, permitem concluir que foi esse tipo contratual que visaram e, nessa conformidade as partes actuaram até à resolução do contrato promovida por uma delas, não é ajustado invocar a nulidade do contrato, por indeterminabilidade do respectivo objecto, pretendendo confundi-lo com um contrato de trespasse.

264   *Regime Jurídico das Sociedades por Quotas*

II – Se no contrato não foi convencionado qualquer prazo para a celebração da escritura, nem a quem incumbia a respectiva marcação e as partes não estão de acordo quanto à data da marcação da escritura, teriam que requerer ao Tribunal a fixação de prazo, não só pela natureza da prestação em causa, como também por força dos usos, em função do tipo contratual em apreço.

III – Se o contrato-promessa for resolvido pelos promitentes-cedentes, injustificadamente, por não haver mora dos promitentes-cessionários, a resolução do contrato tem de ser interpretada como definitiva manifestação de vontade de não cumprir o contrato prometido, legitimando os promitentes-cessionários a reclamarem a devolução do sinal prestado, em singelo, por assim o terem requerido em sede reconvencional.

Ac. da RP, de 18.10.04 *in* www.dgsi.pt (Proc. n.º 0455146)

I. A cessão de quotas não produz efeitos para com a sociedade enquanto não for consentida por esta – art. 228.º, n.º 2 do CSC 86.

II. Os vícios das deliberações sociais podem reportar-se ao processo de convocação da assembleia, ou seja à forma como a deliberação foi tomada (vícios do iter procedimental deliberativo), ou ainda ao respectivo conteúdo ou essência (vícios materiais, intrínsecos, substantivos ou de conteúdo).

III. A lei fulmina com o vício da nulidade as deliberações violadoras de disposições legais de carácter imperativo – conf. art. 56.º, n.º 1, al. d), do CSC 86.

IV. Quando se não encontre em causa o cerne ou o conteúdo da deliberação, mas tão-somente o processo formativo da deliberação, a eventual ofensa de alguma norma atinente ao processo de gestação deliberativa (mesmo que de natureza imperativa – formalidade essencial), a sanção aplicável já será a da mera anulabilidade – conf. art. 58.º, n.º 1, al. a), do CSC 86.

V. É meramente anulável uma deliberação em que haja participado como votante um alegado cessionário de quota que não detinha ainda a qualidade de sócio.

VI. Tal vício não é (retroactivamente) sanado com a posterior ratificação/ /confirmação da cessão, operada pelo respectivo consentimento aprovado na assembleia-geral subsequente, pois que antes de tal consentimento ser prestado, tal cessão, embora plenamente válida nas relações entre cedente e cessionário (relações internas) não passa, relativamente ao corpo social, de uma "res inter alios acta", operando, pois, tal consentimento eficácia tão-somente «ex-nunc» que não também "ex tunc" – art. 228.º, n.º 2 da CSC 86.

Ac. da RP, de 08.07.03 *in* www.dgsi.pt (Proc. n.º 03B1938)

I – Havendo cessão de quotas, o cessionário deve ser convocado para a assembleia geral, sendo nulas as deliberações tomadas quando falte essa convocatória.

II – E será assim ainda que não tenha havido consentimento da sociedade para cessão de quotas, o qual é apenas condição de eficácia de cessão, mas já não requisito de validade.

Título III – Sociedades por quotas 265

III – Tanto mais que o respectivo consentimento, não tem necessariamente de preceder o negócio, podendo ser prestado validamente, depois, ainda que tacitamente.
Ac. da RL, de 20.03.03 *in* www.dgsi.pt (Proc. n.º 0004472)

I – A falta de consentimento da sociedade, quando ele é necessário, determina a eficácia da cessão em relação àquela, mas não implica a sua invalidade.
II – Se a sociedade recusar o seu consentimento em relação à cessão, tal não impede que a escritura de compra e venda das quotas seja efectuado, a qual será válida entre as partes desde que observada a forma legal, embora seja ineficaz em relação à sociedade enquanto esta não der o seu consentimento.
Ac. da RL, de 28.01.03 *in* www.dgsi.pt (Proc. n.º 0071301)

I – Tendo os AA. prometido ceder as suas quotas numa sociedade comercial e convencionado com a cessionária que o seu valor global seria determinado por empresa de auditoria idónea a escolher por terceiro por elas indicado, comprometendo-se todos, ainda, perante este, a vincularem-se ao resultado da avaliação, a actividade desenvolvida pela empresa de auditoria e o resultado a que chegou constituem uma perícia contratual de avaliação vinculante que se não confunde com a arbitragem.
II – Além disso, no caso não podia tratar-se de compromisso arbitral, já que só são admitidos como árbitros pessoas singulares e ainda, e para além do mais, a cláusula penal estabelecida para o incumprimento da aceitação do resultado da avaliação não se harmoniza com a exequibilidade da decisão arbitral.
Ac. do STJ, de 21.01.03 *in* CJ, Ano XI, Tomo I, p. 43

I – Só depende do consentimento, expresso ou tácito, da sociedade, e não de todos os sócios, a cessão de quotas a estranhos à sociedade ou a certos familiares.
II – Não se tendo demonstrado o propósito do sócio maioritário, a quem não foram conferidos direitos especiais e que não se encontrava numa situação de conflito de interesses com a sociedade, de criar ao sócio minoritário uma situação lesiva, através do funcionamento dos mecanismos legais, não age, no exercício dos seus direitos sociais, com abuso de direito.
III – O abuso do direito do voto tipifica-se, através de dois pressupostos, um de ordem objectiva, ou seja, a adequação da deliberação ao propósito ilegítimo dos associados de realizar motivos extra-sociais e de causar prejuízo à sociedade ou aos sócios minoritários, e outro de ordem subjectiva, que consiste na intenção da obtenção de uma vantagem especial para os sócios que votarem a deliberação ou para terceiros, ou, alternativamente de causar prejuízos à sociedade ou aos restantes sócios.
IV – A procedência da suspensão das deliberações sociais satisfaz-se com um juízo de simples probabilidade sobre a existência do direito aparente, invo-

266   *Regime Jurídico das Sociedades por Quotas*

cado pelo requerente (fummus boni iuris), mas já exige um juízo de certeza, ou, pelo menos, de probabilidade muito forte, quanto à verificação da ameaça de dano jurídico.

V – A lei exige que a execução da deliberação cause danos quer à sociedade quer aos sócios e que estes sejam apreciáveis no sentido de significativos, de dificilmente reparáveis, economicamente, embora não exija a imposição de um dano irreparável ou de difícil reparação.

VI – Não é possível concluir-se pela verificação do pressuposto da ameaça de danos jurídicos apreciáveis, com base num mero juízo de verosimilhança, assente numa presunção judicial ou de experiência, porquanto se trata de uma condição substantiva que reclama um juízo de certeza ou de forte probabilidade, incompatível com a sua aquisição, de forma automática e voluntarista, com base na existência de uma deliberação ilícita.

VII – A experiência é, apenas, uma fonte da prova por presunção judicial, mas nunca, em caso algum, é capaz de excluir, de modo absoluto, a possibilidade do contrário, o que exige que o juiz seja muito cauto ao repelir a contraprova, devendo examinar, pontualmente, se são os elementos do caso concreto que denunciam uma determinada conclusão, como única possível, ou se é, tão-só, a experiência que a reconheceu, com grande dose de probabilidade.

Ac. da RC, de 29.01.02 *in* www.dgsi.pt (Proc. n.° 2959/2001)

I – Por força do disposto no artigo 228.°, n.° 2 do Código das Sociedades Comerciais, é válida a cessão de quotas feita por um sócio de uma sociedade a sua filha, mesmo sem o consentimento da sociedade e sem ter sido dada preferência aos demais sócios ou à sociedade.

II – E, ao dar o consentimento para a mencionada cessão, a sociedade demonstrou não ter interesse em preferir.

Ac. da RP, de 21.02.00 *in* www.dgsi.pt (Proc. n.° 9951357)

I – Nos termos do disposto no n.° 2 do artigo 228.° do Código das Sociedades Comerciais, a cessão de quotas não produz efeitos para com a sociedade enquanto não for consentida por esta; a não ser que se trate de cessão entre cônjuges, entre ascendentes e descendentes e entre cônjuges.

II – Deste modo, em acção intentada contra os sócios de uma sociedade por quotas da qual o A. pretenda fazer valer um alegado direito de preferência numa cessão de quotas operada entre pais e filha, não se torna necessária a presença da sociedade pelo lado passivo para assegurar a eficácia da preferência perante o cedente.

III – Assim, ainda que sem a intervenção processual da sociedade, a decisão a proferir surtirá o seu efeito útil, sendo assim de indeferir o pedido de chamamento da sociedade deduzido em incidente de intervenção principal provocada.

Ac. do STJ, de 09.12.99 *in* www.dgsi.pt (Proc. n.° 99A800)

Título III – Sociedades por quotas

I – A cessão de quota da sociedade carece do consentimento desta para ser eficaz.

II – A recusa do consentimento deve ser acompanhada de uma proposta de amortização ou de aquisição da quota sob pena de a cessão se tornar livre.

III – A não aceitação da proposta mantém a recusa de consentimento.

IV – Tendo a cessão de quota tido lugar antes de decorridos três anos após a aquisição pelo cedente, a simples recusa de consentimento torna-se ineficaz.

Ac. do STJ, de 21.10.99 *in* www.dgsi.pt (Proc. n.º 99B410)

I – Estabelecendo-se, por partilha de bens após divórcio, uma contitularidade dos ex-cônjuges sobre uma quota social, a sua posterior divisão e cessão entre ambos não está sujeita à exigência de consentimento da sociedade.

II – Nem dele necessitava também aquela partilha, por não ser um acto de transmissão, mas um negócio de natureza declarativa, com efeitos modificativos no objecto do direito.

III – Também dispensa tal consentimento a divisão, por cessão parcial, da quota que for feita a favor de filhos.

IV – Estas cessões, porém, só são eficazes em relação à sociedade se lhe forem comunicadas por escrito ou por ela reconhecidas, expressa ou tacitamente.

V – Só há reconhecimento tácito se a conduta em causa implicar uma atitude positiva quanto à validade ou legalidade do acto.

VI – Não valem como comunicação, para este efeito, os registos das transmissões, divisões e cessões.

Ac. do STJ, de 16.03.99 *in* www.dgsi.pt (Proc. n.º 998B766) e CJ, Ano VII, Tomo I, p. 158

I – A quota de um sócio, ou parte dela, pode ser adjudicada em partilha subsequente ao divórcio desse sócio e seu cônjuge, a este último, sem consentimento da sociedade.

II – Um sócio pode dividir a sua quota e ceder parte dela a seu ex-cônjuge sem consentimento da sociedade.

III – Porém, estes actos só são eficazes perante a sociedade, se lhe forem comunicados, ou por ela reconhecidos.

IV – A constituição de usufruto sobre parte de uma quota a pessoa estranha à sociedade, necessita de ser autorizada por esta, e só produz efeitos perante ela, após lhe ter sido comunicada.

V – O nú-proprietário e o usufrutuário da mesma quota, devem ser considerados ambos como sócios, com poderes de intervenção consoante a natureza da deliberação para a qual se dirige a convocação a fazer.

Ac. da RL, de 13.10.95 *in* CJ, Ano XX, Tomo IV, p. 112

I – A assembleia geral de uma sociedade comercial, designadamente por quotas, pode, em princípio, alterar a ordem pro que são apreciadas questões a debater.

II – A deliberação da assembleia geral societária só é possível de ser considerada como abuso de direito quando a votação menospreza o interesse da sociedade, sobrepondo-lhe interesse pessoal e, assim, conduzindo a um resultado ética e juridicamente reprovável.

III – Os direitos especiais de um sócio não são transmissíveis com a respectiva quota.

Ac. da RE, de 05.06.95 *in* CJ, Ano XX, Tomo III, p. 87

I – O requisito do "periculum in mora" da suspensão de deliberação social é preenchido com o carácter apreciável do dano a evitar, não se exigindo que ele seja irreparável ou de difícil reparação, mas deve entender-se que o dano que se pretende evitar seja superior ao que resulte da suspensão da deliberação social em causa.

II – A cessão da quota de uma sociedade comercial pelo respectivo sócio a outrem é ineficaz em relação à sociedade enquanto não for registada; mas será já eficaz se for comunicada à sociedade por escrito ou ela a reconhecer expressa ou tacitamente.

Ac. da RP, de 28.06.94 *in* www.dgsi.pt (Proc. n.° 9430273)

I – Para a cessão de quotas é obrigatório o consentimento da sociedade, cuja falta importa a não produção de efeitos relativamente à mesma sociedade, embora seja válida inter partes.

II – A validade da cessão inter partes depende, porém, do seu registo na respectiva conservatória.

III – A cessão de quotas não registada na conservatória não produz efeitos em relação a terceiros.

IV – Terceiros são todos aqueles que adquirem do mesmo transmitente direitos incompatíveis, não o sendo, pois, o simples credor.

Ac. do STJ, de 21.09.93 *in* www.dgsi.pt (Proc. n.° 084000)

I – Se uma sociedade comercial por quotas apenas se obriga com a assinatura dos dois sócios gerentes, o facto de um deles aceitar actualizar a ficha bancária de assinaturas da mesma sociedade, e assinar cheques conjuntamente com o cessionário da quota do outro sócio, pode implicar o reconhecimento do cessionário como sócio e comprometer o êxito da acção que o primeiro diz pretender propor para ver declarada a ineficácia da cessão.

II – Com efeito, não é líquido que somente se considere tacitamente prestado o consentimento dado a uma cessão de quotas no caso de o cessionário ter participado em deliberação dos sócios e nenhum deles a impugnar com esse fundamento.

Título III – Sociedades por quotas 269

III – É admissível, numa providência cautelar, que não produza efeitos uma cessão de quota feita a um filho do cedente se o pacto social exigir o consentimento da sociedade no caso de cessão a favor de estranhos.

IV – Sendo, assim, fundado o receio, por parte da sócia requerente, de lesão grave e de difícil reparação do seu provável direito, deve ser decretada a providência cautelar no sentido de poder só ela, antes de propor a acção referida em I. e no decurso da mesma, assinar os cheques emitidos pela sociedade.
Ac. da RP, de 02.11.92 *in* www.dgsi.pt (Proc. n.° 9220421)

I – Também quanto ao registo comercial é de considerar "terceiros" os que do mesmo autor ou transmitente adquirem direitos incompatíveis sobre a mesma coisa.

II – A cessão de quotas de sociedade comercial, uma vez concretizada, deve ser comunicada à sociedade ou reconhecida, expressa ou tacitamente, por esta.

III – Esse reconhecimento não fica preenchido com o simples conhecimento, sendo indispensável uma atitude positiva de aceitação da cessão de quotas.
Ac. da RP, de 25.01.90 *in* www.dgsi.pt (Proc. n.° 0224175)

I – O autor e parte legitima quando tem interesse directo em demandar, o qual se exprime pela utilidade derivada da procedência da acção.

II – Da falta de autorização da sociedade por quotas para a cessão de quotas não deriva a possibilidade da resolução desse contrato e também não e caso de nulidade ou de anulabilidade, em vista de tais sanções não estarem cominadas na lei.

III – Nada se opõe a que o consentimento da sociedade venha a ser dado posteriormente a cessão, pelo que o valor jurídico a atribuir a cessão não pode impossibilitar a eficácia de consentimento posterior, já que a protecção dos interesses sociais não exige a nulidade, bastando a ineficácia.

IV – Embora a ineficácia não esteja contida nos pedidos da acção, e não obstante o disposto no artigo 661.°, n.° 1 do Código de Processo Civil, o tribunal pode decreta-la, pois no caso sujeito aquela qualificação de ineficácia representa um "minus" em relação aos pedidos.
Ac. do STJ, de 30.03.89 *in* www.dgsi.pt (Proc. n.° 077060)

ARTIGO 229.° – **(Cláusulas contratuais)**
1 – São válidas as cláusulas que proíbam a cessão de quotas, mas os sócios terão, nesse caso, direito à exoneração, uma vez decorridos dez anos sobre o seu ingresso na sociedade.

2 – O contrato de sociedade pode dispensar o consentimento desta, quer em geral, quer para determinadas situações.

3 – O contrato de sociedade pode exigir o consentimento desta para todas ou algumas das cessões referidas no artigo 228.º, n.º 2, parte final.

4 – A eficácia da deliberação de alteração do contrato de sociedade que proíba ou dificulte a cessão de quotas depende do consentimento de todos os sócios por ela afectados.

5 – O contrato de sociedade não pode subordinar os efeitos da cessão a requisito diferente do consentimento da sociedade, mas pode condicionar esse consentimento a requisitos específicos, contanto que a cessão não fique dependente:

a) Da vontade individual de um ou mais sócios ou de pessoa estranha, salvo tratando-se de credor e para cumprimento de cláusula de contrato onde lhe seja assegurada a permanência de certos sócios;

b) De quaisquer prestações a efectuar pelo cedente ou pelo cessionário em proveito da sociedade ou de sócios;

c) Da assunção pelo cessionário de obrigações não previstas para a generalidade dos sócios.

6 – O contrato de sociedade pode cominar penalidades para o caso de a cessão ser efectuada sem prévio consentimento da sociedade.

NOTAS:

I. Anteprojectos: FERRER CORREIA (arts. 55.º, 56.º, 57.º e 69.º); VAZ SERRA (arts. 67.º, 72.º e 73.º) e RAÚL VENTURA (arts. 35.º, 37.º e 40.º).

Cfr. ANTÓNIO FERRER CORREIA/VASCO LOBO XAVIER/MARIA ÂNGELA COELHO/ANTÓNIO CAEIRO *in* "Sociedade por quotas ...", pp. 210 a 212.

II. O artigo em anotação regulamenta a autonomia da vontade no domínio da cessão de quotas, definindo o campo de imperatividade e supletividade aí existentes.

Conforme já referimos, da análise do regime consagrado na Secção III, do CSC (sob a epígrafe "Transmissão da quota") resulta a regra geral da transmissibilidade da quota, a qual constitui uma das pedras de toque das sociedades de capitais. Ora, não sendo a SQ uma sociedade de capitais pura, o legislador, numa clara afirmação do lado pessoalista, optou por autorizar a estipulação de cláusulas de intransmissibilidade absoluta ou total das quotas (**n.º 1**), permitindo, assim, que uma sociedade se feche por completo ao exterior.

Para FILIPE CASSIANO DOS SANTOS *in* "Estrutura Associativa...", pp. 501 e 502, o **n.º 1** constitui uma limitação voluntária à formação do direito à transmissão da quota "na esfera jurídica do sócio".

A cláusula de intransmissibilidade pode proibir "a cessão de todas as quotas, a cessão de algumas ou a cessão de uma só quota. Contra estas duas últimas cláusulas não pode invocar-se o princípio da igualdade de tratamento dos sócios, pois este não vigora contra a vontade dos próprios interessados", RAÚL VENTURA *in* "Sociedades por Quotas", vol. I, p. 599.

III. Se, por um lado, o legislador optou por autorizar as cláusulas de intransmissibilidade, por outro lado, estabeleceu uma limitação temporal à sua eficácia, permitindo que o sócio se exonere, uma vez decorridos 10 anos sobre o seu ingresso na sociedade (**n.º 1**, 2.ª parte).

Por outras palavras, a lei previu um mecanismo para que a sociedade se *fechasse ao exterior* e, simultaneamente, deixou uma *porta aberta* para o sócio, de molde a evitar que mesmo se tornasse um *prisioneiro* da sociedade, o que constituiria uma clara violação do princípio constitucional da livre iniciativa económica. Cfr. TIAGO SOARES DA FONSECA *in* "O Direito de Exoneração do Sócio no Código das Sociedades Comerciais", Almedina, 2008, p. 232.

Desta forma, ficou plasmado um regime equilibrado, que harmoniza os interesses em conflito.

No que diz respeito à exoneração, convém salientar que a mesma não depende da existência, legal ou contratual, de algum outro facto que torne "possível ao sócio desligar-se da sociedade; o direito de exoneração do sócio é concedido pela lei, pela simples circunstância de o pacto estipular a intransmissibilidade da quota", RAÚL VENTURA *in* "Sociedades por Quotas", vol. I, p. 601.

Aliás e conforme sublinha este mesmo autor, *loc. cit.*, p. 602, o direito especial de exoneração, aqui previsto, "é independente do direito geral de exoneração conferido no art. 240.º, como aliás está expresso no n.º 1 deste artigo".

Este direito de exoneração corresponde, no fundo, a admitir que os sócios têm "o direito de livremente se afastar da sociedade, realizando uma finalidade em tudo idêntica à da própria cessão da participação social, mas sem estarem dependentes da existência de comprador. E a exoneração, pelo menos em termos qualitativos, é em tudo idêntica à cessão, porque conduz à cessão da sociedade", PAULO OLAVO DA CUNHA *in* "Direito das Sociedades...", p. 386. FILIPE CASSIANO DOS SANTOS *in* "Estrutura Associativa ...", p. 502, fala de um sucedâneo do direito à transmissão da quota.

PAULO HENRIQUES *in* "A Desvinculação Unilateral *Ad Nutum* nos Contratos Civis de Sociedade e de Mandato", Coimbra Editora, 2001, p. 37, considera, mesmo, que esta modalidade de exoneração, na medida em que resulta de um poder discricionário de desvinculação unilateral (poder de exoneração *ad nutum*), "constituirá, porventura, uma manifestação de denúncia". Cfr., neste mesmo sentido, a propósito das sociedades civis, MENEZES LEITÃO *in* "Contrato de Sociedade Civil", Direitos das Obrigações, 3.º volume, sob coordenação de MENEZES CORDEIRO, AAFDL, 1991, p. 166 e 167.

IV. O prazo de 10 anos previsto para a exoneração é imperativo.

A fixação de um prazo de permanência teve como pressuposto o prejuízo que o exercício do direito de exoneração provoca à sociedade em virtude da liquidação da quota. Cfr. ANTÓNIO FERRER CORREIA/VASCO LOBO XAVIER/MARIA ÂNGELA COELHO/ANTÓNIO CAEIRO *in* "Sociedade por quotas …", p. 211.

Para estes autores, *ob. cit.*, pp. 211 e 212, não será injusto para o interessado não poder desvincular-se antes desse prazo (no projecto destes autores, o prazo de permanência era de 3 anos), uma vez que "ao ingressar na sociedade, ele deu o seu «placet» às limitações consignadas no pacto social".

Tem sido discutido se esta imperatividade é máxima, mínima ou ambas.

No que diz respeito à imperatividade máxima, a nossa doutrina tem entendido que a mesma é indiscutível, sendo, assim, ilícita a fixação de um prazo superior ao legalmente previsto.

Já no que concerne à imperatividade mínima, as opiniões dividem-se. Se, por um lado, RAÚL VENTURA *in* "Sociedades por Quotas", vol. I, p. 602, entende que é possível estipular um prazo mais curto, uma vez que tal não contraria os intuitos do legislador, outros autores como TIAGO SOARES DA FONSECA *in* "O Direito de Exoneração…", p. 234; CURA MARIANO *in* "Direito de Exoneração dos Sócios nas Sociedades por Quotas", Almedina, 2005, p. 45 e PAULO HENRIQUES *in* "A Desvinculação Unilateral…", p. 37, pugnam pela inadmissibilidade da fixação de tal prazo. Para estes autores, o prazo legal é imperativo quer como prazo máximo, quer como com período mínimo de vinculação à sociedade.

A contagem do prazo inicia-se com o ingresso do sócio na sociedade.

Assim, para os sócios originários, a data do ingresso na sociedade corresponde à data da celebração do contrato de sociedade. Por sua vez, para os sócios que ingressem na sociedade por via de aumento da capital, a data correspondente é a da deliberação desse aumento (cfr. arts. 87.° e ss.).

Se a cláusula de intransmissibilidade for estabelecida por via de alteração contratual, "para os sócios existentes à data dessa alteração aquele prazo contar-se-á da data da introdução da cláusula no contrato, qualquer que seja o seu tempo de sócio, pois o intuito do legislador ao estabelecer aquele prazo é permitir um período máximo de dez anos de plena ligação do sócio à sociedade", RAÚL VENTURA *in* "Sociedades por Quotas", vol. I, p. 602.

V. Para exercer o direito de exoneração, o sócio deve, nos 90 dias seguintes ao conhecimento do facto que lhe atribua tal direito, declarar por escrito à sociedade a sua intenção (n.° 3, do art. 240.°).

Depois de receber essa declaração, a sociedade deve, no prazo de 30 dias, amortizar a quota, adquiri-la ou fazê-la adquirir por sócio ou terceiro, sob pena de o sócio poder requerer a dissolução da sociedade por via administrativa (n.° 4, do art. 240.°).

Se, como vimos, a exoneração equivale, em termos qualitativos, à cessão, já do ponto de vista quantitativo tal equiparação não se verifica. Isto porque a contrapartida a pagar ao sócio, no caso de amortização ou aquisição decorrente da exoneração, é calculada com base no estado da sociedade (por referência ao último balanço aprovado) à data em que o sócio declare a intenção de se exonerar, (cfr., articuladamente, os arts. 240.°, n.° 5 e 105.°, n.° 2 e o art. 1021.°, do CC). Por outro lado, o pagamento da contrapartida é fraccionado em duas prestações, a efectuar dentro de seis meses e um ano, respectivamente, após a fixação definitiva da contrapartida (art. 235.°, n.° 1 *ex vi* art. 240.°, n.° 5, parte final).

Ora, no caso de cessão, o sócio poderia obter melhores condições de recebimento, bem como um valor superior ao valor de balanço. Cfr. PAULO OLAVO DA CUNHA *in* "Direito das Sociedades...", p. 386 e FILIPE CASSIANO DOS SANTOS *in* "Estrutura Associativa ...", p. 502, nota de rodapé n.° 860.

VI. O contrato de sociedade pode dispensar o consentimento desta, quer em geral, quer para determinadas situações (**n.° 2**).

Se o **n.° 1** permite a proibição da cessão de quotas, o **n.° 2** prevê a cessão totalmente livre, admitindo a dispensa de consentimento da sociedade.

A dispensa pode ser geral ou especial (para determinadas situações). A dispensa geral refere-se a todas as cessões de todos os sócios. Por sua vez, a dispensa especial pode "reportar-se a todas as cessões de certas quotas, a algumas cessões de todas as quotas ou a algumas cessões de certas quotas", RAÚL VENTURA *in* "Sociedades por Quotas", vol. I, pp. 603 e 604.

No que diz respeito à extensão da dispensa, RAÚL VENTURA *in* "Sociedades por Quotas", vol. I, p. 604, entende que a mesma só pode ser determinada perante cada contrato, "designadamente quanto a saber se está ligada à quota ou à pessoa do sócio; na verdade, sendo possível dispensar o consentimento tanto para a cessão duma quota, com para a cessão de quota ou quotas pertencentes a uma pessoa, só a interpretação da cláusula pode determinar a verdadeira intenção dos sócios".

Para melhores desenvolvimentos sobre a interpretação dos contrato de sociedade, cfr. HUGO DUARTE FONSECA *in* "Sobre a Interpretação...".

A dispensa do consentimento não se confunde com a *concessão* do consentimento. Assim, uma "cláusula que literalmente *conceda* o consentimento não é, em princípio, uma cláusula de *dispensa*. No entanto, parece que nem todas as hipóteses devem ser qualificadas por esse rigor literal. Uma cláusula que consinta todas as cessões de todas as quotas é substancialmente uma cláusula que dispensa o consentimento: uma cláusula que consinta uma certa cessão de certa quota é de considerar cláusula de consentimento e não cláusula de dispensa", RAÚL VENTURA *in* "Sociedades por Quotas", vol. I, p. 604.

Por outro lado, enquanto que o consentimento é dado por deliberação dos sócios (art. 230.°, n.° 2), a dispensa só pode ser estipulada por via contratual.

RAÚL VENTURA *in* "Sociedades por Quotas", vol. I, p. 605, admite a estipulação de cláusulas de consentimento antecipado.

274 Regime Jurídico das Sociedades por Quotas

VII. Como vimos, nos termos da parte final, do n.º 2, do art. 228.º, a cessão de quotas entre cônjuges, entre ascendentes e descendentes ou entre sócios não depende do consentimento da sociedade.

Esta norma não é, contudo, imperativa, admitindo o **n.º 3** que, por via contratual, seja exigido o consentimento da sociedade também para todas ou algumas daquelas cessões.

Mais uma vez constatámos que o legislador procurou harmonizar os interesses em causa. Assim, para compensar a liberdade das cessões referidas (supletivamente consagrada), permitiu que a sociedade impusesse, contratualmente, a necessidade do seu consentimento.

RAÚL VENTURA *in* "Sociedades por Quotas", vol. I, p. 606, entende que a solução adoptada foi de encontro à realidade contratual portuguesa.

VIII. A deliberação de alteração do contrato de sociedade, que proíba ou dificulte a cessão de quotas, só se torna eficaz com o consentimento de todos os sócios por ela afectados (**n.º 4**).

As cláusulas que proíbam ou dificultem a cessão podem estar previstas no contrato inicial ou resultarem de alteração contratual. Cfr., quanto à alteração do contrato, os arts. 85.º e 86.º.

As deliberações de alteração do contrato podem ser tomadas por maioria de $^3/_4$ dos votos correspondentes ao capital social ou por número de votos ainda mais elevado imposto pelo contrato de sociedade (art. 265.º, n.º 1).

A regra do **n.º 4** justifica-se porque a deliberação de alteração do contrato, que proíba ou dificulte a cessão de quotas, atinge a posição jurídica de todos os sócios afectados, impondo-se, assim, o consentimento destes.

No fundo, o legislador procurou-se contornar a maioria qualificada exigida para a alteração do contrato, exigindo (não no momento da votação, mas em momento ulterior, através do consentimento) a unanimidade.

RAÚL VENTURA *in* "Sociedades por Quotas", vol. I, p. 606, alerta para o facto de uma cláusula abrangida por este preceito poder "ocultar-se sobre a forma de cláusula permissiva de certas cessões, que implicitamente proíbem ou dificultam outras". Cfr., ainda, RAÚL VENTURA *in* "Alterações do Contrato de Sociedade", 2.ª edição, Almedina, 1996, pp. 90 e 91.

IX. Em princípio, o contrato de sociedade não pode subordinar os efeitos da cessão a requisito diferente do consentimento da sociedade (**n.º 5, 1.ª parte**).

A expressão "subordinar os efeitos da cessão" significa subordinar a eficácia da cessão para com a sociedade, conforme resulta do n.º 2, do art. 228.º.

O legislador, tendo em consideração o equilíbrio dos interesses em causa, procurou restringir e clarificar as formas de condicionamento da cessão de quotas. Até porque o interesse fundamental a tutelar (mais precisamente o dos sócios em não ver a sociedade *invadida* por terceiros) ficou salvaguardado com a exigência de consentimento prevista no n.º 2, do art. 228.º.

Por outro lado, podemos considerar que, com esta regra, o legislador pretendeu evitar que fossem estipuladas cláusulas que subordinassem abusivamente os efeitos da cessão.

Segundo o entendimento de RAÚL VENTURA *in* "Sociedades por Quotas", vol. I, p. 607, o disposto no **n.º 5**, "equilibra exigências de segurança e justiça. *Permite* aos sócios, através do condicionalismo do consentimento da sociedade, adequar os seus contratos às suas reais circunstâncias e intenções, criando regimes intermédios entre a dispensa geral do consentimento e a necessidade absoluta deste; *assegura* aos sócios que nenhum requisito de eficácia da cessão para a sociedade pode evitar que a protecção de que disfrutam no caso de recusa de consentimento (art. 231.º) lhes seja aplicada".

X. Se o **n.º 5,** por um lado, estipula que eficácia da cessão só pode depender do consentimento, por outro, admite o condicionamento deste.

As cláusulas de condicionamento podem constar do contrato inicial ou de alteração contratual, neste caso, sendo exigido, nos termos do **n.º 4**, o consentimento do sócio afectado.

As cláusulas de condicionamento podem ter como objecto a concessão ou a recusa do consentimento, podendo, paralelamente, seguir uma formulação positiva ou negativa. "O consentimento pode ser concedido no caso «X» ou «o consentimento pode ser recusado se o caso não for X» é igual para o caso X", RAÚL VENTURA *in* "Sociedades por Quotas", vol. I, p. 608.

Em relação à natureza facultativa ou imperativa do consentimento, RAÚL VENTURA *in* "Sociedades por Quotas", vol. I, p. 608, salienta que "se a cláusula estabelece uma *faculdade* de, em certos casos, a sociedade conceder (ou recusar) o consentimento, tem de entender-se que em todos os restantes casos a sociedade não pode conceder (ou recusar) o consentimento; se a cláusula *impõe*, em certos casos, a concessão (ou a recusa) do consentimento, apenas se pode deduzir que para todos os outros casos, a sociedade pode conceder ou deixar de conceder (ou recusar ou deixar de recusar) o consentimento".

XI. Nos termos da 2.ª parte, do **n.º 5**, o condicionamento do consentimento não pode implicar que a cessão fique dependente:

a) Da vontade individual de um ou mais sócios ou de pessoa estranha, salvo tratando-se de credor e para cumprimento de cláusula de contrato onde lhe seja assegurada a permanência de certos sócios

Procurou-se, aqui, evitar que a vontade colectiva manifestada por deliberação social para o consentimento fosse substituída pela vontade individual de um ou mais sócios ou de um estranho.

Tratando-se de vontade individual de credor (pessoa estranha à sociedade), a lei prevê uma excepção, admitindo que a cessão fique dela dependente para cumprimento de cláusula de contrato onde lhe seja assegurada a permanência de certos sócios.

Na verdade, pode "suceder que um terceiro só tenha concedido o crédito à sociedade em atenção a algum ou alguns dos sócios e por isso tenha a sociedade estipulado com esse credor que, enquanto o crédito não estiver satisfeito, aqueles sócios se manterão na sociedade; a melhor forma de garantir a a convenção com o credor é subordinar a cessão das quotas daqueles sócios ao consentimento do referido credor", RAÚL VENTURA *in* "Sociedades por Quotas", vol. I, p. 609.

RAÚL VENTURA *in* "Sociedades por Quotas", vol. I, pp. 609 e 610, entende que não é possível condicionar o consentimento à vontade dos gerentes, quer estes sejam ou não sócios;

b) De quaisquer prestações a efectuar pelo cedente ou pelo cessionário em proveito da sociedade ou de sócios

RAÚL VENTURA, *ob. cit.* p. 610, dá como exemplo destas prestações "a entrega de uma quantia pelo cessionário ou a entrega pelo cedente de uma parte do preço da cessão por ele recebido".

Este mesmo autor, *loc. cit.*, refere ainda que poderá "considerar-se contrário aos bons costumes e além disso uma desvirtuação da intenção da lei ao permitir que o consentimento da sociedade seja condicionado, o aproveitamento da cessão para exigir ao cedente ou ao cessionário uma prestação a favor da própria sociedade ou directamente dos sócios";

c) Da assunção pelo cessionário de obrigações não previstas para a generalidade dos sócios

O legislador procurou, aqui, impedir que a concessão ou recusa do consentimento fosse utilizada como mecanismo de criação de um regime mais desfavorável do que o vigente para a generalidade dos sócios.

A propósito desta alínea, RAÚL VENTURA *in* "Sociedades por Quotas", vol. I, p. 610, faz referência aos "deveres ou obrigações pessoais do cedente que, não se transmitindo pela quota, só voluntária e separadamente podem ser assumidos pelo cessionário. A proibição abrange os meios directos e indirectos de conseguir esse resultado, como a obrigação de o cessionário votar a assunção dessas obrigações depois de a cessão ser consentida".

A cláusula contratual que viole o disposto no **n.º 5** é nula "e, sendo essa cláusula nula, o consentimento da sociedade deixará de estar condicionado", RAÚL VENTURA, *loc. cit.*.

XII. A consequência da falta de consentimento é a ineficácia da cessão para com a sociedade (art. 228.º, n.º 2).

Do ponto de vista temporal, o consentimento pode ser anterior, contemporâneo ou ulterior à cessão. Cfr. RAÚL VENTURA *in* "Sociedades por Quotas", vol. I, p. 623 e Alexandre Soveral Martins *in* "Sobre o Consentimento...", p. 679.

O contrato de sociedade, que exija o consentimento prévio, pode cominar sanções para a sua falta (**n.º 6**).

A lei não consagrou o tipo de sanções comináveis, nem fixou os seus limites ou requisitos. Na opinião de Raúl Ventura *in* "Sociedades por Quotas", vol. I, p. 618, a cláusula cominatória, "sofrerá as limitações gerais de direito. Uma das sanções possíveis será a amortização da quota, manifestamente considerada como ainda pertencente ao cedente da cessão não consentida". Cfr., ainda, Pereira de Almeida *in* "Sociedades Comerciais", p. 241.

Por sua vez, Menezes Cordeiro *in* "Manual de Direito das Sociedades", II, p. 353, sustenta que estamos "perante uma hipótese de cláusula penal (810.º do Código Civil), embora não limitada a aspectos indemnizatórios. Assim, uma especial sanção seria a exclusão do sócio (241.º/1)".

JURISPRUDÊNCIA:

I – É imperativa a norma legal que faz depender as cessões de quotas a estranhos (onde se integram os cônjuges, descendentes ou ascendentes, por serem estranhos à sociedades todos os não sócios) de notificação para preferência, primeiro à sociedade e depois aos sócios ou a qualquer deles.

II – O legislador quis impedir, assim, que as partes sujeitem a cessão das participações sociais a outros requisitos para além do consentimento da sociedade, de modo a estabelecer um equilíbrio entre os interesses dos sócios, da sociedade e o interesse público.
Ac. do STJ, de 25.03.09 *in* CJ, Ano XVII, Tomo I, p. 163

"A cláusula do pacto social que estabelece o direito de preferência, em primeiro lugar para a sociedade, e em segundo lugar para os sócios, em caso de cessão de quotas, colide contra a norma imperativa do n.º 5 do artigo 229.º do C.S.C., na medida em que subordina a cessão a requisito diferente do consentimento da sociedade, sendo por isso nula".
Ac. da RE, de 18.09.08 *in* CJ, Ano XXXIII, Tomo IV, p. 254

I – São anuláveis, nos termos dos arts. 55.º e 58.º n.º 1 a) do C. S. Comerciais, as deliberações sociais que, alterando o contrato de sociedade, criem direitos especiais para algum ou alguns sócios, desde que não tomadas por unanimidade.

II – Criam direitos especiais as cláusulas de alterações aprovadas que autorizam determinado sócio ou sócios, ainda que gerentes, a exercer actividade concorrente da sociedade, conferem autorização genérica e ilimitada para que alguns sócios dividam ou cedam as suas quotas, ficando os demais sujeitos ao

278 Regime Jurídico das Sociedades por Quotas

regime supletivo do C. Sociedades Comerciais ou, finalmente, permitam a alguns dos sócios cedência de quotas, sem possibilidade de exercício de preferência pelos demais.

III – É válida a deliberação, tomada por maioria, nos termos da lei, de alteração da percentagem dos lucros líquidos destinada pelo pacto social para dividendos.

Ac. da RC, de 10.07.94 *in* CJ, Ano XIX, Tomo IV, p. 18

I – As prestações suplementares, exigíveis, podem sê-lo até à medida do montante previamente fixado, menção absolutamente imperativa – artigo 210.º, n.º 4 do Código das Sociedades Comerciais, implicando a sua omissão a nulidade da cláusula. Isto é, o montante global das prestações suplementares há-de ser claramente determinado, e não apenas determinável.

II – Ora, a referência que se faz no n.º 2, da cláusula 6 do pacto social para as "reservas da sociedade existentes em cada momento" viola flagrantemente essa exigência legal do artigo 210.º, n.º 3 do Código das Sociedades Comerciais, pelo que é nula a deliberação social que aprovou a redacção do n.º 2 dessa cláusula 6, nos termos do artigo 58.º, n.º 1, alínea a) do Código das Sociedades Comerciais.

III – A alínea a), do n.º 2 da cláusula 8 é injustificadamente restritiva dos interesses dos sócios tutelado pelo artigo 214.º do Código das Sociedades Comerciais, ao conceder à gerência o prazo de um mês para a prestação das informações concretamente solicitadas, violando o n.º 2 do artigo 214.º citado; assim como o prazo de vinte e quatro horas contemplado na alínea b) do n.º 2 da cláusula 8 dos estatutos sociais é gravemente limitativo do direito de informação, sendo evidente a sua invalidade, o mesmo sucedendo, "mutatis mutandi" quanto ao teor do n.º 3 da mesma cláusula 8, pelo que é anulável nos termos do artigo 58.º, n.º 1, alínea a), no que também foca os livros de escrita, não carecendo o sócio de pedir qualquer informação à gerência, podendo colhê-lha mediante exame directo dos livros, que terão de se encontrar sempre à sua disposição – citado artigo 214.º do Código das Sociedades Comerciais.

IV – As cláusulas das alíneas c) e d) da nova versão do pacto social do n.º 1, da cláusula 17, porque se reportam a casos em que a quota fica sujeita a procedimento judicial, suportando o risco de transmissão, não são inovadoras relativamente ao artigo 9.º do original contrato de sociedade, onde com a expressão "ou qualquer forma sujeita a processo judicial" aí usada, não quis compreender todos os procedimentos jurídicos susceptíveis de conduzirem à transmissão da quota, com intromissão no grémio social de estranhos, pelo que são inteiramente válidas.

V – O pacto social pode, ao abrigo do n.º 2 do artigo 246.º do Código das Sociedades Comerciais, disposição imperativa, atribuir aos gerentes poderes sobre a aquisição de imóveis, estabelecimentos comerciais e participações nou-

Título III – Sociedades por quotas 279

tras empresas, pelo que é válida a n.° 2, alíneas a), b) e c) da cláusula 26, nesta parte posta em crise pelo Autor.

VI – A recusa de informação ou de consulta, artigo 215.°, n.° 1 do Código das Sociedades Comerciais, tem de resultar de factos objectivos, e não da apreciação pelos obrigados à prestação da informação, de carácter – alusivo ou não – da respectiva utilização subsequente, não sendo lícito subordinar a obrigatoriedade da prestação da informação aos sócios à indicação, por parte destes, dos motivos porque desejam obtê-las, pelo que é manifesto que os n.ºs 2 e 3 da cláusula 7 violam o disposto nos artigos 214.°, e 215.°, do Código das Sociedades Comerciais, sendo anuláveis nos termos da alínea a) do n.° 1 do seu artigo 58.°.

VII – Ambas as alíneas a) e b) da cláusula 8 são anuláveis, de harmonia com o disposto no artigo 58.°, do Código das Sociedades Comerciais ao condicionar a prestação de informação a um controlo "de mérito" e subjectivo.

VIII – O artigo 11.° dos estatutos, agora aprovados, no tocante à exclusão do sócio é anulável, nos termos dos preceitos conjugados dos artigos 233.°, n.ºs 1 e 2, 241.°, n.ºs 1 e 2 e 58.°, n.° 1, alínea a) do Código das Sociedades Comerciais.

IX – O artigo 12.°, n.° 2, relativamente ao regime contratual originário, dificulta a transmissão das quotas, pelo que é ineficaz relativamente ao Autor, que não aprovou a sua redacção – artigo 229.°, n.° 4 do Código das Sociedades Comerciais, bem como remeter o pagamento ou importância devida pela aquisição ou amortização da quota para momento que entender, atento o preceituado no artigo 232.°, n.° 2, alínea c) do Código das Sociedades Comerciais pelo que nos n.ºs 2, 3 e 4 da cláusula 13 são anuláveis, por violação das alíneas d) e e) do n.° 2 do artigo 231.°, do Código das Sociedades Comerciais.

X – O artigo 14.° do pacto social, trata de factos novos permissivos da amortização, omissos na versão originária, cuja legalidade estava condicionada à unanimidade da deliberação dos sócios – artigo 233.°, n.° 2 do Código das Sociedades Comerciais, pelo que é anulável nos termos do seu artigo 58.°, n.° 1, alínea a).

XI – O n.° 4 do artigo 20.° dos estatutos é inovador na medida em que no anterior artigo 10.° se previa a exclusão do sócio como efeito da infracção nele previsto – o exercer, sem conhecimento da sociedade, por conta própria ou alheia, actividade concorrente com a sociedade – pelo que é inválida a deliberação que aprovou, por violar os artigos 233.°, n.° 2 e 241.° do Código das Sociedades Comerciais.

Ac. do STJ, de 13.04.94 *in* www.dgsi.pt (Proc. n.° 083239) e CJ, Ano II, Tomo II, p. 27

280   *Regime Jurídico das Sociedades por Quotas*

ARTIGO 230.º – **(Pedido e prestação do consentimento)**
1 – O consentimento da sociedade é pedido por escrito, com indicação do cessionário e de todas as condições da cessão.
2 – O consentimento expresso é dado por deliberação dos sócios.
3 – O consentimento não pode ser subordinado a condições, sendo irrelevantes as que se estipularem.
4 – Se a sociedade não tomar a deliberação sobre o pedido de consentimento nos 60 dias seguintes à sua recepção, a eficácia de cessão deixa de depender dele.
5 – O consentimento dado a uma cessão posterior a outra não consentida torna esta eficaz, na medida necessária para assegurar a legitimidade do cedente.
6 – Considera-se prestado o consentimento da sociedade quando o cessionário tenha participado em deliberação dos sócios e nenhum deles a impugnar com esse fundamento, provando-se o consentimento tácito, para efeitos de registo da cessão, pela acta da deliberação.

NOTAS:

I. Anteprojectos: FERRER CORREIA (arts. 58.º e 59.º); VAZ SERRA (arts. 68.º e 70.º) e RAÚL VENTURA (arts. 36.º e 38.º).
Cfr. ANTÓNIO FERRER CORREIA/VASCO LOBO XAVIER/MARIA ÂNGELA COELHO/ANTÓNIO CAEIRO *in* "Sociedade por quotas ...", pp. 212 e 213.

II. O n.º **6** tem a redacção introduzida pelo DL n.º 76-A/2006, de 29 de Março.

III. De acordo com o n.º 2, do art. 228.º, a cessão de quotas não produz efeitos para com a sociedade enquanto não for consentida por esta.
O artigo em anotação define a forma e o conteúdo do pedido, bem como a prestação do consentimento.
O consentimento da sociedade depende, naturalmente, do respectivo pedido, o qual deve observar a forma escrita.
Na ausência de disposição legal, a nossa doutrina tem entendido que o mesmo pode ser apresentado pelo cedente, pelo cessionário ou por ambos. Cfr. RAÚL VENTURA *in* "Sociedades por Quotas", vol. I, p. 625; COUTINHO DE ABREU *in* "Curso de Direito...", II, p. 361 e ALEXANDRE SOVERAL MARTINS *in* "Sobre o Consentimento...", p. 681.
Note-se, ainda, que o pedido pode ser apresentado antes ou depois da cessão. Cfr. COUTINHO DE ABREU *in* "Curso de Direito...", II, p. 361.

Do ponto de vista substantivo, o pedido de consentimento deve indicar o cessionário e as condições da cessão (**n.º 1**, parte final).

A indicação do cessionário justifica-se pelo facto de a exigência de consentimento se destinar "precisamente a controlar a entrada de novos membros para a sociedade", ANTÓNIO FERRER CORREIA/VASCO LOBO XAVIER/MARIA ÂNGELA COELHO/ANTÓNIO CAEIRO *in* "Sociedade por quotas ...", p. 212.

Em conformidade com a Teoria Geral dos Contratos, podemos entender que os elementos essenciais da cessão de quotas são: as partes, as declarações de vontade, o objecto e as cláusulas contratuais que a distinguem dos restantes contratos. Para maiores desenvolvimentos sobre os elementos essenciais dos negócios jurídicos, cfr. MANUEL DE ANDRADE *in* "Teoria Geral...", vol. II, pp. 33 e ss..

Segundo RAÚL VENTURA *in* "Sociedades por Quotas", vol. I, p. 625, "a lei portuguesa não se contenta com a indicação do cessionário, pois o conhecimento de todas as condições da cessão é importante para a deliberação a tomar pela sociedade".

Desta forma, entendemos que, para garantir o cumprimento da norma, o pedido de consentimento deve indicar todo o conteúdo da cessão, ou seja, todas as cláusulas que a compõem.

IV. O pedido de consentimento deve ser dirigido ao gerente, enquanto representante da sociedade.

Note-se que, o n.º 3, do art. 261.º, estipula que as notificações ou declarações de terceiros à sociedade podem ser dirigidas a qualquer dos gerentes. ALEXANDRE SOVERAL MARTINS *in* "Sobre o Consentimento...", p. 681, considera que este preceito é aplicável aos pedidos de consentimento.

Por outro lado, compete aos gerentes a convocação da assembleia geral para apreciação do pedido de consentimento apresentado. Cfr. ALEXANDRE SOVERAL MARTINS *in* "Sobre o Consentimento...", p. 681 e RAÚL VENTURA *in* "Sociedades por Quotas", vol. I, p. 625.

V. O consentimento expresso é dado por deliberação dos sócios (**n.º 2**). Cfr., neste sentido, a al. b), do n.º 1, do art. 246.º.

O **n.º 2** tem natureza imperativa. Cfr. RAÚL VENTURA *in* "Sociedades por Quotas", vol. I, p. 626.

O consentimento é um acto jurídico unilateral da sociedade e não dos sócios.

Da leitura do **n.º 2** podemos concluir que o consentimento pode ser expresso ou tácito. Recorrendo, mais uma vez, à fórmula empregue pelo legislador para a declaração negocial (art. 217.º, n.º 1, do CC), o consentimento é expresso, quando feita por palavras, escrito ou qualquer outro meio directo de manifestação de vontade e tácito, quando se deduz de factos que, com toda a probabilidade, o revelam.

No que diz respeito ao consentimento expresso, o legislador fixou a sua forma de manifestação exterior, impondo a deliberação dos sócios.

A deliberação pode ser tomada por maioria simples (art. 250.º, n.º 3).

Na verdade, se considerarmos que a cessão de quotas não implica uma alteração do contrato, não será exigível a maioria qualificada prevista no n.º 1, do art. 265.º. Cfr. Raúl Ventura *in* "Alterações do Contrato...", pp. 17 e 18; Alexandre Soveral Martins *in* "Sobre o Consentimento...", p. 678; Pereira de Almeida *in* "Sociedades Comerciais", p. 241; o Ac. do STJ, de 01.02.95 *in* www.dgsi.pt (Proc. n.º 085839) e o Ac. da RL, de 10.03.94 *in* www.dgsi.pt (Proc. n.º 0063216).

O sócio cedente pode votar na deliberação de consentimento, dado que não existe nenhum conflito de interesses entre este e a sociedade, nos termos do art. 251.º. Cfr. Raúl Ventura *in* "Sociedades por Quotas", vol. I, p. 627 e Pereira de Almeida *in* "Sociedades Comerciais", p. 242.

Para maiores desenvolvimentos sobre a posição do sócio cedente, *vide* João Labareda *in* "Posição do sócio alienante na deliberação sobre o pedido de consentimento", Estudos em Homenagem ao Professor Doutor Raúl Ventura, vol. II, FDUL, 2003, pp. 467 a 494.

A comunicação do gerente não vale como consentimento. Cfr. Raúl Ventura *in* "Sociedades por Quotas", vol. I, pp. 626 e 627 e "Sociedades por Quotas", vol. III, p. 144 e Alexandre Soveral Martins *in* "Sobre o Consentimento...", p. 685.

VI. O consentimento não pode ser subordinado a condições, sendo irrelevantes as que se estipularem (**n.º 3**).

A *ratio* desta norma assenta na necessidade de certeza e segurança jurídicas que se impunham nesta matéria. Cfr. António Ferrer Correia/Vasco Lobo Xavier/Maria Ângela Coelho/António Caeiro *in* "Sociedade por quotas ...", p. 213.

Esta norma significa que os sócios, na deliberação, devem pura e simplesmente, conceder ou recusar o consentimento.

Este preceito não está em conflito com o n.º 5, do art. 229.º. Com efeito, este último permite que o contrato de sociedade condicione o consentimento a certos requisitos específicos.

As condições a que se reporta o **n.º 3** são as condições a que a deliberação dos sócios subordina o consentimento.

O "condicionamento operado por meio de cláusulas do contrato, lícito nos termos do art. 229.º, n.º 5, operou anteriormente, determinando o sentido da deliberação dos sócios e, portanto, do condicionamento estabelecido no contrato de sociedade deve resultar uma deliberação incondicional", Raúl Ventura, *loc. cit.*.

Os condicionalismos aqui proibidos são irrelevantes, "tornando-se como não escritos, por serem nulos, e ficando pura a deliberação tomada", Raúl Ventura *in* "Sociedades por Quotas", vol. I, p. 628.

Título III – Sociedades por quotas 283

Com esta proibição, o legislador pretendeu clarificar a concessão ou recusa do consentimento e, por outro lado, "não criar obstáculos ao regime estabelecido no art. 231.º, como consequência da recusa do consentimento", RAÚL VENTURA *in* "Sociedades por Quotas", vol. I, p. 628.

VII. Se a sociedade não tomar a deliberação sobre o pedido de consentimento nos 60 dias seguintes à sua recepção, a eficácia de cessão deixa de depender dele (**n.º 4**).

A lei fixa um prazo para a sociedade deliberar sobre o pedido de consentimento, de molde a evitar que os sócios se sirvam do consentimento como mecanismo de protelação da eficácia da cessão, prejudicando, assim, o cedente. Cfr. ANTÓNIO FERRER CORREIA/VASCO LOBO XAVIER/MARIA ÂNGELA COELHO/ANTÓNIO CAEIRO *in* "Sociedade por quotas ...", p. 213.

A sociedade tem 60 dias a contar do recebimento do pedido de consentimento para tomar a deliberação sobre o mesmo. Sendo que, decorrido esse prazo, "caduca a faculdade de a sociedade se pronunciar sobre a eficácia da cessão, cujo requisito cessa", RAÚL VENTURA *in* "Sociedades por Quotas", vol. I, p. 628.

Este mesmo autor, *loc. cit.*, considera, ainda, que não estamos perante um caso de consentimento tácito.

VIII. Conforme já expusemos, o consentimento pode ser expresso ou tácito. Os **n.ᵒˢ 5** e **6** estabelecem casos de consentimento tácito.

Na nossa opinião, existe consentimento tácito quando o mesmo se deduz de factos que, com toda a probabilidade, o revelam (art. 217.º, n.º 1, do CC).

Assim, entendemos que os casos de consentimento tácito não se restringem aos previstos nos **n.ᵒˢ 5** e **6**.

MENEZES CORDEIRO *in* "Manual de Direito das Sociedades", II, p. 349, dá a título de exemplo "a hipótese de a sociedade, designadamente através dos seus sócios (em assembleia geral ou fora dela) passar a tratar o transmissário como sócio".

Por seu turno, COUTINHO DE ABREU *in* "Curso de Direito...", II, p. 361, sustenta que o consentimento é tácito "quando revelado (depois da cessão) por meio diverso de deliberação incidindo directamente sobre pedido de consentimento".

Já para ALEXANDRE SOVERAL MARTINS *in* "Sobre o Consentimento...", p. 687, o consentimento tácito também pode resultar de deliberação dos sócios.

Aliás, para este mesmo autor, *ob. cit.*, p. 688, "se o cessionário pode retirar da conduta da sociedade a conclusão de que esta deu o consentimento para a cessão, a sua confiança merece ser protegida e a recusa posterior de consentimento até pode ser vista como um *venire contra factum proprium*".

IX. O consentimento dado a uma cessão posterior a outra não consentida torna esta eficaz, na medida necessária para assegurar a legitimidade do cedente (**n.º 5**).

A expressão "outra não consentida" engloba "a hipótese de não ter sido pedido o consentimento e a hipótese de o consentimento ter sido pedido e ter sido recusado", RAÚL VENTURA *in* "Sociedades por Quotas", vol. I, p. 628.

O **n.º 5** pressupõe a existência de várias cessões sucessivas, implicando o consentimento da última, o consentimento (tácito) das anteriores.

Esta regra visa garantir a legitimidade "dos cedentes intermédios por meio de consentimento tácito. Como, porém, já foram efectuadas cessões posteriormente ás tacitamente reconhecidas, o reconhecimento desta tem apenas o efeito de assegurara aquela legitimidade e só a última cessão é tornada plenamente eficaz para com a sociedade", RAÚL VENTURA *in* "Sociedades por Quotas", vol. I, p. 629.

Para uma visão critica desta solução legal, *vide* ALEXANDRE SOVERAL MARTINS *in* "Sobre o Consentimento...", p. 687 e COUTINHO DE ABREU *in* "Curso de Direito...", II, p. 362, nota de rodapé n.º 339.

X. Considera-se prestado o consentimento da sociedade quando o cessionário tenha participado em deliberação dos sócios e nenhum deles a impugnar com esse fundamento, provando-se o consentimento tácito, para efeitos de registo da cessão, pela acta da deliberação (**n.º 6**).

A propósito desta norma RAÚL VENTURA *in* "Sociedades por Quotas", vol. I, p. 631, refere que de todos os casos "em que doutrinariamente tinha sido deduzido o comportamento como sócio, implicando o consentimento tácito, o preceito aproveita o mais seguro".

Se um dos sócios impugnar a deliberação coma base na participação de um cessionário que adquiriu, sem consentimento, uma quota, não existe consentimento tácito nos termos do **n.º 6**. Cfr. ALEXANDRE SOVERAL MARTINS *in* "Sobre o Consentimento...", p. 687. Este autor, *loc. cit.*, refere, no entanto, que existirá consentimento tácito "se algum dos sócios impugnar a deliberação com outro fundamento que não aquele".

XI. O consentimento tácito previsto no **n.º 6** para efeitos de registo da cessão, prova-se pela acta da deliberação.

A redacção deste número foi introduzida pelo DL n.º 76-A/2006, reflectindo a preocupação do legislador na simplificação dos actos relativos às sociedades.

Na sua versão anterior, o **n.º 6** tinha a seguinte redacção:

"Considera-se prestado o consentimento da sociedade quando o cessionário tenha participado em deliberação dos sócios e nenhum deles a impugnar com esse fundamento; para efeitos de registo da cessão, o consentimento tácito prova--se pela acta da deliberação e por certidão do registo comercial donde conste não ter sido intentada em devido tempo a referida impugnação judicial".

Título III – Sociedades por quotas

A principal diferença a salientar é a eliminação da certidão comercial (donde conste não ter sido intentada em devido tempo a referida impugnação judicial) como elemento de prova exigido para efeitos de registo da cessão.

Conforme salienta, ARMANDO MANUEL TRIUNFANTE *in* "Código das Sociedades ...", p. 225, "Tal não pode certamente querer dizer que já não é necessário provar a inexistência de qualquer acção, facto que continua a ser necessário e de prova possível [as acções de declaração estão sujeitas a registo que, embora não obrigatório, se não efectuado impede a continuação das mesmas após a fase dos articulados – arts. 9.º, al. *e*), e 15.º, n.º 5, CRCom]".

Esta alteração tem como ideia subjacente a criação da certidão permanente. Com efeito, o preâmbulo do DL n.º 76-A/2006, indica, em 7.º lugar, como uma das medidas inovadoras, a criação da referida certidão, a qual estará, permanentemente, disponível num sítio na Internet, assegurando-se que, enquanto a mesma estiver *on-line*, nenhuma entidade pública possa exigir de quem aderiu a este serviço uma certidão em papel, pois ficará obrigada a consultar o *site* sempre que pretenda confirmar a informação que lhe foi declarada.

A certidão permanente foi regulada pela P n.º 1416-A/2006, de 19 de Dezembro.

JURISPRUDÊNCIA:

A divisão ou cessão de quotas não constitui alteração do contrato que exija a maioria qualificada prevista no artigo 265.º, n.º 1 do Código das Sociedades Comerciais de 1986.
Ac. do STJ, de 01.02.95 *in* www.dgsi.pt (Proc. n.º 085839)

A divisão e cessão de quotas não constituem alterações do contrato de sociedade pelo que não lhes é aplicável o disposto no art. 265.º do CSC, bastando, pois, a maioria simples prevista no n.º 3 do art. 250.º do mesmo código, para operar validamente o consentimento para aquelas operações.
Ac. da RL, de 10.03.94 *in* www.dgsi.pt (Proc. n.º 0063216)

ARTIGO 231.º – **(Recusa do consentimento)**
1 – Se a sociedade recusar o consentimento, a respectiva comunicação dirigida ao sócio incluirá uma proposta de amortização ou de aquisição da quota; se o cedente não aceitar a proposta no prazo de quinze dias, fica esta sem efeito, mantendo-se a recusa do consentimento.
2 – A cessão para a qual o consentimento foi pedido torna-se livre:
a) **Se for omitida a proposta referida no número anterior;**

b) Se a proposta e a aceitação não respeitarem a forma escrita e o negócio não for celebrado por escrito nos 60 dias seguintes à aceitação, por causa imputável à sociedade;

c) Se a proposta não abranger todas as quotas para cuja cessão o sócio tenha simultaneamente pedido o consentimento da sociedade;

d) Se a proposta não oferecer uma contrapartida em dinheiro igual ao valor resultante do negócio encarado pelo cedente, salvo se a cessão for gratuita ou a sociedade provar ter havido simulação de valor, caso em que deverá propor o valor real da quota, calculado nos termos previstos no artigo 1021.° do Código Civil, com referência ao momento da deliberação;

e) Se a proposta comportar diferimento do pagamento e não for no mesmo acto oferecida garantia adequada.

3 – O disposto nos números anteriores só é aplicável se a quota estiver há mais de três anos na titularidade do cedente, do seu cônjuge ou de pessoa a quem tenham, um ou outro, sucedido por morte.

4 – Se a sociedade deliberar a aquisição da quota, o direito a adquiri-la é atribuído aos sócios que declarem pretendê-la no momento da respectiva deliberação, proporcionalmente às quotas que então possuírem; se os sócios não exercerem esse direito, pertencerá ele à sociedade.

NOTAS:

I. Anteprojectos: FERRER CORREIA (art. 60.°); VAZ SERRA (art. 71.°) e RAÚL VENTURA (art. 39.°).

Cfr. ANTÓNIO FERRER CORREIA/VASCO LOBO XAVIER/MARIA ÂNGELA COELHO/ANTÓNIO CAEIRO *in* "Sociedade por quotas ...", pp. 213 a 215.

II. A al. b), do **n.° 1** tem a redacção introduzida pelo DL n.° 76-A/2006, de 29 de Março.

III. De acordo com o n.° 2, do art. 228.°, a eficácia da cessão perante a sociedade depende do consentimento desta.

Depois de recebido o pedido de consentimento, a sociedade tem 60 dias para tomar uma deliberação, mais concretamente concedendo ou recusando o consentimento.

O artigo em anotação não trata directamente da recusa do consentimento, estabelecendo, outrossim, o regime aplicável no caso de a mesma se verificar.

Como vimos na anotação ao art. 230.°, o consentimento pode ser expresso ou tácito. Ao invés e conforme resulta do n.° 4, do art. 230.° "a recusa do consentimento é sempre expressa", Raúl Ventura *in* "Sociedades por Quotas", vol. I, p. 640.

Para Raúl Ventura *in* "Sociedades por Quotas", vol. I, p. 615, a recusa do consentimento torna inaplicável a cláusula contratual de preferência na aquisição da quota.

Questão discutida na doutrina tem sido a de saber se a recusa do consentimento pode ser sindicável ou impugnável judicialmente.

Raúl Ventura *in* "Sociedades por Quotas", vol. I, p. 643, considera que a recusa é "definitiva e inapreciável judicialmente". Pereira de Almeida *in* "Sociedades Comerciais", p. 243, fala de discricionariedade, decorrente da natureza pessoal das SQ.

Em sentido contrário, Coutinho de Abreu *in* "Curso de Direito...", II, p. 363, sustenta que os "sócios estão vinculados pelo dever de actuação compatível com o interesse social. Não pode a maioria vota pela recusa do consentimento tendo em vista tão-só, por exemplo, prejudicar o sócio que pretende ceder a quota (...). Deliberações deste tipo hão-de ser impugnáveis por abuso de direito (art. 58.º, 1, b))". Cfr., neste mesmo sentido, Alexandre Soveral Martins *in* "Sobre o Consentimento...", p. 682.

Coutinho de Abreu *in* "Curso de Direito...", II, pp. 363 e 364, salienta, ainda, que "a ideia de inimpugnabilidade das deliberações de recusa do consentimento é contrária ao próprio Código, que permite a recusa do consentimento para transmissão de acções somente com fundamento em qualquer interesse relevante da sociedade (arts. 328.º, 2, c), 329.º, 2); também aqui o *intuitus personae* é evidente; e também aqui a sociedade está obrigada a medidas equivalentes às previstas no art. 231.º, 1 (v. o art. 329.º, 3, c))".

A recusa do consentimento "não resolve a cessão anterior entre os contraentes, a não ser que tenha havido estipulação nesse sentido", Raúl Ventura *in* "Sociedades por Quotas", vol. I, p. 652.

IV. Se a sociedade recusar o consentimento, a respectiva comunicação dirigida ao sócio incluirá uma proposta de amortização ou de aquisição da quota (1.ª parte, do **n.º 1**).

António Ferrer Correia/Vasco Lobo Xavier/Maria Ângela Coelho/ /António Caeiro *in* "Sociedade por quotas ...", p. 214, entendiam que os **n.ºs 1** e **2** visavam conciliar o interesse da sociedade em não admitir o cessionário proposto com o interesse do sócio em realizar o valor da sua quota.

Embora não resulte expressamente do texto legal, a expressão "aquisição" abrange a aquisição pela própria sociedade, pelos sócios ou por terceiro.

O legislador procurou, mais uma vez, harmonizar os interesses em causa. Na verdade, se a necessidade de consentimento prevista no n.º 2, do art. 228.º, visou proteger o interesse da sociedade (cfr. anotações ao art. 228.º), a 1.ª parte, do **n.º 1**, ao exigir a apresentação de uma proposta de amortização ou aquisição (junta-

288 *Regime Jurídico das Sociedades por Quotas*

mente com a recusa), procurou tutelar a posição jurídica do sócio cedente, impedindo, nomeadamente, que o mesmo se torne *prisioneiro* da sociedade. Cfr. PEREIRA DE ALMEIDA *in* "Sociedades Comerciais", p. 243.

Da leitura da 1.ª parte, do **n.° 1**, podemos extrair que a sociedade, depois de recusar o consentimento, terá que optar pelo destino a dar à quota (amortização ou aquisição).

Essa escolha pode ser feita "simultaneamente com a deliberação de recusa ou em deliberação separada, mas, no segundo caso, deverá tudo ser deliberado dentro dos sessenta dias previstos no art. 230.°, n.° 4", RAÚL VENTURA *in* "Sociedades por Quotas", vol. I, p. 644.

A comunicação de recusa do consentimento deve conter, não só a respectiva recusa, como também uma proposta de amortização ou de aquisição da quota.

O tratamento normativo dado à comunicação de recusa de consentimento justifica-se por força dos efeitos que a mesma implica e pela exigência de um conteúdo complementar (proposta de amortização ou de aquisição da quota). Note-se que a lei não faz qualquer referência à comunicação de concessão do consentimento.

O destinatário da comunicação é, conforme expressamente prevê o **n.° 1**, o sócio cedente. Não obstante, como vimos na anotação ao art. 230.°, o consentimento poder ser pedido pelo cedente, pelo cessionário ou por ambos.

A comunicação da recusa e da proposta de amortização ou aquisição deve ser feita pelo gerente. Cfr. ALEXANDRE SOVERAL MARTINS *in* "Sobre o Consentimento...", p. 682.

Segundo RAÚL VENTURA *in* "Sociedades por Quotas", vol. I, p. 644, a "proposta não pode consistir na simples menção de amortizar ou adquirir, antes deve conter todos os elementos indispensáveis para que o cedente-destinatário possa conscientemente tomar uma decisão de aceitar ou não".

Se a proposta não for apresentada ou, sendo-o, não obedecer a forma escrita, o consentimento deixa de ser exigido, tornando-se a cessão livre (als. a) e b), do **n.° 2**).

V. No prazo de 15 dias a contar da recepção da comunicação-proposta, o sócio pode optar por:

a) Recusar a proposta

Neste caso, a proposta fica sem efeito, mantendo-se a recusa do consentimento (**n.° 1**, 2.ª parte);

b) Não se pronunciar sobre a proposta

Nesta hipótese, a proposta fica, igualmente, sem efeito, mantendo-se a recusa do consentimento;

c) Aceitar a proposta

Se o sócio cedente aceitar a proposta, o negócio deve ser celebrado no prazo de 60 dias (al. b), do **n.° 2**). No caso de aceitação da amortização proposta, a sociedade deve tomar a respectiva deliberação (cfr. art. 234.°, n.° 1).

Título III – Sociedades por quotas 289

A aceitação e respectiva proposta devem obedecer a forma escrita, sob pena de o consentimento deixar de ser exigido, tornando-se a cessão livre (als. a) e b), do **n.º 2**).

A aceitação deve, ainda, ser comunicada à sociedade. Cfr. RAÚL VENTURA *in* "Sociedades por Quotas", vol. I, p. 645.

No que diz respeito ao seu conteúdo, a aceitação deve ser pura e simples. Conforme refere RAÚL VENTURA *in* "Sociedades por Quotas", vol. I, pp. 645 e 646, os "aditamentos, limitações ou outras modificações importam rejeição da proposta (CC, art. 233.º) e neste caso é irrelevante a nova proposta de que fala o mesmo artigo do Código Civil, visto que a proposta deve partir da sociedade e não do sócio".

O prazo de 15 dias não é imperativo. De facto, para RAÚL VENTURA, *ob. cit.*, p. 645, "nada impede que, por acordo entre a sociedade e o sócio, se proceda a amortização ou aquisição depois daquele prazo".

JOÃO LABAREDA *in* "Posição do sócio ...", p. 479, considera que o regime contido nos **n.ºs 1** e **2** "mostra que, uma vez tornada firme a decisão de cedência, e encontrado o parceiro interessado na aquisição, o sócio poderá sempre alcançar a alienação de acordo com o plano económico por ele perspectivado, seja porque, em definitivo, procede à cessão nos termos inicialmente projectados, seja porque se concretiza uma alternativa equivalente disponibilizada pela sociedade e por ele aceite".

VI. O **n.º 2** prevê as situações que tornam a cessão livre (não dependente do consentimento da sociedade a que estava vinculada).

Este regime é imperativo. Cfr. FILIPE CASSIANO DOS SANTOS *in* "Estrutura Associativa ...", p. 501.

Nos termos do **n.º 2**, a cessão torna-se livre:

a) Se for omitida a proposta de amortização ou aquisição

Existe omissão, quando a comunicação não inclui a proposta exigida.

Todavia, pode "suceder que a participação do sócio na própria deliberação, embora não em termos de nela ter dado aceitação à proposta (por exemplo, votou contra a deliberação), lhe tenha dado necessário conhecimento da proposta, omitida apenas na comunicação; nesse caso, não poderá ele prevalecer-se da omissão", RAÚL VENTURA *in* "Sociedades por Quotas", vol. I, p. 645.

Para este autor, *ob. cit.*, p. 646, ter-se-á "como omitida uma proposta que não corresponda aos requisitos legais, para alguns dos quais a lei especificamente comina o mesmo efeito da omissão (n.º 2, al. *c*), *d*), *e*))".

b) Se a proposta e a aceitação não respeitarem a forma escrita e o negócio não for celebrado por escrito nos 60 dias seguintes à aceitação, por causa imputável à sociedade

A redacção deste número foi introduzida pelo DL n.º 76-A/2006, reflectindo a preocupação do legislador na simplificação dos actos relativos às sociedades.

290   *Regime Jurídico das Sociedades por Quotas*

A redacção anterior era a seguinte:

"Se o negócio proposto não for efectivado dentro dos 60 dias seguintes à aceitação".

Podemos destacar as seguintes alterações:

– A introdução da inobservância da forma escrita (na proposta e na aceitação) como causa de liberação da cessão.

A exigência da forma escrita justifica-se pela necessidade de assegurar que a proposta seja conhecida pelo sócio cedente com clareza e precisão, de forma a que este possa tomar a sua decisão ponderada e conscientemente. Por outro lado, procurou-se evitar o surgimento de dúvidas quanto ao cumprimento das regras a que está sujeita a proposta.

– A substituição da expressão "efectivado" pela expressão "celebrado por escrito".

A expressão "efectivado" era algo equívoca. Para maiores desenvolvimentos sobre o alcance desta expressão, veja-se RAÚL VENTURA *in* "Sociedades por Quotas", vol. I, p. 647.

– A introdução da expressão por causa imputável à sociedade.

Pode suceder que o negócio não seja celebrado no prazo de 60 dias por facto imputável ao sócio cedente. Nesta circunstância, não seria justo que o mesmo beneficiasse desse facto, tornando a cessão livre.

Na expressão "negócio", estão cobertos "os actos jurídicos que a sociedade pode propor e um dos quais se concretizou na proposta efectiva", RAÚL VENTURA *in* "Sociedades por Quotas", vol. I, p. 647.

Os 60 dias para a celebração do negócio contam-se a partir da aceitação. RAÚL VENTURA *in* "Sociedades por Quotas", vol. I, p. 647, considera, aplicável o art. 224.º, n.ºs 1 e 2, do CC, nos termos do qual a declaração negocial que tem um destinatário torna-se eficaz logo que chega ao seu poder ou é dele conhecida; as outras, logo que a vontade do declarante se manifesta na forma adequada.

É também considerada eficaz a declaração que só por culpa do destinatário não foi por ele oportunamente recebida.

Se a participação do sócio cedente for exigida para a celebração do negócio proposta e este "se negar indevidamente a efectuá-la (caso de aquisição da quota), a cessão não se torna livre e ou se entende que o cedente retira o pedido de consentimento (...) ou deverá considerar-se que o cedente entrou em mora no cumprimento da obrigação que assumiu", RAÚL VENTURA *in* "Sociedades por Quotas", vol. I, p. 650.

PEDRO MAIA *in* "Registo e Cessão...", p. 164, sustenta "uma interpretação ab-rogante do art. 231.º, n.º 2, b), CSC, no que toca à ausência de aceitação por escrito: apenas a ausência de *forma da proposta* da sociedade implicará a liberdade para a cessão; a ausência de aceitação (ou de forma desta) implicará, nos termos do n.º 1, a persistência da recusa de consentimento".

c) Se a proposta não abranger todas as quotas para cuja cessão o sócio tenha simultaneamente pedido o consentimento da sociedade

A lei, nesta alínea, parte do pressuposto que o sócio, sendo titular de duas ou mais quotas, pretende ceder algumas ou a totalidade dessas quotas.

Esta regra não prejudica a autonomia de cada uma das cessões em relação às outras. O que significa, desde logo, que o cessionário das cessões não tem que ser o mesmo.

Procurou-se, aqui, evitar que a sociedade separasse as cessões, consentindo algumas e recusando outras, em prejuízo do cedente e do cessionário. Cfr. RAÚL VENTURA *in* "Sociedades por Quotas", vol. I, p. 647.

Na perspectiva deste autor, *ob. cit.*, pp. 647 e 648, as "cessões devem apresentar-se em conjunto, pois faleceria qualquer razão para as ligar se o próprio cedente as separasse. Indispensável é a unidade de tempo expressa pelo advérbio «simultaneamente»".

Este autor, *ob. cit.*, p. 648 sustenta ainda que este preceito "só faz sentido se também a recusa dever ser unitária, isto é, se toda a atitude da sociedade – recusa, amortização ou aquisição – dever ser igual para todas as quotas".

d) Se a proposta não oferecer uma contrapartida em dinheiro igual ao valor resultante do negócio encarado pelo cedente, salvo se a cessão for gratuita ou a sociedade provar ter havido simulação de valor, caso em que deverá propor o valor real da quota, calculado nos termos previstos no artigo 1021.° do Código Civil, com referência ao momento da deliberação

Esta alínea aplica-se a todas as cessões onerosas, tendo como finalidade evitar que o sócio cedente seja economicamente prejudicado em virtude da recusa do consentimento da sociedade.

O legislador utilizou a expressão "contrapartida" e não "preço", uma vez que a mesma é mais abrangente, aplicando-se quer à amortização, quer à aquisição. Aliás, note-se que a expressão "contrapartida" é utilizada não só para a transmissão de quotas (*v. g.*, art. 225.°, n.ºs 4 e 5) como também para a amortização (art. 235.°).

A contrapartida "a pagar pela sociedade é sempre em dinheiro, mesmo nos casos em que a cessão pretendida seja total ou parcialmente uma troca ou envolva bens patrimoniais diferentes de dinheiro.

Nesses casos haverá que avaliar essas contrapartidas para calcular o valor em dinheiro a pagar pela sociedade", PEREIRA DE ALMEIDA *in* "Sociedades Comerciais", p. 243.

No caso de cessão gratuita, a sociedade não terá que oferecer uma contrapartida em dinheiro igual ao valor resultante do negócio encarado pelo cedente.

Se a sociedade provar que houve simulação de valor deverá propor o valor real da quota calculado com base no estado da sociedade à data da deliberação (cfr., conjugadamente, a parte final da al. d), do n.° 2 e o art. 1021.°, do CC).

292   *Regime Jurídico das Sociedades por Quotas*

Para Coutinho de Abreu *in* "Curso de Direito...", II, p. 363, nota n.º 343, parece "que a sociedade terá de alegar e provar ter havido "simulação de valor", a fim de poder propor o valor real da quota, somente quando o valor declarado seja superior ao valor acordado entre cedente e cessionário (não quando aquele valor seja inferior a este)".

Raúl Ventura *in* "Sociedades por Quotas", vol. I, p. 649, salienta ainda que a prova da simulação não terá que ser feita "logo na proposta dirigida ao sócio, mas a alegação é logo indispensável para fundamentar a proposta nos termos da parte final da alínea, seguindo-se a prova no litígio que eventualmente venha a surgir".

O regime da simulação está previsto nos arts. 240 e ss., do CC;

e) Se a proposta comportar diferimento do pagamento e não for no mesmo acto oferecida garantia adequada

Esta garantia justifica-se pelo facto de o sócio cedente se encontrar numa posição juridicamente subordinada. De facto, se este optar por recusar a proposta, a mesma fica sem efeito, mantendo-se o consentimento.

O legislador não especificou a espécie de garantia a oferecer, sendo lícito o oferecimento da que se revelar mais adequada à protecção dos interesses patrimoniais do sócio cedente (sendo certo que estaremos sempre a falar de garantias especiais).

As garantias especiais estão reguladas nos arts. 623.º e ss..

VII. Para que seja aplicável o disposto nos **n.ºs 1** e **2**, a quota tem de estar há mais de três anos na titularidade do cedente, do seu cônjuge ou de pessoa a quem tenham, um ou outro, sucedido por morte (**n.º 3**).

O legislador entendeu que a quota de alguém só merece a tutela conferida nos **n.ºs 1** e **2**, se estiver na sua titularidade durante um período mínimo de 3 anos.

Esta norma "tutela a estabilidade e desincentiva passagens meramente especulativas pelo capital das sociedades por quotas", Menezes Cordeiro *in* "Manual de Direito das Sociedades", II, p. 349.

Por força do **n.º 3**, a cessão de quotas "antes desse tempo pode tornar-se ineficaz por recusa do consentimento, sem que contra tal deliberação da sociedade o cedente tenha qualquer protecção", Raúl Ventura *in* "Sociedades por Quotas", vol. I, p. 651.

Para a contagem deste período de 3 anos devemos ter em consideração o momento da recusa, uma vez que é esta que origina a protecção do sócio.

Raúl Ventura *in* "Sociedades por Quotas", vol. I, p. 651, destaca algumas situações de cessão em que não é exigido um período mínimo de titularidade.

VIII. Se a sociedade deliberar a aquisição da quota, o direito a adquiri-la é atribuído aos sócios que declarem pretendê-la no momento da respectiva deliberação, proporcionalmente às quotas que então possuírem (**n.º 4**, 1.ª parte).

Como vimos, a sociedade, no seguimento da recusa do consentimento, pode optar pela amortização ou aquisição da quota.

Caso opte pela aquisição, o **n.º 4** confere um verdadeiro direito de preferência a favor dos sócios.

Este direito não é conferido a todos os sócios, mas apenas àqueles que no momento da deliberação declarem pretender a quota. Para RAÚL VENTURA *in* "Sociedades por Quotas", vol. I, p. 652, esta declaração "justifica-se porque o conhecimento da intenção individual dos sócios é necessário para que a sociedade possa deliberar sobre a providência que vai adoptar e que há-de comunicar ao sócio cedente".

Os sócios referidos preferem em relação a estranhos e em relação à própria sociedade.

RAÚL VENTURA *in* "Sociedades por Quotas", vol. I, p. 651, justificando de certa forma, a solução encontrada, sustenta que a "ideia bastante espalhada de que em ordem de preferências na aquisição de quotas deve a sociedade ser colocada antes dos sócios, não tem justificação real, além de que a aquisição de quotas próprias não deve ser favorecida pela lei".

A norma prevê ainda a hipótese de haver mais do que um sócio que tenha declarado pretender a quota. Neste caso, a mesma deve ser dividida proporcionalmente às quotas dos referidos sócios.

Assim, se, por exemplo, os sócios preferentes A e B são titulares de duas quotas de 60% e 40%, respectivamente, o sócio A ficará com 60% da quota adquirida e o sócio B com 40% da mesma.

IX. Se os sócios preferentes não exercerem esse direito, o mesmo pertencerá à sociedade (**n.º 4**, 2.ª parte).

PEREIRA DE ALMEIDA *in* "Sociedades Comerciais", p. 244, considera, no entanto, que a sociedade, para exercer este direito, terá que dispor "de reservas livres em montante não inferior ao dobro do contravalor a prestar (art. 22.º, n.º 2)".

JURISPPRUDÊNCIA:

I, II, III – (…)

IV – A cessão de quotas não consentida pela sociedade é válida mas ineficaz em relação àquela.

V – O cessionário da quota pode licitamente cedê-la a terceiro embora a primeira cessão não tenha sido consentida e quer esta nova cessão seja ou não consentida pela sociedade já que o facto de na nova cessão figurar como cedente quem não é para a sociedade um sócio "oponível" não fere, só por si, os interesses da sociedade, que respeitam à pessoa do cessionário e não à pessoa do cedente, nem sequer podendo dizer-se que tais interesses foram feridos apenas por o cessionário-cedente ser reconhecido sócio para deixar e ser sócio.

Ac. da RC, de 23.04.91 *in* CJ, Ano XVI, Tomo II, p. 97

SECÇÃO IV
Amortização da quota

ARTIGO 232.º – **(Amortização da quota)**
1 – A amortização de quotas, quando permitida pela lei ou pelo contrato de sociedade, pode ser efectuada nos termos previstos nesta secção.
2 – A amortização tem por efeito a extinção da quota, sem prejuízo, porém, dos direitos já adquiridos e das obrigações já vencidas.
3 – Salvo no caso de redução do capital, a sociedade não pode amortizar quotas que não estejam totalmente liberadas.
4 – Se o contrato de sociedade atribuir ao sócio o direito à amortização da quota, aplica-se o disposto sobre exoneração de sócios.
5 – Se a sociedade tiver o direito de amortizar a quota pode, em vez disso, adquiri-la ou fazê-la adquirir por sócio ou terceiro.
6 – No caso de se optar pela aquisição, aplica-se o disposto nos n.ᵒˢ 3 e 4 e na primeira parte do n.º 5 do artigo 225.º

NOTAS:

I. Anteprojectos: FERRER CORREIA (arts. 61.º e 62.º, n.º 4); VAZ SERRA (art. 81.º) e RAÚL VENTURA (art. 46.º).
Cfr. ANTÓNIO FERRER CORREIA/VASCO LOBO XAVIER/MARIA ÂNGELA COELHO/ANTÓNIO CAEIRO *in* "Sociedade por quotas ...", pp. 210 a 212.

II. A admissibilidade da amortização de quotas não resulta do artigo em anotação, o qual se limita a estabelecer os termos em que a mesma, sendo permitida, deve ser efectivada. Na verdade, o artigo em anotação está alicerçado no pressuposto de que a amortização é, legal ou contratualmente, permitida.
Na lei de 1901, a amortização estava regulada apenas no art. 25.º.
As diversas questões que se foram levantando acerca de tal figura não obtinham junto daquele único preceito a resposta legalmente exigida, o que gerou inúmeras dúvidas na doutrina e na jurisprudência.
Por este motivo o legislador optou por autonomizar sistematicamente a amortização da quota, dedicando-lhe uma Secção (Secção IV, do Capítulo III, do Título III) composta por 7 artigos (arts. 232.º a 238.º).
Aliás, a amortização, por força da pluralidade de interesses e efeitos que a caracterizam, revelava-se como uma figura jurídica complexa, credora de uma regulamentação normativa mais profunda.

Para uma visão alargada dos diversos interesses em causa, *vide* RAÚL VEN-TURA *in* "Sociedades por Quotas", vol. I, pp. 658 e 659 e MENEZES CORDEIRO *in* "Manual de Direito das Sociedades", II, pp. 359 e 360.
A amortização de acções está regulada nos arts. 346.º 347.º.

III. A amortização pode ser definida como o acto jurídico da sociedade, resultante de uma deliberação social, que implica a extinção, total ou parcial, da quota e das posições jurídicas que a compõem. Cfr. PAULO OLAVO DA CUNHA *in* "Direito das Sociedades...", pp. 394 e 395; MENEZES CORDEIRO *in* "Manual de Direito das Sociedades", II, p. 359; JOÃO LABAREDA *in* "Sobre a Deliberação de Amortização de Quotas", Direito Societário Português – Algumas questões, *Quid Iuris*, 1998, p. 233 e FERRER CORREIA *in* "A sociedade por quotas segundo o Código das Sociedades Comerciais", p. 163.
Note-se que a extinção constitui o elemento distintivo da amortização em relação a outras figuras, como por exemplo, a aquisição.
Num sistema de quota única inicial (como o nosso) a "sociedade dissolve--se parcialmente quando o sócio seja titular de uma só quota e esta for amortizada", bem como quando seja amortizada apenas uma das várias quotas na titularidade da mesma pessoa. Cfr. RAÚL VENTURA *in* "Sociedades por Quotas", vol. I, p. 670.
Questão que tem sido discutida na nossa doutrina é a de saber se a amortização da quota constitui uma alteração contratual.
COUTINHO DE ABREU *in* "Curso de Direito...", II, p. 410, entende que não. Para este autor, a "*alteração das cláusulas* é, neste processo, *visada directa e autonomamente pela deliberação*. Não é alteração propriamente dita do estatuto social a modificação de cláusulas que deriva ou é consequência de deliberação (ou outro acto) visando directamente outros efeitos que não essa modificação".
Em sentido contrário, veja-se RAÚL VENTURA *in* "Sociedades por Quotas", vol. I, pp. 671.

IV. A amortização não é arbitrária, dependendo sempre de previsão legal ou contratual.
A lei admite expressamente a amortização da quota quando:
– por força de disposições contratuais, a quota não for transmitida para os sucessores do sócio falecido (art. 225.º, n.º 2);
– os sucessores declararem que não aceitam a transmissão da quota (art. 226.º, n.º 2);
– a sociedade recusar o consentimento para a cessão de quotas (art. 331.º, n.º 1);
– um sócio declarar a intenção de se exonerar (art. 240.º, n.º 1);
– haja sentença de exclusão de sócio (art. 242.º, n.º 3).
Nestes casos, como é evidente, não é necessária autorização contratual.

Por sua vez, fora dos casos previstos na lei, a amortização pode ser permitida pelo contrato de sociedade.

A autorização contratual pode ser genérica (sem discriminação dos factos permissivos) ou específica (com indicação dos factos constitutivos). Cfr. anotações ao art. 233.º.

Se o contrato autorizar genericamente amortizações de quotas, "o valor da cláusula dependerá da sua interpretação: ou pretende derrogar o disposto no art. 232.º, n.º 1 (o que não se presume) e nessa parte é nula; ou não o pretende e é válida, mas o seu efeito limita-se à amortização com consentimento do sócio", RAÚL VENTURA *in* "Sociedades por Quotas", vol. I, p. 658.

Veja-se os exemplos de cláusulas contratuais típicas de amortização, apresentados por PAULO OLAVO DA CUNHA *in* "Direito das Sociedades...", p. 395.

Na ausência de autorização contratual, a amortização só é admissível nas situações expressamente previstos na lei, ficando excluída a amortização por acordo. Cfr. MENEZES CORDEIRO *in* "Manual de Direito das Sociedades", II, p. 365.

MENEZES CORDEIRO e outros *in* "Código das Sociedades Comerciais – Anotado", p. 603, admitem a amortização da quota resultante de deliberação social tomada por unanimidade, "uma vez que quando assim suceda os interesses de todos estão tutelados: os dos sócios – aquele que quer sair e os demais que permanecem na sociedade – porque deram o seu consentimento; os dos terceiros, porque a amortização continuará a ter de observar as normas legais imperativas destinadas à sua protecção".

No caso de amortização de quota própria, RAÚL VENTURA *in* "Sociedades por Quotas", vol. I, p. 663, entende que "nada mais será preciso que a autorização genérica da amortização de quotas e a deliberação dos sócios. (...). Manifestamente, não é exigível nem consentimento nem facto contratual permissivo; a circunstância de a quota ser própria da sociedade afasta todos esses esquemas, elaborados para defesa de interesses dos sócios, que neste caso não existem".

V. Podemos distinguir as seguintes espécies de amortização:

a) Amortização onerosa e amortização gratuita

A amortização onerosa implica o pagamento de uma contrapartida (art. 235.º). Ao invés, na amortização gratuita tal contrapartida não é exigida.

Para maiores desenvolvimentos veja-se a anotação ao art. 235.º.

b) Amortização compulsiva e amortização voluntária

A amortização compulsiva não depende do consentimento do sócio, impondo-se independentemente da sua vontade. Por sua vez, a amortização voluntária depende desse consentimento (cfr. art. 233.º, n.º 1).

Para maiores desenvolvimentos veja-se a anotação ao art. 233.º.

c) Amortização parcial e amortização total

A amortização parcial tem por objecto a parte de uma quota. Já a amortização total incide sobre a totalidade de uma quota.

Título III – Sociedades por quotas

d) *Amortização obrigatória e amortização facultativa*

Para RAÚL VENTURA *in* "Sociedades por Quotas", vol. I, p. 668, a amortização "*obrigatória e amortização facultativa* atendem à existência ou inexistência de um direito do sócio à amortização da sua quota e correlativa obrigação de a sociedade a amortizar".

MENEZES CORDEIRO e outros *in* "Código das Sociedades Comerciais – Anotado", p. 604, distinguem, ainda, a amortização com e sem redução do capital social. A amortização pode ser efectuada sem acarretar a redução do capital social, a qual pode, no entanto, ter ocorrido antes daquela para a tornar possível.

VI. A amortização tem por efeito a extinção da quota, sem prejuízo, porém, dos direitos já adquiridos e das obrigações já vencidas (**n.º 2**).

Como já referimos, o efeito extintivo da quota é a principal característica da amortização. No entanto, as consequências que resultam dessa extinção impunham a salvaguarda dos direitos já adquiridos e das obrigações já vencidas, eliminando-se, assim, o seu efeito retroactivo.

Para efeitos desta norma, os direitos adquiridos são aqueles que, no momento da amortização, já eram exigíveis à sociedade, *v.g.*, o direito a uma determinada informação já pedida nos termos do art. 214.º, o direito aos lucros (art. 217.º) ou o direito ao reembolso de um suprimento (arts. 240.º e ss.).

Por sua vez, as obrigações já vencidas são aquelas que, no momento da amortização, eram exigíveis ao sócio, como, por exemplo, as obrigações de prestações acessórias ou suplementares (arts. 209.º e 210.º).

Excluídas ficam, naturalmente, as obrigações de entrada, uma vez que a sociedade não pode amortizar quotas que não estejam totalmente liberadas (**n.º 3**).

VII. Em regra, a sociedade não pode amortizar quotas que não estejam totalmente liberadas (**n.º 3**).

Estamos perante uma norma imperativa que se assume como um dos múltiplos corolários do princípio da exacta formação do capital social e, correlativamente, como uma das partes que compõem o *edifício normativo* erguido pelo legislador em torno dessa figura, o qual visa, fundamentalmente, a protecção dos credores sociais.

A exigência de liberação impõe-se apenas em relação à quota que for objecto de amortização, podendo não estar liberadas as outras quotas.

RAÚL VENTURA *in* "Sociedades por Quotas", vol. I, p. 674, considera que "a possibilidade de amortizar quotas antes da total liberação do capital pode afectar os credores, visto que o sócio deixa de ser responsável por aquela liberação total (salvas as obrigações já vencidas, na expressão do art. 232.º, n.º 2) e a sociedade não pode assumir essa responsabilidade em vez dele…". Por seu turno, FERRER CORREIA *in* "A sociedade por quotas segundo o Código das Sociedades Comerciais", p. 167, entende que solução diversa conduziria à extinção do "direito da sociedade às prestações em dívida relativas à quota em questão – e o capital social ficaria, assim, por realizar". MENEZES CORDEIRO e outros *in* "Código das Sociedades Comerciais – Anotado", p. 606, falam de "extinção da obrigação de entrada por falta do objecto relativamente à qual era devida (790.°, do CC)".

A amortização de quotas que não estejam totalmente liberadas é nula, nos termos do art. 294.°, do CC e 56.°, n.° 1, al. d). Cfr. MENEZES CORDEIRO e outros *in* "Código das Sociedades Comerciais – Anotado", p. 605.

Esta regra não se aplica no caso de redução do capital (parte inicial, do **n.° 3**).

Como veremos na anotação ao art. 237.°, um dos efeitos possíveis da amortização é a redução do capital social. Neste caso, a amortização pode ter por objecto quotas não liberadas.

Esta ressalva faz todo o sentido. De facto, a finalidade da regra é a realização do capital social, "no interesse dos credores; se o capital é reduzido, o fundamento deixar de valer e a defesa dos credores far-se-á em conformidade comas as normas reguladoras do processo de redução do capital", RAÚL VENTURA *in* "Sociedades por Quotas", vol. I, p. 674.

Segundo COUTINHO DE ABREU *in* "Curso de Direito...", II, p. 406, a redução do capital social deve ser feita "em montante pelo menos igual ao do valor da entrada ainda não realizado".

Importa, ainda, referir que no caso de redução do capital, a administração e os sócios (mediante deliberação) podem liberar total ou parcialmente os sócios da obrigação de entrada (art. 27.°, n.° 1).

A obrigação de entrada pode ser realizada até ao momento em que a amortização se efectiva.

Na verdade e conforme salientam MENEZES CORDEIRO e outros *in* "Código das Sociedades Comerciais – Anotado", p. 606, sempre "que a razão de ser desta proibição não se justifique a amortização será possível. Assim sucede quando o capital social for reduzido e, em virtude de tal operação, a entrada ficar integralmente realizada. Neste caso, a tutela de terceiros efectua-se pela necessidade de a sociedade dar cumprimento ao disposto nos 94.° e seguintes aquando da redução do seu capital social".

Nos termos do art. 511.°, n.° 1, o gerente de sociedade que, em violação da lei, amortizar, total ou parcialmente, quota não liberada será punido com multa até 120 dias.

RAÚL VENTURA *in* "Sociedades por Quotas", vol. I, p. 675, considera que este preceito, (e os arts. 512.°, n.° 1 e 513.°, n.° 1) partem do falso pressuposto de que é o gerente que amortiza a quota, quando o art. 234.°, n.° 1, determina que a amortização efectua-se por deliberação dos sócios. Assim, sendo falso o pressuposto, o crime é legalmente impossível.

Por sua vez, JOÃO LABAREDA *in* "Sobre a deliberação de amortização de quotas", Direito Societário Português – algumas questões, *Quid Iuris*, 1998, p. 237, nota 6, propõe uma interpretação cautelosa daqueles preceitos.

Para este autor, *loc. cit.*, "ao sancionar criminalmente o gerente que amortiza ou faz amortizar, a lei, ao que suponho, está a reprimir quem executa ou faz executar a deliberação sem que estejam satisfeitas as condições cuja falta conduz precisamente ao ilícito".

Cfr., ainda, MENEZES CORDEIRO *in* "Manual de Direito das Sociedades", II, p. 367, nota 1040.

VIII. Se o contrato de sociedade atribuir ao sócio o direito à amortização da quota, aplica-se o disposto sobre exoneração de sócios (**n.º 4**).

Estamos perante um direito especial contratualmente atribuído ao sócio.

A "justificação do preceito é clara: o art. 240.º permite a exoneração dos sócios nos casos previstos na lei e *no contrato*; a exoneração é nesses casos um direito do sócio contra a sociedade; a amortização obrigatória, ou seja, o direito do sócio à amortização da quota, é exoneração do sócio", RAÚL VENTURA *in* "Sociedades por Quotas", vol. I, p. 672.

Quanto à exoneração veja-se anotações ao art. 240.º.

IX. Se a sociedade tiver o direito de amortizar a quota pode, em vez disso, adquiri-la ou fazê-la adquirir por sócio ou terceiro (**n.º 5**). Esta norma transpôs para o nosso sistema jurídico uma regra que era frequentemente estipulada nos contratos de sociedade. Cfr. RAÚL VENTURA *in* "Sociedades por Quotas", vol. I, p. 676.

Esta faculdade permitirá satisfazer o eventual interesse da sociedade na aquisição de uma quota própria para ulterior revenda, em alternativa à extinção desta. Cfr. ANTÓNIO FERRER CORREIA/VASCO LOBO XAVIER/MARIA ÂNGELA COELHO/ANTÓNIO CAEIRO *in* "Sociedade por quotas ...", p. 217.

Se o **n.º 4** pressupõe que o direito à amortização é atribuído, por via do contrato, ao sócio, o **n.º 5**, por seu turno, tem por base a atribuição de tal direito à sociedade (estamos perante uma amortização compulsiva).

Vejamos alguns exemplos nos quais a sociedade tem o dever de amortizar a quota (amortização obrigatória):
– art. 225.º, n.º 2 (Transmissão por morte);
– art. 226.º, n.º 2 (Transmissão dependente da vontade dos sucessores);
– art. 231.º (Recusa de consentimento);
– art. 240.º, n.º 4 (Exoneração de sócio).

Se o contrato estipular a proibição de aquisição de quotas próprias, o direito de escolha, aqui conferido à sociedade, fica afastado. O contrato pode mesmo proibir a aquisição de quota própria apenas na hipótese prevista no **n.º 5**. Cfr. RAÚL VENTURA *in* "Sociedades por Quotas", vol. I, p. 676.

Por outro lado, "o art. 232.º, n.º 5, não dispensa o preenchimento de requisitos legais ou contratuais da aquisição de quota própria que eventualmente excedam os requisitos também legais ou contratuais da amortização de quotas", RAÚL VENTURA, *ob., cit.,* pp. 676 e 677.

300   Regime Jurídico das Sociedades por Quotas

Quanto à aquisição de quotas próprias, cfr. as anotações ao art. 220.°.
A propósito do **n.° 5**, Pereira de Almeida *in* "Sociedades Comerciais", pp. 249 e 50, sustenta que se "a sociedade tiver o direito de amortizar a quota, pode, em vez disso, adquirir a quota ou fazê-la adquirir por um sócio ou por terceiro (art. 232.°, n.° 5). Nestes últimos dois casos, não é evidentemente necessário observar-se o princípio da intangibilidade do capital social".

X. Se a sociedade optar pela aquisição (aquisição pela própria sociedade, por sócio ou terceiro), o respectivo contrato é outorgado pelo representante da sociedade e pelo adquirente, ficando os efeitos da alienação, na falta de estipulação contratual em contrário, dependentes do pagamento da contrapartida, determinada nos termos do art. 235.° (n.°s 3 e 4, do art. 225.° *ex vi* **n.° 6**).
Na falta de pagamento tempestivo da contrapartida os interessados poderão escolher entre a efectivação do seu crédito e a ineficácia da alienação (1.ª parte, do n.° 5, do art. 225.° *ex vi* **n.° 6**).

JURISPRUDÊNCIA:

I – A amortização de quota, em cuja base podem estar interesses quer do sócio quer da sociedade, constitui um meio de extinção de uma participação social, que tem por efeito a extinção como elemento essencial da amortização (artigo 232.° do CSC).
II – A disciplina da exclusão do sócio encontra-se vertida nos artigos 241.° e 242.° do CSC, o primeiro reportando-se à exclusão por deliberação social, o segundo à exclusão judicial.
III – Embora sejam detectáveis interligações entre os dois institutos – amortização de quota e exclusão de sócio, – as diferenciações entre elas são claras e evidentes, mas, tanto na exclusão por força do contrato como na exclusão judicial há sempre lugar a amortização da quota.
Ac. do STJ, de 11.04.00 *in* www.dgsi.pt (Proc. n.° 00A002) e CJ, Ano VIII, Tomo II, 29

I – É à sociedade, que em assembleia geral votou a amortização de quota e exclusão do respectivo sócio, que incumbe provar os fundamentos da amortização e exclusão.
II – Não contestada a acção, proposta pelo sócio excluído para anulação da deliberação que votou a sua exclusão e a amortização da sua quota, têm de considerar-se provados os factos por ele articulados como constitutivos do seu direito e procedente o pedido de anulação dessa deliberação.
Ac. do STJ, de 04.05.93 *in* www.dgsi.pt (Proc. n.° 082015)

I – E valida a clausula inserta em contrato de sociedade, segundo a qual esta pode, em caso de venda judicial de quota, amortiza-la pelo valor apurado em balanço realizado nessa altura.

II – O valor não pode, no entanto, ser imposto ao exequente que tem o direito de não concordar com o balanço nem com o valor atribuído a quota em assembleia geral sobre o mesmo balanço.

III – O exequente tem o direito de ser ouvido no conflito de interesses que o opõe a sociedade e ao titular da quota penhorada.

Ac. do STJ, de 24.03.92 *in* www.dgsi.pt (Proc. n.º 080948)

Relativamente às deliberações que tenham por objecto o reconhecimento do direito da Sociedade a amortizar determinada quota e consequente atribuição a outros sócios do direito de a adquirirem, não há impedimento de voto por parte do sócio-titular.

Ac. da RE, de 27.06.91 *in* CJ, Ano XVI, Tomo III, p. 297

ARTIGO 233.º – **(Pressupostos da amortização)**

1 – Sem prejuízo de disposição legal em contrário, a sociedade só pode amortizar uma quota sem o consentimento do respectivo titular quanto tenha ocorrido um facto que o contrato social considere fundamento de amortização compulsiva.

2 – A amortização de uma quota só é permitida se o facto permissivo já figurava no contrato de sociedade ao tempo da aquisição dessa quota pelo seu actual titular ou pela pessoa a quem este sucedeu por morte ou se a introdução desse facto no contrato foi unanimemente deliberada pelos sócios.

3 – A amortização pode ser consentida pelo sócio ou na própria deliberação ou por documento anterior ou posterior a esta.

4 – Se sobre a quota amortizada incidir direito de usufruto ou de penhor, o consentimento deve também ser dado pelo titular desse direito.

5 – Só com consentimento do sócio pode uma quota ser parcialmente amortizada, salvo nos casos previstos na lei.

NOTAS:

I. Anteprojectos: FERRER CORREIA (arts. 62.º e 64.º); VAZ SERRA (arts. 82.º e 84.º) e RAÚL VENTURA (arts. 47.º e 48.º).

Cfr. ANTÓNIO FERRER CORREIA/VASCO LOBO XAVIER/MARIA ÂNGELA COELHO/ANTÓNIO CAEIRO *in* "Sociedade por quotas ...", pp. 216 a 219.

302 *Regime Jurídico das Sociedades por Quotas*

II. A amortização pode ser *compulsiva* ou *voluntária*.

A amortização compulsiva não depende do consentimento do sócio, impondo-se independentemente da sua vontade (**n.º 1**). Por sua vez, a amortização voluntária depende desse consentimento (**n.ᵒˢ 3 e 5**).

A amortização compulsiva, prevista no **n.º 1**, não depende apenas de uma autorização estatutária genérica, mas sim de previsão contratual específica de um facto que a fundamente.

Estas cláusulas contratuais, na medida em que autorizam, no fundo, uma extinção compulsiva, têm natureza excepcional. Desta forma e "tal como em preceitos legais não seria permitida aplicação analógica, essas cláusulas não podem ser integradas de modo a serem acrescentados casos de amortização nelas não contemplados ou a considerar implicitamente queridos pelos sócios casos não expressos", Raúl Ventura *in* "Sociedades por Quotas", vol. I, p. 687.

Os **n.ᵒˢ 1 e 2** têm como finalidade proteger "os interesses de cada sócio – ou do sucessor de um sócio – contra pretensões arbitrárias da maioria", António Ferrer Correia/Vasco Lobo Xavier/Maria Ângela Coelho/António Caeiro *in* "Sociedade por quotas ...", p. 216.

A propósito das autorizações genéricas e específicas, Menezes Cordeiro *in* "Manual de Direito das Sociedades", II, p. 365, refere o seguinte:
"– o pacto social tem uma permissão genérica de amortização: só são viáveis amortizações por acordo;
– o pacto social inclui, além da permissão genérica, previsões específicas de amortização: são viáveis as amortizações por acordo e, ainda, aquelas que correspondam aos factos verificados;
– o pacto social inclui apenas previsões específicas, sem explicitar o acordo: operam as amortizações correspondentes aos factos verificados e, ainda, as que surjam por acordo, uma vez que a vontade colectiva deixou em aberto a virtualidade de amortizações".

A deliberação de amortização que invoque um facto não reconhecido pela lei ou pelo contrato como facto permissivo da amortização ou que não tenha ocorrido na realidade é, igualmente, ineficaz. Cfr. Raúl Ventura *in* "Sociedades por Quotas", vol. I, p. 698.

A amortização autorizada por previsão estatutária genérica depende de consentimento do sócio. Por sua vez, a amortização fundada em previsão estatutária específica, não carece de tal consentimento. Do elenco destes factos podemos destacar, a título de exemplo, a morte, interdição ou insolvência de sócio, fusão de sociedade-sócia, arresto ou penhora de quota, cessão de quota não consentida pela sociedade. Cfr. Coutinho de Abreu *in* "Curso de Direito...", II, p. 405.

Estes factos não são condições suspensivas da amortização, "porque esta, entendida como facto, é um acto social, posterior à verificação do «caso»", Raúl Ventura *in* "Sociedades por Quotas", vol. I, p. 693.

Quanto ao plano de amortização de quotas definido em contrato, cfr. este mesmo autor, *ob. cit.*, p. 691.

A deliberação de amortização compulsiva que não assente em permissão legal ou contratual genérica é nula, por força dos arts. 294.°, do CC e 58.°, n.° 1, al. d).

RAÚL VENTURA *in* "Sociedades por Quotas", vol. I, pp. 697 e 698, fala de nulidade por impossibilidade legal do objecto.

III. A parte inicial, do **n.° 1**, ressalva a existência de disposição legal em contrário (como por exemplo, os arts. 225.°, n.° 2 e 231.°, n.° 1).

IV. A amortização de uma quota é admissível, se o facto permissivo já figurar no contrato de sociedade ao tempo da aquisição dessa quota pelo seu actual titular ou pela pessoa a quem este sucedeu por morte (**n.° 2**, 1.ª parte). Esta exigência legal tem por finalidade "prevenir arbitrariedades da maioria", COUTINHO DE ABREU *in* "Curso de Direito…", II, p. 405.

RAÚL VENTURA *in* "Sociedades por Quotas", vol. I, p. 694, conclui o seguinte: se "o facto permissivo foi introduzido no contrato *antes* da aquisição da quota pelo seu actual titular ou pela pessoa a quem este sucedeu por morte, é permitido amortizar a quota com fundamento naquele facto". Se "o facto permissivo foi introduzido no contrato *depois* da aquisição da quota pelo seu actual titular ou pela pessoa a quem este sucedeu por morte, mas essa alteração foi unanimemente deliberada pelos sócios, a amortização é permitida". Se "a alteração posterior à aquisição não foi unanimemente deliberada pelos sócios, a amortização não é permitida".

A propósito da transmissão *mortis causa*, RAÚL VENTURA *in* "Sociedades por Quotas", vol. I, p. 695, considera que se "o actual titular sucedeu *mortis causa* na quota, à data da aquisição por aquele – data da sucessão – os factos permissivos constantes do contrato vinculam-no e nada interessa que já estivessem ou não estivessem também especificados à data da aquisição da quota pelo sócio falecido".

A amortização de uma quota é, ainda, permitida se a introdução desse facto no contrato foi unanimemente deliberada pelos sócios (**n.° 2**, 2.ª parte).

O legislador procurou afastar a imposição (pela maioria) da amortização aos sócios que tenham discordado com a alteração do contrato. Neste caso, não basta "um consentimento posterior do sócio afectado, sendo necessário o voto na deliberação", RAÚL VENTURA, *ob. cit.*, pp. 695 e 696.

As "condições em que não é possível uma determinada amortização funcionam, assim, como autênticos direitos especiais dos sócios, direitos esses que não podem ser coarctados sem o consentimento do próprio (24.°/5)", MENEZES CORDEIRO *in* "Manual de Direito das Sociedades", II, p. 366.

V. A amortização pode ser consentida pelo sócio ou na própria deliberação ou por documento anterior ou posterior a esta (**n.º 3**).

O "consentimento é um acto jurídico *stricto sensu*, unilateral. Aplicam-se--lhe, todavia e com a adaptações, as regras do negócio jurídico (295.º, do Código Civil)", MENEZES CORDEIRO *in* "Manual de Direito das Sociedades", II, p. 367.

O consentimento é uma declaração receptícia, devendo por isso ser comunicado aos gerentes da sociedade, salvo o caso de ter sido dado na própria deliberação.

Depois de comunicado à sociedade, o consentimento é irrevogável. Cfr. RAÚL VENTURA *in* "Sociedades por Quotas", vol. I, p. 684.

A forma escrita exigida para o consentimento resultou da necessidade da sua demonstração, "dada a importância deste para o destino da quota. Haverá, contudo, que ter em conta o disposto no art. 217.º, n.º 2, do Código Civil, segundo o qual o carácter formal da declaração não impede que ela seja emitida tacitamente, desde que a forma tenha sido observada quanto aos factos de que a declaração se deduz. Assim, a amortização da quota está regulamente consentida, por exemplo, pelo recibo de contrapartida", RAÚL VENTURA *in* "Sociedades por Quotas", vol. I, p. 684.

Ao invés, a "vontade de não consentir na amortização não depende de forma especial, podendo ser manifestada expressa ou tacitamente, por o sócio continuar a praticar actos próprios de um sócio, depois de lhe ter sido comunicada a deliberação", RAÚL VENTURA, *loc. cit.*.

Cfr., no caso de contitularidade de quota, este mesmo autor, *ob. cit.*, p. 685.

Ainda na perspectiva de RAÚL VENTURA *in* "Sociedades por Quotas", vol. I, p. 683, o consentimento dado na própria deliberação não corresponde ao consentimento dado na assembleia geral, se a deliberação for tomada por esta forma.

Conforme destaca este autor, *loc. cit.*, se "o consentimento do sócio fora dado *na assembleia* e a sua assinatura constar da acta dessa assembleia, há um documento posterior à deliberação, previsto no referido preceito, mas não há consentimento dado *na deliberação*".

Se a amortização ficar dependente de consentimento subsequente do sócio afectado, "mandam as boas normas (224.º/1, do Código Civil) que ela se torne eficaz quando o respectivo documento seja recebido pela sociedade", MENEZES CORDEIRO *in* "Manual de Direito das Sociedades", II, p. 367.

A deliberação de amortização de uma quota, sem prévio consentimento do respectivo sócio titular, é ineficaz, enquanto o mesmo não for dado (art. 55.º).

VI. Se sobre a quota amortizada incidir um direito de usufruto ou de penhor, o consentimento deve também ser dado pelo titular desse direito (**n.º 4**).

Segundo RAÚL VENTURA *in* "Sociedades por Quotas", vol. I, p. 685, este "preceito justifica-se pelo efeito da amortização sobre o direito de usufruto ou de penhor. Como a quota se extingue, extintos ficam os direitos reais constituídos

Título III – Sociedades por quotas

sobre ela, que deixam de ter objecto (ou pelo menos de ter esse objecto); compreende-se, pois, que a lei exija o consentimento do usufrutuário ou do credor pignoratício, embora assim possa criar-se um conflito quanto ao consentimento, que necessariamente acarretará a falta de pelo menos um dos consentimentos necessários".

Nos termos do art. 512.°, n.° 1, o gerente de sociedade que, em violação da lei, amortizar ou fizer amortizar, total ou parcialmente, quota sobre a qual incida direito de usufruto ou de penhor, sem consentimento do titular deste direito, será punido com multa até 120 dias.

Igual punição pode ser aplicada ao sócio titular que promova ou dê o seu consentimento para a referida amortização (art. 512.°, n.° 2).

Em relação à aplicabilidade do art. 512.°, cfr. anotação ao art. 232.°.

VII. A amortização parcial de uma quota depende de consentimento do sócio (**n.° 5**).

Em relação a esta norma RAÚL VENTURA *in* "Sociedades por Quotas", vol. I, p. 696, sublinha que "a amortização parcial duma quota *imposta* pela sociedade a um sócio raramente corresponderia ao interesse da sociedade protegido pela lei ou contrato ao permitir a amortização (…) e prejudicaria o sócio".

O consentimento do sócio encarnará a convergência dos interesses envolvidos. Este "consentimento pode coincidir com o consentimento para a amortização da quota, que torne esta possível legalmente, ou pode ser separado dele", RAÚL VENTURA, *loc. cit.*, p. 696.

A cláusula contratual que preveja casos em que a amortização parcial seja permitida sem ulterior consentimento do sócio é ilícita. Cfr. RAÚL VENTURA *in* "Sociedades por Quotas", vol. I, p. 697.

JURISPRUDÊNCIA:

I – No âmbito interno dos sócios que alterem um pacto societário, essa alteração é eficaz, abrangendo-se, nessa eficácia, os herdeiros que sucedem na posição jurídica de um sócio que assumiu essa deliberação, mesmo sem registo.

II – Estando em causa uma cláusula estatuária de simples possibilidade de amortização da quota do sócio falecido, os sucessores adquirem, por força e à data desse óbito, a contitularidade dessa quota e, consequentemente, o direito de serem convocados para qualquer assembleia geral, enquanto não ocorrer amortização ou acto semelhante.

IV – Se essa convocatória não tiver ocorrido, possam, ou não, votar quanto à amortização e até porque, pelo menos, sempre poderiam aceitar, ou não, a contrapartida que se deliberasse, são nulas as deliberações.

Ac. do STJ, de 23.09.97 *in* www.dgsi.pt (Proc. n.° 97A083)

306 Regime Jurídico das Sociedades por Quotas

Deliberada a amortização de uma quota de um sócio de uma sociedade por quotas (objecto de arresto cuja decisão ainda não transitou) mas ainda não feita a amortização pela competente escritura pública nem feito o respectivo registo, pode o sócio requerer a suspensão de tal deliberação.
Ac. do STJ, de 29.10.96 *in* www.dgsi.pt (Proc. n.º 96A416)

Deliberada a amortização de uma quota de um sócio de uma sociedade por quotas (objecto de arresto cuja decisão ainda não transitou) mas ainda não feita a amortização pela competente escritura pública nem feito o respectivo registo, pode o sócio requerer a suspensão de tal deliberação.
Ac. do STJ, de 29.11.95 *in* www.dgsi.pt (Proc. n.º 96A416)

I – O sócio de uma sociedade comercial, ainda que esteja impedido de votar, deve ser convocado para a Assembleia Geral, pois nela pode participar discutindo propostas e apresentando mesmo as suas propostas.
II – Constando do pacto social a possibilidade de a sociedade amortizar a quota do sócio, apreendida judicialmente, não é lícita a amortização, se em providência cautelar não especificada, nem sequer transitada, aquele foi compelido a não a ceder a terceiro.
III – É a economia e a coerência de julgamentos ou a utilidade ou conveniência processual que estão na base da suspensão da instância.
Ac. da RL, de 08.03.94 *in* www.dgsi.pt (Proc. n.º 0048381)

I – E valida a clausula inserta em contrato de sociedade, segundo a qual esta pode, em caso de venda judicial de quota, amortiza-la pelo valor apurado em balanço realizado nessa altura.
II – O valor não pode, no entanto, ser imposto ao exequente que tem o direito de não concordar com o balanço nem com o valor atribuído a quota em assembleia geral sobre o mesmo balanço.
III – O exequente tem o direito de ser ouvido no conflito de interesses que o opõe a sociedade e ao titular da quota penhorada.
Ac. do STJ, de 24.03.92 *in* www.dgsi.pt (Proc. n.º 080948)

ARTIGO 234.º – **(Forma e prazo de amortização)**
1 – A amortização efectua-se por deliberação dos sócios, baseada na verificação dos respectivos pressupostos legais e contratuais, e torna-se eficaz mediante comunicação dirigida ao sócio por ela afectado.

Título III – Sociedades por quotas

2 – A deliberação deve ser tomada no prazo de 90 dias, contados do conhecimento por algum gerente da sociedade do facto que permite a amortização.

NOTAS:

I. Anteprojectos: FERRER CORREIA (arts. 62.°); VAZ SERRA (art. 82.°) e RAÚL VENTURA (arts. 46.° e 47.°).

Cfr. ANTÓNIO FERRER CORREIA/VASCO LOBO XAVIER/MARIA ÂNGELA COELHO/ANTÓNIO CAEIRO *in* "Sociedade por quotas ...", pp. 216 a 217.

II. A amortização de quotas depende de deliberação dos sócios (**n.° 1** e art. 246.°, n.° 1, al. b)). Conforme refere JOÃO LABAREDA *in* "Sobre a deliberação ..." p. 233, a amortização emerge de um "acto voluntário da própria sociedade, traduzido numa deliberação dos sócios, tomada segundo uma das modalidades juridicamente possíveis".

Estamos perante uma norma imperativa subtraída à vontade dos sócios, por "razões que se prendem com a necessidade de acautelar os seus próprios interesses, os da sociedade como entidade autónoma, e mesmo os do credores sociais. É que, ainda quando no contrato social foram definidas, com rigor, as situações susceptíveis de conduzir à amortização e mesmo que esta se configure então como um direito da sociedade contra os seus sócios, o certo é que, uma vez verificado o facto que legitima a extinção da quota, é necessário ponderar se isso realmente traz vantagem à sociedade ou aos sócios, bem como se ela está em condições de exercer eficazmente a prerrogativa que lhe cabe", JOÃO LABAREDA *in* "Sobre a deliberação...", p. 233.

A amortização deve sempre ser tomada por deliberação dos sócios, não sendo possível transferir o centro de decisão, "seja por estipulação contratual seja por mera deliberação de delegação de poderes e, neste caso, esteja ou não já verificada a situação que fundamenta a operação. Quer a cláusula do contrato quer a deliberação social em contrário seriam então nulas, por violarem disposição legal imperativa, quer, por isso, nem por vontade unânime dos sócios pode ser derrogada – cfr. arts. 9.°, n.° 3, e 56.°, n.° 1, al. *d)*.

Além disso, fica excluída a amortização automática, independentemente da ocorrência do facto fundamentante, tal como pormenorizadamente descrito no contrato social, e mesmo quando o contrato impõe a amortização. Neste caso, faltando a deliberação social, poderão, porventura, desencadear-se consequências várias e até penosas para a sociedade; mas não há amortização de quotas", JOÃO LABAREDA *in* "Sobre a deliberação...", p. 234.

III. Para PAULO OLAVO DA CUNHA *in* "Direito das Sociedades...", p. 396, a amortização de quotas, na medida em que não constituía, por si, uma alteração

308   *Regime Jurídico das Sociedades por Quotas*

do contrato de sociedade, "já não se encontrava sujeita a escritura pública – antes do Decreto-Lei n.º 76-A/2006, de 29 de Março – ocorrendo por simples deliberação dos sócios e devendo ser comunicada ao sócio afectado, para ser eficaz (art. 234.º)".

Para este autor, *loc. cit.*, pp. 396 e 397, "a acta simples [que deve ser assinada por todos os sócios que tenham participado na deliberação (art. 248.º, n.º 6)] é o único requisito de validade formal da deliberação tomada (cfr. art. 388.º, n.º 1 *ex vi* art. 248.º, n.º 1), para além das formalidades necessárias à própria realização da assembleia".

A deliberação de amortização, na medida em que não constitui uma alteração do contrato, pode ser tomada por maioria simples, nos termos do art. 250.º, n.º 3.

A amortização de quotas está sujeita a registo, nos termos do art. 3.º, n.º 1, al. 1), do CRC.

IV. A deliberação de amortização só se torna eficaz mediante comunicação dirigida ao sócio por ela afectado (parte final, do **n.º 1**).

Se a comunicação dirigida ao sócio afectado constituir, uma condição de eficácia desse acto, "só no momento em que o sócio tem conhecimento da deliberação de amortização cessam os seus direitos e obrigações", PAULO OLAVO DA CUNHA *in* "Direito das Sociedades...", p. 396.

Esta comunicação impõe-se mesmo que o sócio tenha participado na deliberação, devendo ser feita pela gerência. Cfr. RAÚL VENTURA *in* "Sociedades por Quotas", vol. I, p. 713 e COUTINHO DE ABREU *in* "Curso de Direito...", II, p. 408.

A eficácia da deliberação pode, todavia, ser diferida, "por exemplo, marcando-se o momento da amortização da quota para o fim do exercício social, para o momento em que o sócio receba ou comece a receber a contrapartida, etc, contanto que dessa forma não seja violado um direito do sócio à amortização. Será inválida uma amortização *preventiva*, isto é, que deixe o momento da amortização dependente da verificação futura de um dos factos permissivos previstos no contrato ou que, baseada num facto já verificado, delibere amortizar a quota quando a sociedade marcar a data ou quando a amortização puder ser feita com ressalva do capital social exigida no art. 236.º, etc", RAÚL VENTURA *in* "Sociedades por Quotas", vol. I, p. 715.

V. Do ponto de vista material, a deliberação deve assentar na verificação dos pressupostos legais e contratuais da amortização. MENEZES CORDEIRO *in* "Manual de Direito das Sociedades", II, p. 367, considera que a deliberação deve referir "os factos pertinentes, mais do que as normas legais e contratuais que estejam em jogo e que serão, em princípio, acessíveis a qualquer intérprete-aplicador".

RAÚL VENTURA *in* "Sociedades por Quotas", vol. I, pp. 713 e 714, entende que a "deliberação deve conter a declaração de vontade de amortizar e deve iden-

Título III – Sociedades por quotas 309

tificar a quota sobre que incide; a identificação da quota far-se-á, conforme for necessário, ou apenas pela identificação do sócio titular dela, ou também pelo seu valor nominal ou ainda pela data ou outras circunstâncias da aquisição da quota pelo sócio".

Este autor, *ob. cit.*, p. 714, considera ainda que não "é indispensável manifestar na deliberação o facto permissivo em que a amortização se funda, pois a amortização pode posteriormente ser consentida pelo sócio, mas a sociedade não poderá fazer valer como amortização compulsiva a deliberação que não especifique um daqueles factos".

Para além disso, a deliberação deve mencionar expressamente que a situação líquida da sociedade, depois de satisfeita a contrapartida da amortização, não fica inferior à soma do capital e da reserva legal (cfr. art. 236.º). Esta menção não é exigida se simultaneamente for deliberada a redução do capital social (parte final, do n.º 1, do art. 236.º).

Coutinho de Abreu *in* "Curso de Direito...", II, p. 405, considera que são nulas, nos termos do art. 56.º, n.º 1, al. d), as "deliberações que amortizem quotas não totalmente liberadas, as deliberações de amortização sem ressalva do capital e reserva legal, as deliberações de amortização com consentimento do titular da quota mas sem qualquer permissão estatuária, as deliberações de amortização compulsiva sem específica permissão legal ou estatuária (...); e são totalmente *ineficazes* as deliberações de amortização que, sendo permitidas com o consentimento do titular da quota, sejam tomadas sem que tal consentimento seja prestado antes, na ou depois da deliberação (cfr. o art. 55.º)."

Quanto à amortização de quotas em sociedades que tenham apenas dois sócios, cfr. João Labareda *in* "Sobre a deliberação...", p. 235.

VI. Como vimos, a amortização depende de deliberação. Cumpre agora saber se o sócio afectado pode votar na competente assembleia geral.

A "jurisprudência entende que o sócio visado pela amortização não tem um interesse oposto ao da sociedade, a menos que esteja também em causa a sua exclusão por justa causa. Pode, intervir e votar na competente assembleia geral", tendo ainda legitimidade directa para se opor à amortização, Menezes Cordeiro *in* "Manual de Direito das Sociedades", II, p. 368. Veja-se, ainda, Pereira de Almeida *in* "Sociedades Comerciais", pp. 250.

Por sua vez, Coutinho de Abreu *in* "Curso de Direito...", II, p. 412, entende que o sócio afectado tem direito de voto "quando se trate de amortização com consentimento do sócio (cfr. o art. 233.º, 3). Ao invés fica excluído o direito de voto "nos casos de amortização por morte de sócio (art. 227.º, 2)" e "também, quando se verifique situação de conflito de interesses entre o sócio e a sociedade – designadamente nos casos de amortização de quota penhorada (arts. 239.º, 2, 251.º, 1) ou para exclusão do sócio (arts. 241.º, 2, 251.º, 1, d))".

VII. Ao abrigo do n.º 3, do art. 237.º, o contrato social pode estipular que a quota figure no balanço como quota amortizada.

No entanto, se o contrato social não previr esta possibilidade, os sócios devem deliberar a redução do capital ou o aumento proporcional das restantes quotas.

Conforme salienta COUTINHO DE ABREU *in* "Curso de Direito...", II, p. 411, a "deliberação de redução do capital é autónoma ou autonomizável relativamente à de amortização (ainda que ambas sejam tomadas, por exemplo, na mesma assembleia); porque é deliberação de alteração estatuária (arts. 85.º, 94.º, ss.), é pelo menos exigida a maioria qualificada fixada no art. 265.º, 1".

JOÃO LABAREDA *in* "Sobre a deliberação...", p. 268, reportando-se à dificuldade de articulação do art. 237.º, n.º 2, com a parte final, do **n.º 1**, sustenta que "a deliberação de fixação do novo valor das quotas, quando deva ter lugar, é condição de eficácia da deliberação de amortização e está sujeita aos mesmos condicionalismos temporais, devendo por isso conformar-se com o regime do n.º 2 do mesmo art. 234.º.

Se assim não acontecer, a deliberação de amortização fica definitivamente privada de eficácia".

VIII. Nos termos do **n.º 2**, a deliberação deve ser tomada no prazo de 90 dias, contados do conhecimento por algum gerente da sociedade do facto que permite a amortização.

Esta norma procurou "evitar o prolongamento excessivo do estado de incerteza do titular da quota amortizanda (ou dos seus sucessores), relativamente ao destino desta, uma vez verificado o facto que permite a amortização", ANTÓNIO FERRER CORREIA/VASCO LOBO XAVIER/MARIA ÂNGELA COELHO/ANTÓNIO CAEIRO *in* "Sociedade por quotas ...", p. 217.

O prazo, aqui, previsto "poderá variar nos casos de amortização previstos na lei: art. 226.º, n.º 2 (30 dias), art. 231.º, n.ºs 1 e 2, al. *b)* (60 dias), art. 240.º, n.º 3 (30 dias), e 242.º, n.º 3 (30 dias)". Conforme alerta PEREIRA DE ALMEIDA *in* "Sociedades Comerciais", p. 250

No caso de exclusão judicial de sócio, a consequente amortização da quota deve ser deliberada no prazo de 30 dias (art. 242.º, n.º 3).

A função destes prazos é "genericamente não deixar protelar situações de incerteza, que o decurso do tempo só faz agravar, mas concretamente as consequências da sua inobservância variam, consoante a função do prazo", RAÚL VENTURA *in* "Sociedades por Quotas", vol. I, p. 716. Cfr., ainda, FERRER CORREIA *in* "A sociedade por quotas...", p. 104.

Tratando-se de amortização compulsiva, o decurso do prazo faz caducar o direito da sociedade amortizar a quota. *Vide* RAÚL VENTURA *in* "Sociedades por Quotas", vol. I, p. 716 e JOÃO LABAREDA *in* "Sobre a deliberação...", p. 239, nota 9.

Título III – Sociedades por quotas 311

Por sua vez, no caso de amortização obrigatória, esse decurso permite ao sócio o exercício de outros direitos. Cfr. RAÚL VENTURA *in* "Sociedades por Quotas", vol. I, p. 716.

Para MENEZES CORDEIRO *in* "Manual de Direito das Sociedades", II, p. 367, nesta hipótese, o decurso do prazo faz precludir o direito de amortização. O "gerente que tenha conhecimento do facto relevante e o não transmita aos sócios é responsável pelos danos que tenha originado ou venha a originar", MENEZES CORDEIRO, *loc. cit..* Veja-se, ainda, JOÃO LABAREDA *in* "Sobre a deliberação...", p. 239.

Se estivermos perante "uma amortização voluntária, o problema não se coloca, enquanto durar o acordo do sócio", JOÃO LABAREDA *in* "Sobre a deliberação...", p. 239, nota 9, parte final.

JURISPRUDÊNCIA:

I – O contitular de uma quota social, ainda que desacompanhado dos restantes contitulares, tem legitimidade para invocar a nulidade da deliberação social que procedeu à amortização dessa quota.

II – Prevendo o pacto social que a sociedade pode amortizar a quota em caso de "penhora, arresto ou outra diligência judicial que afecte a quota", não é legítima a amortização fundada no facto de a quota de que era titular um dos cônjuges ter sido adjudicada a ambos os cônjuges em processo de inventário subsequente ao processo de divórcio.

III – Não havendo representante comum em regime de contitularidade, todos os titulares devem ser convocados para as assembleias gerais da sociedade.

A omissão de convocação de qualquer contitular para a assembleia geral onde foi deliberada a amortização da quota gera a nulidade da deliberação.
Ac. da RL, de 21.09.04 *in* CJ, Ano XXIX, Tomo IV, p. 87

I – A sociedade só pode amortizar uma quota sem o consentimento do respectivo titular quando ocorre um facto legalmente relevante, sendo que tal amortização deve ser operada por deliberação a ser tomada no prazo de 90 dias contados do conhecimento desse facto por um qualquer dos gerentes.

II – Tendo a sociedade sido notificada de tal facto na pessoa de um seu empregado encontrado na sede respectiva, que na circunstância assinou pessoalmente e recebeu o competente documento (copia do despacho judicial determinativo da penhora da quota em processo executivo) tudo se passa como se houvesse sido o próprio gerente a receber a notificação (citação quase – pessoal) – cfr. artigos 234.º, n.º 4 e 86.º, n.º 1 do C.P.Civil.

III – Ocorrendo tal notificação em 28 de Agosto de 1993 encontrava-se já extinto por caducidade em 7 de Março de 1994 o direito de a sociedade no-

312   *Regime Jurídico das Sociedades por Quotas*

tificada exercitar, através de deliberação nessa última data adoptada, o supra-referido direito à amortização, sendo, em conformidade, nula tal deliberação.
Ac. do STJ, de 18.11.99 *in* www.dgsi.pt (Proc. n.º 99A891)

I – A exclusão de um sócio de uma sociedade comercial por quotas por sentença homologatória em que tenha havido confissão do pedido, enquadra-se na provisão do artigo 242.º, n.ºs 1 e 3 do Código das Sociedades Comerciais.
II – O sócio assim excluído mantém a sua qualidade de sócio até à amortização da sua quota, devendo ser convocado para a assembleia que a deliberar, podendo mesmo nela participar.
III – A sua não convocação para esta assembleia acarreta a nulidade das deliberações nela tomadas – artigo 56.º, n.º 1, alínea a) do Código das Sociedades Comerciais.
Ac. da RP, de 02.12.97 *in* www.dgsi.pt (Proc. n.º 9750453) e CJ, Ano XXII, Tomo V, p. 214

I – As deliberações sociais podem ser de execução imediata ou instantânea e de execução contínua ou permanente.
II – Só as deliberações de execução contínua ou permanente são passíveis de suspensão.
III – A deliberação de amortização de quota de um sócio pode ser suspensa na sua execução.
Ac. da RP, de 15.06.93 *in* www.dgsi.pt (Proc. n.º 9231022)

ARTIGO 235.º – **(Contrapartida da amortização)**
1 – Salvo estipulação contrária do contrato de sociedade ou acordo das partes, valem as disposições seguintes:
***a*) A contrapartida da amortização é o valor de liquidação da quota, determinado nos termos do artigo 105.º, n.º 2, com referência ao momento da deliberação;**
***b*) O pagamento da contrapartida é fraccionado em duas prestações, a efectuar dentro de seis meses e um ano, respectivamente, após a fixação definitiva da contrapartida.**
2 – Se a amortização recair sobre quotas arroladas, arrestadas, penhoradas ou incluídas em massa falida ou insolvente, a determinação e o pagamento da contrapartida obedecerão aos termos previstos nas alíneas a) e b) do número anterior, salvo se os estipulados no contrato forem menos favoráveis para a sociedade.

Título III – Sociedades por quotas

3 – Na falta de pagamento tempestivo da contrapartida e fora da hipótese prevista no n.º 1 do artigo 236.º, pode o interessado escolher entre a efectivação do seu crédito e a aplicação da regra estabelecida na primeira parte do n.º 4 do mesmo artigo.

NOTAS:

I. Anteprojectos: FERRER CORREIA (art. 63.º) e VAZ SERRA (art. 83.º). Cfr., ainda, o anteprojecto de RAÚL VENTURA *in* "Sociedades por Quotas", vol. I, p. 721.

Cfr. ANTÓNIO FERRER CORREIA/VASCO LOBO XAVIER/MARIA ÂNGELA COELHO/ANTÓNIO CAEIRO *in* "Sociedade por quotas ...", pp. 217 e 218.

II. Em regra, a amortização é um acto oneroso, na medida em que um dos elementos que a compõe é a respectiva contrapartida. Para RAÚL VENTURA *in* "Sociedades por Quotas", vol. I, p. 721, estamos perante um elemento natural e não essencial.

De facto e conforme resulta expressamente da primeira parte, do **n.º 1**, é possível, por estipulação contratual ou acordo das partes (titular da quota e sociedade), afastar a contrapartida, tornando, assim, gratuita a amortização.

A amortização gratuita, quando prevista no contrato de sociedade, pode ser voluntária (com consentimento do sócio) ou forçada.

RAÚL VENTURA *in* "Sociedades por Quotas", vol. I, pp. 727 e 728, refere que a gratuitidade da amortização pode corresponder a uma penalidade aplicada ao sócio, mas não a uma doação.

MENEZES CORDEIRO *in* "Manual de Direito das Sociedades", II, p. 368, dá como exemplo de amortização gratuita, a amortização de quota própria da sociedade.

Assim podemos concluir que a contrapartida da amortização é regulada pelas disposições do contrato, por acordo das partes e, na falta destes, pelas normas legais supletivas.

III. O âmbito da autonomia da vontade (manifestado pela estipulação contratual ou pelo acordo das partes) não se limita à eliminação da contrapartida. Na verdade, o conteúdo do contrato ou do acordo pode respeitar ao montante e ao pagamento da contrapartida (supletivamente regulados nas als. a) e b), do **n.º 1**).

A regulação da contrapartida da amortização, por via do contrato ou do acordo, não obedece a restrições. Cfr. RAÚL VENTURA *in* "Sociedades por Quotas", vol. I, p. 724. Este autor, *ob. cit.*, p. 723, entende mesmo que são válidas "as cláusulas que proíbam fixar por acordo as condições da contrapartida".

No que diz respeito, por exemplo, ao valor da contrapartida, PEREIRA DE ALMEIDA *in* "Sociedades Comerciais", p. 251, salienta que os sócios têm uma grande autonomia, a qual "poderá variar segundo os casos de amortização".

PEREIRA DE ALMEIDA *in* "Sociedades Comerciais", pp. 251 e 252, refere, no entanto, que, "salvo no caso de amortização pro justos motivos – exclusão – em que a amortização da quota é uma penalidade para o sócio, não se nos afigura lícita a cláusula que permita a amortização da quota pelo seu valor nominal, abaixo deste, ou gratuita, pois, tais cláusulas equivaleriam a um renúncia anteci-pada ao direitos aos lucros, que a lei não permite".

Por sua vez, MENEZES CORDEIRO *in* "Manual de Direito das Sociedades", II, p. 369, considera que as "cláusulas de contrapartida por amortização de quotas devem ser minimamente compensatórias; de outro modo, estaremos perante actos gratuitos e sujeitos às competentes regras, inclusive sucessórias".

Para melhores desenvolvimentos sobre a distinção entre acordo sobre a amortização e acordo sobre as condições da respectiva contrapartida, *vide* RAÚL VENTURA *in* "Sociedades por Quotas", vol. I, pp. 722 e ss..

IV. Na falta de estipulações contratuais ou de acordo, a contrapartida da amortização regula-se pelas normas contidas nas alíneas do **n.º 1**.

A contrapartida da amortização corresponde ao valor de liquidação da quota fixado com base no estado da sociedade no momento da deliberação, por um ofi-cial de contas designado por mútuo acordo ou, na falta deste, pelo tribunal (cfr., conjugadamente, a al. a), do **n.º 1**, o art. 105.º, n.º 2 e o art. 1021.º, do CC).

Nos termos da parte final, do n.º 2, do art. 105.º *ex vi* al. a), do **n.º 1**, qual-quer uma das partes pode requerer segunda avaliação, nos termos do CPC (arts. 1498.º e 1499.º).

Como é evidente e resulta expressamente da al. b), do **n.º 1**, a contrapartida só deve ser paga depois de fixada definitivamente. Na verdade, como vimos, a valor da contrapartida pode ser fixado pelo tribunal, bem como ser objecto de segunda avaliação.

A contrapartida deve ser paga em duas prestações. Da leitura da al. b), do **n.º 1**, parece resultar que a primeira prestação deve ser paga dentro de 6 meses e a segunda no prazo de 1 ano.

Conforme salienta RAÚL VENTURA *in* "Sociedades por Quotas", vol. I, p. 727, a lei "não prevê juros dessas prestações". Diga-se aliás que a fixação de juros não faria muito sentido, uma vez que esse fraccionamento é, embora suple-tivamente, *imposto* pela lei.

V. O disposto nas als. a) e b), do **n.º 1**, aplica-se à determinação e paga-mento de quotas arroladas, arrestadas, penhoradas ou incluídas em massa falida ou insolvente, independentemente da existência de estipulação contratual em sen-tido contrário (**n.º 2**).

O **n.º 2** pretende proteger os interesses dos credores e dos terceiros em geral, "afastando as cláusulas do contrato sobre esta matéria, quando, mediante a apli-cação delas, a contrapartida da quota amortizada for inferior à que resulte da ava-

Título III – Sociedades por quotas

liação feita segundo o critério do número anterior (valor real da quota)", ANTÓNIO FERRER CORREIA/VASCO LOBO XAVIER/MARIA ÂNGELA COELHO/ANTÓNIO CAEIRO *in* "Sociedade por quotas …", p. 218.

Estamos perante uma norma de imperatividade mínima. De facto e conforme prevê a parte final do **n.º 2**, se o contrato contiver estipulações menos favoráveis para a sociedade (e, concomitantemente, mais favoráveis para o sócio e, reflexamente, para os credores deste) são estas as aplicáveis, prevalecendo, assim, sobre o disposto nas als. a) e b), do **n.º 1**.

A comparação entre o contrato e as disposições legais deve ser feita "ponto por ponto, podendo dela resultar um regulamento misto de contrato e lei", RAÚL VENTURA *in* "Sociedades por Quotas", vol. I, p. 729.

Para PEREIRA DE ALMEIDA *in* "Sociedades Comerciais", p. 251, no caso de amortização das quotas previstas no **n.º 2**, "a contrapartida não poderá ser inferior ao valor efectivo da quota no momento da deliberação de amortização (art. 235.º, n.º 2)".

De igual forma, fica excluída a amortização gratuita de quotas arroladas, arrestadas, penhoradas ou incluídas em massa falida ou insolvente.

RAÚL VENTURA *in* "Sociedades por Quotas", vol. I, p. 728, refere que "o prejuízo que a amortização da quota penhorada etc. pode causar ao credor não resulta da amortização em si mesma (…) mas das condições de montante e de pagamento da contrapartida. Pondo o caso extremo, a amortização gratuita faria desaparecer o bem penhorado sem nada se lhe subrogar".

Do âmbito do **n.º 2** fica excluída a hipótese de penhor da quota. Veja-se RAÚL VENTURA *in* "Sociedades por Quotas", vol. I, p. 729.

VI. Da amortização da quota, sendo ela onerosa, emerge um direito de crédito do ex-sócio contra a sociedade. Cfr. RAÚL VENTURA *in* "Sociedades por Quotas", vol. I, p. 729.

Nos termos conjugados do n.ºs 3 e 4, do art. 236.º, o interessado, na falta de pagamento tempestivo da contrapartida (ou seja, havendo mora no cumprimento da obrigação) pode escolher entre:

a) a efectivação do seu crédito (através da respectiva acção declarativa e/ou executiva) ou

b) a amortização parcial da quota, em proporção do que já recebeu, e sem prejuízo do montante legal mínimo da quota. Esta opção pressupõe, naturalmente, o pagamento parcial da contrapartida.

O valor mínimo da quota é de € 100 (art. 219.º, n.º 3).

RAÚL VENTURA *in* "Sociedades por Quotas", vol. I, p. 729, alerta ainda para o facto de a aplicação da regra contida na 1.ª parte, do n.º 1, do art. 236.º, acarretar "a aplicação do disposto no n.º 5 do mesmo artigo: a opção tem de ser declarada por escrito à sociedade nos trinta dias seguintes àquele em que ao sócio seja comunicada a impossibilidade do pagamento pelo referido motivo".

316 *Regime Jurídico das Sociedades por Quotas*

Na falta de pagamento tempestivo da contrapartida, o interessado não pode efectivar o seu crédito ou amortizar parcialmente a quota se a situação líquida da sociedade, depois de satisfeita a contrapartida da amortização, ficar inferior à soma do capital e da reserva legal (cfr., conjugadamente, o **n.º 3** e o art. 236.º, n.º 1).

A este propósito importa referir que, se ao tempo do vencimento da obrigação de pagar a contrapartida da amortização, se verificar que, depois de feito este pagamento, a situação líquida da sociedade passaria a ser inferior à soma do capital e da reserva legal, a amortização fica sem efeito e o interessado deve restituir à sociedade as quantias porventura já recebidas (art. 236.º, n.º 3).

O **n.º 3** para além de tutelar os interesses do titular da quota, funciona também como "um estímulo ao pagamento pontual da contrapartida e como uma sanção para a sociedade inadimplente", ANTÓNIO FERRER CORREIA/VASCO LOBO XAVIER/MARIA ÂNGELA COELHO/ANTÓNIO CAEIRO *in* "Sociedade por quotas ...", pp. 218.

JURISPRUDÊNCIA:

I – O prazo do n.º 2 do art. 225.º do CSC é norma especial para os casos de morte de sócio de sociedade por quotas, pelo que prevalece sobre o prazo geral do n.º 2 do art. 234.º do mesmo Código.

II – Embora a sociedade só adquira o direito a amortizar depois de decorrido o prazo de 60 dias sobre a morte do sócio caso os herdeiros deste não tenham feita a comunicação a que se refere a alínea c) do n.º 1 do art. 8.º do Pacto Social, tem de exercer esse direito dentro do prazo de 90 dias subsequentes ao conhecimento da morte do sócio por alguns dos gerentes, sob pena de a quota se considerar transmitida para os herdeiros.

III – Nos termos do art. 235.º, n.º 1, a) do CSC, salvo estipulação em contrário do contrato de sociedade ou acordo das partes, a contrapartida da amortização é o valor de liquidação da quota determinado nos termos do art. 105.º, n.º 2, com referência ao momento da deliberação.

IV – Sendo, segundo os estatutos, o valor da quota para efeitos de amortização (ou de aquisição) aquele que se revelar mais elevado dentre o nominal e o do último balanço aprovado, a apreciação de qual deles é o mais elevado tem de poder ser efectuada antes da deliberação de amortizar.

V – O valor do último balanço aprovado, tendo em conta a obrigação legal da gerência de apresentar anualmente à aprovação o relatório da gestão e as contas relativas ao exercício há-de reportar-se ao ano económico imediatamente anterior.

VI – É susceptível de apreciação em procedimento cautelar a questão de abuso de direito.

VII – Uma deliberação social que permita que o valor da quota resultante do balanço de 1998 apurado em momento posterior ao afastamento dos herdeiros

Título III – Sociedades por quotas 317

da sociedade, restringindo-lhes qualquer controle sobre essas contas é apta a causar-lhes prejuízo.
Ac. da RE, de 16.11.00 *in* CJ, Ano XXV, Tomo V, p. 260

ARTIGO 236.º – **(Ressalva do capital)**
1 – A sociedade só pode amortizar quotas quando, à data da deliberação, a sua situação líquida, depois de satisfeita a contrapartida da amortização, não ficar inferior à soma do capital e da reserva legal, a não ser que simultaneamente delibere a redução do seu capital.
2 – A deliberação de amortização deve mencionar expressamente a verificação do requisito exigido pelo número anterior.
3 – Se ao tempo do vencimento da obrigação de pagar a contrapartida da amortização se verificar que, depois de feito este pagamento, a situação líquida da sociedade passaria a ser inferior à soma do capital e da reserva legal, a amortização fica sem efeito e o interessado deve restituir à sociedade as quantias porventura já recebidas.
4 – No caso previsto no número anterior, o interessado pode, todavia, optar pela amortização parcial da quota, em proporção do que já recebeu, e sem prejuízo do montante legal mínimo da quota. Pode também optar pela espera do pagamento até que se verifiquem as condições requeridas pelo número anterior, mantendo-se nesta hipótese a amortização.
5 – A opção a que se refere o número precedente tem de ser declarada por escrito à sociedade, nos 30 dias seguintes àquele em que ao sócio seja comunicada a impossibilidade do pagamento pelo referido motivo.

NOTAS:

I. Anteprojectos: FERRER CORREIA (art. 65.º); VAZ SERRA (art. 85.º) e RAÚL VENTURA (art. 50.º).
Cfr. ANTÓNIO FERRER CORREIA/VASCO LOBO XAVIER/MARIA ÂNGELA COELHO/ANTÓNIO CAEIRO *in* "Sociedade por quotas ...", pp. 219 e 220.

II. A sociedade só pode amortizar quotas quando, à data da deliberação, a sua situação líquida, depois de satisfeita a contrapartida da amortização, não ficar inferior à soma do capital e da reserva legal (**n.º 1**, 1.ª parte).

318   *Regime Jurídico das Sociedades por Quotas*

Este preceito constitui uma concretização do princípio da conservação ou da intangibilidade do capital social. Cfr. FERRER CORREIA *in* "A sociedade por quotas...", p. 105 e ANTÓNIO FERRER CORREIA/VASCO LOBO XAVIER/MARIA ÂNGELA COELHO/ANTÓNIO CAEIRO *in* "Sociedade por quotas ...", p. 219.

A ressalva do capital, aqui consagrada, visa, fundamentalmente, evitar que sejam "distraídos (para usar a terminologia expressiva da antiga lei) bens que façam parte do património social em quantidade superior à necessária para o activo líquido da sociedade ser igual ao montante do capital", RAÚL VENTURA *in* "Sociedades por Quotas", vol. I, p. 734.

Note-se que esta norma, como muitas outras relativas ao capital social, constitui um mecanismo tutelador dos interesses dos credores sociais.

A situação que o legislador procurou evitar resulta da onerosidade da contrapartida da amortização a pagar pela sociedade.

Para apurarmos se há ou não verificação da hipótese prevista na 1.ª parte, do **n.º 1** devemos "calcular a situação líquida da sociedade, deduzir a esta a contrapartida da amortização; por outro lado, somar o capital e a reserva legal; depois comparar os resultados das duas operações. Desde que a sociedade possua activo líquido acima do necessário para cobrir o montante da capital e da reserva legal, o excesso pode ser utilizado como contrapartida da amortização de quotas, pois o capital ficou intacto", RAÚL VENTURA *in* "Sociedades por Quotas", vol. I, p. 734.

PEREIRA DE ALMEIDA *in* "Sociedades Comerciais", p. 253, considera que estamos perante uma verdadeira condição resolutiva.

III. A verificação do requisito previsto no **n.º 1** não é exigida se a sociedade optar por deliberar, simultaneamente, a redução do capital social (parte final, do **n.º 1**). A simultaneidade aqui exigida opera por referência à deliberação de amortização.

Para efeitos do **n.º 1**, o capital a considerar é o que consta do contrato no momento da verificação do requisito.

Assim, se uma sociedade, na perspectiva de uma futura amortização, proceder à redução do seu capital "no momento da deliberação de amortização é este capital, com o novo montante nominal, que, somado com a reserva legal, deve ficar superior à situação líquida, deduzida a contrapartida da amortização", RAÚL VENTURA *in* "Sociedades por Quotas", vol. I, p. 743.

Por outro lado, continua este autor, *loc. cit.*, "o art. 236.º não impõe que a sociedade mantenha o seu capital nominal durante todo o tempo de dívida da contrapartida da amortização; a sociedade pode efectuar entretanto reduções do capital e, à data de cada pagamento, atender-se-á ao montante de capital então vigente, sem importar a sua eventual diferença relativamente ao capital ao tempo da deliberação de amortizar. Aliás, o mesmo se dá no sentido inverso, se entretanto a sociedade aumentar o seu capital".

O montante da redução deve ser pelo menos igual à diferença entre activo líquido e soma de capital e reserva legal. Cfr. RAÚL VENTURA *in* "Sociedades por Quotas", vol. I, p. 744.

IV. Nos termos do **n.º 2**, a deliberação de amortização deve mencionar expressamente a verificação do requisito exigido pelo **n.º 1**.

Conforme refere MENEZES CORDEIRO *in* "Manual de Direito das Sociedades", II, p. 369, na "própria deliberação deve-se exarar a ressalva do capital social e das reservas (236.º/2). Assim não será se o valor for negativo e, como tal, a amortização se tornar gratuita".

A deliberação de amortização que não contenha esta menção ou que amortize a quota sem estar preenchido o requisito previsto no **n.º 1** é nula, uma vez que viola normas legais inderrogáveis (al. d), do n.º 1, do art. 56.º).

Para PINTO FURTADO *in* "Curso de Direito...", p. 450, esta nulidade resulta, desde logo, da natureza essencialmente pública do interesse protegido.

V. O requisito do **n.º 1** deve verificar-se em dois momentos:

a) Na data da deliberação (n.º 1)

Uma vez que a verificação do requisito é exigida à data da deliberação, compreende-se que o **n.º 2** imponha a sua menção expressa. "Os sócios são assim chamados à apreciação necessária e directa da situação patrimonial da sociedade", RAÚL VENTURA *in* "Sociedades por Quotas", vol. I, p. 736.

b) Na data de vencimento da obrigação de pagar a contrapartida (n.º 3)

No caso de a sociedade antecipar o pagamento relativamente à data de vencimento, o requisito deverá verificar-se no momento da própria antecipação.

Se o pagamento da contrapartida for fraccionado (como determina, embora supletivamente, a al. b), do n.º 1, do art. 235.º), "o requisito deverá ser verificado na data de vencimento de cada prestação e quanto à possibilidade de pagamento da prestação que nessa data se vencer, como é natural e é confirmado pela parte final do n.º 3 e inicial do n.º 4", RAÚL VENTURA *in* "Sociedades por Quotas", vol. I, p. 737.

Esta dupla verificação, constituindo um reforço da protecção dos credores sociais, assenta na possibilidade de a situação patrimonial da sociedade, entre a data da deliberação e a data do pagamento, sofrer uma alteração relevante.

VI. Se ao tempo do vencimento da obrigação de pagar a contrapartida da amortização se verificar que, depois de feito este pagamento, a situação líquida da sociedade passaria a ser inferior à soma do capital e da reserva legal:

a) a amortização fica sem efeito e o interessado deve restituir à sociedade as quantias porventura já recebidas (n.º 3)

Esta possibilidade, que resulta directamente da lei, implica que o interessado se torne novamente titular da quota que fora amortizada e, por isso, sócio.

O facto de a amortização ter ficado sem efeito "deve actuar retroactivamente, desde a data da própria amortização, pois é isso que está conforme com a restituição pelo sócio do que eventualmente já tenha recebido, ordenada na parte final do n.º 3", RAÚL VENTURA in "Sociedades por Quotas", vol. I, p. 738.

Se a amortização ficar sem efeito, o interessado deve restituir à sociedade as quantias porventura já recebidas (parte final, do **n.º 3**). Esta norma pressupõe, naturalmente, a hipótese de o pagamento ser fraccionado em prestações e a impossibilidade de cumprimento ter ocorrido na data de vencimento da segunda ou ulteriores prestações.

A obrigação de restituição impõe-se mesmo que o interessado tenha recebido de boa fé as prestações anteriores. Mais uma vez, o legislador atendeu ao interesse dos credores sociais.

Note-se que, no caso de lucros indevidamente distribuídos, a sua restituição só é exigida se o sócio os recebeu com má fé (art. 34.º, n.º 1).

Para maiores desenvolvimentos sobre a inexistência de contradição entre esta norma e o art. 34.º, veja-se RAÚL VENTURA in "Sociedades por Quotas", vol. I, p. 738.

Se a quota ficar sem efeito fica, igualmente sem efeito, o aumento da quota dos outros sócios (art. 237.º, n.º 1) ou a inscrição da quota amortizada no balanço (art. 237.º, n.º 3).

*b) o interessado opta pela amortização parcial da quota, em proporção do que já recebeu, e sem prejuízo do montante legal mínimo da quota (**n.º 4**)*

Esta opção pressupõe, logicamente, o pagamento parcial da contrapartida, dependendo da vontade do interessado.

Conforme salienta RAÚL VENTURA in "Sociedades por Quotas", vol. I, p. 738, é "razoável pensar que o sócio, perante a obrigação de restituir aquilo que já recebeu, prefira voltar a ser titular de uma parte da antiga quota, mantendo-se a amortização quanto à outra parte".

A amortização parcial implica, naturalmente, que a amortização de uma parte da quota fique sem efeito, correspondendo esta, proporcionalmente, à contraprestação devida.

O valor mínimo da quota é de € 100 (art. 219.º, n.º 3).

*c) o interessado opta pela espera do pagamento até que se verifiquem as condições requeridas pelo número anterior, mantendo-se nesta hipótese a amortização (**n.º 4**, parte final)*

Neste caso, o interessado opta pelo exercício, ainda que provável, do seu direito de crédito em detrimento do seu regresso à sociedade.

Como resulta expressamente da lei, a amortização mantém-se, não se extinguindo em consequência, o direito de crédito. O seu exercício fica, todavia, diferido para o momento em que a situação da sociedade permita o pagamento da contrapartida sem violação do disposto no **n.º 1**.

Assistimos, assim, a uma modificação do regime da obrigação.

Título III – Sociedades por quotas 321

"A modificação resulta apenas da vontade do credor, baseada na lei, e incide sobre o tempo de cumprimento da obrigação; a obrigação vence-se logo que possa ser cumprida a obrigação, por se verificar o referido requisito.

Se entretanto a sociedade for dissolvida, o cumprimento da obrigação tornou-se impossível e a sociedade é responsável como se faltasse culposamente ao cumprimento da obrigação (CC art. 801.º)", RAÚL VENTURA *in* "Sociedades por Quotas", vol. I, p. 739.

Importa, ainda, referir que o diferimento do prazo de vencimento da obrigação da sociedade não dá lugar ao pagamento de juros moratórios, uma vez que esse diferimento resulta da própria vontade do credor. Cfr. RAÚL VENTURA *in* "Sociedades por Quotas", vol. I, p. 740.

VII. A opção a que se refere o **n.º 4** tem de ser declarada por escrito à sociedade, nos 30 dias seguintes àquele em que ao sócio seja comunicada a impossibilidade do pagamento pelo referido motivo (**n.º 5**).

Em relação a esta disposição, RAÚL VENTURA *in* "Sociedades por Quotas", vol. I, p. 740, entende que em vez de sócio, "será mais correcto ler «ex-sócio» ou, como se diz várias vezes no mesmo artigo, «interessado»".

A comunicação da impossibilidade de pagamento pelo referido motivo (facto a partir do qual se inicia a contagem do prazo de 30 dias aqui previsto) resulta do desconhecimento por parte do interessado do motivo da falta de pagamento. Além disso, o interessado "pode não ser sócio e carecer de meios para conhecer a situação patrimonial da sociedade, mas mesmo quando se mantenha sócio, por ser titular de outras quotas não amortizadas, não lhe cabe, mas sim à gerência, aquele conhecimento", RAÚL VENTURA *in* "Sociedades por Quotas", vol. I, p. 740.

A lei não estabelece qual o prazo para a comunicação do motivo da falta de cumprimento da obrigação.

Na falta de estipulação legal, o credor tem o direito de exigir a todo o tempo o cumprimento da obrigação, assim como o devedor pode a todo o tempo exonerar-se dela (art. 777.º, n.º 1, do CC).

No entanto, se for necessário o estabelecimento de um prazo, quer pela própria natureza da prestação, quer por virtude das circunstâncias que a determinaram, quer ainda por força dos usos, e as partes não acordarem na sua determinação, a fixação dele é deferida ao tribunal (art. 777.º, n.º 2, do CC).

Após a recepção da comunicação da gerência inicia-se a contagem do prazo de 30 dias, dentro dos quais o interessado poderá comunicar à sociedade, por escrito, a sua opção (amortização parcial da quota ou diferimento do pagamento).

Após a opção e o recebimento da respectiva declaração, "é indubitável que ou a amortização não ficou sem efeito – se o interessado optou pela espera de pagamento – ou só ficou parcialmente sem efeito – se o interessado optou

322 Regime Jurídico das Sociedades por Quotas

pela amortização parcial. Indubitável é, também, que a amortização fica sem efeito se, decorridos os mencionados trinta dias, o interessado não tiver exercido a sua faculdade de opção", Raúl Ventura *in* "Sociedades por Quotas", vol. I, p. 741.

JURISPRUDÊNCIA:

I – É nula, por razão de interesse público, a deliberação de amortização de quota, sem a menção a que se referem os n.ºs 1 e 2 do artigo 236.° do C.S.C.

II – E não é possível a sua renovação, à sombra do artigo 62.°, pois as modificações a introduzir nela implicariam uma deliberação nova, radicalmente diferente da primeira.

Ac. do STJ, de 06.05.97 *in* www.dgsi.pt (Proc. n.° 96A900)

I – A amortização nos termos do artigo 236.° do Código das Sociedades Comerciais, visando evitar a protecção dos interesses dos credores sociais através da aplicação do princípio da conservação ou da intangibilidade do capital social, não se aplica aos casos em que não haja qualquer "contrapartida" a satisfazer, seja por se tratar de amortização gratuita, seja por a aplicação do critério de determinação do seu montante conduzir a um valor negativo.

II – Não relevando os factos provados, nem o teor da acta referente à respectiva deliberação social, que o montante da amortização da quota do sócio fosse de valor negativo nem que tal amortização fosse gratuita, impunha-se o cumprimento do disposto no n.° 2 do artigo 236.° do Código das Sociedades Comerciais, cuja violação, por acção ou por omissão, determina a nulidade da deliberação e não a simples anulabilidade.

Ac. do STJ, de 24.06.93 *in* www.dgsi.pt (Proc. n.° 081949)

I – A "deliberação de amortização" de quota de sócio de uma sociedade por quotas tem de tomar em conta as condições previstas no n.° 1 do artigo 236.° do Código das Sociedades Comerciais.

II – Essas condições reportam-se a data da deliberação e não ao ultimo balanço, especialmente se este se reporta a uns meses atrás.

III – E tais condições devem constar expressamente da acta em que e tomada a deliberação de amortização.

IV – A invalidade resultante da violação dos n.ºs 1 e 2 do artigo 236.° do Código das Sociedades Comerciais e a nulidade da respectiva deliberação e não a sua mera anulabilidade.

Ac. da RP, de 02.07.91 *in* www.dgsi.pt (Proc. n.° 0410051)

Título III – Sociedades por quotas 323

ARTIGO 237.º – (**Efeitos internos e externos quanto ao capital**)
1 – Se a amortização de uma quota não for acompanhada da correspondente redução de capital, as quotas dos outros sócios serão proporcionalmente aumentadas.

2 – Os sócios devem fixar por deliberação o novo valor nominal das quotas.

3 – O contrato de sociedade pode, porém, estipular que a quota figure no balanço como quota amortizada, e bem assim permitir que, posteriormente e por deliberação dos sócios, em vez da quota amortizada, sejam criadas uma ou várias quotas, destinadas a serem alienadas a um ou a alguns sócios ou a terceiros.

NOTAS:

I. Anteprojectos: FERRER CORREIA (art. 66.º); VAZ SERRA (art. 96.º) e RAÚL VENTURA (art. 51.º).

Cfr. ANTÓNIO FERRER CORREIA/VASCO LOBO XAVIER/MARIA ÂNGELA COELHO/ANTÓNIO CAEIRO *in* "Sociedade por quotas …", pp. 220 e 221.

II. O n.º 2 tem a redacção introduzida pelo DL n.º 76-A/2006, de 29 de Março.

III. A amortização implica a extinção da quota (art. 232.º, n.º 2).

Ora, uma vez que, nas SQ, o capital está dividido em quotas (art. 197.º, n.º 1), com a amortização de uma quota fica afectado esse equilíbrio harmónico.

Desta feita, deve a amortização, em princípio, ser acompanhada da correspondente redução do capital ou do aumento proporcional das quotas dos outros sócios.

A expressão "correspondente" significa em correspondência com o valor nominal da quota amortizada.

No caso de redução do capital correspondente à amortização, passamos a ter um novo montante de capital, o qual será igual à soma dos valores nominais das quotas subsistentes.

Note-se, no entanto, que a redução do capital "*acompanha* a amortização, mas não é um efeito dela. Se a redução do capital fosse um efeito necessário da amortização, ocorreria sempre que esta fosse deliberada e não poderia ser prevista no art. 237.º a hipótese de o capital não ser reduzido, na qual se enquadram as outras regras estabelecidas nesse artigo", RAÚL VENTURA *in* "Sociedades por Quotas", vol. I, p. 749.

O regime jurídico da amortização prevê duas vezes a redução do capital, uma no art. 236.º, n.º 1 e outra no **n.º 1.**

324 *Regime Jurídico das Sociedades por Quotas*

Estamos perante duas reduções distintas. A primeira visa a libertação de fundos de modo a que o capital não seja afectado pela amortização. Por sua vez, a segunda "destina-se a eliminar a quota de capital e pode ocorrer embora a contrapartida da amortização possa ser paga com observância do disposto na primeira parte do art. 236.º, n.º 1", Raúl Ventura *in* "Sociedades por Quotas", vol. I, p. 749.

Este autor, *loc. cit.*, refere, no entanto, que nada impede que "reunidas as necessárias circunstâncias concretas, ao mesmo tempo que delibera a amortização, a sociedade delibere reduzir o capital (para dar cumprimento ao disposto na parte final do art. 236.º, n.º 1) no montante do valor nominal da quota amortizada, assim enquadrando também a hipótese na primeira parte do art. 237.º, n.º 1".

A redução do capital está regulada nos arts. 94.º a 96.º. Deste conjunto de normas é de destacar o n.º 1, do art. 95.º (alterado pela L n.º 8/2007, de 17 de Janeiro), segundo o qual a redução do capital não pode ser deliberada se a situação líquida da sociedade não ficar a exceder o novo capital em, pelo menos, 20%.

A redução do capital, na medida em que consiste numa alteração do contrato social, deve ser sujeita a deliberação tomada por maioria de $^3/_4$ dos votos correspondentes ao capital social (cfr., conjugadamente, os arts. 85.º, 94.º a 96.º e 265.º, n.º 1).

A deliberação de redução do capital "é autónoma ou autonomizável relativamente à de amortização (ainda que ambas sejam tomadas, por exemplo, na mesma assembleia)", Coutinho de Abreu *in* "Curso de Direito...", II, p. 411.

IV. Se a amortização não for acompanhada da redução do capital, as quotas dos outros sócios serão proporcionalmente aumentadas (2.ª parte, do **n.º 1**).

Raúl Ventura *in* "Sociedades por Quotas", vol. I, p. 750, procurando justificar este aumento, salienta que é "elementar dado de bom senso que, extinta uma quota de participação, as outras quotas se dilatam para abranger o espaço deixado vazio por aquela extinção. Seria absurdo que, extinta a participação, se criasse um espaço vazio, que nem seria uma participação social sem dono, porque deixou de ser uma participação social, nem passaria a pertencer aos outros sócios – se uma sociedade tem quatro sócios e se extingue a participação de um, restam três sócios e três participações sociais".

A soma das novas quotas de capital dos sócios subsistentes corresponde ao montante do capital.

Raúl Ventura *in* "Sociedades por Quotas", vol. I, p. 751, explicando a construção adoptada, sublinha que "a extinção duma quota de participação produz necessariamente o alargamento das quotas de participação dos outros sócios; o art. 237.º, n.º 1, faz corresponder a esse fenómeno natural a alteração das quotas de capital. Seria inaceitável, por exemplo, que se construísse a hipótese como uma distribuição, pela sociedade aos sócios, de parte da quota de outro sócio, e ainda pior que se pensasse numa aquisição derivada – de sócio para sócio – de partes de quota".

V. O novo valor nominal das quotas deve ser fixado por deliberação (**n.º 2**). A redacção deste número foi introduzida pelo DL n.º 76-A/2006, reflectindo a preocupação do legislador na simplificação dos actos relativos às sociedades. Na sua versão anterior, para além da fixação do novo valor nominal por deliberação, impunha-se ainda a outorga da correspondente escritura pública pelos gerentes, salvo se a acta daquela deliberação fosse lavrada por notário.

A deliberação, traduzindo-se numa alteração do contrato social, deve ser sujeita a deliberação tomada por maioria de $^3/_4$ dos votos correspondentes ao capital social (cfr., conjugadamente, os arts. 85.º e 265.º, n.º 1).

JOÃO LABAREDA *in* "Sobre a deliberação...", p. 268, reportando-se à dificuldade de articulação do art. 237.º, n.º 2 com a parte final, do **n.º 1**, sustenta que "a deliberação de fixação do novo valor das quotas, quando deva ter lugar, é condição de eficácia da deliberação de amortização e está sujeita aos mesmos condicionalismos temporais, devendo por isso conformar-se com o regime do n.º 2 do mesmo art. 234.º.

Se assim não acontecer, a deliberação de amortização fica definitivamente privada de eficácia".

Para PEREIRA DE ALMEIDA *in* "Sociedades Comerciais", p. 253, estamos perante a "mesma deliberação que decide a amortização, a qual deve, simultaneamente, indicar o valor aumentado das outras quotas, pois não teria sentido que o art. 237.º, n.º 1, estipulasse o aumento proporcional das outras quotas com a amortização, e este ficasse dependente de outra deliberação, que poderia ser tomada posteriormente, ou que poderia nem chegar a verificar-se". RAÚL VENTURA *in* "Sociedades por Quotas", vol. I, p. 752, considera que a deliberação aqui em análise deve fazer parte integrante da deliberação de amortização.

Para FERRER CORREIA *in* "A sociedade por quotas ...", p. 169, o **n.º 2** visa, a bem da certeza, evitar uma situação de indefinição.

VI. Ao abrigo do **n.º 3**, o contrato social pode estipular que a quota figure no balanço como quota amortizada.

Importa, antes de mais, sublinhar que a quota que figura no balanço como quota amortizada é uma quota extinta, não pertencendo nem aos outros sócios nem à sociedade.

Na opinião de MENEZES CORDEIRO *in* "Manual de Direito das Sociedades", II, p. 371, trata-se "de uma operação contabilística destinada a manter o *status quo*. Em boa verdade, seria questionável se estamos em face de uma verdadeira amortização, já que a quota atingida não é, *summo rigore*, suprimida".

Se a quota figurar no balanço como quota amortizada "não há aumento formal das outras quotas, mas, para efeitos internos, elas deverão ter-se por aumentadas, designadamente para cálculo da distribuição de dividendos e para cômputo de maiorias qualificadas", PEREIRA DE ALMEIDA *in* "Sociedades Comerciais", p. 254.

Segundo João Labareda *in* "Sobre a deliberação...", p. 256, "nos casos em que a amortização opera de modo a que a quota extinta figure no balanço como quota amortizada, a deliberação social pode ser tomada de acordo com o art. 250.º, n.º 3, sem estar sujeita à maioria qualificada do art. 265.º".

Pereira de Almeida *in* "Sociedades Comerciais", p. 254, considera que a inscrição da quota no balanço como quota amortizada depende apenas de estipulação contratual e não de deliberação dos sócios.

VII. O contrato de sociedade pode, ainda, permitir que, posteriormente e por deliberação dos sócios, em vez da quota amortizada, sejam criadas uma ou várias quotas, destinadas a serem alienadas a um ou a alguns sócios ou a terceiros (2.ª parte, do **n.º 3**).

A cláusula contratual que contenha esta permissão "possibilitará, por exemplo, a entrada de novo sócio sem necessidade de aumento do capital social ou a manutenção de certo equilíbrio entre sócios", Coutinho de Abreu *in* "Curso de Direito...", II, p. 409.

Conforme sublinha Pereira de Almeida *in* "Sociedades Comerciais", p. 254, tratar-se-á "sempre da criação de novas quotas e não da reposição em circulação da quota amortizada, uma vez que esta se extinguiu (art.232.º, n.º 2)".

A criação prevista neste número só é possível se a quota figurar no balanço como quota amortizada. De facto, se tiver "sido aplicado o art. 237.º, n.º 1, e as quotas dos outros sócios tiverem sido proporcionalmente aumentadas, deixou de existir uma quota amortizada em cujo lugar outra possa ser criada", Raúl Ventura *in* "Sociedades por Quotas", vol. I, p. 756.

Por outro lado, a criação de nova quota, depende ainda, de autorização contratual e deliberação tomada depois (*"posteriormente"*) da inscrição da quota no balanço como quota amortizada.

Para Raúl Ventura *in* "Sociedades por Quotas", vol. I, p. 757, esta deliberação, na medida em que altera o contrato, deve ser tomada pela maioria qualificada de $^3/_4$ prevista no art. 265.º, n.º 1.

A lei consagrou a finalidade da operação (alienação a um ou a alguns sócios ou a terceiros), sendo evidente a intenção de impedir a criação de quota que permaneça como quota própria da sociedade. Note-se, no entanto, que "a quota é criada como quota da sociedade, à qual fica momentaneamente pertencendo. Na verdade, o preceito diz que a quota se destina a *ser alienada* e a alienação pressupõe um alienante, que só poderá ser a própria sociedade", Raúl Ventura *in* "Sociedades por Quotas", vol. I, p. 757.

Este autor, *loc. cit.*, sustenta, ainda, que "na altura da deliberação de criar a nova quota deve já haver a intenção de a alienar a alguém concretamente considerado, sendo inválida uma deliberação que crie a quota «para no futuro ser alienada a algum sócio ou a terceiros»".

Por outro lado, "a deliberação deve, sob pena de invalidade, justificar a criação da nova quota pela alienação concreta que dela será feita", RAÚL VENTURA *in* "Sociedades por Quotas", vol. I, pp. 757 e 758.

A lei admite a criação de uma ou várias quotas, o que não significa que permita "criações *sucessivas* de quota parcialmente cobertas pelo valor nominal da quota amortizada", RAÚL VENTURA, *ob. cit.*, p. 757.

Desta forma, a sociedade deve deliberar de uma só vez a substituição integral da quota amortizada por uma ou várias quotas.

VIII. No caso de contitularidade, a amortização pode implicar a divisão da quota (art. 238.º, n.º 1).

IX. Nos termos do art. 538.º, n.º 1, as quotas amortizadas antes da entrada em vigor do CSC podem continuar a figurar no balanço como tais, independentemente da existência de estipulação contratual.

ARTIGO 238.º – **(Contitularidade e amortização)**

1 – Verificando-se, relativamente a um dos contitulares da quota, facto que constitua fundamento de amortização pela sociedade, podem os sócios deliberar que a quota seja dividida, em conformidade com o título donde tenha resultado a contitularidade, desde que o valor nominal das quotas, depois da divisão, não seja inferior a € 50.

2 – Dividida a quota, a amortização recairá sobre a quota do contitular relativamente ao qual o fundamento da amortização tenha ocorrido; na falta de divisão, não pode ser amortizada toda a quota.

NOTAS:

I. Anteprojectos: FERRER CORREIA (art. 67.º); VAZ SERRA (art. 87.º) e RAÚL VENTURA (art. 52.º).

Cfr. ANTÓNIO FERRER CORREIA/VASCO LOBO XAVIER/MARIA ÂNGELA COELHO/ANTÓNIO CAEIRO *in* "Sociedade por quotas ...", pp. 221 e 222.

II. O n.º **1** tem a redacção introduzida pelo DL n.º 343/98, de 06 de Novembro.

III. A aplicação do artigo em anotação depende de duas condições, quais sejam:

a) a contitularidade da quota

A contitularidade traduz-se na situação jurídica em que duas ou mais pessoas são titulares da mesma quota. Um dos requisitos essenciais da contitularidade é a igualdade *qualitativa* das posições jurídicas dos contitulares.

O regime da contitularidade está regulado nos arts. 222.º a 224.º. Cfr., para maiores desenvolvimentos, as anotações aí inseridas.

b) a verificação de um facto que constitua fundamento de amortização pela sociedade

No que diz respeito a esta condição, importa referir que o artigo em anotação só é aplicável se o facto que fundamenta a amortização se verificar em relação a um contitular da quota. Desta forma, se o fundamento abranger todos os contitulares, segue-se o regime geral.

Para RAÚL VENTURA *in* "Sociedades por Quotas", vol. I, p. 760, também no caso de o facto permissivo da amortização ser objectivo (no sentido de não ligado à pessoa do sócio) ficará, igualmente, excluída a aplicação do presente artigo.

IV. Mais uma vez por força da complexidade que caracteriza a contitularidade e dos interesses envolvidos, impunha-se um mecanismo que permitisse o justo equilíbrio desses interesses e que facilitasse a própria amortização.

ANTÓNIO FERRER CORREIA/VASCO LOBO XAVIER/MARIA ÂNGELA COELHO/ /ANTÓNIO CAEIRO *in* "Sociedade por quotas ...", p. 221, sublinham que a solução de permitir a amortização integral da quota não seria justa. Não seria razoável que os contitulares sofressem as consequências de um facto ao qual eles são alheios.

Estes autores, *ob. cit.*, pp. 221 e 222, consideram mesmo que tal regime seria "particularmente chocante tratando-se de um cláusula que atribua á amortização um função punitiva, o que é frequente na prática (por exemplo, a cláusula que proibe aos sócios fazerem concorrência à sociedade, sob pena de amortização da quota respectiva. Por outro lado, constituiria solução inconveniente a de paralisar o funcionamento da cláusula de amortização somente pelo facto acidental de a quota se encontrar em regime de contitularidade".

Neste contexto, o **n.º 1**, estabelecendo uma solução intermédia face aos interesses em jogo, atribui aos sócios a faculdade de deliberarem a divisão da quota, a qual é imposta aos contitulares. Quanto à divisão, *vide* as anotações ao art. 221.º.

A divisão da quota deve ser total, "entre todos os contitulares e não apenas uma separação da quota correspondente ao direito indiviso do contitular em causa", RAÚL VENTURA *in* "Sociedades por Quotas", vol. I, p. 762.

Segundo este mesmo autor, *ob. cit.*, p. 763, todo "este mecanismo está sujeito ao limite temporal estabelecido no art. 234.º, n.º 2; dentro dos noventa dias contados do conhecimento por algum gerente da sociedade do facto que permite a amortização, deve estar completado o processo, começando pela divisão da quota e terminando na amortização".

V. A divisão não pode ser arbitrária, "tendo a lei o cuidado de dizer que ela será efectuada em conformidade com o título de onde tenha resultado a contitularidade", Raúl Ventura *in* "Sociedades por Quotas", vol. I, p. 762,

Como já referimos na anotação ao art. 222.°, a contitularidade pode ser originária e derivada.

No caso de contitularidade originária (em que a quota, desde a respectiva formação, teve sempre vários titulares), o título constitutivo (de onde ela resulta) é o contrato inicial ou a acta da assembleia em que foi deliberado o aumento de capital.

Tratando-se de contitularidade derivada (a qual deriva de acto *inter vivos* ou *mortis causa* referente à quota), o título constitutivo é, por exemplo, o contrato de cessão da quota simultaneamente a várias pessoas ou o contrato de cessão de parte indivisa duma quota, formando-se contitularidade entre o anterior titular e o adquirente dessa parte indivisa.

VI. O valor das quotas, depois da divisão, não pode ser inferior a € 50 (parte final, do **n.° 1**).

O legislador optou por fixar um valor mínimo da quota, inferior ao valor mínimo, genericamente, previsto no art. 219.°, n.° 3 (€ 100).

No nosso entendimento, a fixação desde valor mínimo tem como propósito tornar mais exequível a divisão.

VII. Depois de dividida a quota, a amortização incidirá sobre a quota do contitular em relação ao qual se verificou o fundamento da amortização (1.ª parte, do **n.° 2**).

VIII. Se não houver divisão, a quota não pode ser amortizada na sua totalidade (**n.° 2**, parte final).

A finalidade desta norma é evitar que os contitulares, em relação aos quais não se verifica nenhum fundamento de amortização, ficassem prejudicados com a amortização da sua quota-parte.

Sobre esta norma Raúl Ventura *in* "Sociedades por Quotas", vol. I, p. 763, refere que "não podendo ser amortizada toda a quota e não sendo amortizada a quota dividida, que não existe, não há em tal caso amortização possível. O interesse da sociedade na amortização é sacrificado, mas esse sacrifício é, na generalidade dos casos, consentido, senão mesmo provocado pela sociedade, que desprezou a faculdade de dividir a quota".

330 *Regime Jurídico das Sociedades por Quotas*

SECÇÃO V
Execução da quota

ARTIGO 239.º – (**Execução da quota**)

1 – A penhora de uma quota abrange os direitos patrimoniais a ela inerentes, com ressalva do direito a lucros já atribuídos por deliberação dos sócios à data da penhora e sem prejuízo da penhora deste crédito; o direito de voto continua a ser exercido pelo titular da quota penhorada.

2 – A transmissão de quotas em processo executivo ou de liquidação de patrimónios não pode ser proibida ou limitada pelo contrato de sociedade nem está dependente do consentimento desta. Todavia, o contrato pode atribuir à sociedade o direito de amortizar quotas em caso de penhora.

3 – A sociedade ou o sócio que satisfaça o exequente fica subrogado no crédito, nos termos do artigo 593.º do Código Civil.

4 – A decisão judicial que determine a venda da quota em processo de execução, falência ou insolvência do sócio deve ser oficiosamente notificada à sociedade.

5 – Na venda ou na adjudicação judicial terão preferência em primeiro lugar os sócios e, depois, a sociedade ou uma pessoa por esta designada.

NOTAS:

I. Anteprojectos: FERRER CORREIA (art. 69.º).

Cfr. ANTÓNIO FERRER CORREIA/VASCO LOBO XAVIER/MARIA ÂNGELA COELHO/ANTÓNIO CAEIRO *in* "Sociedade por quotas …", pp. 223 e 224.

II. O presente artigo tem por base o princípio da penhorabilidade das quotas, segundo o qual estas podem ser arrestadas (arts. 619.º e ss., do CC e 406.º e ss., do CPC), arroladas (arts. 421.º e ss., do CPC) e penhoradas (arts. 821.º e 862.º, n.º 6, do CPC), tendo em vista a garantia ou satisfação dos direitos dos credores do sócio.

A necessidade de articulação deste princípio com os interesses envolvidos, *maxime* os da sociedade, impunha o regime próprio previsto no artigo em anotação.

Em relação às sociedades civis, o art. 999.º, n.º 1, do CC, refere que enquanto a sociedade não for dissolvida e sendo suficientes outros bens do devedor, o credor particular do sócio apenas pode executar o direito deste aos lucros e à quota de liquidação.

Título III – Sociedades por quotas

Para maiores desenvolvimentos sobre a diferença entre o regime do artigo em anotação e o do art. 999.°, n.° 1, veja-se RAÚL VENTURA *in* "Sociedades por Quotas", vol. I, pp. 768 e ss.

III. O n.° 1 começa por vincar o âmbito da penhora da quota, referindo que a mesma abrange os direitos patrimoniais a ela inerentes.

Esta referência (aparentemente desnecessária, uma vez que já decorreria do regime geral) visa reforçar a ideia de que a penhora da quota também abrange os direitos patrimoniais que a integram, ficando excluída a interpretação, segundo a qual só seriam penhoráveis esses direitos.

Assim, a penhora abrange, em princípio, todos os direitos que se integram na quota, mais precisamente os direitos patrimoniais concretizados ou abstractos e os direitos não patrimoniais.

Para RAÚL VENTURA *in* "Sociedades por Quotas", vol. I, p. 769, "o alcance do preceito é apenas determinar pragmaticamente quem deve exercer os direitos não patrimoniais inerentes à quota: atribuir o exercício desses direitos à própria sociedade é logicamente impossível; atribuí-los ao credor exequente implica a intromissão de um estranho na vida da sociedade, sem terem sido dadas a esta as oportunidades de tal evitar que lhe são oferecidas no seguimento da acção executiva; tais direitos devem continuar a ser exercidos pelo sócio executado".

Em relação ao direito de voto, a parte final, do **n.° 1**, refere, expressamente, que o mesmo continua a ser exercido pelo titular da quota penhorada.

IV. Nos termos da 2.ª parte, do **n.° 1**, dos direitos patrimoniais inerentes à quota penhorada fica excluído o direito a lucros já atribuídos por deliberação dos sócios à data da penhora. Esta ressalva "consagra o entendimento corrente na doutrina no sentido de que a penhora da quota não compreende os direitos já autonomizados, como *por exemplo* o direito a lucros depois da aprovação do balanço e da deliberação de atribuição de lucros", RAÚL VENTURA *in* "Sociedades por Quotas", vol. I, p. 767.

Este autor, *ob. cit.*, p. 768, põe em causa que o **n.° 1** tenha ressalvado apenas o direito a lucros e "não todos os direitos autonomizados ou concretizados na mesma data – recorde-se que o direito a lucros é apresentado na referida exposição de motivos alemã como simples exemplo. Afigura-se que o preceito deve ser aplicado por analogia a todos os direitos concretos, nas referidas circunstâncias".

A ressalva aqui em análise não significa, de maneira nenhuma, que o direito a lucros seja excluído do universo patrimonial penhorável do sócio (devedor). Com efeito, este direito é penhorável, já não como parte integrante da quota, mas sim como crédito autónomo (2.ª parte, do **n.° 1**).

Quanto à penhora de créditos, *vide* arts. 856.° e ss., do CPC.

332 *Regime Jurídico das Sociedades por Quotas*

V. Nos termos da 1.ª parte, do **n.° 2**, o contrato de sociedade não pode proibir ou limitar

a) a transmissão de quotas em processo executivo

A venda e consequente transmissão de bens em processo executivo está regulada nos arts. 886.° e ss., do CPC.

ou

b) a transmissão de quotas em processo de liquidação de patrimónios

O processo de liquidação de patrimónios, onde se inclui a liquidação judicial de sociedades, está previsto nos arts. 1122.° e ss., do CPC.

A aplicação do artigo em anotação a estes processos justifica-se, na medida em que, apesar da liquidação de sociedade poder também ser feita por processo extrajudicial, o **n.° 2** só ter em vista "os processo judiciais e, portanto, que não ficam aliviadas dos ónus de intransmissibilidade ou de consentimento as transmissões de quota a efectuar no processo extrajudicial de liquidação de sociedade titular dela", RAÚL VENTURA *in* "Sociedades por Quotas", vol. I, p. 771.

Note-se ainda que a transmissão de quotas em processo executivo ou de liquidação de patrimónios não pode depender de consentimento da sociedade (1.ª parte, do **n.° 2**).

A imperatividade aqui estabelecida visa satisfazer os interesses dos credores do sócio, em detrimento do interesse da sociedade.

Na verdade, a estipulação de cláusulas proibitivas ou limitativas da transmissão de quotas nos processos referidos atingiria a garantia patrimonial destes credores. Assim, desapareceria do património do titular da quota "um valor susceptível de execução pelos seus credores. O aproveitamento, mais ou menos fraudulento, de tal processo teria consequências incalculáveis", RAÚL VENTURA *in* "Sociedades por Quotas", vol. I, p. 770.

VI. Em matéria de execução de quota, existem fundamentalmente dois interesses conflituantes (o da sociedade e o dos credores).

Podemos considerar que o regime contido no artigo em anotação deu, grosso modo, prevalência ao interesse dos credores.

No entanto, o legislador, tomando consciência de que a venda executiva de uma quota poderia constituir um forte atentado contra o interesse da sociedade (em impedir que a execução implicasse, conta a sua vontade, a entrada de novos sócios), facultou-lhe as seguintes soluções:

*a) a amortização da quota penhorada, caso o contrato atribuía tal direito (parte final, do **n.° 2**)*

O regime de amortização da quota está previsto nos arts. 232.° e ss.;

*b) o pagamento da quantia exequenda pela sociedade ou pelo sócio, com sub-rogação do crédito (**n.° 3**)*

O regime da sub-rogação está previsto nos arts. 589.° e ss..

Título III – Sociedades por quotas 333

O sócio ou sociedade sub-rogado adquire, na medida da satisfação dada ao direito do credor, os poderes que a este competiam (art. 593.°, n.° 1, do CC *ex vi* **n.° 3**);

   *c) o exercício do direito de preferência (**n.° 5**)*

O direito de preferência aqui instituído só pode ser exercido no caso de venda (arts. 886.° e ss., do CPC) ou adjudicação judicial (875.° e ss., do CPC). Os titulares deste direito são os sócios, a sociedade ou pessoa por esta designada.

Conforme refere RAÚL VENTURA *in* "Sociedades por Quotas", vol. I, p. 772, fica "assim aberto um largo campo para evitar que a sociedade seja forçada a aceitar um novo sócio não consentido por ela, como aliás o CSC estabelece noutras hipóteses em que a sociedade correria o mesmo risco".

Em caso de concurso de preferentes, o **n.° 5** estabeleceu uma graduação (resultante da expressão "e, depois"), segundo a qual os sócios têm prioridade perante a sociedade ou a pessoa designada por esta.

VII. A decisão judicial que determine a venda da quota em processo de execução, falência ou insolvência do sócio deve ser oficiosamente notificada à sociedade (**n.° 4**).

Na opinião de RAÚL VENTURA *in* "Sociedades por Quotas", vol. I, p. 772, este preceito é ancilar do disposto nos **n.ᵒˢ 3** e **5**. "Assim a sociedade – e por intermédio dela, os sócios – toma conhecimento da alienação da quota e fica habilitada a exercer os direitos consignados naqueles dois outros números. O preceito manda notificar apenas a sociedade; na prática, a esta caberá avisar os sócios, mas a lei não lhe impõe tal dever".

MENEZES CORDEIRO *in* "Manual de Direito das Sociedades", II, p. 374, considera que esta norma é "imperativa: a falta de notificação envolve nulidade, uma vez que interfere na decisão da causa".

A expressão "falência" está desactualizada face à terminologia empregue no Código da Insolvência e da Recuperação de Empresas (CIRE), aprovado pelo DL n.° 53/2004, de 18 de Março.

VIII. A penhora de quotas deve ser comunicada à conservatória de registo competente (comercial) e notificada à sociedade (art. 862.°, n.° 6, do CSC).

JURISPRUDÊNCIA:

   I – A legitimidade deve ser analisada pela titularidade da relação material controvertida, tal como é configurada pelo Autor.

   II – Apenas o sócio accionista pode legalmente requerer inquérito judicial à sociedade.

III – Não tendo a requerente, enquanto cônjuge eventualmente meeira de um sócio ou como fiel depositária da quota social arrolada, a qualidade de sócia nem sendo legalmente titular da relação jurídica por ela configurada na petição inicial, ela carece de legitimidade processual para intentar inquérito judicial.

Ac. da RP, de 13.03.00 *in* www.dgsi.pt (Proc. n.º 0050129) e CJ, Ano XXV, Tomo II, p. 198

I – A norma que impõe a notificação oficiosa à sociedade da decisão judicial que determina a venda de quota em processo de execução, falência ou insolvência do sócio é imperativa.

II – Essa falta de notificação produz nulidade, porquanto constitui irregularidade que influi na decisão da causa.

Ac. da RP, de 15.03.93 *in* CJ, Ano XVIII, Tomo II, p. 195

I – E valida a clausula inserta em contrato de sociedade, segundo a qual esta pode, em caso de venda judicial de quota, amortiza-la pelo valor apurado em balanço realizado nessa altura.

II – O valor não pode, no entanto, ser imposto ao exequente que tem o direito de não concordar com o balanço nem com o valor atribuído a quota em assembleia geral sobre o mesmo balanço.

III – O exequente tem o direito de ser ouvido no conflito de interesses que o opõe a sociedade e ao titular da quota penhorada.

Ac. do STJ, de 24.03.92 *in* www.dgsi.pt (Proc. n.º 080948)

I – Penhorável como é, a quota pode por isso ser vendida em processo executivo.

II – Porém, para evitar que se torne sócio, por compra da quota, alguém indesejado na sociedade, a Lei permite a utilização de dois caminhos: ou a amortização da quota penhorada se o pacto social expressamente previr essa situação, ou ("maxime", se o pacto social não permitir a amortização) o exercício do direito de preferência pelos sócios ou pela sociedade, contemplado no art. 239.º, n.º 5 do CSC.

Ac. da RP, de 22.11.90 *in* www.dgsi.pt (Proc. n.º 0035002)

SECÇÃO VI
Exoneração e exclusão de sócios

ARTIGO 240.° – (Exoneração de sócio)

1 – Um sócio pode exonerar-se da sociedade nos casos previstos na lei e no contrato e ainda quando, contra o voto expresso daquele:

a) A sociedade deliberar um aumento de capital a subscrever total ou parcialmente por terceiros, a mudança do objecto social, a prorrogação da sociedade, a transferência da sede para o estrangeiro, o regresso à actividade da sociedade dissolvida;

b) Havendo justa causa de exclusão de um sócio, a sociedade não deliberar excluí-lo ou não promover a sua exclusão judicial.

2 – A exoneração só pode ter lugar se estiverem inteiramente liberadas todas as quotas do sócio.

3 – O sócio que queira usar da faculdade atribuída pelo n.° 1 deve, nos 90 dias seguintes ao conhecimento do facto que lhe atribua tal faculdade, declarar por escrito à sociedade a intenção de se exonerar.

4 – Recebida a declaração do sócio referida no número anterior, a sociedade deve, no prazo de 30 dias, amortizar a quota, adquiri-la ou fazê-la adquirir por sócio ou terceiro, sob pena de o sócio poder requerer a dissolução da sociedade por via administrativa.

5 – A contrapartida a pagar ao sócio é calculada nos termos do artigo 105.°, n.° 2, com referência à data em que o sócio declare à sociedade a intenção de se exonerar; ao pagamento da contrapartida é aplicável o disposto no artigo 235.°, n.° 1, alínea b).

6 – Se a contrapartida não puder ser paga em virtude do disposto no n.° 1 do artigo 236.° e o sócio não optar pela espera do pagamento, tem direito a requerer a dissolução da sociedade por via administrativa.

7 – O sócio pode ainda requerer a dissolução da sociedade por via administrativa no caso de o adquirente da quota não pagar tempestivamente a contrapartida, sem prejuízo de a sociedade se substituir, nos termos do n.° 1 do artigo 236.°

8 – O contrato de sociedade não pode, directamente ou pelo estabelecimento de algum critério, fixar valor inferior ao resultante do n.° 5 para os casos de exoneração previstos na lei nem admitir a exoneração pela vontade arbitrária do sócio.

NOTAS:

I. Anteprojectos: FERRER CORREIA (art. 125.°); VAZ SERRA (arts. 138.° e 139.°) e RAÚL VENTURA (art. 89.°).

II. O artigo em anotação tem a redacção introduzida pelo DL n.° 76-A//2006, de 29 de Março.

III. A sociedade nasce juridicamente através do contrato, assumindo-se os sócios como os respectivos sujeitos.

Como anotamos no art. 199.°, o contrato de sociedade é aquele em que duas ou mais pessoas se obrigam a contribuir com bens ou serviços para o exercício em comum de certa actividade económica, que não seja de mera fruição, a fim de repartirem os lucros resultantes dessa actividade (art. 980.°, do CC).

Ora, sendo este um contrato típico com tratamento jurídico-dogmático autónomo (dada a sua especificidade), importava definir e regular as modalidades de desvinculação dos sócios.

Por outras palavras, impunha-se colocar à disposição dos sócios *portas de saída* para que estes, em determinadas situações que pela sua gravidade ou consequências justificam a sua *libertação*, não se tornassem *prisioneiros* da sociedade Aliás, tal *prisão* constituiria uma clara violação do princípio constitucional da livre iniciativa económica privada, previsto no art. 61.°, da CRP.

PAIS DE VASCONCELOS *in* "A Participação Social ...", p. 217, faz referência, ainda, ao princípio constitucional da liberdade de associação (na sua vertente negativa), plasmado no art. 46.°, n.° 3, da CRP, de acordo com o qual, "ninguém pode ser obrigado a fazer parte de uma associação nem coagido por qualquer meio a permanecer nela".

A *porta de saída colocada pelo legislador* é o direito de exoneração consagrado no artigo em anotação.

A solução "além de ser a que melhor satisfaz os interesses gerais de protecção dos agentes económicos, como elementos de progresso e desenvolvimento, é também perfeitamente compatível com as características do nexo de relação dos sujeitos no contrato de sociedade", CURA MARIANO *in* "Direito de Exoneração...", p. 27.

O regime legal de execução do direito de exoneração deve ser considerado imperativo, "atenta a finalidade do legislador de subtrair aquelas situações à liberdade de negociação e estipulação dos sócios, com excepção da possibilidade de ser acordado método diferente de calcular a contrapartida a receber pelo sócio que se pretende exonerar (art. 240.°, n.° 4 e 105.°, n.° 2, do C.S.C.), desde que daí não resulta a fixação de um valor inferior ao resultante da aplicação do critério legal (art. 240.°, n.° 6, do C.S.C.)", CURA MARIANO, *ob. cit.*, p. 86.

Nas sociedades civis, a exoneração está regulada nos arts. 1002.° e 1006.°, do CC.

Para maiores desenvolvimentos sobre o fundamento da exoneração *ad nutum*, *vide* PAULO HENRIQUES *in* "A Desvinculação Unilateral...", pp. 42 e ss. e MENEZES CORDEIRO *in* "Manual de Direito das Sociedades", II, pp. 299 e ss..

Cfr., ainda, o desenvolvimento histórico apresentado por Tiago Soares da Fonseca *in* "O Direito de Exoneração...", pp. 181 e ss..

Em relação à distinção entre o direito de exoneração e figuras afins, *vide* Tiago Soares da Fonseca *in* "O Direito de Exoneração...", pp. 43 e ss..

IV. O direito de exoneração pode "descrever-se como o poder jurídico de o sócio, por um acto livre de vontade, produzir a extinção subjectiva da relação obrigacional de sociedade", Paulo Henriques *in* "A Desvinculação Unilateral...", p. 30. Cfr., ainda, Raúl Ventura *in* "Sociedades por Quotas", vol. II, p. 14; Maria Augusta França *in* "Direito à exoneração", FDL/CEJ, Novas perspectivas do Direito Comercial, 1988, p. 207; Pires de Lima/Antunes Varela *in* "Código Civil – Anotado", vol. II, 3.ª edição, Coimbra Editora, 1986, p. 338; Menezes Leitão *in* "Contrato de sociedade...", p. 164 e Tiago Soares da Fonseca *in* "O Direito de Exoneração...", p. 26.

O direito de exoneração é um direito potestativo. Conforme salienta Paulo Henriques *in* "A Desvinculação Unilateral...", pp. 33 e 34, estamos perante um "poder de produzir determinado efeito jurídico. Ou seja, tal poder «actua com carácter conformador sobre o mundo, puramente pensado, das relações jurídicas», neste caso da relação contratual de sociedade. O seu êxito não depende do consentimento ou sequer da colaboração dos adversários". Cfr., ainda, Menezes Cordeiro *in* "Manual de Direito das Sociedades", II, p. 303 e Raúl Ventura *in* "Sociedades por Quotas", vol. II, p. 10.

Em sentido contrário, cfr. Cura Mariano *in* "Direito de Exoneração...", pp. 27 e 32.

Na definição clássica de Mota Pinto *in* "Teoria Geral...", p. 172, os "*direitos potestativos* são poderes jurídicos de, por um acto livre de vontade, só de per si ou integrado por uma decisão judicial, produzir efeitos jurídicos que ineluctavelmente se impões à contraparte".

Para Cura Mariano *in* "Direito de Exoneração...", p. 32, "estamos perante uma figura heterogénea, em que se cumulam causas típicas de formas extintivas tão diferentes como a anulação, a denúncia ou a resolução de contratos, com iremos revelar.

Quanto ao seu regime, apesar dos seus efeitos meramente *ex nunc* o equipararem ao direito de denúncia, o facto de não se tratar de um direito potestativo e a especificidade da regulamentação da prestação da sociedade necessária à sua efectivação, afastam-no de tal modo daquela forma típica de extinção dos contrato duradouros, que lhe conferem um lugar próprio na galeria das figuras extintivas dos contratos, embora de aplicação limitada aos contratos de sociedade, pelo menos no que respeita às sociedades por quotas".

O "efeito imediato da declaração de exoneração não é provocar a saída do sócio, mas um complexo procedimento que culminará com a saída do sócio, em regra, aquando da amortização ou transmissão da sua participação social", Tiago Soares da Fonseca *in* "O Direito de Exoneração...", pp. 26 e ss..

338   *Regime Jurídico das Sociedades por Quotas*

A exoneração constitui uma perda da participação e não uma extinção desta. Na verdade só haverá extinção da participação se a sociedade, depois de receber a declaração de exoneração, optar pela amortização. Ao invés, se a sociedade optar pela aquisição, a quota, não se extingue, outrossim transmite-se.

"Em qualquer dos casos, o sócio *perde* a participação; a perda pode ser, contudo, *absoluta*, se a participação se extingue, ou *relativa*, se a participação se transmite", RAÚL VENTURA *in* "Sociedades por Quotas", vol. II, p. 15.

Por seu turno PAULO HENRIQUES *in* "A Desvinculação Unilateral...", p. 84, considera que "na sociedade por quotas a extinção subjectiva da relação contratual é o efeito jurídico produzido pela declaração de exoneração. A amortização ou aquisição subsequente é um dos comportamentos necessários ao cumprimento da obrigação de disponibilizar ao credor o valor da participação social extinta".

Se a exoneração implicar a concentração da totalidade das quotas num único sócio, poderá ser promovida a transformação em SUQ (art. 270.°-A).

Para maiores desenvolvimentos sobre as características do direito de exoneração, cfr. TIAGO SOARES DA FONSECA *in* "O Direito de Exoneração...", pp. 26 e ss..

Sobre o exercício do direito de exoneração no caso de contitularidade, *vide* CURA MARIANO *in* "Direito de Exoneração...", p. 87.

V. O n.° 1 estabelece os casos em que é admissível a exoneração.

Esta norma deve ser contida nos precisos termos da sua letra, "não podendo ser invocado direito de exoneração que não se enquadre em caso previsto na lei ou no contrato. O motivo é a excepcionalidade do termo voluntário de uma vinculação contratada", RAÚL VENTURA *in* "Sociedades por Quotas", vol. II, p. 15.

Os casos de exoneração podem ser legais ou contratuais.

a) Casos legais de exoneração

Para CURA MARIANO *in* "Direito de Exoneração...", p. 35, a "tipificação legal destes casos visou consagrar de forma imperativa situações que pela sua relevância não podiam deixar de atribuir aos sócios o direito de abandonarem a sociedade (...)".

TIAGO SOARES DA FONSECA *in* "O Direito de Exoneração...", p. 203, refere mesmo que todas "as causas legais de exoneração têm em comum a inexigibilidade da permanência do sócio na sociedade. Ocorrida uma causa de exoneração legal, a mesma é considerada como essencial em termos de tornar inexigível a permanência do sócio na sociedade, independentemente de este, concretamente, se considerar ou não prejudicado com a sua aprovação, não precisando de fazer prova de tal facto se quiser sair da sociedade".

Os casos de exoneração previstos na lei são:

– Art. 3.°, n.° 5 (Os sócios que não tenham votado a favor da deliberação de transferência da sede podem exonerar-se da sociedade, devendo notificá-la da sua decisão no prazo de 60 dias após a publicação da referida deliberação);

Título III – Sociedades por quotas

- Art. 45.°, n.° 1 (Nas SQ, o erro, o dolo, a coacção e a usura podem ser invocados como justa causa de exoneração pelo sócio atingido ou prejudicado, desde que se verifiquem as circunstâncias, incluindo o tempo, de que, segundo a lei civil, resultaria a sua relevância para efeitos de anulação do negócio jurídico);
- Art. 137.°, n.° 1 (direito de exoneração em caso de deliberação de transformação da sociedade);
- Art. 161.°, n.° 5 (Direito de exoneração em caso de regresso à actividade da sociedade dissolvida);
- Art. 207.° (Direito de exoneração do antigo sócio interpelado para pagar prestação em dívida respeitante à entrada de novo sócio, resultante de aumento de capital social);
- Art. 229.°, n.° 1 (Direito de exoneração no caso de existência de cláusulas de proibição de cessão de quotas);
- **n.° 1** (cfr. notas infra).
- Direito de exoneração nas sociedades coligadas. Sobre esta matéria, cfr. CURA MARIANO *in* "Direito de Exoneração...", pp. 38.° e ss. e TIAGO SOARES DA FONSECA *in* "O Direito de Exoneração...", pp. 247 e ss..

Para maiores desenvolvimentos sobre cada uma das causas legais indicadas, cfr. CURA MARIANO *in* "Direito de Exoneração...", pp. 43 e ss., TIAGO SOARES DA FONSECA *in* "O Direito de Exoneração...", pp. 203 e ss.. RAÚL VENTURA *in* "Sociedades por Quotas", vol. II, pp. 15 e ss..

b) Casos contratuais de exoneração

As partes gozam, aqui, de ampla liberdade de estipulação, podendo o contrato estipular casos de exoneração iguais ou diferentes para alguns ou para todos os sócios. A possibilidade de estipulação de direitos especiais a alguns sócios está prevista no art. 24.°, n.° 1.

Convém, desde já, adiantar que o contrato, nos termos do **n.° 8**, não pode admitir a exoneração pela vontade arbitrária do sócio.

O contrato deve descrever factos, de ocorrência previsível, com "precisão suficiente para que se torne possível ligar imediatamente a essa ocorrência a criação do direito do sócio", RAÚL VENTURA *in* "Sociedades por Quotas", vol. II, p. 18.

Neste seguimento, o autor, *loc. cit.*, acrescenta que "não bastará a referência a justa causa (ou motivo grave, ou expressão semelhante), pois falta a precisão necessária; aceitável, porém, será a referência a justa causa, acompanhada de uma clara definição ou de enumeração taxativa dos factos que os contraentes querem incluir nessa categoria".

Em sentido contrário, COUTINHO DE ABREU *in* "Curso de Direito...", II, p. 421, considera que a "indeterminação da cláusula geral não impedirá (quando haja litígio entre a sociedade e o sócio que pretenda exonerar-se) que o juiz, atendendo ao caso concreto e interpretando o estatuto segundo as orientações legais

340 *Regime Jurídico das Sociedades por Quotas*

aplicáveis à interpretação dos negócios jurídicos em geral, decida justamente". Cfr., neste sentido, Cura Mariano *in* "Direito de Exoneração...", p. 83.

Na opinião de Cura Mariano *in* "Direito de Exoneração...", p. 83, o preenchimento destes conceitos gerais, "deve ser efectuado de acordo com os princípios estabelecidos no art. 239.º, do C.C., relativo à integração de negócios jurídicos".

Vejamos alguns exemplos de casos contratuais de exoneração: "quando um ou mais balanços da sociedade se encerrarem com perdas; quando houver mudança de residência; quando for atingida certa idade; quando o sócio assuma cargos públicos; quando caduque certa patente, etc.", Raúl Ventura *in* "Sociedades por Quotas", vol. II, p. 17.

Coutinho de Abreu *in* "Curso de Direito...", II, p. 421, nota 458, numa tentativa de densificação do conceito de justa causa, entende que "será razoável permitir a desvinculação de sócio que necessite urgentemente de dinheiro para sobreviver, que contraiu doença prolongada, que tem de emigrar, que tem sido forçado a frequentes acções de impugnação de actos sociais determinados pela arbitrariedade do(s) sócio(s) maioritário(s)".

Apesar de, como já referimos, vigorar uma ampla liberdade de estipulação, o contrato de sociedade não pode excluir, limitar ou alterar de qualquer forma as causas legais de exoneração.

VI. As als. a) e b), do **n.º 1**, contêm alguns casos de exoneração, os quais dependem do preenchimento do mesmo requisito: o do sócio ter votado expressamente contra a deliberação em causa (corpo do **n.º 1**).

Assim, se o sócio tiver votado favoravelmente, se tiver abstido ou se não tiver participado na deliberação em causa não há direito de exoneração.

Os casos previstos tem um denominador comum: a existência de uma significativa alteração dos moldes societários estabelecidos no momento da celebração do contrato que justifique a saída do sócio.

Se a deliberação for revogada pela sociedade dentro do prazo imposto para a amortização, o sócio deixa de ter direito à exoneração. "Na verdade, este é concedido para o sócio evitar a sujeição à modificação da sociedade e ela deixa de se verificar", Raúl Ventura *in* "Sociedades por Quotas", vol. II, p. 28.

Vejamos cada um destes casos:

a) Aumento de capital a subscrever total ou parcialmente por terceiros (al. a), do n.º 1)

Apenas o aumento de capital subscrito por terceiros (e não o mero aumento de capital) constitui fundamento de exoneração.

O legislador, tendo por base a estrutura fechada das SQ, permitiu que um sócio que se opusesse à entrada de novos sócios, pudesse sair da sociedade.

Conforme salienta Raúl Ventura *in* "Sociedades por Quotas", vol. II, p. 21, o "aumento do capital a subscrever total ou parcialmente por terceiros supõe que o direito de preferência dos sócios (art. 266.º, n.º 1) foi suprimido ou limitado

Título III – Sociedades por quotas 341

(art. 266.°, n.° 4), pois se assim não tiver sucedido, o sócio pode usar o seu direito de preferência e evitar a entrada de terceiros na sociedade".

Cura Mariano *in* "Direito de Exoneração...", p. 59, refere mesmo que o "direito de exoneração só poderá existir nesses casos em que foi afastado o direito de preferência dos antigos sócios, uma vez que, não sendo exercido este direito, ou sendo o mesmo alienado a terceiros (art. 276.°, do C.S.C.), não se justifica que o sócio discordante continue a ter a possibilidade de se exonerar da sociedade, pois ele, ao não exercer o seu direito de preferência, acabou também por permitir a admissão dos novos sócios".

Quanto ao direito de preferência, cfr. as anotações ao art. 266.°.

O aumento do capital social está regulado nos arts. 87.° a 89.°.

A deliberação de aumento de capital social, na medida em que constitui uma alteração do contrato, só pode ser tomada por maioria de $^3/_4$ do dos votos correspondentes ao capital social (art. 265.°, n.° 1).

*b) Mudança do objecto social (al. a), do **n.° 1**)*

O objecto social deve constar do contrato (arts. 9.°, n.° 1, al. d) e 11.°), cabendo-lhe a delimitação do âmbito de actuação da sociedade.

Esta "exigência visa proteger os interesses dos sócios, na estabilidade das condições de risco da sua participação no projecto social, e também dos terceiros que contratam com a sociedade, na delimitação dos poderes de actuação dos representantes desta", Cura Mariano *in* "Direito de Exoneração...", p. 60.

O direito de exoneração aqui atribuído tem como fundamento a alteração verificada, contra a vontade do sócio, nas referidas condições de risco, a qual pode traduzir-se num agravamento ou numa diminuição. Cfr. Cura Mariano *in* "Direito de Exoneração...", p. 61.

A deliberação de alteração do objecto social, na medida em que constitui uma alteração do contrato, só pode ser tomada por maioria de $^3/_4$ dos votos correspondentes ao capital social (art. 265.°, n.° 1).

Raúl Ventura *in* "Sociedades por Quotas", vol. II, p. 22, sublinhando as dificuldades associadas a este caso, esclarece que "o objecto social pode ser mudado ou por supressão de parte dele, ou por aditamento, deixando intocado o núcleo existente, ou por substituição de todo este ou parte dele, mais ou menos larga. As dúvidas respeitam à hipótese de supressão e à de reduzidas ampliações ou substituições, para as quais pode negar-se importância bastante para criarem direito à exoneração".

A este propósito Cura Mariano *in* "Direito de Exoneração...", p. 62, entende que a modificação do objecto social deve "assumir uma dimensão que, pela alteração qualitativa ou quantitativa que provoca nas condições de risco livremente assumidas pelos sócios, justifique que aqueles que dela discordaram minoritariamente se possam afastar do novo projecto societário".

342   *Regime Jurídico das Sociedades por Quotas*

Não estão incluídas nesta hipótese, a alteração de facto ao objecto social, ditadas pela prática societária, a qual constitui fundamento de dissolução da sociedade, nos termos da al. d), n.º 1, do art. 142.º.

*c) A prorrogação da sociedade (al. a), do **n.º 1**)*

A duração da sociedade pode ser estabelecida no contrato (art. 15.º, n.º 1). O aumento da duração da sociedade depende de deliberação tomada antes de terminado o prazo estabelecido (art. 15.º, n.º 2, 1.ª parte).

Por força da autonomia da vontade vigente neste domínio, a duração da sociedade pode ser fixada a termo certo ou incerto.

"O termo certo, ou prazo, pode ser estabelecido por indicação da data terminal, ou por indicação precisa do tempo de duração da sociedade. O termo incerto (*dies certus an incertus*) é estabelecido com referência a um facto de verificação certa, sendo desconhecido o momento dessa verificação (v.g. a morte de um sócio)", Cura Mariano *in* "Direito de Exoneração...", p. 63.

O fundamento do direito de exoneração está, aqui, relacionado com o aumento das condições de risco assumidas pelos sócios e com o prolongamento da "privação do investimento patrimonial destes, pelo que se justifica que o sócio que discorde desse prolongamento se possa afastar da sociedade", Cura Mariano, *ob. cit.*, p. 64.

No caso de encurtamento da duração da sociedade não estão verificados os fundamentos que justificam a exoneração.

*d) Transferência da sede para o estrangeiro (al. a), do **n.º 1**)*

A sociedade que tenha sede efectiva em Portugal pode transferi-la para outro país, mantendo a sua personalidade jurídica (art. 6.º, n.º 4).

A deliberação de transferência da sede para o estrangeiro deve obedecer aos requisitos exigidos para as alterações do contrato de sociedade (art. 265.º, n.º 1), não podendo, em caso algum, ser tomada por menos de 75% dos votos correspondentes ao capital social (art. 6.º, n.º 5).

Embora a lei fale apenas de transferência de sede, Cura Mariano *in* "Direito de Exoneração...", p. 70, defende que devemos considerar "transferência da sede principal e efectiva dos órgãos de administração da sociedade para o estrangeiro – uma vez que só esta implica uma alteração na vida societária interna que justifica a atribuição de um direito de exoneração aos sócios discordantes".

Cfr. Ângela Soares *in* "A transferência internacional da sede social no âmbito comunitário", IDET, Temas Societários, n.º 2, Almedina, 2006, pp. 45 e ss..

*e) Regresso à actividade da sociedade dissolvida (al. a), do **n.º 1**)*

Os sócios podem deliberar que termine a liquidação da sociedade e esta retome a sua actividade (art. 161.º, n.º 1).

*f) Havendo justa causa de exclusão de um sócio, a sociedade não deliberar excluí-lo ou não promover a sua exclusão judicial (al. b), do **n.º 1**)*

Esta causa legal de exoneração tem dois requisitos:
– *A justa causa de exclusão;*
– *A deliberação de não exclusão.*
A sociedade pode deliberar ou promover judicialmente a exclusão de um sócio (arts. 241.º e 242.º). Tenhamos presente que também a propositura da acção de exclusão depende de deliberação dos sócios.

Esta causa de exclusão verifica-se apenas quando os sócios deliberem no sentido de não excluir o sócio visado (deliberação negativa), não operando na hipótese de os sócios não tomarem nenhuma deliberação, *v.g.*, por falta de realização da assembleia geral.

O legislador acolheu "a possibilidade de o sócio vencido na votação sobre a exclusão pensar que aquela sociedade, a partir daquele momento, passava a ser demasiado pequena para os dois", Cura Mariano *in* "Direito de Exoneração...", p. 81.

No nosso entendimento, o direito de exoneração assenta, aqui, no facto de o comportamento motivador da exclusão poder constituir, na óptica do sócio discordante, um sério risco para a própria sociedade, não sendo exigível, nestas condições, a sua manutenção.

Segundo Raúl Ventura *in* "Sociedades por Quotas", vol. II, p. 23, é "necessária a existência de uma justa causa de exclusão, facto objectivo que terá de ser alegado e provado pelo sócio que pretenda exonerar-se".

VII. A exoneração só pode ter lugar se estiverem inteiramente liberadas todas as quotas do sócio (**n.º 2**).

Esta regra tem como finalidade afastar a hipótese de um sócio se exonerar antes de liberar todas as suas quotas, o que "conduziria a que o sócio saísse da sociedade sem ter cumprido as obrigações que tinha assumido para com ela, no respeitante às entradas convencionadas, e, portanto, a facultar-lhe um meio de deixar de cumprir essas obrigações", Raúl Ventura *in* "Sociedades por Quotas", vol. II, p. 24.

Estamos perante um dos corolários do princípio da exacta formação ou efectiva realização do capital social (cfr. anotações ao art. 201.º).

O requisito respeita *"a todas as* quotas do sócio, pois a exoneração fará cessar a titularidade deste quanto a todas as suas quotas e não apenas quanto a algumas", Raúl Ventura *in* "Sociedades por Quotas", vol. II, p. 25.

Refira-se, ainda, que o requisito deve estar preenchido no momento da deliberação da sociedade em causa.

VIII. O sócio que pretenda exonerar-se deve declarar por escrito à sociedade a sua intenção (**n.º 3**).

O actual **n.º 3** (com a redacção introduzida pelo DL n.º 76-A/2006) corresponde à 1.ª parte, do anterior **n.º 3**.

A declaração de exoneração é uma declaração receptícia, tornando-se eficaz logo que chega ao poder ou é conhecida da sociedade (art. 224.º, n.º 1, do CC).

Importa referir que a mesma depois de ser recebida pelo destinatário ou de ser dele conhecida é irrevogável (art. 230.º, n.º 1, do CC).

No entanto, o sócio e a sociedade podem, por acordo, revogar a declaração, considerando-a sem efeito (art. 230.º, n.º 1, do CC). RAÚL VENTURA *in* "Sociedades por Quotas", vol. II, p. 30, não considera aplicável este preceito. Em sentido contrário, *vide* CURA MARIANO *in* "Direito de Exoneração...", p. 101, nota 175.

No entendimento de CURA MARIANO, *ob. cit.*, p. 101, a revogação é igualmente possível "se se verificar uma reposição da situação anterior à que motivou a declaração de exoneração".

A declaração de exoneração, "constituindo uma simples comunicação de vontade, cujos efeitos se encontram normativamente pré-determinados, constitui um acto jurídico, doutrinalmente denominado de acto quase negocial. A estes actos são aplicáveis as regras previstas no C.C. para os negócios jurídicos (art. 217.º a 294.º), apenas na medida em que a analogia das situações o justifique (art. 295.º, do C.C.)", CURA MARIANO, *ob. cit.*, p. 98.

A declaração de exoneração deve obedecer a forma escrita.

Esta imposição constitui uma formalidade *ad substantiam*, a qual visou "assegurar uma ponderada reflexão do declarante sobre a importância e as consequências deste acto e, simultaneamente, proporcionar um grau de certeza mais elevado sobre a sua existência, o que justificava que se tivesse exigido também que o escrito fosse enviado por carta registada", CURA MARIANO *in* "Direito de Exoneração...", p. 98.

Na declaração de exoneração, o sócio "terá que invocar uma causa legal ou contratual de exoneração, pois ela faz parte dos elementos constitutivos do direito que invoca e pretende exercer. Essa invocação terá de ser feita com a concretização necessária para que o facto invocado fique precisamente definido", RAÚL VENTURA *in* "Sociedades por Quotas", vol. II, p. 28.

CURA MARIANO *in* "Direito de Exoneração...", p. 100, salienta ainda que é "ineficaz a declaração de exoneração fundamentada em causa de verificação futura e incerta, não sendo dispensado o declarante de efectuara nova declaração quando esse facto vier a ocorrer. O n.º 3, do art. 240.º, do C.S.C, esclarece que a declaração deve ser efectuada após a verificação da respectiva causa, não valendo qualquer declaração antecipada".

RAÚL VENTURA *in* "Sociedades por Quotas", vol. II, p. 29, indica o seguinte exemplo de declaração de exoneração: "exonero-me da sociedade se a assembleia deliberar transferir a sede para o estrangeiro".

A motivação indicada na declaração assume-se como elemento delimitador do âmbito do exercício do direito de exoneração. Assim, este direito é apurado por referência ao facto ou factos invocados na comunicação e não a outros que, embora podendo ser alegados, não o foram.

"Nada impede, contudo, que, tendo o sócio declarado à sociedade a sua vontade de se exonerar por causa de certo facto, faça nova e separada declaração com base noutro facto", Raúl Ventura *in* "Sociedades por Quotas", vol. II, p. 29.

As declarações podem ser expressas e tácitas (art. 217.º, do CC).

No entendimento de Raúl Ventura *in* "Sociedades por Quotas", vol. II, p. 27, a declaração de exoneração não pode ser tácita.

Em sentido inverso, Cura Mariano *in* "Direito de Exoneração...", pp. 99 e 100, considera que a "declaração de manifestação de vontade exoneração pode ser tácita, desde que a forma escrita tenha sido observada quanto aos factos dos quais a declaração se deduz (art. 217.º, n.ºs 1 e 2, *ex vi* do art. 295.º, ambos do C.C.)".

A declaração de exoneração que não obedeça à forma escrita é nula, nos termos do art. 220.º, do CC.

A exoneração está sujeita a registo, nos termos da al. i), do n.º 1, do art. 3.º, do CRC.

IX. O sócio que pretenda exonerar-se deve declarar a sua intenção nos 90 dias seguintes ao conhecimento do facto que lhe atribua tal faculdade (**n.º 3**).

A fixação deste prazo justifica-se por "questões de segurança jurídica, dadas as implicações que a sua emissão pode ter para a sociedade. Importa, ocorrida uma causa legal de exoneração, resolver num prazo de tempo razoável a incerteza da saída do sócio da sociedade", Tiago Soares da Fonseca *in* "O Direito de Exoneração...", pp. 305 e 306.

O prazo de 90 dias aqui previsto é um prazo de caducidade, cuja contagem se inicia no momento em que o sócio teve conhecimento do facto exonerante.

Cura Mariano *in* "Direito de Exoneração...", p. 108, sustenta que a "data que releva, como factor impeditivo da caducidade, é a da expedição para a sociedade e não a da sua recepção, uma vez que este acto é um *quid pluris* que se limita a conferir-lhe eficácia".

O ónus da prova do conhecimento do facto exonerante e do decurso do prazo de 90 dias impende sobre a sociedade (art. 343.º, n.º 2, do CC).

Por força da imperatividade que caracteriza o regime do direito de exoneração, este prazo não pode ser afastado nem reduzido pelas partes.

X. A sociedade, depois de receber a declaração de exoneração, deve, no prazo de 30 dias, amortizar a quota, adquiri-la ou fazê-la adquirir por sócio ou terceiro, sob pena de o sócio poder requerer a dissolução da sociedade por via administrativa (**n.º 4**).

O **n.º 4** tem a redacção introduzida pelo DL n.º 76-A/2006.

Cura Mariano *in* "Direito de Exoneração...", pp. 110 e 111, faz saber que a "sociedade deve, em primeiro lugar, apreciar a veracidade do fundamento invocado para a exoneração, se este se insere nas causas legais ou convencionais estipuladas e se o sócio tem legitimidade e está em prazo para deduzir a declararão de exoneração.

Se não se verificarem estes requisitos, pode a sociedade recusar a pretensão do sócio, e, se desejar esclarecer a existência de dúvidas sobre a constituição do direito de exoneração, poderá propor uma acção de simples apreciação negativa, visando a declaração judicial da inexistência deste direito".

Depois de recebida a declaração, a sociedade tem 30 dias para:

a) *amortizar a quota*

b) *adquirir a quota*

c) *fazer adquirir a quota por sócio ou terceiro*

A sociedade tem o poder discricionário de escolher o meio que mais lhe convier, sendo irrelevante a declaração de preferência ou de oposição do sócio em relação a algum deles.

Note-se, no entanto, que a utilização de qualquer um dos meios em causa não deixa de estar sujeita ao preenchimento dos respectivos requisitos legais, *v.g.*, para a amortização, o previsto no art. 236.º, n.º 1 e, para a aquisição de quota pela sociedade, o consagrado no art. 220.º, n.º 2.

O prazo de 30 dias conta-se a partir da recepção da declaração de exoneração.

A decisão da sociedade, decorrente da declaração de exoneração, carece de deliberação dos sócios, a qual deve ser tomada por maioria dos votos emitidos (art. 250.º, n.º 3).

O sócio exonerante não pode intervir nesta deliberação, uma vez que há uma situação de manifesto conflito de interesses (art. 251.º, n.º 1). Cfr., neste sentido, Cura Mariano *in* "Direito de Exoneração…", p. 110. No sentido de que não há impedimento de voto, *vide* Raúl Ventura *in* "Sociedades por Quotas", vol. II, p. 34.

No que diz respeito à suspensão judicial da deliberação como forma de impedir a execução da mesma no prazo aqui previsto, cfr. Cura Mariano *in* "Direito de Exoneração…", p. 113 e Raúl Ventura *in* "Sociedades por Quotas", vol. II, p. 33.

A suspensão de deliberações sociais está regulada nos arts. 396.º e ss., do CPC.

Nas palavras de Raúl Ventura *in* "Sociedades por Quotas", vol. II, p. 33, o "sócio só é exonerado quando a quota é amortizada ou no momento em que é outorgada a escritura de aquisição da quota pela sociedade, sócio ou terceiro. Não há retroactividade, produzindo-se os efeitos *ex nunc*". Cfr. Cura Mariano *in* "Direito de Exoneração…", p. 28.

Enquanto não se efectivar a exoneração, o sócio mantém todos os direitos e deveres inerentes à sua qualidade.

Título III – Sociedades por quotas 347

A consequência/sanção fixada para o não cumprimento do dever da sociedade é a dissolução pela via administrativa. Na redacção anterior ao DL n.º 76-A/2006, o **n.º 3** previa a dissolução judicial.

Conforme resulta expressamente do n.º 1, do art. 142.º, a dissolução administrativa pode ser requerida com fundamento em facto previsto na lei (como é o caso do **n.º 4**).

O regime jurídico dos procedimentos administrativos de dissolução e de liquidação está previsto no Anexo III, do DL n.º 76-A/2006, de 29 de Março, entretanto, rectificado pela DRect. n.º 28-A/2006, de 26.05 e alterado pelo DL n.º 318/2007, de 26.09.

O direito de requerer a dissolução não pode ser afastado por cláusula contratual, sob pena de nulidade por violação de norma imperativa (art. 294.º, do CC).

XI. A contrapartida da exoneração a pagar ao sócio corresponde ao valor de liquidação da quota fixado com base no estado da sociedade no momento em que o sócio declare à sociedade a intenção de se exonerar, por um oficial de contas designado por mútuo acordo ou, na falta deste, pelo Tribunal (cfr., conjugadamente, o **n.º 5**, 1.ª parte, o art. 105.º, n.º 2 e o art. 1021.º, do CC).

Nos termos da parte final, do n.º 2, do art. 105.º, qualquer uma das partes pode requerer segunda avaliação, nos termos do CPC (mais precisamente, os arts. 1498.º e 1499.º).

O pagamento da contrapartida é fraccionado em duas prestações, a efectuar dentro de seis meses e um ano, respectivamente, após a fixação definitiva da contrapartida (art. 235.º, n.º 1, al. b) *ex vi* **n.º 5**, 2.ª parte).

RAÚL VENTURA *in* "Sociedades por Quotas", vol. II, p. 39, considera que a 2.ª parte, do **n.º 5**, é, por si só, uma norma imperativa.

Para maiores desenvolvimentos, cfr. TIAGO SOARES DA FONSECA *in* "O Direito de Exoneração...", pp. 340 e ss. e PAULO HENRIQUES *in* "A Desvinculação Unilateral...", pp. 92 e ss..

XII. A contrapartida da amortização não pode ser paga se a situação líquida da sociedade ficar inferior à soma do capital e da reserva legal, podendo o sócio optar pela espera do pagamento até que se verifique tal condição (art. 236.º, n.os 1 e 4).

O sócio tem o direito de requerer a dissolução da sociedade por via administrativa se:

a) a situação líquida da sociedade, depois de satisfeita a contrapartida da exoneração, ficar inferior à soma do capital e da reserva legal e não optar pela espera do pagamento (cfr., conjugadamente, o **n.º 6** e o art. 236.º, n.º 1);

b) O adquirente da quota não pagar tempestivamente a contrapartida (**n.º 7**).

Como já referimos a propósito do **n.º 4**, os **n.os 6** e **7**, na redacção anterior ao DL n.º 76-A/2006, referiam-se à dissolução judicial.

XIII. O contrato de sociedade não pode, directamente ou pelo estabelecimento de algum critério, fixar valor inferior ao resultante do **n.º 5** para os casos de exoneração previstos na lei (**n.º 8**, 1.ª parte).

Esta proibição opera apenas para as causas legais de exoneração, tratando-se de causas contratuais, uma vez que estamos no âmbito da autonomia privada, as partes têm liberdade para estabelecer, no contrato de sociedade, o valor a atribuir à quota. Aliás, no caso de causa de exoneração prevista no contrato social, faz todo o sentido que seja este a determinar as respectivas consequências.

O valor da quota pode ser fixado por método directo ou indirecto (através do estabelecimento de algum critério).

As partes podem estipular um critério uniforme de atribuição do valor das quotas, bem como prever variações "quer para diferentes quotas de também diferentes sócios, quer para diferentes quotas do mesmo sócio", RAÚL VENTURA *in* "Sociedades por Quotas", vol. II, p. 37.

A lei proíbe apenas a fixação de um valor inferior ao valor de liquidação da quota apurado com base no estado da sociedade no momento em que o sócio declare à sociedade a intenção de se exonerar (cfr., conjugadamente, os n.ºs **5, 8**, o art. 105.º, n.º 2 e o art. 1021.º, do CC).

Podemos, assim, concluir que ficou estabelecido um valor mínimo para a quota, podendo o contrato de sociedade fixar um valor superior.

RAÚL VENTURA *in* "Sociedades por Quotas", vol. II, p. 37, salienta que não são lícitas "cláusulas contratuais que cominem sanções para o caso de exoneração, do género de penas pecuniárias, ou obrigatórios empregos do produto da liquidação da quota".

Apesar da existência de um critério convencional e legal, "a sociedade e o sócio podem estabelecer um acordo sobre o valor concreto da contrapartida a pagar, indiferente ao funcionamento desses critérios", CURA MARIANO *in* "Direito de Exoneração...", p. 132.

O **n.º 8**, 2.ª parte, proíbe, ainda, que o contrato admita a exoneração pela vontade arbitrária do sócio. Esta proibição decorre da necessidade de garantir e afirmar a existência da relação jurídica em que assenta o contrato de sociedade.

Podemos extrair desta regra que o legislador procurou afastar a exoneração *ad nutum* (sem causa justificativa). De facto, a exoneração deverá sempre assentar numa causa justificativa legal ou contratual determinada, só assim se justificando a *libertação* do sócio.

Nos termos do art. 294.º, do CC, a cláusula que admita a exoneração arbitrária é nula por violação de norma imperativa.

Embora as duas proibições constantes do **n.º 8** tenham como objecto o contrato de sociedade, as mesmas devem, manifestamente, impor-se também às deliberações dos sócios, ainda que tomadas por unanimidade.

Título III – Sociedades por quotas 349

JURISPRUDÊNCIA:

No processo especial de liquidação de participação social, como no de exclusão do sócio, o que está em causa é o valor real da quota do sócio na participação social e não o valor contabilístico.
Ac. da RP, de 25.10.05 *in* www.dgsi.pt (Proc. n.° 0422142)

I – Não é meio idóneo para um sócio de uma sociedade por quotas – com dois sócios – requerer que a sociedade seja dissolvida, o mero facto de escrever à sociedade uma carta, pretendendo a sua exoneração de sócio por impossibilidade física.
II – Decorre do art. 240.° do CSC que tal pretensão tem de ser objecto de deliberação social.
Ac. da RP, de 07.03.05 *in* www.dgsi.pt (Proc. n.° 0550495)

Não é bastante nem suficiente a comunicação da simples intenção de um sócio de se exonerar, pois é necessária a invocação de qualquer causa legal ou contratual para o seu pedido.
Ac. da RP, de 09.11.99 *in* CJ, Ano XXIV, Tomo V, p. 180

I – O n.° 1 do artigo 240.° do Código das Sociedades Comerciais, permite a exoneração de um sócio mas apenas e só nos casos previstos na lei e no contrato de sociedade, ou seja, não pode ser invocado motivo que se não enquadre no caso previsto na lei (das sociedades por quotas) ou no contrato, sendo eles taxativos.
II – A cláusula do pacto social, estabelecendo que "a sociedade poderá dissolver-se pela simples vontade de um dos sócios, desde que a sociedade ou terceiro a indicar pelo sócio não cedente não comprem a quota que se pretende obter, pelo valor a determinar num balanço a levar a efeito nessa altura", é nula por consubstanciar a chamada vontade arbitrária de um sócio e, consequentemente, desprovida de efeitos a declaração de exoneração que nela pretendesse basear-se.
Ac. da RP, de 08.11.99 *in* www.dgsi.pt (Proc. n.° 9950900) e CJ, Ano XXIV, Tomo V, p. 180

I – A quota há-de corresponder, tanto quanto possível ao valor real do quinhão do sócio na sociedade, tanto que a lei (art. 1.201.°, n.° 1, do Cód. Civil) que visa igualmente o caso de exoneração, manda que o seu valor seja fixado com base no estado da sociedade à data em que a exoneração produz efeitos.
II – O que é configurável através de um balanço destinado unicamente a determinar o seu valor, ou seja, pré-ordenado à liquidação desta quota, que não se compreende como balanço de liquidação da própria sociedade.
Ac. do STJ, de 07.10.97 *in* CJ, Ano V, Tomo III, p. 52 e www.dgsi.pt (Proc. n.° 97A425)

350 *Regime Jurídico das Sociedades por Quotas*

I – É taxativa a enumeração das causas de exoneração de sócio de sociedade por quotas, prevista nas alíneas do n.º 1 do artigo 240.º, do Código das Sociedades Comerciais.

II – A referência feita nesse preceito à "lei" reporta-se apenas à lei aplicável às sociedade por quotas, com exclusão das normas reguladoras das sociedades em geral e das sociedades civis.

Ac. da RP, de 10.01.95 *in* www.dgsi.pt (Proc. n.º 9430577)

ARTIGO 241.º – **(Exclusão de sócio)**

1 – Um sócio pode ser excluído da sociedade nos casos e termos previstos na presente lei, bem como nos casos respeitantes à sua pessoa ou ao seu comportamento fixados no contrato.

2 – Quando houver lugar à exclusão por força do contrato, são aplicáveis os preceitos relativos à amortização de quotas.

3 – O contrato de sociedade pode fixar, para o caso de exclusão, um valor ou um critério para a determinação do valor da quota diferente do preceituado para os casos de amortização de quotas.

NOTAS:

I. Anteprojectos: FERRER CORREIA (art. 124.º); VAZ SERRA (arts. 135.º, 136.º e 137.º) e RAÚL VENTURA (arts. 88.º e 91.º).

II. O sócio, enquanto sujeito da relação jurídico-societária, encabeça um conjunto de direitos e deveres. Do elenco desses direitos podemos destacar, em primeira linha, *o direito à qualidade de sócio*, o qual, na sua perspectiva negativa, encerra, desde logo, a proibição de exclusão arbitrária.

Este direito está, contudo, sujeito a determinados limites (os quais, paralelamente, assumem-se como elementos constitutivos da exclusão), que se corporizam nos seguintes princípios:

a) O princípio da conservação da empresa social;
b) O princípio do abuso de direito;
c) O princípio da boa fé;
d) O princípio da actuação leal.

Muito se tem escrito sobre o fundamento jurídico do direito de exclusão. Não pretendendo de forma alguma explorar exaustivamente esta questão, são de destacar algumas das considerações tecidas por AVELÃS NUNES *in* "O direito de exclusão de sócios nas sociedades comerciais", Almedina, 2002.

Este autor, *ob. cit.*, pp. 48 e 49, salienta que a "exclusão de sócios, configurada e actuada no interesse social, visa garantir a estabilidade da empresa social, no interesse da economia em geral e no interesse da comunidade dos sócios, satisfazendo do mesmo passo exigências do próprio comércio jurídico. (...)

A ordem jurídica deve, portanto, facilitar o afastamento daquele sócio cuja presença é elemento pernicioso para o seu normal funcionamento e para a prosperidade da sua empresa".

CAROLINA CUNHA *in* "A exclusão de sócios (em particular, nas sociedades por quotas)", Problemas do Direito das Sociedades, Almedina, 2003, p. 207, entende que o reconhecimento do direito de exclusão "constitui o mecanismo a que o legislador recorre par disciplinar um pressuposto *conflito de interesses*: o conflito que opõe o *interesse do sócio* em permanecer na sociedade (ou, pelo menos, em não sair dela sem ou contra a sua vontade) ao *interesse da sociedade* em afastar o sócio. O reconhecimento do direito exprime a prevalência atribuída pela ordem jurídica ao interesse da segunda em detrimento do interesse do primeiro".

Para COUTINHO DE ABREU *in* "Curso de Direito...", II, p. 426, os factos possibilitadores de exclusão, circunscrevem-se, em geral, a "um fundamento: *o comportamento ou a situação pessoal de sócio que impossibilite ou dificulte a prossecução do fim social*, tornando-se por isso inexigível que o ou os restantes sócios suportem a permanência daquele na sociedade".

Para maiores desenvolvimentos sobre a natureza e fundamento jurídico do direito de exclusão, cfr. AVELÃS NUNES *in* "O direito de exclusão ...", pp. 23 e ss.; MENEZES LEITÃO *in* "Pressupostos da exclusão de sócio nas sociedades comerciais", 2.ª reimpressão, AAFDL, 2004, pp. 15 e ss. e FERRER CORREIA *in* "A sociedade por quotas...", p. 113.

À semelhança do direito à exoneração, também o direito à exclusão apresenta-se como um direito potestativo extintivo.

Conforme refere CAROLINA CUNHA *in* "A exclusão de sócios ...", p. 203, o "seu exercício supõe um acto livre de vontade – vontade formada no seio do órgão deliberativo-interno que é a colectividade de sócios e expressa através de um deliberação (cfr. o art. 246.°, n.° 1, alínea c), e o art. 186.°, n.° 2) – que, só de per si (art. 241.°, n.° 2, e art. 186.°, n.° 2) ou integrado por uma decisão judicial (art. 242.°, n.° 1, e art. 186.°, n.° 3), produz um efeito jurídico que inelutavelmente se impõe ao sujeito passivo, isto é, ao sócio excluído".

Ao contrário da exoneração, a exclusão opera contra a vontade do sócio. Note-se, no entanto, que a exclusão é facultativa, na medida em que a sociedade não está obrigada a exercer o respectivo direito.

III. As causas de exclusão podem ser legais ou contratuais (**n.° 1**).

A exclusão, entendida como um caso específico de resolução contratual, tem como pressuposto genérico uma perturbação da relação estabelecida entre o sócio e a sociedade. Cfr. MENEZES LEITÃO *in* "Pressupostos da exclusão ...", p. 37.

Decorre expressamente do **n.º 1** que o sócio só pode ser excluído nos casos previstos na lei ou no contrato (neste caso, sendo respeitantes à sua pessoa ou a um comportamento por si adoptado).

Desta forma, o legislador afastou a exclusão assente na vontade arbitrária do sócio ou em facto não previsto na lei ou no contrato.

a) Causas legais de exclusão

– Art. 204.º (não cumprimento da obrigação de entrada). Sobre esta causa de exclusão, veja-se MENEZES LEITÃO *in* "Pressupostos da exclusão ...", pp. 60 e ss.;

– Art. 212.º *ex vi* art. 204.º (não realização de prestações suplementares);

– Art. 214.º, n.º 6 (utilização ilícita de informações obtidas);

– Art. 242.º (exclusão judicial de sócio).

RAÚL VENTURA *in* "Sociedades por Quotas", vol. II, p. 51, aponta como causa legal de exclusão a prevista no n.º 1, do art. 50.º.

b) Causas contratuais de exclusão

As causas contratuais de exclusão só são eficazes se forem respeitantes à pessoa ou ao comportamento do sócio (**n.º 1**, 2.ª parte).

Esta regra "parece apontar no sentido de admitir cláusulas de exclusão, tanto por actos danosos ou perigosos, ilícitos e culposos, como por situações relativas à pessoa do sócio a excluir que tornem a sua presença na sociedade incompatível com a realização do interesse social, independentemente de culpa ou ilicitude (por exemplo, situações de interdição, inabilitação ou similares, ou de previsível venda ou adjudicação judicial da quota, tendo em vista evitar a entrada de estranhos na sociedade)", BRITO CORREIA *in* "Direito Comercial – Sociedades Comerciais", vol. II, 4.ª tiragem, 2000, p. 476.

Em jeito de conclusão MENEZES LEITÃO *in* "Pressupostos da exclusão ...", p. 85, refere que "os únicos casos possíveis de convencionar como pressupostos de exclusão têm que ser relativos ao não cumprimento das obrigações societárias. Nestes termos, *também a exclusão convencional configura apenas uma resolução por incumprimento*".

A nossa doutrina tem entendido que os sócios não podem estipular um direito absoluto e discricionário de exclusão ou uma cláusula que permita a exclusão por simples deliberação maioritária *ad nutum*. Cfr., entre outros, CAROLINA CUNHA *in* "A exclusão de sócios ...", pp. 217 e ss.; BRITO CORREIA *in* Direito Comercial...", pp. 475 e ss.; AVELÃS NUNES *in* "O direito de exclusão ...", pp. 239 e ss. e COUTINHO DE ABREU *in* "Curso de Direito...", II, p. 432.

Para MENEZES CORDEIRO *in* "Manual de Direito das Sociedades", II, p. 310, esta proibição funda-se nas seguintes razões:

"– o sócio não pode renunciar antecipadamente aos seus direitos (809.º, do Código Civil);

– não podem, igualmente, doar bens futuros (942.º/1, do mesmo Código)".

Os casos de exclusão devem estar especificados no contrato.

A este propósito, CAROLINA CUNHA *in* "A exclusão de sócios ...", p. 218, sustenta que as causas de exclusão devem estar *"suficientemente especificadas nos estatutos para poderem razoavelmente funcionar como horizonte de previsibilidade* para todos os sócios, no que toca à superveniência de eventos com potencial para os afastar da sociedade".

Na perspectiva desta autora, *loc. cit.*, "só esta *nota de previsibilidade* incorporada na prévia densificação pelo contrato justifica que o legislador *amplie o elenco das causas de exclusão estatutárias aos factos respeitantes à situação pessoal* do sócio, ao mesmo tempo que *confina a cláusula geral do art. 242.°, n.° 1, a factos relativos ao seu comportamento*; e que, quanto ao próprio tipo de comportamentos relevantes, seja mais rigoroso no art. 242.°, n.° 1 (circunscrito aos comportamentos desleais ou gravemente perturbadores do funcionamento da sociedade), do que na abertura proporcionada pelo art. 241.°, n.° 1 (que contempla casos respeitantes ao comportamento do sócio *tout court*)".

Por seu turno, COUTINHO DE ABREU *in* "Curso de Direito...", II, p. 432, faz notar que não satisfaz "a exigência de determinação a cláusula estatuária que prevê a exclusão nos casos (indeterminados) em que se verifique haver "justa causa", "motivo grave", "fundamento importante", etc.; se resultar da interpretação que tal cláusula atribui à sociedade o poder de, com aqueles (genéricos) fundamentos, excluir (tão-só) por deliberação, ela é nula; se resultar que a cláusula remete (inutilmente) para o art. 242.°, 1, ela é válida, mas a exclusão terá de ser feita com os fundamentos e nos termos previstos nessa norma".

Este mesmo autor, *ob. cit.*, p. 433, sublinha mesmo que, desde "que respeitem a exigência de determinação, é lícito os sócios fixarem no estatuto social como causas de exclusão factos cuja verificação (vendo as coisas objectivamente) não perturbaria decisivamente o funcionamento da sociedade; quer dizer, não se requer que a exclusão fundada em causas estatutárias apareça como *ultima ratio*".

A exclusão, mesmo que baseada em estipulação contratual, "terá sempre que se fundar num motivo que terá que ser alegado e provado pela sociedade", MENEZES LEITÃO *in* "Pressupostos da exclusão ...", p. 81.

À introdução ou alargamento de cláusula de exoneração, por via da alteração do contrato, é aplicável o art. 233.°, n.° 2, *ex vi* art. 241.°, n.° 2.

Quanto à invocação de causas de exclusão depois da dissolução da sociedade, *vide* RAÚL VENTURA *in* "Sociedades por Quotas", vol. II, p. 56.

IV. A exclusão baseada em causa prevista na lei ou no contrato deve ser objecto de deliberação dos sócios (arts. 246.°, n.° 1, al. c) e 234.°, n.° 2 *ex vi* **n.° 2**), a qual deve ser tomada por maioria simples (art. 250.°, n.° 3).

O sócio excluendo está impedido de votar na deliberação que recaia sobre a sua exclusão (art. 251.°, n.° 1, al. d)), não podendo, contudo, ser privado de participar na respectiva assembleia (art. 248.°, n.° 5).

354 Regime Jurídico das Sociedades por Quotas

A deliberação de exclusão, uma vez que produz efeitos (graves) na esfera jurídica do sócio, deve ser comunicada a este, tornando-se eficaz quando chega ao seu poder ou seja dele conhecida (estamos, assim, perante um declaração receptícia, nos termos do art. 224.°, n.° 1, do CC).

Como alerta Carolina Cunha *in* "A exclusão de sócios ...", p. 206, esta questão só se coloca se o sócio não esteve presente na assembleia que deliberou a exclusão.

A exclusão está sujeita a registo, nos termos da al. i), do n.° 1, do art. 3.°, do CRC.

V. A exclusão em sociedades com apenas 2 sócios tem sido muito discutida.

A questão centra-se essencialmente em saber se, no seio de uma SQ bi-pessoal, a exclusão de um dos sócios deve depender sempre de decisão judicial ou de mera deliberação social.

Tendo em consideração a pluralidade de posições doutrinárias assumidas, limitamo-nos a indicar a seguinte bibliografia: Carolina Cunha *in* "A exclusão de sócios ...", pp. 221 e 222; Coutinho de Abreu *in* "Curso de Direito...", II, pp. 435 e 436; Menezes Cordeiro *in* "Manual de Direito das Sociedades", II, p. 314 e Raúl Ventura *in* "Sociedades por Quotas", vol. II, pp. 57 e 58.

VI. Se a exclusão resultar de causa prevista no contrato são aplicáveis os preceitos relativos à amortização de quotas (**n.° 2**). Quanto ao fundamento desta remissão, *vide* Carolina Cunha *in* "A exclusão de sócios ...", p. 224.

Em termos genéricos, os preceitos reguladores da amortização são os dos arts. 232.° a 237.°.

A amplitude da remissão aqui prevista impõe um exercício delimitador do seu alcance e sentido.

Assim, importa ter presente que estamos perante uma remissão para o regime da amortização sem consentimento do sócio.

De facto, a exclusão e a amortização sem consentimento apresentam uma verdadeira identidade normativa que legitima a aplicação de um regime único.

Por outro lado, Carolina Cunha *in* "A exclusão de sócios ...", pp. 223 e 224, refere que a remissão só opera na fase ulterior à tomada da deliberação de exclusão. "Nesse sentido depõe, claramente, o elemento racional, pois apenas a partir desse instante se evidencia a insuficiência do regime próprio da exclusão estatuária. Ou seja, até aí encontramos normas que disciplinam os limites da inserção no pacto de cláusulas de exclusão (art. 241.°, n.° 1) e atribuem ao órgão deliberativo-interno a competência para tomar a subsequente decisão (art. 246.°, n.° 1, al. c))".

Em matéria de pressupostos não é aplicável o art. 233.°, n.° 1, dada a norma específica contida no art. 241.°, n.° 1.

De entre as normas relativas à amortização que são aplicáveis à exclusão são de destacar os arts. 232.°, n.° 5 (que determina o destino a dar à quota), 233.°, n.° 2, 234.°, 235.° (sem prejuízo do **n.° 3**) e 236.°. Cfr. RAÚL VENTURA *in* "Sociedades por Quotas", vol. II, pp. 54 e 55; CAROLINA CUNHA *in* "A exclusão de sócios ...", p. 225 e COUTINHO DE ABREU *in* "Curso de Direito...", II, p. 437.

Quanto às cláusulas de amortização-exclusão, veja-se COUTINHO DE ABREU *in* "Curso de Direito...", II, p. 432.

Em termos genéricos, MENEZES LEITÃO *in* "Pressupostos da exclusão ...", p. 37, tendo em linha de conta que a exclusão assenta numa alteração grave das circunstâncias em que a sociedade admitiu os sócios, considera que o art. 437.°, do CC, pode ser utilizado para colmatar as lacunas do regime jurídico da exclusão de sócios, sem necessidade de recorrer a outros mecanismos.

VII. O contrato de sociedade pode fixar, para o caso de exclusão, um valor ou um critério para a determinação do valor da quota diferente do preceituado para os casos de amortização (**n.° 3**).

Como já vimos, se a exclusão resultar de causa prevista no contrato são aplicáveis os preceitos relativos à amortização de quotas (**n.° 2**).

Todavia e no que diz respeito ao valor da quota, o legislador entendeu privilegiar a autonomia da vontade, estabelecendo, concomitantemente, um regime mais flexível do que o previsto para a exoneração.

Esta liberdade compreende "a determinação de valores ou de critérios de apuramento que redundem no recebimento de *quantias inferiores* às que resultariam do regime-regra do art. 105.°, n.° 2. Semelhante redução (ou, eventualmente, supressão) apresenta a natureza jurídica de *pena convencional* e a sua admissibilidade parece-nos *claramente confirmada* pela consequência associada, por lei, à exclusão do sócio remisso: perda, em favor da sociedade, da quota e dos pagamentos já realizados (art. 204.°, n.° 2)", CAROLINA CUNHA *in* "A exclusão de sócios ...", pp. 230 e 231.

Ainda no entendimento desta autora, *ob. cit.*, p. 231, este regime vai "beber a sua justificação à mesma fonte que o reconhecimento do próprio direito de exclusão. Por outras palavras, não é senão o *interesse da sociedade tutelado pelo instituto da exclusão de sócio* que legitima a imposição de penas convencionais.

O controle de eventuais excessos passará, naturalmente, pelo crivo do art. 812.° do CCiv".

MENEZES CORDEIRO *in* "Manual de Direito das Sociedades", II, pp. 311 e 312, considera mesmo que a fixação estatutária da compensação devida pela exclusão não pode "cifrar-se em montantes irrisórios ou não significativos. Em tal eventualidade, estar-se-ia a cair novamente na proibição do artigo 809.° do Código Civil ou na da proibição de doação de bens futuros, resultante do artigo 942.°/1, do mesmo Código".

356   *Regime Jurídico das Sociedades por Quotas*

JURISPRUDÊNCIA:

I – Baseando-se a exclusão de sócio de uma sociedade comercial em factos atinentes à pessoa do sócio ou do seu comportamento fixados no contrato, a causa de pedir consiste na alegação e prova dos factos integrantes da acção do sócio ou do seu comportamento, integrantes dos factos abstractos tipificados no pacto que geram essa exclusão.

II – A causa de pedir da exclusão de sócio não se confunde com a consequente amortização da quota que é sempre posterior àquela.

III – Nas sociedades por quotas, dominadas, embora, pela componente capitalista no que respeita às obrigações dos sócios, podem-se introduzir no respectivo pacto cláusulas intuitus personae, obrigando os sócios a determinados comportamentos, designadamente impedindo-os de praticar actos de concorrência, especialmente quando lhes estão distribuídas tarefas cuja violação afectam quer a colaboração social quer a relação de confiança que deve existir entre os sócios e entre estes e a sociedade.

IV – É válida a cláusula do pacto social que determina a exclusão do sócio no caso de o mesmo se dedicar por si ou noutra sociedade ao mesmo objecto social.

V – É válida a cláusula que determina que, no caso de exclusão de sócio, o mesmo receba tão-só o valor nominal da quota.

Ac. do STJ, de 15.11.07 *in* CJ, Ano XV, Tomo III, p. 153 e www.dgsi.pt (Proc. n.° 07B3566)

No processo especial de liquidação de participação social, como no de exclusão do sócio, o que está em causa é o valor real da quota do sócio na participação social e não o valor contabilístico.

Ac. da RL, de 25.10.05 *in* www.dgsi.pt (Proc. n.° 0422142)

I – Não é meio idóneo para um sócio de uma sociedade por quotas – com dois sócios – requerer que a sociedade seja dissolvida, o mero facto de escrever à sociedade uma carta, pretendendo a sua exoneração de sócio por impossibilidade física.

II – Decorre do art. 240.° do CSC que tal pretensão tem de ser objecto de deliberação social.

Ac. da RP, de 07.03.05 *in* www.dgsi.pt (Proc. n.° 0550495)

I – A amortização de quota, em cuja base podem estar interesses quer do sócio quer da sociedade, constitui um meio de extinção de uma participação social, que tem por efeito a extinção como elemento essencial da amortização (artigo 232.° do CSC).

II – A disciplina da exclusão do sócio encontra-se vertida nos artigos 241.° e 242.° do CSC, o primeiro reportando-se à exclusão por deliberação social, o segundo à exclusão judicial.

Título III – Sociedades por quotas 357

III – Embora sejam detectáveis interligações entre os dois institutos – amortização de quota e exclusão de sócio, – as diferenciações entre elas são claras e evidentes, mas, tanto na exclusão por força do contrato como na exclusão judicial há sempre lugar a amortização da quota.
Ac. do STJ, de 11.04.00 *in* www.dgsi.pt (Proc. n.° 00A002) e CJ, Ano VIII, Tomo II, p. 29

I – Se o réu, em assembleia geral da sociedade convocada para deliberar sobre a sua substituição de gerente e exclusão de sócio, com determinação do valor da sua quota e modo de pagamento, tomou a iniciativa de renunciar à gerência e de negociar a cedência da quota por valor que a sociedade aceitou e pagou, não houve promessa de cedência da quota, antes a vontade das partes foi no sentido da exoneração do réu, tendo a sociedade amortizado a quota.
II – A exclusão de sócio e a amortização da quota estão sujeitas a registo.
Ac. da RP, de 10.07.97 *in* CJ, Ano XXII, Tomo IV, p. 187

I – Precedida de deliberação que a autorize a sociedade pode propor acção tendente à exclusão de um seu sócio, acção a ser proposta contra este.
II – Desde que a actuação deste sócio provoque prejuízos à sociedade, esta pode solicitar indemnização que a compense de tais prejuízos.
III – Não tem, assim a sociedade que propor acção de prestação de contas.
Ac. do STJ, de 30.11.95 *in* CJ, Ano III, Tomo III, p. 128

I – A exclusão de um sócio redunda na perda da sua participação numa sociedade, quer por deliberação desta fundada na lei ou no pacto, quer por sentença judicial.
II – É de usar esta segunda via, quando a causa de exclusão está apenas genericamente prevista na lei.
III – É claro que a exclusão por deliberação social não obsta a que o excluído recorra dela, para os tribunais.
Ac. do STJ, de 30.11.95 *in* www.dgsi.pt (Proc. n.° 087168)

A providência prevista no artigo 242.°, n.° 1 do Código das Sociedades Comerciais – exclusão de sócio – só pode ser decretada quando a conduta do sócio a excluir tenha causado ou possa vir a causar prejuízo relevante à sociedade, que há-de apurar-se de factos alegados pelo Autor tendentes a demonstrar o comportamento desleal do sócio ou gravemente perturbador do funcionamento da sociedade.
Ac. da RL, de 04.11.93 *in* www.dgsi.pt (Proc. n.° 0053636)

I – A exclusão de um sócio pressupõe sempre uma deliberação da sociedade, seja para determinar directamente a perda forçada da respectiva participação social, seja para promover a acção judicial de exclusão.

358 Regime Jurídico das Sociedades por Quotas

II – O processo de exclusão por deliberação dos sócios não afasta a intervenção do tribunal, apenas a difere para depois da exclusão à qual o sócio pode opor-se impugnando a deliberação tomada pela sociedade.

III – As deliberações dos sócios só podem ser tomadas por algumas das formas admitidas por lei para cada tipo de sociedade. Quanto as sociedades por quotas além de deliberações tomadas nos termos do artigo 54.° do Código das Sociedades Comerciais, os sócios podem tomar deliberações por voto escrito e deliberações em assembleia geral.

IV – O facto da respectiva deliberação não estar fundamentada em factos concretos, não impede, nem dificulta os recursos aos meios de defesa contra ela.
Ac. do STJ, de 29.09.93 *in* www.dgsi.pt (Proc. n.° 084267)

ARTIGO 242.° – **(Exclusão judicial de sócio)**
1 – Pode ser excluído por decisão judicial o sócio que, com o seu comportamento desleal ou gravemente perturbador do funcionamento da sociedade, lhe tenha causado ou possa vir a causar-lhe prejuízos relevantes.

2 – A proposição da acção de exclusão deve ser deliberada pelos sócios, que poderão nomear representantes especiais para esse efeito.

3 – Dentro dos 30 dias posteriores ao trânsito em julgado da sentença de exclusão deve a sociedade amortizar a quota do sócio, adquiri-la ou fazê-la adquirir, sob pena de a exclusão ficar sem efeito.

4 – Na falta de cláusula do contrato de sociedade em sentido diverso, o sócio excluído por sentença tem direito ao valor da sua quota, calculado com referência à data da proposição da acção e pago nos termos prescritos para a amortização de quotas.

5 – No caso de se optar pela aquisição da quota, aplica-se o disposto nos n.ᵒˢ 3 e 4 e na primeira parte do n.° 5 do artigo 225.°

NOTAS:

I. As causas de exclusão podem dividir-se em:
a) causas que operam apenas por deliberação dos sócios, as quais estão especificadamente consagradas na lei ou no contrato (art. 241.°) e
b) causas que operam por concurso de uma sentença judicial, as quais estão genericamente formuladas na lei, mais concretamente no artigo em anotação.
Neste caso, a "decisão judicial é um *plus*, uma exigência suplementar que a lei, *por vezes*, adiciona à simples tomada da deliberação, quando específicas circunstâncias tornam, aos olhos do legislador, aconselhável a intervenção do tribu-

nal", Carolina Cunha *in* "A exclusão de sócios ...", p. 219. Menezes Leitão *in* "Pressupostos da exclusão ...", p. 69, considera que está aqui em causa a segurança jurídica do sócio.

II. A exclusão judicial depende da verificação dos seguintes requisitos:
a) Comportamento desleal ou gravemente perturbador do funcionamento da sociedade

Por força da especial dimensão casuística conferida à integração desta cláusula geral, a nossa jurisprudência tem assumido, aqui, um papel de especial relevo. Cfr. os acórdãos inseridos na anotação ao presente artigo.

Coutinho de Abreu *in* "Curso de Direito...", II, p. 431, aponta os seguintes exemplos: "o aproveitamento em benefício próprio de oportunidades de negócios da sociedade, a frequente propositura de acções chicaneiras contra a sociedade, a difusão de opiniões desabonatórias sobre a sociedade, a apropriação ilícita de bens sociais, a utilização em proveito próprio do património da sociedade, a revelação de segredos da organização empresarial da sociedade, actos de concorrência desleal contra a sociedade, provocação culposa de desavenças graves entre os sócios, assédio sexual a trabalhadores da sociedade".

No caso de sócio-gerente, Raúl Ventura *in* "Sociedades por Quotas", vol. II, p. 60, entende que devemos separar o seu comportamento como gerente (sancionável com a destituição, art. 257.º) e o seu comportamento como sócio, ao qual pode corresponder a exclusão.

b) Verificação real ou potencial de prejuízos relevantes para a sociedade

De acordo com Carolina Cunha *in* "A exclusão de sócios ...", p. 212, na "dinâmica da cláusula geral do art. 242.º, n.º 1, os factos relevantes restringem-se a *certas* condutas dos sócios – condutas em si mesmas já passíveis de um *juízo de desvalor*, quer por violarem *princípios de lealdade*, quer por *entravarem o funcionamento da sociedade*".

No entanto, esta mesma autora, *ob. cit.*, p. 212, salienta que "a nota essencial, aquela que, no seio do tipo sociedade por quotas, confere sentido à opção legislativa pela prevalência do interesse da sociedade e que alicerça a concomitante inexigibilidade da permanência do sócio, reside no *prejuízo, actual ou potencial*, que tais condutas provocam. Na ausência de prejuízo, o desvalor contido nos comportamentos dos sócios não bastará para fundar a respectiva exclusão".

Segundo o entendimento de Coutinho de Abreu *in* "Curso de Direito...", II, p. 431, à cláusula geral do **n.º 1**, subjaz "a ideia da exclusão permitida somente com "fundamento importante", como *ultima ratio*".

Sobre a exclusão do sócio como providência extrema, cfr. Raúl Ventura *in* "Sociedades por Quotas", vol. II, pp. 65 e 66.

III. A proposição da acção de exclusão deve ser deliberada pelos sócios. Esta imposição legal decorre não só da 1.ª parte, do **n.º 2**, mas também do art. 246.º, n.º 1, al. g).

Quanto à utilidade da deliberação prévia, *vide* CAROLINA CUNHA *in* "A exclusão de sócios ...", pp. 205 e 206.

A deliberação deve ser tomada de acordo com a regra geral dispositiva prevista no art. 250.º, n.º 3 (maioria dos votos emitidos).

O sócio excluendo está impedido de votar na deliberação de proposição da acção de exclusão. Mesmo admitindo que este impedimento não resulta da al. d), do n.º 1, do art. 251.º, não temos dúvidas em afirmar que existe um verdadeiro conflito de interesses com a sociedade, nos termos da 1.ª parte, do n.º 1, daquele preceito.

De notar que o sócio não pode ser privado de participar na respectiva assembleia (art. 248.º, n.º 5).

Na acção de exclusão devem ser alegados e provados os factos respeitantes ao comportamento do sócio e ao prejuízo por este causado à sociedade, podendo aquela conter o respectivo pedido de indemnização.

A sociedade é parte legítima para interpor a acção de exclusão.

IV. O representante especial a que alude a 2.ª parte, do **n.º 2**, não se confunde com o mandatário judicial.

Na verdade, a lei refere-se a pessoa que, para efeitos da acção de exclusão, represente a sociedade.

No entendimento de RAÚL VENTURA *in* "Sociedades por Quotas", vol. II, p. 63, "ao representante especial compete outorgar, em nome da sociedade, a procuração ao mandatário judicial, pois esse é um acto essencial para que a acção seja proposta. Competir-lhe-á também prestar depoimento de parte, se for requerido".

A nomeação do representante especial pode recair sobre um gerente ou um sócio.

RAÚL VENTURA *in* "Sociedades por Quotas", vol. II, p. 63, defende, por analogia com a nomeação de gerentes, a possibilidade de nomeação de um estranho à sociedade.

V. Dentro dos 30 dias posteriores ao trânsito em julgado da sentença de exclusão deve a sociedade amortizar a quota do sócio, adquiri-la ou fazê-la adquirir, sob pena de a exclusão ficar sem efeito (**n.º 3**).

Da leitura desta norma podemos concluir que a sentença, *per si*, não é suficiente para a exclusão.

De facto, ela perfila-se apenas como um elemento (essencial é claro) do processo de exclusão, o qual é composto "por três elementos essenciais, dispostos numa sequência necessária: a deliberação de proposição da acção; a sentença de exclusão; a amortização ou aquisição da quota", RAÚL VENTURA *in* "Sociedades por Quotas", vol. II, p. 65.

Até à amortização da quota, o sócio excluído mantém a sua qualidade de sócio. Cfr. Menezes Cordeiro *in* "Manual de Direito das Sociedades", II, p. 315.

VI. Na falta de cláusula do contrato de sociedade em sentido diverso, o sócio excluído por sentença tem direito ao valor de liquidação da quota fixado com base no estado da sociedade à data da proposição da acção, por um oficial de contas designado por mútuo acordo ou, na falta deste, pelo Tribunal (cfr., conjugadamente, a al. a), do n.º 1, do art. 235.º *ex vi* **n.º 4**, o art. 105.º, n.º 2 e o art. 1021.º, do CC).

Nos termos da parte final, do n.º 2, do art. 105.º, qualquer uma das partes pode requerer segunda avaliação, nos termos do CPC (mais precisamente, arts. 1498.º e 1499.º).

O valor da quota deve ser pago em duas prestações, a efectuar dentro de seis meses e um ano, respectivamente, após a respectiva fixação definitiva (al. b), do n.º 1, do art. 235.º *ex vi* **n.º 4**).

O STJ, no Ac. de 11.04.00 *in* CJ, Ano VIII, Tomo II, p. 29, julgou não ser aplicável, no caso de exclusão judicial, o critério de determinação do valor da quota consignado no contrato.

Menezes Cordeiro *in* "Manual de Direito das Sociedades", II, p. 311, nota 835, ressalvando este sentido decisório, sustenta que "a solução depende da interpretação do pacto social. Nada impede que as partes estipulem o cálculo da compensação, mesmo para a hipótese de exclusão judicial, uma vez que se trata de direitos disponíveis. Além disso, mal seria que (por hipótese) uma prevaricação mais grave, sancionada com exclusão judicial, tivesse uma saída mais vantajosa para o responsável do que uma outra, menos grave, à qual correspondesse (mera) exclusão contratual".

VII. No caso de se optar pela aquisição da quota, o respectivo contrato é outorgado pelo representante da sociedade e pelo adquirente (n.º 3, do art. 225.º *ex vi* **n.º 5**).

No que concerne à determinação e ao pagamento da contrapartida são aplicáveis as disposições relativas à amortização, enunciadas na anotação anterior (1.ª parte, do n.º 4, do art. 225.º *ex vi* **n.º 5**). Devemos, contudo, realçar que os efeitos da alienação da quota ficam suspensos enquanto aquela contrapartida não for paga (2.ª parte, do n.º 4, do art. 225.º *ex vi* **n.º 5**).

Na falta de pagamento tempestivo da contrapartida os interessados poderão escolher entre a efectivação do seu crédito e a ineficácia da alienação (1.ª parte, do n.º 5, do art. 225.º *ex vi* **n.º 5**).

JURISPRUDÊNCIA:

I – A exclusão de sócios – a saída de sócio de uma sociedade, em regra por iniciativa desta e por ela e/ou pelo tribunal decidida, com fundamento na lei ou

362 Regime Jurídico das Sociedades por Quotas

cláusula estatutária está especialmente prevista no CSC apenas para as sociedades em nome colectivo (art. 186.°, aplicável também às sociedades em comandita simples – art. 474.°) e para as sociedades por quotas (arts. 241.°-242.°).

II – Enquanto a exoneração do sócio assenta numa decisão unilateral dele próprio, a exclusão de sócio é da iniciativa da sociedade, contra o desejo ou a inacção do sócio.

III – Causa legal genérica de exclusão de sócios é a contida (como cláusula geral) no art. 242.°, n.° 1. Apontam-se como situações integradoras da fórmula geral do cit. artigo, comportamentos desleais e/ou gravemente perturbadores do funcionamento da sociedade, nomeadamente, o aproveitamento em benefício próprio de oportunidades de negócios da sociedade, a frequente propositura de acções chicaneiras contra a sociedade, a difusão de opiniões desabonatórias sobre a sociedade, a apropriação ilícita de bens sociais, a utilização em benefício próprio do património da sociedade, a revelação de segredos da organização empresarial da sociedade, actos de concorrência desleal contra a sociedade, provocação culposa de desavenças graves entre os sócios, assédio sexual a trabalhadores da sociedade.

IV – Para legitimarem a exclusão judicial, é ainda necessário que estes (e outros) comportamentos tenham causado ou sejam susceptíveis de causar prejuízos relevantes à sociedade. Porém, não se exige um prejuízo efectivo, mas apenas a capacidade de provocar danos.

V – O sócio-gerente que adopte comportamentos como os indicados há pouco (violando deveres não apenas enquanto gerente mas também enquanto sócio) fica igualmente sujeito a ser excluído da sociedade.

VI – Não é possível ver no mero facto de o gerente da sociedade haver deixado de ser visto com a frequência que normalmente acontecia nas instalações, tendo renunciado à gerência alguns meses depois, um comportamento desleal para com a sociedade. Se este renunciou às funções de gerente é natural que tenha deixado de comparecer nas instalações da empresa com a frequência com que antes costumava comparecer.

VII – Não tendo ficado provado qualquer outro facto relativo a estas suas ausências, designadamente que, a partir dessa altura, deixou de exercer as funções que habitualmente exercia, esta diminuição da frequência da sua comparência nas instalações da A. não pode justificar, por si só, a exclusão do sócio.

Ac. da RL, de 10.02.09 *in* www.dgsi.pt (Proc. n.° 7518/2008-1)

I – Numa sociedade por quotas com apenas dois sócios a exclusão de um deles só pode ser alcançada por via judicial.

II – Tem legitimidade para intentar essa acção de exclusão judicial o sócio não excluendo e não a sociedade.

Ac. da RC, de 28.10.08 *in* CJ, Ano XXXIII, Tomo IV, p. 43

Título III – Sociedades por quotas 363

I – Baseando-se a exclusão de sócio de uma sociedade comercial em factos atinentes à pessoa do sócio ou do seu comportamento fixados no contrato, a causa de pedir consiste na alegação e prova dos factos integrantes da acção do sócio ou do seu comportamento, integrantes dos factos abstractos tipificados no pacto que geram essa exclusão.

II – A causa de pedir da exclusão de sócio não se confunde com a consequente amortização da quota que é sempre posterior àquela.

III – Nas sociedades por quotas, dominadas, embora, pela componente capitalista no que respeita às obrigações dos sócios, podem-se introduzir no respectivo pacto cláusulas intuitus personae, obrigando os sócios a determinados comportamentos, designadamente impedindo-os de praticar actos de concorrência, especialmente quando lhes estão distribuídas tarefas cuja violação afectam quer a colaboração social quer a relação de confiança que deve existir entre os sócios e entre estes e a sociedade.

IV – É válida a cláusula do pacto social que determina a exclusão do sócio no caso de o mesmo se dedicar por si ou noutra sociedade ao mesmo objecto social.

V – É válida a cláusula que determina que, no caso de exclusão de sócio, o mesmo receba tão-só o valor nominal da quota.

Ac. do STJ, de 15.11.07 *in* CJ, Ano XV, Tomo III, p. 153

I – Na ausência de previsão no pacto social, a exclusão de sócios só pode ser decretada por decisão judicial, nos termos do art. 242.º do CSC.

II – É nula, por violação de norma imperativa, a deliberação social que, sem fundamento no pacto, determina a exclusão do sócio.

III – (…)

Ac. da RE, de 08.11.07 *in* CJ, Ano XXXII, Tomo V, p. 239

I Na acção de exclusão de sócio a causa de pedir é constituída pelos factos que fundamentaram a deliberação de exclusão.

II – Se essa deliberação foi tomada sem que esses factos tenham sido colocados à atenção dos sócios, não podem os mesmos serem alegados naquela acção, como causa do pedido de exclusão.

Ac. da RE, de 18.10.07 *in* CJ, Ano XXXII, Tomo IV, p. 254

I – Para a procedência do pedido de exclusão judicial de sócio (artigo 242.º do Código das Sociedades Comerciais) não basta a prova de que a sócia cuja exclusão se pretende passou a exercer a mesma actividade da sociedade, sem o consentimento da outra sócia, constituindo, para o efeito, uma sociedade unipessoal de quotas.

II – Impõe-se ainda a prova de que houve prejuízos concretos decorrentes dessa actividade ou a previsibilidade, em termos objectivos, de verificação de

364   *Regime Jurídico das Sociedades por Quotas*

prejuízos relevantes, prova que não se pode considerar a partir do momento em que não se provou o que foi alegado nesse sentido, o desvio de clientes com a consequente frustração de negócios avaliados em, pelo menos, 30.000 euros.
Ac. da RL, de 13.02.07 *in* www.dgsi.pt (Proc. n.º 9849/2006-7)

Sendo a sociedade constituída apenas e só por dois sócios, a destituição de um deles poder requerida pelo outro, não sendo necessário que a acção seja movida apenas e só pela sociedade.
Ac. da RP, de 04.10.05 *in* www.dgsi.pt (Proc. n.º 0524101)

1 – A circunstância de o sócio ter sido gerente e de os factos que fundamentam a acção que visa a sua exclusão de sócio terem também ocorrido durante o período em que exerceu a gerência não exclui nem impede a aplicação da medida de exclusão, pois que a gerência e a qualidade de sócio têm as sua obrigações próprias e específicas e o cumprimento ou incumprimento das obrigações de gerente não dispensa o sócio, enquanto tal, da execução das obrigações próprias de sócio.
2 – O instituto da exclusão de sócio encontra fundamento na protecção do fim do contrato de sociedade, traduzido no interesse social.
Assim, a exclusão justifica-se quando o interesse social é posto em causa por um sócio que, por via da violação das suas obrigações, conduza a resultados ou efeitos que prejudiquem o fim social.
3 – O sócio está obrigado a não violar deveres de conduta que possam causar prejuízos à sociedade, entre os quais se apontam os de lealdade, deveres que fazem parte do conteúdo das obrigações, como exigências gerais do sistema jurídico.
4 – Não basta, para haver exclusão, a prática de actos danosos, a «ilicitude objectiva da violação», exigindo-se ainda a previsibilidade de verificação de "prejuízos relevantes" ou a ocorrência de «prejuízos concretos na actividade social».
Ac. da RL, de 15.02.05 *in* www.dgsi.pt (Proc. n.º 04A4369)

I – Tendo a sociedade apenas dois sócios, não é possível a exclusão de um deles por mera deliberação social, sendo esta inútil e totalmente ineficaz.
II – Só por acção judicial pode, neste caso, o sócio ser destituído, a pedido do outro.
Ac. da RP, de 02.11.04 *in* www.dgsi.pt (Proc. n.º 0425293)

I – Numa sociedade com apenas dois sócios, se o motivo de destituição do gerente for a de justa causa, a mesma só poderá ser decidida em acção judicial. No caso porém de não se invocar a justa causa, a destituição poderá ser decidida por mera deliberação social.
II – Um sócio pode ser excluído da sociedade nos casos e nos termos previstos na lei ou fixados no contrato. Pode, além disso, ser excluído por decisão judicial quando o seu comportamento desleal ou gravemente perturbador do funcionamento da sociedade, cause a esta ou possa vir a causa-lhe prejuízos relevantes.

Título III – Sociedades por quotas

Por isso é necessário aqui justificar-se a razão da exclusão de sócio. Isto é, no caso de deliberação social, é necessário invocar-se os termos da lei ou do contrato em que se funda a deliberação.

III – Existindo apenas dois sócios, só através de decisão judicial é que se poderá decidir a exclusão. Isto porque não existindo disposição expressa sobre o assunto no C.S.C., nos termos do art. 3.º, n.º 2 deste diploma deve valer o que estabelece o art. 1005.º, n.º 3, do C. Civil, segundo o qual "se a sociedade tiver apenas dois sócios, a exclusão de qualquer deles só pode ser pronunciada pelo tribunal'.

Ac. da RC, de 11.11.03 *in* www.dgsi.pt (Proc. n.º 2919/03)

I – Um sócio de uma sociedade por quotas pode ser excluído judicialmente quando, com o seu comportamento desleal ou gravemente perturbador do funcionamento da sociedade, lhe tenha causado ou possa vir a causar-lhe prejuízos relevantes.

II – Por comportamento desleal deve entender-se qualquer acto que revele infidelidade para com a empresa.

III – A conduta gravemente perturbadora deve traduzir-se em actos que alterem ou desorganizem a actividade da empresa e o escopo social que ela prossegue.

IV – Se um sócio de uma sociedade desenvolve um actividade concorrencial com o objecto social desta, procurando angariar mercado através da utilização de meios técnicos e do "Know-how" da própria sociedade, tem um comportamento desleal que justifica a sua exclusão da sociedade.

V – A este conclusão não obsta o facto da sociedade ter paralisado a sua actividade já há algum tempo.

VI – Um sócio só pode requerer a destituição de um gerente, nos termos do art. 257.º, n.º 4, do C.S.C., quando não é possível obter uma deliberação que aprove essa destituição, por maioria simples.

Ac. da RL, de 18.12.02 *in* CJ, Ano XXVII, Tomo V, p. 111

I – A amortização de quota é um meio de extinção da participação social que depende da existência de permissão legal ou dada pelo contrato de sociedade.

II – A exclusão de sócio é a perda de participação social imposta a um sócio, a qual, podendo ser deliberada por força do contrato ou resultar de decisão judicial, implica a amortização ou a aquisição da quota pela sociedade.

III – O contrato de sociedade pode fixar, quer para os casos de exclusão judicial, quer para os outros, critérios de cálculo do valor da quota diferentes dos estabelecidos no Código das Sociedades Comerciais.

IV – O critério consignado no contrato social para os casos de exclusão com base nesse contrato não vale, em princípio, para os casos de exclusão judicial.

Ac. do STJ, de 11.04.00 *in* CJ, Ano VIII, Tomo II, p. 29

366 *Regime Jurídico das Sociedades por Quotas*

I – Numa sociedade com apenas dois sócios, tem legitimidade activa, para propor acção judicial de exclusão de um sócio, o outro sócio e não a sociedade.

II – Estando legalmente excluída a via da deliberação social para se obter a exclusão de sócio, em sociedade com apenas dois sócios, não é exigível qualquer deliberação social como pressuposto daquela acção judicial de exclusão de sócio, designadamente a que alude o artigo 242.° n.° 2 do CSC.
Ac. da RC, de 14.03.00 *in* CJ, Ano XXV, Tomo II, p. 15

I – Para efeitos de destituição de sócio gerente o Código das Sociedades Comerciais adoptou uma noção de justa causa em que a incerteza que lhe vai conexa é compensada pela dose de maleabilidade que concede na aplicação do preceito.

II – Nas sociedades constituídas por dois sócios, a exclusão de um deles, quando a causa desta não for especificamente prevista na lei, só pode ser ditada por via judicial a requerimento do outro sócio (e não da sociedade) – não é pressuposto da acção ter havido deliberação, pois esta está afastada como via de exclusão – ao qual cabe o ónus da prova dos factos que justificam a exclusão.
Ac. do STJ, de 09.12.99 *in* www.dgsi.pt (Proc. n.° 99B868)

I, II – (...)
III – Não estando expressamente previsto no pacto social o critério de determinação do valor da quota do sócio excluído por decisão judicial, a respectiva amortização far-se-á segundo o critério supletivo fixado no n.° 4 do art. 242.° do CSC.
Ac. do STJ, de 08.07.99 *in* CJ, Ano XXIV, Tomo IV, p. 194

I – A exclusão de um sócio de uma sociedade comercial por quotas por sentença homologatória em que tenha havido confissão do pedido, enquadra-se na provisão do artigo 242.°, n.os 1 e 3 do Código das Sociedades Comerciais.

II – O sócio assim excluído mantém a sua qualidade de sócio até à amortização da sua quota, devendo ser convocado para a assembleia que a deliberar, podendo mesmo nela participar.

III – A sua não convocação para esta assembleia acarreta a nulidade das deliberações nela tomadas – artigo 56.°, n.° 1, alínea a) do Código das Sociedades Comerciais.
Ac. da RP, de 02.12.97 *in* www.dgsi.pt (Proc. n.° 9750453) e CJ, Ano XXII, Tomo V, p. 214

I – Para que seja possível excluir um sócio de uma sociedade por quotas necessário é que, com o seu comportamento desleal ou gravemente perturbador do funcionamento da sociedade, lhe tenha causado ou possa vir a causar prejuízos relevantes (artigo 242.°, n.° 1 do CSC86).

II – Não basta para esse efeito o abandono da gerência; ter levado consigo preçários, catálogos e as chaves do estabelecimento; e o facto de, enquanto gerente, ter vendido materiais a pessoas com mau nome comercial.

III – Também não basta a concorrência, se não se prova que esta colocou a sociedade em situação de não poder atingir o seu escopo social.
Ac. do STJ, de 05.06.97 *in* www.dgsi.pt (Proc. n.º 097B24)

A apreciação do comportamento do sócio, a que se alude no art. 242.º, n.º 1 do Código das Sociedades Comerciais ("comportamento desleal ou gravemente perturbador do funcionamento da sociedade"), deve ser feita sem se tomar em conta a causa justificativa dele, mas tão só o juízo da gravidade e a situação de prejuízo relevante a que conduziu ou pode conduzir.
Ac. da RL, de 09.01.97 *in* www.dgsi.pt (Proc. n.º 0006222)

I – Para a exclusão dum sócio duma sociedade por quotas é necessário que ele use de um comportamento desleal ou gravemente perturbador da sociedade e que, com ele, cause prejuízos relevantes.
II – Tendo o sócio, passado pouco tempo sobre a renúncia à gerência da sociedade, começado a vender os mesmos produtos num seu estabelecimento, a utilizar os catálogos e precários da sociedade e a conquistar-lhe os clientes, causando prejuízos, é de exclui-lo de sócio.
Ac. da RC, de 01.10.96 *in* CJ, Ano XXI, Tomo IV, p. 28

I – Todos os gerentes têm, por natureza, direito de acesso incondicional a toda a documentação da sociedade para a poderem dirigir com vista à prossecução dos seus fins.
II – Os gerentes devem actuar com a diligência de um gestor criterioso e ordenado, no interesse da mesma, tendo em conta os interesses dos trabalhadores e dos sócios.
III – Se os factos dados como provados não mostram que os sócios requeridos tenham tido um comportamento desleal ou gravemente perturbador do funcionamento da sociedade e que, por isso lhes tenham causado ou possam causar prejuízos relevantes, não podem ser excluídos da sociedade.
IV – As providências cautelares são decretadas (artigo 401.º, n.º 1 do Código de Processo Civil) desde que as provas produzidas revelem uma probabilidade séria da existência do direito e mostrem ser fundado o receio da sua lesão, salvo se o prejuízo resultante da providência exceder o dano que com ele se quer evitar.
Ac. do STJ, de 23.05.96 *in* www.dgsi.pt (Proc. n.º 088332) e CJ, Ano IV, Tomo II, p. 86

I – O artigo 22.º do C.R.C. aprovado pelo Decreto-Lei n.º 403/86 reporta-se a nulidade do registo e não, também, necessariamente, ao acto motivador do registo, que pode ser, simplesmente, ineficaz "stricto sensu".
II – Excluído um sócio de uma sociedade comercial, esta tem 30 dias para amortizar a respectiva quota, adquiri-la ou fazê-la adquirir.

III – E, para tanto, é-lhe inoponível a doação que, entretanto, aquele sócio tenha feito da mesma quota, a favor de um seu filho, ao arrepio da vontade da sociedade que, aliás, era expressamente ressalvada pelo correspondente pacto social.

IV – Como assim, a ineficácia dessa doação torna o título deste acto insuficiente para o consequente registo de aquisição da quota, registo este que padece de nulidade.

V – O que tudo significa que a nulidade do registo não tem de ser acompanhada de nulidade do acto motivador do registo, que pode ser, simplesmente, ineficaz "stricto sensu".

Ac. do STJ, de 27.02.96 *in* www.dgsi.pt (Proc. n.° 96A025)

I – A exclusão de um sócio redunda na perda da sua participação numa sociedade, quer por deliberação desta fundada na lei ou no pacto, quer por sentença judicial.

II – É de usar esta segunda via, quando a causa de exclusão está apenas genericamente prevista na lei.

III – É claro que a exclusão por deliberação social não obsta a que o excluído recorra dela, para os tribunais.

Ac. do STJ, de 30.11.95 *in* www.dgsi.pt (Proc. n.° 087168) e CJ, Ano III, Tomo III, p. 128

I – Consistindo o pedido da causa na declaração de inexistência ou ilegalidade de determinada deliberação social a sociedade tem legitimidade para ser demandada.

II – Para a alteração dos direitos especiais dos sócios, concedidos no pacto de uma sociedade por quotas, não basta a maioria referida no artigo 41.° da Lei de 11 de Abril de 1901, sendo ainda indispensável o consentimento do respectivo sócio.

III – Nos termos do parágrafo 3 do artigo 39.° da mesma lei, o sócio só está impedido de votar sobre os assuntos em que tenha um interesse imediatamente pessoal, individual, oposto ao da sociedade.

IV – O Código das Sociedades Comerciais, em relação às sociedades por quotas, é hoje expresso em declarar que há impedimento de voto quando se trate de deliberação que recaia sobre exclusão do sócio – alínea d) do n.° 1 do artigo 251.°.

V – A exclusão de sócio não implica necessariamente amortização de quota e, portanto, alteração do pacto social. A quota pode manter-se, mudando apenas de titular.

Ac. do STJ, de 09.02.95 *in* www.dgsi.pt (Proc. n.° 083929) e CJ, Ano III, Tomo I, p. 72

A providência prevista no artigo 242.°, n.° 1 do Código das Sociedades Comerciais – exclusão de sócio – só pode ser decretada quando a conduta do sócio a excluir tenha causado ou possa vir a causar prejuízo relevante à sociedade, que

Título III – Sociedades por quotas 369

há-de apurar-se de factos alegados pelo Autor tendentes a demonstrar o comporta-mento desleal do sócio ou gravemente perturbador do funcionamento da sociedade.
Ac. da RL, de 04.11.93 *in* www.dgsi.pt (Proc. n.° 0053636)

I – A exclusão de um sócio pressupõe sempre uma deliberação da socie-dade, seja para determinar directamente a perda forçada da respectiva partici-pação social, seja para promover a acção judicial de exclusão.

II – O processo de exclusão por deliberação dos sócios não afasta a inter-venção do tribunal, apenas a difere para depois da exclusão à qual o sócio pode opor-se impugnando a deliberação tomada pela sociedade.

III – As deliberações dos sócios só podem ser tomadas por algumas das for-mas admitidas por lei para cada tipo de sociedade. Quanto as sociedades por quotas além de deliberações tomadas nos termos do artigo 54.° do Código das Sociedades Comerciais, os sócios podem tomar deliberações por voto escrito e deliberações em assembleia geral.

IV – O facto da respectiva deliberação não estar fundamentada em factos concretos, não impede, nem dificulta os recursos aos meios de defesa contra ela.
Ac. do STJ, de 11.02.93 *in* www.dgsi.pt (Proc. n.° 084267)

I – Para efeitos do n.° 1 do artigo 242.° do Código das Sociedades Comer-ciais, será sempre uma atitude de deslealdade a situação em que um sócio, neces-sariamente com conhecimentos importantes e decisivos a respeito da capacidade ou mesmo da produtividade de uma empresa, coloca tais atributos ao serviço da operacionalidade da concorrência.

II – Ainda para efeitos do mesmo artigo, não pode deixar de constituir um elemento desestabilizador no seio de uma empresa, a circunstância de um seu sócio propagandear no sentido negativo, seja a actividade, seja a própria quali-dade dos produtos da mesma, em termos de não só pôr em causa a boa qualidade da sua produção, como a sua própria situação patrimonial, incluindo o aconse-lhamento, senão mesmo incitamento, dos seus funcionários à deserção ou ao abandono das suas funções.

III – O artigo 242.°, n.° 1 do Código das Sociedades Comerciais, não exige um prejuízo efectivo para a empresa, como resultado da actuação do sócio em falta, mas a efectiva capacidade de provocar danos.
Ac. do STJ, de 29.04.92 *in* www.dgsi.pt (Proc. n.° 081681)

I – A exclusão de um sócio pode dar-se nos casos previstos no pacto social e ainda, além do mais, quando lhe seja imputável violação grave das obrigações para com a sociedade.

II – Cabe à sociedade o ónus da prova de que a actuação do sócio exclu-dendo violou o interesse dela e que essa violação redundou em seu prejuízo.
Ac. do STJ, de 05.03.91 *in* www.dgsi.pt (Proc. n.° 083285)

SECÇÃO VII
Registo das quotas

ARTIGO 242.º-A – **(Eficácia dos factos relativos a quotas)**
Os factos relativos a quotas são ineficazes perante a sociedade enquanto não for solicitada, quando necessária, a promoção do respectivo registo.

NOTAS:

I. O artigo em anotação foi aditado pelo DL n.º 76-A/2006, de 29 de Março.

II. O registo pela sociedade de factos relativos a quotas, constitui uma das grandes novidades introduzidas pelo DL n.º 76-A/2006.

A este propósito transcreve-se o seguinte parágrafo do preâmbulo daquele diploma:

"Finalmente, eliminam-se ainda no registo comercial outros actos e práticas que não acrescentem valor, reformulando procedimentos e criando condições para a plena utilização e aplicação de sistemas informáticos. A título de exemplo, reduz-se o número de actos sujeitos a registo, adopta-se a possibilidade de praticar determinados actos através de um registo «por depósito», cria-se um novo regime de registo de transmissão de quotas e reformulam-se actos e procedimentos internos, sempre com garantia da segurança jurídica e da legalidade".

Para maiores desenvolvimentos sobre a alterações recentemente introduzidas em matéria registal, *vide* MENEZES CORDEIRO *in* "Do registo de quotas: as reformas de 2006, de 2007 e de 2008", RDS, Ano I, n.º 2, Almedina, 2009, pp. 293 a 326.

III. Do presente artigo resulta que a promoção do registo constitui um requisito de eficácia perante a sociedade.

Coloca-se a questão de saber como articular este artigo com outras disposições que parecem conter soluções contrárias, designadamente:

– o art. 13.º, n.º 1, do CRC, nos termos do qual, os factos sujeitos a registo, ainda que não registados, podem ser invocados entre as próprias partes ou seus herdeiros;

– o art. 14.º, n.º 1, do CRC, ao abrigo do qual os factos sujeitos a registo só produzem efeitos contra terceiros depois da data do respectivo registo.

MENEZES CORDEIRO *in* "Manual de Direito das Sociedades", II, p. 375, sustenta que estamos perante uma norma especial de acordo com a qual os factos relativos a sociedades "não produzem efeitos *mesmo quando a sociedade seja parte* e perante esta enquanto *não for solicitada a o promoção* do registo".

Título III – Sociedades por quotas

Discordando desta posição, ARMANDO MANUEL TRIUNFANTE *in* "Código das Sociedades ...", p. 236, defende que o presente artigo "refere-se sim aos factos relativos a quotas em que a sociedade não tenha tido qualquer intervenção, mas que agora é alvo de um pedido de solicitação de registo pelos interessados".

Este mesmo autor, *loc. cit.,* acaba por concluir que "a eficácia de factos relativos a quotas perante a sociedade decorre do conhecimento desta desses mesmos factos. Se ela for parte ou interveio de alguma forma a eficácia decorre desse facto, nos termos do art. 13.º, n.º 1, do CRCom. Se não foi esse o caso, então essa eficácia está dependente da solicitação pelos interessados, junto da sociedade, da promoção do registo".

MENEZES CORDEIRO e outros *in* "Código das Sociedades Comerciais – Anotado", p. 642, salientam que a solicitação do registo "deve ser entendida pelo prisma da boa fé. Efectivamente, parece desnecessário exigir aos interessados um específico pedido de registo. Desde o momento em que, à sociedade, seja comunicado um determinado facto sujeito a registo, em conjunto com os demais elementos, deverá entender-se que a sociedade, até pelo dever de lealdade que impende sobre os gerentes, deve proceder ao registo".

Como nota final, importa sublinhar que a solicitação para a promoção do registo a que alude o artigo em anotação não pode sanar vícios ou suprir irregularidades do acto em causa, *v.g.*, a não observância da forma escrita na transmissão de quotas entre vivos (cfr. art. 228.º, n.º 1).

ARTIGO 242.º-B – **(Promoção do registo)**

1 – A sociedade promove os registos relativos a factos em que, de alguma forma, tenha tido intervenção ou mediante solicitação de quem tenha legitimidade, nos termos do número seguinte.

2 – Têm legitimidade para solicitar a promoção do registo:

a) **O transmissário, o transmitente e o sócio exonerado;**

b) **O usufrutuário e o credor pignoratício.**

3 – O pedido de promoção do registo deve ser acompanhado dos documentos que titulem o facto a registar.

NOTAS:

I. O artigo em anotação foi aditado pelo DL n.º 76-A/2006, de 29 de Março e alterado pelo DL n.º 8/2007, de 17 de Janeiro.

II. O presente artigo delimita o âmbito de aplicação do regime contido nos arts. 242.º-A e 242.º-F.

Assim, a sociedade deve promover o registo:

a) de factos em que, de alguma forma, tenha tido intervenção (por exemplo, o aumento do capital social, arts. 87.º e ss.) ou

b) de factos cujo registo tenha sido solicitado por quem tem legitimidade para tal (por exemplo, a transmissão de quotas (arts. 228.º e ss..), a exoneração (art. 240.º), etc.).

III. Nos termos do **n.º 2**, a promoção do registo pode ser solicitada pelo:

a) Transmissário, transmitente e sócio exonerado;

b) Usufrutuário e credor pignoratício.

Na sua versão inicial, o presente artigo não referia expressamente a quem devia ser dirigida a solicitação do registo. Tal dúvida, a existir, ficou totalmente dissipada com a redacção do corpo do **n.º 2**, resultante da DL n.º 8/2007, a qual introduziu a expressão "à sociedade".

MENEZES CORDEIRO *in* "Manual de Direito das Sociedades", II, p. 376, considera que a legitimidade aqui prevista, deveria ser estendida:

"– ao sócio envolvido em operações de unificação, de divisão e de contitularidade de quotas, quanto a operações a elas relativas;

– ao sócio excluído;

– ao sócio cuja quota seja total ou parcialmente amortizada". Cfr., neste mesmo sentido, ARMANDO MANUEL TRIUNFANTE *in* "Código das Sociedades ...", p. 241.

Note-se que o art. 29.º-A, do CRC, admite a possibilidade de, não havendo promoção pela sociedade, qualquer pessoa solicitar junto da conservatória que esta promova o registo por depósito de factos relativos a participações sociais e respectivos titulares.

Importa ainda salientar que o registo de actos a efectuar por depósito deve ser pedido pela sociedade (cfr. arts. 29.º, n.º 5 e 53.º-A).

IV. De acordo com a versão inicial do **n.º 3**, o pedido de promoção do registo devia ser acompanhado dos documentos que titulassem o facto a registar.

Com a redacção introduzida pela DL n.º 8/2007, para além da referência expressa à sociedade é de destacar o inclusão dos emolumentos, taxas e outras quantias devidas no elenco dos elementos que devem acompanhar os documentos que titulam o facto a registar.

Esta imposição legal assenta na própria natureza do registo em causa. De facto, tratando-se de um registo por depósito (que consiste no arquivamento dos documentos referidos) justificasse, em absoluto, tal imposição.

Para ARMANDO MANUEL TRIUNFANTE *in* "Código das Sociedades ...", p. 242, não é exigível a apresentação dos originais, "bastando uma cópia desde que a lei lhe reconheça o mesmo valor, como sucede com as cópias certificadas nos termos legais".

Nos termos do art. 38.°, n.° 1, do DL n.° 76-A/2006 (com a redacção introduzida pelo DL n.° 8/2007) os conservadores, os oficiais de registo, os advogados e os solicitadores podem fazer reconhecimentos simples e com menções especiais, presenciais e por semelhança, autenticar documentos particulares, certificar, ou fazer e certificar, traduções de documentos, nos termos previstos na lei notarial, bem como certificar a conformidade das fotocópias com os documentos originais e tirar fotocópias dos originais que lhes sejam presentes para certificação, nos termos do DL n.° 28/2000, de 13 de Março.

V. Para uma perspectiva critica do artigo em anotação, cfr. MENEZES CORDEIRO e outros *in* "Código das Sociedades Comerciais – Anotado", pp. 643 e ss. e MENEZES CORDEIRO *in* "Do registo de quotas ...", pp. 318 a 326.

ARTIGO 242.°-C – **(Prioridade da promoção do registo)**
1 – A promoção dos registos deve respeitar a ordem dos respectivos pedidos.
2 – Se for pedido na mesma data o registo de diversos factos relativos à mesma quota, os registos devem ser requeridos pela ordem de antiguidade dos factos.
3 – No caso de os factos referidos no número anterior terem sido titulados na mesma data, o registo deve ser promovido pela ordem da respectiva dependência.

NOTAS:

I. O artigo em anotação foi aditado pelo DL n.° 76-A/2006, de 29 de Março.

II. O artigo em anotação prevê o dever da sociedade promover os registos.
A prioridade da promoção do registo assume especial relevância, uma vez que a data do registo por depósito é a do respectivo pedido (art. 55.°, n.° 5, do CRC).

III. Se os factos relativos à mesma quota tiverem sido titulados na mesma data, deve ser respeitada a respectiva ordem de dependência.
ARMANDO MANUEL TRIUNFANTE *in* "Código das Sociedades ...", p. 243, indica o seguinte exemplo: "se no mesmo dia, A cedeu a sua quota a B e depois B cedeu a sua quota a C, é evidente que o registo da segunda cessão deverá ser promovido depois, visto que o facto a registar depende naturalmente da primeira cessão".

Cfr., ainda, Menezes Cordeiro e outros *in* "Código das Sociedades Comerciais – Anotado", p. 645 e Menezes Cordeiro *in* "Do registo de quotas ...", pp. 318 a 326.

ARTIGO 242.º-D – **(Sucessão de registos)**
Para que a sociedade possa promover o registo de actos modificativos da titularidade de quotas e de direitos sobre elas é necessário que neles tenha intervindo o titular registado.

NOTAS:

I. O artigo em anotação foi aditado pelo DL n.º 76-A/2006, de 29 de Março.

II. No presente artigo estão incluídos todos os actos que modificam a titularidade da quota, designadamente, a cessão de quotas.

Neste caso concreto, o registo só pode ser promovido se o titular (cedente) registado tiver intervido.

Para Armando Manuel Triunfante *in* "Código das Sociedades ...", p. 245, também estão abrangidos nesta norma a modificação de direitos sobre a quota, "mesmo que não implique mudança na titularidade da quota, como sucede com a constituição de usufruto ou de penhor".

Menezes Cordeiro *in* "Manual de Direito das Sociedades", II, p. 377, entende que o presente artigo "estabelece, agora no plano da promoção, o princípio da instância".

Cfr., ainda, Menezes Cordeiro *in* "Do registo de quotas ...", pp. 318 a 326.

ARTIGO 242.º-E – **(Deveres da sociedade)**
1 – A sociedade não deve promover o registo se o pedido não for viável, em face das disposições legais aplicáveis, dos documentos apresentados e dos registos anteriores, devendo verificar especialmente a legitimidade dos interessados, a regularidade formal dos títulos e a validade dos actos neles contidos.

2 – A sociedade não deve promover o registo de um acto sujeito a encargos de natureza fiscal sem que estes se mostrem pagos, não estando, todavia, sujeita a sua apreciação a correcção da liquidação de encargos fiscais efectuada pelos serviços da administração tributária.

Título III – Sociedades por quotas

3 – Os documentos que titulam os factos relativos a quotas ou aos seus titulares devem ser arquivados na sede da sociedade até ao encerramento da liquidação, após o qual se deve observar o disposto quanto aos documentos de escrituração da sociedade.

4 – A sociedade deve facultar o acesso aos documentos referidos no número anterior a qualquer pessoa que demonstre ter um interesse atendível na sua consulta, no prazo de cinco dias a contar da solicitação, bem como emitir cópia daqueles documentos, a solicitação dos interessados, podendo ser cobrado o pagamento de uma quantia que não pode ser desproporcionada face aos custos de emissão da cópia.

NOTAS:

I. O artigo em anotação foi aditado pelo DL n.º 76-A/2006, de 29 de Março.

II. O artigo em anotação faz transparecer a ideia de que a agilização dos actos registais relativos à sociedade implicou a transferência para a sociedade de muitas das funções classicamente atribuídas às Conservatórias do Registo Comercial.

Como muito bem refere MENEZES CORDEIRO *in* "Manual de Direito das Sociedades", II, p. 377, o artigo em análise "impõe o princípio da legalidade, alargado pelo n.º 2 a aspectos fiscais".

O princípio da legalidade está expressamente consagrado no art. 47.º, do CRC.

Quanto aos aspectos positivos e negativos da solução adoptada, cfr. ARMANDO MANUEL TRIUNFANTE *in* "Código das Sociedades ...", pp. 246 e 247.

Se a sociedade promover o registo, sendo o respectivo pedido viável, pode incorrer em responsabilidade civil, nos termos do art. 242.º-F.

A propósito do presente artigo ALEXANDRE SOVERAL MARTINS *in* "Cessão de Quotas", Almedina, 2007, p. 15, destaca a estranheza da "terminologia utilizada (pedido viável/pedido inviável). E se a sociedade não deve promover o registo quando o pedido não é viável, parece que se está a pensar apenas nos casos em que há pedido: não nos casos em que a promoção do registo é oficiosa. Mas, então, não teria sido preferível falar em recusa da promoção do registo?".

Cfr., ainda, MENEZES CORDEIRO *in* "Do registo de quotas ...", pp. 318 a 326.

III. Se a sociedade violar o disposto no **n.º 2** torna-se solidariamente responsável pelo cumprimento das obrigações fiscais em causa (art. 242.º-F, n.º 2).

IV. Os documentos que titulam os factos relativos a quotas ou aos seus titulares (por exemplo, o contrato de cessão de quotas) devem ser arquivados na sede

376 *Regime Jurídico das Sociedades por Quotas*

da sociedade até ao encerramento da liquidação, após o qual se deve observar o disposto quanto aos documentos de escrituração da sociedade (**n.º 3**).

ARTIGO 242.º-F – **(Responsabilidade civil)**
1 – As sociedades respondem pelos danos causados aos titulares de direitos sobre as quotas ou a terceiros, em consequência de omissão, irregularidade, erro, insuficiência ou demora na promoção dos registos, salvo se provarem que houve culpa dos lesados.
2 – As sociedades são solidariamente responsáveis pelo cumprimento das obrigações fiscais se promoverem um registo em violação do disposto na parte final do n.º 2 do artigo anterior.

NOTAS:

I. O artigo em anotação foi aditado pelo DL n.º 76-A/2006, de 29 de Março.

II. MENEZES CORDEIRO e outros *in* "Código das Sociedades Comerciais – Anotado", p. 648, consideram que o artigo em anotação prevê uma responsabilidade subjectiva por violação de deveres específicos, com a subsequente presunção de culpa.
Por seu turno, ARMANDO MANUEL TRIUNFANTE *in* "Código das Sociedades ...", p. 251, sustenta que "não estamos somente perante uma mera inversão do ónus da prova, mas quase uma responsabilidade objectiva, independentemente de culpa".

III. Em relação à responsabilidade solidária fiscal prevista no **n.º 2**, PAULO VENTURA *in* "Algumas notas sobre as recentes alterações ao Código das Sociedades Comerciais", BOA, 42, Maio/Agosto de 2006, p. 60, salienta que o legislador, aqui, "esqueceu por completo qual a base social para que legisla, e não resistiu à tentação de arranjar sem encargos para si mais uns fiscais tributários e novos responsáveis por dívidas fiscais derivadas de actos alheios".

IV. MENEZES CORDEIRO e outros *in* "Código das Sociedades Comerciais – Anotado", p. 648, em tom crítico, sublinham que não "é credível que o legislador tenha pretendido, no art. 242.º-F, subproduto ligeiro de uma impensada reforma, criar um novo sistema de responsabilidade civil, à margem da lei geral do País. Todo o 242.º-F pressupõe, sempre, que se mostrem reunidos os diversos factores que conduzem à responsabilidade: facto, ilicitude, culpa (dolo ou negligência), dano, nexo de causalidade, ausência de causas de justificação (entre as quais a culpa do lesado) e ausência de causa de desculpabilidade".
Cfr., ainda, MENEZES CORDEIRO *in* "Do registo de quotas ...", pp. 318 a 326.

CAPÍTULO IV
Contrato de suprimento

ARTIGO 243.º – (**Contrato de suprimento**)

1 – Considera-se contrato de suprimento o contrato pelo qual o sócio empresta à sociedade dinheiro ou outra coisa fungível, ficando aquela obrigada a restituir outro tanto do mesmo género e qualidade, ou pelo qual o sócio convenciona com a sociedade o diferimento do vencimento de créditos seus sobre ela, desde que, em qualquer dos casos, o crédito fique tendo carácter de permanência.

2 – Constitui índice do carácter de permanência a estipulação de um prazo de reembolso superior a um ano, quer tal estipulação seja contemporânea da constituição do crédito quer seja posterior a esta. No caso de diferimento do vencimento de um crédito, computa-se nesse prazo o tempo decorrido desde a constituição do crédito até ao negócio de diferimento.

3 – É igualmente índice do carácter de permanência a não utilização da faculdade de exigir o reembolso devido pela sociedade durante um ano, contado da constituição do crédito, quer não tenha sido estipulado prazo, quer tenha sido convencionado prazo inferior; tratando-se de lucros distribuídos e não levantados, o prazo de um ano conta-se da data da deliberação que aprovou a distribuição.

4 – Os credores sociais podem provar o carácter de permanência, embora o reembolso tenha sido efectuado antes de decorrido o prazo de um ano referido nos números anteriores. Os sócios interessados podem ilidir a presunção de permanência estabelecida nos números anteriores, demonstrando que o diferimento de créditos corresponde a circunstâncias relativas a negócios celebrados com a sociedade, independentemente da qualidade de sócio.

5 – Fica sujeito ao regime de crédito de suprimento o crédito de terceiro contra a sociedade que o sócio adquira por negócio entre vivos, desde que no momento da aquisição se verifique alguma das circunstâncias previstas nos n.ºs 2 e 3.

6 – Não depende de forma especial a validade do contrato de suprimento ou de negócio sobre adiantamento de fundos pelo sócio à sociedade ou de convenção de diferimento de créditos de sócios.

378 *Regime Jurídico das Sociedades por Quotas*

NOTAS:

I. Anteprojectos: FERRER CORREIA (arts. 8.º e 85.º) e VAZ SERRA (art. 58.º). Cfr., ainda, o anteprojecto de RAÚL VENTURA *in* "Sociedades por Quotas", vol. II, pp. 70 e ss. e ANTÓNIO FERRER CORREIA/VASCO LOBO XAVIER/MARIA ÂNGELA COELHO/ANTÓNIO CAEIRO *in* "Sociedade por quotas ...", p. 160.

II. Os suprimentos assumiam, desde há muito tempo, um papel de destaque no universo societário. No entanto, só com o CSC beneficiaram de um regime jurídico próprio (arts. 243.º a 245.º).

RAÚL VENTURA *in* "Sociedades por Quotas", vol. II, p. 93, considera, todavia, que os arts. 243.º a 245.º não esgotam a regulamentação legal do contrato de suprimento, "antes pressupõem que ela seja completada pelas normas aplicáveis aos negócios que parcialmente compõem o tipo «contrato de suprimento», desde que não contrariadas por aquela regulamentação específica".

Para uma compreensão histórica do contrato de suprimento, *vide* ALEXANDRE MOTA PINTO *in* "Do Contrato de Suprimento – O financiamento da sociedade entre capital próprio e capital alheio", Almedina, 2002, pp. 189 e ss..

III. O artigo em anotação é uma norma imperativa.

O suprimento está intimamente associado ao fenómeno da subcapitalização.

Se, muitas das vezes, a subcapitalização perfila-se como uma *doença crónica* de que padece a sociedade, noutros casos, a situação de carência financeira da sociedade pode ser meramente transitória. Conforme realça ALEXANDRE MOTA PINTO *in* "Do Contrato de Suprimento...", p. 135, esta "carência poderá, como uma nuvem passageira, consistir numa simples falta de liquidez para realizar pequenos pagamentos, ou até, novos investimentos, ou, como uma forte e, tantas vezes, fatal tempestade, constituir uma crise económico-financeira, ou, nos casos mais graves, um estado de insolvência, que não lhe permitirá cumprir, pontualmente, a generalidade das suas obrigações".

Para maiores desenvolvimentos sobre o fenómeno da subcapitalização, cfr. RAÚL VENTURA *in* "Sociedades por Quotas", vol. II, pp. 77 e ss.; AVEIRO PEREIRA *in* "O Contrato de Suprimento", pp. 15 e ss.; PAULO DE TARSO DOMINGUES *in* "Do capital social", pp. 222 e ss. e ALEXANDRE MOTA PINTO *in* "Do Contrato de Suprimento...", pp. 97 e ss..

Importa ainda salientar que a subcapitalização pode constituir um exemplo de desconsideração da personalidade jurídica das sociedades comerciais. Sobre este tema, *vide* RAÚL VENTURA *in* "Sociedades por Quotas", vol. II, pp. 78 e ss.; PEDRO CORDEIRO *in* "A desconsideração da personalidade...", pp. 95 e ss.; PAULO DE TARSO DOMINGUES *in* "Do capital social", pp. 229 e ss. e COUTINHO DE ABREU *in* "Da empresarialidade...", pp. 205 e ss..

Perante uma situação de carência económico-financeira, a sociedade pode optar pelo crédito externo, recorrendo designadamente ao empréstimo bancário, o qual será, muito provavelmente, concedido em condições desfavoráveis, "uma vez que as eventuais subcapitalização ou dificuldades financeiras da sociedade aumentam os riscos para os credores que, como compensação desses riscos, farão subir o preço do crédito", ALEXANDRE MOTA PINTO *in* "Do Contrato de Suprimento...", p. 138.

Sobre o crédito bancário, veja-se MENEZES CORDEIRO *in* "Manual de Direito Bancário", 2.ª edição, Almedina, 2001, pp. 573 e ss..

A outra alternativa é o crédito interno concedido pelos sócios. Assim, para suprimir as necessidades de financiamento da sociedade, os sócios podem:

– dotá-la com capitais próprios através do aumento de capital ou
– emprestar dinheiro, ou outros bens, à sociedade (suprimento).

Perante este quadro de opções, os sócios, muitas das vezes, optam pelos suprimentos. Para um estudo mais alargado das vantagens (designadamente fiscais) associadas aos suprimentos, veja-se ALEXANDRE MOTA PINTO *in* "Do Contrato de Suprimento...", pp. 139 e ss..

RAÚL VENTURA *in* "Sociedades por Quotas", vol. II, p. 76, sublinha que se "na vida económica actual o crédito é o carburante das actividades, quer de empresas individuais quer de empresas colectivas, nas sociedades por quotas, o crédito tornou-se o pressuposto consciente da sua vida".

No fundo, o suprimento (com especial acentuação etimológica) visa, na sua essência, *suprir* insuficiências do capital social. Na verdade, a sociedade constitui-se com um capital que a curto, a médio e mesmo a longo prazo, pode revelar-se insuficiente para o prosseguimento do objecto social.

Não podemos deixar de referir que o capital social nas SQ assume-se, cada vez mais, como uma cifra formal e abstracta (uma entidade puramente numérica) sem qualquer correspondência com a realidade.

De facto, a soma das obrigações de entrada em dinheiro (que, em princípio, perfazem o capital social) podem, na prática, não ter sido depositadas em instituição de crédito, conforme impõe o n.° 3, do art. 202.°. Com efeito o n.° 4, deste mesmo preceito, não exige, no acto constitutivo, a apresentação do comprovativo do depósito, impondo apenas que os sócios declarem que procederam a tal depósito.

Sobre a aplicação do regime do contrato de suprimento a outros tipos societários (em especial nas SA), *vide* RAÚL VENTURA *in* "Sociedades por Quotas", vol. II, pp. 89 e ss.; ALEXANDRE MOTA PINTO *in* "Do Contrato de Suprimento ...", pp. 292 e ss.; AVEIRO PEREIRA *in* "O Contrato de Suprimento", pp. 113 e ss.; PAULO DE TARSO DOMINGUES *in* "Do capital social", pp. 227 e ss.; MENEZES CORDEIRO *in* "Manual de Direito das Sociedades", vol. II, p. 278; COUTINHO DE ABREU *in* "Curso de Direito...", II, pp. 338 e ss. e RUI PINTO DUARTE, *in* "Suprimentos, prestações...", pp. 266 e ss..

Para uma melhor distinção entre o contrato de suprimento e outras figuras afins, como por exemplo, as prestações acessórias e as prestações suplementares, cfr. Raúl Ventura *in* "Sociedades por Quotas", vol. II, pp. 107 e ss.; Aveiro Pereira *in* "O Contrato de Suprimento", pp. 103 e ss. e Rui Pinto Duarte, *in* "Suprimentos, prestações…", pp. 264 e ss..

IV. O verdadeiro ponto de partida ou "pressuposto", da realização de suprimentos, é "o reconhecimento da *liberdade dos sócios no financiamento da sociedade*", Alexandre Mota Pinto *in* "Do Contrato de Suprimento…", p. 57.

O contrato de suprimento é antes de mais um contrato, ou seja, um negócio jurídico formado por duas declarações de vontade e cuja conclusão depende da existência de acordo quanto ao seu conteúdo (cfr. art. 232.º, do CC). Assim, fica excluída a possibilidade de o sócio ou a sociedade celebrarem um negócio jurídico unilateral (embora, muitas das vezes, pareça que o suprimento foi unilateralmente constituído pelo sócio).

As modalidades do contrato de suprimento são:

*a) Empréstimo de dinheiro ou outra coisa fungível – mútuo (1.ª parte, do **n.º 1**);*

O mútuo é a modalidade clássica de contrato de suprimento.

Aliás, a definição do contrato de suprimento adoptada na 1.ª parte, do **n.º 1**, é notoriamente idêntica à prevista no art. 1142.º, do CC.

O contrato de mútuo está regulado nos arts. 1142.º a 1151.º, do CC, os quais são, conforme já referimos, subsidiariamente aplicáveis ao contrato de suprimento.

No que concerne especificamente ao mútuo bancário, cfr. Menezes Cordeiro *in* "Manual de Direito Bancário", pp. 573 e ss..

O dinheiro ou coisas fungíveis constitui o objecto desta modalidade de suprimento.

De acordo com o art. 207.º, do CC, são fungíveis as coisas que se determinam pelo seu género, qualidade e quantidade, quando constituam objecto de relações jurídicas. Por exemplo, matérias-primas (madeira, tijolo, cimento, etc.) ou meios de produção (gás, combustível, etc.).

Alexandre Mota Pinto *in* "Do Contrato de Suprimento …", p. 317, considera, ainda, que a cedência de gozo de bens à sociedade tem "carácter *substitutivo de capital próprio*, devendo, por isso, sujeitar-se ao regime do contrato de suprimento".

Quanto à questão de saber se esta modalidade de contrato de suprimento e o contrato de mútuo são contratos reais, veja-se, entre outros, Raúl Ventura *in* "Sociedades por Quotas", vol. II, p. 102; Alexandre Mota Pinto *in* "Do Contrato de Suprimento …", pp. 358 e ss.; Aveiro Pereira *in* "O Contrato de Suprimento", p. 50; Menezes Cordeiro *in* "Manual de Direito das Sociedades", II, p. 277; João Redinha *in* "Contrato de mútuo", sob a coordenação de Menezes Cordeiro, Direito das Obrigações, 3.º vol., AAFDL, Lisboa, 1991, pp. 194 e ss. e Mota Pinto *in* "Cessão da Posição Contratual", reimpressão, Almedina, 2003, pp. 11 e ss..

*b) Diferimento do vencimento de créditos (2.ª parte, do **n.° 1**)*

O diferimento do vencimento de créditos pode resultar de uma convenção expressa celebrada entre o sócio e a sociedade, a qual pode consistir "na simples concessão de uma moratória à sociedade para a liquidação do crédito do sócio já vencido (*v.g.* o pagamento de mercadorias) obrigando-se, este, apenas, a não exigir o pagamento do crédito durante um certo prazo – caso de *pactum de non petendo intra certum tempus*. Nesta hipótese, se o sócio exigir a satisfação do crédito antes do termo do prazo acordado, a sociedade poderá invocar a moratória, que, constituindo uma excepção dilatória, suspende, temporariamente, o exercício daquele direito", ALEXANDRE MOTA PINTO *in* "Do Contrato de Suprimento...", p. 339.

A convenção de diferimento pode traduzir-se, ainda, num acordo entre o sócio e a sociedade no sentido de prorrogarem ou estabelecerem novo prazo. Cfr. ALEXANDRE MOTA PINTO *in* "Do Contrato de Suprimento...", p. 339.

O diferimento do vencimento pode resultar, tacitamente, de factos que com toda a probabilidade o revelem (art. 217.°, n.° 1, do CC), como por exemplo, a percepção de juros *in futurum*. Cfr. ALEXANDRE MOTA PINTO *in* "Do Contrato de Suprimento...", p. 340.

c) Não exercício de um direito de crédito contra a sociedade

Um dos exemplos desta modalidade de suprimento é o não levantamento de lucros distribuídos, a que alude a parte final, do **n.° 3**.

O sócio pode consentir no diferimento do crédito à sua parte nos lucros (art. 217.°, n.° 2).

COUTINHO DE ABREU *in* "Curso de Direito...", II, p. 331, entende que nos casos em que "um sócio consentiu no diferimento do vencimento do seu crédito por lucros, tendo sido estipulado um prazo superior a um ano a contar da deliberação de distribuição dos lucros", o respectivo crédito é um crédito de suprimento, sendo aplicável o **n.° 2**.

*d) Crédito de terceiro adquirido pelo sócio (**n.° 5**)*

Cfr. anotações infra.

Vide, ainda, as modalidades atípicas do contrato de suprimento indicadas por ALEXANDRE MOTA PINTO *in* "Do Contrato de Suprimento ...", pp. 343 e ss..

Ao contrário do que se verifica na modalidade consagrada no **n.° 5**, nas duas modalidades previstas no **n.° 1**, os sujeitos do contrato de suprimento são o sócio e a sociedade.

A qualidade de sócio deve verificar-se no momento em que é celebrado o contrato de suprimento, "podendo, porém, ser efectuados suprimentos no momento em que o sócio adquire esta qualidade, ou, no extremo temporal oposto, no momento em que decide abandonar a sociedade. Assim, se, por exemplo, um sócio efectuar um empréstimo à sociedade já depois de acordada a cessão da sua quota, mas antes da respectiva transmissão, esse empréstimo poderá constituir um contrato de suprimento", Alexandre Mota Pinto *in* "Do Contrato de Suprimento ...", pp. 258 e 259. Em sentido contrário, Raúl Ventura *in* "Sociedades por Quotas", vol. II, p. 96, defende que não existirá contrato de suprimento na previsão de saída do sócio.

Alexandre Mota Pinto *in* "Do Contrato de Suprimento ...", p. 260, sustenta, ainda, que, estaremos perante um contrato de suprimento se o sócio, ainda nessa qualidade, acorda o empréstimo, mas só entrega a respectiva verba depois de sair da sociedade.

Por outro lado, os terceiros, designadamente os usufrutuários de participações sociais, o credor pignoratício, o cônjuge e parentes próximos do sócio, as sociedades coligadas e os cessionários de créditos de suprimentos, podem estar sujeitos ao regime dos suprimentos. Cfr. Alexandre Mota Pinto *in* "Do Contrato de Suprimento ...", pp. 272 e ss.. e, ainda, Raúl Ventura *in* "Sociedades por Quotas", vol. II, pp. 95 e ss..

V. Como já referimos, antes da entrada em vigor do CSC, aos suprimentos era aplicável o regime do contrato de mútuo. Ora, tendo os suprimentos atingido o ponto de maturação suficiente que justificou a sua autonomia jurídico-dogmática, espelhada na consagração de um regime próprio, impunha-se a definição de um critério seguro de qualificação.

Ferrer Correia *in* "A sociedade por quotas...", p. 110, considerava adequado o recurso a um critério formal, extrínseco, que tivesse a vantagem da praticabilidade e que permitisse considerar como suficiente indiciada a situação substancial de carência económica.

Para este autor, *loc. cit.*, esse critério poderia "ser o da permanência (sugerido por Raúl Ventura): presumir-se-á que os bens se destinavam, segundo a intenção das partes, a fazer as vezes de contribuições de capital (ou para o capital), se forem postos à disposição da sociedade de uma forma não transitória".

Com efeito, o legislador acabou por optar por um critério objectivo (o da permanência) que conferisse uma maior segurança jurídica, em detrimento de um critério que "pudesse conceder relevância a circunstâncias subjectivas, mais difíceis de apurar, como a intenção dos sócios de substituir o capital próprio através da realização de suprimentos", Alexandre Mota Pinto *in* "Do Contrato de Suprimento ...", p. 321.

A permanência pode ser definida como um verdadeiro *elemento objectivo típico do contrato de suprimento*, que se traduz num conceito vago (de certa forma indeterminado) incompatível com a qualificação casuística do contrato de suprimento, motivo pelo qual o legislador adoptou um *método indiciário de verificação*.

Neste seguimento, os **n.ᵒˢ 2** e **3** contêm índices de permanência, que constituem verdadeiras presunções *iuris tantum* (ilidíveis mediante prova em contrário, nos termos do art. 350.°, n.° 2, do CC).

Os índices de permanência só operam nos casos em que as partes não submeteram o contrato de suprimento a forma escrita (não exigida nos termos do **n.º 6**) ou não procederam à sua qualificação expressa.

Por força dos referidos índices, a existência de um contrato de suprimento presume-se nos seguintes casos:

*a) se as partes, na constituição do crédito ou em momento ulterior a esta, estipularam um prazo de reembolso superior a um ano (1.ª parte, do **n.º 2**)*

Para RAÚL VENTURA *in* "Sociedades por Quotas", vol. II, p. 115, a estipulação do prazo aqui prevista é sempre expressa.

Note-se que, no caso de diferimento do vencimento de um crédito, computa-se nesse prazo o tempo decorrido desde a constituição do crédito até ao negócio de diferimento (2.ª parte, do **n.º 2**). Ainda na opinião de RAÚL VENTURA, *ob. cit.*, p. 115, isto significa que "haverá suprimento mesmo que a convenção de diferimento estipule um prazo inferior a um ano, prazo esse contado desde a data da convenção, desde que esse prazo somado ao tempo decorrido desde a constituição do crédito, atinja um ano";

*b) se, não tendo havido estipulação de prazo, o reembolso não tenha sido exigido durante um ano após a constituição do crédito (**n.º 3**)*

*c) se, tendo havido estipulação de prazo inferior, o reembolso não tenha sido exigido durante um ano após a constituição do crédito (**n.º 3**)*

A contagem do prazo de 1 ano previsto no **n.º 3** inicia-se com a constituição do crédito. Se o suprimento resultar de lucros distribuídos e não levantados, esse prazo conta-se da data da deliberação que aprovou a distribuição (parte final, do **n.º 3**).

De acordo com a proposta apresentada por RAÚL VENTURA (FERRER CORREIA entendia adequado o prazo de 2 anos), o prazo de um 1 ano (previsto nos **n.ºs 2** e **3**) baseia-se "no facto de, durante o ano de vida do crédito necessariamente se encerrar um exercício social", RAÚL VENTURA, *ob. cit.*, p. 115.

O mesmo autor, *ob. cit.*, p. 94, acrescenta que o contrato de suprimento não pode ocorrer depois da dissolução da sociedade, uma vez que não existe "permanência".

VI. A existência do contrato de suprimento depende da verificação dos elementos essenciais que o compõem, mais precisamente o empréstimo ou a convenção de diferimento, com o carácter de permanência do crédito.

RAÚL VENTURA *in* "Sociedades por Quotas", vol. II, p. 107, salienta que os "prazos de um ano referidos nos n.ºs 2 e 3 do art. 243.º, como elementos dos índices de permanência não significam que o contrato de suprimento só exista no final de tais prazos, mas sim que, desde o início, o contrato era de suprimento".

Para este autor, *loc. cit.*, este princípio está presente na 1.ª parte, do **n.º 4**, ao abrigo da qual os credores sociais podem provar que o crédito do sócio tinha o carácter de permanência, não obstante o reembolso tenha sido efectuado antes de

384 Regime Jurídico das Sociedades por Quotas

decorrido o prazo de 1 ano referido nos **n.ᵒˢ 2 e 3** (ou seja, mesmo não se tendo verificado os índices de permanência).

Atendendo às palavras de ALEXANDRE MOTA PINTO *in* "Do Contrato de Suprimento ...", p. 323, o legislador, com esta disposição, reconheceu "a sua insuficiência na identificação de todos os casos de contratos de suprimento (...). Foi, designadamente, prevenindo as hipóteses de disfarce do carácter de permanência através de sucessivos suprimentos, restituídos antes do decurso de um ano, e, de novo, reinvestidos na sociedade, que se estabeleceu a possibilidade de os credores sociais provarem essa permanência".

A prova do carácter de permanência "terá de incidir sobre elementos objectivos e subjectivos. Isto é, deverão ser ponderadas não só as circunstâncias ligadas às vicissitudes do crédito em causa e à situação financeira da sociedade, nomeadamente a afectação daquele ao objecto social e eventual subcapitalização da empresa, mas também a intenção dos sócios que abonaram a sociedade, no momento em que constituíram esse crédito.

No fundo, a actividade probatória visará a demonstração de factos que traduzam a natureza de substituto de capital atribuída ao suprimento. Complementarmente, deverão ainda tomar-se em consideração as circunstâncias relacionadas com a motivação do sócio e subjacentes à sua decisão de habilitar a sociedade com determinados valores", AVEIRO PEREIRA *in* "O Contrato de Suprimento", p. 77.

Para maiores desenvolvimentos sobre as circunstâncias susceptíveis de provar o carácter de permanência dos créditos, *vide* ALEXANDRE MOTA PINTO *in* "Do Contrato de Suprimento ...", pp. 326 e ss. e COUTINHO DE ABREU *in* "Curso de Direito...", II, pp. 331 e ss..

A propósito da possibilidade de a sociedade (note-se que o preceito alude apenas aos credores sociais) provar o carácter de permanência e, consequentemente, a qualificação como suprimento do crédito, ALEXANDRE MOTA PINTO *in* "Do Contrato de Suprimento ...", p. 326, considera que a mesma só é admissível "nos casos de empréstimos *por tempo indeterminado*".

Quanto à aplicação do **n.º 4** nos casos de dissolução ou insolvência, veja-se AVEIRO PEREIRA *in* "O Contrato de Suprimento", p. 76 e RAÚL VENTURA *in* "Sociedades por Quotas", vol. II, pp. 120 e 121.

VII. Conforme já referimos supra, os índices de permanência constituem verdadeiras presunções *iuris tantum*, ilidíveis mediante prova em contrário, nos termos do art. 350.º, n.º 2, do CC.

Esta regra geral está plasmada na 2.ª parte, do **n.º 4**, o qual estabelece expressamente uma hipótese de ilisão da presunção de permanência.

Assim, ao abrigo da referida disposição, os sócios interessados podem ilidir a presunção de permanência estabelecida nos **n.ᵒˢ 2 e 3**, demonstrando que o dife-

Título III – Sociedades por quotas

rimento de créditos corresponde a circunstâncias relativas a negócios celebrados com a sociedade, independentemente da qualidade de sócio.

No entendimento de RAÚL VENTURA *in* "Sociedades por Quotas", vol. II, p. 107, a expressão "diferimento" foi aqui empregue em sentido mais amplo do que nos **n.**^os **1** e **2**, pelo que "estão compreendidos não só os negócios pelos quais seja diferido o pagamento de um crédito já anteriormente constituído, como também as estipulações iniciais de prazo. Assim, a demonstração permitida aos sócios pode reportar-se a um contrato de empréstimo, para o qual tenha sido estipulado prazo superior a um ano ou a qualquer outro negócio donde tenha resultado um crédito, em princípio susceptível de ser qualificado como de suprimento".

Segundo COUTINHO DE ABREU *in* "Curso de Direito...", II, p. 333, ao sócio cabe demonstrar que "o crédito não faz as vezes de nova entrada de capital que o sócio enquanto tal (interessado na sobrevivência ou no desenvolvimento da "sua" sociedade), deveria ou poderia ter realizado, justificando-se antes por condições objectivas relativas ao negócio, com indiferença pelo facto de o credor ser sócio – crédito idêntico é proporcionado ou proporcionável pelo sócio a outras entidades ou poderia ser proporcionado à sociedade por outrem que não o sócio".

VIII. O **n.°** **5** consagra uma das modalidades de suprimento tipificadas, qual seja o crédito de terceiro contra a sociedade adquirido pelo sócio. RAÚL VENTURA *in* "Sociedades por Quotas", vol. II, p. 111, sustenta que o disposto neste preceito não constitui uma modalidade de contrato de suprimento, uma vez que "não existe nesse caso negócio algum entre sócio e a sociedade".

O legislador procurou, aqui, "evitar tentativas de fraude ao regime legal dos suprimentos, como sucederia se o sócio, em vez de celebrar ele próprio o negócio para a sociedade, o fizesse celebrar por terceiro, a quem depois adquiria o crédito", RAÚL VENTURA, *ob. cit.*, p. 112.

A qualidade de sócio ou de terceiro deve, para efeitos deste preceito, ser apurada por referência ao momento da aquisição.

Os requisitos estabelecidos neste preceito são:

a) a existência de um crédito de terceiro contra a sociedade

b) a aquisição desse crédito pelo sócio, mediante negócio entre vivos

No que diz respeito a este requisito, RAÚL VENTURA, *ob. cit.*, p. 110, refere que "o preceito não se justificaria no caso de sucessão por morte de terceiro, em que é natural que o crédito se transmita com as mesmas qualidades que tinha na titularidade do *de cuius*, sendo exagerado sujeitar o sucessor a restrições ou condicionamentos por uma transmissão *acidental* do crédito";

c) a verificação de algum dos elementos indiciários previstos nos **n.**^os **2** *e* **3**

RAÚL VENTURA, *ob. cit.*, p. 104, considera enquadrável, no **n.°** **5**, o crédito de regresso do sócio contra a sociedade, decorrente da satisfação de uma dívida desta contra terceiro.

386   *Regime Jurídico das Sociedades por Quotas*

IX. O contrato de suprimento não está sujeito a forma especial (**n.º 6**, 1.ª parte).

O legislador optou por *dar viva voz* ao princípio da consensualidade, consignando, expressamente, uma plena liberdade de forma para o contrato de suprimento. MENEZES CORDEIRO e outros *in* "Código das Sociedades Comerciais – Anotado", p. 650, consideram que se manifesta, aqui, "a regra da prova livre do empréstimo mercantil entre comerciantes (396.º do CCom)".

Assim, o contrato de suprimento pode ser celebrado por escrito ou verbalmente.

Quanto aos fundamentos da consensualidade aqui prevista, *vide* ALEXANDRE MOTA PINTO *in* "Do Contrato de Suprimento ...", pp. 370 e ss..

De igual forma, também o negócio sobre adiantamento de fundos pelo sócio à sociedade ou de convenção de diferimento de créditos de sócios não depende de forma especial (2.ª parte, do **n.º 6**).

RAÚL VENTURA *in* "Sociedades por Quotas", vol. II, p. 100, insurge-se contra a 2.ª parte, do **n.º 6**, asseverando que a mesma é perfeitamente escusada, levando-a "à conta de excesso de cautela para garantir que, apesar de algum dos elementos do tipo, o contrato de suprimento fica liberto de forma especial".

Por seu turno, COUTINHO DE ABREU *in* "Curso de Direito...", II, p. 333, classifica esta parte do preceito como um "acrescento esquisito". Para este autor, *loc. cit.*, faz "pouco sentido que signifique mera concretização das possíveis modalidades do contrato de suprimento (compreendidas já, portanto, na menção deste contrato no preceito). Parece preferível interpretá-lo como explicitação (um tanto a talhe de foice) de que também estes negócios, quando não qualificáveis como contratos de suprimento, não exigem forma especial".

Cfr., ainda, ALEXANDRE MOTA PINTO *in* "Do Contrato de Suprimento ...", p. 372 e AVEIRO PEREIRA *in* "O Contrato de Suprimento", p. 82.

A propósito do **n.º 6**, AVEIRO PEREIRA *in* "O Contrato de Suprimento", p. 84, sustenta que esta disposição "é inoperante como interpretação autêntica, já que, em bom rigor, esta deve limitar-se a declarar o sentido possível de uma fonte de direito preexistente, e não a dispor em sentido completamente diverso daquela, sob pena de não ser interpretativa mas antes inovadora. É que, se a lei que se pretende interpretativa na verdade altera a que visava interpretar, o que acontece é a revogação desta última, e não a sua interpretação, passando aquela a impor-se exclusivamente para o futuro".

Em sentido contrário, cfr. o Ac. da RP, de 17.05.88 *in* CJ, Ano XIII, Tomo III, p. 149.

JURISPRUDÊNCIA:

I – A acção na qual se exigem suprimentos, enquanto equiparados ao mútuo mercantil, não cabe na competência especializada dos tribunais de comércio.

Título III – Sociedades por quotas 387

II – Para que exista sub-rogação legal, nos termos do art. 592.° n°1 C.Civ., o terceiro terá interesse directo no cumprimento – interesse que deverá revestir carácter patrimonial (não basta um interesse moral como o resultante de relações de parentesco ou de amizade) – sempre que esteja constituído no dever de o efectuar ou seja dono de bens que o garantam.
Ac. da RP, de 23.06.09 *in* www.dgsi.pt (Proc. n.° 3341/04.4TVPRT.P1)

I – A transmissão de créditos por suprimentos, tanto para sócios como para estranhos à sociedade, sujeita-se à disciplina do art. 577.° do Cód. Civil, não sendo necessário, assim, o consentimento do devedor para que a cessão seja considerada válida.
II, III e IV – (…)
Ac. do STJ, de 13.03.08 *in* CJ, Ano XVI, Tomo I, p. 171

Quando, num contrato de suprimento, se clausula que "os suprimentos são concedidos pelo prazo de um ano e um dia" deve, em princípio, entender-se que se fixou, quer o prazo do suprimento, quer do reembolso.
Ac. da RP, de 29.04.04 *in* www.dgsi.pt (Proc. n.° 0431746)

Nas sociedades comerciais, a obrigação de constituir suprimentos cessa com a dissolução da sociedade ou com a declaração da sua falência.
Ac. da RP, de 23.10.01 *in* www.dgsi.pt (Proc. n.° 0120913)

I – Não tendo sido estipulado prazo para o reembolso dos suprimentos, é aplicável o disposto no n.° 2 do artigo 777.° do CC mas o tribunal deverá ter em conta as consequências que o reembolso acarretará para a sociedade, podendo, designadamente, determinar que o pagamento seja fraccionado em certo número de prestações.
II – Se apenas um dos sócios pediu a fixação de prazo de reembolso, o tribunal nunca poderia fixar um prazo para o reembolso dos suprimentos dos restantes sócios pela simples razão de que a lei lhe proíbe a condenação em quantidade superior ou em objecto diverso do pedido. A igualdade de tratamento dos sócios deve ser observada, sim, pela sociedade, quando o reembolso de suprimentos seja de sua iniciativa.
Ac. do STJ, de 29.02.00 *in* CJ, Ano VIII, Tomo I, p. 119

I – O reembolso de suprimentos feitos a determinada sociedade comercial por um seu sócio, não havendo prazo estipulado pelos interessados, deve realizar-se, independentemente da sua situação financeira, mas tendo-a em conta, totalmente ou em prestações, em prazo razoável a fixar pelo tribunal competente.
II – Tendo a sociedade comercial devedora uma desafogada situação económica e encontrando-se em fase de progressivo desenvolvimento, atento o mon-

388   *Regime Jurídico das Sociedades por Quotas*

tante do reembolso a fazer que não ultrapassa os 2.500 contos, é de se considerar razoável o prazo de 30 dias fixado judicialmente.
Ac. da RL, de 10.02.99 *in* CJ, Ano XXIV, Tomo I, p. 110

I – O regime do contrato de suprimento definido no Título III do CSC não é um regime excepcional, que possa considerar-se específico das sociedades por quotas, sendo aplicável às sociedades anónimas, mesmo tratando-se de suprimentos facultativos.

II – Porém, esse regime é tão só aplicável ao accionista empresário, e já não aos accionistas investidores.

III – O contrato de suprimento regulado no artigo 243.° do CSC apresenta dois requisitos comuns ao contrato de mútuo – como este, é um contrato real quoad constitutionem –, e dois requisitos específicos, que lhe conferem individualidade no mundo dos contratos típicos: a qualidade dos sujeitos (do empréstimo há-de ser credor o sócio e devedor a sociedade) e o carácter de permanência do crédito

IV – Para evitar dúvidas, ou mesmo manobras de descaracterização deste último requisito, os n.ᵒˢ 2 e 3 do artigo 243.° estabelecem dois índices do carácter de permanência: 1. – a estipulação de um prazo de reembolso superior a um ano, seja essa estipulação contemporânea ou posterior à constituição do crédito; 2. – a duração de facto, efectiva, do empréstimo durante um ano, contado da constituição do crédito.

V – Sendo esses índices de permanência meras presunções juris tantum do requisito da permanência, o credor pode demonstrar o contrário (artigo 350.°, n.° 2, do C.Civil).
Ac. do STJ, de 09.02.99 *in* www.dgsi.pt (Proc. n.° 98A1083) e CJ, Ano VII, Tomo I, p. 100

I – O contrato de suprimento é nominado ou típico.

II – Reveste as seguintes modalidades: a de mútuo; a de deferimento do vencimento de crédito sobre a sociedade, com carácter permanente; e a de aquisição por um sócio de um crédito diferido de terceiro, também permanente.

III – No contrato de suprimento facultativo a retribuição devida por juros está dependente de estipulação expressa.
Ac. da RC, de 30.06.98 *in* CJ, Ano XXIII, Tomo III, p. 39

I – Uma das modalidades do contrato de suprimento é aquela em que o sócio empresta à sociedade dinheiro.

II – Este contrato é um contrato real, uma vez que a entrega do dinheiro se apresenta como elemento constitutivo ou integrante do contrato.

III – Uma deliberação social em que se delibere por unanimidade que um dos sócios se retiraria de sócio, mas antes entregava à sociedade, como supri-

Título III – Sociedades por quotas

389

mento, uma certa quantia, não integra um contrato de suprimento, mas antes um contrato-promessa de suprimento.

IV – Dada a natureza real do contrato de suprimento o cumprimento da promessa não pode ser obtido por uma sentença.

Ac. do STJ, de 27.10.98 *in* www.dgsi.pt (Proc. n.° 98A904) e CJ, Ano VI, Tomo III, p. 85

I – Não há contrato de suprimento se o sócio que se compromete em assembleia geral a entregar à sociedade determinada quantia em dinheiro, se dispõe a sair da sociedade após essa entrega, prescindindo do pagamento do leite que entregara àquela e cujo preço estava em dívida e prescindindo ainda do reembolso "dos suprimentos por si efectuados".

II – Tal factualidade viola a exigência de estabilidade do crédito contido no art. 243.°-1 do CSC.

Ac. da RE, de 12.03.98 *in* CJ, Ano XXIII, Tomo II, p. 271

I – Cabe à sociedade o ónus da prova das circunstâncias determinantes do número de prestações em que deve ser fraccionado o reembolso dos suprimentos.

II – A falta de meios da sociedade para efectuar o reembolso não pode conduzir à recusa do mesmo.

III – No processo especial para fixação de prazo não pode ser oposto outro crédito em compensação.

Ac. da RL, de 04.12.97 *in* CJ, Ano XXII, Tomo V, p. 117

I – O direito do gerente à remuneração é independente da vontade dos sócios pois decorre directamente do art. 255.°, n.° 1 do CSC.

II – Aos sócios pertence sim e apenas a fixação do "quantum" dessa remuneração o qual o gerente aceitará ou não.

III – O contrato de suprimento é, por princípio, facultativo.

Ac. da RL, de 12.06.97 *in* CJ, Ano XXII, Tomo III, p. 114

I – Quem presta suprimentos à sociedade pode exigir o seu reembolso.

II – Este é determinado pela existência de prazo convencionado ou, não existindo convenção, pelo prazo a ser fixado pelo tribunal.

Ac. da RE, de 06.05.93 *in* CJ, Ano XVIII, Tomo III, p. 276

I – Antes da entrada em vigor do C. S. C., os suprimentos feitos pelos sócios à sociedade, embora desconhecidos como contratos na lei comercial eram considerados contratos inominados equiparados ao mútuo.

II – O artigo 243.° – 1 do C. S. C. passou a definir com rigor àquele contrato que assim passou a ser um contrato nominado ou típico.

390 Regime Jurídico das Sociedades por Quotas

III – Face ao disposto no art. 530.° – 1 daquele Código, considera-se válido um contrato de suprimento celebrado antes de 1/11/86 e sem obediência a qualquer foram especial, uma vez que sendo tal questão controvertida na vigência da lei antiga, a actual, que não exige qualquer formalismo para validade do dito contrato, tem natureza interpretativa, aplicando-se retroactivamente.
Ac. da RC, de 10.11.92 *in* CJ, Ano XVII, Tomo V, p. 43

I – Antes da entrada em vigor do Cod. Soc. Comerciais entendia-se que os suprimentos dos sócios à sociedade podiam provar-se pela escrita social.
II – O n.° 6 do art. 243.° do Cod. Soc. Comerciais é interpretativa quanto à forma e validade dos anteriores contratos de suprimento.
III – Tendo o sócio duma sociedade pago créditos de trabalhadores sobre a sociedade, existe sub-rogação não um contrato de mútuo.
Ac. da RC, de 05.02.91 *in* CJ, Ano XVI, Tomo I, p. 66

ARTIGO 244.° – **(Obrigação e permissão de suprimentos)**
1 – À obrigação de efectuar suprimentos estipulada no contrato de sociedade aplica-se o disposto no artigo 209.° quanto a obrigações acessórias.
2 – A referida obrigação pode também ser constituída por deliberação dos sócios votada por aqueles que a assumam.
3 – A celebração de contratos de suprimentos não depende de prévia deliberação dos sócios, salvo disposição contratual em contrário.

NOTAS:

I. O artigo em anotação estabelece os actos sociais constitutivos da obrigação de efectuar suprimentos.

De acordo com este preceito, a obrigação de efectuar suprimentos pode ser constituída no contrato de sociedade, o qual pode impor a todos ou alguns sócios tal obrigação (n.° 1, do art. 209.° *ex vi* **n.° 1**).

A validade desta disposição contratual depende da fixação dos elementos essenciais da obrigação de suprimentos (n.° 1, do art. 209.° *ex vi* **n.° 1**).

O legislador procurou, aqui, evitar que os sócios fossem "deixados numa situação de grande incerteza, face à possibilidade de a sociedade lhes impor prestações muito superiores às entradas realizadas para a sociedade – poderia tratar--se, mesmo, de uma obrigação virtualmente ilimitada (cuja validade poderia

Título III – Sociedades por quotas   391

mesmo, eventualmente, ser posta em causa, por afectar a ordem pública)", ALE-XANDRE MOTA PINTO *in* "Do Contrato de Suprimento ...", p. 350.

Assim, o contrato de sociedade deve fixar:

i) o sócio ou sócios vinculados

ii) a modalidade de suprimento escolhida

iii) o montante dos suprimentos (que poderá ser fixo ou por menção de um limite máximo)

O contrato de sociedade poderá especificar o montante dos suprimentos a que se vincula cada um dos sócios ou fixar um montante global. Neste último caso e por força do princípio da igualdade de tratamento dos sócios, a sociedade não pode fazer discriminações entre os sócios vinculados.

Desta feita e na falta de estipulação em contrário, o montante global de suprimentos deverá ser repartido por todos os sócios vinculados.

Para RAÚL VENTURA *in* "Sociedades por Quotas", vol. II, p. 130, não "parece que tal montante deva ser rateado em função dos valores nominais das quotas, porque nenhuma relação existe entre o valor nominal da quota e o montante do suprimento a que o sócio tenha querido obrigar-se".

Conforme expressamente determina o n.º 1, do art. 209.º *ex vi* **n.º 1**, o contrato de sociedade deve, ainda, especificar o carácter oneroso ou gratuito dos suprimentos.

Estaremos perante um suprimento oneroso, por exemplo, quando as partes estipulam o pagamento de juros.

Em relação à obrigação de juros, COUTINHO DE ABREU *in* "Curso de Direito...", II, p. 333, escreve que os *"suprimentos só são retribuídos com juros quando tal seja estipulado"*. Veja-se, ainda, ALEXANDRE MOTA PINTO *in* "Do Contrato de Suprimento ...", pp. 379 e 380 e MENEZES CORDEIRO *in* "Manual de Direito das Sociedades", vol. II, p. 278.

Cfr., em sentido contrário, AVEIRO PEREIRA *in* "O Contrato de Suprimento", pp. 86 e ss..

ALEXANDRE MOTA PINTO *in* "Do Contrato de Suprimento ...", pp. 352 e 353, admite a possibilidade de o contrato de sociedade fixar uma cláusula penal ou uma fixação antecipada de indemnização como sanção jurídico-societária para a não realização dos suprimentos.

Sobre a cláusula penal, *vide* PINTO MONTEIRO *in* "Cláusula penal de indemnização", reimpressão, Almedina, 1990.

Importa referir que, por força da remissão para o art. 209.º, a falta de cumprimento da obrigação de suprimento não afecta a situação do sócio como tal, salvo disposição contratual em contrário.

ALEXANDRE MOTA PINTO *in* "Do Contrato de Suprimento ...", p. 353, sublinha, todavia, que os sócios poderão "estipular uma sanção de exclusão da colectividade social".

392   *Regime Jurídico das Sociedades por Quotas*

Sobre os elementos essenciais da obrigação de suprimento, *vide* ALEXANDRE MOTA PINTO *in* "Do Contrato de Suprimento ...", pp. 349 e ss.; RAÚL VENTURA *in* "Sociedades por Quotas", vol. II, pp. 129 e ss. e COUTINHO DE ABREU *in* "Curso de Direito...", II, p. 335.

Por força ainda daquela remissão, a obrigação de suprimentos extinguem-se com a dissolução da sociedade.

II. A obrigação de suprimentos pode também ser constituída por deliberação dos sócios (**n.º 2**).

Uma vez que não implica alteração do contrato de sociedade, esta deliberação pode ser tomada por maioria simples dos votos emitidos (cfr. o art. 250.º, n.º 3).

ALEXANDRE MOTA PINTO *in* "Do Contrato de Suprimento ...", p. 354, acrescenta ainda que, estando presentes todos os sócios, a mesma "poderá ser tomada na assembleia geral anual, decidindo os sócios, logo na deliberação de distribuição de lucros, que estes serão reinvestidos no financiamento da sociedade através de suprimentos".

Em virtude do princípio de que a sociedade não pode impor unilateralmente obrigações aos sócios, a obrigação de suprimento, constituída por deliberação social, só vincula os que tiverem votado a deliberação. Cfr. RAÚL VENTURA *in* "Sociedades por Quotas", vol. II, p. 129 e ALEXANDRE MOTA PINTO *in* "Do Contrato de Suprimento ...", p. 353.

A propósito da impossibilidade de as assembleias gerais das SQ criarem, para os sócios, novas obrigações perante a sociedade a acrescer à obrigação de entrada, veja-se VASCO LOBO XAVIER *in* "Anulação de deliberação social e deliberações conexas", reimpressão, Almedina, 1998, p. 120, nota 19.

III. A celebração de contratos de suprimentos não depende de prévia deliberação dos sócios (**n.º 3**).

Da leitura deste preceito resulta que a celebração de contratos de suprimento não constitui uma competência do órgão deliberativo (a assembleia geral), mas sim do órgão de administração e representação (a gerência).

ALEXANDRE MOTA PINTO *in* "Do Contrato de Suprimento ...", p. 366, considera que tal conclusão "já resultaria das próprias regras de distribuição de competências dentro da colectividade, uma vez que cabe à administração da sociedade escolher os modos de financiamento da sociedade". Cfr. os arts. 246.º, n.º 1 e 259.º.

Por sua vez, RAÚL VENTURA *in* "Sociedades por Quotas", vol. II, p. 131, entende que a celebração de contratos de suprimento não está incluída no elenco de deliberações previstas no art. 246.º.

Pode suceder que o sócio que realiza os suprimentos seja simultaneamente o gerente que, no contrato, representa a sociedade. Nesta hipótese, coloca-se a

Título III – Sociedades por quotas

questão de saber se estaremos perante um negócio consigo mesmo, anulável nos termos do art. 261.º, do CC.

RAÚL VENTURA *in* "Sociedades por Quotas", vol. II, p. 132, defende que se "o contrato de suprimento é precedido de deliberação social está afastado o perigo da anulabilidade, pois a sociedade é o representado e consente expressamente na celebração do negócio. Faltando aquela deliberação, não pode dizer-se que o negócio exclui por sua natureza a possibilidade de um conflito de interesses, bastando lembrar a estipulação de juros e de prazo do suprimento para se reconhecer a possibilidade de tal conflito".

O **n.º 3** constitui uma regra supletiva, conforme resulta expressamente da sua parte final.

Assim, o contrato de sociedade pode fazer depender a celebração de contratos de suprimentos de prévia deliberação dos sócios.

Na ausência de disposição legal, o contrato de sociedade pode fixar os requisitos essenciais da deliberação, designadamente a maioria exigida.

"A exigência de deliberação prévia dos sócios, poderá resultar, indirectamente, de cláusulas contratuais restritivas da competência dos gerentes – *v.g.* vedando à gerência a possibilidade de concluir contratos de empréstimo.

A previsão da referida deliberação no contrato pode, aliás, ter o sentido de chamar os sócios a pronunciar-se sobre os meios de financiamento da sociedade", ALEXANDRE MOTA PINTO *in* "Do Contrato de Suprimento ...", p. 366.

Por outro lado, tal previsão compreende-se "como meio de evitar contratos que favoreçam certos sócios em prejuízo dos outros (v.g. em razão da taxa de juros estipulada)", BRITO CORREIA *in* Direito Comercial...", p. 493.

Com a aprovação da deliberação de celebração de contratos de suprimentos "nascerá, desde logo, um direito dos sócios à celebração dos referidos contratos e a referida deliberação tem, ao mesmo tempo, o sentido de uma ordem à gerência para a aceitação dos suprimentos", ALEXANDRE MOTA PINTO *in* "Do Contrato de Suprimento ...", p. 356.

JURISPRUDÊNCIA:

I – Os suprimentos à sociedade são facultativos, a menos que, no caso das sociedades por quotas, os estatutos prevejam a obrigação de os efectuar.

II – Estando previsto no contrato de sociedade que podem ser solicitados suprimentos aos sócios, mediante deliberação prévia destes, e tendo tal deliberação sido tomada, o sócio que não cumpre tal obrigação sujeita-se à amortização da sua quota.

Ac. da RL, de 05.02.09 *in* CJ, Ano XXXIV, Tomo I, p. 110

394 *Regime Jurídico das Sociedades por Quotas*

ARTIGO 245.º – (**Regime do contrato de suprimento**)

1 – Não tendo sido estipulado prazo para o reembolso dos suprimentos, é aplicável o disposto no n.º 2 do artigo 777.º do Código Civil; na fixação do prazo, o tribunal terá, porém, em conta as consequências que o reembolso acarretará para a sociedade, podendo, designadamente, determinar que o pagamento seja fraccionado em certo número de prestações.

2 – Os credores por suprimentos não podem requerer, por esses créditos, a falência da sociedade. Todavia, a concordata concluída no processo de falência produz efeitos a favor dos credores de suprimentos e contra eles.

3 – Decretada a falência ou dissolvida por qualquer causa a sociedade:

***a*) Os suprimentos só podem ser reembolsados aos seus credores depois de inteiramente satisfeitas as dívidas daquela para com terceiros;**

***b*) Não é admissível compensação de créditos da sociedade com créditos de suprimentos.**

4 – A prioridade de reembolso de créditos de terceiros estabelecida na alínea a) do número anterior pode ser estipulada em concordata concluída no processo de falência da sociedade.

5 – O reembolso de suprimentos efectuado no ano anterior à sentença declaratória da falência é resolúvel nos termos dos artigos 1200.º, 1203.º e 1204.º do Código de Processo Civil.

6 – São nulas as garantias reais prestadas pela sociedade relativas a obrigações de reembolso de suprimentos e extinguem-se as de outras obrigações, quando estas ficarem sujeitas ao regime de suprimentos.

NOTAS:

I. Da leitura da epígrafe, do artigo em anotação, parece resultar que este prevê o regime do contrato de suprimento. Todavia, dissecando o seu conteúdo, constatamos que o mesmo apenas regula o regime do reembolso.

Os outros aspectos do regime do contrato de suprimento (não regulados neste artigo) são regidos pelo direito geral das obrigações, *v.g.*, a transmissão de créditos resultantes de suprimentos (arts. 577.º e ss., do CC).

Raúl Ventura *in* "Sociedades por Quotas", vol. II, p. 135, considera que a transmissão de quotas não é necessariamente acompanhada pela transmissão dos créditos de suprimentos.

Na verdade, refere este autor, *loc. cit.*, "a quota não é mais do que o conjunto de direitos e deveres inerentes ao vínculo social e, embora relacionado com este, o crédito de suprimento não faz parte dele".

II. Um dos elementos que compõem a modalidade de contrato de suprimento prevista na 1.ª parte, do n.º 1, do art. 243.º, é a restituição do dinheiro ou coisa fungível emprestado em outro tanto do mesmo género ou qualidade (a terminologia empregue corresponde *ipsis verbis* à utilizada pelo art. 1142.º, do CC, para o contrato de mútuo).

Por força do art. 243.º, a sociedade e o sócio podem estipular o prazo de reembolso (aliás a estipulação de prazo superior a um ano constitui índice de permanência, nos termos do n.º 2, desse mesmo artigo).

Os contratos de suprimento podem estipular prazos de reembolso diferentes para cada um dos sócios credores. Neste caso, não haverá violação do princípio da igualdade no tratamento dos sócios.

O problema poderá colocar-se nas hipóteses em que os diversos reembolsos dos suprimentos são igualmente exigíveis. Nesta hipótese, coloca-se a questão de saber se a sociedade, tendo condições para isso, poderá reembolsar total ou parcialmente alguns desses créditos ou se deverá efectuar pagamentos proporcionais a todos os sócios credores.

RAÚL VENTURA *in* "Sociedades por Quotas", vol. II, p. 136, entende que "os credores por suprimentos são sócios e os suprimentos têm uma função social. Assim como os sócios devem ser igualmente tratados para outros efeitos, assim o devem ser para este".

A proporcionalidade a respeitar pela sociedade, continua o mesmo autor, *ob. cit.*, p. 137, "apurar-se-á pelos montantes relativos dos suprimentos de cada sócio e não pelo montante nominal das respectivas quotas. É óbvio que, partindo-se de uma situação inicial de proporção às quotas, a sociedade, por meio de reembolsos parciais de sua iniciativa, pode manter os suprimentos em proporção das quotas de capital".

III. Se o prazo não tiver sido estipulado e as partes não acordarem na sua determinação, a sua fixação é requerida ao tribunal (art. 777.º, n.º 2 *ex vi* **n.º 1**, 1.ª parte).

No que diz concerne à exigência de reembolso, o **n.º 1** constitui uma disposição especial que afasta a aplicação dos arts. 777.º, n.º 1 e 1148.º, n.º 1, ambos do CC. Cfr. RAÚL VENTURA *in* "Sociedades por Quotas", vol. II, p. 140.

O sentido desta regra é "o de afastar o regime do mútuo, impossibilitando que o sócio credor possa, a todo o tempo, exigir o imediato reembolso dos suprimentos, e, desta forma, acautelando os interesses da sociedade numa certa estabilidade dos seus meios de financiamento", ALEXANDRE MOTA PINTO *in* "Do Contrato de Suprimento ...", p. 373.

A fixação judicial de prazo para o reembolso dos suprimentos está sujeita às regras do processo especial previstas nos arts. 1456.º e 1457.º, do CPC.

O requerente (a sociedade ou o sócio) deverá apresentar a justificação do pedido de fixação e indicar o prazo que considere adequado (art. 1456.º, do CPC).

Posteriormente é citada a parte contrária para responder (art. 1457.º, n.º 1, do CPC).

Não havendo resposta é fixado o prazo proposto pelo requerente ou aquele que o juiz considere razoável (art. 1457.º, n.º 2, 1.ª parte, do CPC).

Se o requerido apresentar resposta, o juiz, depois de efectuadas as diligências probatórias necessárias, decidirá (art. 1457.º, n.º 2, 2.ª parte, do CPC).

O legislador, tomando em linha de conta as implicações (*maxime* económico-financeiras) do reembolso de suprimentos, optou por impor ao julgador a ponderação "das consequências que o reembolso acarretará para a sociedade" (2.ª parte, do **n.º 1**).

Isto não significa que o juiz possa abster-se de fixar prazo de reembolso ou condicioná-lo à verificação de certas circunstâncias económicas e/ou financeiras da sociedade (conforme sustentavam RAÚL VENTURA e VAZ SERRA nos respectivos projectos, cfr. RAÚL VENTURA *in* "Sociedades por Quotas", vol. II, p. 70).

De igual forma, está impedido de fixar um prazo "tão longo que, em termos práticos equivaleria à sua não fixação", ALEXANDRE MOTA PINTO *in* "Do Contrato de Suprimento ...", p. 374.

O mesmo autor, *loc. cit.,* considera ainda que o juiz "pode, por um lado, estabelecer um prazo de pagamento que variará *em função da situação financeira* da sociedade. Sendo o suprimento um crédito a longo prazo, o sócio que financiou por esse meio a sociedade poderá, perfeitamente, suportar um prazo superior a um ano. Por outro lado, o juiz poderá utilizar a faculdade que o legislador lhe reconhece, de fraccionar o pagamento num certo número de prestações, o que permitirá fixar prazos de pagamento superiores".

Na opinião de RAÚL VENTURA *in* "Sociedades por Quotas", vol. II, pp. 142 e 143, o advérbio "designadamente", "não significa que o juiz tenha outros *poderes especiais*, além do mencionado no preceito, mas sim que, além do poder *geral*, que pode ser muito longo conforme as circunstâncias da sociedade, ele tem o poder *especial* de fraccionar o pagamento".

Para maiores considerações sobre os elementos a ponderar pelo juiz (*v.g.*, a configuração concreta do suprimento, a estabilidade da sociedade, o prazo de vencimento das respectivas dívidas, o volume de capital alheio, os interesses do sócio financiador face aos interesses da sociedade, etc), cfr. ALEXANDRE MOTA PINTO *in* "Do Contrato de Suprimento ...", pp. 375 e ss..

IV. Importa sublinhar que os **n.ºs 2** a **5** contêm terminologia totalmente desajustada face ao actual regime da insolvência e recuperação de empresas, contido no CIRE (Código da Insolvência e da Recuperação de Empresas, aprovado pelo DL n.º 53/2004, de 18 de Março).

Com efeito, o artigo em anotação não sofreu nenhuma alteração legislativa, mantendo a sua versão inicial.

Sucede que, desde 1986, ano em que foi publicado o CSC, o regime falimentar (e hoje da insolvência) sofreu inúmeros abalos legislativos, que acabariam por culminar no já referido CIRE.

De facto, em 1986, tal regime estava regulado nos arts. 1135.º a 1325.º, do CPC e no DL n.º 177/86, de 02 de Julho.

Em 1993, tais preceitos do CPC, bem como o DL n.º 177/86, foram expressamente revogados pelo DL n.º 132/93, de 23 de Abril, que aprovou o CPEREF (Código dos Processos Especiais de Recuperação da Empresa e de Falência).

Finalmente em 2004, o CPEREF foi revogado pelo, actualmente em vigor, CIRE.

Assim, os **n.ºs** 2 a **5** devem, naturalmente, ser objecto de uma interpretação actualista, considerando-se o regime vigente.

Para maiores desenvolvimentos sobre o CIRE, veja-se, entre outros, CARVALHO FERNANDES/JOÃO LABAREDA *in* "Código da Insolvência e da Recuperação de Empresas – Anotado", 2.ª edição, *Quid Iuris*, 2008; MENEZES LEITÃO *in* "Código da Insolvência e da Recuperação de Empresas – Anotado", 4.ª edição, Almedina, 2008 e "Direito da Insolvência", Almedina, 2009; CATARINA SERRA *in* "O Novo Regime Português da Insolvência – Uma Introdução", 3.ª edição, Almedina, 2008 e LUÍS PESTANA DE VASCONCELOS *in* "A Cessão de Créditos em Garantia e a Insolvência – Em Particular da posição do Cessionário na Insolvência do Cedente", Coimbra Editora, 2007.

V. Os credores por suprimentos não podem requerer, por esses créditos, a falência da sociedade (**n.º 2**).

Esta regra justifica-se, desde logo, pela própria natureza do suprimento.

Conforme vimos na anotação ao art. 243.º, o suprimento assume-se, sobretudo, como um instrumento de financiamento da sociedade perante uma situação de carência económica.

Ora, se o sócio (credor do suprimento) não estivesse impedido de requerer a insolvência por esses créditos, estaríamos perante uma legitimação de um *venire contra factum proprium*. Na verdade, se o sócio, através do suprimento, procura responder à situação de carência económica da sociedade seria, absolutamente inaceitável, que o mesmo pudesse requerer a insolvência desta com base no não pagamento do crédito resultante do próprio suprimento (no fundo, *salvando e afundando a sociedade com o mesmo instrumento*).

O n.º 2 fala apenas de credores por suprimentos, "abrangendo, por isso, qualquer sujeito que seja titular de um crédito com essa qualificação, ainda que não seja sócio (*v.g.* um cessionário de um crédito de suprimento)", ALEXANDRE MOTA PINTO *in* "Do Contrato de Suprimento …", p. 381.

Por outro lado, a expressão "por esses créditos" significa que o titular do crédito de suprimentos, que seja também titular de um crédito de natureza distinta, poderá requerer a insolvência com base neste outro crédito.

VI. A 2.ª parte, do **n.º 2**, refere que a concordata concluída no processo de falência produz efeitos a favor dos credores de suprimentos e contra eles.

Esta norma justifica-se "porque não faria sentido que os restantes credores sociais convencionassem um sacrifício patrimonial, através da redução ou modificação de créditos e o credor de suprimentos pudesse manter o seu crédito imune a esta convenção", ALEXANDRE MOTA PINTO *in* "Do Contrato de Suprimento …", p. 383.

Este mesmo autor, *loc. cit.*, acaba, no entanto, por defender que dado "que o nosso legislador acabou por admitir que os sócios participassem na falência, mas com créditos subordinados, a referida disposição deixou de fazer sentido, porque os sócios credores participarão na concordata"

Nos termos do n.º 1, do art. 20.º, do DL n.º 177/86, de 02 de Julho, a concordata era definida como o meio de recuperação da empresa que se limitava ao pagamento da totalidade ou de parte dos seus débitos, nos termos especiais aprovados pelas assembleia de credores, aceites pelo devedor e homologados pelo tribunal.

O n.º 2, desta disposição, estipulava ainda que a mesma podia consistir em simples moratória relativa a todos os créditos ou a certas categorias deles.

Com a entrada em vigor do CPEREF, a concordata passou a estar prevista nos seus arts. 66.º e ss., sendo definida como o meio de recuperação da empresa em situação de insolvência ou em situação económica difícil que consistia na simples redução ou modificação da totalidade ou de parte dos seus débitos, podendo a modificação limitar-se a uma simples moratória (art. 66.º, do CPEREF).

No CPEREF e no regime anterior a este, as medidas de recuperação estavam perfeitamente tipificadas e, do ponto de vista da técnica legislativa, sistematicamente autonomizadas.

Ao invés, o CIRE seguiu uma outra linha de sistematização, optando o legislador aqui por consagrar as medidas de recuperação de forma atípica.

De facto as actualmente designadas *providências com incidência no passivo do devedor* estão contidas, designadamente, no art. 196.º, do CIRE.

VII. Depois de decretada a falência (insolvência, no regime actual) ou dissolvida por qualquer causa a sociedade, os suprimentos só podem ser reembolsados aos seus credores depois de inteiramente satisfeitas as dívidas daquela para com terceiros (al. a), do **n.º 3**).

A sentença de declaração de insolvência está prevista no art. 26.º, do CIRE.

A dissolução está regulada nos arts. 141.° e ss..

A norma tem como destinatário, no caso de insolvência, o administrador de insolvência e, no caso de dissolução, o liquidatário (art. 152.°, n.° 3, al. a)). Ambos estão impedidos de proceder ao reembolso de qualquer crédito de suprimento, incluindo respectivos juros, antes de totalmente satisfeitos os restantes credores sociais.

Estamos perante uma norma imperativa cuja violação implica a nulidade do acto, nos termos do art. 280.°, do CC.

De acordo com ALEXANDRE MOTA PINTO *in* "Do Contrato de Suprimento ...", p. 384, depois "de pagas as dívidas sociais a terceiros, se sobrar património social serão pagos os suprimentos e, posteriormente, partilha-se o activo restantes. Os créditos de suprimentos, como capital quase próprio, ficam, assim, numa posição intermédia entre os credores sociais (o capital alheio) e o direito dos sócios à restituição do capital próprio investido na sociedade".

Ao abrigo do **n.° 4**, a prioridade estabelecida nesta alínea pode ser estipulada em concordata.

Em relação à concordata, cfr. anotação anterior.

VIII. Depois de decretada a falência (insolvência, no regime actual do CIRE) ou dissolvida por qualquer causa a sociedade não é admissível compensação de créditos da sociedade com créditos de suprimentos (al. b), do **n.° 3**).

Esta norma visa, fundamentalmente, reforçar a garantia da posição prioritária dos credores sociais, a qual poderia ser fortemente atingida com a compensação.

Se, depois da sentença de declaração da insolvência ou da dissolução, for "efectuada compensação entre o crédito de suprimento e a dívida do sócio à sociedade, tal compensação será declarada nula (cfr. artigo 294.° do Código Civil), mas subsistirão, quer o crédito de suprimento, quer o crédito da sociedade (cfr. artigo 856.° do Código Civil)", ALEXANDRE MOTA PINTO *in* "Do Contrato de Suprimento ...", pp. 384 e 385.

IX. Ao abrigo do disposto no **n.° 5**, o "reembolso de suprimentos efectuado no ano anterior à sentença declaratória da falência é resolúvel nos termos dos artigos 1200.°, 1203.° e 1204.° do Código de Processo Civil".

Esta disposição remete para normas do CPC que, como já referimos, foram, entretanto, revogadas pelo DL n.° 132/93, que aprovou o CPEREF.

Assim, convém seguir o *rasto legislativo* destas normas.

Ao art. 1200.°, do CPC (que tratava dos actos resolúveis em benefício da massa) veio a corresponder o art. 156.°, do CPEREF.

No actual CIRE, a matéria da resolução em benefício da massa insolvente está prevista nos arts. 120.° e ss..

400   *Regime Jurídico das Sociedades por Quotas*

Por sua vez, ao art. 1203.º, do CPC (sob a epígrafe *"Regime de resolução ou impugnação"*) viria a corresponder o art. 159.º, do CPEREF (sob a epígrafe *"Efeitos da resolução ou impugnação pauliana"*).

No actual CIRE, os efeitos da resolução estão previstos no art. 126.º.

Finalmente, ao art. 1204.º, do CPC (sob a epígrafe *"Legitimidade para a resolução ou impugnação"*) viria a corresponder o art. 160.º, do CPEREF (sob a epígrafe *"Acções apensas"*).

No actual CIRE, *vide* os arts. 125.º e 127.º.

A propósito do **n.º 5**, AVEIRO PEREIRA *in* "O Contrato de Suprimento", p. 99, pugnava por uma interpretação extensiva e actualista deste preceito, "de modo que o prazo, dentro do qual os reembolsos de suprimentos se tornam resolúveis, seja o de um ano anterior à abertura do processo e não à declaração de falência. Só desta forma se evitará penalizar exclusivamente os credores em geral com os efeitos da eventual morosidade na tramitação do processo de falência".

O **n.º 5** previne a possibilidade de os sócios, perante a iminência da insolvência, realizarem, apressadamente, reembolsos de suprimentos.

Encontramo-nos, aqui, "numa área de tutela fundamental dos suprimentos, a situação *pré-falencial* (num "período suspeito") de uma empresa, em que não se pode admitir que os sócios lancem todos os riscos empresariais para a esfera dos credores, retirando os suprimento da sociedade", ALEXANDRE MOTA PINTO *in* "Do Contrato de Suprimento ...", p. 385.

Segundo RAÚL VENTURA *in* "Sociedades por Quotas", vol. II, p. 149, o "pressuposto essencial do preceito é o reembolso de um crédito de suprimentos. Não interessa que esse reembolso tenha sido antecipado, relativamente a prazo estipulado, ou tenha sido efectuado antes ou depois de a sociedade estar em mora, por decurso do prazo ou interpelação do credor; em todos esses casos apenas importa que tenha sido efectuado um reembolso. É também indiferente que o reembolso tenha sido total ou parcial; neste segundo caso, a resolução afectará apenas a parte reembolsada".

X. São nulas as garantias reais prestadas pela sociedade relativas a obrigações de reembolso de suprimentos e extinguem-se as de outras obrigações, quando estas ficarem sujeitas ao regime de suprimentos (**n.º 6**).

Esta norma constitui mais uma medida de reforço da posição prioritária de credores terceiros face aos credores de suprimentos.

No **n.º 6** incluem-se quer as garantias prestadas no momento da constituição do crédito, quer as garantias prestadas em momento ulterior.

As garantias prestadas por terceiros não estão abrangidas por esta norma.

Com a garantia real é instituída, em relação a certos bens, uma preferência a favor dos respectivos credores.

Título III – Sociedades por quotas 401

A proibição, aqui imposta, procurou evitar que os sócios beneficiários de tais garantias gozassem de preferência relativamente a terceiros credores, o que, na prática, afectaria a prioridade estabelecida no **n.º 3**.

Do elenco das garantias reais, destacamos:
- A consignação de rendimentos (arts. 656.º e ss., do CC);
- O penhor de coisas (arts. 669.º e ss., do CC);
- A hipoteca (arts. 686.º e ss., do CC);
- Os privilégios especiais (arts. 738.º e ss., do CC);
- O direito de retenção (arts. 754.º e ss., do CC);
- A penhora (arts. 817.º e ss, do CC e arts. 821.º e ss., do CPC);
- O usufruto de créditos (arts. 1463.º e ss., do CC).

Para maiores desenvolvimentos sobre as garantias reais aqui elencadas, *vide* MENEZES LEITÃO *in* "Garantias das Obrigações", Almedina, 2006, pp. 189 e ss. e ROMANO MARTINEZ/FUZETA DA PONTE *in* "Garantias de Cumprimento", 4.ª edição, Almedina, 2003, pp. 165 e ss..

JURISPRUDÊNCIA:

1.ª – Os suprimentos feitos por sócio não comerciante à sociedade são susceptíveis de serem provados pela escrita social, nos termos do art. 380.º do C. Civil.

2.ª – Em relação ao contrato de suprimento, não funciona qualquer presunção de onerosidade, pelo que se o sócio, para além do reembolso dos suprimentos, exige também o pagamento de juros, sobre ele recai o ónus de provar que acordou com a sociedade essa remuneração, nos termos do disposto no art. 342.º,n.º. 1do C. Civil.

3.ª – O sócio credor não pode exigir da sociedade o imediato reembolso dos suprimentos.

4.ª – Nos termos do disposto no art. 245.º, n.º 1 do C. S Comerciais, se a sociedade não puder ou não quiser satisfazer a pretensão do sócio nem chegar a acordo com o sócio, ambos poderão requerer ao tribunal a fixação judicial do prazo, nos termos dos arts. 777.º, n.º 2 do C. Civil, 1456.º e 1457.º do C. P. Civil, cabendo ao juiz ter "em conta as consequências que o reembolso acarretará para a sociedade, podendo, designadamente, determinar que o pagamento seja fraccionado em certo número de fracções".

5.ª – No caso de ser instaurado processo especial para recuperação da sociedade devedora, o prazo para pagamento dos suprimentos e o resultante do plano de liquidação aprovado pela assembleia de credores e homologado por.

6.ª – Enquanto não for fixado prazo para o reembolso dos suprimentos, o sócio credor está impedido de exercer o seu direito.

Ac. da RG, de 20.09.07 *in* www.dgsi.pt (Proc. n.º 887/07-1)

402 Regime Jurídico das Sociedades por Quotas

I – Em processo para fixação de prazo para reembolso de suprimentos, o sócio tem apenas de provar que houve suprimentos e que não foi convencionado um prazo para a sua restituição ou reembolso.

II – Cabe à sociedade o ónus da prova da impossibilidade de pagar os suprimentos da forma e no prazo em que foi condenada.

Ac. da RP, de 03.07.03 *in* www.dgsi.pt (Proc. n.º 0332426)

Estando em causa o exercício de um direito social – direito de um sócio exigir o reembolso dos suprimentos – a competência para a preparação e julgamento da acção destinada a fixar prazo para o reembolso é dos Tribunais de Comércio, de acordo com o estabelecido no artigo 89.º, n.º 1, alínea c) do Decreto-Lei n.º 3/99, de 13 de Janeiro.

Ac. da RP, de 20.05.02 *in* www.dgsi.pt (Proc. n.º 0250621)

CAPÍTULO V
Deliberações dos sócios

ARTIGO 246.º – (**Competência dos sócios**)

1 – Dependem de deliberação dos sócios os seguintes actos, além de outros que a lei ou o contrato indicarem:

a) **A chamada e a restituição de prestações suplementares;**

b) **A amortização de quotas, a aquisição, a alienação e a oneração de quotas próprias e o consentimento para a divisão ou cessão de quotas;**

c) **A exclusão de sócios;**

d) **A destituição de gerentes e de membros do órgão de fiscalização;**

e) **A aprovação do relatório de gestão e das contas do exercício, a atribuição de lucros e o tratamento dos prejuízos;**

f) **A exoneração de responsabilidade dos gerentes ou membros do órgão de fiscalização;**

g) **A proposição de acções pela sociedade contra gerentes, sócios ou membros do órgão de fiscalização, e bem assim a desistência e transacção nessas acções;**

h) **A alteração do contrato de sociedade;**

i) **A fusão, cisão, transformação e dissolução da sociedade e o regresso de sociedade dissolvida à actividade;**

2 – Se o contrato social não dispuser diversamente, compete também aos sócios deliberar sobre:

a) **A designação de gerentes;**

b) **A designação de membros do órgão de fiscalização;**

c) **A alienação ou oneração de bens imóveis, a alienação, a oneração e a locação de estabelecimento;**

d) **A subscrição ou aquisição de participações noutras sociedades e a sua alienação ou oneração.**

NOTAS:

I. Anteprojectos: FERRER CORREIA (art. 100.º); VAZ SERRA (art. 102.º) e RAÚL VENTURA (art. 62.º).

II. As sociedades comerciais, enquanto pessoas colectivas, formam e manifestam a sua vontade através dos órgãos sociais.

Os órgãos das SQ são:
– A assembleia geral (art. 248.°);
– A gerência (arts. 252.° e ss.);
– O conselho fiscal (art. 262.°).

O artigo em anotação estabelece o núcleo essencial (e não exclusivo) da competência dos sócios. Na verdade, os sócios podem tomar deliberações sobre outras matérias aí não compreendidas.

Do ponto de vista funcional, a assembleia geral ou os sócios (órgão deliberativo e interno) e a gerência (órgão externo ou representativo) partilham, grosso modo, a execução dos actos relacionados com a vida da sociedade.

Nos termos do art. 259.°, os "gerentes devem praticar os actos que forem necessários ou convenientes para a realização do objecto social, com respeito pelas deliberações dos sócios".

A competência dos gerentes está, assim, limitada "à gestão da actividade social, aos sócios exclusivamente cabe a administração estrutural da sociedade, o que, aliás, é confirmado pela competência atribuída aos sócios – e só a estes – pelo art. 246.°, n.° 1, para alterações do contrato de sociedade, fusão, cisão, transformação da sociedade", RAÚL VENTURA *in* "Sociedades por Quotas", vol. II, pp. 165 e 166.

III. O n.° 1 prevê os actos cuja validade depende de deliberação dos sócios. Sobre deliberações sociais, veja-se a anotação ao art. 247.°.

Esta dependência justifica-se uma vez que estamos perante actos que interferem, intensamente, com a estrutura, a organização e a própria existência da sociedade.

Na opinião de MENEZES CORDEIRO *in* "Manual de Direito das Sociedades", vol. II, p. 382, o legislador com a terminologia adoptada no corpo do **n.° 1** ("dependem de deliberação dos sócios") teve "uma ideia: entre os actos elencados contam-se diversos que, em última instância, acabarão por se concretizar através da actuação da gerência. Mas, a precedê-los, deverá haver uma deliberação dos sócios".

Numa tentativa de interpretar a expressão "depender de deliberação dos sócios", a doutrina estabelecia uma distinção entre deliberações autónomas ou constitutivas e deliberações preparatórias ou integradoras.

RAÚL VENTURA *in* "Sociedades por Quotas", vol. II, p. 156, não subscrevia esta distinção, optando por indicar as três situações em que, na sua opinião, se integrava aquela "dependência".

Assim, da enumeração do artigo em anotação, podemos distinguir:

a) Os casos "em que a deliberação dos sócios é bastante, por si própria, para produzir o efeito jurídico desejado (ressalvado algum acto da gerência para mera comunicação de deliberação): amortização de quotas (art. 234.°); consentimento para divisão de quotas (art. 221.°, n.° 6); consentimento para cessão de quotas (art. 230.°, n.° 2); exclusão de sócios (art. 241.°, n.° 2); designação de gerentes e de membros do órgão de fiscalização; destituição de gerentes ou de membros do órgão de fiscalização (art. 257.°, n.° 2); aprovação do relatório de gestão e exoneração de responsabilidade", RAÚL VENTURA *in* "Sociedades por Quotas", vol. II, pp. 156 e 157.°. MENEZES CORDEIRO *in* "Manual de Direito das Sociedades", vol. II, p. 382, fala, aqui, de "actos auto-suficientes";

b) Os casos, em que para além da deliberação é, ainda, exigido, a prática de um acto jurídico: alterações do pacto social, transformação e dissolução da sociedade e regresso à actividade da sociedade dissolvida;

c) Finalmente, os casos em que, "a deliberação dos sócios antecede e condiciona um acto a praticar pela gerência: chamada de prestações suplementares, sem as quais estas não são exigíveis (art. 211.°); restituição de prestações suplementares (art. 213.°), aquisição, alienação, oneração de quotas próprias (art. 220.°) proposição de acções contra sócios ou gerentes; fusão e cisão de sociedade, alienação ou oneração de bens imóveis ou locação de estabelecimento; subscrição ou aquisição de participações noutras sociedades e sua alienação ou oneração", RAÚL VENTURA *in* "Sociedades por Quotas", vol. II, p. 157. Para MENEZES CORDEIRO *in* "Manual de Direito das Sociedades", vol. II, p. 382, estamos perante "actos a concretizar pela gerência".

Neste terceiro grupo, RAÚL VENTURA *in* "Sociedades por Quotas", vol. II, p. 158, considera que a dúvida reside na primazia dos actos dos sócios ou do acto da gerência. Segundo este autor, *loc. cit.*, subordinando "a deliberação dos sócios ao acto da gerência, será aquela um acto autorizativo deste; concedendo a primazia à deliberação dos sócios, o acto da gerência será executivo daquela".

Em regra, a deliberação dos sócios antecede o acto da gerência, contudo nada impede que a mesma seja tomada em momento ulterior, constituindo um instrumento de ratificação daquele acto.

Em termos materiais, MENEZES CORDEIRO *in* "Manual de Direito das Sociedades", vol. II, p. 383, faz, ainda, a seguinte ordenação da competência dos sócios:

"– *quanto à própria sociedade*: alteração do contrato – 1, *h)* – e fusão, cisão, transformação, dissolução e regresso à sociedade – 1, *i)*;

– *quanto aos sócios*: chamada e restituição de prestações suplementares – 1, *a)* –, exclusão 1, *c)* –, atribuição de lucros – 1, *e)* – e proposição de acções – 1, *g)*;

– *quanto às quotas*: amortização, quotas próprias, divisão e cessão – 1, *b)*;

– *quanto a outros órgãos*: designação e destituição de gerentes e de membros do órgão de fiscalização – 1, *d)* e 2, *a)* e *b)* –, aprovação do relatório de gestão – 1, *e)* –, exoneração de responsabilidade – 1, *f)* – e proposição de acções – *g)*;

– *quanto a actos externos*: alienação e oneração de imóveis ou do estabelecimento – 2, *c)* – e subscrição, aquisição, oneração ou alienação de participações noutras sociedades – 2, *d)*".

IV. Um dos efeitos da imperatividade do **n.º 1** é a impossibilidade de exclusão contratual dos actos ali elencados.

O contrato de sociedade pode, no entanto, aditar àquele elenco outros actos (conforme resulta da expressão do **n.º 1** "além de outros que o contrato indicar").

MENEZES CORDEIRO in "Manual de Direito das Sociedades", vol. II, p. 383, defende que "os sócios têm competência para avocar matérias atinentes à gestão da sociedade ou, noutro prisma: para dar instruções, nesses domínios, à gerência".

Por outro lado, se "a gerência, indiferente à deliberação dos sócios que exige deliberação dos sócios para a prática de certo acto, praticar este, a sociedade fica vinculada, pois o acto é praticado dentro dos poderes que *a lei* confere aos gerentes (art. 260.º, n.º 1). Apenas se levanta uma questão de desobediência dos gerentes, questão interna da sociedade, que poderá conduzir ou à responsabilidade dos gerentes por prejuízos causados ou à sua destituição com justa causa", RAÚL VENTURA in "Sociedades por Quotas", vol. II, p. 160.

V. O elenco de competências previsto no **n.º 2** é supletivo, podendo ser afastado pelo contrato de sociedade.

Nestes casos, as competências excluídas do universo deliberativo passarão a pertencer a outro órgão social ou a outra entidade.

Sobre esta questão, RAÚL VENTURA in "Sociedades por Quotas", vol. II, p. 166, entende que não estamos perante uma transmissão ou transferência de competência. Como sublinha este autor, *loc. cit.*, os "sócios não transmitem ou transferem a sua competência, pois é a lei que permite a atribuição directa, por via contratual, a esse outro órgão".

VI. Importa ainda ter presente que a deliberação sobre as actividades compreendidas no objecto social que a sociedade efectivamente exercerá compete aos sócios (art. 11.º, n.º 3).

JURISPRUDÊNCIA:

– Tem natureza imperativa a norma do art. 246.º, n.º 1, al. g) do CSC, que faz depender de deliberação dos sócios a proposição de acções pela sociedade contra gerentes e sócios, bem como a desistência e transacção nessas acções;

– A deliberação exigida pela lei deverá preceder o acto da gerência, devendo também a instauração da acção traduzir a respectiva execução;

– A omissão de deliberação, enquanto condição do exercício da acção, condiciona o acto da gerência em termos da sua legitimatio ad causam e, assim, deve enquadrar-se no campo dos pressupostos processuais, que hão-de mostrar--se preenchidos em sede de legitimidade do representante para a exercibilidade do direito, em execução da vontade do órgão detentor da competência reservada – o plenário dos sócios;

Título III – Sociedades por quotas   407

– *Tal requisito ou condição, que é a deliberação, poderá ser preenchido em momento posterior ao acto da gerência representativa, suprindo a omissão de formação da vontade da sociedade;*
– *Esse suprimento, mediante a obtenção da deliberação em prazo a fixar pelo tribunal, corresponde a uma das situações previstas no art. 25.° do CPC.*
Ac. do STJ, de 18.03.05 *in* www.dgsi.pt (Proc. n.° 04A3553)

– *Tem natureza imperativa a norma do art. 246.°, n.° 1, al. g) do CSC, que faz depender de deliberação dos sócios a proposição de acções pela sociedade contra gerentes e sócios, bem como a desistência e transacção nessas acções;*
– *A deliberação exigida pela lei deverá preceder o acto da gerência, devendo também a instauração da acção traduzir a respectiva execução;*
– *A omissão de deliberação, enquanto condição do exercício da acção, condiciona o acto da gerência em termos da sua legitimatio ad causam e, assim, deve enquadrar-se no campo dos pressupostos processuais, que hão-de mostrar--se preenchidos em sede de legitimidade do representante para a exercibilidade do direito, em execução da vontade do órgão detentor da competência reservada – o plenário dos sócios;*
– *Tal requisito ou condição, que é a deliberação, poderá ser preenchido em momento posterior ao acto da gerência representativa, suprindo a omissão de formação da vontade da sociedade;*
– *Esse suprimento, mediante a obtenção da deliberação em prazo a fixar pelo tribunal, corresponde a uma das situações previstas no art. 25.° do CPC.*
Ac. do STJ, de 08.03.05 *in* www.dgsi.pt (Proc. n.° 04A3553)

I – A acção da sociedade contra o sócio tem de ser precedida de deliberação dos sócios a autorizá-la.
I – Porém, pode a deliberação ser posterior, assumindo a natureza de ratificação do processado.
Ac. da RP, de 23.03.04 *in* www.dgsi.pt (Proc. n.° 0420890)

I – Numa sociedade por quotas com apenas dois sócios, a destituição de gerente, inexistindo justa causa, pode ter lugar em assembleia geral convocada para o efeito, por maioria simples dos sócios, a não ser que no contrato de sociedade se exija uma maioria qualificada ou outros requisitos.
II – Quando a destituição de gerente ocorra por justa causa é que se torna necessário que seja o tribunal a decidir.
Ac. da RC, de 18.02.03 *in* www.dgsi.pt (Proc. n.° 3856/02)

A obrigação assumida pro gerente, em escritura de trespasse de um estabelecimento comercial, da sociedade trespassante deliberar no prazo de 30 dias a transferência da sua sede social é nula, por intromissão na exclusiva competência dos sócios.
Ac. da RL, de 18.12.01 *in* CJ, Ano XVI, Tomo V, p. 126

408　　Regime Jurídico das Sociedades por Quotas

I – Lavrada acta, não arguida de falsa, que diz ter-se realizada assembleia geral extraordinária da sociedade com a ordem do dia de deliberar sobre a compra de terreno para construção de um prédio para revenda, não pode dar-se como provado, conforme os réus pretendem, que se tratou apenas de uma reunião de gerência, demais se não alegaram factos nesse sentido.

II – Nas sociedades por quotas os sócios podem tomar deliberações sobre matérias para as quais os gerentes têm competência.

III – Os sócios podem propor, nos termos do art. 77.º, n.º 1 do C. Soc. Comerciais, acção social de responsabilidade contra gerentes onde devem provar que da conduta culposa destes derivou para a sociedade qualquer prejuízo ou esta deixou de obter algum benefício.

Ac. da RP, de 12.10.00 *in* CJ, Ano XXV, Tomo IV, p. 210

I – A competência que no pacto social se atribui a dois gerentes para vincularem a sociedade em qualquer contrato não abrange o contrato de penhor de estabelecimento comercial da mesma.

II – O artigo 261.º, n.º 1 do CSC86 deixa incólume o artigo 246.º, n.º 2, alínea c) do mesmo Código.

Ac. do STJ, de 03.06.97 *in* www.dgsi.pt (Proc. n.º 97A374)

I – As providências cautelares não cabem no conceito de "acções", previsto no artigo 246.º, n.º 1, alínea g) do Código das Sociedades Comerciais.

II – Por isso, o arresto de quota de um dos sócios, requerido por sociedade por quotas, não tem de ser precedido de deliberação social que o autorize.

Ac. da RP, de 17.02.97 *in* www.dgsi.pt (Proc. n.º 9651010)

I – A falta de deliberação prevista na alínea g) do n.º 1 do artigo 246.º do Código das Sociedades Comerciais não é suprível por deliberação posterior porque a deliberação da sociedade nessa matéria é imperativamente condição da acção.

II – A sua falta importa absolvição do pedido e não absolvição da instância.

Ac. da RP, de 19.06.95 *in* www.dgsi.pt (Proc. n.º 9450734)

A lei reguladora das sociedades comerciais reconhece aos sócios competência para impôr à gerência, mesmo em assuntos da sua competência, a prática de determinada orientação administrativa ou, mesmo, de certos actos de administração concreta.

Ac. do STJ, de 03.05.95 *in* www.dgsi.pt (Proc. n.º 086803)

I – A Assembleia Geral não se apresenta face à Gerência como um "mais" soberano, que engloba, ou pode englobar, as atribuições desta última.

II – Por isso, os sócios da sociedade não podem deliberar em matéria reservada à Gerência.

Ac. da RL, de 17.01.95 *in* www.dgsi.pt (Proc. n.º 0078201)

Título III – Sociedades por quotas 409

I – Não tem qualquer valor a confissão de desistência, quanto à interposição de acção de responsabilidade a propor pela sociedade, feita no processo pelos gerentes da sociedade, porque isso ultrapassa os limites das suas atribuições não devendo sobre a mesma recair homologação.

II – Tal confissão só seria válida e, consequentemente ser objecto de homologação, se fosse precedida de assembleia geral que decidisse expressamente essa autorização.

III – Para que uma sociedade possa intentar acção de responsabilidade contra os gerentes é necessário que haja prévia deliberação dos sócios nesse sentido e isso não sucede quando da acta elaborada não consta que tal proposta tenha, sequer, sido sujeita a discussão e votação.

Ac. da RP, de 10.11.94 *in* www.dgsi.pt (Proc. n.° 9450504)

I – A exigência de assinatura de dois gerentes para obrigar a sociedade, pode ser substituída por deliberação da assembleia geral se um deles está impedido de intervir por incompatibilidade de interesses.

II – Pode ser deliberada pela assembleia geral a outorga de procuração para a sociedade contestar acção contra ela proposta por um gerente cuja assinatura é necessária para a obrigar.

Ac. da RL, de 26.05.94 *in* CJ, Ano XIX, Tomo III, p. 106

I – As prestações suplementares, exigíveis, podem sê-lo até à medida do montante previamente fixado, menção absolutamente imperativa – artigo 210.°, n.° 4 do Código das Sociedades Comerciais, implicando a sua omissão a nulidade da cláusula. Isto é, o montante global das prestações suplementares há-de ser claramente determinado, e não apenas determinável.

II – Ora, a referência que se faz no n.° 2, da cláusula 6 do pacto social para as "reservas da sociedade existentes em cada momento" viola flagrantemente essa exigência legal do artigo 210.°, n.° 3 do Código das Sociedades Comerciais, pelo que é nula a deliberação social que aprovou a redacção do n.° 2 dessa cláusula 6, nos termos do artigo 58.°, n.° 1, alínea a) do Código das Sociedades Comerciais.

III – A alínea a), do n.° 2 da cláusula 8 é injustificadamente restritiva dos interesses dos sócios tutelado pelo artigo 214.° do Código das Sociedades Comerciais, ao conceder à gerência o prazo de um mês para a prestação das informações concretamente solicitadas, violando o n.° 2 do artigo 214.° citado; assim como o prazo de vinte e quatro horas contemplado na alínea b) do n.° 2 da cláusula 8 dos estatutos sociais é gravemente limitativo do direito de informação, sendo evidente a sua invalidade, o mesmo sucedendo, "mutatis mutandi" quanto ao teor do n.° 3 da mesma cláusula 8, pelo que é anulável nos termos do artigo 58.°, n.° 1, alínea a), no que também foca os livros de escrita, não carecendo o sócio de pedir qualquer informação à gerência, podendo colhê-lha mediante exame directo dos livros, que terão de se encontrar sempre à sua disposição – citado artigo 214.° do Código das Sociedades Comerciais.

IV – As cláusulas das alíneas c) e d) da nova versão do pacto social do n.° 1, da cláusula 17, porque se reportam a casos em que a quota fica sujeita a procedimento judicial, suportando o risco de transmissão, não são inovadoras relativamente ao artigo 9.° do original contrato de sociedade, onde com a expressão "ou qualquer forma sujeita a processo judicial" aí usada, não quis compreender todos os procedimentos jurídicos susceptíveis de conduzirem à transmissão da quota, com intromissão no grémio social de estranhos, pelo que são inteiramente válidas.

V – O pacto social pode, ao abrigo do n.° 2 do artigo 246.° do Código das Sociedades Comerciais, disposição imperativa, atribuir aos gerentes poderes sobre a aquisição de imóveis, estabelecimentos comerciais e participações noutras empresas, pelo que é válida a n.° 2, alínea a), b) e c) da cláusula 26, nesta parte posta em crise pelo Autor.

VI – A recusa de informação ou de consulta, artigo 215.°, n.° 1 do Código das Sociedades Comerciais, tem de resultar de factos objectivos, e não da apreciação pelos obrigados à prestação da informação, de carácter – alusivo ou não – da respectiva utilização subsequente, não sendo lícito subordinar a obrigatoriedade da prestação da informação aos sócios à indicação, por parte destes, dos motivos porque desejam obtê-las, pelo que é manifesto que os n.ºs 2 e 3 da cláusula 7 violam o disposto nos artigos 214.°, e 215.°, do Código das Sociedades Comerciais, sendo anuláveis nos termos da alínea a) do n.° 1 do seu artigo 58.°.

VII – Ambas as alíneas a) e b) da cláusula 8 são anuláveis, de harmonia com o disposto no artigo 58.°, do Código das Sociedades Comerciais ao condicionar a prestação de informação a um controlo "de mérito" e subjectivo.

VIII – O artigo 11.° dos estatutos, agora aprovados, no tocante à exclusão do sócio é anulável, nos termos dos preceitos conjugados dos artigos 233.°, n.ºs 1 e 2, 241.°, n.ºs 1 e 2 e 58.°, n.° 1, alínea a) do Código das Sociedades Comerciais.

IX – O artigo 12.°, n.° 2, relativamente ao regime contratual originário, dificulta a transmissão das quotas, pelo que é ineficaz relativamente ao Autor, que não aprovou a sua redacção – artigo 229.°, n.° 4 do Código das Sociedades Comerciais, bem como remeter o pagamento ou importância devida pela aquisição ou amortização da quota para momento que entender, atento o preceituado no artigo 232.°, n.° 2, alínea c) do Código das Sociedades Comerciais pelo que nos n.ºs 2, 3 e 4 da cláusula 13 são anuláveis, por violação das alíneas d) e e) do n.° 2 do artigo 231.°, do Código das Sociedades Comerciais.

X – O artigo 14.° do pacto social, trata de factos novos permissivos da amortização, omissos na versão originária, cuja legalidade estava condicionada à unanimidade da deliberação dos sócios – artigo 233.°, n.° 2 do Código das Sociedades Comerciais, pelo que é anulável nos termos do seu artigo 58.°, n.° 1, alínea a).

XI – O n.° 4 do artigo 20.° dos estatutos é inovador na medida em que no anterior artigo 10.° se previa a exclusão do sócio como efeito da infracção nele previsto – o exercer, sem conhecimento da sociedade, por conta própria ou

Título III – Sociedades por quotas 411

alheia, actividade concorrente com a sociedade – pelo que é inválida a delibera-ção que aprovou, por violar os artigos 233.°, n.° 2 e 241.° do Código das Sociedades Comerciais.
Ac. do STJ, de 13.04.94 *in* www.dgsi.pt (Proc. n.° 083239) e CJ, Ano II, Tomo II, p. 27

I – O sistema supletivo estabelecido no (artigo 151.°, n.° 6 do Código das Sociedades Comerciais preceito referido no número anterior), como regra e o individual ou disjunto e, como excepção, (para o caso especial de alienação de bens da sociedade) o sistema conjunto ou plural, que obriga à intervenção de, pelo menos, dois liquidatários.

II – A competência dos sócios para deliberar quanto á alienação de bens imóveis ou do estabelecimento é regulado pelo artigo 246.°, n.° 2 do Código das Sociedades Comerciais, salvo nos casos em que o pacto social dispuser em contrário.

III – Sendo o pacto social da empresa recorrida omisso quanto aos poderes dos gerentes para praticar algum dos actos mencionados no n.° 2 do aludido artigo 246.°, tem-se por axiomático que nenhum dos gerentes podia praticar tais actos sem prévia deliberação tomada em assembleia geral.

IV – Tendo, porém, havido deliberação nesse sentido tomada em assembleia geral extraordinária, está assegurada competência do liquidatário para a alienação do património da sociedade recorrida, designadamente, dos bens imóveis e trespasse do estabelecimento.
Ac. do STJ, de 13.10.93 *in* www.dgsi.pt (Proc. n.° 081870)

I – Os sócios têm o poder de dar instruções aos gerentes sobre as matérias em que estes têm competência própria mas não podem intrometer-se na administração da sociedade por forma a retirar poderes de gerência àquele que, de acordo com o pacto social, não sofre qualquer limitação, estando em pé de igualdade com os demais gerentes.

II – A deliberação sobre o funcionamento da sociedade, no sentido de ser necessário o acordo da maioria dos sócios na aquisição de bens de investimento de valor superior a 200 000 escudos, envolve uma destituição parcial de gerência daquele que por si só podia obrigar a sociedade, pois fica impedido de desenvolver cabalmente as suas atribuições, tanto mais que os outros dois gerentes sócios se encontram quase permanentemente em Itália, seu país de origem.
Ac. da RL, de 22.06.93 *in* www.dgsi.pt (Proc. n.° 0072091)

I – A deliberação dos sócios para a proposição de acções pela sociedade contra gerentes deve ser expressa e inequívoca.

II – A falta desta deliberação a que alude o art. 246.°, n.° 1, al. g), do Código das Sociedades Comerciais, constitui excepção dilatória, nos termos do art. 494.°, n.° 1, al. d), do Código de Processo Civil.

412   *Regime Jurídico das Sociedades por Quotas*

III – Se no momento em que o juiz aprecia este pressuposto, a autora, depois da propositura da acção, juntou aos autos certidão da deliberação dos sócios, onde expressamente se deliberou mandatar a gerência para propor a acção contra o ex-gerente réu, não deve o juiz absolver este da instância pois que o vício já estava sanado, nos termos do n.° 2 do art. 494.° citado.
Ac. da RL, de 29.04.93 *in* www.dgsi.pt (Proc. n.° 0069191)

I – Nos termos dos artigos 75.°, n.° 1, e 246.°, n.° 1 alínea g), do Código das Sociedades Comerciais, depende de deliberação a propositura de acção de indemnização pela sociedade contra o seu sócio-gerente.
II – A falta de autorização integra o vicio processual previsto no artigo 25.°, n.° 1, Código de Processo Civil, o qual, não sendo sanado, implica a absolvição da instancia (artigo 494.°, n.° 1, alínea d), idem).
III – Não vale como autorização a deliberação social de propositura de acção para exclusão do referido sócio.
Ac. da RP, de 23.03.92 *in* www.dgsi.pt (Proc. n.° 9210035)

ARTIGO 247.° – (**Formas de deliberação**)

1 – Além de deliberações tomadas nos termos do artigo 54.°, os sócios podem tomar deliberações por voto escrito e deliberações em assembleia geral.

2 – Não havendo disposição de lei ou cláusula contratual que o proíba, é lícito aos sócios acordar, nos termos dos números seguintes, que a deliberação seja tomada por voto escrito.

3 – A consulta dirigida aos sócios pelos gerentes para os efeitos previstos na parte final do número anterior deve ser feita por carta registada, em que se indicará o objecto da deliberação a tomar e se avisará o destinatário de que a falta de resposta dentro dos quinze dias seguintes à expedição da carta será tida como assentimento à dispensa da assembleia.

4 – Quando, em conformidade com o número anterior, se possa proceder a votação por escrito, o gerente enviará a todos os sócios a proposta concreta de deliberação, acompanhada pelos elementos necessários para a esclarecer, e fixará para o voto prazo não inferior a dez dias.

5 – O voto escrito deve identificar a proposta e conter a aprovação ou rejeição desta; qualquer modificação da proposta ou condicionamento do voto implica rejeição da proposta.

Título III – Sociedades por quotas

6 – O gerente lavrará acta, em que mencionará a verificação das circunstâncias que permitem a deliberação por voto escrito, transcreverá a proposta e o voto de cada sócio, declarará a deliberação tomada e enviará cópia desta acta a todos os sócios.

7 – A deliberação considera-se tomada no dia em que for recebida a última resposta ou no fim do prazo marcado, caso algum sócio não responda.

8 – Não pode ser tomada deliberação por voto escrito quando algum sócio esteja impedido de votar, em geral ou no caso de espécie.

NOTAS:

I. Anteprojectos: Ferrer Correia (art. 101.º); Vaz Serra (art. 103.º) e Raúl Ventura (art. 54.º).

II. O artigo em anotação tem a redacção introduzida pelo DL n.º 280/87, de 08 de Julho.

III. As sociedades comerciais formam e manifestam a sua vontade através da deliberação.

A deliberação social "é uma declaração que, sendo juridicamente imputável à sociedade, é formada pela manifestação de vontades do núcleo de titulares de participações sociais, ou seus representantes, detentor do maior número de votos ou de um número de votos que perfaça um certo montante mínimo (maioria qualificada)", Paulo Olavo da Cunha *in* "Direito das Sociedades...", p. 551.

AA, como Brito Correia *in* Direito Comercial...", pp. 320 e Pais de Vasconcelos *in* "A participação social...", pp. 108 e ss., falam de um verdadeiro direito (ou poder) de os sócios participarem nas deliberações sociais, o qual é um direito instrumental e não-patrimonial.

Para uma análise mais aprofundada sobre a natureza das deliberações sociais, veja-se, entre outros, Pereira de Almeida *in* "Sociedades Comerciais e Valores Mobiliários", Coimbra Editora, 2008, pp. 179 e ss..; Paulo Olavo da Cunha *in* "Direito das Sociedades...", pp. 551 e 552 e Pinto Furtado *in* "Deliberações de Sociedades ...", 134.

O regime das deliberações está previsto, para a generalidade das sociedades comerciais, nos arts. 53.º a 63.º.

IV. De acordo com o disposto no art. 53.º, do CSC "as deliberações dos sócios só podem ser tomadas por alguma da formas admitidas na lei para cada tipo

414 Regime Jurídico das Sociedades por Quotas

de sociedade". Esta norma (imperativa) implica, desde logo, o afastamento do princípio da autonomia da vontade, uma vez que proíbe a estipulação ou criação (*v.g.*, contratual) de outras formas de deliberação.

No que diz respeito às SQ, podemos distinguir:

a) as deliberações unânimes por escrito (art. 54.º, n.º 1, 1.º parte)

Em qualquer tipo de sociedade, os sócios podem tomar deliberações unânimes por escrito (art. 54.º, n.º 1, 1.ª parte).

PAULO OLAVO DA CUNHA *in* "Direito das Sociedades...", p. 560, considera que, nas SQ, "têm também valor de deliberação unânime por escrito os contratos em que intervenham todos os sócios se dos mesmos resultar a vontade unânime destes em vincular a sociedade".

Na perspectiva de MENEZES CORDEIRO *in* "SA: Assembleia Geral e Deliberações Sociais", Almedina, 2009, "pp. 160 e 161, a "deliberação "por escrito" corresponde a algo diverso: os sócios prescindem da troca de opiniões e de argumentos e da obtenção de novas informações. Vão emitindo as vontades respectivas em separado e podendo ocorrer lapsos de tempo relevantes entre eles. A referência a "escrito" pode ser alargada: vontade depositada em gravação, *video* ou *audio*, vontade por núncio ou vontade teletransmitida, mas sem "reunião"".

Para maiores desenvolvimentos sobre esta forma de deliberação, cfr. PINTO FURTADO *in* "Curso de Direito...", pp. 427 e ss. e "Deliberações de Sociedades...", pp. 461 e ss e EDUARDO LUCAS COELHO *in* "Formas de deliberação e de votação dos sócios", Problemas do Direito das Sociedades, Almedina, 2003, pp. 333 e ss..

b) as deliberações em assembleia universal (art. 54.º, n.º 1, 2.ª parte)

Esta forma de deliberação pressupõem a presença de todos os sócios, os quais manifestam a vontade de que a assembleia geral se constitua e delibere sobre determinado assunto (art. 54.º, n.º 1, 2.ª parte).

Nesta hipótese, aplicam-se todos os preceitos legais e contratuais relativos ao funcionamento da assembleia, a qual, porém, só pode deliberar sobre os assuntos consentidos por todos os sócios (art. 54.º, n.º 2).

MENEZES CORDEIRO *in* "SA: Assembleia Geral...", p. 160, defendendo uma interpretação actualista, admite "que os estatutos possam prever uma reunião por teleconferência: telefónica, por *vídeo* ou pela *Internet*. Tratar-se-á, então, de uma verdadeira assembleia: não há, entre as diversas manifestações de vontade, um lapso de tempo juridicamente relevante. Fala-se, como vimos, em assembleias virtuais".

Para maiores desenvolvimentos sobre esta forma de deliberação, cfr. PINTO FURTADO *in* "Deliberações de Sociedades...", pp. 439 e ss. e PAULO OLAVO DA CUNHA *in* "Direito das Sociedades...", pp. 561 e ss..

*c) as deliberações por voto escrito (**n.os 1 e 2**)*

PINTO FURTADO *in* "Curso de Direito...", p. 429, define esta deliberação como "aquela em que *cada sócio, depois de consultado sobre se quer sujeitar-se a esta forma de deliberação emite o seu voto por escrito, respondendo referendariamente à proposta que, para o efeito, lhe foi remetida".*

As *deliberações por voto escrito* constituem "uma excepção mais relevante ao "método de assembleia" do que as chamadas *deliberações unânimes por voto escrito*, uma vez que nestas a opinião unânime dos sócios sobre determinado assunto justifica, como dissemos, a inexistência de uma reunião. Já no que toca às *deliberações por voto escrito*, visto que para a sua adopção não se exige a unanimidade do sentido de voto dos sócios, sempre se poderá dizer que a assembleia – e concomitante discussão, no seio, sobre o assunto a deliberar – poderia ditar uma diferente sentido de voto de algum ou alguns sócios. Em tais casos, a observância do "método de assembleia" poderia, pois, interferir no sentido da deliberação", PEDRO MAIA *in* "Deliberações dos sócios", Estudos de Direito das Sociedades, coordenados por COUTINHO DE ABREU, Coimbra, 1998, pp. 173 e 174.

Nas deliberações por voto escrito não é permitida a representação voluntária (art. 249.º, n.º 1).

Os requisitos desta forma de deliberação são:

i) a inexistência de disposição legal ou contratual proibitiva (n.º 2, 1.ª parte)

Um dos exemplos de proibição legal está previsto no **n.º 8**, por força do qual o voto escrito não é permitido quando algum sócio esteja impedido de votar, em geral ou no caso de espécie.

Existe, igualmente, proibição de voto escrito, nos casos em que a lei exige a tomada da deliberação em assembleia geral (art. 100.º, n.º 2). Cfr. RAÚL VENTURA *in* "Sociedades por Quotas", vol. II, p. 177.

A proibição contratual de voto escrito pode ser total ou parcial, "quer para certas deliberações, quer para certo tempo de duração da sociedade, quer ainda em função do número de sócios que a sociedade venha a ter", RAÚL VENTURA *in* "Sociedades por Quotas", vol. II, p. 178.

ii) o acordo dos sócios (n.º 2)

O acordo deve respeitar "a cada deliberação e não em geral a todas as deliberações, ou algumas delas, que possam vir a ser tomadas na sociedade. Portanto, nem todas as deliberações podem ser tomadas por voto escrito sem esse acordo prévio, nem o contrato de sociedade pode dispensar o acordo prévio e autorizar, em substituição dele, as deliberações por voto escrito", RAÚL VENTURA *in* "Sociedades por Quotas", vol. II, pp. 177 e 178.

O acordo, aqui em análise, distingue-se do previsto no art. 54.º, n.º 1. Com efeito, "no caso do art. 54.º, n.º 1, o acordo sobre a forma de deliberação é implícito, resultando simplesmente do facto de todos os sócios terem acordado, por escrito, na própria deliberação; no caso do art. 247.º, n.º 2, trata-se de um acordo incidente não sobre a matéria da deliberação, mas sim sobre a forma de deliberar", RAÚL VENTURA *in* "Sociedades por Quotas", vol. II, p. 179.

416 *Regime Jurídico das Sociedades por Quotas*

Conforme resulta expressamente do **n.º 2**, a deliberação por voto escrito deve ser tomada nos termos do processo regulado nos **n.ᵒˢ 3 a 7**.

MENEZES CORDEIRO *in* "Manual de Direito das Sociedades", II, p. 387, salienta que este "processo é longo e pesado. Não vemos razão para que, ao abrigo da autonomia privada, os estatutos não possam simplificar tudo isto, desde que ressalvem o essencial: todos devem ter possibilidade de votar e todos devem estar esclarecidos. A mera simplificação (por exemplo: fundir a consulta prévia e o envio da proposta numa única comunicação) não vai contundir com a regra da tipicidade na forma das deliberações (53.º/1).

Além disso, tudo isto poderá ser feito por via electrónica".

As deliberações tomadas mediante voto escrito sem que todos os sócios com direito de voto tenham sido convidados a exercer esse direito são nulas, salvo se todos eles tiverem dado por escrito o seu voto (al. b), do n.º 1, do art. 56.º).

Como é natural, se houver unanimidade sobre a forma, "não tem de existir sobre o conteúdo da deliberação. Isto é, o sócio tem de aceitar deliberar por escrito, mas depois a deliberação forma-se em conformidade com o *quórum* deliberativo estabelecido para a matéria em causa, eventualmente por maioria", PAULO OLAVO DA CUNHA *in* "Direito das Sociedades...", p. 561.

Para maiores desenvolvimentos sobre esta forma de deliberação, cfr. PINTO FURTADO *in* "Deliberações de Sociedades...", pp. 467 e ss..

*d) as deliberações em assembleia geral convocada (**n.º 1**, parte final)*

Neste caso, as deliberações são tomadas de acordo com o método de assembleia.

As deliberações dos sócios tomadas em assembleia geral não convocada são nulas, salvo se todos os sócios tiverem estado presentes ou representados (al. a), do n.º 1, do art. 56.º).

Não se consideram convocadas as assembleias cujo aviso convocatório seja assinado por quem não tenha essa competência, aquelas de cujo aviso convocatório não constem o dia, hora e local da reunião e as que reúnam em dia, hora ou local diversos dos constantes do aviso (art. 56.º, n.º 2).

V. O processo tendente à obtenção de acordo sobre a tomada de deliberação por voto escrito começa por uma consulta dirigida aos sócios, a qual deverá ser feita pelos gerentes mediante carta registada (**n.º 3**, 1.ª parte).

Havendo vários gerentes, a consulta poderá ser feita apenas por um deles. Cfr. RAÚL VENTURA *in* "Sociedades por Quotas", vol. II, p. 180.

Na consulta, os gerentes devem perguntar aos sócios se acordam na forma de deliberação por voto escrito.

Quanto à consulta no caso de contitularidade ou usufruto, *vide* RAÚL VENTURA *in* "Sociedades por Quotas", vol. II, p. 180.

Nos termos da 2.ª parte, do **n.º 3**, a consulta deve:

a) indicar o objecto da deliberação a tomar

Esta exigência visa garantir que os sócios tenham conhecimento do assunto que irá ser objecto de deliberação, de molde a que possam, conscientemente, formar a sua vontade.

RAÚL VENTURA *in* "Sociedades por Quotas", vol. II, p. 181, explica que "a definição do objecto da deliberação deve ser rigorosa, como resulta do processo subsequente, que adiante será descrito. Não é, contudo, necessário, enviar nesta altura elementos de informação para esclarecimentos do sócio".

b) avisar o destinatário de que a falta de resposta dentro dos quinze dias seguintes à expedição da carta será tida como assentimento à dispensa da assembleia

Se tivermos em linha de conta que estamos no âmbito de um processo de consulta, compreende-se o valor aqui atribuído ao silêncio.

De acordo com o art. 218.º, do CC, o "silêncio vale como declaração negocial, quando esse valor lhe seja atribuído por lei, uso ou convenção". De facto, nalguns casos, o silêncio não pode deixar de valer como declaração negocial.

No entendimento de RAÚL VENTURA *in* "Sociedades por Quotas", vol. II, p. 181, o valor do assentimento, atribuído pelo **n.º 3**, "só se justifica por se considerar que a forma de deliberação por voto escrito não prejudica os sócios e apresenta, no caso concreto, alguma vantagem para a sociedade".

A fase de consulta termina com a recepção das respostas dos sócios ou com o decurso do referido prazo de 15 dias.

VI. Depois de reunidas as condições exigidas para a votação por escrito, *maxime* o acordo dos sócios, passamos à fase a que alude o **n.º 4**.

Nesta fase, o gerente enviará a todos os sócios a proposta concreta de deliberação, acompanhada pelos elementos necessários para a esclarecer, e fixará, para o voto, prazo não inferior a dez dias.

Caso haja mais do que um gerente, a proposta pode ser enviada por qualquer um deles.

Os destinatários da proposta serão, em princípio, os mesmos da consulta prevista no **n.º 3**.

Importa referir que "podem, entretanto, ter ocorrido mudanças de situações jurídicas, como a constituição ou a extinção de usufruto da quota ou a cessão da quota. Afigura-se preferível fixar a forma de deliberação pelas respostas à consulta, sendo irrelevantes as alterações subjectivas posteriores, pois os novos interessados encontram uma situação definida por quem, na altura própria, tinha legitimidade para o fazer", RAÚL VENTURA *in* "Sociedades por Quotas", vol. II, p. 182.

A proposta de deliberação deve ser acompanhada pelos elementos necessários à formação consciente e esclarecida da vontade dos sócios.

418 *Regime Jurídico das Sociedades por Quotas*

Na proposta deve, ainda, ser fixado prazo não inferior a 10 dias para o voto.

"Como neste caso a lei não especifica que o prazo se conta da expedição, deverá ser contado da recepção, para maior garantia da reflexão dos sócios", RAÚL VENTURA *in* "Sociedades por Quotas", vol. II, p. 183.

A norma estipula um prazo mínimo, nada impedindo que os gerentes fixem um prazo superior a 10 dias.

VII. O **n.º 5** exige a forma escrita para o voto.

RAÚL VENTURA *in* "Sociedades por Quotas", vol. II, p. 183, refere que o voto poderá "ser dado por carta, que não necessita de ser registada, ou por outro meio de comunicação escrita, como telégrafo, telex ou telecopiador; bastará – como se exprime a lei espanhola – que a forma usado assegure a autenticidade do voto".

Fazendo uma interpretação actualista deste entendimento, podemos considerar que o voto poderá ser dado, por exemplo, por correio electrónico, contanto esteja assegurada, repita-se, a sua autenticidade.

Na declaração de voto, o sócio votante deverá identificar a proposta e declarar se a aprova ou rejeita (**n.º 5**).

A modificação da proposta ou o condicionamento do voto implica rejeição daquela (**n.º 5**, parte final).

VIII. O acto conclusivo do processo de votação por escrito é, por força do **n.º 6**, titulado por uma acta, na qual o gerente:

a) mencionará a verificação das circunstâncias que permitem a deliberação por voto escrito;

b) transcreverá a proposta e o voto de cada sócio e

c) declarará a deliberação tomada (ou não tomada). Esta declaração deverá ser "justificada pelo número de votos emitidos num ou noutro sentido e eventuais abstenções", RAÚL VENTURA *in* "Sociedades por Quotas", vol. II, p. 184.

Ao gerente compete, ainda, enviar cópia da acta a todos os sócios (**n.º 6**, parte final), dando, assim, conhecimento aos sócios do processo de votação e respectivo resultado.

O envio da acta tem relevância para efeitos de prazo de propositura de acção de anulação. De facto e conforme dispõe o art. 59.º, n.º 2, al. b), este prazo é de 30 dias a contar do 3.º dia subsequente ao envio da acta.

IX. A deliberação considera-se tomada no dia em que for recebida a última resposta ou no fim do prazo marcado, caso algum sócio não responda (**n.º 7**).

A lei quando fala de "última proposta" refere-se, naturalmente, à última proposta recebida de todos os sócios.

X. As deliberações dos sócios só podem ser provadas pelas actas das assembleias ou, quando sejam admitidas deliberações por escrito, pelos documentos donde elas constem (art. 63.º, n.º 1).

Nos termos do n.º 2, do art. 63.º, acta deve conter, pelo menos:

a) A identificação da sociedade, o lugar, o dia e a hora da reunião;

b) O nome do presidente e, se os houver, dos secretários;

c) Os nomes dos sócios presentes ou representados e o valor nominal das partes sociais, quotas ou acções de cada um, salvo nos casos em que a lei mande organizar lista de presenças, que deve ser anexada à acta;

d) A ordem do dia constante da convocatória, salvo quando esta seja anexada à acta;

e) Referência aos documentos e relatórios submetidos à assembleia;

f) O teor das deliberações tomadas;

g) Os resultados das votações;

h) O sentido das declarações dos sócios, se estes o requererem.

Quando a acta deva ser assinada por todos os sócios que tomaram parte na assembleia e algum deles não o faça, podendo fazê-lo, deve a sociedade notificá-lo judicialmente para que, em prazo não inferior a oito dias, a assine; decorrido esse prazo, a acta tem a força probatória referida no n.º 1, do art. 63.º, desde que esteja assinada pela maioria dos sócios que tomaram parte na assembleia, sem prejuízo do direito dos que a não assinaram de invocarem em juízo a falsidade da acta (art. 63.º, n.º 3).

Nenhum sócio tem o dever de assinar as actas que não estejam consignadas no respectivo livro ou nas folhas soltas, devidamente numeradas e rubricadas (art. 63.º, n.º 8).

As actas que constem apenas de documentos particulares avulsos, constituem princípio de prova, embora estejam assinadas por todos os sócios que participaram na assembleia (art. 63.º, n.º 7).

Se as deliberações dos sócios constarem de escritura pública, de instrumento fora das notas ou de documento particular avulso, a gerência, o conselho de administração ou o conselho de administração executivo deve inscrever no respectivo livro a menção da sua existência (art. 63.º, n.º 4).

XI. Nos termos do n.º 1, do art. 56.º, são nulas as deliberações cujo conteúdo:

– não esteja, por natureza, sujeito a deliberação dos sócios (al. c), do n.º 1, do art. 56.º);

– directamente ou por actos de outros órgãos que determine ou permita, seja ofensivo dos bons costumes ou de preceitos legais que não possam ser derrogados, nem sequer por vontade unânime dos sócios (al. d), do n.º 1, do art. 56.º).

A nulidade não pode ser invocada quando os sócios ausentes e não representados ou não participantes na deliberação tiverem posteriormente dado por escrito o seu assentimento à deliberação (art. 56.º, n.º 3).

420 Regime Jurídico das Sociedades por Quotas

Por sua vez e de acordo como o art. 58.°, n.° 1, são anuláveis as deliberações que:

a) Violem disposições quer da lei (quando ao caso não caiba a nulidade, nos termos do artigo 56.°), quer do contrato de sociedade;

b) Sejam apropriadas para satisfazer o propósito de um dos sócios de conseguir, através do exercício do direito de voto, vantagens especiais para si ou para terceiros, em prejuízo da sociedade ou de outros sócios ou simplesmente de prejudicar aquela ou estes, a menos que se prove que as deliberações teriam sido tomadas mesmo sem os votos abusivos.

Neste caso, os sócios que tenham formado maioria respondem solidariamente para com a sociedade ou para com os outros sócios pelos prejuízos causados (art. 58.°, n.° 3);

c) Não tenham sido precedidas do fornecimento ao sócio de elementos mínimos de informação.

A acção de declaração de nulidade ou de anulação das deliberações sociais devem ser propostas contra a sociedade (art. 60.°, n.° 1).

Cfr., ainda, quanto à acção de anulação, o art. 59.°.

O procedimento cautelar de suspensão de deliberações sociais está regulado nos arts. 396.° a 398.°, do CPC.

XII. Sobre as deliberações dos sócios, cfr., para além dos autores já citados, Vasco Lobo Xavier *in* "Anulação de Deliberação Social ..."; Oliveira Ascensão *in* "Invalidades das Deliberações dos Sócios", Problemas do Direito das Sociedades, Almedina, 2003, pp. 371 e ss.; Ferrer Correia *in* "A sociedade por quotas...", pp. 115 e ss. e Pinto Furtado *in* "Deliberações dos sócios", Almedina, 1993.

JURISPRUDÊNCIA:

1) O artigo 54.° n.°1, consagra as figuras das deliberações unânimes por escrito e das assembleias totalitárias ou universais, permitindo, respectivamente, que a vontade social se manifeste fora do conclave ou em assembleia não regularmente convocada, ou sobre assunto não previamente tabelado.

2) Diferente é a deliberação por voto escrito, prevista no artigo 247.°, n.ᵒˢ 1 e 2, também do Código das Sociedades Comerciais, só admissível nas sociedades por quotas ou em nome colectivo.

3) A assembleia universal pressupõe a presença de todos os sócios – pessoalmente ou devidamente representados por mandatário com poderes especiais – estar ínsito o propósito de deliberar sobre assuntos de interesse para a sociedade e existir acordo unânime de deliberar sobre determinado assunto.

4) A deliberação final da assembleia totalitária não exige unanimidade, sendo aprovada nos termos gerais.

Título III – Sociedades por quotas 421

5) A 1.ª parte do n.º 1 do artigo 54.º do CSC impõe a unanimidade, já que sendo dispensada a assembleia, e inexistindo dialéctica, não há troca de opiniões, de argumentos e de novas informações.

6) Um contrato promessa de compra e venda de um imóvel em que outorgam todos os sócios de uma sociedade por quotas como promitentes vendedores pode ser considerado deliberação unânime por escrito por conter a expressão da vontade dos sócios para vincularem a sociedade.

7) É um procedimento concludente inequívoco da vontade de deliberar.

8) O contrato promessa tem como objectivo a outorga do contrato definitivo. No nosso direito a regra é o cumprimento pontual dos contratos, a boa fé e a correcção negocial, sendo, por isso, de presumir como natural, a lisura do comportamento dos contraentes.

9) A outorga da promessa de compra e venda implica se conclua pela vontade de outorgar o contrato prometido, sendo a deliberação social que autoriza aquele tacitamente sancionatória deste.

10) O sócio só está impedido de votar se tiver um interesse pessoal, individual, imediato oposto ao da sociedade.

11) As sociedades são entidades jurídicas próprias distintas de cada um dos sócios, sendo sujeitos de direito face àqueles.

Ac. do STJ, de 18.05.06 *in* www.dgsi.pt (Proc. n.º 06A1106)

I – A assembleia geral de uma sociedade comercial, designadamente por quotas, pode, em princípio, alterar a ordem pro que são apreciadas questões a debater.

II – A deliberação da assembleia geral societária só é possível de ser considerada como abuso de direito quando a votação menospreza o interesse da sociedade, sobrepondo-lhe interesse pessoal e, assim, conduzindo a um resultado ética e juridicamente reprovável.

III – Os direitos especiais de um sócio não são transmissíveis com a respectiva quota.

Ac. da RE, de 05.06.95 *in* CJ, Ano XX, Tomo III, p. 87

ARTIGO 248.º – (**Assembleias gerais**)

1 – Às assembleias gerais das sociedades por quotas aplica-se o disposto sobre assembleias gerais das sociedades anónimas, em tudo o que não estiver especificamente regulado para aquelas.

2 – Os direitos atribuídos nas sociedades anónimas a uma minoria de accionistas quanto à convocação e à inclusão de assuntos na ordem do dia podem ser sempre exercidos por qualquer sócio de sociedades por quotas.

422   Regime Jurídico das Sociedades por Quotas

3 – A convocação das assembleias gerais compete a qualquer dos gerentes e deve ser feita por meio de carta registada, expedida com a antecedência mínima de quinze dias, a não ser que a lei ou o contrato de sociedade exijam outras formalidades ou estabeleçam prazo mais longo.

4 – Salvo disposição diversa do contrato de sociedade, a presidência de cada assembleia geral pertence ao sócio nela presente que possuir ou representar maior fracção de capital, preferindo-se, em igualdade de circunstâncias, o mais velho.

5 – Nenhum sócio pode ser privado, nem sequer por disposição do contrato, de participar na assembleia, ainda que esteja impedido de exercer o direito de voto.

6 – As actas das assembleias gerais devem ser assinadas por todos os sócios que nelas tenham participado.

NOTAS:

I. Anteprojectos: FERRER CORREIA (arts. 102.° a 106.°) e VAZ SERRA (arts. 55.° a 57.°).

II. O artigo em anotação tem a redacção introduzida pelo DL n.° 280/87, de 08 de Julho.

III. As sociedades comerciais, enquanto pessoas colectivas que são, formam e manifestam a sua vontade através dos órgãos sociais.

Os órgãos das SQ são:
– A assembleia geral (art. 248.°);
– A gerência (arts. 252.° e ss.);
– O conselho fiscal (art. 262.°).

A assembleia geral tem sido entendida como o órgão superior ou supremo da sociedade.

Esta posição de superioridade está presente, desde logo, nos seguintes poderes atribuídos aos sócios:
– A designação de gerentes (al. a), do n.° 2, do art. 246.°);
– A designação de membros do órgão de fiscalização (al. b), do n.° 2, do art. 246.°);
– A destituição de gerentes e de membros do órgão de fiscalização (al. d), do n.° 1, do art. 246.°);
– A exoneração de responsabilidade dos gerentes ou membros do órgão de fiscalização (al. f), do n.° 1, do art. 246.°);

Título III – Sociedades por quotas

– A proposição de acções pela sociedade contra gerentes, sócios ou membros do órgão de fiscalização, e bem assim a desistência e transacção nessas acções (al. g), do n.º 1, do art. 246.º).

Outra das manifestações daquela superioridade é a subordinação da gerência às deliberações sociais. De facto, por força do art. 259.º, os "gerentes devem praticar os actos que forem necessários ou convenientes para a realização do objecto social, com respeito pelas deliberações dos sócios".

A competência dos gerentes encontra-se, assim, limitada "à gestão da actividade social, aos sócios exclusivamente cabe a administração estrutural da sociedade, o que, aliás, é confirmado pela competência atribuída aos sócios – e só a estes – pelo art. 246.º, n.º 1, para alterações do contrato de sociedade, fusão, cisão, transformação da sociedade", RAÚL VENTURA *in* "Sociedades por Quotas", vol. II, pp. 165 e 166.

IV. De acordo como o **n.º 1**, às assembleias gerais das SQ aplica-se o disposto sobre assembleias gerais das SA, em tudo o que não estiver especificamente regulado para aquelas.

A propósito desta remissão, MENEZES CORDEIRO *in* "Manual de Direito das Sociedades", vol. II, p. 387, em nota critica, considera que a mesma "obriga o intérprete-aplicador a percorre, num vaivém, diversos preceitos complexos, procedendo às competentes adaptações, o que parece menos adequado, para mais num Código que se dirigirá a gestores e não juristas".

No que diz respeito às assembleias gerais, as SQ nunca gozaram de autonomia normativa. Esta ancestral dependência face às SA assenta, desde logo, no facto de as assembleias gerais constituírem um órgão típico das sociedades de capitais.

O regime jurídico das assembleias gerais das SA encontra-se previsto nos arts. 373.º a 389.º. RAÚL VENTURA *in* "Sociedades por Quotas", vol. II, pp. 203 e 204 e MENEZES CORDEIRO *in* "Manual de Direito das Sociedades", vol. II, pp. 387 e 388, apresentam um elenco exaustivo das normas aplicáveis e não aplicáveis às SQ.

Em relação à presidência das assembleias gerais, PEDRO MAIA *in* "O Presidente das Assembleias de Sócios", Problemas do Direito das Sociedades, Almedina, 2003, p. 462, alerta para o facto de o regime das SA não poder ser transposto para as SQ, porquanto "as razões que justificam vários aspectos do regime da presidência das assembleias gerais das sociedades anónimas não se repetem nas sociedades por quotas".

Para maiores desenvolvimentos sobre as assembleias gerais das SA, cfr., entre outros, PAULO OLAVO DA CUNHA *in* "Direito das Sociedades...", p. 568 e ss. e MENEZES CORDEIRO *in* "SA: Assembleia Geral ...".

V. Nos termos do **n.º 2**, os direitos atribuídos, nas SA, a uma minoria de accionistas quanto à convocação (art. 375.º, n.º 2) e à inclusão de assuntos na ordem do dia (art. 378.º) podem ser sempre exercidos por qualquer sócio das SQ.

Nas SA, um ou mais accionistas que possuam acções correspondentes a, pelo menos, 5% do capital social, tem direito a:

a) requerer a convocação de uma assembleia geral (art. 375.º, n.º 2) e

b) requerer que na ordem do dia de uma assembleia geral já convocada ou a convocar sejam incluídos determinados assuntos (art. 378.º).

Por força do **n.º 2**, estes direitos consideram-se igualmente atribuídos a qualquer sócio da SQ.

A lei quando fala de "qualquer sócio", pretende significar, por exemplo, qualquer sócio independentemente do valor nominal da sua quota.

VI. A convocação das assembleias gerais compete a qualquer dos gerentes e deve ser feita por meio de carta registada, expedida com a antecedência mínima de quinze dias (1.ª parte, do **n.º 3**).

Qualquer um dos gerentes (sócios e não sócios) tem competência para convocar assembleias gerais. Esta atribuição genérica é imperativa. Cfr. RAÚL VENTURA *in* "Sociedades por Quotas", vol. II, p. 196.

Para efeitos do **n.º 3**, são consideradas gerentes as pessoas que, na falta de gerentes designados, exerçam os poderes de gerência (cfr. art. 253.º).

No caso de dissolução, a convocação de assembleias gerais compete aos liquidatários (art. 152.º, n.º 1).

Em princípio, a convocação das assembleias gerais deve ser feito por meio de carta registada expedida com a antecedência mínima de 15 dias.

Na sua versão primitiva, o **n.º 3** previa um prazo de 10 dias, o qual, por força do DL n.º 280/87, viria a ser alargado para 15 dias.

ANTÓNIO CAEIRO *in* "As modificações ao Código…", p. 384, entendia que o prazo de 10 dias podia levantar um problema de impossibilidade material de dar cumprimento ao **n.º 2**, "quando um sócio requeresse a inclusão de assuntos na ordem do dia da assembleia. A solução só podia ser a ampliação da antecedência fixada na lei para a convocação das assembleias gerais e foi isso que o legislador fez".

A forma e o prazo aqui previstos não são imperativos. De facto, resulta expressamente da 2.ª parte, do **n.º 3**, que a lei ou o contrato podem estipular regime diverso. A título de exemplo vejamos o disposto no n.º 2, do art. 100.º, de acordo com o qual, a assembleia geral, para deliberação do projecto de fusão, deve ser convocada com a antecedência mínima de um mês.

"Estes dois requisitos – forma e tempo – constituem um mínimo inderrogável (…). Mesmo, porém, sem prévia autorização contratual, poderá o gerente usar forma mais solene (por ex., notificação judicial), mas não poderá substituir a carta

Título III – Sociedades por quotas

registada por publicação – como o contrato também não pode – visto esta não ser uma forma de comunicação pessoal, como aquela é", Raúl Ventura *in* "Sociedades por Quotas", vol. II, p. 197.

A frase "*a não ser que a lei ou o contrato de sociedade (...) estabeleçam prazo mais longo*", significa que o prazo de 15 previsto para a convocatória constitui um prazo mínimo de antecedência.

O prazo é contínuo e conta-se da expedição da carta de convocação. Sem prejuízo "de – sem daí resultar encurtamento do prazo mínimo legal – o contrato o mandar contar da recepção da carta", Raúl Ventura *in* "Sociedades por Quotas", vol. II, p. 197.

Este mesmo autor, *ob. cit.*, p. 198, admite que a carta registada possa ser "substituída por aviso entregue em mão, visto esta forma ter conseguido, até com maior segurança, o conhecimento pessoal e directo pelo sócio". Nestes casos, será aconselhável que o sócio assine um termo de recepção.

Quanto à convocação por meios telemáticos, veja-se Paulo de Tarso Domingues *in* "Os Meios Telemáticos no Funcionamento dos Órgãos Sociais", Reformas do Código das Sociedades, colóquios n.º 3, IDET, Almedina, 2007, pp. 98 e 99.

A convocação das assembleias gerais prevista neste preceito constitui um dever dos gerentes e não uma mera faculdade ou poder.

Com efeito, os gerentes que violarem este dever, nos termos descritivamente definidos pelo art. 515.º, do CSC, poderão incorrer numa pena de multa até 30 dias. Se, em virtude dessa violação for causado dano grave que o autor pudesse prever, a pena será a da infidelidade (art. 515.º, n.º 3).

Pratica um crime de infidelidade "Quem, tendo-lhe sido confiado, por lei ou por acto jurídico, o encargo de dispor de interesses patrimoniais alheios ou de os administrar ou fiscalizar, causar a esses interesses, intencionalmente e com grave violação dos deveres que lhe incumbem, prejuízo patrimonial importante..." (art. 224.º, n.º 1, do CP).

O crime de infidelidade é punível com pena de prisão até 3 anos ou com pena de multa.

VII. Salvo disposição diversa do contrato de sociedade, a presidência de cada assembleia geral pertence ao sócio nela presente que possuir ou representar maior fracção de capital, preferindo-se, em igualdade de circunstâncias, o mais velho (**n.º 4**).

Da leitura desta norma podemos, desde logo, concluir que a presidência de cada assembleia geral só pode ser assumida por um sócio e, por outro lado, que o sócio (presidente) deve estar pessoalmente presente. Assim, fica excluído o exercício da presidência por representante voluntário ou legal.

O legislador utilizou como critério de selecção, a posse ou representação de maior fracção de capital.

426   *Regime Jurídico das Sociedades por Quotas*

Para o apuramento desta maioria deverá somar-se o valor nominal das quotas do sócio ou das quotas dos sócios representados por aquele, não se atendendo ao número de votos correspondentes.

Se houver sócios que detenham, simultaneamente, as maiores fracções de capital, a presidência será exercida pelo mais velho.

No "início da assembleia, isto é, à hora marcada na convocatória para o início da reunião, o sócio presente que detiver a maior fracção de capital – ou, em igualdade de circunstâncias, o mais velho – assumirá a presidência da assembleia. A presidência é atribuída no *início dos trabalhos*, devendo entender-se que a entrada posterior de um sócio titular de uma fracção maior de capital social não impões a substituição no lugar do presidente", Pedro Maia *in* "O Presidente das Assembleias...", p. 463.

A frase *"salvo disposição diversa do contrato de sociedade"* não significa, naturalmente, que o contrato autorize a realização da assembleia geral sem presidente, admitindo, apenas, a estipulação de outro critério de selecção (*v.g.* a antiguidade na sociedade).

Pedro Maia *in* "O Presidente das Assembleias...", p. 465, faz saber que nada impede "que no próprio contrato seja designado determinado sujeito para presidir às assembleias gerais ou que obstem a que se preveja a possibilidade de a assembleia eleger o presidente".

Neste caso, será sempre o sócio previamente eleito "a conduzir os trabalhos. Porém, mesmo tendo sido fixada uma duração para o exercício das funções de presidente, a assembleia poderá livremente destituir o sócio eleito", Pedro Maia, *loc. cit.*.

O contrato de sociedade pode autorizar que a presidência da assembleia seja atribuída a *não sócios*. Com efeito, "se tivermos presente que a dimensão de muitas sociedade por quotas, assim como pode aconselhar uma gestão profissionalizada – e por esse motivo o legislador admite que os gerentes sejam não sócios (art. 252.º, n.º 1) – também pode aconselhar a que a presidência da assembleia geral, revestindo-se de alguma complexidade, seja atribuída a um não sócio que se revele mais apto para o desempenho da função", Pedro Maia, *loc. cit.*

Em termos gerais, ao presidente da assembleia compete pugnar pelo decurso regular da assembleia e pelo cumprimento da ordem de trabalhos estabelecida.

Pedro Maia *in* "O Presidente das Assembleias...", pp. 466 e 467, concretizando esta competência, refere que o presidente da assembleia pode, designadamente, "abrir, interromper temporariamente (mas não suspender) e encerrar a assembleia; conferir a legitimidade dos sujeitos presentes para participarem o colégio, zelar por que todos os sujeitos com legitimidade possam efectivamente exercer o seu direito de participar na assembleia, a assegurar o respeito e o cumprimento da ordem do dia constante da convocatória, pôr os assuntos à discussão,

Título III – Sociedades por quotas

dar a palavra, pôr as proposta de deliberação à votação da assembleia, contar os votos e anunciar o resultado" e, ainda, havendo justo motivo, modificar a sequência dos pontos da ordem de trabalhos.

VIII. Nenhum sócio pode ser privado de participar na assembleia, ainda que esteja impedido de exercer o direito de voto (**n.º 5**).

Conforme resulta da frase *"nem sequer por disposição do contrato"*, esta norma é imperativa.

O impedimento de voto está genericamente previsto no art. 251.º.

Do **n.º 5** podemos extrair que o direito de participação e o direito de voto não se confundem.

O direito de participação inclui o direito de apresentar e discutir propostas e solicitar informações. Note-se que as deliberações que não tenham sido precedidas do fornecimento ao sócio de elementos mínimos de informação são anuláveis (al. c), do n.º 1, do art. 58.º).

PAULO OLAVO DA CUNHA *in* "Direito das Sociedades...", p. 581, salienta que o "direito de participar na assembleia, e necessariamente de ser admitido na mesma, é pois um direito absoluto e inalienável do sócio da sociedade por quotas, dependendo apenas da sua qualidade (de sócio)".

IX. As actas das assembleias gerais devem ser assinadas por todos os sócios que nelas tenham participado (**n.º 6**).

Os sócios participantes são, não só os sócios com direito de voto, mas também, os sócios que, sem direito de voto, tenham estado presentes na assembleia.

Por outro lado, participam igualmente na assembleia, os sócios que nela se tenham representado. "Neste caso, compete ao representante assinar a acta", RAÚL VENTURA *in* "Sociedades por Quotas", vol. II, p. 202.

Para efeitos de propositura da acção de anulação da deliberação, basta que a acta seja assinada por todos os sócios votantes no sentido que fez vencimento.

Cfr., ainda, as anotações ao art. 247.º.

JURISPRUDÊNCIA:

I – Na convocatória de destituição de gerente de uma sociedade por quotas não se torna obrigatório a descrição dos requisitos do art. 171.º, n.ºs 1 e 2, ex vi art. 377.º, n.º 5 do CSC.

II – Tais exigências apenas se justificam quanto a avisos de convocatórias que tenham por objecto relações externas à sociedade.

Ac. da RP, de 06.02.07 *in* www.dgsi.pt (Proc. n.º 0524777)

428   *Regime Jurídico das Sociedades por Quotas*

I – O Código das Sociedades Comerciais remete subsidiariamente, a propósito das sociedades por quotas e no n.° 1 do seu art. 248.°, em tudo o que especificamente não contemple, para o «disposto sobre as assembleias gerais das sociedades anónimas».

II – Ora, por força do n.° 1 do art. 386.° do mesmo diploma, a assembleia geral delibera por miaoria dos votos emitidos, seja qual for a percentagem do capital social nela representado, »salvo disposição diversa da lei ou do contrato», sendo que «as abstenções não são contadas».

III – Nada obstará assim a que uma deliberação seja tomada apenas por um único sócio titular de uma pequena quota minoritária, observados que sejam todos os restantes pressupostos de validade formal ou substancial da mesma, formando-se as maiorias deliberativas tão-somente pelos votos emitidos e validamente expressos.

IV – A não imposição pelo C.S.C. de qualquer "quórum" deliberativo para as assembleias gerais das sociedades por quotas, deve-se a razões de eficácia e funcionalidade do processo deliberativo social, por um lado, e de fomento do interesse da participação pessoal dos sócios nesse mesmo processo, por outro.

Ac. do STJ, de 04.03.04 *in* CJ, Ano XII, Tomo I, p. 80

I – São coisas diferentes, apesar de o aumento do capital ser numericamente o mesmo, a constante da ordem de trabalhos da convocatória da assembleia geral de uma sociedade – reduzir o capital social de 50.000 para 15.000 contos, seguido de um aumento de capital de 35.000 contos – e a que foi efectivamente deliberada, de aumentar o capital social de 50.000 para 85.000 contos.

II – No primeiro caso, estamos perante uma unidade proporcional a que os franceses chamam um "coup d,accordéon"; no segundo, num puro e simples aumento de capital.

III – O aviso convocatório que inclui a primeira das propostas, não inclui a segunda e, portanto, para o que a esta interessa, não respeita o disposto no n.° 8 do art. 377.° do Cód. das Soc. Comerciais.

Ac. do STJ, de 26.02.04 *in* CJ, Ano XII, Tomo I, p. 80

I – Quando o contrato da sociedade estabelece a amortização da quota no caso de falecimento de um sócio, os seus sucessores têm a qualidade jurídica de transmissários da quota do falecido enquanto se não efectiva a amortização.

II – Assim nessa qualidade e enquanto se não concretizar a amortização da quota os sucessores do sócio falecido têm de ser convocados para as assembleias gerais que se vierem a realizar, sob pena de serem nulas as deliberações nelas tomadas – (cfr. n.° 3 do art. 227.°, n.° 5 do art. 248.° e n.° 1 do art. 56.° – todos do CSC).

Ac. da RL, de 14.05.00 *in* CJ, Ano XXV, Tomo III, p. 88

I – Os requisitos convocatórios – forma e tempo – expressos no n.° 3 do artigo 248.° do CSC são aferidos à sua expedição e não à sua recepção, aplicando-se ao prazo a regra do artigo 279.°, alínea b), do CCIV.

II – Para distinguir os vícios que determinam a nulidade ou a anulação de uma deliberação viciada, há que surpreender se eles dizem respeito ao conteúdo (alíneas c) e d) do n.° 1 do artigo 56.° do CSC), ou ao processo de formação (alíneas a) e b) do mesmo artigo) da deliberação.

III – As "nulidades" resultantes dos vícios de formação (alíneas a) e b) do n.° 1 do artigo 56.°) são sanáveis nos termos do n.° 3 do mesmo artigo, pelo que estamos perante uma invalidade mista.

IV – Se a deliberação colidir com normas dispositivas ou do pacto social – na disponibilidade dos sócios –, ela será só anulável (artigo 59.°).

V – A dicotomia normas imperativas e dispositivas só tem relevância quando o vício ataca o conteúdo da deliberação; se ele ataca o processo de formação de deliberação, a consequência é a sua anulabilidade.

VI – A alínea a) do n.° 1 do artigo 58.° do CSC é uma norma residual: residual por exclusão de partes, na medida em que abarca as hipóteses em que a deliberação continua a contrariar a lei em área não prevista no artigo 56.°.

VII – O n.° 2 do artigo 62.° do CSC acolheu a doutrina que se pronunciava pela admissibilidade da renovação de deliberação nula por vício de formação e nunca quando ela se circunscrevia ao cerne do conteúdo.
Ac. do STJ, de 04.05.99 *in* www.dgsi.pt (Proc. n.° 99A333)

A competência para a convocação de assembleias gerais de sociedades por quotas, estabelecida no artigo 248.°, n.° 3, do CSC86, tem a natureza de regra imperativa.
Ac. do STJ, de 21.05.98 *in* www.dgsi.pt (Proc. n.° 98B287)

I – O Supremo não conhece de matéria de facto, salvo o caso excepcional do artigo 722.°, n.° 2 do CPC67.

II – É irrelevante a falta de aviso de recepção na convocatória da assembleia geral de sociedade por quotas se o sócio teve conhecimento da convocatória e esteve presente à assembleia geral e à deliberação desta.

III – A lei geral não proíbe que a assembleia geral de uma sociedade por quotas delibere sobre matérias objecto de pleito judicial.

IV – Não é anulável a deliberação social que confere poderes de representação aos gerentes para a prática de actos que nem sequer dependem de deliberação dos sócios.

V – A votação dos sócios na sua própria eleição como gerentes não configura situação de conflito de interesses com a sociedade.

VI – Não é anulável a deliberação de assembleia geral de sociedade por quotas se tal deliberação, tomada por voto dos sócios maioritários não traduz

430 Regime Jurídico das Sociedades por Quotas

excesso manifesto aos limites impostos pela boa fé, ou pelo fim social e económico do direito da maioria à designação dos gerentes.

VII – São pressupostos do decretamento da providência cautelar de suspensão de deliberações sociais: ser a deliberação ilegal, no sentido de contrária à lei geral ou aos estatutos da sociedade; poder da sua execução resultar dano apreciável.

Ac. do STJ, de 05.06.97 *in* www.dgsi.pt (Proc. n.° 97B315)

I, II, III, IV – (...)
V – O nú-proprietário e o usufrutuário da mesma quota, devem ser considerados ambos como sócios, com poderes de intervenção consoante a natureza da deliberação para a qual se dirige a convocação a fazer.

Ac. da RL, de 13.10.95 *in* CJ, Ano XX, Tomo IV, p. 112

I – Uma deliberação destituindo um gerente, se quanto ao efeito constitutivo dessa qualidade e situações é instantânea, não deixa, precisamente porque duráveis no tempo essas qualidade e situação, de poder gerar danos espaçados no tempo.
II – É ilegal uma deliberação sobre questão não constante da convocatória e que não tenha sido votada por todos os sócios, mesmo no caso de assembleia universal.
III – A suspensão da deliberação não procede se não se demonstra, nem se alega a danosidade da execução da mesma deliberação.

Ac. do STJ, de 16.05.95 *in* CJ, Ano III, Tomo II, p. 85

São nulas as deliberações tomadas em assembleia geral das sociedades comerciais cujo aviso convocatório não haja sido enviado a qualquer um dos sócios.

Ac. da RL, de 10.11.94 *in* www.dgsi.pt (Proc. n.° 0090162)

I – A convocação para a assembleia duma sociedade por quotas não pode considerar-se feita correctamente, de acordo com o art. 248.°, n.° 3, do C.S.C., nem de boa fé, se foi dirigida para a residência dum sócio que se sabia ausente e esse respeitava a uma data anterior em 3 dias ao fim dessa ausência.
II – Não tendo esse sócio sido regularmente convocado para tal assembleia, a deliberação tomada é nula, nos termos do art. 56.°, n.° 1, al. a), do C.S.C..

Ac. do STJ, de 04.11.93 *in* CJ, Ano I, Tomo III, p. 104

I – A acta não integra a forma da deliberação, embora seja indispensável para a sua prova.
II – São irrelevantes, não afectando a conteúdo da deliberação tomada, nem viciando as manifestações de vontade dos sócios constantes da acta, as omissões desta quanto ao nome do presidente da assembleia, indicação do valor e titula-

res das quotas, menção de que não votou a deliberação um dos sócios e declaração escrita que este quis fazer.

III – O ónus da prova da falta de convocação do sócio para participar na assembleia, compete a este, por ser facto constitutivo do seu direito de anulação.

IV – É de aplicação às sociedades já constituídas a disposição do C.S.C. que possibilita ao sócio ausente fazer-se representar por procurador na Assembleia-geral.

Ac. da RC, de 23.03.93 *in* CJ, Ano XVIII, Tomo II, p. 19

ARTIGO 249.º – **(Representação em deliberação de sócios)**

1 – Não é permitida a representação voluntária em deliberações por voto escrito.

2 – Os instrumentos de representação voluntária que não mencionem as formas de deliberação abrangidas são válidos apenas para deliberações a tomar em assembleias gerais regularmente convocadas.

3 – Os instrumentos de representação voluntária que não mencionem a duração dos poderes conferidos são válidos apenas para o ano civil respectivo.

4 – Para a representação em determinada assembleia geral, quer esta reúna em primeira ou segunda data, é bastante uma carta dirigida ao respectivo presidente.

5 – A representação voluntária do sócio só pode ser conferida ao seu cônjuge, a um seu ascendente ou descendente ou a outro sócio, a não ser que o contrato de sociedade permita expressamente outros representantes.

NOTAS:

I. Anteprojectos: FERRER CORREIA (art. 107.º); VAZ SERRA (art. 113.º) e RAÚL VENTURA (art. 58.º).

II. O artigo em anotação trata da representação em deliberação social.

A representação pode ser legal (quando resulta da lei) ou voluntária (quando resulta de um acto jurídico).

A representação voluntária pode ser definida como o acto jurídico pelo qual alguém (representado) atribui a outrem (representante) poderes de representação.

O regime da representação voluntária está previsto nos arts. 262.º a 269.º, do CC.

432 *Regime Jurídico das Sociedades por Quotas*

A figura mais utilizada na representação voluntária é o mandato (arts. 1157.º a 1185.º, do CC).

O mandato "é o contrato pelo qual uma das partes se obriga a praticar um ou mais actos jurídicos por conta da outra", art. 1157.º, do CC.

Sobre a distinção entre representação e mandato, cfr. Pessoa Jorge *in* "O mandato sem representação", reimpressão, Almedina, 2001, pp. 20 e ss.; Januário Gomes *in* "Revogação do mandato civil", Almedina, 1989, pp. 227 e ss. e Pais de Vasconcelos *in* "A procuração Irrevogável", Almedina, 2002, pp. 42 e ss..

Para maiores desenvolvimentos sobre a representação, *vide*, ainda, Manuel de Andrade *in* "Teoria Geral...", vol. II, pp. 285 e ss.; Heinrich Horster *in* "A parte Geral...", pp. 476 e ss.; Mota Pinto *in* "Teoria Geral...", pp. 535 e ss.; Oliveira Ascensão *in* "Direito Civil – Teoria Geral", vol. II, Coimbra Editora, 1999, pp. 212 e ss. e José Alberto Vieira *in* "Negócio Jurídico", Coimbra Editora, 2006, pp. 73 e ss..

III. A representação voluntária em deliberações por voto escrito não é permitida (**n.º 1**).

Como vimos na anotação ao art. 247.º, podemos distinguir as seguintes formas de deliberação:

a) as deliberações unânimes por escrito (art. 54.º, n.º 1, 1.ª parte);

b) as deliberações em assembleia universal (art. 54.º, n.º 1, 2.ª parte);

c) as deliberações por voto escrito (art. 247.º, n.os 1 e 2);

d) as deliberações em assembleia geral convocada (art. 247.º, n.º 1, parte final).

Nas deliberações por voto escrito não é admitida a representação voluntária.

Para Raúl Ventura *in* "Sociedades por Quotas", vol. II, p. 207, esta norma parte "do princípio de que essa forma de votação torna desnecessária a representação do sócio, embora isso não seja sempre verdadeiro (casos de ausência ou doença do sócio)".

Esta proibição abrange apenas a emissão do voto e já não o processo de consulta prévio à votação. Assim, o representante tem poderes para responder à consulta, nomeadamente recusando a deliberação por voto escrito. Cfr. Raúl Ventura, *ob. cit.*, pp. 207 e 208.

IV. Os instrumentos de representação voluntária que não mencionem as formas de deliberação abrangidas são válidos apenas para deliberações a tomar em assembleias gerais regularmente convocadas (**n.º 2**).

Em virtude da multiplicidade de formas de deliberação legalmente admitidas, justifica-se a menção nos instrumentos de representação voluntária da forma abrangida, a qual deve ser expressa.

Os instrumentos de representação voluntária que não contenham esta menção só são válidos para as deliberações a tomar em assembleias gerais regularmente convocadas.

Importa referir que, no caso das deliberações unânimes por escrito e deliberações em assembleia universal, o representante só pode votar se, para o efeito, estiver expressamente autorizado (art. 54.°, n.° 4).

V. Os instrumentos de representação voluntária que não mencionem a duração dos poderes conferidos são válidos apenas para o ano civil respectivo (**n.° 3**).

Para além das formas de deliberação abrangidas, os instrumentos de representação voluntária devem mencionar expressamente a duração dos poderes conferidos. Na falta desta menção, os mesmos são válidos apenas para o ano civil respectivo.

Esta limitação temporal justifica-se, desde logo, por força do âmbito dos poderes de representação. Com efeito, a representação abrange todos os direitos que a lei confere ao sócio (representado), designadamente, apresentação e discussão de propostas e solicitação de informação. RAÚL VENTURA *in* "Sociedades por Quotas", vol. II, p. 210, explica que não "se incluem nessa representação, sem prejuízo de expressa concessão, o direito de requerer a inclusão de assuntos na ordem do dia e o direito de impugnar judicialmente deliberações tomadas".

Por outro lado, procurou-se "evitar que, sem o sócio ter manifestado expressamente a sua vontade quanto à duração dos poderes, estes possam ser aproveitados em circunstâncias que não correspondam às da época do instrumento de representação", RAÚL VENTURA, *ob. cit.*, p. 209.

Esta norma não significa, naturalmente, que o sócio confira poderes de representação por um período superior ao ano civil respectivo, nem parece que exija "uma determinada duração dos poderes, podendo ser conferidos para todo o tempo em que o representado for sócio ou até sem qualquer limite de duração", RAÚL VENTURA, *loc. cit.*.

VI. Para a representação em determinada assembleia geral, quer esta reúna em primeira ou segunda data, é bastante uma carta dirigida ao respectivo presidente (**n.° 4**).

Este preceito estabelece o formalismo exigido para a representação em determinada assembleia geral. Por conseguinte, este mesmo formalismo não é válido para a representação em várias assembleias ou em assembleia única não determinada.

Podemos igualmente concluir que não é admissível a representação constituída por procuração verbal. Cfr. RAÚL VENTURA *in* "Sociedades por Quotas", vol. II, p. 211.

A forma bastante é uma carta, vulgarmente designada "carta mandadeira", que tem expressamente como destinatário o presidente da assembleia geral.

Se o instrumento de representação surgir como uma declaração sem menção do destinatário, o mesmo será válido se for apresentado ao presidente da assembleia. Por sua vez, se a carta for dirigida a pessoa que não seja o presidente da assembleia a mesma é inválida. Cfr. RAÚL VENTURA, *loc. cit.*.

No que concerne ao seu conteúdo, a carta "mandadeira" deve conter:

a) a identificação do sócio representado;

b) a identificação do representante;

c) a declaração de vontade de atribuição dos poderes de representação e

d) a identificação da respectiva assembleia geral.

Na opinião de RAÚL VENTURA *in* "Sociedades por Quotas", vol. II, p. 213, o "instrumento de representação deve ser apresentado no início da assembleia, pois isso é indispensável para se saber quais os sócios que, pessoalmente ou não, nela participam, ou até, quando o representante não for sócio, para se definir o direito de participação na assembleia; verificações que tanto cabem ao presidente da assembleia, como aos outros sócios. Não vou, contudo, ao ponto de recusar a apresentação da carta ou outro instrumento de representação se ela for feita durante a assembleia e antes de ser iniciada a votação para que ela irá servir".

Para maiores desenvolvimentos sobre a gestão de negócios, *vide*, entre outros, MENEZES LEITÃO *in* "A Responsabilidade do Gestor Perante o Dono do Negócio no Direito Civil Português", Almedina, 2005.

VII. A representação voluntária do sócio só pode ser conferida ao seu cônjuge, a um seu ascendente ou descendente ou a outro sócio (**n.º 5**, 1.ª parte).

Embora tratando-se de representação voluntária, o legislador optou, aqui, por estabelecer um núcleo restrito de potenciais representantes, proibindo a intervenção *representativa* de pessoas totalmente estranhas à sociedade.

Com efeito, desse núcleo fazem parte pessoas com profunda ligação familiar ao sócio.

A parte final, do **n.º 5**, admite, contudo, que o contrato de sociedade permita expressamente outros representantes.

Na opinião de RAÚL VENTURA *in* "Sociedades por Quotas", vol. II, p. 215, o conteúdo da estipulação contratual "pode ser muito variado: abertura total, abertura apenas a certas espécies de pessoas, abertura apenas para certas deliberações."

Quanto à representação por um sócio, que seja pessoa colectiva, *vide* RAÚL VENTURA, *ob. cit.*, p. 219.

VIII. O impedimento de voto, previsto no art. 251.º, estende-se ao exercício da representação.

Título III – Sociedades por quotas

JURISPRUDÊNCIA:

I – É admissível a representação voluntária de sócio sociedade por quotas por terceiro não sócio, em assembleia geral de outra sociedade, não sendo de aplicar às pessoas colectivas as limitações de representação voluntária das pessoas físicas do art. 249.°, n.° 5, do Código das Sociedades.

II – A representação voluntária da sociedade por quotas sócia de outra sociedade pode ser plúrima, estando apenas condicionada ao limite previsto no art. 381.° do Cód. Soc. Comerciais, por força do que dispõe o n.° 1 do art. 248.° do mesmo diploma.

Ac. da RL, de 17.04.08 *in* www.dgsi.pt (Proc. n.° 9676/2006-2)

ARTIGO 250.° – **(Votos)**

1 – Conta-se um voto por cada cêntimo do valor nominal da quota.

2 – É, no entanto, permitido que o contrato de sociedade atribua, como direito especial, dois votos por cada cêntimo de valor nominal da quota ou quotas de sócios que, no total, não correspondam a mais de 20% do capital.

3 – Salvo disposição diversa da lei ou do contrato, as deliberações consideram-se tomadas se obtiverem a maioria dos votos emitidos, não se considerando como tal as abstenções.

NOTAS:

I. Anteprojectos: FERRER CORREIA (art. 108.°); VAZ SERRA (art. 114.°) e RAÚL VENTURA (art. 55.°).

II. O artigo em anotação tem a redacção introduzida pelo DL n.° 280/87, de 08 de Julho, pelo DL n.° 257/96, de 31 de Dezembro e pelo DL n.° 343/98, de 06 de Novembro.

III. O sócio, enquanto titular de uma posição jurídica societária, encabeça um conjunto de direitos e deveres, genericamente previstos nos arts. 20.° e ss..

Do elenco dos direitos, destaca-se, com especial relevância, o direito de participar nas deliberações sociais (al. b), do n.° 1, do art. 21.°), onde se inclui o direito de voto.

RODRIGO SANTIAGO *in* "Sobre o exercício do direito de voto nas sociedades comerciais", Dois estudos sobre o Código das Sociedades Comerciais, Almedina,

436 *Regime Jurídico das Sociedades por Quotas*

1987, p. 12, define o direito de voto como o "um *direito corporativo geral ou especial, inderrogável e, em princípio, irrenunciável*".

O voto assume-se como a manifestação exterior de vontade que dá corpo à deliberação.

Na opinião de PINTO FURTADO *in* "Curso de Direito...", p. 397, cada "sócio *fala pela sua boca* e pela de mais ninguém – e, assim, o *voto* é sempre uma manifestação de *sentimento*, de *ciência*, ou de *vontade* do sócio, segundo o que ele próprio *sente, sabe* ou *quer,* por si e *no seu interesse pessoal*".

A propósito da atribuição do direito de voto JOÃO LABAREDA *in* "Posição do sócio ...", p. 472, faz saber que a mesma constitui "o expediente, por excelência, de que o Direito se serve para facultar a todos os sócios a possibilidade efectiva de intervir na vida corporativa com a amplitude aconselhável, exercendo essa faculdade em correspondência com a posição que concretamente assumiram".

MENEZES CORDEIRO *in* "Manual de Direito das Sociedades", vol. II, p. 393, sublinha que, nos "termos gerais, o voto é simples e não condicionado: representa sim ou não a uma determinada proposta; o voto "condicionado" equivalerá a um voto contra".

A propósito da natureza jurídica do voto, PEREIRA DE ALMEIDA *in* "Sociedades Comerciais e Valores Mobiliários", p. 212, entende que "nada obsta a reconhecer a natureza negocial do voto, sem prejuízo de, em alguns casos, serem meras declarações (votos de congratulação ou de pesar)".

Em sentido contrário, PINTO FURTADO *in* "Deliberações de Sociedades ...", afirma que o voto nunca é um negócio jurídico, limitando-se a constituir uma declaração negocial.

No CSC, são poucos os preceitos que dispõe sobre o exercício do direito de voto. Nesta medida, será de questionar se são subsidiariamente aplicáveis as normas do Código Civil, referentes à declaração negocial (mais precisamente os arts. 217.º e ss.).

Da resposta afirmativa a esta questão, resulta, desde logo, que o voto pode ser expresso ou tácito (art. 217.º, do CC).

Em relação ao voto tácito ou implícito, EDUARDO LUCAS COELHO *in* "Formas de deliberação...", pp. 363 e 364, salienta que a sua relevância "deve ser ponderada à luz dos princípios gerais que regem a declaração negocial (artigos 217.º e segs. do Código Civil). Essencial é que os respectivos *facta concludentia* deixem entender claramente a posição tomada acerca da proposta".

No que concerne à forma de exercício do direito de voto, a aplicabilidade do art. 219.º, do CC, parece ditar uma total liberdade, que admite o voto por qualquer das seguintes modalidades: "declaração presencial expressa, oral ou escrita, secreta ou não, mãos erguidas, levantados e sentados, etc", EDUARDO LUCAS COELHO *in* "Formas de deliberação...", p. 363.

Título III – Sociedades por quotas　　　437

A propósito do exercício do direito de voto, veja-se RODRIGO SANTIAGO *in* "Sobre o exercício ...", pp. 19 e ss..

Quanto aos vícios de formação da vontade no voto, cfr. PEREIRA DE ALMEIDA *in* "Sociedades Comerciais e Valores Mobiliários", pp. 212 e ss..

IV. Nos termos do **n.º 1**, conta-se um voto por cada cêntimo do valor nominal da quota.

A versão inicial deste preceito, estipulava um voto por cada 400$ de valor nominal da quota.

O divisor "400$" viria a suscitar previsíveis inconvenientes de ordem prática (cfr. preâmbulo do DL n.º 280/87, de 08 de Julho), o que determinaria a sua substituição pelo divisor "250$". Cfr., ainda, RODRIGO SANTIAGO *in* "Sobre o exercício ...", p. 17.

Por sua vez, o DL n.º 257/96, de 31 de Dezembro, viria a reduzir o divisor para "1$".

Em 1998 e por força da substituição do escudo pelo euro, foi necessário adaptar a ordem jurídica interna a tal realidade. Neste seguimento, o DL n.º 343/ /98 introduziu o cêntimo como elemento divisor.

O valor ínfimo que o legislador acabou por fixar para a unidade de contagem do peso do voto, visa evitar "dificuldades anteriormente sentidas na divisão de quotas e nos aumentos e reduções de capital, quando o valor da quota tinha de ser divisível por quantias superiores, designadamente quando houve que redenominar o capital das sociedades em euros", PAIS DE VASCONCELOS *in* "A Participação Social ...", p. 126.

O **n.º 1** tem natureza imperativa. Em virtude desta imperatividade, "o *direito de voto é insuprimível*", PINTO FURTADO *in* "Curso de Direito...", p. 397.

V. O **n.º 2** permite que o contrato de sociedade atribua, como direito especial, dois votos por cada cêntimo de valor nominal da quota ou quotas de sócios que, no total, não correspondam a mais de 20% do capital. O legislador consagrou, aqui, o chamado voto duplo.

Para RODRIGO SANTIAGO *in* "Sobre o exercício ...", p. 14, estamos perante um direito corporativo especial. Para este autor, *loc. cit.*, os direitos corporativos especiais "são aqueles de matriz contratual que conferem aos respectivos titulares uma *vantagem especial*, uma posição de supremacia, frente aos demais associados".

Esta norma visa, em primeira linha, "aumentar o poder de voto de sócios minoritários, ou seja, evitar que, para um sócio deter certo número de votos tenha de ser titular de quotas no montante que se tornaria necessário por força do n.º 1", RAÚL VENTURA *in* "Sociedades por Quotas", vol. II, p. 227.

O voto duplo aqui consagrado tem fonte contratual (contrato de sociedade inicial ou respectiva alteração), podendo ser concedido para a tomada de todas ou apenas algumas deliberações.

438 *Regime Jurídico das Sociedades por Quotas*

De notar ainda que, o voto duplo constitui um direito especial (art. 24.°), o qual pode ser concedido a um ou mais sócios.

Pais de Vasconcelos *in* "A Participação Social ...", p. 126, considera que o **n.° 2** não consagra um "caso de voto plural, porque o sócio não pode exercer o seu voto em sentidos diferentes, mas apenas a duplicação do peso do voto de certos sócios".

Os direitos de voto plural podem ser extintos ou limitados por deliberação dos sócios tomada, nos termos previstos para a alteração do contrato, sem necessidade de consentimento dos sócios titulares desses direitos (art. 531.°, n.° 2).

VI. Em regra, as deliberações são tomadas se obtiverem a maioria dos votos emitidos, não se considerando como tal as abstenções (**n.° 3**).

Para a obtenção da maioria, o legislador optou pelo número de votos emitidos (em detrimento dos votos correspondentes ao capital social). Não obstante, em muitos casos, o resultado da votação, decorrente da aplicação de ambos os critérios, ser o mesmo.

Já no caso de deliberação de alteração do contrato de sociedade, o legislador optou pelos votos correspondentes ao capital social (art. 265.°, n.° 1).

A emissão do voto depende, naturalmente, da "presença (ou representação) do sócio, se a deliberação for tomada em assembleia; os votos dos ausentes não são contados para o cômputo da maioria, bem como não o são os votos *formalmente* nulos, como, num voto por escrito, a entrega de um boletim em branco ou riscado", Raúl Ventura *in* "Sociedades por Quotas", vol. II, p. 230. Cfr., ainda, Rodrigo Santiago *in* "Sobre o exercício ...", p. 35.

Como salienta Rodrigo Santiago *in* "Sobre o exercício ...", pp. 35 e 36, o princípio da maioria relativa simples, aqui consagrado, "basta-se com o facto de haver mais votos a favor do que contra, não se exigindo, como na maioria simples absoluta, metade e mais um dos votos expressos. É esta, de resto, a solução decorrente do art. 175/2 C. Civil".

Eduardo Lucas Coelho *in* "Formas de deliberação...", p. 364, refere que "o voto traduz a aceitação ou recusa da proposta de deliberação, oferecendo ao titular, colocado perante ela, apenas uma alternativa dicotómica de lhe dizer sim ou não, e revestindo, assim, segundo os autores alemães, natureza dialéctica. A lei, ao exigir para a formação de uma deliberação certo número maioritário de votos (a favor), e dispondo do mesmo passo que as abstenções não são contadas no cálculo dessa maioria (artigo 386.°, n.° 1), pressupõe que as tomadas de posição dos membros individuais do colectivo, relevantes no sentido da deliberação, são tão-somente o voto a favor e o voto contra".

A maioria consiste na obtenção do número de votos necessários à aprovação de uma deliberação. Por sua vez, o *quórum* consiste no número mínimo de presenças exigidas para que órgão colegial possa deliberar.

O **n.º 3** consagrou a maioria simples.

Cfr. as categorias de maiorias indicadas por PINTO FURTADO *in* "Curso de Direito...", p. 397.

A frase "salvo disposição diversa do contrato" não significa que o contrato possa prever a tomada de uma deliberação sem a obtenção da maioria dos votos emitidos. Na verdade, a mesma significa apenas que o contrato pode estipular uma maioria superior.

Assim, o contrato pode exigir uma maioria qualificada (60%, 70% ou 90%) ou mesmo a unanimidade para a tomada de uma deliberação. Esta exigência pode abranger uma determinada deliberação, algumas deliberações ou todas. Paralelamente é ainda admissível a sua limitação temporal.

RAÚL VENTURA *in* "Sociedades por Quotas", vol. II, p. 231, admite "que o contrato de sociedade só considere tomada a deliberação se ela tiver obtido o voto de certo sócio (ou certos sócios). Haverá nesses casos um direito de veto, até sem necessidade de expresso, bastando a ausência ou a abstenção, a não ser que a cláusula especifique que o condicionamento se refere apenas ao voto expresso contrário".

O contrato pode ainda estabelecer que a maioria necessária dependa do número de sócios presentes ou representados na assembleia. Cfr. RAÚL VENTURA, *loc. cit..*

Por força da frase "salvo disposição diversa da lei", a maioria prevista no **n.º 3** pode ser legalmente afastada. A título de exemplo, refira-se a maioria exigida para a deliberação de alteração do contrato de sociedade (art. 265.º, n.º 1). Note-se que, mesmo neste caso, o legislador admite a estipulação de uma maioria superior (art. 265.º, n.º 1, parte final).

JURISPRUDÊNCIA:

1. A quota social, nos regimes de bens de casamento, só é comunicável quanto ao seu valor económico. Na verdade, a comunicabilidade de uma quota social apenas se opera quanto ao conteúdo patrimonial desse "direito complexo" e não quanto ao seu conteúdo pessoal, como seja quanto ao direito de voto em assembleia geral.

2. Enquanto no plano patrimonial, próprio da relação jurídico-familiar, o divórcio implica a partilha do património comum do casal, património esse em que se incluirá o valor das quotas sociais enquanto suas componentes económicas; no plano da relação jurídico-societária, situa-se o direito de voto a exercer na assembleia geral dos sócios da sociedade comercial, assembleia na qual cada dispõe de tantos votos quantos os cêntimos do valor nominal da sua quota.

3. Assim, embora cada um dos dois sócios (cônjuges que entretanto se divorciaram um do outro) seja titular da quota ideal de 50% do capital social,

440 Regime Jurídico das Sociedades por Quotas

o sócio ex-cônjuge marido ao votar favoravelmente a proposta de nomeação do filho de ambos para gerente mediante a sua renúncia à gerência e com invocação da sua quota de 75% do capital social não agiu em abuso de direito.
Ac. da RC, de 14.10.08 *in* www.dgsi.pt (Proc. n.º 649/08.3TBPMS.C1)

I – Certamente por razões de eficácia e funcionalidade do processo deliberativo social, por um lado, e de fomento do interesse da participação pessoal dos sócios nesse mesmo processo, por outro, não impõe o Cod. das Sociedades Comerciais qualquer "quórum" deliberativo para as sociedades por quotas.
II – Nada obsta a que uma deliberação seja tomada apenas por um único sócio titular de uma quota, observados que sejam todos os restantes pressupostos de validade formal ou substancial da mesma, formando-se as maiorias deliberativas, em princípio (salva disposição legal ou contratual em contrário) tão--somente pelos votos emitidos e validamente expressos.
III – A existência de mero interesse do sócio na deliberação não basta para que ela seja anulável, ao abrigo do disposto no art. 58.º, n.º 1, do Cod. Soc. Com.
Ac. da RP, de 28.02.08 *in* www.dgsi.pt (Proc. n.º 0830549)

I – (…)
II – Os votos expressos e/ou presenciais na assembleia de uma sociedade por quotas não são reportáveis a qualquer percentagem ou proporção do capital social circunstancialmente representado na assembleia concretamente realizada, pelo que nada obsta a que uma deliberação social seja tomada por um único sócio titular de uma quota, observados que se mostrem os restantes pressupostos de validade formal ou substancial da mesma.
III – A existência de mero interesse do sócio na deliberação não basta para que esta seja anulável, designadamente por abuso do direito, o que só seria admissível concluir-se perante a demonstração da existência de um qualquer benefício especial, ou qualquer prejuízo para a sociedade, por o interesse desta ser contrário ao do sócio.
Ac. da RP, de 28.02.08 *in* CJ, Ano XXXIII, Tomo I, p. 198

Dado que a lei reconhece como relevantes apenas interesses próprios (pessoais), morais ou materiais do sócio para exercício do direito de voto, nada obsta a tal exercício quando o conflito se configura entre a sociedade e uma terceira pessoa, ainda que cônjuge do sócio votante.
Ac. do STJ, de 28.09.95 *in* www.dgsi.pt (Proc. n.º 087563)

I – As cláusulas estatutárias de sociedade comercial devem ser interpretadas segundo os princípios gerais da interpretação dos negócios jurídicos formais, consagrados na lei civil.

Título III – Sociedades por quotas 441

II – A cláusula do pacto social que conferir a um sócio direito especial, com o carácter de privilégio irrevogável, não pode ser alterada sem a maioria especial exigida nesse pacto.
Ac. da RP, de 21.11.91 *in* www.dgsi.pt (Proc. n.º 0123517)

ARTIGO 251.º – **(Impedimento de voto)**
1 – O sócio não pode votar nem por si, nem por representante, nem em representação de outrem, quando, relativamente à matéria da deliberação, se encontre em situação de conflito de interesses com a sociedade. Entende-se que a referida situação de conflito de interesses se verifica designadamente quando se tratar de deliberação que recaia sobre:
a) **Liberação de uma obrigação ou responsabilidade própria do sócio, quer nessa qualidade quer como gerente ou membro do órgão de fiscalização;**
b) **Litígio sobre pretensão da sociedade contra o sócio ou deste contra aquela, em qualquer das qualidades referidas na alínea anterior, tanto antes como depois do recurso a tribunal;**
c) **Perda pelo sócio de parte da sua quota, na hipótese prevista no artigo 204.º, n.º 2;**
d) **Exclusão do sócio;**
e) **Consentimento previsto no artigo 254.º, n.º 1;**
f) **Destituição, por justa causa, da gerência que estiver exercendo ou de membro do órgão de fiscalização;**
g) **Qualquer relação, estabelecida ou a estabelecer, entre a sociedade e o sócio estranha ao contrato de sociedade.**
2 – O disposto nas alíneas do número anterior não pode ser preterido no contrato de sociedade.

NOTAS:

I. Anteprojectos: Ferrer Correia (art. 109.º); Vaz Serra (art. 114.º, n.º 4) e Raúl Ventura (art. 60.º).

II. A al. e), do **n.º 1**, foi rectificada pelo art. 4.º, do DL n.º 280/87, de 08 de Julho.

III. Conforme já referimos na anotação ao art. 250.º, o sócio é titular, entre outros, do direito de voto, o qual, sendo inderrogável e irrenunciável, só pode sofrer limitações especialmente previstas na lei ou no contrato.

José Marques Estaca *in* "O Interesse da Sociedade nas Deliberações Sociais", Almedina, 2003, p. 135, refere que a "lei atribui às proibições de voto uma função preventiva: procura evitar que cheguem a ser tomadas deliberações cujo conteúdo seja ferido de vícios geradores de invalidade".

No que diz respeito às SQ, são de destacar as seguintes limitações:
- impedimento dos sócios que efectuem entradas em espécie de votar na deliberação de designação do ROC que elaborará relatório sobre essas entradas (art. 28.º, n.º 1);
- impedimento dos sócios responsáveis de votar na deliberação de renúncia da sociedade ao seu direito de indemnização (art. 74.º, n.º 2);
- a suspensão dos direitos (designadamente o direito de voto) inerentes às quotas próprias (cfr. art. 324.º *ex vi* art. 220.º, n.º 4);
- a suspensão dos direitos (designadamente o direito de voto) enquanto não se efectivar a amortização ou aquisição da quota (art. 227.º, n.º 2);
- Impedimento do exercício do direito de voto pelo sócio que incorra em mora na realização de entradas de capital (art. 384.º, n.º 4 *ex vi* art. 248.º, n.º 1).

A outra limitação está plasmada no artigo em anotação, o qual trata do impedimento (Pais de Vasconcelos *in* "A Participação Social ...", p. 133, prefere a expressão "inibição") de voto resultante da existência de conflito de interesses com a sociedade.

Não teremos que fazer grande esforço para descortinar o fundamento deste impedimento.

Sem entrarmos em devaneios ontológicos sobre a natureza humana, não podemos esquecer que, de uma forma ou de outra, o *leit-motiv* do mundo jurídico--comercial (*maxime* das sociedades comerciais) é a obtenção egoística de vantagens patrimoniais (no fundo, o enriquecimento pessoal). Pais de Vasconcelos *in* "A Participação Social ...", p. 133, fala mesmo de ganância.

Esta realidade teria que ser normativamente considerada no caso de existirem interesses do sócio e da sociedade conflituantes.

É certo que, em teoria, seria possível que o sócio, no caso de conflito, votasse de acordo com o interesse da sociedade. Sucede que o legislador, desacreditado desse espírito altruísta, pressupõe que o mesmo iria, inevitavelmente, optar pelo interesse pessoal em detrimento do interesse societário.

O conflito de interesses pode ser real ou potencial. De facto, para que opere o impedimento basta que haja, objectivamente, uma possibilidade de conflito, não sendo necessário a sua efectivação. Conforme salienta Pais de Vasconcelos *in* "A Participação Social ...", p. 133, o "que se pretende evitar com a inibição de agir em conflito de interesses é o perigo e a desconfiança que doutro modo se pro-

Título III – Sociedades por quotas 443

piciariam, suscitando inevitavelmente a suspeita de sacrifício, pelo agente, do interesse alheio em benefício do seu próprio".

Para melhor definir a situação de conflito de interesses, relevante para o impedimento de voto, Raúl Ventura *in* "Sociedades por Quotas", vol. II, p. 297, adopta a formulação de Mengoni, para o qual aquela "contempla as hipóteses em que o sócio se encontra relativamente ao conteúdo da deliberação a tomar, numa posição objectiva tal que revela de maneira típica a possibilidade de um conflito de interesses com a sociedade, isto é, a possibilidade de a deliberação satisfazer o interesse particular do sócio em detrimento comum".

Na perspectiva de Paulo Olavo da Cunha *in* "Direito das Sociedades...", p. 289, não "haverá impedimento sempre que, estando em causa uma deliberação que respeite, directa ou indirectamente, à pessoa do sócio, ela tenha a ver, essencialmente, com o interesse da sociedade e com as funções por ele desempenhadas na actividade normal da sociedade. Exemplo disto é participação dos sócios nas deliberações que sejam relativas à remuneração da gerência quando esses mesmos sócios sejam gerentes".

Note-se que o impedimento de voto, previsto no artigo em anotação, mesmo que não estivesse expresso na lei, seria sempre imposto pelos bons costumes e pela boa fé. Cfr. Pais de Vasconcelos *in* "A Participação Social ...", p. 133.

Quanto ao impedimento de voto no caso de sociedades unipessoais, *vide* Raúl Ventura *in* "Sociedades por Quotas", vol. II, pp. 294 e ss..

IV. O legislador no corpo do **n.º 1** optou por consagrar uma cláusula geral, indicando de seguida um elenco exemplificativo de situações que integram essa cláusula.

A solução adoptada parece aproximar-se da técnica dos *exemplos-padrão*, em que a cláusula geral será constituída pelos requisitos do impedimento combinada com uma exemplificação das situações que a integram.

Ferrer Correia *in* "A sociedade por quotas...", p. 119, considera que o artigo em anotação começa por enunciar o critério geral, aditando "a lista de casos mais comuns e típicos em que aquele conflito indubitavelmente existe. E assim se fornece à prática uma importante indicação, pelo que respeita ao enquadramento das hipóteses não previstas".

Para Raúl Ventura *in* "Sociedades por Quotas", vol. II, p. 285, a enumeração exemplificativa tem dois efeitos. "O primeiro – a que chamarei positivo, consiste na fixação de casos *indiscutíveis* de impedimento de voto (...). O segundo efeito – a que chamarei negativo – resulta do critério da escolha do legislador para expressar os casos enumerados exemplificativamente".

Este autor, *ob. cit.*, p. 286, acaba mesmo por concluir que, não obstante o advérbio "designadamente", a enumeração "é *taxativa relativamente a todas as deliberações de sócios cujo objecto se encontra previsto no CSC, quer em preceitos isolados, quer no art. 246.º*".

Para maiores desenvolvimentos quanto à diferença entre a técnica legislativa empregue no artigo em anotação e no art. 384.º, n.º 6, *vide* RAÚL VENTURA *in* "Sociedades por Quotas", vol. II, pp. 283 e ss. e PAIS DE VASCONCELOS *in* "A Participação Social ...", p. 136. Este último autor, *ob. cit.*, p. 144, acaba mesmo por propor a revogação do artigo em anotação e dos n.os 6 e 7, do art. 384.º, devendo estes ser substituídos por um novo preceito, incluído na parte geral, que regule a inibição do voto em caso de conflito de interesses.

V. Na respectiva intervenção deliberativa, o sócio pode exercer o direito de voto pessoalmente ou através de representante (que pode *inclusive* ser outro sócio).

Todas estas hipóteses estão compreendidas no âmbito do impedimento previsto no artigo em anotação (cfr. 1.ª parte, do **n.º 1**).

VI. Como já referimos na anotação ao art. 248.º, n.º 5, nenhum sócio pode ser privado de participar na assembleia, ainda que esteja impedido de votar. Assim, o mesmo deve ser devidamente convocado para a assembleia, podendo participar e aí exercer os respectivos direitos (excluindo apenas o direito de voto).

Aliás, se considerarmos que o impedimento, para efeitos do art. 59.º, n.º 1, corresponde à não votação no sentido que fez vencimento, o sócio impedido tem, inclusive, legitimidade para arguir a anulabilidade da deliberação.

VII. Vejamos agora, cada um dos exemplos de conflito de interesses elencados no artigo em anotação.

a) Liberação de uma obrigação ou responsabilidade própria do sócio, quer nessa qualidade quer como gerente ou membro do órgão de fiscalização

Esta hipótese é considerada como um caso típico de conflito de interesses. Na verdade, a liberação de uma obrigação do sócio implica, inevitavelmente, o sacrifício do correlativo direito creditício da sociedade.

b) Litígio sobre pretensão da sociedade contra o sócio ou deste contra aquela, em qualquer das qualidades referidas na alínea anterior, tanto antes como depois do recurso a tribunal

Por força desta alínea existe conflito de interesses quando haja um litígio entre o sócio e a sociedade.

A frase "*tanto antes como depois do recurso a tribunal*" significa que o litígio tanto pode ser judicial, como extra-judicial.

No nosso entendimento, essencial é que haja uma oposição de pretensões jurídicas (geralmente assente no exercício de um direito e cumprimento da correspectiva obrigação) entre o sócio e a sociedade.

No caso da acção judicial, o impedimento do sócio estende-se a todas as deliberações que a esta respeitem. "Basicamente quanto a acção proposta pela sociedade contra o sócio, este não pode votar nas deliberações sobre a proposição,

Título III – Sociedades por quotas

desistência e transacção, previstas no art. 246.º, n.º 1, *g*); mas além disso e por igualdade de razão, em qualquer outra deliberação que a tal acção respeite, embora a deliberação de sócios não seja exigida pro lei ou contrato", RAÚL VENTURA *in* "Sociedades por Quotas", vol. II, p. 301.

c) Perda pelo sócio de parte da sua quota, na hipótese prevista no artigo 204.º, n.º 2

O art. 204.º, n.º 2, trata da exclusão do sócio decorrente do não cumprimento da obrigação de entrada.

d) Exclusão do sócio

A exclusão do sócio depende de deliberação dos sócios nos termos da al. c), do n.º 1, do art. 246.º.

e) Consentimento previsto no artigo 254.º, n.º 1

De acordo com o disposto no n.º 1, do art. 254.º, os gerentes não podem, sem consentimento dos sócios, exercer, por conta própria ou alheia, actividade concorrente com a da sociedade.

f) Destituição, por justa causa, da gerência que estiver exercendo ou de membro do órgão de fiscalização

A destituição de gerentes está prevista no art. 257.º.

A destituição de gerentes e de membros do órgão de fiscalização depende de deliberação, nos termos da al. d), do n.º 1, do art. 246.º.

g) Qualquer relação, estabelecida ou a estabelecer, entre a sociedade e o sócio estranha ao contrato de sociedade

Mais uma vez o legislador parte do pressuposto de que qualquer relação estabelecida entre a sociedade e o sócio, fora do âmbito do contrato de sociedade, irá prejudicar a interesse societário.

A relação, a que alude esta alínea, não tem necessariamente que ter natureza contratual.

Note-se que na relação estão compreendidos os respectivos actos constitutivos, modificativos e extintivos.

Segundo o entendimento de MENEZES CORDEIRO e outros *in* "Código das Sociedades Comerciais – Anotado", Almedina, 2009, p. 662, a al. g) e o corpo do **n.º 1** constituem uma dupla cláusula geral.

VIII. De acordo com o **n.º 2**, o disposto nas alíneas, do **n.º 1**, não pode ser preterido no contrato de sociedade.

A ideia nuclear que se extrai desta disposição é que o impedimento de voto nas alíneas do **n.º 1** é imperativo.

O legislador entendeu que as situações compreendidas nessas alíneas constituíam casos gritantes de conflito de interesses, cuja valoração ético-jurídica impunha a não intromissão da autonomia da vontade.

No entendimento de RAÚL VENTURA *in* "Sociedades por Quotas", vol. II, p. 287, o "verbo «preterir» é suficientemente amplo para abranger tanto a

446 Regime Jurídico das Sociedades por Quotas

directa eliminação das referidas alíneas, em contrato de sociedade, como quaisquer estipulações que, por algum modo, restrinjam o efectivo alcance das ditas alíneas".

RAÚL VENTURA *in* "Sociedades por Quotas", vol. II, p. 288, realça que o **n.º 2** proíbe não só a preterição, como também a ampliação contratual.

IX. A deliberação tomada com voto de sócio impedido é anulável por força da al. a), do n.º 1, do art. 56.º.

RAÚL VENTURA *in* "Sociedades por Quotas", vol. II, p. 308, refere que o voto de sócio impedido é nulo por violação de preceito legal imperativo (art. 294.º).

JURISPRUDÊNCIA:

I – A oposição, concretizada na imputação de vários vícios eventualmente impeditivos da eficácia jurídica e dirigida à deliberação social renovadora de anterior deliberação oportunamente anulada, envolve pedido distinto e causa de pedir específica e diferente face aos que serviram na primitiva acção para anular a deliberação depois renovada, carecendo o oponente, para viabilizar a sua pretensão, de propor outra acção com esse objecto.

II – Em princípio, um sócio gerente de uma sociedade por quotas não está impedido de votar a aprovação das respectivas contas anuais.

Ac. da RP, de 02.02.98 *in* www.dgsi.pt (Proc. n.º 9751137)

I – O sócio-gerente de uma sociedade por quotas pode votar na assembleia que fixe a sua própria remuneração pela gerência, por não haver aí, em princípio, conflito de interesses entre a sociedade e o sócio.

II – Mas pode haver abuso do direito de voto, se o sócio-gerente, ao votar sobre a sua remuneração, se orientar não pelo interesse social, mas pelo seu próprio interesse, procurando obter vantagens especiais em prejuízo da sociedade ou de outros sócios.

III – Por ser abusiva, tal deliberação tem de envolver, no seu contexto, as proporções de um excesso manifesto, de uma flagrante e marcada iniquidade.

IV – Nas sociedades por quotas, a remuneração dos gerentes deve considerar-se sujeitas, na sua fixação, ao critério da adequação às funções desempenhadas e à situação da sociedade.

V – A remuneração dos sócios-gerentes só pode ser reduzida quando for gravemente desproporcionada quer ao trabalho prestado, quer à situação da sociedade.

VI – Pagar bem a um gerente pode não ser um acto danoso para a sociedade.

Ac. da RP, de 24.11.97 *in* CJ, Ano XXII, Tomo V, p. 202

Título III – Sociedades por quotas 447

I – O Supremo não conhece de matéria de facto, salvo o caso excepcional do artigo 722.º, n.º 2 do CPC67.

II – É irrelevante a falta de aviso de recepção na convocatória da assembleia geral de sociedade por quotas se o sócio teve conhecimento da convocatória e esteve presente à assembleia geral e à deliberação desta.

III – A lei geral não proíbe que a assembleia geral de uma sociedade por quotas delibere sobre matérias objecto de pleito judicial.

IV – Não é anulável a deliberação social que confere poderes de representação aos gerentes para a prática de actos que nem sequer dependem de deliberação dos sócios.

V – A votação dos sócios na sua própria eleição como gerentes não configura situação de conflito de interesses com a sociedade.

VI – Não é anulável a deliberação de assembleia geral de sociedade por quotas se tal deliberação, tomada por voto dos sócios maioritários não traduz excesso manifesto aos limites impostos pela boa fé, ou pelo fim social e económico do direito da maioria à designação dos gerentes.

VII – São pressupostos do decretamento da providência cautelar de suspensão de deliberações sociais: ser a deliberação ilegal, no sentido de contrária à lei geral ou aos estatutos da sociedade; poder da sua execução resultar dano apreciável.

Ac. do STJ, de 05.06.97 *in* www.dgsi.pt (Proc. n.º 97B315)

I – Se, com a inclusão de novos pontos e a alteração da ordem de deliberação, na ordem de trabalhos da assembleia geral da sociedade ré, se teve em vista conseguir, a final, autorizar determinados sócios a adquirirem participações sociais noutra sociedade e a nela exercerem actividades de sócio e de sócio-gerente, tal procedimento não é ferido de nulidade ao abrigo da última parte do artigo 56.º, n.º 1, do CSC, já que o artigo 254.º, n.º 1, do mesmo Código permite que os sócios deliberem nesse sentido.

II – Para que o impedimento de conflito de interesses, previsto no artigo 251.º, n.º 1, do CSC, se verifique é necessário, antes de tudo o mais e sempre, que o seja "relativamente à matéria da deliberação"; o interesse do sócio apura-se relativamente à matéria da própria deliberação, de modo objectivo e não subjectivamente por virtude de eventuais relações entre o sócio a respeito do qual a questão se coloque e o outro sócio, esse sim titular do interesse a que respeita a matéria da deliberação.

III – Se o impedimento se não verifica quando exista um acordo parassocial respeitante ao direito de voto, por maioria de razão não existe quando tal acordo se não revela e o sócio conserve inteira liberdade de votar.

IV – O caso de cada um dos gerentes é individual, diferente dos demais, nada impedindo que em relação a um deles os sócios entendam dar o consenti-

mento e em relação a outro não o dar, atendendo às pecularidades de cada caso, ao real e concreto interesse da sociedade.

V – Estender o impedimento ao sócio que se encontra em situação paralela, semelhante, análoga ou especialmente ligado ao impedimento (como titular do interesse em conflito com o da sociedade relativamente à concreta matéria) significaria introduzir um largo factor de insegurança e arriscaria a que um excessivo número de sócios (ou até a totalidade) se encontrasse impedido de votar.

VI – O conceito de bons costumes recebido no artigo 56.°, n.° 1, alínea d), do CSC, bem mais restrito que o de boa fé, é de natureza indeterminada e referese à moral social nas áreas da liberdade, da conduta sexual e familiar e da deontologia profissional.

VII – Os direitos especiais atribuem ao sócio titular uma vantagem especial, com base no próprio estatuto social, ao serviço do interesse individual do respectivo titular (e não dos interesses colectivos da sociedade) a quem conferem uma posição de supremacia obtida pela via contratual frente aos demais sócios.

Ac. do STJ, de12.06.96 *in* www.dgsi.pt (Proc. n.° 96B071) e CJ, Ano IV, Tomo II, p. 127

Dado que a lei reconhece como relevantes apenas interesses próprios (pessoais), morais ou materiais do sócio para exercício do direito de voto, nada obsta a tal exercício quando o conflito se configura entre a sociedade e uma terceira pessoa, ainda que cônjuge do sócio votante.

Ac. do STJ, de 28.09.95 *in* www.dgsi.pt (Proc. n.° 087563)

I – Consistindo o pedido da causa na declaração de inexistência ou ilegalidade de determinada deliberação social a sociedade tem legitimidade para ser demandada.

II – Para a alteração dos direitos especiais dos sócios, concedidos no pacto de uma sociedade por quotas, não basta a maioria referida no artigo 41.° da Lei de 11 de Abril de 1901, sendo ainda indispensável o consentimento do respectivo sócio.

III – Nos termos do parágrafo 3 do artigo 39.° da mesma lei, o sócio só está impedido de votar sobre os assuntos em que tenha um interesse imediatamente pessoal, individual, oposto ao da sociedade.

IV – O Código das Sociedades Comerciais, em relação às sociedades por quotas, é hoje expresso em declarar que há impedimento de voto quando se trate de deliberação que recaia sobre exclusão do sócio – alínea d) do n.° 1 do artigo 251.°.

V – A exclusão de sócio não implica necessariamente amortização de quota

Título III – Sociedades por quotas 449

e, portanto, alteração do pacto social. A quota pode manter-se, mudando apenas de titular.
Ac. do STJ, de 09.02.95 *in* www.dgsi.pt (Proc. n.° 083929)

I – A negação do direito de voto de sócio de sociedade comercial constitui uma excepção, que terá de ser expressa.
II – Nas sociedades anónimas, os membros do conselho de administração não estão impedidos de votar na deliberação sobre proposta de voto de desconfiança na administração da sociedade.
III – As regras específicas das sociedades por quotas sobre o direito de voto não são aplicáveis às sociedades anónimas.
Ac. da RP, de 26.04.93 *in* www.dgsi.pt (Proc. n.° 9210885)

I – Consistindo o pedido da causa na declaração de inexistência ou ilegalidade de determinada deliberação social a sociedade tem legitimidade para ser demandada.
II – Para a alteração dos direitos especiais dos sócios, concedidos no pacto de uma sociedade por quotas, não basta a maioria referida no artigo 41.° da Lei de 11 de Abril de 1901, sendo ainda indispensável o consentimento do respectivo sócio.
III – Nos termos do parágrafo 3 do artigo 39.° da mesma lei, o sócio só está impedido de votar sobre os assuntos em que tenha um interesse imediatamente pessoal, individual, oposto ao da sociedade.
IV – O Código das Sociedades Comerciais, em relação às sociedades por quotas, é hoje expresso em declarar que há impedimento de voto quando se trate de deliberação que recaia sobre exclusão do sócio – alínea d) do n.° 1 do artigo 251.°.
V – A exclusão de sócio não implica necessariamente amortização de quota e, portanto, alteração do pacto social. A quota pode manter-se, mudando apenas de titular.
Ac. da RL, de 01.10.92 *in* www.dgsi.pt (Proc. n.° 083929)

Nada impede que um sócio de uma mocidade comercial tome parte na votação da sua própria eleição como gerente.
Ac. da RL, de 16.03.89 *in* CJ, Ano XIV, Tomo 2, p. 114

CAPÍTULO VI
Gerência e fiscalização

ARTIGO 252.º – (**Composição da gerência**)

1 – A sociedade é administrada e representada por um ou mais gerentes, que podem ser escolhidos de entre estranhos à sociedade e devem ser pessoas singulares com capacidade jurídica plena.

2 – Os gerentes são designados no contrato de sociedade ou eleitos posteriormente por deliberação dos sócios, se não estiver prevista no contrato outra forma de designação.

3 – A gerência atribuída no contrato a todos os sócios não se entende conferida aos que só posteriormente adquiram esta qualidade.

4 – A gerência não é transmissível por acto entre vivos ou por morte, nem isolada, nem juntamente com a quota.

5 – Os gerentes não podem fazer-se representar no exercício do seu cargo, sem prejuízo do disposto no n.º 2 do artigo 261.º

6 – O disposto nos números anteriores não exclui a faculdade de a gerência nomear mandatários ou procuradores da sociedade para a prática de determinados actos ou categorias de actos, sem necessidade de cláusula contratual expressa.

NOTAS:

I. Anteprojectos: FERRER CORREIA (art. 85.º); VAZ SERRA (art. 88.º) e RAÚL VENTURA (art. 65.º).

II. As sociedades comerciais, como pessoas colectivas que são, formam e manifestam a sua vontade através dos órgãos sociais. CASTRO MENDES *in* "Teoria geral do direito civil", vol. I, AAFDL, 1995, p. 336, define órgão como o *"elemento inserido na organização da pessoa com vista à actuação desta".*

De acordo com o entendimento sufragado no Ac. do STJ, de 05.03.91 *in* www.dgsi.pt (Proc. n.º 081918), o princípio da tipicidade consagrado no art. 1.º, n.º 2, "abrange não só a obrigatoriedade de opção por um dos quatro tipos de sociedade comercial previstos nesse Código, mas também a adopção dos órgãos administrativos – representativos previstos para cada um desses tipos".

Os órgãos sociais dividem-se em:

a) órgãos deliberativos ou internos (a assembleia geral)

Cfr. anotações ao art. 248.º.

b) *órgãos representativos ou externos*

Aos órgãos representativos cabe formar, manifestar e exteriorizar a vontade da sociedade (representação) e realizar todos os actos necessários ou convenientes para a realização do objecto social, designadamente gerir os negócios da sociedade (administração). Conforme, metaforicamente, considera CARVALHO MARTINS *in* "Responsabilidade dos administradores ...", p. 18, nota de rodapé n.° 4, "os órgãos deliberativos são o cérebro da pessoa colectiva e os órgãos representativos constituem apenas a sua voz e o seu braço".

Nas SQ, o órgão representativo é a gerência, sendo os respectivos membros designados por gerentes.

JOÃO ESPIRITO SANTO *in* "Sociedades por Quotas e Anónimas – Vinculação: Objecto social e Representação Plural", Almedina, 2000, p. 359, salienta que fora "do âmbito de competência atribuída à assembleia geral, por disposição leal ou contratual (art. 246.°, n.° 1), o poder funcional de administração da sociedade *compete aos gerentes* (art. 252.°, n.° 1). Ou seja, fora das áreas dessas reservas da assembleia, os gerentes exercem um poder administrativo-funcional próprio e exclusivo".

A propósito é de notar que os gerentes depõem como parte em sede de julgamento, cfr. art. 553.°, n.° 2, do CPC.

III. Os órgãos sociais podem, ainda, classificar-se em:

a) *órgãos necessários*

Os órgãos necessários são os órgãos cuja existência é imperativa, não podendo, assim, ser contratualmente afastada.

Os órgãos necessários das SQ são a assembleia geral (art. 248.°) e a gerência (arts. 252.° e ss.). Estamos, aqui, perante a estrutura bicéfala necessária de que fala JOÃO ESPIRITO SANTO *in* "Sociedades por Quotas ...", p. 359.

b) *órgãos facultativos*

Os órgãos facultativos são os órgãos cuja existência não é obrigatória, dependendo de estipulação contratual.

O órgão facultativo das SQ é o conselho fiscal (art. 262.°).

No nosso "A figura dos gerentes nas sociedades por quotas – uma abordagem metodológico-jurídica de alguns horizontes de actuação responsabilizante", dissertação para agregação à OA, 2000, Porto, p. 11 (texto não publicado), salientamos que a relação estabelecida entre a sociedade e os gerentes assenta na existência de duas pessoas jurídicas estruturalmente autónomas, a pessoa física (autor psicológica da vontade) e a pessoa colectiva (a quem essa vontade é imputada pelo Direito), assim, haverá que distinguir entre o órgão e o titular do órgão.

Cfr., ainda, DUARTE RODRIGUES *in* "A administração das sociedades por quotas e anónimas – Organização e Estatuto dos Administradores", Petrony, Lisboa, 1990, p. 264; FERRER CORREIA *in* "Lições de Direito Comercial", vol. II, Universidade de Coimbra, 1968, p. 329 e, no que concerne à administração nas sociedades anónimas, MARIO RIVAROLA *in* "Sociedades Anónimas", Tomo II, 5.ª edição, libreria "El Ateneo" Editorial, Florida, Buenos Aires, 1957, p. 44.

IV. A qualificação jurídica da relação estabelecida entre os gerentes e a sociedade tem sido alvo de alguma polémica.

No nosso "A figura dos gerentes ...", pp. 20 e ss., procuramos, através de um raciocínio silogístico, enquadrar a referida relação nos contratos de mandato e de trabalho.

Esse raciocínio silogístico, que de seguida exporemos, tinha como premissa maior alguns preceitos do CSC e como premissa menor as particularidades típicos do contrato de mandato e do contrato de trabalho, que se relacionam com aqueles.

a) A duração da gerência

Nos termos do art. 256.º, a gerência, mediante estipulação no contrato social ou no acto que designa os gerentes, pode ter uma duração limitada.

No que respeita ao contrato de mandato e por força do espírito liberal que caracteriza esta figura e, também, embora reflexamente, por força do disposto na al. c), do art. 1172.º, do CC (mais concretamente na frase "... *o mandato tenha sido conferido por certo tempo...*"), tal limitação temporal é, igualmente, admissível.

Por seu turno, o contrato de trabalho é em regra celebrado sem termo. Com efeito, a celebração de contratos de trabalho a termo só é admissível nos termos do art. 140.º, do CT.

Conclusão:

A possibilidade de limitar o período de duração da gerência identifica-se mais com o contrato de mandato.

b) Actos a praticar

Os gerentes devem praticar os actos necessários e convenientes à realização do objecto social (art. 259.º).

O mandatário, de acordo com o disposto no art. 1157.º, do CC, obriga-se a praticar os actos jurídicos necessários à execução do mandato.

O gerente, por seu lado, "é investido na gestão económico-patrimonial da sociedade e não é incumbido tão só da simples execução de um ou mais actos jurídicos", DUARTE RODRIGUES *in* "A Administração das Sociedades ...", pp. 277 e 278. GASTONE COTTINO *in* "Diritto Commerciale", volume primo, Padova, 1976, p. 655, nega o qualificação da relação em análise como de mandato.

DUARTE RODRIGUES, *loc. cit.*, refere, ainda, que "no exercício da gestão económico-patrimonial podem os administradores executar operações materiais, que não são susceptíveis de enquadramento no mandato".

Por sua vez, o trabalhador obriga-se não só a realizar uma certa actividade, como também a colocar a sua força de trabalho à disposição do empregador.

Para maiores desenvolvimentos sobre a actividade do trabalhador, cfr. PAULA QUINTAS/HELDER QUINTAS *in* "Código do Trabalho – Anotado e Comentado", Almedina, 2009, pp. 251 e ss..

Título III – Sociedades por quotas
453

Conclusão:

A natureza da obrigação assumida pelo gerente identifica-se com o contrato de mandato.

c) Actuação em nome da sociedade

Os gerentes actuam em nome da sociedade e dentro dos poderes que a lei lhes confere (art. 260.º, n.º 1).

O mandatário pode actuar em nome do mandante (mandato com representação) ou em nome próprio (mandato sem representação).

Já quanto ao trabalhador o problema não se levanta na medida em que este, em princípio, não se assume como representante do empregador.

Conclusão:

A actuação em nome da sociedade identifica-se mais com a figura do contrato de mandato.

d) Vinculação da sociedade

Os actos praticados pelos gerentes, em nome da sociedade e dentro dos poderes que a lei lhes confere, vinculam-na para com terceiros, não obstante as limitações constantes do contrato social ou resultantes de deliberações dos sócios (art. 260.º, n.º 1).

No que concerne aos actos praticados pelo mandatário, temos que distinguir os actos praticados com representação (que produzem os seus efeitos na esfera jurídica do mandante) e os actos praticados sem representação (cujos efeitos produzem-se na esfera jurídica do mandatário, que, no entanto, deve transferir para o mandante os direitos adquiridos).· Cfr. PIRES DE LIMA/ANTUNES VARELA *in* "Código Civil...", vol. II, p. 707.

A questão que se levanta agora tem que ver com o destino jurídico dos actos praticados pelos mandatários, com excesso, abuso ou ausência de poder.

Se estivermos perante um mandato com representação, o art. 268.º, n.º 1 *ex vi* art. 1178.º, n.º 1, ambos do CC, preceitua que "O negócio que uma pessoa, sem poderes de representação, celebre em nome de outrem é ineficaz em relação a este, se não for ratificado" – disposição extensível, por força do art. 269.º, do CC, aos casos de abuso de representação. O abuso de poder verifica-se "quando o representante actuar dentro dos limites formais dos poderes conferidos, mas de modo substancialmente contrário aos fins da representação", Ac. da RP, de 01.02.93 *in* CJ, Ano XVIII, Tomo I, p. 221.

Já quanto ao mandato sem representação, o mandatário que pratique actos em nome próprio adquire e assume, pessoalmente, os direitos e obrigações emergentes desses actos.

Quanto ao contrato de trabalho remetemos para as considerações tecidas na alínea anterior.

Conclusão:

A vinculação da sociedade pelos actos praticados pelos gerentes não se identifica com o contrato de mandato e muito menos com o contrato de trabalho.

454 Regime Jurídico das Sociedades por Quotas

e) Delegação de poderes

Nos termos do n.º 2, do art. 261.º, do CC, aos gerentes, é permitido atribuir – a algum ou a alguns deles – competência para celebrar determinados negócios ou espécie de negócios.

O mandatário pode, na execução do mandato, fazer-se substituir por outrem se o mandante o permitir ou se resultar do conteúdo da procuração ou da relação jurídica que a determina. Cfr., conjugada e adaptadamente, os arts. 1165.º e 264.º, ambos do CC.

Mais uma vez o contrato de trabalho não encontra aqui um pilar de similitude, porquanto sendo *intuitu personae*, não será admissível a substituição do trabalhador.

Conclusão:

A delegação de poderes identifica-se mais com o contrato de mandato.

f) Exclusão da responsabilidade

A responsabilidade dos gerentes não pode ser excluída, sendo nula toda a cláusula aposta nesse sentido (art. 74.º, n.º 1).

A responsabilidade do mandatário – enquanto responsabilidade contratual – não pode, em princípio, ser excluída. Com efeito, de acordo com o disposto no art. 809.º, do CC, "É nula a cláusula pela qual o credor renuncia antecipadamente a qualquer dos direitos que lhe são facultados" nos casos de não cumprimento ou mora do devedor.

Cfr. ALMEIDA COSTA *in* "Direito das Obrigações", p. 698 e PINTO MONTEIRO *in* "Cláusula penal e indemnização", Almedina, 1990, pp. 235 e ss.. Em sentido contrário e exclusivamente no que concerne ao contrato de mandato – embora sem assentar em qualquer fundamentação – *vide* DUARTE RODRIGUES, "A administração das sociedades ...", p. 278.

No contrato de trabalho, o regime do incumprimento contratual está envolvido num emaranhado de normas imperativas. Cfr. arts. 351.º ss., do CT.

Conclusão:

A proibição de exclusão da responsabilidade identifica-se com ambos os contratos.

g) A remuneração

Os gerentes, salvo disposição em contrário, têm direito a uma remuneração, que deve ser relativamente proporcional ao tempo prestado e à situação da sociedade (art. 255.º, n.os 1 e 2).

O mandato civil presume-se gratuito excepto no que diz respeito aos actos que o mandatário pratique no exercício da profissão (art. 1158.º, n.º 1, do CC), por seu lado, no mandato comercial o mandatário goza do direito a remuneração pelos seus serviços prestados (art. 232.º, do CCom).

Por seu turno, um dos elementos essenciais do contrato de trabalho é a retribuição. Cfr. arts. 258.º e ss., do CT.

Conclusão:
A retribuição a que tem direito o gerente identifica-se mais com o contrato de trabalho.

h) A Subordinação jurídica
A doutrina tem sido unânime em afirmar que os gerentes exercem a sua função com autonomia. Cfr. DUARTE RODRIGUES, *ob. cit.*, p. 277.

Segundo GASTONE COTTINO, *ob. cit.*, p. 656, o controle e direcção exercidos pelo colégio dos sócios dilui-se perante o poder de que o administrador da sociedade é normal e efectivamente investido. Podemos, quase, afirmar sem grandes receios que o administrador das sociedades comerciais assume-se, actualmente, como o titular do poder real e supremo, o que constitui um verdadeiro atentado à concepção tradicional da relação orgânica das sociedades, que assentava numa relação piramidal em que o conjunto dos sócios era portador da vontade soberana. Cfr. DUARTE RODRIGUES, *ob. cit.*, p. 274 e SOVERAL MARTINS *in* "Os administradores delegados das sociedades anónimas – algumas considerações", Fora do texto, Coimbra, 1998, pp. 9 e ss..

Conclusão:
Admitindo que a subordinação jurídica se apresenta como elemento típico do contrato de trabalho, será de afirmar que a não subordinação do gerente à sociedade se identifica mais com o contrato de mandato.

i) Destituição do gerente
"Os sócios podem deliberar a todo o tempo a destituição de gerentes" (n.º 1, do art. 257.º), independentemente de haver ou não justa causa.

No mandato, qualquer uma das partes pode revogar livremente o contrato. No entanto, se o mesmo tiver sido conferido também no interesse do mandatário, o mandante apenas pode resolver o contrato havendo justa causa (art. 1170.º, do CC).

Por sua vez, no contrato de trabalho vigora o princípio, constitucionalmente coroado, da segurança no emprego, por força do qual são proibidos os despedimentos sem justa causa ou por motivos políticos ou ideológicos (art. 53.º da CRP).

Conclusão:
A livre destituição do gerente identifica-se mais com o contrato de mandato.

Terminada este pequeno *raid* analítico, pergunta-se se a relação entre o gerente e a sociedade deverá qualificar-se como um contrato de trabalho ou de mandato?

Quanto ao contrato de mandato, apesar de gozar de um certo peso histórico (cfr., entre outros, LUIZ DA CUNHA GONÇALVES *in* "Comentário ao Código Comercial Português, vol. I, Emprensa Editora J.B., Lisboa, 1922, p. 421; SALUSTIANO COSTA *in* "Código Comercial", 6.ª edição, Tomo I, Rio de Janeiro, 1909, p. 306 e SANTOS LOURENÇO *in* "Das sociedades por Cotas", II volume, Ottosgrafica, 1950, Lisboa, p. 41) e de uma natureza subsidiária e redutora, a doutrina não tem sido unânime na sua admissão.

456 *Regime Jurídico das Sociedades por Quotas*

A favor veja-se, para além das obras citadas na nota anterior, BERNARDO XAVIER *in* "Curso de...", p. 298.

Cfr., ainda, os Acs. do STJ, de 03.11.94 *in* BMJ, 441, p. 359 e de 17.02.94 *in* CJ, Ano II, Tomo I, p. 295.

Contra veja-se:

FERRER CORREIA *in* "Lições de Direito ...", p. 327; CARVALHO MARTINS *in* "Responsabilidade...", p. 18, nota de rodapé n.º 4; DURVAL CASTRO *in* "Do Mandato Civil e Comercial – O Gerente de Sociedades – O Contrato de Mediação", V. N. Famalicão, 1967, p. 100, citado por ASSIS TAVARES *in* "As Sociedades Anónimas", vol. I, 2.ª edição, Livraria Clássica Editora, Lisboa, p. 203.

Por sua vez, a qualificação como contrato de trabalho tem tido, nas nossas doutrina e jurisprudência, uma adesão, pelo menos em termos absolutos, francamente pobre.

PEREIRA DE ALMEIDA *in* "Sociedades Comerciais e Valores Mobiliários", p. 231, considera que "a relação de administração se deve subsumir ao contrato de prestação de serviços (art. 1154.º do C. Civ.), que nesta modalidade se pode designar por **contrato de administração**". Cfr., ainda, MARIO RIVAROLA *in* "Sociedades Anónimas", pp. 29, 45 e 46.

Pela nossa parte, não vislumbramos qualquer possibilidade de qualificar, dogmaticamente, a relação em causa. Na verdade, o regime legal que regula a gerência apresenta-se perfeitamente eclético, reunindo traços típicos de diversas figuras jurídico-contratuais.

MENEZES CORDEIRO *in* "Da Responsabilidade Civil dos Administradores nas Sociedades Comerciais", Lex, Lisboa, 1997, p. 396, acaba mesmo por concluir que estamos perante uma "situação jurídica de administração ou, simplesmente, administração".

V. A gerência pode ser plural (composta por dois ou mais gerentes) ou singular (composta por um único gerente).

A composição da gerência pode ser estabelecida no contrato de sociedade. O funcionamento da gerência plural está regulado no art. 261.º.

VI. Os gerentes devem ser pessoas singulares (**n.º 1**).

Desta forma, a gerência fica vedada às pessoas colectivas. Segundo MENEZES CORDEIRO *in* "Manual de Direito das Sociedades", vol. II, p. 398, parece "ter prevalecido o entendimento de que se deveria dar prioridade a uma estreita confiança pessoal entre os membros da gerência".

Nas SA, pelo contrário, é expressamente admitida a possibilidade de a administração ser atribuída a uma pessoa colectiva, não obstante a lei exigir a nomeação de uma pessoa singular para exercer o cargo em nome próprio (art. 390.º, n.º 4).

Para maiores desenvolvimentos sobre a eventual aplicação analógica do art. 390.º, n.º 4, às SQ, *vide*, entre outros, RAÚL VENTURA *in* "Sociedades por Quotas", vol. III, Coimbra, Almedina, 1991, pp. 12 e ss.; MENEZES CORDEIRO e outros *in* "Código das Sociedades Comerciais – Anotado", p. 665 e MENEZES CORDEIRO *in* "Manual de Direito das Sociedades", vol. II, p. 398.

Cfr., ainda, JOÃO LABAREDA *in* "Da designação de pessoas colectivas para cargos sociais em sociedades comerciais", Direito Societário Português – algumas questões, *Quid Iuris*, 1998, pp. 9 e ss. e PAULO OLAVO DA CUNHA *in* "Designação de Pessoas Colectivas para os Órgãos de Sociedades Anónimas e por Quotas", Direito das Sociedades em Revista, Ano 1, vol. 1, Almedina, 2009, pp. 165 e ss..

VII. Os gerentes devem ser pessoas com capacidade jurídica plena (**n.º 1**).

A capacidade jurídica plena consiste na capacidade de gozo e de exercício de direitos. Assim, não podem ser gerentes os menores (arts. 122.º e ss., do CC), os interditos (arts. 138.º e ss., do CC) e os inabilitados (arts. 152.º e ss., do CC).

Os insolventes podem ser declaradas inibidos para a ocupação de qualquer cargo de titular de órgão de sociedade comercial ou civil, nos termos da al. c), do n.º 1, do art. 189.º, do CIRE. A propósito da natureza da inibição do falido, no regime do CPEREF, *vide* COUTINHO DE ABREU *in* "Providências de recuperação de empresas e falência", BFD, vol. LXXIV, Coimbra, 1998, pp. 125 e ss.. Segundo este autor "a inibição ou proibição de o falido comerciar deve qualificar-se como *incompatibilidade* (impossibilidade legal do exercício de comércio por sujeito na situação jurídico de falido)".

MENEZES CORDEIRO *in* "Manual de Direito das Sociedades", vol. II, p. 398, considera que estão, igualmente, impossibilitados de exercer a gerência "as pessoas que, quanto ao exercício do comércio, incorram em proibições, incompatibilidades, inibições e impedimentos".

RAÚL VENTURA *in* "Sociedades por Quotas", vol. III, p. 13, entende que o "contrato de sociedade pode estabelecer requisitos especiais para a designação como gerente. É o caso vulgar da limitação a sócios, mas não só: nacionalidade, residência, idade, qualificações profissionais, ligações familiares, enfim qualquer requisito que não contenda com os bons costumes".

Nos termos da al. d), do n.º 1, do art. 56.º, a deliberação dos sócios que designe como gerente pessoa sem capacidade jurídica plena é nula, por violação de preceito legal inderrogável (**n.º 1**).

VIII. Os gerentes podem ser escolhidos de entre estranhos à sociedade (**n.º 1**).

O legislador estabeleceu, aqui, a possibilidade de separação entre a qualidade de sócio e o cargo de gerente.

De facto, esta separação poderá constituir uma condição necessária à obtenção de uma administração mais eficiente.

Veja-se algumas das vantagens da separação entre a qualidade de sócio e a gestão indicadas por MENEZES CORDEIRO e outros *in* "Código das Sociedades Comerciais – Anotado", p. 664.

458 Regime Jurídico das Sociedades por Quotas

IX. Os gerentes são designados no contrato de sociedade ou eleitos posteriormente por deliberação dos sócios, se não estiver prevista no contrato outra forma de designação (**n.º 2**).

O acto jurídico que está na base da relação estabelecida entre a sociedade e os gerentes é a designação.

Na opinião de DUARTE RODRIGUES "A administração das sociedades ...", p. 113, a designação "é um acto jurídico perfeito, que produz efeitos jurídicos autónomos: dele emergem os poderes funcionais (de gestão e representação) que os gerentes, administradores ou directores designados podem passar a exercer; é por virtude dele que esses sujeitos podem actuar nas relações externas como órgãos da sociedade.

Mas, para que o acto de designação produza esses efeitos, necessário se torna que o designado manifeste a sua aceitação.

A designação habilita o designado a aceitar agir como órgão, mas só por si não faz dele portador de organicidade".

Por sua vez, FERRER CORREIA *in* "Lições de Direito ...", vol. II, p. 331, influenciado pela doutrina alemã, distingue, por um lado, um negócio jurídico unilateral, "traduzido no acto de nomeação do administrador" – de onde derivam os poderes de gestão e representação da sociedade – e, por outro lado, "um contrato (de emprego) celebrado entre o administrador e a corporação", que impõe ao administrador a obrigação de gerir e à sociedade a obrigação de remunerar.

As formas de designação dos gerentes são:

*a) Designação contratual (**n.º 2**)*

Em regra, os gerentes são designados no momento da constituição da sociedade, mais precisamente no respectivo pacto social.

*b) Designação por deliberação social (**n.º 2**)*

A competência deliberativa dos sócios, quanto à designação de gerentes, está prevista na al. a), do n.º 2, do art. 246.º.

A deliberação deve ser tomada pela maioria dos votos emitidos, nos termos do art. 250.º, n.º 3.

Na deliberação de designação dos gerentes podem votar os sócios cuja designação é proposta, porquanto não existe nenhum impedimento de voto nos termos do art. 251.º. Cfr. PEREIRA DE ALMEIDA *in* "Sociedades Comerciais e Valores Mobiliários", p. 371.

*c) Designação por forma prevista no contrato de sociedade (**n.º 2** in fine)*

d) Designação/nomeação judicial (art. 253.º, n.º 3)

O contrato de sociedade pode atribuir a um sócio um direito especial à gerência, sendo aplicável o disposto no art. 24.º. Note-se que a cláusula contratual que atribua este direito não pode ser alterada sem consentimento do respectivo sócio (art. 257.º, n.º 2).

Título III – Sociedades por quotas

Por força do art. 14.°, n.° 1, do CC, os estrangeiros são equiparados aos nacionais quanto ao gozo de direitos civis, salvo disposição legal em contrário. Assim, na ausência de preceito legal em contrário, nada impede que um estrangeiro seja nomeado gerente. Cfr. RAÚL VENTURA *in* "Sociedades por Quotas", vol. III, p. 13.

A designação dos gerentes está sujeita a registo nos termos da al. m), do n.° 1, do art. 3.°, do CRC.

Para maiores desenvolvimentos sobre os requisitos de designação dos administradores, *vide* DUARTE RODRIGUES *in* "A administração das sociedades...", pp. 115 e ss..

X. A gerência atribuída no contrato a todos os sócios não se entende conferida aos que só posteriormente adquiram esta qualidade (**n.° 3**).

Segundo RAÚL VENTURA *in* "Sociedades por Quotas", vol. III, p. 15, trata-se, aqui, "de regra extraída da vontade normal dos interessados, pois se é natural que todos queiram conferir a gerência a todos os outros, definidos e conhecidos, é pouco provável que tenha havido vontade de tornar gerentes todas as pessoas que no futuro venham a ser sócios, por transmissão de quotas, entre vivos ou por morte, ou por entradas no caso de aumento de capital".

Resulta, assim, desta regra que, o novo sócio, para assumir a gerência, terá que ser individualmente designado.

XI. A gerência não é transmissível por acto entre vivos ou por morte, nem isolada, nem juntamente com a quota (**n.° 4**).

Esta disposição resulta do princípio da separação entre a qualidade de sócio e o cargo de gerente.

A intransmissibilidade da gerência traduz-se num corolário da sua natureza pessoal (*intuitu personae*), a qual assenta, desde logo, na existência de uma relação especial de confiança. De facto, o gerente assume um papel determinante na condução dos destinos da sociedade, competindo-lhes a prática dos actos necessários ou convenientes à realização do objecto social (art. 259.°). Desta forma, a sua designação deverá basear-se nas capacidades e qualidades pessoais do designado.

RAÚL VENTURA *in* "Sociedades por Quotas", vol. III, p. 25, faz saber que a "designação duma pessoa como gerente e a correlativa aceitação originam um contrato entre a sociedade e gerente; a transmissão da gerência, entre vivos, seria uma transmissão de posição contratual e a transmissão por morte seria uma sucessão nessas relações jurídicas".

Este preceito abrange quer a transmissão isolada da gerência, quer a que seja incorporada na transmissão da quota (por exemplo, através da cessão de quotas).

Com efeito, a relação entre o gerente e a sociedade não se extingue com a transmissão da quota, dependendo sempre de um acto jurídico, como por exemplo, a renúncia (frequentemente utilizada nos contratos de cessão de quotas).

460   *Regime Jurídico das Sociedades por Quotas*

Raúl Ventura, *ob. cit.*, p. 26, entende ainda que a relação de gerência extingue-se, igualmente, "por simples acordo entre os contraentes, sócio-gerente e sociedade".

XII. Os gerentes não podem fazer-se representar no exercício do seu cargo (**n.º 5**).

À semelhança do **n.º 4**, também este preceito tem como fundamento a relação de confiança estabelecida entre a sociedade e o gerente.

Contudo, a proibição, aqui prevista, não impede que os gerentes deleguem nalgum ou nalguns deles competência para determinados negócios ou espécie de negócio (cfr., conjugadamente, a parte final, do **n.º 5** e o art. 261.º, n.º 2).

Note-se que, mesmo nesses negócios, os gerentes delegados só vinculam a sociedade se a delegação lhes atribuir expressamente tal poder (cfr. parte final, do n.º 2, do art. 261.º).

Nos termos do n.º 5, do art. 410.º, o contrato de sociedade pode permitir que qualquer administrador se faça representar numa reunião por outro administrador. Raúl Ventura *in* "Sociedades por Quotas", vol. III, p. 27, considera "admissível a aplicação analógica deste preceito às sociedades por quotas cuja administração esteja estruturada segundo o método colegial, pois trata-se de facilitar as deliberações tomadas em reunião do conselho, mas desse preceito não pode ser feita aplicação que basicamente contrarie o disposto no art. 252.º, n.º 5".

XIII. O disposto nos números anteriores não exclui a faculdade de a gerência nomear mandatários ou procuradores da sociedade para a prática de determinados actos ou categorias de actos, sem necessidade de cláusula contratual expressa (**n.º 6**).

Esta norma tem a sua raiz histórica no art. 256.º, § único, do CCom.

A faculdade aqui conferida à gerência tem como fonte constitutiva directa a própria lei, não dependendo, assim, de estipulação contratual.

Note-se que a redacção deste preceito tem sido alvo de crítica.

Para Raúl Ventura *in* "Sociedades por Quotas", vol. III, p. 28, a infelicidade da mesma "consiste em ligar a representação *da sociedade*, por mandatários, à representação dos gerentes para o exercício da sua função. São coisas perfeitamente distintas; num caso é representado um gerente, no outro é representada a sociedade.

A constituição de mandatários da sociedade é da competência dos gerentes; tratando-se de mandato com representação, os gerentes que podem vincular a sociedade outorgam a procuração".

Cfr., ainda, Menezes Cordeiro e outros *in* "Código das Sociedades Comerciais – Anotado", p. 666 e Paulo Olavo da Cunha *in* "Direito das Sociedades...", p. 665.

Título III – Sociedades por quotas

Para além da hipótese aqui prevista, podemos indicar outras situações de representação (voluntária), v.g., trabalhadores (art. 115.º, n.º 3, do CT) gerentes, auxiliares e caixeiros (art. 248.º e ss., do CCom).

Coutinho de Abreu *in* "Vinculação das sociedades comerciais", Estudos em Honra do Professor Doutor José de Oliveira Ascensão, vol. II, Almedina, 2008, p. 1237, alerta para o facto de os poderes de representação dos representantes voluntários não poder ter extensão maior do que os dos administradores.

Por outro lado, continua este autor, *ob. cit.*, p. 1238, "os poderes dos representantes voluntários são também delimitados pelos respectivos instrumentos de representação (procuração, contrato de mandato, contrato de trabalho, etc). Quando tais instrumentos estejam sujeitos a registo (ainda que não obrigatório), certas delimitações que deles constem são, quando não registados, inoponíveis a terceiros".

JURISPRUDÊNCIA:

O disposto no artigo 252.º, n.º 5 do C.S.C., que proíbe que os gerentes das sociedades por quotas se façam representar no exercício das suas funções, é aplicável às sociedades constituídas anteriormente à aprovação do Código das Sociedades Comerciais que previam no seu pacto a possibilidade dessa substituição.
Ac. do STJ, de 20.01.09 *in* CJ, Ano XVII, Tomo I, p. 60

I – O Cod. Soc. Com. consagra o princípio da pessoalidade do exercício do cargo de gerente nas sociedades por quotas, de que são consequências lógico--normativas a proibição de se fazerem representar no exercício do seu cargo (art. 252.º, n.º5) e a intransmissibilidade da gerência (art. 252.º, n.º4).

II – Sendo, apesar disso, legalmente permitido aos gerentes nomear mandatários ou procuradores da sociedade para a prática de determinados actos ou categorias de actos (art. 252.º, n.º6), não podem eles, todavia, conferir a esses procuradores ou mandatários poderes tão amplos que colidam com o princípio anteriormente enunciado, de carácter imperativo.

III – Por isso, é nula a procuração (arts. 2.º do Cod. Soc. Com. e 294.º do CC) em que os dois únicos sócios e gerentes de uma sociedade por quotas conferem, em representação desta, poderes a um procurador, para, além do mais, "praticar todos os actos e contratos que forem necessários ou convenientes para a realização do objecto social da sociedade, nomeadamente (...) e, em geral, todos os poderes de gestão e representação que a gestão e defesa dos direitos e interesses da sociedade exijam".
Ac. da RP, de 20.04.09 *in* www.dgsi.pt (Proc. n.º 16/08.9TBOAZ)

I – O problema da interpretação das cláusulas dos pactos sociais resume--se à descoberta do sentido objectivo da declaração negocial, não se podendo ter

462   *Regime Jurídico das Sociedades por Quotas*

em conta a vontade real das partes, nem elementos estranhos ao contrato social, porque estão em jogo interesses de terceiros, daqueles que hajam contratado com a sociedade.

II – Porém, quanto às sociedades por quotas, se a interpretação objectiva é de exigir no tocante às cláusulas que visam a protecção dos credores sociais, já essa exigência se não impõe quanto às cláusulas sobre relações corporativas internas e às de natureza jurídica individual, vigorando, nesta matéria, os princípios gerais de interpretação dos negócios jurídicos formais, admitindo-se o recurso a quaisquer elementos interpretativos contemporâneos do negócio, ou anteriores ou posteriores à sua conclusão.

III – A estipulação estatutária pela qual são nomeados os gerentes inclui-se naquelas cuja interpretação se deve fazer com recurso a todos os elementos interpretativos.

IV – A simples designação de gerentes no contrato de sociedade e a atribuição da gerência a todos os sócios não significa a atribuição, a cada um deles, de um direito especial à gerência.

V – A interpretação das declarações ou cláusulas contratuais constitui matéria de facto, da exclusiva competência das instâncias.

VI – Constitui, contudo, matéria de direito, sindicável pelo STJ, determinar se na interpretação das declarações foram observados os critérios legais impostos pelos artigos 236.º e 238.º do C.Civil, para efeito da definição do sentido que há-de vincular as partes, face aos factos concretamente averiguados pelas instâncias.

Ac. do STJ, de 17.04.08 *in* CJ, Ano XVI, Tomo II, p. 33

Constando do pacto social de uma sociedade por quotas que esta se obriga com a assinatura conjunta de dois gerentes, mas sendo o pacto omisso quanto à representação desta em juízo, deverá a mesma sociedade ter-se por validamente representada, na propositura de uma acção para cobrança de dívida, através da procuração subscrita apenas por um dos sócios gerente, por estar em causa a prática de um acto de mera administração corrente.

Ac. do STJ, de 12.07.07 *in* CJ, Ano XV, Tomo II, p. 157

Actuando o gerente de uma sociedade como representante desta, não pode esse desempenho ser subsumível ao mandato sem representação, nem a uma situação de gestão de negócios.

Ac. da RP, de 07.11.05 *in* CJ, Ano XXX, Tomo V, p. 182

Impedindo-se a um gerente o direito de acesso à informação imprescindível ao exercício efectivo da gerência, fica-lhe aberto o caminho para requerer a investidura em cargo social de modo a que tais poderes sejam salvaguardados.

Ac. da RP, de 27.09.05 *in* www.dgsi.pt (Proc. n.º 0524020)

Título III – Sociedades por quotas

I – O sócio que pode requerer inquérito judicial à sociedade, nos termos do artigo 216.°, n.° 1, do CSC, é o sócio não gerente.

II – O gerente, sócio ou não, tem direito de acesso a toda a documentação da empresa que lhe permite satisfazer o dever de informar os sócios sobre a gestão da sociedade, direito aquele que constitui um dos poderes da gerência cuja expressão global é qualitativamente diversa de um mero direito de se informar.

III – Impedindo-se a um gerente o exercício efectivo de poderes de gerência (artigos 252.°, n.° 1, e 259.° do CSC), o que sucede quando lhe é impedido o acesso à documentação da empresa, o meio processual a utilizar é o da investidura em cargo social, que se realizará por forma a que tais poderes sejam assegurados.

Ac. da RL, de 07.02.02 *in* CJ, Ano XXVII, Tomo I, p. 103

Os gerentes podem ser designados por várias formas, maxime através de imediata indicação no contrato de sociedade ou por posterior eleição por deliberação dos sócios (cfr. art. 27.°, da antiga Lei das Sociedades por Quotas, de 11/4/1901" e art. 252.°, n.° 2, CSC).

Porém, a mera nomeação no contrato de sociedade, ou nos estatutos, de sócios como gerentes não basta para que se possa falar num direito especial à gerência, cláusula que, como é sabido, não pode ser alterada sem o consentimento do mesmo sócio, nos termos do art. 257.°, n.° 3, CSC.

Tal como também não significa, sequer, que tal cláusula revista automaticamente a natureza de parte constitutiva do contrato de sociedade, caso em que a sua alteração exigiria uma maioria qualificada de 3/4 dos votos correspondentes ao capital social (pelo menos), nos termos do art. 265.°, n.° 1, CSC.

Na verdade, tal estipulação apenas corporiza, em princípio, uma deliberação dos sócios fundadores, distinta do contrato de sociedade em sentido próprio, e que apenas por razões de oportunidade ou de eficácia prática foi documentada num processo unitário e ali incluída.

Em suma: em regra, a nomeação de gerentes no contrato de sociedade é meramente ocasional, devendo exigir-se cláusula expressa para que assim não seja entendido, ou, pelo menos, que tal resulte inequivocamente do, contrato.

Ac. da RL, de 28.06.01 *in* www.dgsi.pt (Proc. n.° 0062222)

Nas sociedades por quotas a representação incumbe a um ou a mais gerentes (art. 252.°, n.° 1, do Código das Sociedades Comerciais – CSC).

A regra é no sentido de que os actos praticados pelos gerentes, em nome da sociedade e dentro dos poderes que a Lei lhe confere, vinculam-na perante terceiros, não obstante as limitações constantes do contrato social ou resultantes das deliberações dos sócios (art. 260.°, n.° 1, do CSC).

Ademais, expressa a Lei que os gerentes vinculam a sociedade, em actos escritos, apondo a sua assinatura com indicação dessa qualidade (art. 260.°, n.° 4, do CSC).

464 Regime Jurídico das Sociedades por Quotas

Relativamente à interpretação deste normativo tem havido divergência na jurisprudência.

No que concerne a actos cambiários tem, com efeito, entendido, que a sociedade por quotas só fica vinculada quando os gerentes apõem a sua assinatura com a indicação dessa qualidade.

Em outras decisões tem sido, porém, considerado que as sociedades por quotas ficam vinculadas pelas assinaturas dos respectivos gerentes, mesmo sem mencionarem essa qualidade, desde que resulte inequívoco do próprio acto ou das circunstâncias que o envolvam que eles agem em nome da sociedade e não em nome próprio.

O que a Lei expressa é que os gerentes das sociedades por quotas vinculam a sociedade em actos escritos apondo a sua assinatura com indicação dessa qualidade.

O escopo do referido normativo é do que seja inequívoco do próprio acto ou das circunstâncias em que ele ocorreu que os gerentes agem em nome da sociedade e não em seu próprio nome, sobretudo no interesse de terceiros que com ela contratam.

Trata-se de uma regra sobre o modo normal de vinculação da sociedade pelos respectivos gerentes, pelo que não tem a virtualidade de simples interpretação a "contrario", em termos de excluir a sua vinculação em outro quadro circunstancial.

Na determinação do sentido e alcance da Lei, deve o intérprete presumir que o legislador adoptou as soluções mais acertadas (art. 9.º, n.º 3, do Código Civil).

Ora, ao interpretar-se o referido normativo no sentido de que a mera falta da indicação da referência de que é gerente quem subscreve os documentos escritos em nome da sociedade implica a não vinculação desta, aberta estaria a via à fraude e à desvinculação de obrigações assumidas através da simples omissão deliberada de uma formalidade que o próprio omitente devia cumprir, com a consequente afectação dos interesses de quem de boa fé, confiou na prática negocial séria e regular.

Assim, a conclusão não pode deixar de ser no sentido da validade e eficácia dos actos cambiários quando não esteja em causa que os gerentes assinaram o título cambiário nessa qualidade até em termos de presunção natural permitida pelo art. 349.º C.Civil.

Ac. da RL, de 13.12.00 *in* www.dgsi.pt (Proc. n.º 00106446)

I – Para se poder concluir que um sócio de uma sociedade tem o direito especial à gerência – artigo 982.º, n.º 2 do Código Civil – não basta que seja nomeado, como os demais sócios, no pacto da sociedade, como sócio gerente, sendo antes, necessário, que se possa concluir do contexto social que os sócios quiseram atribuir-lhe esse direito especial.

Título III – Sociedades por quotas

465

II – Não resultando do pacto social esse requisito de especialidade, o sócio aí nomeado gerente pode ser destituído por maioria simples dos votos correspondentes ao capital social.
Ac. da RP, de 28.09.00 *in* www.dgsi.pt (Proc. n.° 0031007)

I – Dado o carácter pessoal e intransmissível da gerência consagrado nos n.ᵒˢ 3, 4 e 5 do art. 252.° do CSC, é vedado ao gerente de uma sociedade por quotas nomear. a) Mandatário ou procurador da sociedade para exercício indiscriminado dos poderes – deveres de administração e representação. b) Mandatário ou procurador seu para exercício dos poderes – deveres relativos à vida interna da sociedade, face aos demais órgãos ou aos sócios.
II – Sendo, pois, nula a procuração do gerente na parte em que outorga poderes de representação para a convocatória de assembleias gerais por violação da norma imperativa contida no n.° 5 daquele art. 252.°.
III – E anuláveis as deliberações tomadas pela assembleia por força daquele vício de procedimento.
IV – E não nulas por vício de conteúdo, destrinça esta que, não consagrada expressamente como princípio geral, encontra explicitação nas regras dos arts. 56.° e 58.° do CSC.
Ac. da RL, de 30.04.98 *in* www.dgsi.pt (Proc. n.° 0066866)

I – Para que uma assembleia geral de uma sociedade comercial possa ser chamada a pronunciar-se sobre matéria de gestão da mesma é suficiente o pedido de um dos gerentes.
II – Para que possa considerar-se ofendido o direito de informação do sócio, não basta a alegação de não terem sido prestados "elementos mínimos de informação", sendo que os sócios devem solicitar as informações que considerem indispensáveis, na assembleia, até à votação, se antes não o tiverem feito.
III – Salvo exigência especial do pacto e não se tratando de direito especial de gerência, a eleição de um terceiro gerente além dos estatutários, pode ser feita mediante deliberação por maioria simples.
Ac. da RP, de 01.04.97 *in* www.dgsi.pt (Proc. n.° 9720020)

I – A relação estabelecida entre a sociedade e o gerente tem, quanto a este, carácter altamente pessoal.
II – A gerência não é transmissível por acto entre vivos ou por morte, nem isolada, nem juntamente com a quota (artigo 254.°, n.° 4 do CSC86). Esta norma é imperativa, pelo que regras em contrário do pacto social seriam inválidas.
Ac. do STJ, de 13.03.97 *in* www.dgsi.pt (Proc. n.° 96B793)

I – É nula a deliberação que limite, ao nível da representação, os poderes dos sócio-gerentes de uma sociedade por quotas.

II – É o que acontece quando, a pretexto de se distribuírem tarefas entre os sócios gerentes, as funções representativas de alguns deles ficam praticamente reduzidas a zero.

III – Isto porque, quanto aos actos de representação, vigora o princípio da ilimitação dos poderes representativos dos gerentes, sendo irrelevantes as limitações constantes do contrato social ou resultantes de deliberações dos sócios – art. 260.°, n.° 1 do CSC.

Ac. do STJ, de 15.10.96 *in* CJ, Ano IV, Tomo III, p. 62

I – Enquanto a herança se mantiver indivisa e até se determinar quem na respectiva partilha virá a encabeçar a quota, nenhum dos herdeiros tem a qualidade de sócio, embora se lhes reconheça o direito de, entre eles, nomearem um representante que defenda os seus interesses na sociedade.

II – E muito menos têm os herdeiros do gerente a qualidade de gerentes, já que a qualidade de gerente é intransmissível por morte.

Ac. da RL, de 12.06.96 *in* CJ, Ano XXI, Tomo III, p. 114

I – A revogação de procuração forense é mero acto de gestão ou orientação processual que cabe nos poderes dos gerentes, a quem incumbe a representação em juízo da sociedade, nos termos do art. 252.°, n.° 1 do Código das Sociedades Comerciais.

II – A ratificação do acto praticado pelo gerente sem poderes para tal, não pode ser feita por outro gerente que tenha esses poderes, mas depende de deliberação social.

Ac. da RL, de 02.05.95 *in* CJ, Ano XX, Tomo III, p. 87

I – O chamamento à autoria ajusta-se ao caso de o chamado não ser sujeito da relação jurídica controvertida, mas sujeito de relação conexa com ela.

II – Os gerentes das sociedades por quotas devem ser pessoas singulares com capacidade jurídica plena, não podendo ser pessoas colectivas.

III – Assim, os gerentes das sociedades por quotas exercem o cargo em nome próprio, qualquer que seja a forma da sua nomeação, pelo que, mesmo que um gerente tenha sido nomeado "em representação de determinada sociedade, sócia da gerida", não a representa na gerência.

Ac. da RL, de 15.12.94 *in* www.dgsi.pt (Proc. n.° 0093392)

I – A designação de gerentes no contrato de sociedade não exclui, sem cláusula nesse sentido, a designação de gerentes por deliberação de sócios.

II – Esta deliberação, porém, só é possível se estiver vago ou for criado um lugar de gerente.

Ac. da RL, de 06.10.93 *in* CJ, Ano XVIII, Tomo IV, p. 126

Título III – Sociedades por quotas

I – Mesmo que não registado o mandato conferido ao gerente da sociedade produz efeitos.

II – A gerência da sociedade pode ou não constar da escritura do respectivo contrato.

III – Estando em causa a falta de registo da renúncia à gerência da sociedade de um sócio e da atribuição da gerência da mesma sociedade a todos os quatro sócios (onde se incluem os que assinaram a procuração) e que para obrigar a sociedade é necessária a intervenção conjunta de dois gerentes, essa falta de registo não pode ser invocada por qualquer sócio quando pretender retirar validade ao mandato judicial constituído pelas sociedade, representada por dois desses gerentes, nos autos de providência cautelar contra ela requerida por outros sócios.

Ac. da RP, de 02.02.93 *in* CJ, Ano XVIII, Tomo I, p. 222

I – Nos direitos e deveres em que sucedem os herdeiros de um sócio não se inclui a qualidade de gerente que este detinha por designação no contrato de sociedade sem o valor de cláusula estatutária.

II – Tendo a sociedade por quotas dois sócios, ambos gerentes, e exigindo o contrato de sociedade que os assuntos de responsabilidade fossem assinados em conjunto pelos dois, a morte de um deles faz funcionar o disposto na primeira parte do n.º 2 do artigo 253.º do Código das Sociedades Comerciais.

Ac. da RP, de 19.03.92 *in* www.dgsi.pt (Proc. n.º 0408537)

I – E legitima a recusa de registo da alteração do pacto social de uma sociedade por quotas em que a gerência – órgão administrativo – representativo desse tipo de sociedades – e substituída por um conselho de administração.

II – O principio da tipicidade consagrado no Código das Sociedades por Quotas abrange não só a obrigatoriedade de opção por um dos quatro tipos de sociedade comercial previstos nesse Código, mas também a adopção dos órgãos administrativos – representativos previstos para cada um desses tipos.

Ac. do STJ, de 05.03.91 *in* www.dgsi.pt (Proc. n.º 081918)

A atribuição da gerência a cada um dos dois sócios de uma sociedade comercial no respectivo pacto não implica uma atribuição indirecta da gerência ao representante dos herdeiros de um deles entretanto falecido, o que alias se compagina com o principio interpretativo do art. 238.º, n.º 1 do C. Civ. e com os preceitos dos arts. 252.º e 253.º do Cod. Soc. Com. e 27.º da Lei das Sociedades por Quotas.

Ac. da RL, de 26.02.91 *in* www.dgsi.pt (Proc. n.º 0409241)

468   *Regime Jurídico das Sociedades por Quotas*

ARTIGO 253.º – **(Substituição de gerentes)**
1 – Se faltarem definitivamente todos os gerentes, todos os sócios assumem por força da lei os poderes de gerência, até que sejam designados os gerentes.

2 – O disposto no número anterior é também aplicável no caso de falta temporária de todos os gerentes, tratando-se de acto que não possa esperar pela cessação da falta.

3 – Faltando definitivamente um gerente cuja intervenção seja necessária por força do contrato para a representação da sociedade, considera-se caduca a cláusula do contrato, caso a exigência tenha sido nominal; no caso contrário, não tendo a vaga sido preenchida no prazo de 30 dias, pode qualquer sócio ou gerente requerer ao tribunal a nomeação de um gerente até a situação ser regularizada, nos termos do contrato ou da lei.

4 – Os gerentes judicialmente nomeados têm direito à indemnização das despesas razoáveis que fizerem e à remuneração da sua actividade; na falta de acordo com a sociedade, a indemnização e a remuneração são fixadas pelo tribunal.

NOTAS:

I. Anteprojectos: FERRER CORREIA (art. 86.º); VAZ SERRA (art. 89.º) e RAÚL VENTURA (art. 66.º).

II. A gerência, para além de constituir um órgão necessário das SQ, assume, de facto, um papel fundamental na vida da sociedade. Daí a necessidade de regular o regime da substituição dos seus membros.

O artigo em anotação regula a substituição de gerentes no caso de:

a) falta temporária de todos os gerentes (n.ºs 1 e 2);

b) falta de gerentes cuja intervenção seja, por força do contrato, necessária para representar a sociedade (n.º 3).

O n.º 5, do art. 390.º, prevê a possibilidade de o contrato de sociedade autorizar a eleição de administradores suplentes. Para as SQ, o legislador não consagrou expressamente esta modalidade de substituição dos gerentes (ordinários).

RAÚL VENTURA *in* "Sociedades por Quotas", vol. III, p. 42, considera que o n.º 5, do art. 390.º, é aplicável por analogia às SQ, sendo assim admissível que o contrato de sociedade autorize a eleição de gerentes suplentes.

Para maiores desenvolvimentos sobre os gerentes substitutos, *vide* RAÚL VENTURA *in* "Sociedades por Quotas", vol. III, pp. 42 e ss..

Título III – Sociedades por quotas 469

III. Se faltarem definitivamente todos os gerentes, todos os sócios assumem por força da lei os poderes de gerência, até que sejam designados os gerentes (**n.º 1**).

A substituição recai sobre os sócios, dado que a estes compete a designação dos gerentes. Assim, sendo imputável aos sócios a não designação dos gerentes, justifica-se que sobre eles recaia o exercício da gerência.

Os sócios assumem o exercício da gerência automaticamente por força da lei (*ex lege*), não sendo necessário qualquer acto de designação e, naturalmente, de aceitação.

Aliás, estamos perante uma norma legal imperativa, que não pode ser afastada pelos sócios.

Os poderes de gerência, a que se reporta o **n.º 1**, são os mesmos que estão atribuídos aos gerentes substituídos.

De facto, se o exercício da gerência (administração e representação) tem como finalidade a realização do objecto social e a continuidade da vida da sociedade, aos sócios, enquanto substitutos dos gerentes, devem ser atribuídos os poderes que estão compreendidos em tal exercício.

Os poderes de gerência são assumidos pelos sócios de forma plural.

Se a gerência já era plural, as regras contratuais que a disciplinam são aqui aplicáveis. Cfr. RAÚL VENTURA *in* "Sociedades por Quotas", vol. III, p. 47.

Por seu turno, se a gerência era singular ou, sendo plural, não existam estipulações contratuais que a regulem, aplica-se o regra geral do art. 261.º, n.º 1, nos termos da qual os poderes são exercidos conjuntamente, considerando-se válidas as deliberações que reúnam os votos da maioria e a sociedade fica vinculada pelos negócios jurídicos concluídos pela maioria dos gerentes ou por ela ratificados.

O n.º 1, presumindo de certa forma a transitoriedade da substituição, refere que a mesma mantém-se apenas enquanto não forem designados os gerentes.

À semelhança da sua constituição, também a extinção da substituição opera automaticamente por força da lei (*ex lege*).

Se faltar definitivamente apenas um gerente, "os restantes prosseguem nas suas funções, aguardando-se a substituição do faltoso", MENEZES CORDEIRO *in* "Manual de Direito das Sociedades", vol. II, p. 400.

IV. Se faltarem temporariamente todos os gerentes, tratando-se de acto que não possa esperar pela cessação da falta, todos os sócios assumem por força da lei os poderes de gerência relativos a esse acto (cfr., articuladamente, os **n.ºs 1 e 2**).

O **n.º 1** trata da substituição, no caso de falta definitiva. Por sua vez, o **n.º 2** regula a substituição na hipótese de falta temporária.

O **n.º 2** tem por base a impossibilidade da prática de um acto urgente por parte dos gerentes.

A urgência (traduzida na frase "acto que não possa esperar pela cessação da falta") consiste na impossibilidade de praticar o acto em tempo útil.

Raúl Ventura *in* "Sociedades por Quotas", vol. III, p. 49, refere que se "nuns casos a urgência é nítida – por ex., a outorga de escritura pública já marcada para certo dia – noutros casos será mais difícil qualificá-la".

Este autor, *loc. cit.*, acaba mesmo por sublinhar que, estando "em causa interesses de terceiros, é muito arriscado entrar em distinções, mais ou menos arbitrárias, quer quanto à existência da falta temporária, quer quanto à urgência do acto a praticar".

No nosso entendimento, a urgência deve ser apreciada, tendo em consideração os elementos que compõem a situação concreta.

Se a prática do acto não se revelar urgente, os sócios devem "esperar pela cessação da falta dos gerentes", Menezes Cordeiro e outros *in* "Código das Sociedades Comerciais – Anotado", p. 667.

Importa ter presente que, durante o período da falta, pode haver mais do que um acto urgente.

V. Se um gerente, cuja intervenção seja necessária por força do contrato para a representação da sociedade, faltar definitivamente, considera-se caduca a cláusula do contrato, caso a exigência tenha sido nominal (1.ª parte, do **n.° 3**).

Este preceito pressupõe a existência de uma gerência plural conjunta e de uma disposição contratual, nos termos da qual a representação da sociedade cabe, conjuntamente, a determinados gerentes.

Assim, a falta definitiva de algum deles gera uma situação de impossibilidade representativa, a qual deve ser suprida.

A falta deve "ser definitiva; para a falta temporária nada está previsto na lei e os sócios terão de encontrar remédio para a crise, por exemplo, designando temporariamente mais um gerente", Raúl Ventura *in* "Sociedades por Quotas", vol. III, p. 49

As cláusulas contratuais de representação podem ser nominais ou não nominais.

As cláusulas nominais exigem a intervenção de um determinado gerente para a representação da sociedade. Tratando-se de cláusulas nominais, a falta do gerente (nominado) não pode impedir a continuação da vida da sociedade, a qual terá que ver assegurada a sua representação.

Com efeito, o impasse gerado pela falta do gerente elimina os pressupostos em que assentou a respectiva cláusula de representação. Conforma salientam Menezes Cordeiro e outros *in* "Código das Sociedades Comerciais – Anotado", p. 668, se "a cláusula for nominal, considera-se que caducou, isto é, a falta definitiva do sócio nomeado configura o desaparecimento de um pressuposto dos efeitos da cláusula que determina a cessação da sua vigência".

Nas cláusulas não nominais é exigido apenas um determinado número de gerentes (sem especificar quais) para representar a sociedade.

Se a cláusula não for nominal e a vaga não for preenchida no prazo de 30 dias, pode qualquer sócio ou gerente requerer ao tribunal a nomeação de um gerente até a situação ser regularizada (parte final, do **n.º 3**).

MENEZES CORDEIRO *in* "Manual de Direito das Sociedades", vol. II, p. 400, nota n.º 1126, entende que há "uma lacuna nas leis do processo, quanto à forma de se efectivar este pedido; ela deve ser integrada com recurso a um processo especial do tipo do artigo 1428.º do Código de Processo Civil (nomeação de administrador na propriedade horizontal)".

Por seu turno, RAÚL VENTURA *in* "Sociedades por Quotas", vol. III, p. 51, salienta que o "gerente nomeado pelo tribunal acresce aos gerentes designados pelos sócios e tem os mesmos poderes de administração e de representação, mas não os tem superiores aos daqueles; designadamente, ele insere-se no sistema de gerência plural que o contrato de sociedade tiver criado, não tendo poderes disjuntos, a não ser para a representação passiva, como todos os gerentes".

Os sócios podem regularizar a situação, nomeando novo gerente em substituição do que tiver sido designado pelo tribunal. Neste caso, "terminam as funções do gerente nomeado judicialmente, não tendo cabimento algum acto de destituição", RAÚL VENTURA *in* "Sociedades por Quotas", vol. III, p. 52

Para este autor, *loc. cit.*, a "designação e a cessação de funções do gerente nomeado pelo tribunal não estão exceptuadas do registo exigido pelo art. 3.º, al. m), CRC".

VI. Os gerentes judicialmente nomeados têm direito à indemnização das despesas razoáveis que fizerem e à remuneração da sua actividade (1.ª parte, do **n.º 4**).

No nosso entendimento a expressão "indemnização" não é a mais adequada, uma vez que pressupõe a existência de responsabilidade civil (que não existe neste caso). Assim, talvez fosse mais apropriada a expressão "compensação".

Segundo RAÚL VENTURA *in* "Sociedades por Quotas", vol. III, p. 51, a "indemnização das despesas razoáveis escusava de ser mencionada, pois todos os gerentes a ela têm direito".

A remuneração dos gerentes está prevista no art. 255.º.

Nos termos do n.º 1, do art. 255.º, o contrato de sociedade pode estabelecer a gratuitidade da gerência ou, não sendo esta gratuita, fixar o valor da remuneração.

Este preceito não se aplica aos gerentes nomeados pelo tribunal, os quais têm sempre direito a remuneração.

Esta distinção assenta no facto de as circunstâncias das designações de um e dos outros serem muito diferentes, "não fazendo sentido, por exemplo, que o gerente nomeado pelo tribunal não fosse remunerado", RAÚL VENTURA, *loc. cit.*, p. 51.

A sociedade e o gerente nomeado podem acordar os montantes da indemnização e da remuneração (parte final, do **n.º 4**), os quais na falta de acordo, serão fixados pelo tribunal.

472 Regime Jurídico das Sociedades por Quotas

JURISPRUDÊNCIA:

I – Faltando definitivamente todos os gerentes ou no caso de falta temporária de todos eles, tratando-se de acto que não possa esperar pela cessão da falta, todos os sócios assumem, por força da lei, os poderes de gerência até que seja designados os gerentes.
II – Encontrando-se o gerente interdito, assume as funções de gerente qualquer sócio capaz.
Ac. da RC, de 01.04.09 *in* CJ, Ano XXXIV, Tomo II, p. 22

I – A prolação de resoluções no âmbito da jurisdição voluntária, nem sempre exige, com carácter obrigatório, a audição do requerido, só quando estiver especialmente prevista ou se revelar necessária.
II – Tratando-se da nomeação de um gerente, para assegurar a representação e o funcionamento da sociedade, a lei prescinde da obrigatoriedade da audição quer do requerido quer da sociedade
III – Verificado o circunstancialismo previsto no art. 253.°, n.° 3, do código das sociedades comerciais – a falta de um gerente cuja intervenção seja necessária, sem que a sua vaga seja preenchida no prazo de 30 dias –, qualquer sócio tem o direito de requerer, com êxito, a nomeação judicial de um gerente, nos termos do art. 1484.° do CPC.
IV – A única exigência, em termos de contraditório, é a audição do órgão de administração que esteja em funcionamento. Porém, sendo a gerência plural, atribuída a dois únicos sócios, após a renúncia de um deles à gerência, o órgão ficou sem poder funcionar como tal, pelo que não podia ser ouvido.
V – Tendo os filhos dos sócios originários adquirido a qualidade de sócios, no decurso dos autos de nomeação judicial, não fica só por si sanada a falta de gerente, pois além de o recurso apreciar a situação existente à data da sentença recorrida, sempre seria necessário provar que os novos sócios já haviam entretanto sido nomeados gerentes.
Ac. da RL, de 18.12.08 *in* www.dgsi.pt (Proc. n.° 11128/2008-1)
A propósito deste acórdão, cfr. anotação de MENEZES CORDEIRO *in* RDS, Ano I, n.° 2, Almedina, 2009, pp. 443 a 448.

I – Dispõe o artigo 142.°, n.° 1, alínea b), do Código das Sociedades Comerciais que pode ser judicialmente declarada a dissolução da sociedade (sempre que as partes a não dissolvam por acordo – e sem qualquer precedência, neste caso, entre a via judicial e a via da deliberação social) "quando a actividade que constitui o objecto contratual se torne de facto impossível.
II – Tal impossibilidade é deve ser entendida e apreciada de forma técnica e objectiva e deve resultar de actos estranhos à vontade dos sócios, não relevando para tal efeito a que resulta de incompatibilidade irredutível dos sócios.

Título III – Sociedades por quotas 473

III – Assim o facto de todos os sócios terem renunciado à gerência ou de não se conseguir a "aquiescência de todos os sócios para a consolidação contabilística da R." não constitui impossibilidade de prossecução do objecto da sociedade e motivo legal imperativo da sua dissolução. Na verdade, actualmente, consagram-se na lei mecanismos próprios, específicos para o ultrapassar desses problemas, como são exemplo a apresentação de contas e a possibilidade de suprir judicialmente a falta de gerentes na administração (artigos 67.º e 253.º, ambos do Código das Sociedades Comerciais).

Ac. da RE, de 15.03.07 *in* www.dgsi.pt (Proc. n.º 308/07-3)

I – Ocorrendo o óbito do único sócio gerente de uma sociedade comercial, todos os restantes sócios assumem, por força da lei, os poderes de gerência até que sejam designados os gerentes – artigo 253.º, n.º 1 do Código das Sociedades Comerciais.

II – A sociedade mostra-se regularmente representada em juízo através do seu único sócio sobrevivo, não sendo necessária a habilitação dos herdeiros do sócio gerente falecido.

Ac. da RP, de 26.05.03 *in* www.dgsi.pt (Proc. n.º 0351946)

Não existindo órgão da sociedade (gerência) em funcionamento, não tem o tribunal de mandar citar o outro sócio para os termos da acção especial de nomeação de gerente requerida por um deles.

Ac. da RP, de 26.06.01 *in* www.dgsi.pt (Proc. n.º 0120719)

I – A lacuna do Cód. Proc. Civil, acerca do processo de nomeação judicial do gerente de sociedade por quotas, resultante da entrada em vigor, em 1 de Novembro de 1986 do Cód. Soc. Comerciais, deve ser preenchida, nos termos do art. 2.º do primeiro diploma, utilizando o processo especial de nomeação de administrador de propriedade horizontal (art. 1.428.º).

II – Se, nesse processo especial, o tribunal não está limitado à indicação do gerente efectuada pelo autor, desde que contestada, não se compreenderia que, requerida providência cautelar para o mesmo fim, só lhe competisse homologar a indicação do requerente, verificado o fundamento da nomeação.

Ac. da RL, de 30.05.94 *in* CJ, Ano XIX, Tomo III, p. 226

I – O direito consagrado na segunda parte do n.º 3 do artigo 253 do Código das Sociedades Comerciais deve ser exercido sob a forma de processo especial prevista no artigo 1428 do Código de Processo Civil.

II – Em conformidade com a primeira parte do n.º 3 do mesmo preceito, tem de considerar-se caduca a cláusula do contrato de sociedade que designa nominalmente os três sócios gerentes, dois dos quais estão definitivamente afastados do cargo por falecimento e destituição, não sendo lícito ao sócio gerente que se

474 *Regime Jurídico das Sociedades por Quotas*

mantém vir a tribunal pedir a nomeação de um gerente que consigo represente a sociedade, sendo inepta a petição inicial da acção proposta para o efeito.
Ac. da RP, de 24.05.93 *in* www.dgsi.pt (Proc. n.° 0409426) e CJ, Ano XXVIII, Tomo III, p. 214

I – As sociedades comerciais são citadas na pessoa dos seus representantes, só assim não sendo quando a lei expressamente o permitir.
II – Se a sociedade citanda tem um gerente cujo paradeiro se desconhece, este facto, a confirmar-se, aponta para a citação edital do mesmo.
III – O desconhecimento do paradeiro do gerente não pode equiparar-se, para efeitos do artigo 253 do Código das Sociedades Comerciais, a falta, permanente ou temporária, de gerência.
Ac. da RP, de 09.02.93 *in* www.dgsi.pt (Proc. n.° 9150044)

ARTIGO 254.° – **(Proibição de concorrência)**
1 – Os gerentes não podem, sem consentimento dos sócios, exercer, por conta própria ou alheia, actividade concorrente com a da sociedade.
2 – Entende-se como concorrente com a da sociedade qualquer actividade abrangida no objecto desta, desde que esteja a ser exercida por ela ou o seu exercício tenha sido deliberado pelos sócios.
3 – No exercício por conta própria inclui-se a participação, por si ou por interposta pessoa, em sociedade que implique assunção de responsabilidade ilimitada pelo gerente, bem como a participação de, pelo menos, 20% no capital ou nos lucros de sociedade em que ele assuma responsabilidade limitada.
4 – O consentimento presume-se no caso de o exercício da actividade ser anterior à nomeação do gerente e conhecido de sócios que disponham da maioria do capital, e bem assim quando, existindo tal conhecimento da actividade do gerente, este continuar a exercer as suas funções decorridos mais de 90 dias depois de ter sido deliberada nova actividade da sociedade com a qual concorre a que vinha sendo exercida por ele.
5 – A infracção do disposto no n.° 1, além de constituir justa causa de destituição, obriga o gerente a indemnizar a sociedade pelos prejuízos que esta sofra.
6 – Os direitos da sociedade mencionados no número anterior prescrevem no prazo de 90 dias a contar do momento em que todos os

Título III – Sociedades por quotas

sócios tenham conhecimento da actividade exercida pelo gerente ou, em qualquer caso, no prazo de cinco anos contados do início dessa actividade.

NOTAS:

I. Anteprojectos: FERRER CORREIA (art. 97.°).

II. Os gerentes, enquanto sujeitos de uma relação jurídica (estabelecida com a sociedade), encabeçam um conjunto de direitos e deveres (os quais compõem a sua posição jurídica).

Cfr. anotação ao art. 259.°.

Com a alteração introduzida pelo DL n.° 76-A/2006, de 29 de Março, o art. 64.°, n.° 1, passou a ter a seguinte redacção:

"Os gerentes ou administradores da sociedade devem observar:

a) Deveres de cuidado, revelando a disponibilidade, a competência técnica e o conhecimento da actividade da sociedade adequados às suas funções e empregando nesse âmbito a diligência de um gestor criterioso e ordenado; e

b) Deveres de lealdade, no interesse da sociedade, atendendo aos interesses de longo prazo dos sócios e ponderando os interesses dos outros sujeitos relevantes para a sustentabilidade da sociedade, tais como os seus trabalhadores, clientes e credores".

Em relação à versão original é de destacar, desde logo, a referência expressa ao dever de lealdade.

Podemos extrair da al. b), do n.° 1, do art. 64.°, que o interesse protegido é o da sociedade, compreendendo-se neste os interesses dos sócios, dos trabalhadores, dos clientes e dos credores. Note-se que o art. 64.°, na versão original, referia-se apenas aos interesses dos sócios e dos trabalhadores. Para maiores desenvolvimentos sobre os interesses envolvidos, *vide* JOSÉ MARQUES ESTACA *in* "O Interesse da Sociedade ...", pp. 40 e ss..

O dever de lealdade manifesta-se nas relações jurídicas que assentam numa especial relação de confiança imbuída de uma marcada pessoalidade, corporizando uma clara manifestação do princípio da boa fé. Este princípio obriga as partes a "guardar "fidelidade" à palavra dada e não frustrar ou abusar daquela confiança que constitui a base imprescindível das relações humanas", KARL LARENZ, citado por RUI DE ALARCÃO *in* "Direito das Obrigações", Coimbra, 1983, p. 110.

Para maiores desenvolvimentos, cfr. NUNO TIAGO TRIGO DOS REIS *in* "Os deveres de lealdade dos administradores de sociedades comerciais", Temas e Direito Comercial, Cadernos "O Direito", n.° 4, Almedina, 2009, pp. 279 e ss.; COUTINHO DE ABREU *in* "Deveres de cuidado e de lealdade dos administradores e interesse social", colóquios n.° 3, IDET, Almedina, 2007, pp. 15 e ss. e MENEZES

CORDEIRO *in* "A lealdade no Direito das Sociedades", ROA, Ano 66, Tomo III, 2006, pp. 1033 e ss..

De igual forma, também o trabalhador está obrigada a guardar lealdade ao empregador, nomeadamente não negociando por contra própria ou alheia em concorrência com ele, nem divulgando informações referentes à sua organização, métodos de produção ou negócios. Cfr. art. 128.º, n.º 1, al. f), do CT.

Para maiores desenvolvimentos sobre os deveres de lealdade e de não concorrência do trabalhador, cfr. PAULA QUINTAS/HELDER QUINTAS *in* "Código do Trabalho...", pp. 302 e ss..

III. Um dos corolários do dever de lealdade é a proibição de concorrência prevista no artigo em anotação, nos termos da qual os gerentes não podem exercer, por conta própria ou alheia, actividade concorrente com a da sociedade (**n.º 1**).

Na decomposição do dever de lealdade, PEREIRA DE ALMEIDA *in* "Sociedades Comerciais e Valores Mobiliários", p. 239, indica, ainda, a obrigação de não apropriação de informações internas ou negócios com a sociedade (*inside trading*) e a obrigação de transparência.

O fundamento da proibição de concorrência reside, em traços largos, na necessidade de evitar que o gerente, aproveitando-se do conhecimento profundo que tem da realidade societária e que lhe advém da posição funcional que ocupa, desenvolva uma actividade susceptível de prejudicar a sociedade.

Na opinião de MENEZES CORDEIRO *in* "Manual de Direito das Sociedades", vol. II, p. 410, a "lei pretende, simplesmente, que exista uma confiança geral e objectiva nas instituições societárias e que o grande público tenha a sensação de que imperam a limpidez e lisura nos negócios".

Cfr., ainda, ALEXANDRE SOVERAL MARTINS *in* "O exercício das actividades concorrentes pelos gerentes de sociedades por quotas", BFD, vol. LXXII, Coimbra, 1996, p. 320 e LUIZ DA CUNHA GONÇALVES *in* "Comentário ao Código Comercial Português", vol. I, empresa editora J.B., 1922, p. 434.

A proibição de concorrência tem na sua génese um conflito entre o interesse da sociedade e o interesse do gerente.

O interesse do gerente, aqui em causa, goza de protecção constitucional resultante do direito à iniciativa privada (art. 61.º, da CRP). Sobre este preceito cfr. GOMES CANOTILHO/VITAL MOREIRA *in* "Constituição da República Portuguesa – Anotada", vol. I, 4.ª edição, Coimbra Editora, 2007, pp. 787 e ss..

Os fundamentos da proibição de concorrência revelaram-se de tal forma preponderantes que justificaram a limitação desse direito.

IV. De acordo com o art. 1.º, da L n.º 18/2003, de 11 de Junho (que aprovou o regime jurídico da concorrência), no âmbito de aplicação das regras da concorrência estão compreendidas todas as actividades económicas exercidas, com carácter permanente ou ocasional, nos sectores, privados, público e cooperativo. Para ADALBERTO COSTA *in* "Regime Legal da Concorrência", Almedina, 2004, p. 16, isto significa "que tal atitude de aplicação do regime jurídico da concorrência se aplica ao mercado e o mercado enquanto centro de actividade económica".

Segundo o entendimento de MENEZES CORDEIRO e outros *in* "Código das Sociedades Comerciais – Anotado", p. 669, a "existência de uma situação de concorrência está na dependência de se poder verificar uma transferência de procura motivada por um pequeno e duradouro aumento de preço de um deles (desvio de clientela). Entende-se que a elasticidade cruzada deverá ser significativa e de longo prazo, para que se possa deduzir que os bens resultantes da actividade em causa são susceptíveis de ser substituídos. Só assim é possível delimitar com precisão um mercado relativamente a bens suficientemente homogéneos e distintos em relação a outros mercados, e será nesse que a actividade do gerente e da sociedade, quando exercidas em simultâneo, poderão colocar questões relacionadas com a concorrência".

No que diz respeito ao âmbito geográfico, MENEZES CORDEIRO e outros *in* "Código das Sociedades Comerciais – Anotado", p. 669, sustentam que "só existirá concorrência na área em que a sociedade forneça os seus produtos ou preste os seus serviços. Mais uma vez determinante nesta definição é a questão do comportamento dos compradores e da oferta. Se em determinada área existe procura, quanto à actividade integrante no mercado de procura relevante, mas não existe oferta da sociedade, não será evidentemente concorrencial a actividade do gerente que vise a satisfação daquelas necessidades".

Embora o artigo em anotação fale de actividade (entendida esta como um conjunto de actos) entendemos que a prática de um acto isolado pode constituir uma violação da obrigação de não concorrência. De facto, o espírito da lei é a preservação da relação de confiança e a protecção dos interesses da sociedade, os quais podem ser irremediavelmente prejudicados apenas com um simples acto (podemos falar aqui da vertente qualitativa da violação).

O âmbito subjectivo desta proibição abrange o gerente único (tratando-se de gerência singular), os vários gerentes (tratando-se de gerência plural), os gerentes que sejam sócios e os gerentes estranhos à sociedade que administrem a e representem a sociedade, independentemente da forma de designação. Estão, igualmente, abrangidos os gerentes que não exerçam de facto a gerência.

RAÚL VENTURA *in* "Sociedades por Quotas", vol. III, p. 51, entende que os sócios que assumam os poderes de gerência, por força o art. 253.º, n.º 1, não estão abrangidos, uma vez que "se trata de uma situação temporária e imposta pela lei".

Cfr., ainda, ALEXANDRE SOVERAL MARTINS *in* "O exercício das actividades…", p. 322.

O **n.º 1** proíbe não só o exercício por conta própria (**n.º 3**), como também o exercício em nome e por conta de outrem (por conta alheia), *v.g.*, o agente, o trabalhador, o gerente comercial, o comissário, etc.

V. O **n.º 1** admite o consentimento da sociedade para o exercício da actividade concorrencial. Com efeito, estando em causa a protecção de interesses da sociedade, é perfeitamente compreensível que a mesma consinta no exercício daquela actividade.

Tal consentimento está sujeito a deliberação dos sócios (al. e), do n.º 1, do art. 251.º), a qual deve ser tomada por maioria dos votos emitidos (art. 250.º, n.º 3).

O contrato de sociedade pode autorizar os gerentes a exercer actividades concorrentes.

MENEZES CORDEIRO *in* "A lealdade no Direito ...", p. 1060, sustenta que o aproveitamento de oportunidades de negócio (considerado como parte da concorrência proibida) não pode considerar-se "legitimado com a mera autorização de concorrência".

Cfr. os casos de consentimento presumido previstos no **n.º 4**.

VI. Entende-se como concorrente com a da sociedade qualquer actividade abrangida no objecto desta, desde que esteja a ser exercida por ela ou o seu exercício tenha sido deliberado pelos sócios (**n.º 2**).

O legislador estabeleceu, aqui, uma presunção de concorrência, ilidível mediante prova em contrário (art. 350.º, n.º 2, do CC).

Assim, o gerente pode "demonstrar que, apesar do facto conhecido, a sua actividade não é concorrente, seja porque ela não implica qualquer desvio de clientela, seja em razão do diferente âmbito geográfico das duas actividades", MENEZES CORDEIRO e outros *in* "Código das Sociedades Comerciais – Anotado", p. 670.

O legislador presume que a actividade é concorrente quando:

a) está abrangida no objecto da sociedade protegida

Neste caso é, também necessário, que a mesma actividade esteja de facto a ser exercida, não havendo concorrência se a actividade cessar.

Por outro lado, RAÚL VENTURA *in* "Sociedades por Quotas", vol. III, p. 59, considera que haverá concorrência mesmo que actividade (*concorrida*) exercida de facto pela sociedade protegida não esteja abrangida pelo objecto contratual.

b) o seu exercício tiver sido deliberado pelos sócios

Como objecto da sociedade devem ser indicadas no contrato as actividades que os sócios propõem que a sociedade venha a exercer, competindo aos sócios deliberar sobre as actividades compreendidas no objecto contratual que a sociedade efectivamente exercerá (art. 11.º, n.ᵒˢ 2 e 3).

Assim, não haverá "concorrência com uma actividade que a sociedade protegida pode contratualmente exercer mas de facto não exerce ou pelo menos os sócios ainda não deliberaram que fosse exercida", RAÚL VENTURA, *loc. cit.*.

VII. Nos termos do **n.º 3**, considera-se incluída, no exercício por conta própria:

Título III – Sociedades por quotas   479

a) a participação, por si ou por interposta pessoa, em sociedade que impli-que assunção de responsabilidade ilimitada pelo gerente

A interposição deve ser determinada por aplicação analógica do critério previsto no art. 579.º, n.º 2, do CC. De acordo com esta disposição, considera-se interposta pessoa, designadamente, o cônjuge.

RAÚL VENTURA *in* "Sociedades por Quotas", vol. III, p. 57, entende que a "referência à interposição de pessoas o caso de participação em sociedade justifica que a mesma interposição seja considerada quando se trate de actividade pessoa directa, «por conta própria». Se, por exemplo, a participação social encabeçada no cônjuge do gerente é tratada como pertencendo pessoalmente ao gerente, o mesmo sucederá se a actividade for exercida pelo cônjuge, sob forma não societária".

b) a participação de, pelo menos, 20% no capital ou nos lucros de socie-dade em que ele assuma responsabilidade limitada.

VIII. Referimos já que a sociedade pode dar o seu consentimento para o exercício da actividade concorrencial.

De acordo com o **n.º 4**, esse consentimento presume-se no caso de o exercício da actividade ser anterior à nomeação do gerente e conhecido de sócios que disponham da maioria do capital, e bem assim quando, existindo tal conhecimento da actividade do gerente, este continuar a exercer as suas funções decorridos mais de 90 dias depois de ter sido deliberada nova actividade da sociedade com a qual concorre a que vinha sendo exercida por ele.

Este preceito tem subjacente um elemento essencial: o conhecimento dos sócios.

De facto, se o consentimento visa, fundamentalmente, evitar que a sociedade seja surpreendida com o exercício de uma actividade concorrente, justifica-se que o conhecimento prévio de tal actividade constitua um elemento de presunção de *aceitação ou, pelo menos, de não oposição.* Ou seja, se o exercício da actividade concorrente era conhecido no momento da nomeação do gerente considera-se que tal facto não assumiu relevância suficiente para obstar a tal nomeação.

O **n.º 4** "contenta-se como o conhecimento por sócios que disponham da maioria do capital, o que se justifica por serem estes os bastantes para aprovarem, em deliberação, o consentimento da actividade concorrente", RAÚL VENTURA *in* "Sociedades por Quotas", vol. III, pp. 61 e 62.

A presunção de consentimento, aqui plasmada, é ilidível mediante prova em contrário (art. 350.º, n.º 2, do CC).

"Para ilidir esta presunção, deverá a sociedade provar que, apesar do conhecimento e da nomeação, *não consentiu* na continuação da actividade, o que, por exemplo, sucederá se nas negociações a nomeação tiver tido como pressuposto a cessação da actividade anterior do gerente", RAÚL VENTURA *in* "Sociedades por Quotas", vol. III, p. 62.

480 *Regime Jurídico das Sociedades por Quotas*

Na 2.ª parte, do **n.º 4,** é colocada a hipótese de a actividade do gerente ser anterior à actividade da sociedade (ulteriormente deliberada). Neste caso, a ordem cronológica não tem qualquer relevância, mantendo-se a proibição de concorrência, sendo certo, no entanto, que o decurso do período de 90 dias (após a deliberação da nova actividade) faz presumir o consentimento.

IX. Nos termos conjugados dos **n.ºs 1 e 5,** o exercício de actividade concorrente constitui justa causa de destituição e obriga o gerente a indemnizar a sociedade pelos prejuízos que esta sofra.

A destituição está sujeita a deliberação dos sócios (cfr. n.º 1, do art. 257.º e al. d), do n.º 1, do art. 246.º).

Refira-se ainda que, havendo justa causa, qualquer sócio pode requerer a suspensão e a destituição do gerente, em acção intentada contra a sociedade (art. 257.º, n.º 4).

No entendimento de Raúl Ventura *in* "Sociedades por Quotas", vol. III, p. 62, "a indemnização pelos prejuízos sofridos calcula-se os termos gerais da responsabilidade contratual".

A obrigação de indemnização está regulada nos arts. 562.º e ss., do CC.

Conforme sublinha ainda Raúl Ventura, *ob. cit.*, p. 63, além "das sanções legais, a concorrências ilícita pode determinar a aplicação de penas contratuais, como por exemplo, a amortização da quota do sócio gerente, a perda da remuneração do gerente, sócio ou estanho, etc. Também o contrato de sociedade pode completar o regime legal, por exemplo, facilitando o cálculo da indemnização eventualmente devida".

Quanto à acção da sociedade, cfr. os arts. 75.º e 76.º.

X. Os direitos da sociedade mencionados no **n.º 5** prescrevem no prazo de 90 dias a contar do momento em que todos os sócios tenham conhecimento da actividade exercida pelo gerente ou, em qualquer caso, no prazo de cinco anos contados do início dessa actividade (**n.º 6**).

A lei prevê aqui dois prazos: um de 90 dias após o conhecimento do exercício da actividade concorrente e outro de 5 anos a contar do início dessa actividade.

A propósito do prazo de 90 dias, Menezes Cordeiro e outros *in* "Código das Sociedades Comerciais – Anotado", p. 670, salientam que após "o conhecimento, por parte de todos os sócios, de que o gerente exerce actividade concorrente, a acção de responsabilidade civil deve ser proposta de forma a que o gerente seja citado no prazo de noventa dias após o conhecimento, sob pena de prescrição do direito da sociedade, como decorre do 323.º/1, do CC, sem prejuízo de outras formas de interrupção da prescrição que a lei admite".

A prescrição interrompe-se pela citação ou notificação judicial de qualquer acto que exprima, directa ou indirectamente, a intenção de exercer o direito, seja

Título III – Sociedades por quotas 481

qual for o processo a que o acto pertence e ainda que o tribunal seja incompetente (art. 323.º, n.º 1, do CC).

Tenhamos, ainda, em atenção que em casos de necessidade interruptiva urgente, é possível requerer a citação prévia à distribuição (cfr., articuladamente, os arts. 478.º, do CPC e 323.º, n.º 2, do CC).

Quanto à suspensão da prescrição, cfr. os arts. 318.º e ss., do CC.

O prazo de 5 anos decorre independentemente do conhecimento pela totalidade dos sócios. Assim, se os sócios só tiveram conhecimento do exercício da actividade concorrente, depois de decorrido esse prazo, o direito da sociedade considera-se prescrito.

Para MENEZES CORDEIRO e outros *in* "Código das Sociedades Comerciais – Anotado", p. 671, a "referência constante da parte final parece supor não ser necessário dar-se a cessação do facto proibido, como é regra nos factos continuados, para que inicie a contagem do prazo de prescrição".

JURISPRUDÊNCIA:

1. O sócio gerente que, ainda enquanto gerente (e sócio) das AA., que são empresas familiares, vai preparando a constituição e funcionamento de empresa com actividade concorrente, com armazém e estabelecimento a aproximadamente 10 Km de distância das instalações industriais e comerciais das AA., utilizando conhecimentos, relativos a clientes e preços, que lhe advinham da sua função de gerente naquelas, obtendo, também por força das mencionadas funções, a lista interna dos nomes, moradas, profissões e categorias profissionais e mapa de remunerações dos empregados da A., convida empregados das AA. para deixarem o serviço destas e passarem a prestar serviço àquela nova empresa, o que acabou por acontecer em relação a, pelo menos, dois desses trabalhadores, pratica actos contrários aos deveres de gestão de que estava incumbido, bem como exerce actividade concorrente com a das AA.

2. Num ramo de actividade em que a experiência e os contactos e ligações nacionais e internacionais com operadores da área são condições essenciais para a rentabilidade do negócio, a conduta supra referida do recorrente, que, enquanto gerente da A., tinha a seu cargo a área comercial e de contacto com os clientes, traduz-se em comportamento desleal para com a A..

3. Também se traduz em comportamento desleal a simulação do preço da venda da quota.

Ac. da RL, de 12.05.09 *in* www.dgsi.pt (Proc. n.º 242/2009-7)

1. Baseando-se a exclusão de sócio de uma sociedade comercial em factos atinentes à pessoa do sócio ou do seu comportamento fixados no contrato, a causa de pedir consiste na alegação e prova dos factos integrantes da acção do

482   Regime Jurídico das Sociedades por Quotas

sócio ou do seu comportamento, integrantes dos factos abstractos tipificados no pacto que geram essa exclusão.

2. A causa de pedir da exclusão de sócio não se confunde com a consequente amortização da quota que é sempre posterior àquela.

3. Nas Sociedades por quotas, dominadas, embora, pela componente capitalista no que respeita às obrigações dos sócios, podem-se introduzir no respectivo pacto cláusulas intuitus personae, *obrigando os sócios a determinados comportamentos, designadamente impedindo-os de praticar actos de concorrência, especialmente quando lhes estão distribuídas tarefas cuja violação afectam quer a colaboração social quer a relação de confiança que deve existir entre os sócios e entre estes e a sociedade.*

4. É válida a cláusula do pacto social que determina a exclusão do sócio no caso de o mesmo se dedicar por si ou noutra sociedade ao mesmo objecto social.

5. É valida a cláusula que determina que, no caso de exclusão de sócio, o mesmo receba tão só o valor nominal da quota.

Ac. do STJ, de15.11.07 *in* www.dgsi.pt (Proc. n.º 07B3566)

I) Não actua com abuso do direito o sócio de uma sociedade por quotas (com apenas dois sócios) que intenta acção judicial, visando a destituição da gerência de outro sócio, decorridos mais de noventa dias sobre o conhecimento de factos passíveis de serem invocados como causa de exclusão, sobretudo, se têm natureza continuada e são lesivos da sociedade.

II) A exclusão de sócio não depende do facto da sua conduta ter já causado danos à sociedade, bastando a demonstração de que o comportamento do sócio que se pretende excluir, é susceptível de causar prejuízos relevantes ao ente societário.

Ac. da RP, de 05.07.06 *in* www.dgsi.pt (Proc. n.º 0551458)

I – A sanção para a fundamentação deficiente acerca dos factos essenciais para o julgamento da causa é aquela a que se refere o art. 712.º, n.º 5 C.P.Civ. – e não a nulidade a que alude o disposto no art. 668.º, n.º 1, al. b) C.P.Civ.

II – Para efeitos do disposto no art. 254.º C.S.Com., existe actividade concorrente se as empresas exercem efectivamente actividades que se sobrepõem e que visam idênticos mercados, sem prejuízo de tais actividades serem já previstas nos respectivos pactos sociais.

III – Para efeitos do n.º3 do mesmo normativo, consideram-se interpostas pessoas o cônjuge, independentemente do regime de bens em vigor, e a pessoa de quem este seja herdeiro presumido, não sendo admitida prova em contrário.

IV – Se a destituição do gerente se fundar em justa causa, poderá ser sempre deliberada por maioria simples – art. 257.º, n.º 2 C.S.Com., independentemente dos requisitos para a destituição constantes do pacto social.

Ac. da RG, de 11.07.05 *in* www.dgsi.pt (Proc. n.º 2374/04-2)

Título III – Sociedades por quotas 483

I – Os gerentes de uma sociedade têm para com esta deveres de lealdade, fidelidade, diligência e de defesa dos interesses desta sendo que a violação ilícita e culposa dos mesmos o coloca na obrigação de indemnizar os prejuízos causados.

II – A concorrência desleal é uma actividade voluntária, desonesta e conscientemente praticada com a intenção de desviar clientela alheia em proveito próprio.

III – A concorrência ilegal, proibida ou não autorizada implica a violação da lei ou de contrato.

Ac. da RP, de 30.11.04 *in* www.dgsi.pt (Proc. n.º 0421960)

O facto de o sócio gerente de certa sociedade comercial ser sócia de outra congénere, onde não exerce qualquer actividade, não é motivo justificativo da sua destituição de gerente daquela outra sociedade.

Ac. da RL, de 12.06.01 *in* CJ, Ano XVI, Tomo III, p. 114

I – É exemplificativa a enumeração, feita no artigo 254.º, n.º 6 do Código das Sociedades Comerciais, dos fundamentos de justa causa de destituição de gerente de sociedade por quotas.

II – A existência dessa justa causa depende, em geral, da verificação de um comportamento do gerente que impossibilite a continuação da relação de confiança que o exercício desse cargo pressupõe.

III – Integra essa justa causa a repetida omissão do dever de informação e de apresentação dos relatórios de gestão, contas e demais documentos sobre a situação da sociedade.

Ac. da RP, de 22.05.01 *in* www.dgsi.pt (Proc. n.º 0120692)

I – A proibição de o gerente exercer actividade concorrente com a da sociedade, regulada no art. 254.º do CSC, visa directamente a protecção da actividade social e não qualquer direito do sócio que, de imediato, não é susceptível de ser afectado pelo não acatamento da proibição.

II – Assim, exercendo o gerente de uma sociedade, sem o consentimento dos sócios, actividade concorrente com a da sociedade, o outro sócio só pode accioná-lo para obter indemnização em nome da sociedade e não em nome próprio.

Ac. da RL, de 16.05.00 *in* CJ, Ano XXV, Tomo III, p. 89

I – Se, com a inclusão de novos pontos e a alteração da ordem de deliberação, na ordem de trabalhos da assembleia geral da sociedade ré, se teve em vista conseguir, a final, autorizar determinados sócios a adquirirem participações sociais noutra sociedade e a nela exercerem actividades de sócio e de sócio-gerente, tal procedimento não é ferido de nulidade ao abrigo da última parte do artigo 56.°, n.° 1, do CSC, já que o artigo 254.°, n.° 1, do mesmo Código permite que os sócios deliberem nesse sentido.

II – Para que o impedimento de conflito de interesses, previsto no artigo 251.°, n.° 1, do CSC, se verifique é necessário, antes de tudo o mais e sempre, que o seja "relativamente à matéria da deliberação"; o interesse do sócio apura--se relativamente à matéria da própria deliberação, de modo objectivo e não subjectivamente por virtude de eventuais relações entre o sócio a respeito do qual a questão se coloque e o outro sócio, esse sim titular do interesse a que respeita a matéria da deliberação.

III – Se o impedimento se não verifica quando exista um acordo parassocial respeitante ao direito de voto, por maioria de razão não existe quando tal acordo se não revela e o sócio conserve inteira liberdade de votar.

IV – O caso de cada um dos gerentes é individual, diferente dos demais, nada impedindo que em relação a um deles os sócios entendam dar o consentimento e em relação a outro não o dar, atendendo às peculiaridades de cada caso, ao real e concreto interesse da sociedade.

V – Estender o impedimento ao sócio que se encontra em situação paralela, semelhante, análoga ou especialmente ligado ao impedimento (como titular do interesse em conflito com o da sociedade relativamente à concreta matéria) significaria introduzir um largo factor de insegurança e arriscaria a que um excessivo número de sócios (ou até a totalidade) se encontrasse impedido de votar.

VI – O conceito de bons costumes recebido no artigo 56.°, n.° 1, alínea d), do CSC, bem mais restrito que o de boa fé, é de natureza indeterminada e refere-se à moral social nas áreas da liberdade, da conduta sexual e familiar e da deontologia profissional.

VII – Os direitos especiais atribuem ao sócio titular uma vantagem especial, com base no próprio estatuto social, ao serviço do interesse individual do respectivo titular (e não dos interesses colectivos da sociedade) a quem conferem uma posição de supremacia obtida pela via contratual frente aos demais sócios.

Ac. do STJ, de12.06.96 *in* www.dgsi.pt (Proc. n.° 96B071) e CJ, Ano IV, Tomo II, p. 127

I – Os gerentes das sociedades não podem, sem o consentimento dos sócios, exercer por conta própria ou alheia actividade concorrente com a da sociedade.

II – Não basta, no entanto, para haver concorrência que o gerente exerça uma actividade prevista no contrato de sociedade como integrando o objecto da sociedade.

III – É ainda necessário que ela corresponda a uma das actividades efectivamente exercidas na sociedade protegida.

Ac. da RP, de 07.05.96 *in* www.dgsi.pt (Proc. n.° 9521234)

Título III – Sociedades por quotas   485

I – São anuláveis, nos termos dos arts. 55.º e 58.º, n.º 1, al. a) do C. S. Comerciais, as deliberações sociais que, alterando o contrato de sociedade, criem direitos especiais para algum ou alguns sócios, desde que não tomadas por unanimidade.

II – Criam direitos especiais as cláusulas de alterações aprovadas que autorizam determinado sócio ou sócios, ainda que gerentes, a exercer actividade concorrente da sociedade, conferem autorização genérica e ilimitada para que alguns sócios dividam ou cedam as suas quotas, ficando os demais sujeitos ao regime supletivo do C. Sociedades Comerciais ou, finalmente, permitam a alguns dos sócios cedência de quotas, sem possibilidade de exercício de preferência pelos demais.

III – É válida a deliberação, tomada por maioria, nos termos da lei, de alteração da percentagem dos lucros líquidos destinada pelo pacto social para dividendos.
Ac. da RC, de 10.07.94 *in* CJ, Ano XIX, Tomo IV, p. 18

I – Nos termos do artigo 254.º, n.º 1, do Código das Sociedades Comerciais, os gerentes não podem, sem consentimento dos sócios, exercer actividade concorrente com a da sociedade.

II – Nessa proibição estão abrangidos os sócios-gerentes.

III – As razões da proibição não se verificam nos sócios que não são gerentes.

IV – É nula, porque limita o direito constitucional à liberdade económica, a deliberação social que interdita aos sócios que não são gerentes o exercício de actividade concorrencial com a da sociedade (artigo 56.º, n.º 1, al. d), idem).
Ac. da RP, de 30.03.92 *in* www.dgsi.pt (Proc. n.º 9110299)

ARTIGO 255.º – **(Remuneração)**

1 – Salvo disposição do contrato de sociedade em contrário, o gerente tem direito a uma remuneração, a fixar pelos sócios.

2 – As remunerações dos sócios gerentes podem ser reduzidas pelo tribunal, a requerimento de qualquer sócio, em processo de inquérito judicial, quando forem gravemente desproporcionadas quer ao trabalho prestado quer à situação da sociedade.

3 – Salvo cláusula expressa do contrato de sociedade, a remuneração dos gerentes não pode consistir, total ou parcialmente, em participação nos lucros da sociedade.

NOTAS:

I. Anteprojectos: FERRER CORREIA (art. 92.º); VAZ SERRA (art. 93.º) e RAÚL VENTURA (art. 70.º).

486 Regime Jurídico das Sociedades por Quotas

II. O **n.º 1** estabelece, como regra, a onerosidade da relação estabelecida entre o gerente e a sociedade. Esta regra, no entendimento de Pereira de Almeida *in* "Sociedades Comerciais e Valores Mobiliários", p. 244, assenta no facto de o "mandato ser comercial e, por conseguinte, presumir-se oneroso (art. 232.º, do C. Com.)".

Conforme resulta da frase "Salvo disposição do contrato de sociedade em contrário", o **n.º 1** é uma norma dispositiva. Por conseguinte, o contrato de sociedade pode estipular a gratuitidade da gerência.

A referida frase significa ainda que o contrato de sociedade pode deixar para deliberação dos sócios a atribuição ou não de remuneração. Cfr. Raúl Ventura *in* "Sociedades por Quotas", vol. III, p. 68.

O direito à remuneração aqui previsto é disponível. Conforme refere Raúl Ventura, *ob. cit.*, p. 67, embora "o contrato de sociedade não tenha estipulado a gratuidade, pode, no caso concreto, ser esta estipulada entre a sociedade e o gerente, mas não pode ser imposta pela sociedade ao gerente, porque o direito nasce da disposição legal e é disponível pelo seu titular, o gerente, e não pela parte contrária, a sociedade".

No caso de gerência plural, o estatuto remuneratório de cada um dos gerentes goza de autonomia em relação ao dos restantes gerentes. Assim, nada impede que alguns gerentes sejam remunerados e outros não.

III. Como vimos na anotação ao art. 253.º, a relação jurídica estabelecida entre o gerente e a sociedade apresenta alguns pontos de proximidade com a relação jurídico-laboral.

Neste contexto, não será absurdo fazer uma aplicação analógica de algumas das normas que compõem o regime jurídico da retribuição (previsto nos arts. 258.º e ss., do CT), porquanto, em nossa opinião, parece haver, nalguns aspectos, procedência das razões justificativas daquele regime (cfr. art. 10.º, n.º 2, do CC).

Por força da aplicação analógica do art. 258.º, n.º 1, do CT, podemos considerar que a remuneração do gerente é a prestação a que este tem direito em contrapartida do serviço que presta para a sociedade. Para maiores desenvolvimentos sobre o conceito de retribuição, *vide* Paula Quintas/Helder Quintas *in* "Código do Trabalho – ...", pp. 525 e ss..

Assim, ficam excluídas da remuneração as despesas assumidas pelo gerente no exercício das suas funções.

Menezes Cordeiro e outros *in* "Código das Sociedades Comerciais – Anotado", p. 672, alerta para o facto de alguma jurisprudência entender que a retribuição do gerente "deveria contar ainda com a enérgica tutela que resulta da legislação laboral".

IV. Nos termos do **n.º 1**, a remuneração do gerente deverá ser fixada pelos sócios.

Este preceito não significa que o gerente fique sujeito à remuneração fixada pelos sócios. Na verdade, em "nenhuma das concepções da relação jurídica de administração ou gerência poderia isso suceder, pois sempre seria necessária a aceitação pelo gerente, o qual naturalmente tomará em consideração todas as respectivas condições", RAÚL VENTURA *in* "Sociedades por Quotas", vol. III, p. 68.

A fixação da remuneração do gerente deve ser tomada por deliberação dos sócios.

Tratando-se de gerente que seja sócio, o mesmo não está impedido de participar na deliberação que fixe a sua remuneração, uma vez que não existe conflito de interesses, nos termos do art. 251.º. Cfr. Ac. da RP, de 24.11.97 *in* www.dgsi.pt (Proc. n.º 9751011) e da RC, de 07.04.94 *in* CJ, Ano XIX, Tomo II, p. 24.

Na hipótese de os sócios não fixarem o montante da remuneração, será de aplicar analogicamente o art. 232.º § 2, do CCom (relativo ao contrato de mandato), nos termos do qual "a remuneração será regulada pelo acordo das partes – que neste caso falta, por definição – ou pelos usos da praça onde for executado o mandato. Eventualmente a última palavra caberá ao tribunal, mas este não poderá decidir por simples critérios de equidade, pois terá de se conformar com os usos, por difíceis que eles sejam de determinar estes casos de gerência", RAÚL VENTURA *in* "Sociedades por Quotas", vol. III, p. 69.

V. As remunerações dos sócios gerentes podem ser reduzidas pelo tribunal, a requerimento de qualquer sócio, em processo de inquérito judicial, quando forem gravemente desproporcionadas quer ao trabalho prestado quer à situação da sociedade (**n.º 2**).

Esta norma visa fundamentalmente evitar situações de manifesto abuso de direito violadoras do princípio da boa fé, as quais seriam potenciadas pelo facto de a remuneração dos gerentes ser fixada por deliberação dos sócios tomada por maioria simples e também pelo facto de o sócio gerente visado não estar impedido de participar nessa deliberação.

Assim, impunha-se a consagração de um mecanismo que permitisse a qualquer sócio requerer a redução de uma remuneração que se revele desproporcionada.

Conforme sustentam MENEZES CORDEIRO e outros *in* "Código das Sociedades Comerciais – Anotado", p. 672, a desproporção pode ser originária ou superveniente.

Embora o **n.º 2** se reporte apenas à remuneração dos sócios gerentes, é óbvio que a desproporção se pode revelar também na remuneração dos gerentes que não sejam sócios. Nesta caso, "os sócios que se sintam prejudicados poderão impugnar a deliberação social, se se verificarem todos os pressupostos do art. 58.º, n.º 1, al. b)", RAÚL VENTURA *in* "Sociedades por Quotas", vol. III, p. 70.

De acordo com al. b), do n.º 1, do art. 58.º, as deliberações que sejam apropriadas para satisfazer o propósito de um dos sócios de conseguir, através do exercício do direito de voto, vantagens especiais para si ou para terceiros, em prejuízo da sociedade ou de outros sócios ou simplesmente de prejudicar aquela ou estes, a menos que se prove que as deliberações teriam sido tomadas mesmo sem os votos abusivos, são anuláveis.

O prejuízo a invocar, neste caso, "consistirá na correspondente redução dos lucros a que terá direito nos futuros exercícios", RAÚL VENTURA *in* "Sociedades por Quotas", vol. III, p. 70.

Uma vez que a desproporção da remuneração do sócio gerente pode também originar, nos termos da al. b), do n.º 1, do art. 58.º, a anulabilidade da respectiva deliberação de fixação, importa saber se a redução judicial constitui um meio alternativo ou substitutivo da acção de anulação de deliberação social.

Segundo RAÚL VENTURA *in* "Sociedades por Quotas", vol. III, p. 72, tais meios são alternativos, "precisamente pela diferença de resultados que atingem".

A legitimidade para requerer a redução pertence a qualquer sócio.

O requerimento de redução deve ser apresentado em processo de inquérito judicial, o qual está regulado nos arts. 1479.º a 1483.º, do CPC.

VI. Em princípio, a remuneração dos gerentes não pode consistir, total ou parcialmente, em participação nos lucros da sociedade (**n.º 3**).

A redacção do artigo em anotação "aponta para um conceito restrito de remuneração, como importância em dinheiro", RAÚL VENTURA *in* "Sociedades por Quotas", vol. III, p. 72.

No entanto, continua, este autor, *loc. cit.*, "considerada globalmente, a remuneração do gerente pode consistir também em prestações patrimoniais mas não pecuniárias, como o uso para fins particulares de viatura da sociedade ou habitação em casa fornecida pela sociedade".

Referimos já que não será de recusar a aplicação analógica de algumas normas do regime jurídico da retribuição do trabalhador, como por exemplo, a relativa ao respectivo conceito. Desta forma, entendemos que a remuneração do gerente poderá compreender, para além de uma eventual remuneração base, outras prestações regulares e periódicas feitas, directa ou indirectamente, em dinheiro ou em espécie (art. 258.º, n.º 2, do CT).

A prestação retributiva não pecuniária (retribuição em espécie) só se considera retribuição se estiver destinada à satisfação de necessidades pessoais do trabalhador ou da sua família (art. 259.º, n.º 1, do CT).

Assim, para além do uso de viatura ou de habitação, também o uso de telemóvel, abastecimento de combustível, seguro de saúde, etc., podem considerar-se retribuição.

Para uma análise do elenco das prestações incluídas ou excluídas da retribuição, cfr. o art. 260.º, do CT.

A proibição do **n.º 3** visa, essencialmente, proteger um dos direitos sacramentais dos sócios: o direito a quinhoar nos lucros (art. 21.º, n.º 1, al. a)).

Título III – Sociedades por quotas

Dado que o interesse protegido pertence aos sócios, a lei permite que os mesmos, por cláusula expressa do contrato de sociedade, estipulem regime diverso.

A remuneração dos administradores das SA pode ser certa ou consistir parcialmente numa percentagem dos lucros de exercício, mas a percentagem máxima deve ser autorizada por cláusula do contrato de sociedade (arts. 399.º, n.º 2 e 429.º).

Na opinião de RAÚL VENTURA *in* "Sociedades por Quotas", vol. III, p. 73, esta disposição não é aplicável às SQ, admitindo, no entanto, que os sócios, na autorização contratual, fixem tal percentagem.

Por outro lado, o mesmo autor, *loc. cit.*, entende que o art. 399.º, n.º 3 é extensivo às SQ, uma vez que "tanto nas sociedades anónimas, como nas sociedades por quotas justifica-se que a participação dos membros do órgão administrativo nos lucros da sociedade não incida sobre distribuições de reservas nem sobre qualquer parte do lucro de exercício que não pudesse, por lei, ser distribuída aos accionistas".

Quanto ao crédito a gerentes, *vide* RAÚL VENTURA *in* "Sociedades por Quotas", vol. III, p. 74 e ss..

JURISPRUDÊNCIA:

I – Acordado contratualmente que a remuneração dos gerentes da sociedade, nomeados pelo Conselho de Ministros, teriam remuneração nunca inferior à do Director da "Renault Portuguesa" com maior remuneração, tendo sido pagas a um daqueles gerentes remunerações inferiores às que lhe eram devidas, o seu direito a exigir a importância em falta prescreve no prazo ordinário e geral de 20 anos.

II – Um vez que o gerente só em 1995 teve conhecimento de que a sua remuneração não estava a ser liquidada conforme o devido, nunca o seu crédito estaria prescrito mesmo que fosse de 5 anos o prazo da prescrição.

III – Demais tendo a sociedade devedora reconhecido em 1995 o direito do gerente à quantia em falta, esse reconhecimento inutilizaria para a prescrição todo o tempo decorrido.

IV – (…)

Ac. do STJ, de 11.02.03 *in* CJ, Ano XI, Tomo I, p. 89

I – Se forem também sócios, os gerentes de uma sociedade comercial podem votar na assembleia geral que fixa a sua remuneração.

II – Se o pacto social prevê que o gerente tenha, ou não, remuneração, conforme for deliberado em assembleia geral, o pacto não será violado se uma deliberação a recusa e outra, tirada em ano posterior, a concede.

490   *Regime Jurídico das Sociedades por Quotas*

III – Nas sociedades por quotas, tal como nas anónimas, a remuneração dos gerentes e a dos administradores deve considerar-se sujeita, na sua fixação, ao critério da adequação às funções e à situação da sociedade.
Ac. da RP, de 24.11.97 *in* www.dgsi.pt (Proc. n.° 9751011)

I – O direito do gerente à remuneração é independente da vontade dos sócios pois decorre directamente do art. 255.°, n.° 1 do CSC.
II – Aos sócios pertence sim e apenas a fixação do "quantum" dessa remuneração o qual o gerente aceitará ou não.
III – O contrato de suprimento é, por princípio, facultativo.
Ac. da RL, de 12.06.97 *in* CJ, Ano XXII, Tomo III, p. 114

I – É anulável nos termos do artigo 58.°, n.° 1, alínea c), n.° 4, alínea b), e por força do estatuido nos artigos 65.°, 246.°, n.° 1, alínea e) e 263.°, do Código Das Sociedades Comercias de 1986, a deliberação tomada em assembleia geral de uma sociedade por quotas de aprovação do balanço e contas de exercício de certo ano sem prévia colocação do respectivo relatório de gestão à disposição dos sócios.
II – É anulável nos termos do artigo 58.°, n.° 1, alínea a), do Código das Sociedades Comerciais de 1986, a deliberação tomada em assembleia geral de sociedade por quotas de aplicação em determinados termos dos resultados líquidos do exercício de certo ano sem previamente terem sido aprovadas as contas desse exercício.
III – É válida a deliberação tomada em assembleia geral de sociedade por quotas que aprovou a transferência para a conta de reservas livres do saldo da conta de resultados transitados, não sendo tal validade afectada pelas duas anteriores anulabilidades.
IV – É anulável nos termos do artigo 58.°, n.° 1, alínea a), do Código das Sociedades Comerciais de 1986, por via do estatuído no artigo 91.°, n.ºs 1 e 2, a deliberação tomada em assembleia geral de sociedade por quotas de aumento do capital da sociedade mediante incorporação de reservas livres.
V – É nula nos termos do artigo 56.°, n.° 1, alínea d), do Código das Sociedades Comerciais de 1986, a deliberação tomada em assembleia geral de sociedade por quotas de transformação dessa sociedade em sociedade anónima com substituição integral do contrato de sociedade, se tal deliberação foi tomada com violação simultânea dos artigos 132.°, n.° 1 e 134.° (posto que a nulidade contemplada no último preceito consome a anulabilidade resultante da violação do primeiro).
VI – É válida a deliberação tomada em assembleia geral de sociedade por quotas que aprovou a fixação das remunerações devidas pela gerência.
VII – É nula nos termos do artigo 56.°, n.° 1, alínea d), do Código das Sociedades Comerciais de 1986, por via do disposto no artigo 260.°, n.° 1, a deli-

beração tomada em assembleia geral de sociedade por quotas que atribui aos diversos sócios, todos gerentes, funções próprias e específicas, se tal deliberação limita os poderes de gerência, ao nível representativo, de algum dos sócios.
Ac. do STJ, de 26.04.95 *in* www.dgsi.pt (Proc. n.º 086467)

I – O n.º 2 do artigo 255.º do Código das Sociedades Comerciais confere aos sócios o direito de reagirem contra a atribuição, aos sócios gerentes, de uma remuneração desproporcionada, e estatui sobe o modo de a exercer, de forma alguma impondo a intervenção do tribunal sempre que a sociedade queira reduzir ou suprimir essa remuneração.

II – São as conclusões das alegações que delimitam o objecto do recurso (artigo 684.º, n.º 3 do Código de Processo Civil), estando o Supremo Tribunal de Justiça impedido de tomar conhecimento de qualquer questão que nelas se não aflore, ainda que visada nas alegações (idem artigo 713.º, n.º 2, referido ao artigo 660.º, n.º 2).
Ac. do STJ, de 21.10.93 *in* www.dgsi.pt (Proc. n.º 083716) e CJ, Ano I, Tomo III, p. 84

ARTIGO 256.º – **(Duração da gerência)**
As funções dos gerentes subsistem enquanto não terminarem por destituição ou renúncia, sem prejuízo de o contrato de sociedade ou o acto de designação poder fixar a duração delas.

NOTAS:

I. Anteprojectos: FERRER CORREIA (art. 91.º) e RAÚL VENTURA (art. 66.º, n.º 4).

II. O artigo em anotação foi rectificado pelo art. 4.º, do DL n.º 280/87, de 08 de Julho.

III. A relação de administração, à semelhança das outras relações jurídicas, não se assume como fenómeno cristalizado no tempo.
As causas de extinção habitualmente apontadas são:
a) A destituição
A destituição (expressamente indicada no artigo em anotação) está regulada no art. 257.º.
b) A renúncia
A renúncia (expressamente indicada no artigo em anotação) está regulada no art. 258.º.

c) A caducidade

Segundo o entendimento de João Labareda *in* "A cessação da relação de administração", Direito Societário Português – Algumas questões, *Quid Iuris*, 1998, p. 156, "em sentido amplo, a que a lei frequentes vezes recorre e aqui realmente interessa, a caducidade consiste na extinção de um contrato ou de uma relação jurídica pela ocorrência de um facto jurídico a que, leal ou convencionalmente, é atribuído aquele efeito".

As causas de caducidade comuns a todos os regimes societários são:
– a dissolução (arts. 141.º e ss.);
– a fusão (arts. 97.º e ss.);
– a cisão (arts. 118.º e ss.);
– a transformação (arts. 130 e ss.).

Para maiores desenvolvimentos sobre estas causas de caducidade, *vide* João Labareda *in* "A cessação da relação ...", pp. 163 e ss. e Raúl Ventura *in* "Sociedades por Quotas", vol. III, p. 82.

A morte do gerente constitui também uma causa de caducidade da relação de administração, uma vez que a gerência é, nos termos do art. 252.º, n.º 4, intransmissível *mortis causa*. Cfr. anotações ao art. 252.º.

Conforme resulta expressamente do n.º 1, do art. 252.º, os gerentes devem ser pessoas com capacidade jurídica plena. Desta forma e por maioria de razão, a incapacidade jurídica (naturalmente ulterior à designação) assume-se também como um facto extintivo da relação de administração.

João Labareda *in* "A cessação da relação ...", p. 159, entende que a incapacidade, bem como a incompatibilidade, consubstanciam verdadeiras causas de caducidade.

A inibição para a ocupação de qualquer cargo de titular de órgão de sociedade comercial está prevista no art. 189.º, n.º 2, al. c), do CIRE.

João Labareda *in* "A cessação da relação ...", pp. 160 e ss., aponta ainda como causa de caducidade, a prevista no art. 253.º, n.º 3.

d) O acordo revogatório

A revogação "consiste na destruição do vínculo contratual mediante uma declaração dos contraentes oposta à primitiva que lhe deu vida", Almeida Costa *in* "Direito das Obrigações", p. 270.

O acordo revogatório traduz-se numa manifestação do princípio da autonomia da vontade (consagrado no art. 406.º, n.º 1, do CC), de acordo com o qual as partes podem celebrar contratos entre si, bem como acordar na sua extinção.

No acordo revogatório, a sociedade manifesta a sua vontade mediante deliberação. Cfr. Raúl Ventura *in* "Sociedades por Quotas", vol. III, p. 82.

No caso de nomeação judicial, a relação de administração não pode ser extinta por acordo revogatório. De facto, neste caso o facto constitutivo não é a vontade das partes.

A fórmula utilizada pelo legislador ("subsistem enquanto não terminarem por destituição ou renúncia") parece significar, indevidamente, que a gerência só se extingue por destituição ou renúncia.

Assim, para RAÚL VENTURA *in* "Sociedades por Quotas", vol. III, p. 81, o artigo em anotação "deve ser entendido como subsistindo as funções até que terminem por qualquer facto a que a lei ou o contrato atribuam tal efeito. A menção específica da destituição e da renúncia talvez se explique por estes serem os factos voluntários de cada uma das partes que fazem terminar as funções".

IV. Em regra, a gerência tem duração indeterminada. No entanto, o contrato de sociedade ou o acto de designação pode fixar um prazo para a sua duração (cfr. parte final do presente artigo).

No caso de nomeação judicial (art. 253.°, n.° 3) e apesar da ausência de fixação de prazo, as funções dos gerentes são, naturalmente, temporárias. Cfr. RAÚL VENTURA *in* "Sociedades por Quotas", vol. III, pp. 80 e 81.

À semelhança do que se verifica em relação à remuneração, também na fixação do prazo de duração não vigora o princípio da igualdade de tratamento dos gerentes.

Por conseguinte, tratando-se de gerência plural, é possível a designação de alguns gerentes por tempo indeterminado e a fixação de prazos de duração (iguais ou diferentes) para outros.

Para além dos casos expressamente previstos na lei, a duração das funções dos gerentes só pode ser ulteriormente modificada com o acordo do gerente. "Não pode a sociedade proceder a essa modificação unilateralmente, quer por acto isolado, quer por alteração do contrato de sociedade", RAÚL VENTURA *in* "Sociedades por Quotas", vol. III, p. 81.

MENEZES CORDEIRO *in* "Sociedade por quotas – poderes do gerente – cessação de funções", RDS, Ano I, n.° I, Almedina, 2009, p. 235, em comentário ao Ac. da RL de 29.04.08 *in* www.dgsi.pt (Proc. n.° 1413/2008-1), sufraga o entendimento segundo o qual é aplicável, por analogia, à cessação dos gerentes das SQ, "o disposto no artigo 391.°/4, para os administradores das sociedades anónimas. Mau grado um mandato temporalmente limitado, os gerentes mantêm-se em funções, após o seu termo, até serem substituídos". Cfr., neste mesmo sentido, JOÃO LABAREDA *in* "A cessação da relação ...", p. 156, incluindo nota n.° 97.

Em relação aos efeitos da estipulação de prazo certo na renúncia, *vide* anotação ao art. 258.°.

V. Nas SA, os administradores são designados por um período fixado no contrato de sociedade, não excedente a quatro anos civis (arts. 391.°, n.° 3 e 425.°, n.° 2).

A diferença de regimes assenta na estabilidade dos sócios e respectivos interesses.

494 *Regime Jurídico das Sociedades por Quotas*

Conforme salienta RAÚL VENTURA *in* "Sociedades por Quotas", vol. III, p. 80, "suposta a variabilidade da composição subjectiva da sociedade anónima, a restrita duração das funções dos administradores permite a periódica adaptação dos membros do órgão administrativo, enquanto a suposta estabilidade dos sócios de sociedades por quotas se reflecte na estabilidade da gerência".

Pela nossa parte, entendemos que a duração, supletivamente indeterminada, da gerência constitui um reflexo do lado pessoalista das SQ.

VI. A cessação de funções, por qualquer causa que não seja o decurso do tempo, dos membros dos órgãos de administração está sujeita a registo, nos termos o art. 3.º, n.º 1, al. m), do CRC.

JURISPRUDÊNCIA:

I – Após a cessação do mandato, o gerente de uma sociedade por quotas pode praticar actos necessários ao funcionamento normal da gerência e à representação da sociedade em juízo, como a outorga de procuração forense, até à investidura de novo gerente.

II – Para as sociedades anónimas, a lei fixou regras que afastam claramente o automatismo na cessação de funções dos administradores, ao atingirem o termo do mandato, mantendo-se em funções até nova designação.

III – Na sociedade por quotas, à falta de normas expressas equivalentes, aplica-se o mesmo regime, por analogia, pois também esta sociedade não pode ficar privada de gerência, enquanto não são designados novos titulares.

IV – Por outro lado, nada tendo sido clausulado no pacto social, sobre a representação da sociedade em juízo, aplica-se a regra supletiva do art. 985.º, ex. vi art. 996.º, ambos do código civil, podendo qualquer sócio outorgar uma procuração a advogado.

Ac. da RL, de 29.04.08 *in* www.dgsi.pt (Proc. n.º 1413/2008-1)

ARTIGO 257.º – **(Destituição de gerentes)**
1 – Os sócios podem deliberar a todo o tempo a destituição de gerentes.

2 – O contrato de sociedade pode exigir para a deliberação de destituição uma maioria qualificada ou outros requisitos; se, porém, a destituição se fundar em justa causa, pode ser sempre deliberada por maioria simples.

3 – A cláusula do contrato de sociedade que atribui a um sócio um direito especial à gerência não pode ser alterada sem consenti-

Título III – Sociedades por quotas

mento do mesmo sócio. Podem, todavia, os sócios deliberar que a sociedade requeira a suspensão e destituição judicial do gerente por justa causa e designar para tanto um representante especial.

4 – Existindo justa causa, pode qualquer sócio requerer a suspensão e a destituição do gerente, em acção intentada contra a sociedade.

5 – Se a sociedade tiver apenas dois sócios, a destituição da gerência com fundamento em justa causa só pelo tribunal pode ser decidida em acção intentada pelo outro.

6 – Constituem justa causa de destituição, designadamente, a violação grave dos deveres do gerente e a sua incapacidade para o exercício normal das respectivas funções.

7 – Não havendo indemnização contratual estipulada, o gerente destituído sem justa causa tem direito a ser indemnizado dos prejuízos sofridos, entendendo-se, porém, que ele não se manteria no cargo ainda por mais de quatro anos ou do tempo que faltar para perfazer o prazo por que fora designado.

NOTAS:

I. Anteprojectos: FERRER CORREIA (art. 93.°); VAZ SERRA (art. 94.°) e RAÚL VENTURA (art. 71.°).

II. O n.° 7 foi rectificado pelo art. 4.°, do DL n.° 280/87, de 08 de Julho.

III. O artigo em anotação trata de uma das modalidades de cessação da relação de administração: a destituição.

Para uma análise histórica do regime da destituição, cfr. RAÚL VENTURA *in* "Sociedades por Quotas", vol. III, pp. 96 e ss..

IV. Os sócios podem deliberar a todo o tempo a destituição de gerentes (**n.° 1**).

O princípio que graça aqui é o da livre destituibilidade dos gerentes, o qual se traduz na faculdade conferida aos sócios de por acto unilateral, livre e discricionário, extinguirem a relação de administração.

MENEZES CORDEIRO e outros *in* "Código das Sociedades Comerciais – Anotado", p. 674, fala, aqui, de uma grande aproximação ao regime do mandato, designadamente ao art. 1172.°, do CC.

Na opinião de RAÚL VENTURA *in* "Sociedades por Quotas", vol. III, p. 104, este "princípio manifesta a supremacia que no espírito do legislador toma o inte-

496 *Regime Jurídico das Sociedades por Quotas*

resse da sociedade sobre o interesse pessoal do gerente e em assim a aplicação do princípio maioritário na determinação do interesse da sociedade".

No nosso entendimento, a destituibilidade dos gerentes emerge, em certa medida, do princípio da proibição da vinculação contratual perpétua, o qual assume especial intensidade nos contratos de natureza pessoal como o de administração.

A este propósito e reportando-se especificamente à denúncia PAULO HENRIQUES *in* "A desvinculação unilateral *ad nutum* nos contratos civis de sociedade e de mandato", Coimbra Editora, 2001, pp. 210 e 211, refere que "um contrato obrigacional duradouro cujo período de vigência não fosse temporalmente limitável implicaria a assunção de vínculos ilimitados, ou seja, perpétuos; para evitar a perpetuidade ou a duração indefinida e ilimitada do vínculo, o ordenamento jurídico atribui aos contraentes o poder de denúncia; consequentemente, a admissibilidade de denúncia das relações contratuais obrigacionais de duração indeterminada é um princípio geral do nosso Direito".

BATISTA MACHADO *in* "Do princípio da liberdade contratual", Obra Dispersa, vol. I, Scientia Iuridica, 1991, p. 637, afirma mesmo que a vinculação contratual perpétua é contrária à ordem pública.

Por seu turno, MENEZES CORDEIRO *in* "Manual de Direito das Sociedades", II, p. 412, entende que a matéria da destituição "prende-se, de certo modo, com a ordem pública societária. Assim, não é possível fixar, nos estatutos, uma não destituibilidade dos gerentes ou de determinados gerentes". Cfr., ainda, RAÚL VENTURA *in* "Sociedades por Quotas", vol. III, p. 94.

RAÚL VENTURA, *ob. cit.*, p. 106, salienta ainda que expressão "a todo o tempo" significa "quer haja quer não haja justa causa".

V. Conforme vimos na anotação ao art. 252.º, os gerentes podem ser designados no contrato de sociedade, por deliberação dos sócios ou por outra forma prevista no contrato.

Por seu turno, a destituição dos gerentes é um acto incluído na competência obrigatória dos sócios, dependendo sempre de deliberação destes (al. d), do n.º 1, do art. 246.º).

A deliberação de destituição deve conter uma manifestação clara da vontade dos sócios e não pode ser condicionada. RAÚL VENTURA *in* "Sociedades por Quotas", vol. III, p. 105, admite, todavia, que a mesma seja sujeita a prazo, "por ex.: o fim do mês, do trimestre, do exercício corrente".

O sócio-gerente destituendo não pode votar na deliberação de destituição se esta se fundar em justa causa (al. f), do n.º 1, do art. 251.º).

A deliberação de destituição "é um acto receptício, que só se torna eficaz mediante comunicação ao destinatário. Esta comunicação não está sujeita a qualquer forma legal e pode ser feita por outros gerente, se o houver, ou qualquer sócio", RAÚL VENTURA *in* "Sociedades por Quotas", vol. III, p. 106.

VI. Podemos extrair do **n.° 2** que a deliberação de destituição deve ser tomada pela maioria dos votos emitidos, nos termos do art. 250.°, n.° 3. MENEZES CORDEIRO e outros *in* "Código das Sociedades Comerciais – Anotado", p. 675, fala de uma estipulação injuntiva da lei.

Esta regra tem natureza supletiva no caso de destituição sem justa causa. De facto, a 1.ª parte, do **n.° 2** (e, genericamente, a 1.ª parte do n.° 3, do art. 250.°) admite que o contrato de sociedade exija para a deliberação de destituição sem justa causa uma maioria qualificada ou outros requisitos.

A lei não estabelece nenhuma limitação para a maioria qualificada, podendo esta consistir numa maioria de 60%, 70%, 80% ou mesmo a unanimidade. Cfr. RAÚL VENTURA *in* "Sociedades por Quotas", vol. III, pp. 108 e 109.

Os requisitos a que alude a 1.ª parte, do **n.° 2**, podem ser substanciais e/ou formais, não podendo estes violar o espírito da lei (por exemplo, requisitos cujo preenchimento anule o princípio da destituibilidade dos gerentes).

VII. A cláusula do contrato de sociedade que atribui a um sócio um direito especial à gerência não pode ser alterada sem consentimento do mesmo sócio (1.ª parte, do **n.° 3**).

O regime dos direitos especiais dos sócios está regulado no art. 24.°.

Nos termos do n.° 5, deste preceito, os direitos especiais não podem ser suprimidos ou coarctados sem o consentimento do respectivo titular. Verifica-se, assim, uma duplicação legal desta regra.

De salientar que, apesar de o **n.° 3** não transpor a parte final do n.° 5, do art. 24.° ("salvo regra legal ou estipulação contratual expressa em contrário") entendemos que o contrato de sociedade pode dispensar o consentimento do sócio gerente.

Segundo RAÚL VENTURA *in* "Sociedades por Quotas", vol. III, p. 110, não existe "motivo para não ser aplicado o regime completo dos direitos especiais".

A deliberação de destituição de gerente titular de direito especial é nula, por força da al. d), do n.° 1, do art. 56.°. Cfr. RAÚL VENTURA *in* "Sociedades por Quotas", vol. III, p. 110.

VIII. O direito especial à gerência (expoente máximo da conservação da gerência) cede, todavia, no caso de existência de justa causa de destituição. De facto, nos termos da 2.ª parte, do **n.° 3**, os sócios podem, neste caso, deliberar que a sociedade requeira a suspensão e destituição judicial do gerente.

Note-se que, mesmo aqui, a tutela não é totalmente eliminada, porquanto os sócios só podem deliberar que a sociedade requeira a suspensão e destituição judicial (e não directamente a destituição).

Em tom critico, RAÚL VENTURA *in* "Sociedades por Quotas", vol. III, p. 111, defende que a existência de justa causa deveria ser suficiente para cessar a protecção do direito especial, passando a aplicar-se a regra geral da destituição por deliberação dos sócios. "O efeito prático do sistema que prevaleceu no CSC consiste em atirar para a sociedade o ónus da prova da justa causa, na acção a intentar por ela", RAÚL VENTURA, *loc. cit.*.

Importa saber se o sócio gerente, titular do direito especial, pode votar nesta deliberação.

Se fizermos uma interpretação restrita da al. f), do n.º 1, do art. 251.º, podemos considerar que não existe impedimento de voto, uma vez que a deliberação em causa não é de destituição.

Convém, contudo, ter presente que, não sendo o elenco do n.º 1, do art. 251.º, taxativo, para que haja impedimento de voto basta que o sócio se encontre em situação de conflito de interesses com a sociedade. Conflito que, em nossa opinião, é patente na deliberação a que alude o **n.º 3**, a qual se enquadra, assim, na cláusula geral do n.º 1, do art. 251.º.

Por outro lado, podemos considerar que a deliberação, embora não destitua o gerente, nem por isso "deixa de «recair sobre a destituição» e esta interpretação lata corresponde à intenção da lei de não deixar votar aquele cuja destituição por justa causa é pretendida. Aliás, o caso poderia também ser enquadrado a al. b) do mesmo n.º 1", RAÚL VENTURA *in* "Sociedades por Quotas", vol. III, p. 111.

A suspensão e a destituição judicial a que se reporta a 2.ª parte, do **n.º 3**, devem ser requeridas em acção intentada pela sociedade contra o gerente destituendo.

O legislador, dando conta das consequências que adviriam da manutenção do gerente após a deliberação com vista à sua destituição e considerando, ainda, os efeitos *ex nunc* da respectiva decisão judicial, concedeu à sociedade a faculdade de requerer a suspensão do gerente.

A suspensão pode ser pedida em procedimento cautelar não especificado, nos termos dos arts. 381.º e ss., do CPC.

A lei concede, ainda, aos sócios a faculdade de designar um representante especial.

Esta designação (que não é obrigatória) visa evitar o vazio orgânico, no caso de gerência singular ou, no caso de gerência plural, se se revelar inconveniente que outro gerente represente a sociedade.

IX. Se existir justa causa, pode qualquer sócio requerer a suspensão e a destituição do gerente, em acção intentada contra a sociedade (**n.º 4**).

O legislador procurou aqui evitar que um sócio minoritário ficasse impedido de obter a destituição, em virtude da oposição de uma força de bloqueio maioritária.

Por força desta norma qualquer sócio (independentemente, por exemplo, do valor da sua quota) pode interpor acção judicial contra a sociedade, pedindo a suspensão e destituição com justa causa do gerente.

Título III – Sociedades por quotas

A acção judicial deverá seguir os termos do processo de jurisdição voluntária previsto no art. 1484.°-B, do CPC (preceito aditado pelo DL n.° 329-A/95, de 12 de Dezembro).

A RP, no Ac. de 07.06.94 *in* www.dgsi.pt (Proc. n.° 9410303), considerou que, por força do **n.° 4**, a acção de destituição de um gerente pelo processo de jurisdição voluntária terá necessariamente de ser proposta contra o sócio destituendo e a sociedade, por ser caso de litisconsórcio necessário.

O **n.° 4** só se aplica às sociedades com três ou mais sócios, enquanto que o **n.° 5** se destina apenas às sociedades com 2 sócios. Cfr. o Ac. da RL, de 03.10.91 *in* www.dgsi.pt (Proc. n.° 0051722).

Por outro lado, se houver direito especial à gerência é aplicável o disposto no **n.° 3**.

X. Se a sociedade tiver apenas dois sócios, a destituição da gerência com fundamento em justa causa só pelo tribunal pode ser decidida em acção intentada pelo outro (**n.° 5**).

O **n.° 5** aplica-se apenas às sociedades com apenas dois sócios.

RAÚL VENTURA *in* "Sociedades por Quotas", vol. III, p. 117, salienta que, se nestas sociedades "fosse seguido o regime normal, cada um dos sócios estaria à mercê do outro; como o sócio gerente contra o qual a justa causa é alegada não pode exercer o direito de voto, o outro sócio, só por si, convocaria a assembleia, proporia a destituição, consideraria provada a justa causa alegada e aprovaria a proposta".

Acrescenta ainda este autor, *loc. cit.*, que, embora "não o diga expressamente, o n.° 5 pressupõe que se trata de destituir um "gerente-sócio (…) e não um gerente estranho; a letra do preceito mostra com bastante clareza que se trata de litígio entre os dois sócios".

A legitimidade activa pertence ao outro sócio. Conforme entendimento da RC (Ac. de 18.03.03 *in* www.dgsi.pt (Proc. n.° 66/03), a acção judicial é intentada pelo sócio, naturalmente em nome próprio, e não, em representação da sociedade, contra o sócio destituendo, independentemente de haver ou não lugar ao direito especial à gerência.

A não intervenção da sociedade justifica-se, dado que o litígio se circunscreve às relações existentes entre os dois únicos sócios. Cfr Ac. da RP, de 25.01.93 *in* www.dgsi.pt (Proc. n.° 9220766). Veja-se, ainda, RAÚL VENTURA *in* "Sociedades por Quotas", vol. III, p. 118 e o Ac. da RL, de 08.01.08 *in* www.dgsi.pt (Proc. n.° 0723957).

Numa sociedade com dois sócios pode qualquer deles, como *preliminar* da acção de destituição, requerer, contra o outro, providência cautelar inominada para suspensão do exercício da gerência. Cfr Ac. da RP, de 07.11.96 *in* www.dgsi.pt (Proc. n.° 9630843).

XI. Uma vez que vigora o princípio da livre destituibilidade dos gerentes (o que significa, designadamente, que a existência de justa causa não constitui um elemento necessário da destituição), a justa causa só assume relevância para os seguintes efeitos:
– Maioria exigida para a deliberação (**n.**° **2**);
– Suspensão e destituição judicial de gerente (**n.**os **3** e **4**);
– Destituição da gerência em sociedade com apenas dois sócios (**n.**° **5**) e
– Indemnização ao gerente (**n.**° **7**).

Se estabelecermos um paralelismo com o direito civil, a destituição com justa causa do gerente corresponde à resolução contratual.

BRANDÃO PROENÇA *in* "A Resolução do Contrato no Direito Civil", Coimbra Editora, 1996, p. 39, define a resolução como a "extinção unilateral (com base na lei ou no contrato), por meio de uma normal declaração extrajudicial e com uma eficácia *ex tunc* ou *ex nunc*, de uma relação contratual, total ou parcialmente «alterada» ou «perturbada»".

A justa causa consiste num conceito indeterminado, associada tradicionalmente à extinção das relações contratuais.

No âmbito do direito comercial, a justa causa é composta por dois elementos um de natureza subjectiva (comportamento simplesmente negligente do gerente, não tendo o mesmo de ser doloso) e outro de cariz objectivo (insubsistência de uma relação de confiança entre os sócios e o gerente). Cfr. Ac. da RP, de 12.05.08 *in* www.dgsi.pt (Proc. n.° 0850755).

Para MENEZES CORDEIRO e outros *in* "Código das Sociedades Comerciais – Anotado", p. 675, será "justa causa subjectiva a que resulte da violação culposa dos deveres que, da lei ou do contrato de administração, decorrem para o gerente, em termos muito próximos da feição laboral em que se exige justa causa para o despedimento de trabalhadores. Será objectiva se respeitar à incapacidade para o exercício do cargo, sem qualquer culpa do gerente, como a incapacidade decorrente de uma situação de doença prolongada, ou qualquer outra circunstância em que, mantendo-se a prestação ainda possível, perturbe gravemente a relação de administração".

MENEZES CORDEIRO *in* "Manual de Direito das Sociedades", II, p. 416, fala, ainda, de uma feição civil (próxima da justa causa requerida para a revogação de certos mandatos (art. 1170.°, n.° 2, do CC)) e uma feição laboral da justa causa (exigida para o despedimento do trabalhador (art. 351.°, do CT)), salientando que, no domínio da destituição dos gerentes, propende para a feição laboral.

Para maiores desenvolvimentos sobre o conceito de justa causa, cfr. PAULA QUINTAS/HELDER QUINTAS *in* "Código do Trabalho …", pp. 715 e ss..

Nos termos do **n.**° **6** constituem justa causa de destituição, designadamente:
a) a violação grave dos deveres do gerente e
b) a sua incapacidade para o exercício normal das respectivas funções.

Título III – Sociedades por quotas   501

Esta enumeração dos fundamentos integradores de justa causa é meramente exemplificativa. Cfr. Ac. da RP, de 16.01.97 *in* www.dgsi.pt (Proc. n.º 9630763).

Sobre a destituição por violação do interesse da sociedade, *vide* José Marques Estaca *in* "O Interesse da Sociedade ...", pp. 180 e ss..

Em relação às SA, cfr. os arts. 414.º, n.º 4 e 447.º, n.º 8.

Tendo como fonte a nossa jurisprudência vejamos alguns exemplos de justa causa:

– falsificação de actas da assembleia e escrita da sociedade, Ac. da RP, de 07.11.96 *in* www.dgsi.pt (Proc. n.º 9630843);

– Aproveitamento em benefício próprio de numerário pertença da sociedade, Ac. da RL, de 08.01.08 *in* www.dgsi.pt (Proc. n.º 0723957);

– Não elaboração das contas anuais e a sua não submissão às assembleias gerais da sociedade, Ac. do STJ, de 07.02.08 *in* CJ, Ano XVI, Tomo I, p. 83;

– Omissão repetida do dever de informação e de apresentação dos relatórios de gestão, contas e demais documentos sobre a situação da sociedade, Ac. da RP, de 22.05.01 *in* www.dgsi.pt (Proc. n.º 0120692)

– Exercício, pelo gerente, sem consentimento dos sócios, de actividade concorrente com a da sociedade, Ac. da RP, de 16.01.97 *in* www.dgsi.pt (Proc. n.º 9630763);

– Gastos pessoais reflectidos na contabilidade da sociedade, Ac. do STJ, de 18.06.96 *in* www.dgsi.pt (Proc. n.º 96A102).

A RL, no Ac. da de 01.02.94 *in* www.dgsi.pt (Proc. n.º 0077911), entendeu que "é justa causa qualquer circunstância, facto ou situação em face da qual, e segundo a boa fé, não seja exigível a uma das partes a continuação da relação contratual;

É todo o facto capaz de fazer perigar o fim do contrato ou de dificultar a obtenção desse fim, qualquer conduta que possa fazer desaparecer pressupostos, pessoais ou reais, essenciais ao desenvolvimento da relação, designadamente qualquer conduta contrária aos deveres de correcção, de lealdade, de fidelidade na relação associativa".

Por sua vez, a RP, no Ac. 30.03.06 *in* www.dgsi.pt (Proc. n.º 0536255), considerou que *"O traço* essencial caracterizador da ideia de justa causa de destituição ... é a inexigibilidade à sociedade de, face a circunstâncias concretas entretanto verificadas, manter os laços que a ligam ao gestor nessa qualidade, o que a ter de acontecer sacrificaria os seus interesses de modo não razoável e transcenderia os ditames da boa fé".

Nas palavras de Menezes Cordeiro *in* "Manual de Direito das Sociedades", II, p. 417, a "incapacidade para o exercício normal das respectivas funções", se se prender com a saúde física ou mental do gerente, conduz à cessação da situação de gerência por caducidade: não tem a ver com o preenchimento da cláusula de "justa causa". A "incapacidade" deve ser aproximada da "incompetência pro-

502   *Regime Jurídico das Sociedades por Quotas*

fissional": o gerente descura a sua formação profissional ou não é capaz de acompanhar as realidades da empresa. Qualquer dessas eventualidades traduz a violação (grave) dos seus deveres profissionais, com presunção de culpa".

RAÚL VENTURA *in* "Sociedades por Quotas", vol. III, p. 93, aponta ainda como factos potencialmente violadores dos deveres dos gerentes e por isso justificadores de destituição, os previstos no Título VII ("Disposições penais").

Cfr., ainda, os casos constitutivos da existência de motivo grave de destituição indicadas por ANTÓNIO CAEIRO *in* "As cláusulas restritivas da destituição do sócio-gerente", Temas de Direito das Sociedades, Almedina, 1984, p. 165.

XII. Em regra, o gerente destituído sem justa causa tem direito a ser indemnizado dos prejuízos sofridos (**n.º 7**).

A indemnização funciona aqui como elemento de equilíbrio face à livre destituibilidade dos gerentes. Na verdade, a prevalência dada ao interesse da sociedade em assegurar o exercício da gerência por pessoas da sua confiança implica um sacrifício dos interesses pessoais do gerente, o qual é, em certa medida, minimizado pela indemnização aqui prevista.

Para MENEZES CORDEIRO *in* "Manual de Direito das Sociedades", II, p. 422, a indemnização não é antecipadamente renunciável, nos termos do art. 809.º, do CC.

Por força dos princípios gerais da responsabilidade civil, a indemnização devida ao gerente destituído sem justa causa deve ter como suporte a existência de prejuízos.

RAÚL VENTURA *in* "Sociedades por Quotas", vol. III, p. 120, entende que do **n.º 7** "infere-se a natureza dos prejuízos que a lei considera indemnizáveis: são os resultantes da perda dos proventos do gerente, nesta qualidade, durante certo tempo (não há prejuízo se a gerência fora gratuita); a indemnização consiste, portanto, na quantia correspondente aos esperados proventos.

São estes os únicos prejuízos considerados pela lei; para outros eventuais prejuízos (…) terá o gerente que se precaver contratualmente".

A propósito do limite indemnizatório, MENEZES CORDEIRO *in* "Manual de Direito das Sociedades", II, p. 421, salienta que, nos termos do art. 62.º, n.º 1, da CRP, "são inconstitucionais todas as limitações legais ao direito à indemnização: isso poderá corresponder à manutenção de um dano não compensado e, logo, de um atentado à propriedade privada (em sentido amplo). Além disso, os diversos direitos fundamentais, que incluem muitos direitos de personalidade, devem ser tutelados, também no plano indemnizatório ainda que, aqui, com o mero sentido de uma compensação.

Quer isto dizer que, perante uma destituição sem justa causa que obrigue a indemnizar, são computáveis:

– os lucros cessantes, correspondentes à perda da remuneração até ao final do mandato ou por um período razoável: a lei refere os quatros anos, mas esse ponto deve ser aferido caso a caso;

Título III – Sociedades por quotas

– os danos emergentes: maiores despesas, custos de instalação, perda de lugar do cônjuge, que tenha acompanhado o gerente abandonando a anterior ocupação, deslocação dos filhos e outras;

– os danos morais: uma destituição *ad nutum*, sem justa causa ou com uma alegação de justa causa que não venha a demonstrar-se é, antes de mais, um grave atentado à dignidade pessoal e profissional de cada um".

Ao gerente destituído cabe provar os pressupostos da responsabilidade civil, designadamente, a qualidade de gerente, a destituição, os prejuízos e o nexo de causalidade, conforme impõe a regra geral do ónus da prova prevista no art. 342.°, n.° 1, do CC. Cfr. Acs. do STJ, de 14.12.06 *in* www.dgsi.pt (Proc. n.° 06A3803) e de 20.05.04 *in* www.dgsi.pt (Proc. n.° 04B1218).

Nesse ónus probatório não está incluída a demonstração da inexistência de justa causa. Com efeito, compete à sociedade, por força do n.° 2, do art. 342.°, do CC, a demonstração dos factos impeditivos do direito invocado pelo gerente destituído, mais precisamente a justa causa. Cfr., entre outros, os Acs. da RL, de 24.06.08 *in* www.dgsi.pt (Proc. n.° 3272/2008-1); do STJ, de 11.07.06 *in* www.dgsi.pt (Proc. n.° 06B988); da RP, de 17.03.05 *in* www.dgsi.pt (Proc. n.° 0531186) e do STJ, de 10.02.00 *in* www.dgsi.pt (Proc. n.° 99B1193).

No que concerne à parte final do **n.° 7**, MENEZES CORDEIRO e outros *in* "Código das Sociedades Comerciais – Anotado", pp. 675 e 676, sustentam que, se a gerência tiver duração determinada, "entende-se inilidivelmente que o gerente não seria reconduzido em funções, ou seja, que o seu mandato duraria até ao termo do prazo; sendo a gerência de duração indeterminada (…) entende-se que o gerente se não manteria o cargo por um período superior a quatro anos".

O regime consagrado no **n.° 7** é supletivo. De facto e conforme resulta expressamente da 1.ª parte, o contrato pode estipular a indemnização devida em caso de destituição.

JURISPRUDÊNCIA:

I – Numa sociedade por quotas com apenas dois sócios a exclusão de um deles só pode ser alcançado por via judicial.

II – Tem legitimidade para intentar essa acção de exclusão judicial o sócio não excluendo e não a sociedade.

Ac. da RC, de 28.10.08 *in* CJ, Ano XXXIII, Tomo IV, p. 43

I – Na acção destinada a obter a indemnização por destituição do gerente de sociedade por quotas sem justa causa, não cabe ao A. a prova da inexistência da justa causa, mas sim compete à sociedade a invocação e prova dos factos que fundamentam o afastamento compulsivo do gerente.

II – Tendo a sociedade, na contestação, juntado documentos que reflictam a justa causa da destituição, apesar de não constarem na acta, estes factos devem

504   *Regime Jurídico das Sociedades por Quotas*

ser levados à base instrutória, para se possa preencher o conceito indefinido de justa causa, ou não.

III – A ampliação da matéria de facto, nos termos do n.º 4 do art 712.º do CPC, justifica-se relativamente aquela que foi alegada e é relevante para a justa decisão da causa.
Ac. da RL, de 24.06.08 *in* www.dgsi.pt (Proc. n.º 3272/2008-1)

I – Existindo justa causa qualquer sócio pode pedir a suspensão/destituição do gerente, sem necessidade de prévia e correspondente deliberação social e mesmo nos casos em que há um direito especial à gerência por parte do "suspendendo-destituendo".

II – Este direito não existirá só pelo simples facto de no título constitutivo a gerência é atribuída a todos os sócios.

III – Para a justa causa em direito comercial, cuja noção a lei não dá, contribuem dois elementos: um de natureza subjectiva (comportamento simplesmente negligente do gerente, não tendo o mesmo de ser doloso); e outro de cariz objectivo (insubsistência de uma relação de confiança entre os sócios e o gerente).
Ac. da RP, de 12.05.08 *in* www.dgsi.pt (Proc. n.º 0850755)

I – O problema da interpretação das cláusulas dos pactos sociais resume-se à descoberta do sentido objectivo da declaração negocial, não se podendo ter em conta a vontade real das partes, nem elementos estranhos ao contrato social, porque estão em jogo interesses de terceiros, daqueles que hajam contratado com a sociedade.

II – Porém, quanto às sociedades por quotas, se a interpretação objectiva é de exigir no tocante às cláusulas que visam a protecção dos credores sociais, já essa exigência se não impõe quanto às cláusulas sobre relações corporativas internas e às de natureza jurídica individual, vigorando, nesta matéria, os princípios gerais de interpretação dos negócios jurídicos formais, admitindo-se o recurso a quaisquer elementos interpretativos contemporâneos do negócio, ou anteriores ou posteriores à sua conclusão.

III – A estipulação estatuária pela qual são nomeados os gerentes inclui-se naquelas cuja interpretação se deve fazer com recurso a todos os elementos interpretativos.

IV – A simples designação de gerente no contrato de sociedade e a atribuição da gerência a todos os sócios não significa a atribuição, a cada um deles, de um direito especial à gerência.

V – A interpretação das declarações ou cláusulas contratuais constitui matéria de facto, de exclusiva competência das instâncias.

VI – (…)
Ac. do STJ, de 17.04.08 *in* CJ, Ano XVI, Tomo II, p. 33

Título III – Sociedades por quotas

I – Carece de gravidade justificativa da destituição da gerência a não elaboração das contas anuais dos exercícios dos anos 2000 e seguintes e a sua não submissão às assembleias gerais da sociedade, quando a nomeação do gerente data de 10 de Setembro de 2003, a escrituração se encontrava desorganizada e faltavam vários documentos necessários ao encerramento das contas de 2001 a 2004.

II – Se a violação do direito à informação da requerente derivou de o gerente não ter dado instruções ao gabinete de contabilidade para que à mesma fosse permitido consultar os elementos contabilísticos, não há justa casa de destituição de gerente quando essa conduta omissiva não pretende esconder qualquer situação grave da sociedade nem compromete a relação de confiança que deve existir entre a sociedade e o seu gerente.

Ac. do STJ, de 07.02.08 *in* CJ, Ano XVI, Tomo I, p. 83

1. A acção para destituição de gerente, tendo a sociedade apenas dois sócios, não tem de ser proposta contra esta, emergindo a legitimidade do autor, inequivocamente, do disposto no art. 257.º n.º 5 do CSC.

2. Constituindo os factos imputados ao gerente uma actuação ilícita, que se traduziu no aproveitamento em benefício próprio de numerário pertença da sociedade, sem razão justificativa, eles assumem relevo susceptível de preencher o conceito de justa causa, como fundamento de suspensão ou destituição.

Ac. da RL, de 08.01.08 *in* www.dgsi.pt (Proc. n.º 0723957)

I – É de aplicar, por analogia, à situação de exclusão de um sócio numa sociedade com apenas dois sócios, o regime previsto no n.º 5 do art. 257 do CSC para o caso da destituição de gerente em sociedades com apenas dois sócios.

II – Mas a possibilidade de um sócio, em sociedades de apenas dois sócios, vir impugnar um acto do gerente (sem atacar previamente essa gerência por via judicial), constituiria uma limitação inaceitável dos poderes de gerência por intervenção de um sócio não gerente e poderia, também, conduzir ao resultado que se pretende evitar com o referido n.º 5 do art. 257.º do CSComerciais, paralisando a actividade da sociedade.

III – Neste caso a lei disponibiliza ao sócio não gerente mecanismos legais próprios para fazer valer os seus direitos, nomeadamente, a possibilidade de requerer a suspensão e, posteriormente, a destituição de gerente do outro sócio da sociedade, por violação grave dos deveres do gerente.

Ac. da RL, de 01.03.07 *in* www.dgsi.pt (Proc. n.º 686/2007-6)

Nas sociedades por quotas de apenas dois sócios a providência para suspensão do cargo de gerente deve ser proposta contra a sociedade, pois esta é que tem legitimidade passiva e não o sócio.

Ac. da RG, de 22.02.07 *in* CJ, Ano XXXII, Tomo I, p. 286

506   *Regime Jurídico das Sociedades por Quotas*

I – O gerente de uma sociedade, destituído sem justa causa, tem direito a indemnização, nos termos do art. 257, n.º7, do C.C.

II – Cabe ao autor provar os pressupostos da responsabilidade civil, designadamente, a qualidade de gerente, a destituição, os prejuízos e o nexo de causalidade, conforme a regra geral do ónus da prova prevista no art. 342, n.º2, do C.C.

III – A indemnização devida a gerente destituído sem justa causa deve ter como suporte a alegação e prova da existência de prejuízos.

IV – Se o gerente não os alegou nem provou, não há que fixar indemnização.

V – Não basta a simples invocação da perda da remuneração devida pelo exercício da gerência.

Ac. do STJ, de 14.12.06 *in* www.dgsi.pt (Proc. n.º 06A3803)

1. Ressuma do art. 257.º n.º1 do Código das Sociedades Comerciais (CSC) o princípio da liberdade de destituição dos gerentes, a todo o tempo, independentemente da ocorrência, ou não, de justa causa.

2. A "justa causa" referida no art. 257.º do CSC, é um conceito indeterminado, tendo "um carácter especial, consubstanciando-se numa quebra de confiança, por razões justificadas, entre a sociedade, representada pela assembleia geral, e o gerente."

3. A inexistência de justa causa apenas releva para efeito de direito à indemnização.

4. Não havendo indemnização contratual estipulada, o gerente destituído sem justa causa tem direito a ser indemnizado dos prejuízos sofridos, resultantes da perda dos proventos do gerente, nesta qualidade, durante certo tempo, bem como dos danos não patrimoniais, em particular quando a perda do posto de trabalho importe quebra de prestígio profissional e social.

5. À ré incumbe demonstrar a justa causa da destituição do gerente.

6. Ao gerente destituído incumbe o ónus de alegação e prova dos danos citados em 4., da mera invocação de perda da remuneração pelo exercício da gerência, não se podendo, sem mais, concluir pela existência dos preditos danos patrimoniais.

Ac. do STJ, de 11.07.06 *in* www.dgsi.pt (Proc. n.º 06B988)

I – A indemnização devida ao gerente destituído sem justa causa deve ter como suporte a existência de prejuízos, tal resultando dos princípios gerais em matéria de responsabilidade civil.

II – Não havendo indemnização contratual estipulada, esse gerente tem o direito a ser indemnizado pelos prejuízos correspondentes aos proventos esperados e aos danos morais, em particular quando seja atingida a sus dignidade pessoal e profissional.

Ac. da RP, de 05.07.06 *in* www.dgsi.pt (Proc. n.º 0427197)

Título III – Sociedades por quotas 507

I) Não actua com abuso do direito o sócio de uma sociedade por quotas (com apenas dois sócios) que intenta acção judicial, visando a destituição da gerência de outro sócio, decorridos mais de noventa dias sobre o conhecimento de factos passíveis de serem invocados como causa de exclusão, sobretudo, se têm natureza continuada e são lesivos da sociedade.

II) A exclusão de sócio não depende do facto da sua conduta ter já causado danos à sociedade, bastando a demonstração de que o comportamento do sócio que se pretende excluir, é susceptível de causar prejuízos relevantes ao ente societário.

Ac. da RP, de 05.07.06 *in* www.dgsi.pt (Proc. n.° 0551458)

I – A ideia de justa causa para destituição tem associada a da violação ou de incumprimento de algum dever no exercício do cargo de gerente.

II – A justa causa, quando não resulte de incapacidade do gerente para o exercício das respectivas funções, pressupõe a violação grave dos deveres de gerência, que leva à quebra de confiança dos sócios no gestor.

III – A justa causa será "qualquer circunstância, facto ou situação em face da qual e segundo a boa fé, não seja exigível a uma das partes a continuação da relação contratual; todo o facto capaz de fazer perigar o fim do contrato ou de dificultar a obtenção desse fim, qualquer conduta que possa fazer desaparecer os pressupostos, pessoais ou reais, essenciais ao desenvolvimento da relação".

IV – "O traço essencial caracterizador da ideia de justa causa de destituição ... é a inexigibilidade à sociedade de, face a circunstâncias concretas entretanto verificadas, manter os laços que a ligam ao gestor nessa qualidade, o que a ter de acontecer sacrificaria os seus interesses de modo não razoável e transcenderia os ditames da boa fé".

Ac. da RP, de 30.03.06 *in* www.dgsi.pt (Proc. n.° 0536255)

I – A livre destituição de gerente prevista no artigo 257.°, n.° 1, do Código das Sociedades Comerciais tem a sua justificação na necessária confiança entre a sociedade e aqueles que gerem os seus destinos.

II – Porém, a sociedade só fica desvinculada do dever de indemnização, se houver justa causa.

III – Acaso a sociedade só tenha dois sócios, a apreciação de justa causa para a destituição do cargo de gerente dum dos sócios, tem que ser apreciada judicialmente, sob pena da sociedade ser responsável pelo montante indemnizatório.

IV – Não havendo indemnização contratualmente estipulada, a mesma será calculada de acordo com os princípios gerais da responsabilidade civil.

Ac. da RE, de 10.11.05 *in* www.dgsi.pt (Proc. n.° 480/05-3)

508 *Regime Jurídico das Sociedades por Quotas*

Sendo a sociedade constituída apenas e só por dois sócios, a destituição de um deles poder requerida pelo outro, não sendo necessário que a acção seja movida apenas e só pela sociedade.
Ac. da RP, de 04.10.05 *in* www.dgsi.pt (Proc. n.º 0524101) e CJ, Ano XXX, Tomo IV, p. 190

I – Em acção intentada por um gerente de uma sociedade contra esta para ser indemnizado pelos prejuízos que lhe foram causados pela deliberação da sua destituição, o ónus da prova da justa causa pertence à sociedade.
II – Haverá justa causa para a destituição de um gerente de uma sociedade quando dos factos dados como provados se concluir que se quebrou o vínculo de confiança existente entre a sociedade e o gerente, impossibilitando a continuação da relação de confiança que o exercício do cargo pressupõe.
Ac. da RP, de 17.03.05 *in* www.dgsi.pt (Proc. n.º 0531186)

1. A destituição sem justa causa obriga a reparar os danos decorrentes da destituição, conforme dispõe o artigo 257.º-7, do Código das Sociedades Comerciais.
2. Compete ao autor/destituído a prova dos danos que são consequência adequada da destituição, conforme a regra geral do ónus da prova prevista no artigo 342.º-1,do Código Civil.
3. A disposição do artigo 508.º, n.º2 do Código de Processo Civil (o juiz convidará as partes…) determina que o juiz convide as partes a suprir as irregularidades dos articulados, designadamente quando careçam de requisitos legais, ou a parte não haja apresentado documento essencial ou de que a lei faça depender o prosseguimento da causa;
4. E o n.º 3, da mesma disposição, permite ao juiz convidar qualquer das partes a suprir insuficiências ou imprecisões na exposição ou concretização da matéria de facto alegada, tratando-se de uma faculdade, a gerir conforme a conveniência de economia de meios e custos, celeridade processual, a eficácia ou a prontidão na realização da justiça, no caso, concretamente.
5. Mas em qualquer das situações anteriormente contempladas, o convite só tem sentido se as deficiências forem estritamente formais, ou de natureza secundária, não reabrindo a possibilidade de reformulação substancial da própria pretensão ou da impugnação e dos fundamentos em que assentam, com vista a obter, por exemplo, novo prazo, nova formulação do pedido, neutralizando a eficácia do principio processual da preclusão da prática de actos processuais.
Ac. do STJ, de 20.05.04 *in* www.dgsi.pt (Proc. n.º 04B1218) e CJ, Ano XII, Tomo II, p. 65

Tendo a sociedade apenas dois sócios, quer a acção de destituição de gerência, quer de destituição de sócio de um só deles, terá de ser feita em acção judicial movida por um contra o outro sócio.
Ac. da RP, de 20.04.04 *in* www.dgsi.pt (Proc. n.º 0420180)

I – A indemnização devida a gerente destituído sem justa causa deve ter como suporte a existência de prejuízos, sendo fixada em dinheiro.

II – São necessários factos alegados que permitam o uso do método de cálculo da teoria da diferenciação.

III – Não basta a simples alegação de perda de remuneração.

Ac. da RP, de 16.03.04 *in* www.dgsi.pt (Proc. n.° 0420808)

1) Numa sociedade por quotas de apenas dois sócios, ambos gerentes, a destituição de um deles com base em justa causa por iniciativa do outro não pode ser obtida mediante deliberação social; torna-se indispensável, nesse caso, a intervenção do tribunal, nos termos do art. 257.°, n.° 5, do CSC.

2) A assembleia, porém, pode a todo o tempo deliberar a destituição ad nutum do gerente, nos termos do art. 257.°, n.° 1, do CSC.

3) Nesse caso, o gerente destituído tem direito a uma indemnização pelos prejuízos sofridos, cabendo-lhe na acção a propor contra a sociedade o ónus de provar a sua qualidade de gerente, a destituição e os prejuízos; sobre a sociedade, por seu turno, recai o ónus de alegar e provar os factos que integram a justa causa.

Ac. do STJ, de 19.02.04 *in* www.dgsi.pt (Proc. n.° 03A4125)

I – A indemnização ao gerente destituído sem justa causa deriva dos prejuízos concretos provados.

II – Não é suficiente a alegação do vencimento que estava a receber, de acordo com o n.° 7 do artigo 257.° do Código das Sociedades Comerciais.

Ac. da RP, de 11.11.03 *in* www.dgsi.pt (Proc. n.° 0324476)

I – Numa sociedade com apenas dois sócios, se o motivo de destituição do gerente for a de justa causa, a mesma só poderá ser decidida em acção judicial. No caso porém de não se invocar a justa causa, a destituição poderá ser decidida por mera deliberação social.

II – Um sócio pode ser excluído da sociedade nos casos e nos termos previstos na lei ou fixados no contrato. Pode, além disso, ser excluído por decisão judicial quando o seu comportamento desleal ou gravemente perturbador do funcionamento da sociedade, cause a esta ou possa vir a causa-lhe prejuízos relevantes.

Por isso é necessário aqui justificar-se a razão da exclusão de sócio. Isto é, no caso de deliberação social, é necessário invocar-se os termos da lei ou do contrato em que se funda a deliberação.

III – Existindo apenas dois sócios, só através de decisão judicial é que se poderá decidir a exclusão. Isto porque não existindo disposição expressa sobre o assunto no C.S.C., nos termos do art. 3.°, n.° 2 deste diploma deve valer o que estabelece o art. 1005.°, n.° 3 do C. Civil, segundo o qual "se a sociedade

510 *Regime Jurídico das Sociedades por Quotas*

tiver apenas dois sócios, a exclusão de qualquer deles só pode ser pronunciada pelo tribunal'.
Ac. da RC, de 11.11.03 *in* www.dgsi.pt (Proc. n.º 2919/03)

Quando se invoca a incapacidade de um gerente para o exercício das suas funções, não é exigível a prova de um comportamento culposo do mesmo, bastando que seja negligente, e um elemento objectivo, qual seja, a insubsistência de uma relação de confiança entre os sócios e o gerente.
Ac. da RP, de 24.03.03 *in* www.dgsi.pt (Proc. n.º 0350100)

I – Para a providência cautelar comum ser decretada, importa que se mostrem preenchidos os respectivos requisitos legais, ou seja, a probabilidade da existência do direito, a aparência do direito ou o "fumus boni iuris", e o justificado e fundado receio de que outrém cause lesão grave e de difícil reparação a esse direito, o "periculum in mora", ainda que não seja exigível que a perda se torne efectiva com a demora.

II – Só existe o justificado e fundado receio de que outrem cause lesão grave e de difícil reparação a esse direito, quando as circunstâncias se apresentam de modo a convencer que está iminente a lesão do direito, a perspectivar, justificada e plausivelmente, o perigo de o mesmo continuar a causar lesão grave e, dificilmente reparável, ao património do requerente, susceptível de conduzir, de acordo com um juízo de prognose razoável, à destituição das suas funções de gerente, com justa causa.

III – Se a sociedade apenas tiver dois sócios, a destituição da gerência, com fundamento em justa causa, só pode ser decidida pelo Tribunal, em acção intentada pelo outro, em seu nome próprio, e não, em representação da sociedade, contra o sócio destituendo, independentemente de haver ou não lugar ao direito especial à gerência.

IV – O prejuízo resultante do perigo de esvaziamento do património da sociedade é superior ao dano que resulta da suspensão das funções de gerente.
Ac. da RC, de 18.03.03 *in* www.dgsi.pt (Proc. n.º 66/03)

I – Um sócio de uma sociedade por quotas pode ser excluído judicialmente quando, com o seu comportamento desleal ou gravemente perturbador do funcionamento da sociedade, lhe tenha causado ou possa vir a causar-lhe prejuízos relevantes.

II – Por comportamento desleal deve entender-se qualquer acto que revele infidelidade para com a empresa.

III – A conduta gravemente perturbadora deve traduzir-se em actos que alterem ou desorganizem a actividade da empresa e o escopo social que ela prossegue.

IV – Se um sócio de uma sociedade desenvolve um actividade concorrencial com o objecto social desta, procurando angariar mercado através da utilização

Título III – Sociedades por quotas

de meios técnicos e do "Know-how" da própria sociedade, tem um comportamento desleal que justifica a sua exclusão da sociedade.

V – A este conclusão não obsta o facto da sociedade ter paralisado a sua actividade já há algum tempo.

VI – Um sócio só pode requerer a destituição de um gerente, nos termos do art. 257.°, n.° 4, do C.S.C., quando não é possível obter uma deliberação que aprove essa destituição, por maioria simples.

Ac. da RL, de 18.12.02 *in* CJ, Ano XXVII, Tomo V, p. 111

O n.°. 6 do artigo 257.° do Código das Sociedades Comerciais não define o conceito de justa causa – limitando-se a fornecer dois exemplos da situação –, pelo que deverão ser os tribunais a integrá-lo, caso a caso.

Ac. do STJ, de 09.07.02 *in* www.dgsi.pt (Proc. n.° 04B1853)

I – Exceptuados os gerentes nomeados pelo tribunal, que só por este podem ser destituídos, o princípio da destituição pro deliberação dos sócios entende-se a todos os gerentes.

II – A duração estipulada para o contrato de gerência não impede a aplicação do princípio.

Ac. da RP, de 09.07.02 *in* CJ, Ano XXVII, Tomo IV, p. 174

I – Pode ser objecto de qualquer meio de prova nomeadamente testemunhal, a matéria de quesitos que não dizem respeito à tomada de qualquer deliberação social, mas sim ao modo como a sociedade ré, através dos seus sócios, procedia para apresentar a declaração anual para liquidação I.R.C..

II – Aquele procedimento, de intuitos fiscais, não implica prejuízo para a sociedade nem determina, só por si, justa causa de destituição dos gerentes.

III – Constitui abuso de direito a invocação, pelo representante da autora (herança de um sócio inicial), do mesmo procedimento impeditivo da correcta liquidação de imposto como causa da pretendida destituição da gerência, se tal irregularidade sempre foi praticada na sociedade, por todos os gerentes incluindo o "de cuius" da herança autora, confiando sempre os sócios que tal questão nunca seria levantada.

IV – Mas já fundamenta a pretendida destituição dos gerentes a violação, por parte da gerência, dos deveres consignados nos artigos 21.°, n.° 1, alínea c), 65.°, 214.° e 248.°, n.° 3 do Código das Sociedades Comerciais.

Ac. da RP, de 09.04.02 *in* www.dgsi.pt (Proc. n.° 0121253)

I – O simples facto de um sócio de uma sociedade por quotas ter sido nomeado gerente no pacto social não lhe confere um direito especial à gerência, mormente quando no contrato de sociedade são nomeados gerentes todos os sócios.

512   *Regime Jurídico das Sociedades por Quotas*

II – Não tendo o apelante qualquer direito especial à gerência, podia ele ser destituído por deliberação social tomada por sócios que representem mais de metade do capital social (artigo 257.°, n.° 1 do Código das Sociedade Comerciais).
Ac. da RP, de 02.10.01 *in* www.dgsi.pt (Proc. n.° 0220835)

Nas sociedades por quotas, a assembleia geral não pode deliberar sobre a destituição de gerente que tenha direito especial à gerência, apenas tendo legitimidade para deliberar no sentido de requerer ao tribunal a suspensão e destituição desse gerente, com justa causa, e de designar para tanto um representante especial.
Ac. da RP, de 02.10.01 *in* www.dgsi.pt (Proc. n.° 0121009)

I – É exemplificativa a enumeração, feita no artigo 254.°, n.° 6 do Código das Sociedades Comerciais, dos fundamentos de justa causa de destituição de gerente de sociedade por quotas.
II – A existência dessa justa causa depende, em geral, da verificação de um comportamento do gerente que impossibilite a continuação da relação de confiança que o exercício desse cargo pressupõe.
III – Integra essa justa causa a repetida omissão do dever de informação e de apresentação dos relatórios de gestão, contas e demais documentos sobre a situação da sociedade.
Ac. da RP, de 22.05.01 *in* www.dgsi.pt (Proc. n.° 0120692)

I – O pedido de suspensão da gerência tem os contornos de uma providência cautelar inominada enxertada no processo principal de destituição.
II – A decisão global (suspensão e destituição) proferida com base na prova orientada apenas para a decisão de prévia suspensão imediata, também requerida, é violadora do princípio do contraditório e, por isso, é ferida de nulidade.
Ac. da RP, de 19.05.01 *in* CJ, Ano XVI, Tomo III, p. 191

I – À destituição de um gerente de uma sociedade com dois únicos sócios é aplicável o disposto no art. 1.484.° do C.P.C.
II – Para decidir o pedido formulado nesse processo, o julgador não está obrigado à audição do requerido.
Ac. da RP, de 05.04.01 *in* CJ, Ano XVI, Tomo II, p. 203

I – Na acção em que o gerente destituído alega que a destituição foi sem justa causa e pede a correspondente indemnização, cabe à sociedade ré o ónus da prova da justa causa.
II – Impõe-se como caso julgado na referida acção, a sentença condenatória do, ali, autor em acção cível enxertada pela sociedade no processo criminal contra aquele.
Ac. do STJ, de 10.02.00 *in* www.dgsi.pt (Proc. n.° 99B1193)

Título III – Sociedades por quotas 513

I – Vigorando no nosso direito o princípio da destituibilidade dos gerentes das sociedades por quotas, numa assembleia geral convocada para apreciar as contas de um dado exercício pode ser adoptada uma deliberação sobre destituição de gerentes, ainda que tal tema não haja sido especificado no respectivo aviso convocatório.

II – Já se se tratar de destituir um sócio ou de amortizar a quota de um sócio, o aviso deve mencionar claramente esse assunto, sob pena de anulabilidade da respectiva deliberação.

III – Havendo o sócio sido convocado nessa simples qualidade, que não também na de gerente, não tinha o mesmo o dever especial de comparecer na assembleia geral, pelo que não representa abuso de direito a contagem do prazo (de caducidade) para o exercício da acção de anulação a partir de data subsequente à da realização da assembleia.

Ac. do STJ, de 11.01.00 *in* www.dgsi.pt (Proc. n.° 99A938)

I – A justa causa para destituição de gerente de sociedade por quotas consiste na verificação de um comportamento na actividade do gerente, ou a prática de actos por sua parte, que impossibilite a continuação da relação de confiança que o exercício do cargo pressupõe.

II – O Código das Sociedade Comerciais consagra o princípio da liberdade de destituição dos gerentes, a todo o tempo e independentemente de existir ou não justa causa.

III – A inexistência de justa causa releva apenas para efeitos de direito a indemnização.

IV – Para obter a indemnização por virtude da destituição tem o gerente destituído que alegar e provar factos que demonstrem a inexistência de justa causa e que demonstrem a existência de prejuízos.

Ac. da RP, de 25.11.99 *in* www.dgsi.pt (Proc. n.° 9931280)

I – As convenções de voto não são oponíveis à sociedade, a qual aparece perante elas como terceiro – respeitam apenas às relações entre os membros do sindicato de voto.

II – Com o sindicato de voto visa-se pura e simplesmente a ponderação prévia das decisões a tomar (perante o perigo dos desacertos nascidos do acaso das reuniões), mais frequentemente, assegurar a estabilidade da gestão social (face ao risco de maiorias flutuantes) ou da manutenção de uma política comum.

III – Os pactos de voto são válidos; os pactuantes podem, dadas certas condições, subtrair-se ao cumprimento literal assumido mediante invocação – do princípio da revogabilidade unilateral ad nutum das vinculações duradouras, da regra da resolubilidade ou modificabilidade dos contratos por alteração das circunstâncias, do abuso de direito, da mera interpretação ou integração do negócio segundo critérios de normalidade ou segundo ditames da boa fé.

514   *Regime Jurídico das Sociedades por Quotas*

IV – O direito especial do sócio à gerência só pode ser criado por estipulação no contrato de sociedade, apenas podendo ser suspenso e extinto mediante deliberação social seguida de acção de destituição judicial com fundamento em justa causa.

V – As convenções do voto podem incidir sobre órgãos de administração ou de fiscalização numa dupla vertente – reportando-se à escolha dos titulares dos diversos órgãos ou à sua exoneração; visando incidir sobre a forma como estes exercem as funções em que foram investidos (mas os acordos não podem condicionar a actividade dos administradores ou dos membros do conselho fiscal).

VI – É inexigível o vínculo que imponha o voto para eleger administrador alguém que não reúna as mínimas capacidades ou idoneidade para exercer o cargo.

VII – A acta da assembleia geral da sociedade não integra a própria deliberação, mas é indispensável para sua prova.

VIII – Não constando da acta as razões da destituição do gerente, esta tem de ser havida ad nuntum.

IX – Justa causa (a lei não fornece a sua noção) é qualquer circunstância, facto ou situação em face da qual, e segundo a boa fé, não seja exigível a uma das partes a continuação da relação contratual, todo o acto capaz de fazer perigar o fim do contrato ou de dificultar a obtenção desse fim; na destituição de gerente, a verificação de um comportamento na actividade deste – ou a prática de actos por sua parte – que impossibilite a continuação da relação de confiança que o exercício do cargo pressupõe.

X – O incumprimento ilícito de acordo parassocial só gera, para quem o violou, responsabilidade civil se tiver procedido com culpa e a prova da falta de culpa por quem o violou não está limitada pelo que consta da acta.
Ac. do STJ, de 11.03.99 *in* www.dgsi.pt (Proc. n.° 99A072)

I – Direito especial conferido a um sócio, em sentido amplo, é um direito privilegiado de um sócio em relação aos direitos de outros sócios, que se destina a favorecer, em termos patrimoniais ou não patrimoniais, dar supremacia ou vantagem a um ou mais sócios sobre os demais.

II – Não se exige a menção expressa do direito especial, bastando que a existência deste resulte da interpretação do contrato de sociedade, sendo indispensável que se demonstre ter havido a intenção de criar um direito especial à gerência.

III – A destituição de gerente, de sócio que disponha de um direito especial de gerência, só pode ser feita por via judicial e com fundamento em justa causa.

IV – Os sócios podem deliberar a destituição de gerente sem direito especial à gerência, haja ou não justa causa, com poder discricionário.

Título III – Sociedades por quotas   515

V – Mas nada impede que, em caso de justa causa, seja seguida a via judicial, ficando a requerente com o respectivo ónus de alegação e prova, podendo instaurar-se procedimento cautelar.
Ac. da RL, de 04.02.99 *in* CJ, Ano XXIV, Tomo I, p. 102

I – Com a nova redacção dada ao n.° 1 do artigo 722.° pelo DL 329-A/95, de 12 de Dezembro, estabeleceu-se a obrigatoriedade de interposição de um único recurso, cumulando na revista a invocação da lei substantiva e, a título acessório, a ocorrência de alguma das nulidades da sentença ou acórdãos recorridos, pondo-se, assim, fim ao regime da potencial separação dos recursos.
II – A Relação não pode alterar resposta ao quesito dada a partir de prova testemunhal não extractada nos autos, não constando dele todos os elementos probatórios que lhe serviram de base, não ocorrendo as situações subsumíveis às alíneas do n.° 1 do artigo 712.° do C.P.Civil.
III – O n.° 1 do artigo 257.° do CSC estatui, em termos meramente dispositivos, a livre revogabilidade da relação entre a sociedade e o gerente por acto unilateral e discricionário daquela, independentemente de justa causa.
IV – Não definindo o n.° 6 do artigo 257.° do CSC o conceito indeterminado, de justa causa – limitando-se a fornecer, a título exemplificativo, dois exemplos de justa causa –, a destituição do gerente há-de sempre encontrar raiz em algo que se reflicta, ponderosamente, no exercício concreto da gestão, para que possa preencher o conceito indefinido de justa causa.
V – A inexistência de justa causa apenas releva para efeitos do direito a indemnização, não tendo consequências quanto à aplicação do princípio da discricionariedade da destituição.
VI – A indemnização devida a gerente destituído sem justa causa deverá ter como suporte a existência de prejuízos.
VII – Não havendo indemnização contratual estipulada, o gerente destituído sem ocorrência de justa causa tem, em conformidade com os princípios gerais da responsabilidade civil, o direito a ser indemnizado pelos prejuízos correspondentes aos proventos esperados e aos danos morais.
VIII – Provada a falta de justa causa, terá ainda o autor de alegar e provar ter sofrido prejuízos com a destituição.
IX – O montante da indemnização pecuniária mede-se pela diferença entre a situação (real) em que o lesado se encontra e a situação (hipotética) em que ele se encontraria se não tivesse ocorrido o facto gerador do dano, de onde resulta a necessidade, suportada pelo lesado, de se alegarem e provarem os factos que permitam utilizar esse processo na avaliação comparativa.
Ac. do STJ, de 20.01.99 *in* www.dgsi.pt (Proc. n.° 98A1122)

I – Não definindo a lei comercial "justa causa" de destituição de gerente, perante o contido no n.° 6 do artigo 257.° do Código das Sociedades Comerciais,

516   *Regime Jurídico das Sociedades por Quotas*

pode dizer-se que a "justa causa" aí referida tem um carácter especial, consubstanciando uma quebra de confiança, por razões justificadas, entre a sociedade, representada pela assembleia geral, e o gerente.

II – Nos termos do artigo 257.°, n.° 7 do Código das Sociedades Comerciais, o gerente destituído sem justa causa tem direito a ser indemnizado.

III – Ao referir-se o artigo à destituição sem justa causa, reporta-se ao que consta no n.° 6, sendo seu complemento, significando que o gerente destituído sem justa causa não tem direito a ser indemnizado.

IV – Por isso, o "sem justa causa" nele referido não é facto negativo a provar pelo Autor (gerente destituído) mas a "justa causa" referida no n.° 6 do artigo 257.° do Código das Sociedades Comerciais é que é facto impeditivo de indemnização.

V – Assim, o Autor (gerente destituído) não tem que provar que foi destituído sem justa causa, incumbindo à Ré (que o destituiu) provar a justa causa da destituição.

Ac. da RP, de 02.11.98 *in* www.dgsi.pt (Proc. n.° 9851013)

I – As convenções de voto não são oponíveis à sociedade, a qual aparece perante elas como terceiro – respeitam apenas às relações entre os membros do sindicato de voto.

II – Com o sindicato de voto visa-se pura e simplesmente a ponderação prévia das decisões a tomar (perante o perigo dos desacertos nascidos do acaso das reuniões), mais frequentemente, assegurar a estabilidade da gestão social (face ao risco de maiorias flutuantes) ou da manutenção de uma política comum.

III – Os pactos de voto são válidos; os pactuantes podem, dadas certas condições, subtrair-se ao cumprimento literal assumido mediante invocação – do princípio da revogabilidade unilateral ad nutum das vinculações duradouras, da regra da resolubilidade ou modificabilidade dos contratos por alteração das circunstâncias, do abuso de direito, da mera interpretação ou integração do negócio segundo critérios de normalidade ou segundo ditames da boa fé.

IV – O direito especial do sócio à gerência só pode ser criado por estipulação no contrato de sociedade, apenas podendo ser suspenso e extinto mediante deliberação social seguida de acção de destituição judicial com fundamento em justa causa.

V – As convenções do voto podem incidir sobre órgãos de administração ou de fiscalização numa dupla vertente – reportando-se à escolha dos titulares dos diversos órgãos ou à sua exoneração; visando incidir sobre a forma como estes exercem as funções em que foram investidos (mas os acordos não podem condicionar a actividade dos administradores ou dos membros do conselho fiscal).

VI – É inexigível o vínculo que imponha o voto para eleger administrador alguém que não reúna as mínimas capacidades ou idoneidade para exercer o cargo.

Título III – Sociedades por quotas 517

VII – A acta da assembleia geral da sociedade não integra a própria deliberação, mas é indispensável para sua prova.

VIII – Não constando da acta as razões da destituição do gerente, esta tem de ser havida ad nuntum.

IX – Justa causa (a lei não fornece a sua noção) é qualquer circunstância, facto ou situação em face da qual, e segundo a boa fé, não seja exigível a uma das partes a continuação da relação contratual, todo o acto capaz de fazer perigar o fim do contrato ou de dificultar a obtenção desse fim; na destituição de gerente, a verificação de um comportamento na actividade deste – ou a prática de actos por sua parte – que impossibilite a continuação da relação de confiança que o exercício do cargo pressupõe.

X – O incumprimento ilícito de acordo parassocial só gera, para quem o violou, responsabilidade civil se tiver procedido com culpa e a prova da falta de culpa por quem o violou não está limitada pelo que consta da acta.

Ac. do STJ, de 22.06.98 *in* www.dgsi.pt (Proc. n.° 99A072)

I – Não possuindo o Autor direito especial à gerência, a sua destituição pode ser deliberada em assembleia geral.

II – A convocatória para a assembleia geral da sociedade com vista a "exonerar ou não o gerente", não tem de especificar todas as razões justificativas da proposta nem a lei exige que, antes de se passar à fase deliberatória, se discuta a mesma proposta.

III – A simples alegação de serem falsas as razões invocadas para a destituição e de que este facto causa prejuízos ao Autor não é suficiente para se considerarem desde logo violados os princípios da igualdade de tratamento dos sócios e da boa fé

Ac. do STJ, de 23.09.97 *in* www.dgsi.pt (Proc. n.° 96B881)

I – É meramente exemplificativa a enumeração dos fundamentos integrantes de justa causa de destituição de gerente de sociedade comercial, constante do n.° 6 do artigo 257.° do Código das Sociedades Comerciais.

II – Outro desses fundamentos é o exercício, pelo gerente, sem consentimento dos sócios, de actividade concorrente com a da sociedade.

Ac. da RP, de 16.01.97 *in* www.dgsi.pt (Proc. n.° 9630763) e CJ, Ano XXII, Tomo I, p. 88

A indemnização devida a gerente destituído sem justa causa assenta na existência de prejuízos, não estabelecendo o art. 257.°, n.° 7 do Código das Sociedades Comerciais a indemnização devida na falta de estipulação contratual mas sim o limite máximo no cálculo da indemnização.

Ac. da RL, de 09.01.97 *in* www.dgsi.pt (Proc. n.° 0003242)

518 Regime Jurídico das Sociedades por Quotas

I – Os procedimentos cautelares destinam-se, em geral, a acautelar o efeito útil da acção, impedir que, na pendência, a situação de facto se altere, de modo a tornar-se ineficaz uma sentença porventura favorável.

II – O pedido de suspensão de uma deliberação social pressupõe a existência dela. Não faz sentido fundamentar-se o requerente na inexistência jurídica da deliberação.

III – Deliberação inexistente é aquela a que falte o mínimo dos requisitos essenciais ou a que, nem na aparência, é adequada a vincular a sociedade.

IV – Uma deliberação social pode ser simplesmente renovatória ou interpretativa de outra.

V – Nas sociedades por quotas apenas com dois sócios, a destituição de um deles da gerência pode ser objecto de deliberação social, se não for invocada justa causa, tendo então o destituído direito a indemnização.
Ac. do STJ, de 04.12.96 *in* www.dgsi.pt (Proc. n.° 96A697)

O conceito de justa causa para destituição do gerente de uma sociedade tem a ver com a exigência de interesse social de não poder continuar investido na gerência aquele que se mostrou incompetente ou quem infringiu os deveres do cargo.
Ac. da RL, de 03.12.96 *in* www.dgsi.pt (Proc. n.° 0007531)

I – Nas sociedades de dois sócios, a destituição do gerente não pode ter lugar por deliberação.
Ac. da RP, de 26.11.96 *in* www.dgsi.pt (Proc. n.° 9620722)

I – Numa sociedade com dois sócios pode qualquer deles, como preliminar da acção de destituição, requerer contra o outro providência cautelar inominada para suspensão do exercício da gerência.

II – Estando provado que o requerido não só vem impedindo, desde Fevereiro de 1994, que a requerente exerça quaisquer actos de gerência, como nem sequer a autoriza a permanecer nas instalações da sociedade; que falsificou a acta da assembleia pretensamente realizada em 31 de Março de 1995, dando como presente e com participação activa a requerente, o que não aconteceu; que falsificou a escrita da sociedade, emitindo recibos de vencimento da requerente, que, ao contrário do que deles consta, esta não assinou nem recebeu, nada custa admitir que este procedimento possa continuar, sendo certo que se mostra quebrada a relação de confiança que deve existir entre sócios gerentes.

Assim e porque nada parece indicar que o prejuízo resultante da providência seja superior ao dano que com ela se pretende evitar, é de concluir que se verificam todos os pressupostos para que a mesma seja decretada nos termos inicialmente requeridos; suspensão do requerido da gerência da sociedade, com entrega das chaves do estabelecimento à requerente...
Ac. da RP, de 07.11.96 *in* www.dgsi.pt (Proc. n.° 9630843) e CJ, Ano XXI, Tomo V, p. 185

I – Inexiste deliberação social quando não se verifique o mínimo dos requisitos necessários para que possa ser juridicamente eficaz de forma a vincular a sociedade ou quando não seja adequada nem sequer na sua aparência material a responsabilizar aquele.

II – Uma deliberação social pode, simultaneamente, ser interpretativa e renovatória de uma outra.

III – Nas sociedades por quotas reduzidas a dois sócios a destituição de um deles da gerência pode ser objecto de deliberação social, se não houver invocação de justa causa, tendo o sócio destituído direito a indemnização.

Ac. do STJ, de 04.10.96 *in* CJ, Ano IV, Tomo III, p. 34

I – Salvo situações excepcionais, a destituição de gerente pela assembleia geral da sociedade é livre, relevando a existência de justa causa para efeitos de indemnização ao destituído.

II – Os factos atendíveis para integração do conceito de justa causa são os comprovados no processo judicial em que o tema se discuta, inseríveis nas perspectivas abrangentes da deliberação questionada.

III – Está certa a condenação do ex-gerente na quantia que se liquidar em execução de sentença, quando se comprove que utilizou as suas funções de gerente para gastos pessoais reflectidos na contabilidade da sociedade

Ac. do STJ, de 18.06.96 *in* www.dgsi.pt (Proc. n.º 96A102) e CJ, Ano IV, Tomo II, p. 155

I – A interpretação dos negócios jurídicos é, em princípio, matéria de facto e um contrato de sociedade estará submetido a essa regra; a interpretação dos estatutos das sociedades escapa por isso ao objecto do recurso de revista.

II – O contrato de sociedade tem de ser interpretado em moldes diferentes, já que ele não interessa só aos contraentes; não importa tanto, por isso, a vontade real dos sócios originários, ao darem vida à sociedade, mas apenas a vontade objectivada e perceptível por todos quantos possam vir a ter relações com o novo ente.

III – A estipulação do contrato de sociedade, segundo a qual a gerência social é exercida por ambos os sócios, desde logo nomeados gerentes, e é necessária a intervenção conjunta de dois gerentes para obrigar a sociedade, não concede a esses sócios um direito especial à gerência.

IV – A simples nomeação do gerente não impede que ele possa ser destituído por maioria simples; por via de regra, a nomeação no estatuto é meramente ocasional; para que assim não seja, exige-se cláusula expressa ou que tal resulte inequivocamente da interpretação do contrato.

Ac. do STJ, de 12.06.96 *in* www.dgsi.pt (Proc. n.º 96B133) e CJ, Ano IV, Tomo II, p. 130

520 Regime Jurídico das Sociedades por Quotas

O pedido de revogação judicial de cláusula estatutária de atribuição do direito à gerência e a consequente destituição de gerente devem ser deduzidos em processo comum.
Ac. da RE, de 23.05.96 *in* CJ, Ano XXI, Tomo III, p. 270

I – A providência cautelar de suspensão das funções de gerência e dos direitos dos sócios não pode ser requerida sem que haja prévia deliberação da Assembleia Geral da Sociedade.
II – Estas deliberações não podem ser supridas por autorização judicial.
III – Não pode a decisão judicial pronunciar autorização para proposição de acções de responsabilidade ou para serem deliberadas e propostas essas acções.
Ac. da RC, de 27.06.95 *in* CJ, Ano XX, Tomo III, p. 51

I – Uma deliberação destituindo um gerente, se quanto ao efeito constitutivo dessa qualidade e situações é instantânea, não deixa, precisamente porque duráveis no tempo essas qualidade e situação, de poder gerar danos espaçados no tempo.
II – É ilegal uma deliberação sobre questão não constante da convocatória e que não tenha sido votada por todos os sócios, mesmo no caso de assembleia universal.
III – A suspensão da deliberação não procede se não se demonstra, nem se alega a danosidade da execução da mesma deliberação.
Ac. do STJ, de 16.05.95 *in* CJ, Ano III, Tomo II, p. 85

I – O princípio da livre revogabilidade do mandato dos administradores sociais exclui a indemnização por destituição havendo justa causa; não havendo justa causa, deve o gerente ser compensado pelos prejuízos decorrentes da exoneração que frustrou uma legítima expectativa a qual é relevante apenas por quatro anos ou pelo tempo que faltava para perfazer o prazo por que fora designado.
II – Cabe ao Autor a prova da destituição como gerente nomeado sem limite temporal e à Ré a prova da existência de justa causa.
III – A prova da existência de justa causa importa a verificação de um comportamento na actividade de gerência que impossibilite a continuação da relação de confiança que o exercício do cargo pressupõe.
IV – O pedido de indemnização não procede pela simples invocação da perda da remuneração devida pelo exercício da gerência, pois os prejuízos para o gerente destituído só se verificam se ele não teve a oportunidade de exercer outra actividade remunerada a idêntico nível económico, social e profissional.
Ac. do STJ, de 27.10.94 *in* www.dgsi.pt (Proc. n.º 085751) e CJ, Ano III, Tomo III, p. 112

Título III – Sociedades por quotas

521

I – O requerente de um procedimento cautelar não carece de identificar a acção que visa instaurar se o procedimento for requerido como preliminar.

II – O que verdadeiramente importa é que, à face do requerimento, se detecte a aparência de um direito em relação ao qual a providência surja como antecipação e preparação de uma decisão ulterior.

III – É unânime a jurisprudência no sentido de que a acção de destituição do sócio-gerente de uma sociedade de dois sócios apenas deve ser dirigida contra o sócio destituendo.

IV – Cautelarmente pode o sócio, por si só, pedir que os poderes de gerência que ambos detinham só a ele sejam, provisoriamente, confiados.

V – Na falta de procedimento cautelar nominado na lei adjectiva com vista à suspensão da gerência, aplica-se a providência cautelar não especificada.

VI – Neste procedimento cautelar a regra é a da audição do requerido, em respeito pelo princípio do contraditório.

VII – Se o juiz despacha a petição limitando-se a designar dia para a produção da prova testemunhal mas o requerido, notificado do despacho que a final deferiu a providência não arguiu a nulidade resultante da não audição pelo meio adequado, ou seja, por reclamação no tribunal onde foi praticada, em tempo útil, ficou essa nulidade sanada.

VIII – Se os depoimentos recolhidos na providência no tribunal da causa vêm escritos, pode o tribunal superior, sem que isso deixe de constituir uma irregularidade sanada se não arguida, apreciá-los nos termos previstos no artigo 712.º do Código de Processo Civil.

Ac. da RP, de 11.10.94 *in* www.dgsi.pt (Proc. n.º 9450513) e CJ, Ano XIX, Tomo IV, p. 206

Face à redacção do actual n.º 4 do artigo 257.º do Código das Sociedades Comerciais, se se pretender a destituição de um gerente pela via judicial, concretamente pelo processo de jurisdição voluntária previsto no artigo 1484.º do Código de Processo Civil, a acção terá necessariamente de ser proposta contra o sócio destituendo e a sociedade, por ser caso de litisconsórcio necessário.

Ac. da RP, de 07.06.94 *in* www.dgsi.pt (Proc. n.º 9410303)

I – Constitui ónus das partes instruir os agravos que subam em separado, sofrendo as consequências da falta de prova dos factos.

II – Pode existir norma de carácter excepcional que permita que se suprima ou coarcte um direito especial de um sócio sem o consentimento deste.

III – Se os sócios deliberam alterar o contrato de sociedade no ponto em que atribuiu àquele sócio direito especial à gerência, é tal deliberação ineficaz para todos os sócios enquanto tal sócio não der o seu acordo, expressa ou tacitamente.

522 Regime Jurídico das Sociedades por Quotas

IV – Se os sócios, deliberarem directamente destituir o sócio-gerente, com direito especial à gerência, desta sua função, tal deliberação é nula, ainda que fundamentada em justa causa.

V – Para efeito do artigo 257.°, n.° 4, do CSC, é justa causa qualquer circunstância, facto ou situação em face da qual, e segundo a boa fé, não seja exigível a uma das partes a continuação da relação contratual;

É todo o facto capaz de fazer perigar o fim do contrato ou de dificultar a obtenção desse fim, qualquer conduta que possa fazer desaparecer pressupostos, pessoais ou reais, essenciais ao desenvolvimento da relação, designadamente qualquer conduta contrária aos deveres de correcção, de lealdade, de fidelidade na relação associativa.

Ac. da RL, de 01.02.94 *in* www.dgsi.pt (Proc. n.° 0077911)

A regra de que o objecto dos recursos é delimitado pelas respectivas conclusões e de que eles visam modificar as decisões recorridas, e não a criar decisões sobre matéria nova, só é exacta no domínio das questões disponíveis, cedendo quando se trate de questões a que a lei impõe o conhecimento oficioso.

O Código das Sociedades Comerciais prevê a destituição de gerente de sociedade por quotas com dois sócios, com fundamento em justa causa, através de acção judicial, e não estabelecendo esse código ou o Cód. Proc. Civ. um processo especial para tal, cabe ao caso a forma de processo comum.

Há erro na forma de processo que determina a nulidade de todo o processo e a absolvição da instância dos réus, quando, pelo processo especial regulado no art. 1484.° do CPC, um sócio pede a destituição do outro sócio da gerência da sociedade por quotas e a nomeação de outro gerente, já que este processo é menos solene do que o comum, envolvendo diminuição de garantias de defesa, pelo que a própria petição inicial não é aproveitável.

Ac. da RL, de 28.10.93 *in* www.dgsi.pt (Proc. n.° 0074912)

Poderá intentar-se providência cautelar inominada para obtenção de suspensão do exercício de gerência de sócio de sociedade comercial, constituída apenas por dois sócios, ambos gerentes.

Ac. da RE, de 17.06.93 *in* CJ, Ano XVIII, Tomo III, p. 286

I – Qualquer sócio, independentemente de deliberação social, pode pedir judicialmente, com fundamento em justa causa, a destituição de gerente do sócio a quem tenha sido atribuído o direito especial de gerência.

II – Consequentemente, pode o sócio, por si só e com o referido fundamento, requerer, mediante providência cautelar não especificada, que os poderes de gerência, que ambos detinham, só a ele sejam provisoriamente confiados.

III – Quando os sócios são apenas dois, justifica-se que a sociedade não seja chamada, porque o litígio se circunscreve às relações entre ambos existentes.

Título III – Sociedades por quotas 523

IV – E porque os sócios da sociedade são apenas dois, não há lugar à designação de um representante especial, pois também não há lugar a qualquer deliberação antes do pedido da providência ou da propositura da acção.
Ac. da RP, de 25.01.93 *in* www.dgsi.pt (Proc. n.° 9220766) e CJ, Ano XVIII, Tomo I, p. 213

No caso de uma sociedade por quotas em que uma delas é titulada por um sócio e as restantes duas, porque indivisas, são contituladas pelos herdeiros do outro sócio, entretanto falecido, a destituição do gerente com fundamento em justa causa só pode ser operada pela via judicial, nos termos do n.° 5 do artigo 257.° do Código das Sociedades Comerciais.
Ac. da RL, de 14.01.93 *in* www.dgsi.pt (Proc. n.° 0063162)

Na convocatória de Assembleia de Sociedade Comercial por quotas, para afastamento de um dos sócios da gerência, basta que seja mencionado que ela se destina a destituição de gerente, sem indicação do visado, havendo vários gerentes.
A indicação, no contrato social, de um sócio como gerente pode constituir somente o uso de uma das formas de designação de gerência, devendo, na dúvida, entender-se que a simples designação não atribui um direito especial.
Haverá direito especial à gerência quando a designação é feita por toda a vida do gerente ou por todo o tempo em que este for sócio; igualmente quando a alteração da cláusula ficar sujeita a um regime que torne indispensável o assentimento do sócio, mesmo que necessário seja também o voto de outros sócios, como no caso de ser exigida a unanimidade de votos.
Não é fundamento para a existência de falsidade, se, não atacado, e, antes, aceite, o que dela consta, o facto de ter sido escrita por quem não participou na Assembleia.
Ac. da RL, de 03.12.92 *in* www.dgsi.pt (Proc. n.° 0072881)

Há que interpretar a vontade da sociedade tendo presente a vivência jurídica ao tempo em que o pacto social foi elaborado (ou alterado).
No domínio anterior ao código das sociedades comerciais a mera atribuição da gerência no pacto das sociedades por quotas aos sócios, não lhes confere, sem mais, direito especial à gerência.
Não exigindo o pacto social uma maioria qualificada, nem outros requisitos, para a deliberação de destituição de gerente, a maioria simples dos sócios é suficiente para tal destituição, tratando-se de gerente sem direito especial à gerência, não podendo votar o sócio a cuja gerência respeita a deliberação.
Estando uma das quotas indivisas pelo falecimento do respectivo titular, cabendo a sua contitularidade aos herdeiros, o representante dessa quota é sócio distinto dos restantes, ainda que, por ser titular de uma quota, tenha também a qualidade de sócio.
Ac. da RL, de 15.10.92 *in* www.dgsi.pt (Proc. n.° 0080482)

I – O poder conferido aos sócios no n.º 1 do artigo 257.º do Código das Sociedades Comerciais, de deliberar a todo o tempo destituir o gerente, apresenta-se no mesmo alinhamento do princípio da liberdade de revogação dos poderes de administração das sociedades civis e do princípio da liberdade de revogação dos contratos de prestação de serviços e de mandato (artigos 986.º, n.º 3, 1156.º e 1170.º do Código Civil).

II – Ressalvada a hipótese do n.º 3, não é necessária a verificação da "justa causa" para que os sócios reunidos em assembleia deliberem a destituição do gerente.

No contexto do artigo 257.º, a "justa causa" apresenta-se como um conceito indeterminado, sendo que no n.º 6 desse artigo tipificam-se dois casos significativos:

1) violação grave dos deveres do gerente

2) incapacidade para o exercício normal das respectivas funções – sem que se absorvam totalmente os casos relevantes de "justa causa" de destituição do gerente.

III – Incumbe ao gerente destituído alegar e provar a sua destituição sem justa causa, para efeito de ter direito a ser indemnizado dos prejuízos sofridos, na conformidade do disposto no n.º 7 do artigo 257.º do Código das Sociedades Comerciais, em conjugação com a regra geral

Ac. do STJ, de 23.06.92 *in* www.dgsi.pt (Proc. n.º 081795)

I – A cláusula do estatuto de uma sociedade comercial por quotas que confere um direito especial a certo sócio, não pode ser derrogada sem o consentimento dele.

II – Mas não é necessária maioria qualificada para os sócios pedirem, por justa causa, a suspensão e destituição judicial do gerente com direito especial à gerência.

III – O sócio que não possa, ou não queira, obter previamente a deliberação referida em I., pode desde logo propor contra a sociedade acção para suspender e destituir, por justa causa, o gerente com direito especial à gerência. Se aquele sócio tiver obtido aquela deliberação, então a acção será intentada pela sociedade contra o gerente destituendo, com direito especial à gerência.

IV – A providência cautelar não especificada é o meio próprio para se obter a suspensão, devendo a destituição ser pedida na acção, que deve ser proposta no prazo legal, sob pena de a providência, se for concedida, caducar.

Ac. da RP, de 11.06.92 *in* www.dgsi.pt (Proc. n.º 9250350)

I – O n.º 4 do artigo 257.º do Código das Sociedades Comerciais só se aplica às Sociedades com três ou mais sócios.

II – O n.º 5 do citado artigo 257.º só se aplica às sociedades com 2 sócios; e na respectiva acção um sócio demanda o outro.

Título III – Sociedades por quotas   525

III – A acção para destituição do "outro" sócio, ao abrigo do disposto no n.° 5 do artigo 257.° citado, deverá ser intentada no Tribunal do domicílio do sócio demandado e não no da sede da Sociedade.
Ac. da RL, de 03.10.91 *in* www.dgsi.pt (Proc. n.° 0051722)

Nas sociedades por quotas a destituição de gerente é sempre possível; mas o gerente destituído deve ser indemnizado a menos que a destituição tenha ocorrido com justa causa. Esta consiste na violação grave, pelo gerente, dos seus deveres funcionais ou na sua incapacidade para o exercício do cargo. A justa causa, como facto impeditivo do direito indemnizatório, tem que ser provada pela sociedade.
Ac. da RL, de 26.11.90 *in* www.dgsi.pt (Proc. n.° 0053812)

I – Em providência cautelar em que é pedida por um sócio a suspensão de poderes de gerência de determinado sócio da sociedade não há necessidade de designar representante especial à sociedade, já que não existe deliberação social e a providência não foi requerida pela sociedade.
II – Se a sociedade tem apenas 2 sócios, a destituição da gerência de um deles, por justa causa, só pelo tribunal pode ser decidida em acção intentada pelo outro.
Ac. da RL, de 15.06.89 *in* www.dgsi.pt (Proc. n.° 0001644)

ARTIGO 258.° – **(Renúncia de gerentes)**
1 – A renúncia de gerentes deve ser comunicada por escrito à sociedade e torna-se efectiva oito dias depois de recebida a comunicação.
2 – A renúncia sem justa causa obriga o renunciante a indemnizar a sociedade pelos prejuízos causados, salvo se esta for avisada com a antecedência conveniente.

NOTAS:

I. Anteprojectos: FERRER CORREIA (art. 94.°); VAZ SERRA (art. 95.°) e RAÚL VENTURA (art. 72.°).

II. Os gerentes são designados no contrato de sociedade ou eleitos posteriormente por deliberação dos sócios (art. 252.°, n.° 2).
Em princípio, a gerência não tem duração limitada, subsistindo as funções dos gerentes enquanto não terminarem, por destituição ou renúncia (art. 256.°).

526 Regime Jurídico das Sociedades por Quotas

A renúncia, prevista no artigo em anotação, pode ser definida como o acto unilateral do gerente, por via do qual este faz cessar a relação de gerência. Cfr. RAÚL VENTURA *in* "Sociedades por Quotas", vol. III, p. 122 e MENEZES CORDEIRO *in* "Manual de Direito das Sociedades", II, p. 422.

A renúncia pode ser exercido a todo o tempo. Esta liberdade de desvinculação assenta no respeito pelos direitos fundamentais do gerente e pela sua própria condição humana.

A renúncia tem eficácia *ex nunc*, "pelo que não torna supervenientemente inútil a lide movida pelo renunciante contra a sociedade para indemnização dos prejuízos causados por exoneração sem justa causa operada por deliberação anteriormente tomada em Assembleia Geral Extraordinária da mesma sociedade", Ac. do STJ, de 13.10.93 *in* www.dgsi.pt (Proc. n.° 084281).

Segundo RAÚL VENTURA *in* "Sociedades por Quotas", vol. III, p. 122, a renúncia corresponde "ao acto do gerente que unilateralmente resolve o contrato de gerência. Contrapõe-se, portanto, pelo seu autor, à destituição tratada no art. 257.°".

Aliás, RAÚL VENTURA, *ob. cit.*, p. 124, sublinha que a renúncia deve ser considerada um caso em que a resolução do contrato é fundada na lei (art. 432.°, n.° 1, do CC).

Para maiores desenvolvimentos sobre a resolução, cfr. BRANDÃO PROENÇA *in* "A resolução do contrato no direito civil", Coimbra Editora, 1996.

A propósito da exclusão da renúncia, JOÃO LABAREDA *in* "A cessação da relação ...", pp. 151 e 152, faz notar que se a nomeação tiver sido feita sem fixação de prazo, "a admissibilidade da exclusão voluntária da renúncia afrontaria a proibição da vinculação perpétua, pois o gestor ficaria na contingência de não poder mais pôr fim ao vínculo que um dia aceitou mas no qual deixou de estar interessado".

Todavia, o mesmo autor, *ob. cit.*, p. 152, não vislumbra "qualquer razão impeditiva da exclusão da renúncia sem justa causa nos casos em que, como as mais das vezes acontece, o gestor é nomeado para prazo certo".

III. A renúncia, muito por força dos efeitos que acarreta (*maxime* extintivos), deve ser objecto de comunicação escrita à sociedade (1.ª parte, do **n.° 1**).

Na opinião de RAÚL VENTURA *in* "Sociedades por Quotas", vol. III, p. 123, a "cautela do legislador é justificada para se evitarem situações equívocas, como o simples abandono de funções pelo gerente".

RAÚL VENTURA, *ob. cit.*, pp. 122 e 123, refere que a 1.ª parte, do **n.° 1**, parece abrir "uma distinção entre o acto de renúncia, que não necessitaria de forma especial, e a comunicação, que deve revestir forma escrita. (...) Pode suceder que o gerente exteriorize por qualquer forma e perante quaisquer entidades a sua vontade de renunciar ao cargo e só posteriormente a comunique à sociedade, mas também pode acontecer que a sua vontade seja expressa pela primeira vez na comunicação à sociedade, na qual se cumulam renúncia e comunicação dela".

Para João Labareda *in* "A cessação da relação ...", p. 144, a exigência de comunicação visa salvaguardar "os interesses da sociedade, uma vez que compatibiliza a renúncia com a criação de condições para o normal prosseguimento da actividade social, evitando, além disso, desnecessárias dificuldades ligadas à determinação do momento em que a renúncia se tornaria eficaz e ao consequente accionamento do mecanismo de substituição previsto no art. 253.º".

A inobservância de forma escrita implica, nos termos gerais do art. 220.º, do CC, a nulidade do acto.

A comunicação, na medida em que tem como destinatário a sociedade, deve ser, gradualmente, dirigida a outro gerente, ao órgão de fiscalização ou a qualquer sócio.

Menezes Cordeiro *in* "Manual de Direito das Sociedades", II, p. 423, sustenta que o "gerente que, sem uma declaração válida de renúncia, abandone o seu posto está, seguramente, a incorrer em justa causa de destituição. Esta, a ser actuada, inverte a situação e faz incorrer o gerente "renunciante" em indemnização".

IV. A renúncia torna-se efectiva oito dias depois de recebida a comunicação (parte final, do **n.º 2**).

Daqui podemos extrair que a renúncia é uma declaração receptícia, uma vez que só se torna eficaz depois de recebida pelo seu destinatário.

Note-se, contudo, que este preceito trata da eficácia da renúncia perante a sociedade. De facto, nas relações externas, a renúncia só se torna eficaz depois de devidamente registada, conforme impõe a al. m), do n.º 1, do art. 3.º, do CRC.

A solução aqui adoptada resulta do "compromisso entre o interesse do gerente em terminar imediatamente as suas funções e a conveniência da sociedade em ter tempo para designar outro gerente", Raúl Ventura *in* "Sociedades por Quotas", vol. III, p. 123.

Em relação ao regime consagrado no artigo em anotação, Menezes Cordeiro *in* "Manual de Direito das Sociedades", II, p. 422, faz questão de realçar que "em termos de gestão profissionalizada, o recrutamento e a formação de gestores adequados representa um investimento, com custos que podem ser elevados. A sua substituição *ex abrupto* pode nem ser possível. De todo o modo: ficam envolvidos novos custos e despesas. E a própria imagem da empresa estará em causa".

O prazo de 8 dias é consideravelmente inferior ao prazo de 30 dias estabelecido no n.º 2, do art. 404.º, para as SA. Esta diferença assenta, essencialmente, no pressuposto de que a substituição de um gerente, tendo em consideração o grau de exigência técnica do cargo, é mais fácil do que a substituição de um administrador.

Nada obsta a que a sociedade, uma vez que estão em causa interesses seus, aproveite o prazo legal, "podendo, designadamente eleger novo gerente antes dele ter decorrido", Raúl Ventura *in* "Sociedades por Quotas", vol. III, p. 123.

Este autor, *ob. cit.*, p. 125, salienta ainda que, na comunicação de renúncia, o gerente pode "indicar a data em que a se tornará efectiva; um simples aviso de que o gerente pensa ou se propõe renunciar em tal data, efectuando-se nessa data a renúncia, com a respectiva comunicação, satisfaz os propósitos da disposição legal".

V. A renúncia sem justa causa obriga o renunciante a indemnizar a sociedade pelos prejuízos causados (1.ª parte, do **n.º 2**).

Da leitura deste preceito podemos, desde logo, concluir que a renúncia pode ser com justa causa ou sem justa causa (renúncia *ad nutum*).

O conceito de justa causa está, normalmente, associado à cessação de uma relação jurídica.

Por exemplo, no domínio do Direito do Trabalho, a justa causa assume-se como elemento legitimador do despedimento por facto imputável ao trabalhador (art. 351.º, do CT) ou da resolução do trabalhador (art. 394.º, do CT). Para maiores desenvolvimentos, cfr. PAULA QUINTAS/HELDER QUINTAS *in* "Código do Trabalho …", pp. 715 e ss. e 859 e ss..

Da análise do conceito de justa causa, nos mais diversos ramos do direito, destaca-se um denominador comum: a impossibilidade de manutenção da relação jurídica.

Assim, numa abordagem inevitavelmente generalista, podemos definir a justa causa como o facto jurídico de verificação ulterior, não necessariamente culposo, que torne impossível a subsistência da relação jurídica estabelecida.

RAÚL VENTURA *in* "Sociedades por Quotas", vol. III, p. 124, considera que haverá "justa causa quando o gerente não deva ser forçado a continuar a exercer as suas funções em condições para ele insuportáveis". Cfr., ainda, a definição de JOÃO LABAREDA *in* "A cessação da relação …", p. 144.

A verificação da justa causa deve ser analisada casuisticamente.

Como refere RAÚL VENTURA *in* "Sociedades por Quotas", vol. III, p. 124, "suponha-se que os sócios alteram o objecto da sociedade, quer porque modificam a respectiva cláusula contratual, quer porque deliberam exercer nova actividade já abrangida pela cláusula de objecto – a influência que isso possa ter no comportamento exigível ao gerente só em cada só poderá ser determinada. Justa causa existe também quando a sociedade não fornece aos gerentes os meios indispensáveis para a estão da sociedade, como por exemplo se, necessitando esta de capitais próprios, os sócios não providenciarem nesse sentido".

Para MENEZES CORDEIRO *in* "Manual de Direito das Sociedades", II, p. 423, a justa causa "abrange:

– as violações culposas de deveres perpetradas pela sociedade, com relevo para o não pagamento atempado da remuneração ou de outras prestações retributivas acordadas ou para a não concretização das condições de trabalho prefixadas ou expectáveis;

– as circunstâncias ponderosas, na esfera do gerente, que o levem a abandonar as suas funções; aspectos familiares ou profissionais que tornem inexigível a manutenção do cargo".

Pereira de Almeida *in* "Sociedades Comerciais", p. 160, aponta, ainda, como justa causa a falta de condições financeiras para o exercício das funções de gerente.

A inexistência de justa causa faz incorrer o renunciante na obrigação de indemnizar a sociedade pelos prejuízos causados (1.ª parte, do **n.º 2**). Note-se que o **n.º 1** é aplicável à renúncia com justa causa e à renúncia sem justa causa.

Segundo o entendimento de Raúl Ventura *in* "Sociedades por Quotas", vol. III, p. 125, "os danos indemnizáveis são os decorrentes do carácter abrupto da renúncia e não de outros factores, com os respeitantes à personalidade do gerente (grande competência, alta especialização, influência no mundo dos negócios, etc.), pois só para aqueles males pode o tempo de antecedência trazer remédio".

Menezes Cordeiro *in* "Manual de Direito das Sociedades", II, p. 424, sustenta que a indemnização deve ser plena, "contemplando:

– os lucros cessantes, incluindo todos os negócios lucrativos que se tenham perdido;
– os danos emergentes, computando as despesas de recrutamento e de formação perdidas e as que seja necessário suportar para encontrar novo gerente;
– os danos morais: todo o dano de imagem que a sociedade possa sofrer".

VI. A renúncia sem justa causa não faz incorrer o renunciante na obrigação de indemnizar, se a sociedade for avisada com a antecedência conveniente (**n.º 2**).

João Labareda *in* "A cessação da relação ...", p. 145, considera que a "conexão do dever de indemnizar imposto ao renunciante com a falta de «antecedência conveniente» do aviso de renúncia prende-se com a presunção de que a falta de tempo para a sociedade resolver o problema do afastamento unilateral do gerente é a causa adequada da produção dos prejuízos a indemnizar.

Do que se trata, portanto, é de o gerente, ao renunciar, o fazer em termos de, sendo necessário, serem atempadamente tomadas medidas que garantam o normal funcionamento da sociedade".

O conceito indeterminado "antecedência conveniente" deve ser integrado com base nas circunstâncias de cada caso, designadamente o papel desempenhado pelo gerente renunciante nos actos de gerência em curso, a sua relação com clientes, fornecedores e trabalhadores, os seus conhecimentos técnicos, o período de ocupação do cargo, etc..

No fundo, a ideia que devemos reter é a de que quanto mais difícil for a substituição de um gerente, atendendo a todas as condicionantes referidas, maior deve ser o prazo de antecipação.

530   Regime Jurídico das Sociedades por Quotas

MENEZES CORDEIRO *in* "Manual de Direito das Sociedades", II, p. 424, considera, por exemplo, que o "gerente altamente especializado, com conhecimentos técnicos em áreas pouco conhecidas, deverá dar um pré-aviso maior do que o administrador facilmente substituível".

O contrato de sociedade pode fixar um prazo de antecipação.

Este autor, *ob. cit.*, p. 424, acaba mesmo por propor como solução ideal que, previamente e aquando da contratação, se acorde "na duração do mandato e nas condições e consequências da sua cessação antecipada, por iniciativa do gerente".

Quanto à questão de saber se o gerente que renuncia com justa causa tem direito a indemnização, *vide* JOÃO LABAREDA *in* "A cessação da relação ...", pp. 149 e 150.

JURISPRUDÊNCIA:

I – Se o réu, em assembleia geral da sociedade convocada para deliberar sobre a sua substituição de gerente e exclusão de sócio, com determinação do valor da sua quota e modo de pagamento, tomou a iniciativa de renunciar à gerência e de negociar a cedência da quota por valor que a sociedade aceitou e pagou, não houve promessa de cedência da quota, antes a vontade das partes foi no sentido da exoneração do réu, tendo a sociedade amortizado a quota.

II – A exclusão de sócio e a amortização da quota estão sujeitas a registo.
Ac. da RP, de 10.07.97 *in* CJ, Ano XXII, Tomo IV, p. 187

É o Código das Sociedades Comerciais que define quando é que a renúncia à gerência se torna eficaz, limitando-se o Código do Registo Comercial a estatuir que a renúncia está sujeita a registo sem pretender dispôr quanto às respectivas condições de eficácia.
Ac. do STJ, de 26.01.94 *in* www.dgsi.pt (Proc. n.° 084830)

I – A renovação, sem eficácia retroactiva, de deliberação anterior de exoneração de gerente, tomada em assembleia Geral Extraordinária de sociedade por quotas, tem eficácia ex nunc, pelo que não torna supervenientemente inútil a lide movida pelo gerente contra a Sociedade para indemnização dos prejuízos causados por tal exoneração sem justa causa.

II – A renúncia à gerência de sociedade por quotas tem eficácia ex nunc, pelo que não torna supervenientemente inútil a lide movida pelo renunciante contra a sociedade para indemnização dos prejuízos causados por exoneração sem justa causa operada por deliberação anteriormente tomada em Assembleia Geral Extraordinária da mesma sociedade.
Ac. do STJ, de 13.10.93 *in* www.dgsi.pt (Proc. n.° 084281)

I – Mesmo que não registado o mandato conferido ao gerente da sociedade produz efeitos.

Título III – Sociedades por quotas 531

II – A gerência da sociedade pode ou não constar da escritura do respectivo contrato.

III – Estando em causa a falta de registo da renúncia à gerência da sociedade de um sócio e da atribuição da gerência da mesma sociedade a todos os quatro sócios (onde se incluem os que assinaram a procuração) e que para obrigar a sociedade é necessária a intervenção conjunta de dois gerentes, essa falta de registo não pode ser invocada por qualquer sócio quando pretender retirar validade ao mandato judicial constituído pelas sociedade, representada por dois desses gerentes, nos autos de providência cautelar contra ela requerida por outros sócios.

Ac. da RP, de 02.02.93 *in* CJ, Ano XVIII, Tomo I, p. 222

ARTIGO 259.º – **(Competência da gerência)**
Os gerentes devem praticar os actos que forem necessários ou convenientes para a realização do objecto social, com respeito pelas deliberações dos sócios.

NOTAS:

I. Na anotação ao art. 252.º referimos que ao órgão representativo (gerência) cabe formar, manifestar e exteriorizar a vontade da sociedade (representação) e realizar todos os actos necessários ou convenientes para a realização do objecto social, designadamente gerir os negócios da sociedade (administração).

II. Nos termos do artigo em anotação, os gerentes devem praticar os actos que forem necessários ou convenientes para a realização do objecto social, com respeito pelas deliberações dos sócios.

A competência dos gerentes é residual em relação à da assembleia geral, prevista no art. 246.º. RAÚL VENTURA *in* "Sociedades por Quotas", vol. II, pp. 165 e 166, sublinha que a mesma é limitada à gestão da actividade social, cabendo exclusivamente aos sócios a administração estrutural da sociedade (o que, aliás, é confirmado pela competência atribuída exclusiva e imperativamente à assembleia geral).

Este mesmo autor, "Sociedades por Quotas", vol. III, p. 132, refere, ainda, que o "núcleo básico dos poderes representativos dos gerentes é constituído pelos actos e negócios celebrados com terceiros, no desenvolvimento da actividade que forma o objecto social (…). Nos referidos actos e negócios jurídicos compreendem-se não só os constitutivos de relações jurídicas, mas também os modificativos ou extintivos destes".

532 *Regime Jurídico das Sociedades por Quotas*

Podemos, assim, concluir que da competência dos gerentes foram excluídas todas as alterações subjectivas e objectivas da sociedade. Cfr. RAÚL VENTURA *in* "Sociedades por Quotas", vol. III, p. 134.

Num outro prisma, RICARDO CANDEIAS *in* "Os gerentes e os actos de mero expediente", ROA, Ano 60, I, 2000, p. 259, sustenta que a "competência funcional dos gerentes será determinada num sentido positivo – art. 259.º – referente à competência dos gerentes – e um sentido negativo – por exclusão com os poderes que pertencem aos sócios e, se existir, os do conselho fiscal".

Para além das competências já referidas, são, ainda, de destacar os seguintes poderes dos gerentes:

– Deslocação da sede social (art. 12.º, n.º 2);
– Assunção de negócios anteriores ao registo (art. 19.º, n.º 2).

No âmbito de competência dos gerentes incluem-se, naturalmente, os actos de mero expediente.

Os actos de mero expediente são "aqueles cujas consequências económicas são de menor importância para a sociedade. São actos essencialmente executivos, no sentido de concretizarem o que já foi previamente estabelecido", RICARDO CANDEIAS *in* "Os gerentes e os actos ...", p. 263.

Este mesmo autor, *ob. cit.*, p. 278, entende que estes actos podem ser compreendidos e interpretados "de acordo com a argumentação que a doutrina utiliza para circunscrever os actos de mera administração".

Os actos praticados pelos gerentes que excedam o objecto social não caem fora da capacidade da sociedade, traduzindo apenas falta de competência daqueles. Cfr. RICARDO CANDEIAS *in* "Os gerentes e os actos ...", p. 257.

Para maiores desenvolvimentos sobre o fim e o objecto sociais, cfr. considerações prévias da presente obra.

III. A natureza residual e genérica da competência dos gerentes, prevista no artigo em anotação, faz sobressair o carácter excepcional do seu alargamento.

Diga-se, no entanto, que o contrato pode dispensar a deliberação dos sócios quando a competência destes não for imperativa, como por exemplo:

– Na criação de sucursais, agências, delegações ou outras formas locais de representação (art. 13.º, n.º 2);
– Na alienação ou oneração de bens imóveis, a alienação, a oneração e a locação de estabelecimento (al. c), do n.º 2, do art. 246.º);
– Na subscrição ou aquisição de participações noutras sociedades e a sua alienação ou oneração (al. d), do n.º 2, do art. 246.º).

O contrato pode, igualmente, limitar a competência dos gerentes, tornando dependente de deliberação dos sócios determinados actos.

IV. Vejamos alguns dos deveres dos gerentes:
a) Dever de diligência e de cuidado

O art. 64.°, na sua versão original, dispunha o seguinte:

"Os gerentes, administradores ou directores de uma sociedade devem actuar com a diligência de um gestor criterioso e ordenado, no interesse da sociedade, tendo em conta os interesses dos sócios e dos trabalhadores".

O critério aqui adoptado, estava intimamente relacionado com *o duty of care* que, nos termos da *Section 4.0,1* dos «*Principles of Corporate Governance*», do *American Law Institute*, consistia no dever que os administradores têm de desempenhar as suas funções com a diligência esperável de uma pessoa prudente colocada nas mesmas posição e circunstâncias. Cfr., sobre este tema, SOARES DA SILVA *in* "Responsabilidade civil dos administradores de sociedades: os deveres gerais e os princípios da *corporate governance*", ROA, Ano 57, Tomo II, 1997, pp. 620 e ss..

Para CESARE VIVANTE *in* "Traitê de Droit Commercial", Tome II – Les societés commerciales, Griard & Briére libraires – editeurs, Paris, 1911, p. 159, o administrador deve pautar a sua conduta pela diligência de um bom comerciante, mais precisamente agindo como se o fizesse em nome próprio. Como salienta ainda este autor, *loc. cit.*, "Talvez seja mais lógico determinar a sua diligência conforme aquela que ele aplica aos seus próprios assuntos".

Por outro lado, os gerentes não estão obrigados a atingir um resultado específico, mas apenas a empregar a diligência necessária com vista à obtenção desse resultado (obrigação de meios). Cfr., no que concerne às obrigações de meios e de resultado, ANA PRATA *in* "Dicionário...", pp. 689 e 691.

No fundo, "os administradores não se obrigam a obter um resultado económico positivo, mas a desenvolver uma conduta conforme a certos requisitos", WEIGMANN citado por DUARTE RODRIGUES *in* "A administração ...", p. 177.

Em suma, "se o administrador cumpriu todos os seus deveres e agiu com honestidade e a diligência normal exigível de um administrador colocado nas condições concretas em que foi chamado a actuar, os erros que, então, possa ter cometido não poderão deixar de ser irrelevantes", DUARTE RODRIGUES, *ob. cit.*, p. 179.

O direito anglo-saxónico, através da *business judgement rule,* criou um modelo de apreciação da responsabilidade civil do administrador muito mais limitado, onde só haverá responsabilidade se a decisão tomada for de todo irracional. Cfr., para maiores desenvolvimentos, SOARES DA SILVA, *ob. cit.*, pp. 624 e ss.

Sobre este tema, cfr., ainda, CARNEIRO DA FRADA *in* "*A business judgment rule*" no quadro dos deveres gerais dos administradores", ROA, Ano 67, 2007, I, pp. 159 e ss..; NUNO TIAGO TRIGO DOS REIS *in* "Os deveres de lealdade ...", pp. 312 e ss.; COUTINHO DE ABREU *in* "Deveres de cuidado e de lealdade dos administradores e interesse social", Reformas do Código das Sociedades, colóquios n.° 3, IDET, Almedina, 2007, pp. 15 e ss.; JOSÉ MARQUES ESTACA *in* "O Interesse da Sociedade ...", pp. 159 e ss. e GABRIELA FIGUEIREDO DIAS *in* "Fiscalização de sociedades e responsabilidade civil (após a reforma do código das sociedades comerciais)", Coimbra Editora, 2006, pp. 41 e ss..

534 *Regime Jurídico das Sociedades por Quotas*

O DL n.º 76-A/2006, de 29 de Março, introduziu a al. a), do n.º 1, do art. 64.º, nos termos da qual os gerentes ou administradores da sociedade devem observar deveres de cuidado, revelando a disponibilidade, a competência técnica e o conhecimento da actividade da sociedade adequados às suas funções e empregando nesse âmbito a diligência de um gestor criterioso e ordenado.

Tenhamos, ainda, em linha de conta que, com a alteração introduzida pelo DL n.º 76-A/2006, de 29 de Março, também os titulares de órgãos sociais com funções de fiscalização passam a estar expressamente obrigados ao cumprimento de deveres de cuidado, empregando para o efeito elevados padrões de diligência profissional e deveres de lealdade, no interesse da sociedade (art. 64.º, n.º 2);

b) Dever de lealdade
Cfr. anotações ao art. 254.º;

c) Dever de vigilância geral
O dever de vigilância incide sobre a gestão da sociedade, manifestando-se "através do exercício do direito de informação e de oposição", RICARDO CANDEIAS *in* "Os gerentes e os actos ...", p. 263.

A nossa doutrina tem entendido que este dever, expressamente previsto apenas para as SA (art. 407.º, n.º 8), é extensivo aos gerentes.

Cfr. RAÚL VENTURA *in* "Sociedades por Quotas", vol. III, pp. 151 e ss.;

d) Dever de não liberar deliberações de entradas (art. 27.º, n.º 1);

e) Dever de convocar a assembleia geral em caso de perda de metade do capital (art. 35.º, n.º 1);

f) Dever quanto a deliberações nulas (art. 57.º);

g) Dever relativos ao relatório de gestão, às contas de exercício e demais documentos de prestação de contas (art. 67.º);

h) Dever de praticar os actos necessários à alteração do contrato (art. 85.º, n.º 5);

i) Dever de elaboração de projecto de fusão e cisão (arts. 98.º e 119.º);

j) Dever de organização de um relatório justificativo de transformação (art. 132.º);

l) Deveres relativos às operações preliminares de dissolução (art. 149.º);

m) Dever de publicidade dos actos relativos à sociedade (art. 166.º e art. 29.º, do CRC);

n) Deveres relativos às obrigações de entrada (arts. 204.º e ss.);

o) Dever de prestar informações (art. 214.º).

V. Os gerentes devem agir com respeito pelas deliberações dos sócios. RAÚL VENTURA *in* "Sociedades por Quotas", vol. III, pp. 139, refere que, para as SQ, vigora um princípio de dependência de ordens ou instruções, a "que corresponde um princípio de obediência por parte dos gerentes".

Note-se, contudo, que este dever deixa de ser exigível em relação a deliberações sociais violadoras da lei ou dos estatutos. Neste caso, sobre os gerentes impende o dever de *resistir*. *Vide*, neste mesmo sentido, as considerações tecidas por CESARE VIVANTE, *ob. cit.*, p. 382.

Para JOSÉ MARQUES ESTACA *in* "O Interesse da Sociedade ...", p. 167, o "respeito imposto aos gerentes pelas deliberações dos sócios encontra-se balizado pela observância por parte destas deliberações dos fins e do interesse da sociedade, sendo pois lícito àqueles, em princípio, no âmbito do dever legal de diligência (art. 64.º do C.S.C) a que igualmente se encontram vinculados, absterem-se de as executar quando as referidas deliberações sejam eventualmente passíveis de anulação por violação do interesse da sociedade".

Importa saber se os gerentes gozam do direito de se oporem às deliberações da assembleia que violem a boa fé, os bons costumes ou a lei.

Não pretendemos inovar, adoptando ou enunciando uma noção estanque de boa fé, como tão bem alertou MENEZES CORDEIRO *in* "Da boa fé no direito civil", reimpressão, Almedina, 1997, p. 18. Segundo o autor, *loc. cit.*, "tentativas desse género seriam inaptas face ao alcance e riqueza reais da noção", porquanto, "a boa fé traduz um estádio juscultural, manifesta uma Ciência do Direito e exprime um modo de decidir próprio de certa ordem jurídica".

Podemos definir os bons costumes como um conjunto de regras de comportamento sexual, familiar e deontológico acolhidas pelo Direito, em cada momento histórico que, seguindo a qualificação dos bons costumes do BGB, assenta fundamentalmente em dois pilares estruturantes quais sejam a ordem pública e a moral social. Cfr. MENEZES CORDEIRO *in* "Tratado...", p. 193 e "Da boa fé...", pp. 1220 e ss.

Para uma análise alargada e dogmatizante dos padrões de distinção da boa fé em relação aos bons costumes e ordem pública, *vide* MENEZES CORDEIRO *in* "Da boa fé...", pp. 1208 e ss..

A nossa doutrina tem vindo a distinguir a boa fé subjectiva, reportando-se esta a um "elemento intencional individual, exprimindo um estado ou situação de espírito que envolve o convencimento ou consciência de se ter um comportamento em conformidade com o direito" e a boa fé objectiva que "constitui um princípio norteador da conduta das partes, um padrão objectivo de comportamento e, concomitantemente, um critério normativo da sua valoração", RUI DE ALARCÃO *in* "Direito das Obrigações", lições policopiadas, Coimbra, 1983, pp. 107 e 108.

Antes de propor a resposta, convém esclarecer que o que está, aqui, em causa nada tem que ver com as consequências legalmente previstas para tais deliberações: a nulidade (no que diz respeito às deliberações cujo conteúdo seja ofensivo dos bons costumes ou de preceitos legais imperativos, al. d), n.º 1, do art. 56.º) e a anulabilidade (no que concerne às deliberações que violem disposições legais não imperativas ou o contrato social, al. a), do n.º 1, do art. 58.º).

Para maiores desenvolvimentos, sobre esta matéria, *vide*, entre outros, VASCO LOBO XAVIER *in* "Anulação de Deliberação Social e Deliberações Conexas", Almedina, Coimbra 1998, pp. 87 e ss.; PINTO FURTADO *in* "Deliberações de

536 *Regime Jurídico das Sociedades por Quotas*

Sociedades Comerciais", Almedina, 2005, pp. 590 e ss.; Moitinho de Almeida *in* "Anulação e Suspensão de Deliberações Sociais", 3.ª edição, Coimbra editora, 1996, pp. 47 e ss. e Pedro Maia *in* "Deliberações dos sócios", Estudos..., pp. 200 e ss..

O *perímetro* estruturante da questão gira em torno da possibilidade (ou não) de os gerentes se oporem àquelas deliberações, e, em caso afirmativo, através de que meios jurídicos.

Como já vimos, os gerentes devem actuar no interesse da sociedade e praticar os actos necessários ou convenientes para a realização do objecto social, com respeito pelas deliberações dos sócios (arts. 64.° e 259.°).

Suponhamos agora que a assembleia geral aprova uma deliberação que embora conveniente à realização do objecto social e do interesse social viola a boa fé, os bons costumes e/ou a lei. Estarão os gerentes obrigados a executar tal deliberação?

Na ausência de norma legal respectiva, vemo-nos, mais uma vez, forçados a recorrer ao regime geral das obrigações.

Partindo do princípio que entre a sociedade e os gerentes existe uma relação jurídica contratual (independentemente da qualificação adoptada), as partes, no cumprimento das suas obrigações, devem actuar de boa fé (art. 762.°, n.° 2, do CC).

A respectiva prestação principal pode, *per si*, envolver várias operações materiais, "A obrigação implica, então, créditos múltiplos e diz-se complexa: tem várias prestações principais ou, quando uma delas domine, em termos finais, uma principal e várias secundárias", Menezes Cordeiro *in* "Da boa fé...", p. 591.

No âmbito específico do estatuto obrigacional assumido pelos gerentes, tal classificação ganha preciosa relevância, porquanto, como é sabido, a prestação a que estão vinculados realiza-se de forma continuada e não instantânea, ou seja, o seu cumprimento revela-se escatologicamente *sisífico*, enquanto empresa perfeita e eternamente inacabada.

Cfr., ainda e no que concerne ao abuso de direito na prática de um acto jurídico, o Ac. do STJ, de 21.09.93 *in* CJ, Ano I, Tomo III, p. 22.

A boa fé neste domínio, escreve Diez-Picazo (citado por Antunes Varela *in* "Das Obrigações...", vol. II, p. 14) é um "arquétipo de conduta social: a lealdade nas relações, o proceder honesto, esmerado, diligente".

Assim, no nosso entendimento, a sociedade, impondo aos gerentes a execução de uma deliberação ilícita nos termos já indicados, ainda que conveniente à realização do objecto social ou à consecução do fim social, assume uma conduta absolutamente desleal e, consequentemente, exerce, abusivamente, um direito legalmente conferido (o de impor aos gerentes a execução das deliberações sociais necessárias ou convenientes para a realização do objecto social (art. 259.°)).

Esta conduta chama, inapelavelmente, à colação a figura do abuso de direito, que como tem vindo a considerar a doutrina, traduz-se numa concretização da boa fé objectiva. Cfr., entre outros, MENEZES CORDEIRO *in* "Tratado...", pp. 182 e 191 e "Da Boa fé...", p. 662.

Nos termos do art. 334.°, do CC, "É ilegítimo o exercício de um direito, quando o titular exceda manifestamente os limites impostos pela boa fé, pelos bons costumes ou pelo fim social ou económico desse direito".

Enquanto que o fim económico e social é um limite da natureza específica – "cada direito tem, ou pode ter o seu fim social e económico"...,"a boa fé e os bons costumes não emergem, na fórmula legal, de cada direito em si", MENEZES CORDEIRO *in* "Da boa fé...", p. 661.

A concepção de abuso de direito, aqui, acolhida é a objectiva. Como refere MOITINHO DE ALMEIDA *in* "Anulação...", p. 112, "Não é necessária a consciência de se atingir, com o seu exercício, a boa fé os bons costumes ou o fim social ou económico do direito conferido, basta que os atinja". Cfr., no mesmo sentido, ANTUNES VARELA *in* "Das Obrigações...", vol. I, p. 514.

No domínio das deliberações sociais a concepção objectivista do abuso de direito manifesta-se na al. d), do n.° 1, do art. 56.°. Por sua vez, a concepção subjectivista ganha expressão na al. b), do n.° 1, art. 58.°. Cfr. o Ac. do STJ, de 07.01.93 *in* CJ, Ano I, Tomo I, p. 9.

Para que haja lugar ao abuso de direito "é necessária a existência de uma contradição entre o modo ou o fim com que o titular exerce o direito e o *interesse* ou *interesses* a que o *poder* nele consubstanciado se encontra adstrito", ANTUNES VARELA *in* "Das Obrigações...", vol. I, p. 516.

No que directamente diz respeito às deliberações sociais, tem-se entendido que há abuso de direito quando estas excedem os limites da boa fé e dos bons costumes e não sejam impostas pelo interesse social. *Vide* MOITINHO DE ALMEIDA *in* "Anulação...", p. 116 e o Ac. da RE, de 05.06.95 *in* CJ, Ano XX, Tomo III, p. 290.

Pela nossa parte o que está em causa no abuso de direito, aplicado neste domínio, não é apenas a frustração do interesse social. Com efeito, uma determinada deliberação pode satisfazer, em absoluto, esse interesse e, no entanto, não deixar de constituir um forte atentado à boa fé e aos bons costumes o que não poderá deixar de acarretar, nos casos mais gritantes, um abuso de direito, entendido este como "uma cláusula geral, uma válvula de segurança, uma janela por onde podem circular lufadas de ar fresco, para obtemperar a injustiça gravemente chocante e reprovável para o sentimento jurídico prevalente na comunidade social, injustiça de proporções intoleráveis para o sentimento jurídico inoperante em que, por particularidades ou circunstâncias especiais do caso concreto, redundaria o exercício de um direito por lei conferido", Ac. do STJ, de 21.09.93 *in* CJ, Ano I, Tomo III, p. 21.

No fundo e em resumo o instituto do abuso de direito perfila-se como garante do, necessariamente imaculado, equilíbrio entre as partes inerente a toda e qualquer relação jurídica, *debatendo-se*, de modo inevitavelmente generalista e

538 *Regime Jurídico das Sociedades por Quotas*

abrangente, com o exercício ofensivo dos direitos respectivos, o que constitui uma intolerável ofensa do sentido ético-jurídico da comunidade.

Alinhavados todos estes considerandos, chegado é o momento de reflectirmos sobre os meios concedidos aos gerentes de se oporem a tais deliberações.

Os mecanismos que seleccionamos são os seguintes:

i) *Direito de resistência*

CESARE VIVANTE, *ob. cit.*, p. 382, já havia afirmado que sobre os gerentes recai o "dever de resistir às decisões da assembleia que violem a lei e os estatutos".

De acordo com o art. 21.º, da CRP, todos têm o direito de resistir a qualquer ordem que ofenda os seus direitos, liberdades e garantias e de repelir pela força qualquer agressão, quando não seja possível recorrer à autoridade pública.

Como tem entendido a nossa doutrina, o direito de resistência "vale, não apenas perante os poderes públicos, mas também nas relações particulares", GOMES CANOTILHO/VITAL MOREIRA *in* "Constituição da República ...", p. 421.

Uma vez que o texto constitucional não abarca as ordens que violem a boa fé, os bons costumes e/ou a lei, poderíamos concluir que o direito de resistência apenas seria admissível quando houvesse violação de um direito, liberdade ou garantia.

Estamos perante uma lacuna de regulamentação ao nível das normas, que se verifica "quando um determinado preceito constitucional é incompleto, tornando-se necessária a sua complementação a fim de poder ser aplicado", GOMES CANOTILHO *in* "Direito Constitucional – Teoria da Constituição", 3.ª edição, livraria Almedina, 1999, p. 1160.

O método mais frequente de integração de lacunas de regulamentação é a analogia, que se traduz na "regulamentação de certas situações para outros casos merecedores de igualdade de tratamento jurídico e que apresentam uma coincidência axiológica significativa", GOMES CANOTILHO, *ob. cit.*, p. 1161.

No que directamente diz respeito ao direito de resistência consagrado no art. 21.º, da CRP, o legislador, ao fazer referência a condutas violadoras de direitos, liberdades e garantias dos cidadãos, não pretendeu, de modo algum, excluir os comportamentos que, embora não violadores desses *privilégios* constitucionalmente garantidos, encarnem uma forte ofensa da consciência ético-jurídica da comunidade e que, por isso, apresentam uma sustentada afinidade axiológica com aqueles.

Teria sido bem mais feliz o nosso legislador se tivesse adoptado a fórmula empregue no art. 5.º, da Constituição brasileira, nos termos do qual "ninguém será obrigado a fazer ou deixar de fazer alguma coisa senão em virtude da lei", citado por OLIVEIRA ASCENSÃO *in* "O Direito – Introdução e Teoria Geral – uma perspectiva Luso-Brasileira", 7.ª edição, Almedina, 1993, p. 85.

A nossa Constituição não tipifica quais as formas admitidas para o exercício do direito de resistência.

No que concerne aos gerentes, o exercício do direito de resistência perante deliberações da assembleia social ilícitas deverá consubstanciar-se numa abstenção de executar tal deliberação (que GOMES CANOTILHO/VITAL MOREIRA, *loc. cit.*, classificam de "*resistência passiva*").

ii) A inexigibilidade

A inexigibilidade tem as suas raízes na formulação obrigacional preconizado por HARTMANN e assenta, basicamente, numa nova conceitualização segundo a qual o cumprimento não poderia ser exigido ao devedor, verificadas que sejam determinadas razões preponderantes. Cfr. MENEZES CORDEIRO *in* "Da boa fé...", p. 1015.

Hodiernamente, aplica-se a determinadas situações em que o incumprimento, por força de directrizes axiológicas inerentes à boa fé, não pode ser imputado ao devedor ou sequer ser-lhe exigível.

A definição do conteúdo da inexigibilidade, bem como a estruturação de uma doutrina globalizante, são objectivos incipientemente realizados. Conforme alertou MENEZES CORDEIRO *in* "Da boa fé...", p. 1017, "Sob a capa formal da inexigibilidade há, pois, que procurar o que pretendem os autores que a utilizem".

No grupo dessas situações encontra-se o conflito de deveres. Outras duas situações indicadas pela doutrina são a "objecção de consciência" e a existência de perigo para a vida ou saúde do devedor ou de terceiro.

Como já referimos, o conteúdo normativo da inexigibilidade não está definido, pelo que e dando um pequena contributo para essa definição, não vislumbramos qualquer motivo ponderoso para não incluir nesse grupo os casos em que o credor reivindica do devedor um comportamento, cujo prática, embora satisfazendo os seus interesses, implica uma forte violação da boa fé, dos bons costumes e/ou da lei.

Na hipótese que temos vindo a ponderar, podemos considerar que os gerentes são confrontados com dois deveres, naturalisticamente, opostos: o de exercer as funções que lhes sejam atribuídas em plena conformidade com o Direito e o de praticar os actos necessários ou convenientes à realização do objecto social e à consecução do interesse social, com respeito pelas deliberações sociais.

Perante este paradoxo jurídico-normativo qual a conduta exigível aos gerentes?

O n.º 2, do art. 335.º, do CC, preceitua que na eventualidade de haver colisão de direitos desiguais ou de diferente espécie (à qual corresponde, naturalmente, uma colisão de deveres) deve prevalecer o direito/dever considerado superior.

No presente caso, parece que o direito/dever prevalente é aquele que impõe ao legislador uma actuação conforme com o Direito, porquanto o que está em causa são regras basilares que pautam o relacionamento dos Homens entre si, enquanto sujeitos da relação jurídica, impondo-lhes um comportamento ético-jurídico, medianamente padronizado, em absoluta harmonia com as regras e princípios de Direito adoptados e enraizados na consciência comunitária.

540 Regime Jurídico das Sociedades por Quotas

Rematando este pequeno *devaneio*, diremos que, independentemente do mecanismo de oposição recorrível, certo é que aos gerentes não pode ser imposto um comportamento desviante o que certamente implicaria um grave atentado contra os princípios elementares de Direito em que assenta a nossa Ordem Jurídica.

JURISPRUDÊNCIA:

1.ª – A "C", tendo por escopo a prestação duma determinada actividade (o abate de animais, industrialização e comercialização de derivados), com vista à obtenção de lucro, é uma sociedade comercial por quotas, e foi isso mesmo que os sócios fundadores pretenderam, o que demonstra a inconsistência de que a "C" seja uma cooperativa.

2.ª – Os acordos parassociais são convenções celebradas entre todos ou alguns dos sócios relativos ao funcionamento da sociedade, ao exercício dos direitos sociais ou à transmissão das quotas ou acções.

3.ª – Assim, a administração e a fiscalização duma sociedade ficam fora do universo aberto aos acordos parassociais, pelo que as cláusulas neles apostas que pretendam determinar a conduta dos administradores duma sociedade, bem como a sua fiscalização, não são permitidas por lei, pelo que, contrárias à lei, devem considerar-se nulas.

4.ª – Para se saber se uma dada cláusula de um acordo parassocial condiciona, limita ou determina actos que sejam da competência exclusiva da administração e assim aferir da sua conformidade ou não com o artigo 17.º, n.º 2 CSC, importa determinar a competência entre os órgãos sociais.

5.ª – No que respeita às sociedades por quotas, a administração e a representação da sociedade competem aos gerentes, os quais devem praticar os actos que forem necessários ou convenientes para a realização do objecto social, com respeito pelas deliberações dos sócios, o que significa que a gerência da sociedade abrange o conjunto de actuações materiais e jurídicas imputáveis a uma sociedade que não estejam por lei reservadas a outros órgãos.

6.ª – A cláusula 1.ª do acordo parassocial, visando a determinação das tabelas de preços é nula, quer por violar a legislação da livre concorrência, quer por invadir uma área de competência exclusiva do órgão de administração.

7.ª – Pela mesma razão – invasão duma área de competência exclusiva do órgão de administração – é nula a cláusula 2.ª do acordo parassocial.

8.ª – A cláusula 9.ª do mesmo acordo é igualmente nula, por manifesta violação do preceituado no artigo 17.º, n.º 2 e artigo 64.º, ambos do CSC.

9.ª – Não constitui abuso de direito, na modalidade do venire contra factum proprium, a conduta das autoras que, apesar de terem outorgado como partes no contrato parassocial, vieram, volvidos alguns anos, invocar a nulidade de algumas das cláusulas desse contrato.

Ac. da RL, de 05.03.09 *in* www.dgsi.pt (Proc. n.º 686/2009-6)

Título III – Sociedades por quotas 541

Impedindo-se a um gerente o direito de acesso à informação imprescindível ao exercício efectivo da gerência, fica-lhe aberto o caminho para requerer a investidura em cargo social de modo a que tais poderes sejam salvaguardados.
Ac. da RP, de 27.09.05 *in* www.dgsi.pt (Proc. n.º 0524020)

I – A Assembleia Geral não se apresenta face à Gerência como um "mais" soberano, que engloba, ou pode englobar, as atribuições desta última.
II – Por isso, os sócios da sociedade não podem deliberar em matéria reservada à Gerência.
Ac. da RL, de 17.01.95 *in* www.dgsi.pt (Proc. n.º 0078201)

I – Os sócios têm o poder de dar instruções aos gerentes sobre as matérias em que estes têm competência própria mas não podem intrometer-se na administração da sociedade por forma a retirar poderes de gerência àquele que, de acordo com o pacto social, não sofre qualquer limitação, estando em pé de igualdade com os demais gerentes.
II – A deliberação sobre o funcionamento da sociedade, no sentido de ser necessário o acordo da maioria dos sócios na aquisição de bens de investimento de valor superior a 200000 escudos, envolve uma destituição parcial de gerência daquele que por si só podia obrigar a sociedade, pois fica impedido de desenvolver cabalmente as suas atribuições, tanto mais que os outros dois gerentes sócios se encontram quase permanentemente em Itália, seu país de origem.
Ac. da RL, de 30.10.92 *in* www.dgsi.pt (Proc. n.º 0072091)

ARTIGO 260.º – **(Vinculação da sociedade)**
1 – Os actos praticados pelos gerentes, em nome da sociedade e dentro dos poderes que a lei lhes confere, vinculam-na para com terceiros, não obstante as limitações constantes do contrato social ou resultantes de deliberações dos sócios.
2 – A sociedade pode, no entanto, opor a terceiros as limitações de poderes resultantes do seu objecto social, se provar que o terceiro sabia ou não podia ignorar, tendo em conta as circunstâncias que o acto praticado não respeitava essa cláusula e se, entretanto, a sociedade o não assumiu, por deliberação expressa ou tácita dos sócios.
3 – O conhecimento referido no número anterior não pode ser provado apenas pela publicidade dada ao contrato de sociedade.
4 – Os gerentes vinculam a sociedade, em actos escritos, apondo a sua assinatura com indicação dessa qualidade.

5 – As notificações ou declarações de um gerente cujo destinatário seja a sociedade devem ser dirigidas a outro gerente, ou, se não houver outro gerente, ao órgão de fiscalização, ou, não o havendo, a qualquer sócio.

NOTAS:

I. Anteprojectos: FERRER CORREIA (art. 89.º).

II. O artigo em anotação tem a redacção introduzida pelo DL n.º 280/87, de 08 de Julho.

III. O artigo em anotação deu acolhimento à 1.ª Directiva da CEE sobre Direito das Sociedades (Directiva 68/151/CEE do Conselho, de 9 de Março de 1968, publicado no Jornal Oficial n.º L 065 de 14/03/1968 p. 0008 – 0012). Cfr. preâmbulo do DL n.º 262/86, de 02 de Setembro (que aprovou o CSC).

Sobre a preparação da 1.ª Directiva, veja-se RAÚL VENTURA *in* "Adaptação do Direito Português à 1.ª Directiva do Conselho da Comunidade Económica Europeia sobre Direito das Sociedades", DDC, 2, 1980, pp. 93 e ss..

A 1.ª Directiva assentava nos seguintes considerandos:

"– *que é urgente a coordenação prevista no n.º 3 alínea g), do artigo 54.º, e no Programa Geral para a Supressão das Restrições à Liberdade de Estabelecimento, nomeadamente em relação às sociedades por acções e às outras sociedades de responsabilidade limitada, porquanto a actividade destas sociedades frequentemente se estende para além dos limites do território nacional;*

– *que a coordenação das disposições nacionais respeitantes à publicidade, à validade das obrigações contraídas por estas sociedades e à nulidade destas, reveste particular importância, nomeadamente para assegurar a protecção dos interesses de terceiros;*

– *que, neste domínio, devem ser adoptadas simultaneamente disposições comunitárias para estas sociedades, visto que, como garantia, em face de terceiros, elas apenas oferecem o património social;*

– *que a publicidade deve permitir que os terceiros conheçam os actos essenciais da sociedade e certas indicações a ela respeitantes, nomeadamente a identidade das pessoas que têm o poder de a vincular;*

– *que a protecção de terceiros deve ser assegurada por disposições que limitem, na medida do possível, as causas de invalidade das obrigações contraídas em nome da sociedade;*

– *que, para garantir a segurança jurídica tanto nas relações entre a sociedade e terceiros, como entre os sócios, é necessário limitar os casos de nulidade, assim como o efeito retroactivo da declaração de nulidade, e fixar um prazo curto para a oposição de terceiros a esta declaração*".

Em matéria de vinculação da sociedade são de destacar os arts. 8.° e 9.°, daquela Directiva:

(Artigo 8.°)

A realização das formalidades de publicidade relativas às pessoas que, na qualidade de órgão social, têm o poder de vincular a sociedade, torna qualquer irregularidade ocorrida na sua nomeação inoponível a terceiros, salvo se a sociedade provar que esses terceiros tinham conhecimento da irregularidade.

Este preceito visa "atingir a segurança dos terceiros que entram em negócios jurídicos com uma sociedade, contra os possíveis vícios da nomeação das pessoas que, representando a sociedade, como seus órgãos, intervêm nos referidos negócios", RAÚL VENTURA *in* "Adaptação do Direito Português à 1.ª Directiva ...", p. 137.

(Artigo 9.°)

1. A sociedade vincula-se perante terceiros pelos actos realizados pelos seus órgãos, mesmo se tais actos forem alheios ao seu objecto social, a não ser que esses actos excedam os poderes que a lei atribui ou permite atribuir a esses órgãos.

Todavia, os Estados-membros podem prever que a sociedade não fica vinculada, quando aqueles actos ultrapassem os limites do objecto social, se ela provar que o terceiro sabia, ou não o podia ignorar, tendo em conta as circunstâncias, que o acto ultrapassava esse objecto; a simples publicação dos estatutos não constitui, para este efeito, prova bastante.

2. As limitações aos poderes dos órgãos da sociedade que resultem dos estatutos ou de uma resolução dos órgãos competentes, são sempre inoponíveis a terceiros, mesmo que tenham sido publicadas.

3. Quando a legislação nacional preveja que o poder de representar a sociedade é atribuído por cláusula estatutária, derrogatória da norma legal sobre a matéria, a uma só pessoa ou a várias pessoas agindo conjuntamente, essa legislação pode prever a oponibilidade de tal cláusula a terceiros, desde que ela seja referente ao poder geral de representação; a oponibilidade a terceiros de uma tal disposição estatutária é regulada pelas disposições do artigo 3.°.

Para melhores desenvolvimentos sobre este preceito, *vide* RAÚL VENTURA *in* "Adaptação do Direito Português à 1.ª Directiva ...", pp. 139 e ss..

IV. Como vimos na anotação ao artigo 252.°, as sociedades comerciais, como pessoas colectivas que são, formam e manifestam a sua vontade através dos órgãos sociais.

Ao órgão representativo ou externo (gerência) cabe formar, manifestar e exteriorizar a vontade da sociedade (representação) e realizar todos os actos

544   *Regime Jurídico das Sociedades por Quotas*

necessários ou convenientes para a realização do objecto social, designadamente gerir os negócios da sociedade (administração).

Importa determinar a extensão dos poderes de representação dos órgãos sociais.

O artigo em análise consagra o princípio da não limitação contratual ou deliberativa dos poderes representativos dos gerentes. O legislador procurou, aqui, assegurar a vinculação plena da sociedade resultante da actuação dos gerentes, de modo a proteger os interesses de terceiros que com ela estabeleçam relações jurídicas. Cfr., PAULO DE TARSO DOMINGUES *in* "A vinculação das sociedades por quotas no Código das Sociedades Comerciais", Revista da FDUP, Ano I, Coimbra Editora, 2004, pp. 293 e 294.

A vinculação significa que "o poder representativo funciona plenamente e os efeitos jurídicos dos actos praticados pelos gerentes nascem directamente na esfera jurídica da sociedade e não na esfera pessoal dos gerentes. Numa terminologia corrente, *o acto é da sociedade*, é esta que o pratica, é esta que recebe os seus efeitos", RAÚL VENTURA *in* "Sociedades por Quotas", vol. III, p. 170.

A vinculação da sociedade só se verifica se o gerente agir dentro dos poderes que a lei lhe confere, ou seja, se não exceder os limites que a lei impõe para a sua actuação.

Assim, não há vinculação sobre matérias compreendidas na competência reservada de outros órgãos (como, por exemplo, as previstas no art. 246.°, n.° 1).

MENEZES CORDEIRO e outros *in* "Código das Sociedades Comerciais – Anotado", p. 681, consideram que na "limitação da representação não ficam incluídos os actos supletivamente reservados a gerência (p. ex., 246.°/2), dispensado os terceiros de verificar o teor concreto dos estatutos".

COUTINHO DE ABREU *in* "Vinculação das sociedades ...", p. 1231, refere mesmo que uma interpretação do enunciado do **n.° 1** conforme à 1.ª Directiva "impõe que a sociedade fique vinculada também pelos actos que, apesar de não estarem dentro dos poderes que a lei confere aos administradores, estão dentro dos poderes que a lei permite conferir-lhes". Cfr., ainda, PAULO DE TARSO DOMINGUES *in* "A vinculação das sociedades ...", p. 296.

Importa esclarecer que a matéria tratada no artigo em anotação não se confunde com a capacidade da sociedade, fixada no art. 6.°.

A capacidade da sociedade compreende os direitos e as obrigações necessários ou convenientes à prossecução do seu fim, exceptuados aqueles que lhe sejam vedados por lei ou sejam inseparáveis da personalidade singular (art. 6.°, n.° 1).

Este preceito (decalcado do art. 160.°, do CC) consagra o princípio geral da especialidade das pessoas colectivas, o qual, por imposição da 1.ª Directiva, sofreu um rude golpe com a regra plasmada no n.° 4, do art. 6.°. De facto, nos termos desta disposição, a sociedade fica vinculada pelos actos praticados pelos seus administradores, mesmo que estes excedem o objecto social (relações externas), sendo certo, todavia, que ao nível das relações internas, os administradores estão vinculados ao dever de não excederem esse objecto (art. 6.°, n.° 4, *in fine*).

Os gerentes respondem para com a sociedade pelos danos a esta causados por actos ou omissões praticados com preterição dos deveres legais ou contratuais (artigo 72.°, n.° 1).

Convém ter ainda em consideração que as deliberações dos sócios que limitem os poderes de representação dos gerentes (v.g., proibindo a prática de determinados actos) não impedem a vinculação da sociedade. Como salienta COUTINHO DE ABREU *in* "Vinculação das sociedades ...", p. 1233, os "actos praticados pelos administradores dentro dos poderes que a lei lhes confere vinculam-nas perante terceiros, ainda quando tais actos não se conformam com aquelas deliberações".

Em jeito de conclusão, FILIPE CASSIANO DOS SANTOS *in* "Estrutura Associativa ...", p. 321, considera que, por força do **n.° 1**, os gerentes "vinculam a sociedade ilimitadamente, desde que actuem no quadro dos poderes abstractamente configurados na lei e o acto esteja dentro da capacidade – sendo irrelevante o que estiver disposto no contrato".

V. O **n.° 2** constitui uma excepção à regra imperativa da inoponibilidade, expressamente autorizada pela 2.ª parte, do n.° 1, do art. 9.°, da 1.ª Directiva que, aqui, se transcreve:

"Todavia, os Estados-membros podem prever que a sociedade não fica vinculada, quando aqueles actos ultrapassem os limites do objecto social, se ela provar que o terceiro sabia, ou não o podia ignorar, tendo em conta as circunstâncias, que o acto ultrapassava esse objecto; a simples publicação dos estatutos não constitui, para este efeito, prova bastante". A propósito da evolução desta excepção nos trabalhados preparatórios da 1.ª Directiva, veja-se RAÚL VENTURA *in* "Adaptação do Direito Português à 1.ª Directiva ...", pp. 144 e ss..

No entendimento de ANTÓNIO CAEIRO *in* "As modificações ao Código...", p. 385, o princípio que inspira esta norma "é o de que os gerentes vinculam a sociedade por todos os actos que pratiquem em nome dela, quer tais actos se compreendam no objecto social, quer dele extravasem. Os terceiros não têm que ir consultar o estatuto da sociedade para averiguarem, a propósito de cada negócio, se os gerentes estão a agir ou não dentro dos limites resultantes do objecto da sociedade".

Por seu turno, FILIPE CASSIANO DOS SANTOS *in* "Estrutura Associativa ...", p. 328, salienta que "a letra das normas do CSC e o estabelecido na Directiva não coincidem: nas normas nacionais estabelece-se a possibilidade de a sociedade opor as limitações aos poderes, ao passo que na Directiva se fala directamente e apenas de não vinculação da sociedade".

Para este autor, *loc. cit.*, a razão de tal diferença é simples: "ao elaborar as normas de direito interno tendo em conta o teor da Directiva, o legislador terá ponderado que, no direito português, existe uma especificidade face a outros ordenamentos a que a Directiva se aplica. É que, em Portugal, a capacidade da sociedade assenta no princípio da especialidade do fim: por força disto, para que haja vinculação, é logo necessário que o acto se enquadre no escopo lucrativo; só que, assim sendo, compreende-se efectivamente mal que a sociedade, que praticou o acto com vista a lucrar, possa ulteriormente vir desvincular-se, com o argumento de que, afinal, o acto era estranho ao objecto e que o terceiro o conhecia".

Nos termos do **n.º 2**, a sociedade não fica vinculada pela actuação dos gerentes que exceda o objecto social:

a) se provar que o terceiro sabia ou não podia ignorar, tendo em conta as circunstâncias que o acto praticado não respeitava essa cláusula

Antes de mais importa referir que um acto excede o objecto social quando não apresenta nenhuma relação de instrumentalidade com tal objecto. Cfr. PAULO DE TARSO DOMINGUES *in* "A vinculação das sociedades ...", p. 289.

A excepção à regra da inoponibilidade depende, em primeiro linha, do conhecimento da violação da cláusula do objecto social.

Sobre a sociedade impende o ónus da prova da existência de tal conhecimento, por força do art. 342.º, n.º 2, do CC. Por conseguinte, a sociedade terá de demonstrar "que o terceiro sabia que ao acto se não configurava como instrumental, ainda que indirectamente, para a prossecução do objecto social, ou que, na realidade, não podia ignorar que isso assim acontecia", MENEZES CORDEIRO e outros *in* "Código das Sociedades Comerciais – Anotado", p. 681.

A lei equipara o conhecimento ao dever de conhecer ("não podia ignorar").

O dever de conhecer é aferido pelas circunstâncias concretas, como, por exemplo, o estabelecimento de relações comerciais anteriores com a sociedade ou a integração do terceiro nos órgãos sociais daquela.

Para efeitos do **n.º 2** é considerado o objecto contratual "e não algum que de facto, para além daquele, a sociedade esteja exercendo", RAÚL VENTURA *in* "Sociedades por Quotas", vol. III, p. 175.

Para maiores desenvolvimentos sobre "a identificação do que seja o *desrespeito* pela cláusula do objecto social, relevante para efeitos da aplicação" do **n.º 2**, *vide* JOÃO ESPIRITO SANTO *in* "Sociedades por Quotas ...", pp. 459 e ss..

b) se, entretanto, a sociedade o não assumiu, por deliberação expressa ou tácita dos sócios

A assumpção, pela sociedade, do acto praticado pelo gerente não está prevista na 1.ª Directiva.

Os sócios, aqui, assumem por deliberação (expressa ou tácita) o acto do gerente como sendo da sociedade.

Neste contexto, RAÚL VENTURA *in* "Sociedades por Quotas", vol. III, pp. 175 e 176, dá o seguinte exemplo: "Suponha-se que uma sociedade tem apenas como objecto contratual o comércio de mercearias por grosso, mas que a assembleia dos sócios delibera a abertura de uma cadeia de lojas de retalho, ou que, sem

Título III – Sociedades por quotas   547

prévia deliberação dos sócios, os gerentes abrem essas lojas e posteriormente os sócios tomam deliberações sobre o funcionamento das lojas ou pelo menos aprovam balanços em que claramente se espelha a existência ou o funcionamento delas. Seria injusto permitir que a sociedade opusesse a terceiros a limitação resultante da cláusula de objecto e ao mesmo tempo procedesse daquela forma".

Para uma análise do regime anterior ao CSC, *vide* RAÚL VENTURA *in* "Objecto da sociedade e actos *ultra vires*", ROA, Ano 40, 1980, pp. 5 a 59.

VI. A excepção à inoponibilidade, aqui em análise, assenta apenas nas limitações resultantes do objecto social. Assim, importa apurar se outras limitações previstas no contrato ou decorrentes de deliberação social podem ser opostas a terceiros nos termos do **n.º 2**.

Esta hipótese parece excluída, desde logo, pela letra da lei e pela impossibilidade de recurso à analogia, uma vez que estamos perante uma norma excepcional (art. 11.º, do CC).

A nossa doutrina tem-se inclinado no sentido de enquadrar tal violação no âmbito do abuso de representação (art. 269.º, do CC). Cfr., RAÚL VENTURA *in* "Sociedades por Quotas", vol. III, p. 177 e JOÃO ESPIRITO SANTO *in* "Sociedades por Quotas ...", p. 446.

Em relação ao abuso do poder de representação, COUTINHO DE ABREU *in* "Vinculação das sociedades ...", p. 1236, fazendo referência à doutrina alemã, distingue dois grupos de casos: colusão e abuso evidente.

Na colusão (caso em que o(s) administrador(es) e terceiro colaboram consciente e intencionalmente em prejuízo da sociedade) não há simples abuso de representação, mas sim um abuso qualificado, pelo que a sanção deve ser "a nulidade dos respectivos negócios: o fim dos mesmos é ofensivo dos bons costumes e é comum a administradores e terceiros (artigo 281.º do CCiv)", COUTINHO DE ABREU *in* "Vinculação das sociedades ...", p. 1236.

Para os demais casos de abuso de poder de representação, este autor, *loc. cit.*, aceita a aplicação analógica do art. 269.º, do CC. Dando, todavia, nota que "a eventual deliberação dos sócios ratificadora de negócio celebrado com abuso de poder será anulável – por violação do dever de lealdade dos sócios ou, mais circunscritamente, por ser abusiva a deliberação [CSC, artigo 58.º, 1, *a*), *b*)]"

VII. O conhecimento da violação do objecto social não pode ser provado apenas pela publicidade dada ao contrato de sociedade (**n.º 3**).

O **n.º 3** transpõem o art. 9.º, n.º 2, da 1.ª Directiva, cujo texto se transcreve:
"As limitações aos poderes dos órgãos da sociedade que resultem dos estatutos ou de uma resolução dos órgãos competentes, são sempre inoponíveis a terceiros, mesmo que tenham sido publicadas".

Desta regra podemos extrair que a publicidade não corresponde ao conhecimento.

Com efeito, uma vez que não estamos perante um problema de publicidade, para efeitos de vinculação plena da sociedade, é "indiferente que as referidas limitações estejam ou não estejam devidamente publicadas", RAÚL VENTURA *in* "Sociedades por Quotas", vol. III, p. 168.

Este autor, *ob. cit.*, p. 175, realça mesmo que se "assim não fosse, a excepção destruiria praticamente a regra, pois a todos os contratos de sociedade deve ser dada essa publicidade e só poderia haver desconhecimento quando também o dever de publicidade tivesse sido violado".

A Directiva refere-se à publicidade dos estatutos ou de resoluções dos órgãos competentes (deliberações sociais), enquanto que o **n.º 2** reporta-se apenas à publicidade do contrato de sociedade.

O acto de publicidade por excelência é, evidentemente, o registo.

Em relação à oponibilidade do registo a terceiros, cfr. o art. 168.º e o art. 14.º, do CRC.

VIII. Os gerentes vinculam a sociedade, em actos escritos, apondo a sua assinatura com indicação dessa qualidade (**n.º 4**).

Este preceito tem gerado acesa discussão doutrinal e jurisprudencial.

A vinculação da sociedade, resultante de actos escritos, fica dependente da verificação dos seguintes requisitos:

a) Assinatura do gerente

A assinatura "é o modo usual e típico de se perfilhar uma declaração negocial escrita, reconhecendo-a como própria. Ora, actuando a sociedade através dos gerentes ou administradores, faz sentido que se exija a assinatura destes para que a declaração possa ser imputada à sociedade, cuja vontade desse modo manifestam no tráfico jurídico", CAROLINA CUNHA *in* "Vinculação cambiária de sociedades: algumas questões", Nos 20 Anos do Código das Sociedades Comerciais, vol. I, Coimbra Editora, 2007, p. 367.

b) Indicação da qualidade de gerente

Com esta exigência, que no fundo constitui uma *marca de representatividade*, o legislador procurou assegurar que os terceiros tenham a clara percepção de que o gerente actua em nome e representação da sociedade e não em nome pessoal (não esqueçamos que, em princípio, o gerente apõe a assinatura pessoal).

Com efeito, a assinatura do gerente *per si é apta* a produzir efeitos em duas esferas jurídicas distintas (a da pessoa jurídica singular (que é gerente) e a da sociedade).

Nas palavras de CAROLINA CUNHA *in* "Vinculação cambiária ...", p. 385, trata-se de "indicar *quando* é que a aposição da assinatura de um sujeito significa a perfilhação da declaração de vontade pela sociedade da qual é gerente ou administrador".

A indicação da qualidade de gerente pode ser expressa ou tácita.

Título III – Sociedades por quotas 549

Com efeito, "no nosso sistema jurídico vigora o *princípio geral da liberdade declarativa*, que postula a *equivalência* entre declaração expressa de declaração tácita, sendo "relativamente raras" as excepções – *i. é.*, as hipóteses em que a vontade dever ser exteriorizada de forma expressa", CAROLINA CUNHA, *ob. cit.*, p. 383.

No fundo e conforme destaca esta autora, *loc. cit.*, importa "é que os destinatários ("normais") do escrito possam lê-lo de modo a deduzirem que o mesmo é imputável à sociedade (devidamente "representada")".

A indicação é expressa quando feita por palavras, escrito ou qualquer outro meio directo que a exprima (art. 217.°, n.° 1, do CC).

Para ALEXANDRE SOVERAL MARTINS *in* "Capacidade e Representação das Sociedades Comerciais", Problemas do Direito das Sociedades, Almedina, 2003, p. 481, entende-se por "indicação expressa a utilização das palavras sacramentais «o gerente», o «administrador» ou «o director»".

A indicação é tácita quando se deduz de factos que, com toda a probabilidade, a revelem (art. 217.°, n.° 1, do CC).

É, assim, de louvar o Ac. do STJ, de Uniformização de Jurisprudência (Ac. n.° 1/2002, pub. no DR, I Série, de 24.01.02 e rectificado pela DRect n.° 8/2002, pub. no DR, I Série, de 24.02.11), no qual foi fixado que "*A indicação da qualidade de gerente prescrita no n.° 4 do artigo 260.° do Código das Sociedades Comerciais pode ser deduzida, nos termos do artigo 217.° do Código Civil, de factos que, com toda a probabilidade, a revelem*".

Para melhores considerações sobre os factos concludentes e circunstâncias envolventes que revelam a declaração negocial tácita, cfr. CAROLINA CUNHA *in* "Vinculação cambiária ...", pp. 384 e ss.. Cfr., ainda, entre outros, CARLOS FERREIRA DE ALMEIDA *in* "Texto e Enunciado na Teoria do Negócio Jurídico", vol. II, Almedina, 1992, pp. 725 e ss..

A menção à qualidade de gerente consta, geralmente, da parte final do documento, mas nada impede que a mesma figure, por exemplo, tratando-se de contratos, no cabeçalho onde são identificadas os outorgantes.

A menção pode ser corporizada pela expressão "actuando em nome e em representação da sociedade".

ALEXANDRE SOVERAL MARTINS *in* "Capacidade e Representação ...", p. 478, entende que a indicação da qualidade de gerente "pode resultar desde logo da assinatura por baixo do carimbo da sociedade, se é a sociedade que surge como parte no negócio".

CAROLINA CUNHA *in* "Vinculação cambiária ...", p. 385, considera mesmo que "é relevante a *impressão do carimbo* que reproduz a firma da sociedade *junto da assinatura* aposta pela pessoa singular".

Esta autora, *ob. cit.*, p. 388, acaba por concluir que a "*impressão do carimbo com a firma junto da assinatura, filtrada pelo conhecimento geral de que esse pro-*

550 — Regime Jurídico das Sociedades por Quotas

cedimento é usualmente adoptado pelos "representantes" da sociedade, implica naturalmente a *conclusão* que o sujeito assinou *como* gerente ou administrador". Na opinião de RAÚL VENTURA *in* "Sociedade por Quotas", vol, III, p. 171, quando "a assinatura e a menção aparecem juntamente, não é necessário dizer «em nome da sociedade» ou «pela sociedade». (...) Mencionar a qualidade de gerente implica a especificação da sociedade de que a pessoa invoca a gerência e esta especificação só está perfeita se o tipo da sociedade for tornado claro, o que resulta da própria firma social completa".

O **n.º 4** aplica-se, como é evidente, apenas aos actos escritos. Já no que diz respeito aos actos não escritos (orais) a vinculação depende da ligação expressa ou tacitamente estabelecida pelo gerente ente o acto e a sociedade, "de modo a que a outra parte conheça com quem contrata...", RAÚL VENTURA, *ob. cit.*, p. 172. Sobre as menções em actos externos, cfr. art. 171.º.

IX. A vinculação da sociedade tem assumido enorme relevância no domínio da relação cambiária. Sobre esta matéria cfr., entre outros, PINTO FURTADO *in* "Títulos de Crédito", Almedina, 2000, pp. 149 e ss..

Cfr., ainda, a jurisprudência indicada por PAULA QUINTAS/HELDER QUINTAS *in* "Regime Jurídico dos Títulos de Crédito", 2.ª edição, Almedina, 2008, pp. 251 e ss..

X. O regime da vinculação das SA está previsto no art. 421.º. Para um estudo mais aprofundado deste, cfr., entre outros, ALEXANDRE SOVERAL MARTINS *in* "Os Poderes de Representação dos Administradores de Sociedades Anónimas", Coimbra Editora, 1998; RUI RANGEL *in* "A Vinculação das Sociedades Anónimas", Edições Cosmos, 1998 e JOÃO ESPIRITO SANTO *in* "Sociedades por Quotas ...", pp. 421 e ss..

XI. As notificações ou declarações de um gerente cujo destinatário seja a sociedade devem ser dirigidas a outro gerente, ou, se não houver outro gerente, ao órgão de fiscalização ou, não o havendo, a qualquer sócio (**n.º 5**).

Assim, as notificações ou declarações de um gerente destinadas à sociedade devem:

a) No caso de gerência plural, ser dirigidas a outro gerente;

b) No caso de gerência singular, ser dirigidas ao órgão de fiscalização, ou, não o havendo, a qualquer sócio.

JURISPRUDÊNCIA:

1 – Se os aceitantes, embora gerentes da sociedade por quotas, apuseram a sua assinatura sem indicação dessa qualidade, e se a mesma não pode ser deduzida, nos termos do artigo 217.º do Código Civil, de factos que, com toda a pro-

babilidade, a revelem, ainda que não constantes do mesmo título, a sociedade não se encontra vinculada por aquelas assinaturas.

2 – A assinatura dos aceitantes, embora prestada a título individual, apenas os pode vincular como obrigados cambiários se o aceite tiver sido validamente prestado, uma vez que não são sacados.

3 – A mera assinatura de quem não seja o sacado, sem qualquer menção a uma intenção de prestar aceite, não pode valer como tal.

4 – A contrario, porque a referida menção existe e consta do título executivo, já que, na face da letra em questão, nomeadamente no canto superior esquerdo da mesma, e de forma transversal, se encontram as assinaturas de ambos os executados, apostas sobre a palavra aceite, estamos perante um aceite válido que faz incorrer os aceitantes na respectiva obrigação cambiária.

Ac. da RL, de 19.03.09 *in* www.dgsi.pt (Proc. n.° 35323/05.3YYLSB-A.L1)

I – Embora a previsão da intervenção de vários gerentes garanta mais eficientemente o prosseguimento dos interesses da sociedade, a inobservância das regras sobre tal que integram o pacto social, intervindo no acto apenas um gerente quando a gerência é plural, em princípio apenas produzirá efeitos internos, salvaguardando-se os interesses de terceiros que com a sociedade se relacionam e acautelando-se a segurança do tráfego jurídico

II – A intervenção de um único gerente quando a gerência é plural não se traduz em violação dos poderes conferidos à gerência pela lei – uma das funções essenciais dos gerentes é a da representação da sociedade.

III – Assim, apesar daquela previsão da necessidade de intervenção de dois gerentes a sociedade poderá ficar vinculada com a assinatura de somente um daqueles, em sua representação.

Ac. da RL, de 17.01.08 *in* www.dgsi.pt (Proc. n.° 8721/2007-2)

I – Os actos praticados pelos gerentes, em nome da sociedade e dentro dos poderes que a lei lhes confere, vinculam-na para com terceiros, não obstante as limitações constantes do contrato social ou resultantes de deliberações dos sócios – n.° 1 do art. 260.° do CSCom.

II – No que respeita à vinculação da sociedade, há que partir de uma distinção fundamental entre o poder de administração ou gestão e representação. Se o exercício tem apenas eficácia interna, há poderes de administração, e se tem eficácia sobre terceiros, há poderes de representação.

III – O n.° 1 do art. 260 é uma norma imperativa, visando proteger, fundamentalmente, interesses de terceiros, sendo nulas as deliberações dos sócios que a violem – art. 56, n.° 1, al. d). A sociedade pode, no entanto, opor a terceiros as limitações de poderes resultantes do seu objecto social, se provar que o terceiro sabia ou não podia ignorar, tendo em conta as circunstâncias, que o acto praticado não respeitava essa cláusula e se, entretanto, a sociedade o

552 *Regime Jurídico das Sociedades por Quotas*

não assumiu, por deliberação expressa ou tácita dos sócios – n.° 2 do art. 260.° do CSCom.

IV – Pelo n.° 2 do artigo 260.° do CSCom. permite-se que a sociedade oponha a terceiros as limitações pactícias de poderes dos gerentes se estas resultarem do objecto do contrato social. Esta oposição, para gerar a não vinculação da sociedade por actos que as não tenham observado, deverá ser acompanhada da prova de que esses terceiros conheciam essa não observância, e só poderá, ainda, ter lugar se o acto em questão não houver sido por ela assumido por deliberação, expressa ou tácita, dos sócios.

V – Estão em causa, nesta norma, apenas as limitações resultantes do objecto social, que consiste, como diz o art. 11.°, n.° 1, nas actividades que os sócios propõem que a sociedade venha a exercer.(19)

VI – Quando haja vários gerentes e salvo cláusula do contrato de sociedade que disponha de modo diverso, os respectivos poderes são exercidos conjuntamente, considerando-se válidas as deliberações que reúnam os votos da maioria e a sociedade vinculada pelos negócios jurídicos concluídos pela maioria dos gerentes ou por ela ratificados – n.° 1 do art. 261.° do CSCom.

VII – Como a sociedade fica vinculada pelos negócios jurídicos concluídos por dois dos seus gerentes, mostrando-se a minuta de acordo assinada apenas por um deles, tal negócio não a vincula, por não ter sido concluído nos termos do seu contrato social. A sociedade pode ratificar (tomar como seus) os actos praticados com falta de poderes por titulares dos órgãos.

Ac. da RL, de 04.12.07 *in* www.dgsi.pt (Proc. n.° 6082/2006-1)

*1) Na linha do Acórdão UJ n.° 1/2002, de 6 de Dezembro de 2001, mostra-se cumprido o n.°4 do artigo 260.° do Código das Sociedades Comerciais quando resulta univocamente do documento que o mesmo foi **firmado** pelo gerente nessa qualidade, ainda que a não refira no próprio escrito.*

2) O n.°1 do artigo 458.° do Código Civil estabelece uma presunção a favor do credor, que vê invertido o "onus probandi" da relação subjacente ao cheque emitido pelo devedor.

Ac. do STJ, de 06.02.07 *in* www.dgsi.pt (Proc. n.° 06A4240)

I – Não vincula uma sociedade comercial a assinatura de um sócio, aposta numa livrança, como gerente (quando no registo não lhe está reconhecida essa qualidade), mesmo que tenha sido apresentada uma acta daquela sociedade na qual constava que lhe tinha sido atribuída a gerência, se essa acta não está assinada pelo outro sócio a quem, pelo registo, estava reconhecida a gerência.

II – Tendo a assinatura constante do local destinado ao subscritor sido efectuada por quem não dispunha de poderes, tal não constitui um vício de forma mas sim um vício de substância, um vício de fundo que tem a ver com a validade material da própria obrigação.

Ac. do STJ, de 24.10.06 *in* www.dgsi.pt (Proc. n.° 06A2458)

Se no pacto social de uma sociedade de quotas, consta que a sociedade só se vincula pela assinatura dos seus dois gerentes e se a letra exequenda apenas contém uma assinatura feita por um dos gerentes, a sociedade não se acha vinculada por aquela assinatura, facto que é oponível por ela a terceiro portador do título cambiário.

Ac. da RP, de 09.10.06 *in* www.dgsi.pt (Proc. n.º 0654321)

I – Nos actos escritos, para que os gerentes vinculem a sociedade, torna-se necessário que eles gerentes, façam acompanhar a aposição da sua assinatura com indicação dessa qualidade.

II – A obrigação cambiária do sacado só nasce com o aceite.

III – Ao surgir a assinatura sob a expressão "aceite" e transversa no rosto de letras de câmbio, lado esquerdo, de A. que não é sacado, interveio ele, facultativa e validamente, em tal qualidade.

IV – Emergindo as assinaturas do aceitante e dos avalistas apostas pelo punho dos próprios, com toda a regularidade, têm eles de assumir, em pleno e em nome individual, a correspectiva qualidade cambiária.

V – O aval é um autêntico e relevante acto cambiário, origem de uma obrigação autónoma, já que o dador do aval assume também uma responsabilidade abstracta, objectiva e materialmente autónoma, pelo pagamento do título.

VI – A petição inicial para uma acção executiva, com base em letras de câmbio, proposta contra uma sociedade comercial que não aceitou tais letras – as assinaturas transversais ao lado do selo das letras não contém a menção de serem do gerente da sociedade – e contra os avalistas não deve ser indeferida liminarmente quanto a todos os demandados, mas sim e apenas no que toca à sociedade, devendo prosseguir contra os restantes obrigados cambiários: no caso, os avalistas.

Ac. da RP, de 27.06.06 *in* www.dgsi.pt (Proc. n.º 9630516)

A sociedade fica vinculada, não obstante o que em contrário constar do pacto social ou de deliberações de sócios, na sequência de actos praticados pelos gerentes em nome dela e dentro dos poderes conferidos por lei.

Não obsta à vinculação da sociedade relativamente ao aceite de uma letra o facto de aquele que assina em sua representação não indicar a sua qualidade de gerente.

Ac. da RL, de 30.10.03 *in* www.dgsi.pt (Proc. n.º 7245/2003-6)

I – A vinculação da sociedade, pelos actos realizados pelos seus órgãos, consiste no estabelecimento de um laço de representação, pelo qual os actos praticados por estes, em nome daquela, produzem o seu efeito, na esfera jurídica da sociedade.

II – Na ausência de demonstração do pressuposto impeditivo da execução da deliberação impugnada, pelos sócios designados, em que se traduziria o pro-

554   Regime Jurídico das Sociedades por Quotas

cedimento cautelar da suspensão de deliberações sociais ou a acção de anulação de deliberações sociais, era permitido aqueles o exercício dos poderes de gerência da autora.

III – A fórmula da ilimitação dos poderes representativos dos gerentes e da correspondente inoponibilidade a terceiros das restrições que não tenham por fonte a própria lei, só seria excluída se a autora provasse que a ré compradora sabia, ou não podia ignorar, tendo em conta as circunstâncias, que o acto praticado não respeitava a cláusula contratual limitativa, e, desde que a autora não tivesse assumido o acto, por deliberação, expressa ou tácita, dos seus sócios.

IV – Entende-se que a autora-sociedade assume, tacitamente, o acto dos seus gerentes, e a deliberação é válida, quando não tiver sido requerida a suspensão ou a anulação dessas deliberações sociais, nos termos gerais.

V – Prosseguindo a acção, em que a autora impugna em juízo o facto, registralmente comprovado, da inscrição predial, a favor da ré adquirente, sem que, simultaneamente, haja pedido o cancelamento do mesmo registo, e sem que, oportunamente, o juiz tenha providenciado pelo suprimento da respectiva omissão, importaria, mesmo em sede de recurso, determinar o seu não prosseguimento, sob pena de violação do preceituado pelo artigo 8.°, n.ºs 1 e 2 do Código do Registo Predial.

Ac. da RC, de 15.10.02 *in* www.dgsi.pt (Proc. n.° 1824/02)

A subscrição de letras, por parte de X, na qualidade de gerente da sociedade embargante, constituí um acto formal e substancialmente válido, no sentido de vincular aquela ao pagamento das mesma.

Ac. da RP, de 20.06.02 *in* www.dgsi.pt (Proc. n.° 0230124)

A indicação da qualidade de gerente prescrita no n.° 4 do artigo 260.° do Código das Sociedades Comerciais pode ser deduzida, nos termos do artigo 217.° do Código Civil, de factos que, com toda a probabilidade, a revelem.

Ac. do STJ n.° 1/2002 (Uniformização de Jurisprudência), pub. no DR, I Série, de 24.01.02 e rectificado pela DRect n.° 8/2002, pub. no DR, I Série, de 24.02.11

I – Não obstante a previsão no pacto social duma sociedade por quotas da intervenção de dois gerentes para vincular a sociedade, a intervenção de apenas um deles em representação da sociedade como aceitante duma letra, vincula esta perante o sacador.

II – Sempre constituiria abuso de direito a alegação da não-vinculação da sociedade quando os demais sócios-gerentes durante mais de sete anos se mantiveram totalmente alheios àquela.

Ac. da RL, de 22.01.02 *in* CJ, Ano XXVII, Tomo I, p. 80

I – Os poderes representativos dos gerentes das sociedades por quotas ficam imunes ás restrições que os sócios pretendem restabelecer, quer no contrato de sociedade quer por meio de deliberações, com a única excepção do art. 260.°, n.° 2 C.S.Com.

II – À invocação da nulidade por vício de forma obsta o abuso de direito.
Ac. do STJ, de 27.09.01 *in* www.dgsi.pt (Proc. n.° 02B903)

A sociedade fica vinculada pelo aceite subscrito apenas por um dos gerentes, não obstante o pacto social exigir a assinatura dos dois, salvo se a outra parte sabia ou não podia ignorar que a assinatura de um só não vinculava a sociedade.
Ac. da RC, de 26.06.01 *in* CJ, Ano XVI, Tomo III, p. 40

I – Nos cheques, a circunstância de, no lugar destinado ao sacador, estar aposta uma assinatura individual, sem indicação da qualidade de gerente de sociedade comercial titular da respectiva conta bancária, não importa de imediato a conclusão de nulidade por vício de forma.

II – Não obstante o carácter formal das declarações cambiárias, nada impede que as mesmas sejam emitidas tacitamente, desde que a forma tenha sido observada quanto aos factos de que a declaração se deduz.

III – Apura-se a existência da declaração negocial tácita, quando quem o assina tem a qualidade de gerente da sociedade comercial, ainda que qualquer indicação expressa nesse sentido tenha sido omitida, no caso de a assinatura ser feita por debaixo dos dizeres da respectiva firma social.

IV – Por conseguinte, pode juridicamente concluir-se que é gerente quem faz a sua assinatura no lugar destinado ao sacador, num cheque da titularidade de sociedade comercial, por debaixo do nome dessa sociedade pré-impresso no cheque no lugar que indica o titular da respectiva conta.
Ac. da RC, de 03.04.01 *in* CJ, Ano XVI, Tomo II, p. 34

I – O n.° 4 do art. 260.° do CSC, ao estabelecer que, em actos escritos, os gerentes vinculam a sociedade apondo a sua assinatura com indicação dessa qualidade, quer referir-se não apenas aos actos para os quais a lei exija a forma escrita mas também àqueles em que essa forma foi voluntariamente adoptada.

II – Esse preceito não resolve inequivocamente a questão de saber se a invocação da qualidade de gerente é indispensável para que a sociedade fique vinculada.

III – Mesmo perante actos escritos, nos quais não tenha sido invocada tal qualidade de gerente, é de admitir a possibilidade de se extrair das circunstâncias do caso ser o negócio celebrado para a sociedade.
Ac. do STJ, de 03.10.00 *in* CJ, Ano VIII, Tomo III, p. 57

I – A gerência é um dos órgãos essenciais das sociedades por quotas, sendo que os efeitos jurídicos dos actos praticados pelos gerentes nascem, directamente, na esfera jurídica da sociedade, onde se projectam, e não na esfera pessoal dos gerentes.

II – O art. 260.º, n.º 4, do CSC não exige, para que se considere vinculada a sociedade por quotas, que seja aditada à assinatura do gerente ou administrador a expressa menção de a mesma ter sido aposta em tal qualidade, porquanto é suficiente que resulte das circunstâncias que, ao apor tal assinatura, o gerente ou administrador agiu nessa qualidade, subscrevendo os títulos cambiários, em nome da sociedade.

III – Estando a assinatura do gerente ou administrador correctamente enquadrada, no espaço destinado ao sacador do cheque, que tem impressos no seu rosto os dizeres respeitantes à conta bancária titulada pela sociedade por quotas, que aqueles representam, isto só pode significar que essa assinatura foi realizada naquela qualidade e por quem tinha legitimidade para vincular a sociedade.

Ac. da RP, de 26.09.00 *in* www.dgsi.pt (Proc. n.º 2022/2000)

Decorre dos arts. 260.º, 409.º e 413.º n.º 3 do Código das Sociedades que, para uma sociedade ficar vinculada perante terceiros por actos dos seus gerentes, administradores ou directores, basta ao terceiro alegar e provar que os actos foram praticados por qualquer destes elementos, em nome da sociedade, dentro dos poderes que a Lei lhes confere, o que abrange todos aqueles actos para que a sociedade tenha capacidade negocial de exercício, nos termos do n.º 4 do art. 6.º do mesmo Código.

Mas se essa actuação, embora a coberto da Lei, não está de acordo com os estatutos da sociedade, esta só não fica vinculada perante o terceiro se provar que este último sabia ou não podia, segundo as circunstâncias, ignorar as limitações estatutárias de poderes daqueles seus representantes.

É, pois, sobre a sociedade que recai o ónus de alegar e provar tais limitações estatutárias e que estas eram conhecidas ou não podiam ser ignoradas pelo terceiro.

Ac. da RL, de 27.06.00 *in* www.dgsi.pt (Proc. n.º 0028657)

I – Os gerentes de uma sociedade por quotas só vinculam a sociedade, em actos escritos, apondo a sua assinatura com indicação dessa qualidade – conf. artigo 206.º, n.º 4 do CSC86.

II – Mesmo quando a vontade é manifestada oralmente torna-se indispensável que o gerente estabeleça, por alguma forma, a ligação do acto com a sociedade, em ordem a que a outra parte fique a conhecer com quem contrata.

III – O artigo 800.º do CCIV é inaplicável no âmbito do direito das sociedades.

Título III – Sociedades por quotas

IV – A venda de um veículo usado entregue por retoma ao vendedor (ente comercial) de um veículo novo – depois por este vendido a terceiro sem prévio registo de propriedade – deve ser qualificada com venda de bem alheio, em princípio válida no domínio do direito comercial – artigo 467.º, n.º 2 do CSC86.
Ac. do STJ, de 11.04.00 *in* www.dgsi.pt (Proc. n.º 00A111) e CJ, Ano VIII, Tomo II, p. 37

I – As sociedades por quotas apenas ficam vinculadas, em actos escritos, através da assinatura dos seus gerentes, com indicação dessa qualidade, não sendo relevante a simples assinatura com a firma social.
II – Não é por isso válido o endosso de letra de câmbio, por uma sociedade por quotas, sem que a respectiva assinatura aposta na letra justifique a qualidade de quem a efectuou.
III – O destinatário desse endosso não é por isso legítimo detentor da letra nem tem legitimidade, como exequente, para a execução baseada nessa letra.
Ac. da RP, de 09.03.00 *in* www.dgsi.pt (Proc. n.º 0050118)

I – Para a vinculação de uma sociedade por quotas torna-se indispensável a reunião de dois elementos: assinatura pessoal do gerente e menção da qualidade de gerente – artigo 260.º, n.º 4 do CSC.
II – No aceite é indispensável – para que ocorra a responsabilidade pessoal do aceitante – a identidade entre o sacado e o aceitante; isto é que resulte do título que o seu aceitante é o sacado nele indicado pelo sacador (identidade formal) e que o sacado indicado no saque e quem aceita a letra seja uma e única pessoa (identidade efectiva).
Ac. do STJ, de 25.01.00 *in* www.dgsi.pt (Proc. n.º 99A1109)

I – Se na p.i. se atribui a qualidade de gerentes da sociedade contratante às pessoas que subscreveram o contrato de locação financeira junto, embora, ao fazê-lo, as subscritoras não tenham feito menção dessa posição perante a firma que representavam, é de considerar admitida, por confissão, tal qualidade, se a sociedade ré em parte alguma da sua contestação a nega especificadamente.
II – As sociedades por quotas e anónimas ficam vinculadas pelas assinaturas dos gerentes e administradores, mesmo que não tenham mencionado tal qualidade, desde que resulte inequivocamente do próprio acto ou das circunstâncias em que ocorre que aqueles agem em nome da sociedade e não em seu próprio nome.
III – A exigência de reconhecimento notarial das assinaturas dos contra-tantes constitui uma formalidade ad probationem.
Ac. do STJ, de 28.11.99 *in* CJ, Ano VII, Tomo III, p. 128

1. Enquanto as pessoas singulares têm capacidade para todos os actos que não sejam proibidos por lei, as pessoas colectivas, nomeadamente as socieda-

des, só podem praticar os actos que se mostrem necessários à prossecução do seu fim social.

2. Invocando alguém um crédito sobre determinada sociedade, compete à devedora excepcionar e provar o carácter ilícito do acto gerador do crédito, devido ao facto de ser alheio à realização do seu fim estatuário.

3. A invocação de falta de poderes dos representantes das sociedades para que as vinculem juridicamente, é inoponível a terceiros que as desconheçam.

Ac. da RL, de 19.10.99 *in* www.dgsi.pt (Proc. n.° 0039981)

I – Ainda que a qualidade dos gerentes das sociedades por quotas ou dos administradores das sociedades anónimas não esteja indicada no documento, haverá vinculação da sociedade sempre que das circunstâncias se deduza ser vontade dos interessados que o negócio é celebrado para a sociedade.

II – A exigência de reconhecimento notarial das assinaturas apostas no contrato de locação financeira de coisas móveis não sujeitas a registo não se justifica como meio de obrigar as partes à reflexão sobre as consequências do acto, até porque esse fim já está satisfeito com a obrigatoriedade de documento escrito, pelo que constitui mera formalidade ad probationem.

III – Assim, tal formalidade pode ser suprida por confissão expressa, judicial ou extra judicial, desde que, neste último caso, ela conste de documento de igual ou superior valor probatório – n.° 2 do art. 364.° do CC.

IV – Pela identidade (pelo menos) de valor probatório existente entre a admissão de factos por falta de contestação e a confissão judicial expressa, qualquer delas pode, no processo onde se verificam, substituir a formalidade ad probationem omitida.

Ac. do STJ, de 28.09.99 *in* www.dgsi.pt (Proc. n.° 99A658)

I – A assinatura pessoal do gerente "em nome" da sociedade, vincula esta, não sendo necessária a expressa invocação deste nome o qual poderá resultar das circunstâncias em que a assinatura pessoal foi aposta ou o acto foi praticado.

II – Tem natureza contratual a responsabilidade em que incorre um advogado que, tendo sido encarregado por alguém para apresentar uma queixa – crime por cheque sem provisão no montante de 2.000.000$00, o faz em requerimento por si subscrito com base numa procuração com poderes forenses gerais o que, sendo irrelevante como exercício do direito de queixa, veio a determinar o arquivamento do inquérito preliminar uma vez que o dito advogado também não diligenciou pela ratificação da queixa em tempo útil.

III – Este cumprimento defeituoso pelo advogado do mandato que lhe fora conferido não foi porém "conditio sine qua non" do dano correspondente à perda da quantia do cheque pelo mandante.

IV – O comportamento negligente do advogado apenas fez diminuir as possibilidades de o mandante obter o pagamento do título em causa.

Título III – Sociedades por quotas 559

V – Considera-se equitativo estimar em 500.000$00 o dano causado pelo cumprimento defeituoso do advogado e réu, atendendo a que, ao tempo, a ameaça de pena resultante da acção penal por cheque sem provisão era persuasiva mas também a que, por outro lado, no caso concreto, estava iminente a declaração de falência da sacadora a qual veio mais tarde a ser decretada.
Ac. da RL, de 08.07.99 *in* CJ, Ano XXIV, Tomo IV, p. 97

I – Para que uma sociedade por quotas fique obrigada em actos escritos dos seus gerentes torna-se necessária a assinatura pessoal destes com a menção dessa qualidade – artigo 260.º, n.º 4 do CSC86.
II – Não se mostra satisfeita tal exigência legal se no lugar destinado ao saque de uma letra de câmbio apenas foi aposto o carimbo da firma sacadora seguido de uma assinatura manuscrita ilegível.
III – A assinatura assim aposta não gera vício de forma do saque mas antes a inexistência da respectiva obrigação cambiária, já que aquela não é formalmente a sacadora em face da literalidade do título.
Ac. do STJ, de 07.07.99 *in* www.dgsi.pt (Proc. n.º 99B336)

I – Preceituando o artigo 260.º, n.º 4 do Código das Sociedades Comerciais, que os gerentes vinculam a sociedade em actos escritos, apondo a sua assinatura, com indicação dessa qualidade, responsável é a sociedade e não o dito gerente.
Ac. da RP, de 15.06.99 *in* www.dgsi.pt (Proc. n.º 9920363)

Uma sociedade por quotas só fica vinculada, designadamente em letras ou livranças, nos termos do n.º 4 do artigo 260.º do CSC, quando os gerentes, aponham a sua assinatura com a indicação de que a apõem como seus gerentes-representantes.
Ac. do STJ, de 02.06.99 *in* www.dgsi.pt (Proc. n.º 99B319)

O art. 260.º, n.º 4, do Código das Sociedades Comerciais deve ser interpretado restritivamente, no sentido de só exigir para a vinculação da sociedade o duplo requisito – assinatura pessoal do gerente e menção da qualidade de gerente – quando não seja possível determinar se o gerente actua em nome próprio ou em representação da sociedade.
Ac. da RL, de 14.01.99 *in* www.dgsi.pt (Proc. n.º 0066202)

I – A dissolução da sociedade não só não afecta a personalidade jurídica, como também não extingue os vínculos sociais resultantes do contrato.
II – Apesar de dissolvida e de entrar em liquidação a sociedade mantém a personalidade jurídica, assistindo-se, apenas a uma mudança na sua orgânica: em vez do anterior órgão de administração, passa a existir um órgão de liquidação.

560   *Regime Jurídico das Sociedades por Quotas*

III – Dispondo o liquidatário do poder – dever de cobrar os créditos da sociedade, compete-lhe, em representação desta, na qualidade de seu órgão de liquidação, exigir o pagamento aos sócios de dívidas de entradas.
Ac. do STJ, de 12.01.99 *in* www.dgsi.pt (Proc. n.° 98A1091)

I – Uma sociedade por quotas fica obrigada mediante a assinatura pessoal do gerente em nome da sociedade.
II – A assinatura com a firma social, feita pelo gerente, não vincula a sociedade.
III – Há "venire contra factum proprium" quando alguém exerce uma posição jurídica em contradição com o comportamento pelo mesmo assumido anteriormente.
IV – A proibição do "venire contra factum proprium" reconduz-se à doutrina da confiança, pressupondo, como elemento subjectivo, que o confiante adira realmente ao facto gerador de confiança.
V – A protecção jurídica inerente ao "venire contra factum proprium" também não tem lugar se, tendo-se confiado naquele facto, se descurou a observância de deveres de indagação.
VI – A tradição comercial, anterior ao Código das Sociedades Comerciais, no sentido da assinatura pelo gerente com a firma social não pode aproveitar seis anos após o início da sua vigência a uma entidade bancária, familiarizada com o movimento e processamento de títulos cambiários e perfeitamente conhecedora dos requisitos formais da respectiva validade.
VII – A proibição referida em IV não aproveita ao banco que recebe livranças que são nulas por nelas ter o gerente da sociedade promitente assinado com a firma social.
Ac. do STJ, de 09.07.98 *in* www.dgsi.pt (Proc. n.° 97A928)

I – É matéria de facto a determinação da vontade real dos declarantes e matéria de direito a fixação do sentido normativo ou juridicamente relevante da declaração negocial.
II – Sendo a obra efectuada em prédio da ré e contratada com a autora pelo gerente daquela, qualquer pessoa normal deduziria que ele estava a contratar em nome da ré.
Ac. do STJ, de 03.03.98 *in* CJ, Ano VI, Tomo I, p. 102

I – Nos termos do artigo 25.° da Lei Uniforme relativa às Letras e Livranças, a simples assinatura aposta na face anterior da letra só constitui aceite se puder ser atribuída ao sacado.
II – É nula como aceite a assinatura, no lugar respectivo, de quem não é sacado.

Título III – Sociedades por quotas   561

III – Sacada uma letra sobre uma sociedade e, sem mais, assinada por um seu representante com a sua assinatura pessoal, nem a sociedade nem aquele representante ficam obrigados pela letra, por falta de forma do aceite.

IV – A inobservância da norma que disciplina a forma externa que há-de revestir o acto de vinculação da sociedade constitui, sem margem para dúvida, vício de forma que determina a nulidade do aceite.

V – A nulidade do aceite por vício de forma repercute-se no aval dado ao aceitante.

Ac. da RP de 02.02.98 *in* www.dgsi.pt (Proc. n.° 9750243)

O art. 32.° da LULL, aplicável às livranças por força do seu art. 77.°, estipula que a obrigação do avalista se mantém mesmo no caso de nulidade da obrigação que ele garantiu, salvo se tal nulidade derivar de um vício de forma.

Consequentemente não subsiste o aval por falta de uma formalidade prescrita por lei quando o gerente não apôs na livrança a sua assinatura sem a indicação dessa qualidade nos termos do n.° 4 do art. 260.° CSC.

Ac. da RP de 27.01.98 *in* www.dgsi.pt (Proc. n.° 0064311)

I – Os actos praticados pelos gerentes de uma sociedade por quotas, em nome desta e dentro dos poderes que a lei lhes confere, vinculam-na para com terceiros, não obstante as limitações constantes do contrato social ou resultantes de deliberação dos sócios – artigo 260.°, n.° 1, do CSC.

II – Face a este preceito, os poderes representativos dos gerentes das sociedades por quotas ficam imunes às restrições ou limitações que os sócios pretendam estabelecer, quer logo no contrato de sociedade, quer depois por meio de deliberações.

III – A esta regra abre o n.° 2 do mesmo artigo uma excepção que abrange tão-só as limitações dos poderes dos gerentes resultantes do objecto social. Uma mais extensa inoponibilidade, por forma a abranger outras espécies de limitações que constem do contrato de sociedade ou resultem de deliberação dos sócios, não decorre deste preceito.

Ac. do STJ, de 10.12.97 *in* www.dgsi.pt (Proc. n.° 97B667)

Os actos dos gerentes de sociedades por quotas vinculam estas, em determinadas condições. Estamos no campo da representação e não da administração.

Ac. do STJ, de 27.05.97 *in* www.dgsi.pt (Proc. n.° 97A355)

I – Os actos dos gerentes das sociedades por quotas vinculam a sociedade se forem praticados em nome dela dentro dos poderes que a lei lhes confere.

562   *Regime Jurídico das Sociedades por Quotas*

II – Aposta a assinatura dum gerente no verso da letra no lugar do aceite sem se dizer a qualidade em que o faz, tal não vincula a sociedade pois a menção dessa qualidade é intrínseca à própria validade do documento.

III – A ocorrer tal situação não pode o gerente ser pessoalmente obrigado
Ac. da RP, de 05.05.97 *in* www.dgsi.pt (Proc. n.º 9651084)

Para que a sociedade por quotas fique vinculada é preciso a assinatura pessoal do gerente e menção da qualidade de gerente.
Ac. da RL, de 08.04.97 *in* www.dgsi.pt (Proc. n.º 0011261)

Um gerente comercial para que responsabilize uma sociedade deve fazê-lo de forma que do documento resulte, em termos aceitáveis, segundo o costume, que assinou tal documento que diz respeito à sociedade e não a ele pessoalmente ou desde que conste com assinatura o próprio nome da sociedade.
Ac. do STJ, de 24.10.96 *in* CJ, Ano IV, Tomo III, p. 78

I – É nula a deliberação que limite, ao nível da representação, os poderes dos sócio-gerentes de uma sociedade por quotas.

II – É o que acontece quando, a pretexto de se distribuírem tarefas entre os sócios gerentes, as funções representativas de alguns deles ficam praticamente reduzidas a zero.

III – Isto porque, quanto aos actos de representação, vigora o princípio da ilimitação dos poderes representativos dos gerentes, sendo irrelevantes as limitações constantes do contrato social ou resultantes de deliberações dos sócios – art. 260.º, n.º 1 do CSC.
Ac. do STJ, de 15.10.96 *in* CJ, Ano IV, Tomo III, p. 62

I – (...)

II – O disposto no art. 260.º, n.º 4, do C. S. Comerciais, deve ser interpretado no sentido de, como norma interpretativa, se aplicar apenas aos actos dos gerentes que tenham de ser rduzidos a documento escrito.

III – Assim, o acto escrito praticado pelo gerente em nome da sociedade, subscrito apenas com a firma social, não deixa de a vincular, se a sua validade não depender dessa forma.
Ac. do STJ, de 24.10.95 *in* CJ, Ano III, Tomo III, p. 72

I – A ratificação de acto praticado pelo gerente sem poderes para tal não pode ser feita por outro gerente que tenha esses poderes mas depende de deliberação social.

II – Desistir do pedido de anulação de venda de imóveis duma sociedade é tornar certa essa alienação, por isso depende de prévia deliberação social.
Ac. da RL, de 02.05.95 *in* www.dgsi.pt (Proc. n.º 0073621)

Título III – Sociedades por quotas

I – Vigora, no nosso direito, o princípio da livre destituibilidade do gerente pelos sócios, sem prejuízo de, em certos casos (v. g. destituição sem justa causa), o gerente destituído ter direito a indemnização pelos prejuízos sofridos.

II – A noção de justa causa implica um comportamento ilícito por parte do gerente, censurável em termos de culpa e com certas consequências gravosas para a sociedade.

III – A qualidade de gerente advém dum contrato celebrado entre a sociedade e o gerente – o contrato de administração, funcionando contra ele a presunção de culpa em face da da violação grave dos deveres contratuais.

IV – Este contrato constituirá um contrato de trabalho ou de prestação de serviço, conforme, concretamente, revista as características próprias de um ou de outro.

V – O Supremo Tribunal de Justiça não pode sindicar o uso, e não já o não uso, pela Relação dos poderes conferidos pelo artigo 712.° do Código de Processo Penal, limitando-se a sua censura à legalidade no apuramento dos factos.

VI – O Supremo Tribunal de Justiça não pode pronunciar-se sobre se existe ou não a contradição nas respostas aos quesitos verificada pela Relação.
Ac. do STJ, de 14.02.95 *in* www.dgsi.pt (Proc. n.° 086242)

I – (…)
II – Nos termos do art. 260.°, n.° 4, do C.S.Comerciais é indispensável à vinculação da sociedade a assinatura pessoal do gerente e a menção dessa qualidade.

III – Não vincula a sociedade a assinatura de gerente com a firma social junto do respectivo carimbo.
Ac. da RC, de 15.11.94 *in* CJ, Ano XIX, Tomo V, p. 28

A vinculação de sociedade por quotas, em actos escritos, como a subscrição de letra de câmbio, exige a reunião de dois elementos: a assinatura pessoal do gerente e a menção expressa desta qualidade.
Ac. da RP, de 14.06.93 *in* www.dgsi.pt (Proc. n.° 9210439)

I – Com o Código das Sociedades Comerciais a assinatura com a firma desapareceu como forma de validamente vincular a sociedade.

II – Para a vinculação da sociedade é, agora, indispensável a reunião de dois elementos: assinatura pessoal do gerente e menção da qualidade de gerente.

III – O endosso aposto numa letra não se limita a transmitir um direito de crédito, mas também constitui o endossante na obrigação de garantir o pagamento da letra.

IV – O vício de falta de forma inquina totalmente o negócio do endosso, isto é, produz a sua nulidade absoluta.

564   *Regime Jurídico das Sociedades por Quotas*

V – E a nulidade absoluta do endosso acarreta para o endossado a situação de não poder ser considerado portador legítimo da letra de câmbio.
Ac. da RP, de 25.02.92 *in* www.dgsi.pt (Proc. n.° 9110539)

I – Pelo artigo 260.°, n.° 4 do Código das Sociedades Comerciais, os gerentes de sociedade por quotas vinculam a sociedade, em actos escritos, apondo a sua assinatura com indicação dessa qualidade, pelo que desapareceu, como forma de vinculação, a assinatura com a firma.
II – O aceite em letra de câmbio, em nome da sociedade, com a simples assinatura da firma, não é susceptível de a vincular, por vício de forma.
III – Nessa hipótese, e ainda que se tratasse de inexistência do aceite, não subsiste a obrigação decorrente do aval dado a favor do aceitante.
Ac. da RP, de 19.04.90 *in* www.dgsi.pt (Proc. n.° 0408919)

ARTIGO 261.° – **(Funcionamento da gerência plural)**
1 – Quando haja vários gerentes e salvo cláusula do contrato de sociedade que disponha de modo diverso, os respectivos poderes são exercidos conjuntamente, considerando-se válidas as deliberações que reúnam os votos da maioria e a sociedade vinculada pelos negócios jurídicos concluídos pela maioria dos gerentes ou por ela ratificados.
2 – O disposto no número anterior não impede que os gerentes deleguem nalgum ou nalguns deles competência para determinados negócios ou espécie de negócio, mas, mesmo nesses negócios, os gerentes delegados só vinculam a sociedade se a delegação lhes atribuir expressamente tal poder.
3 – As notificações ou declarações de terceiros à sociedade podem ser dirigidas a qualquer dos gerentes, sendo nula toda a disposição em contrário do contrato de sociedade.

NOTAS:

I. Anteprojectos: FERRER CORREIA (art. 87.°); VAZ SERRA (arts. 90.° e 91.°) e RAÚL VENTURA (art. 67.°).

II. Nos termos do n.° 3, do art. 9.°, da 1.ª Directiva da CEE sobre Direito das Sociedades (Directiva 68/151/CEE do Conselho, de 9 de Março de 1968, publicado no Jornal Oficial n.° L 065 de 14/03/1968 p. 0008 – 0012):
"quando a legislação nacional preveja que o poder de representar a sociedade é atribuído por cláusula estatutária, derrogatória da norma legal sobre a

*matéria, a uma só pessoa ou a várias pessoas agindo conjuntamente, essa legis-
lação pode prever a oponibilidade de tal cláusula a terceiros, desde que ela seja
referente ao poder geral de representação; a oponibilidade a terceiros de uma tal
disposição estatutária é regulada pelas disposições do artigo 3.°.*

Para maiores desenvolvimentos sobre o n.º 3, do art. 9.º, da 1.ª Directiva, *vide* RAÚL VENTURA *in* "Adaptação do Direito Português à 1.ª Directiva ...", pp. 155 e ss..

III. A gerência pode ser singular (quando é exercida por um gerente) ou plural (quando é exercida por dois ou mais gerentes). O artigo em anotação regula o exercício da gerência plural.

Os modelos de gerência plural são:

a) A gerência conjunta

Neste modelo, a actuação da gerência depende de declarações de vontade convergentes de dois ou mais gerentes, manifestadas simultaneamente ou em momentos distintos. Neste último caso, a sociedade fica vinculada apenas no momento em que seja emitida a última declaração. Cfr. COUTINHO DE ABREU *in* "Vinculação das sociedades ...", p. 1227.

Quanto às vantagens e desvantagens da gerência conjunta, cfr. RAÚL VEN-
TURA *in* "Sociedades por Quotas", vol. III, p. 189;

b) A gerência disjunta

Na gerência disjunta cada um dos gerentes pode, isolada e autonomamente, praticar os actos de representação e gestão da sociedade.

Quanto às vantagens e desvantagens da gerência disjunta, cfr. RAÚL VEN-
TURA *in* "Sociedades por Quotas", vol. III, p. 189;

c) A gerência colegial

Neste sistema, a gerência é exercida por todos os gerentes, mediante deliberação tomada em conselho (ou reunião) por maioria.

IV. A representação da sociedade pode ser activa e passiva. Para a primeira a lei prevê expressamente o método conjunto (**n.º 1**), para a segunda, estabelece o método disjunto (**n.º 3**).

Importa realçar que o legislador no **n.º 1** não adoptou um sistema puro de conjunção, outrossim um sistema de conjunção maioritária, uma vez que a vinculação da sociedade depende da vontade da maioria dos gerentes.

Desta forma, nas sociedades com dois gerentes é necessária a intervenção de ambos. Já nas sociedades com três ou mais gerentes a deliberação da gerência só é válida se tiver sido tomada pela maioria (simples).

Da leitura do **n.º 1** não resulta expressamente que a violação da conjunção supletiva não produza a vinculação da sociedade.

Na opinião de JOÃO ESPIRITO SANTO *in* "Sociedades por Quotas ...", p. 472, a ineficácia, perante a sociedade, do negócio concluído em violação de tal método

566 *Regime Jurídico das Sociedades por Quotas*

contém-se no espírito do **n.° 1,** o que nos conduz a um resultado de interpretação extensiva deste preceito.

Por sua vez, COUTINHO DE ABREU *in* "Vinculação das sociedades ...", p. 1226, entende que "vigorando (supletiva ou estatutariamente) a conjunção, a sociedade não fica vinculada pelos actos jurídicos praticados por um só administrador; tais actos são ineficazes relativamente à sociedade".

V. Conforme resulta do próprio texto legal, o **n.° 1** é uma norma dispositiva, que pode ser afastada pelo contrato de sociedade.

Note-se que o instrumento de afastamento do regime legal é apenas o contrato de sociedade, ficando excluídas as deliberações dos sócios ou dos gerentes.

Uma vez que o regime supletivo é o da gerência conjunta, as partes podem convencionalmente adoptar o método disjunto ou colegial. De realçar que a lei não impede que seja escolhido um regime mitigado.

Assim, o contrato pode estipular que a um gerente seja atribuído o poder de representar plena e isoladamente a sociedade, enquanto que outros gerentes ficam dependentes de uma actuação conjuntamente.

De entre os modelos alternativos, JOÃO ESPIRITO SANTO *in* "Sociedades por Quotas ...", p. 481, destaca ", por exemplo, a adopção de sistema de representação determinativos de uma *disjunção estabelecida em termos nominativos* e de uma *conjunção indiferenciada* ou de conjunções de composição diversa".

Para PAULO OLAVO DA CUNHA *in* "Direito das Sociedades...", p. 666, o contrato de sociedade pode "estabelecer que a sociedade só se obriga com a assinatura de todos os gerentes ou que a sociedade se obriga com a assinatura do gerente *x* e de qualquer outro gerente, considerando, assim imprescindível a intervenção de um determinado gerente".

RAÚL VENTURA *in* "Sociedades por Quotas", vol. III, p. 200, considera que a conjunção imprópria, em que a representação da sociedade fica atribuída a um gerente e a um procurador da sociedade, não é ilícita, salvo se houver "um só gerente ou se, havendo vários gerentes, nenhum deles puder actuar com o procurador". Cfr., ainda, JOÃO ESPIRITO SANTO *in* "Sociedades por Quotas ...", p. 482.

O método colegial já foi considerado como um método próprio dos conselhos de administração das SA e por isso inaplicável às SQ, por força do princípio da tipicidade. Cfr. Ac. do STJ, de 05.03.1992 *in* BMJ, 415, p. 666 e Ac. da RL, de 18.04.91 *in* www.dgsi.pt (Proc. n.° 0045962)

A propósito do direito de oposição no caso do método disjunto, RAÚL VENTURA *in* "Sociedades por Quotas", vol. III, p. 198, sustenta que o mesmo pode ser excluído.

Para este autor, *loc. cit.*, se o contrato for omisso quanto ao direito de oposição, "deverá entender-se que há lacuna do contrato, preenchível pelo regime legal do direito de oposição, tal como aparece regulado no art. 193.° CSC, para as sociedades em nome colectivo".

Nada impede, naturalmente, que o direito de oposição esteja regulamentado no contrato de sociedade. Esta regulamentação não pode, no entanto, contender com princípios básicos do direito de oposição. "Assim, na ordem interna da sociedade, o direito só poderá ser atribuído a gerentes e não a sócios desprovidos de gerência: na ordem externa da sociedade, não pode ser atribuída à oposição eficácia para com terceiros, pois isso contrariaria o disposto no art. 260.º, n.º 1", RAÚL VENTURA *in* "Sociedades por Quotas", vol. III, p. 198,

Sobre as declarações contraditórias dos gerentes, cfr. RAÚL VENTURA, *ob. cit.*, pp. 198 e ss..

No entendimento de JOÃO ESPIRITO SANTO *in* "Sociedades por Quotas ...", p. 481, não é possível excluir algum ou alguns gerentes do exercício de poderes representativos.

PEREIRA DE ALMEIDA *in* "Sociedades Comerciais e Valores Mobiliários", p. 378, considera que as cláusulas que estabelecem a forma como a sociedade se obriga são oponíveis a terceiros. Cfr., ainda, ALEXANDRE SOVERAL MARTINS *in* "Capacidade e Representação ...", p. 484 e COUTINHO DE ABREU *in* "Vinculação das sociedades ...", p. 1220.

COUTINHO DE ABREU *in* "Vinculação das sociedades ...", p. 1222, faz notar que também as cláusulas estatutárias que referem nominalmente um ou mais gerentes (v.g., "a sociedade obriga-se com a assinatura de dois gerentes, devendo uma delas ser do gerente A"), observadas as exigências legais, são oponíveis a terceiros.

Por seu turno, MENEZES CORDEIRO e outros *in* "Código das Sociedades Comerciais – Anotado", p. 684, defendem que "são inoponíveis a terceiro as soluções que impliquem, para si, uma solução mais desfavorável relativamente ao que a lei consagra, o que sucederá nas situações de conjunção supramaioritária ou na consagração contratual da necessidade de intervenção de determinados gerentes (...)".

Sobre esta questão, veja-se o art. 9.º, n.º 3, da 1.ª Directiva.

A expressão "negócios jurídicos" do **n.º 1** deve ser tomada com "actos jurídicos". Cfr. RAÚL VENTURA *in* "Sociedades por Quotas", vol. III, p. 191.

VI. A sociedade só fica vinculada pelos actos jurídicos praticados pela maioria dos gerentes ou por ela ratificados (parte final, do **n.º 1**).

Para JOÃO ESPIRITO SANTO *in* "Sociedades por Quotas ...", p. 472, a "conclusão e a *ratificação* do negócio devem ter-se por realidades distintas – conceptualmente, a ratificação representa ou um assentimento *a posteriori*, *relativamente a um negócio **concluído** sem legitimação representativa, dado pelo(s) "detentor(es)" dessa legitimação*, ou o mesmo assentimento, dado *relativamente a um negócio **concluído** com legitimação representativa, mas com abuso dela*".

À ratificação aqui prevista é aplicável, por analogia, o disposto no art. 268.º, do CC, para a representação sem poderes.

Desta forma, a ratificação está sujeita à forma exigida para a declaração negocial e tem eficácia retroactiva, sem prejuízo dos direitos de terceiro. Cfr. RAÚL VENTURA *in* "Sociedades por Quotas", vol. III, p. 192 e JOÃO ESPIRITO SANTO *in* "Sociedades por Quotas ...", p. 475.

Em sentido contrário, COUTINHO DE ABREU *in* "Vinculação das sociedades ...", p. 1228, considerando que a ratificação em causa não pressupõe representação voluntária, nem qualquer procuração, entende que deve valer o princípio das liberdade de forma (arts. 219.º e 295.º, do CC).

Para este autor, *loc. cit.*, porque não admitir, por exemplo, a ratificação feita por deliberação da gerência "ou por declaração oral do gerente (não interveniente na conclusão do negócio ineficaz) dirigida aos demais gerentes? Por outro lado, a ratificação pode ser tácita – *v.g.*, o gerente que não havia intervindo na conclusão do negócio vem a executá-lo".

Importa saber se para o acto de ratificação será exigido o número de gerentes que seria suficiente para vincular a sociedade.

COUTINHO DE ABREU *in* "Vinculação das sociedades ...", p. 1227, sustenta que o "interesse da sociedade (em benefício da qual é estabelecida a ineficácia) não impõe que tenham de intervir na ratificação tantos quantos tinham de intervir na celebração do negócio. E não faz grande sentido que quem interveio no negócio possa ter de declarar depois a sua aquiescência ou assentimento (declaração de ratificação) ao mesmo negócio".

Assim, para este autor, *ob. cit.*, pp. 1227 e 1228, se numa sociedade que se vincula pela maioria de quatro administradores, determinado negócio foi celebrado apenas por dois, bastava a ratificação por um dos administradores que não participou na celebração do negócio.

VII. Os gerentes podem delegar nalgum ou nalguns deles competência para determinados negócios ou espécie de negócio (1.ª parte, do **n.º 2**).

Os gerentes têm poderes de representação e de administração (ou gestão).

Para as SA, o legislador consagrou expressamente a faculdade de delegação quanto a certas matérias (art. 407.º, n.º 1) e quanto à gestão corrente da sociedade (art. 407.º, n.º 3). Ao invés, nas SQ, optou por prever apenas a delegação da competência para determinados negócios.

A delegação pode ser atribuída a um ou a alguns gerentes, podendo incidir sobre um determinado negócio ou sobre uma espécie de negócios. Conforme salienta, MENEZES CORDEIRO *in* "Manual de Direito das Sociedades", II, p. 406, temos, assim, "a possibilidade de uma distribuição de pelouros, entre os diversos gerentes".

A delegação deve ser atribuída por todos os gerentes, uma vez que tal solução é mais "conforme ao sistema de deliberação de conselho adoptado paras as sociedades anónimas e ainda com a letra do preceito, que não se refere a cada gerente", RAÚL VENTURA *in* "Sociedades por Quotas", vol. III, p. 193.

Com diferente entendimento Coutinho de Abreu *in* "Vinculação das sociedades ...", p. 1224, considera que a "delegação de poderes poderá ser feita por deliberação dos gerentes ou por declarações conjunto-maioritárias dos mesmos".

Para Menezes Cordeiro e outros *in* "Código das Sociedades Comerciais – Anotado", p. 684, a "delegação opera por deliberação da maioria dos gerentes e essa maioria pode, a todo o tempo, avocar o poder que havia sido delegado".

A delegação "não cria um direito do gerente delegado, podendo ser revogada em qualquer momento", Raúl Ventura *in* "Sociedades por Quotas", vol. III, p. 194.

Por força da aplicação analógica do art. 266.º, n.º 1, do CC, as modificações ou a cessação do instrumento de delegação não são oponíveis a terceiros enquanto não forem levadas ao seu conhecimento. Cfr. Menezes Cordeiro e outros *in* "Código das Sociedades Comerciais – Anotado", p. 685.

Na opinião de Raúl Ventura, *ob. cit.*, p. 193, a regra do art. 407.º, n.º 8, deve ser aplicada às SQ, pelo que a delegação não exclui a competência normal dos outros gerentes nem a responsabilidade destes.

Por outro lado, os gerentes delegados "vinculam a sociedade quando praticam actos dentro dos limites da delegação", Coutinho de Abreu *in* "Vinculação das sociedades ...", p. 1222.

Embora a lei não estabeleça nenhuma forma especial para a delegação, a mesma deve ser expressa, sob pena de não vinculação da sociedade (parte final, do **n.º 2**).

VIII. As notificações ou declarações de terceiros à sociedade podem ser dirigidas a qualquer dos gerentes, sendo nula toda a disposição em contrário do contrato de sociedade (**n.º 3**).

Conforme já referimos para a representação passiva (de que trata este preceito), o legislador estabeleceu o método disjunto.

Nos termos do **n.º 3**, cada um dos gerentes representa passivamente a sociedade. Para as SA, veja-se o art. 408.º, n.º 3.

Estamos perante uma norma imperativa, que visa fundamentalmente proteger a confiança dos terceiros nas sociedades e nos seus órgãos representativos. Com efeito, por força desta norma, as declarações dos terceiros produzem efeito perante a sociedade logo que cheguem a um dos gerentes. Esta protecção justifica "a diferença entre os métodos legais de representação activa e de representação passiva", Raúl Ventura *in* "Sociedades por Quotas", vol. III, p. 195.

Menezes Cordeiro e outros *in* "Código das Sociedades Comerciais – Anotado", p. 685, sublinham ainda que estamos perante uma regra injuntiva: "prescreve a nulidade de cláusula do contrato de sociedade que disponha em sentido diferente".

570 Regime Jurídico das Sociedades por Quotas

IX. Para maiores desenvolvimentos sobre os vícios na formação da vontade, *vide* RAÚL VENTURA *in* "Sociedades por Quotas", vol. III, pp. 195 e ss..

JURISPRUDÊNCIA:

I – A assembleia geral de uma sociedade por quotas, cuja gerência compete a dois gerentes, não pode conferir poderes a um mandatário judicial, que simultaneamente é um dos seus gerentes, para, em representação da sociedade e o âmbito de um determinado processo judicial, outorgar uma escritura e dação em pagamento de imóveis.

II – Competindo a gerência de uma sociedade por quotas a dois gerentes, em pé de igualdade (gerência plural conjunta) a assembleia dos sócios não pode deliberar em termos de fazer alterar essa forma de administração e de representação da sociedade, designadamente atribuindo poderes especiais a um deles, do que implicitamente decorre a retirada de poderes ao outro.

III – Quanto aos actos de representação vigora o princípio da ilimitação de poderes representativos dos gerentes, perante o qual são irrelevantes as limitações constantes do contrato social ou resultantes de deliberações dos sócios.

IV – Verifica-se uma forte corrente doutrinal e jurisprudencial no sentido de atribuir primazia aos interesses de terceiros de boa fé, relegando-se para as relações internas as consequências inerentes ao eventual desrespeito das regras de representatividade constantes do pacto social.

V – Aos interesses da sociedade ou dos titulares do respectivo capital social sobrepõem-se os de terceiros que com a sociedade se relacionam mantendo-se a validade dos efeitos jurídicos dos actos outorgados em nome da sociedade apenas por um dos gerentes, ainda que sem a intervenção conjunta dos demais.

Ac. do STJ, de 23.09.08 *in* CJ, Ano XVI, Tomo III, p. 44

I – O sócio-gerente de uma sociedade pode emitir procuração, se nada nos estatutos o proibir expressamente, ainda que a um seu irmão.

II – O sócio-gerente também não necessitaria de autorização da AG para, através daquela procuração, conferir poderes para a venda de terrenos da sociedade se do objecto social desta faz parte, entre outras actividades, a compra e venda de imóveis.

III – Estamos no âmbito de negócio consigo mesmo se o sócio-gerente de uma sociedade "A" constituir procurador desta um terceiro, conferindo-lhe poderes de representação, para em nome da sociedade "A" vender terrenos a uma outra sociedade "B" sendo o dito sócio-gerente que, como representante (gerente) da compradora "B", outorgou em nome desta o respectivo contrato.

IV – Esse contrato é, em princípio, válido e eficaz (enquanto não for anulado) mas é também anulável a menos que o representado (a sociedade "A")

tenha especificadamente consentido na sua celebração ou que o negócio exclua, por sua natureza, a possibilidade de conflito de interesses.
Ac. do STJ, de 13.03.08 *in* CJ, Ano XVI, Tomo I, p. 165

I – Os actos praticados pelos gerentes, em nome da sociedade e dentro dos poderes que a lei lhes confere, vinculam-na para com terceiros, não obstante as limitações constantes do contrato social ou resultantes de deliberações dos sócios – n.º 1 do art. 260.º do CSCom.

II – No que respeita à vinculação da sociedade, há que partir de uma distinção fundamental entre o poder de administração ou gestão e representação. Se o exercício tem apenas eficácia interna, há poderes de administração, e se tem eficácia sobre terceiros, há poderes de representação.

III – O n.º 1 do art. 260 é uma norma imperativa, visando proteger, fundamentalmente, interesses de terceiros, sendo nulas as deliberações dos sócios que a violem – art. 56, n.º 1, al. d). A sociedade pode, no entanto, opor a terceiros as limitações de poderes resultantes do seu objecto social, se provar que o terceiro sabia ou não podia ignorar, tendo em conta as circunstâncias, que o acto praticado não respeitava essa cláusula e se, entretanto, a sociedade o não assumiu, por deliberação expressa ou tácita dos sócios – n.º 2 do art. 260.º do CSCom.

IV – Pelo n.º 2 do artigo 260.º do CSCom. permite-se que a sociedade oponha a terceiros as limitações pactícias de poderes dos gerentes se estas resultarem do objecto do contrato social. Esta oposição, para gerar a não vinculação da sociedade por actos que as não tenham observado, deverá ser acompanhada da prova de que esses terceiros conheciam essa não observância, e só poderá, ainda, ter lugar se o acto em questão não houver sido por ela assumido por deliberação, expressa ou tácita, dos sócios.

V – Estão em causa, nesta norma, apenas as limitações resultantes do objecto social, que consiste, como diz o art. 11.º, n.º 1, nas actividades que os sócios propõem que a sociedade venha a exercer.(19)

VI – Quando haja vários gerentes e salvo cláusula do contrato de sociedade que disponha de modo diverso, os respectivos poderes são exercidos conjuntamente, considerando-se válidas as deliberações que reúnam os votos da maioria e a sociedade vinculada pelos negócios jurídicos concluídos pela maioria dos gerentes ou por ela ratificados – n.º 1 do art. 261.º do CSCom.

VII – Como a sociedade fica vinculada pelos negócios jurídicos concluídos por dois dos seus gerentes, mostrando-se a minuta de acordo assinada apenas por um deles, tal negócio não a vincula, por não ter sido concluído nos termos do seu contrato social. A sociedade pode ratificar (tomar como seus) os actos praticados com falta de poderes por titulares dos órgãos.
Ac. da RL, de 04.12.07 *in* www.dgsi.pt (Proc. n.º 6082/2006-1)

I – Constando do pacto social de uma sociedade anónima que esta se obriga com a assinatura conjunta de dois gerentes, mas sendo o pacto omisso quanto à representação desta em juízo, deverá a mesma sociedade ter-se por validamente representada, na propositura de uma acção para cobrança de dívida, através da procuração subscrita apenas por um sócio gerente, por estar em causa a prática de um acto de mera administração, para o qual qualquer gerente tem poderes.
Ac. do STJ, de 12.07.07 *in* www.dgsi.pt (Proc. n.° 07A1874)

À luz do disposto no n.° 1 do art. 261.° do CSC (norma meramente supletiva), não pode uma sociedade por quotas ficar vinculada através da assinatura de apenas um seu gerente se o seu pacto exige a assinatura de dois deles para a sua vinculação, a não ser que a sociedade acabe por ratificar o acto praticado por aquele primeiro.
Ac. do STJ, de 05.12.06 *in* www.dgsi.pt (Proc. n.° 06A3870)

I – As sociedades por quotas são representadas pelos gerentes e à gerência, que pode ser singular ou plural, estão confiadas as funções de exteriorizar perante terceiros a vontade da sociedade, vinculativa desta.
II – Constando do contrato de sociedade que a gerência da dita fica a cargo de ambos os sócios, sendo obrigatória a assinatura de ambos para obrigar a sociedade, está-se a prever uma gerência plural e conjunta, para cujos actos de representação, designadamente em juízo, é necessária a assinatura de ambos os gerentes.
III – Daqui resulta que caso assim não suceda a sociedade não está devidamente representada em juízo, através de procuração emitida por apenas um dos gerentes, o que equivale à sua incapacidade judiciária.
Ac. da RC, de 06.12.05 *in* www.dgsi.pt (Proc. n.° 2546/05)

O disposto no artigo 261.° do Código das Sociedades Comerciais não impõe uma interpretação no sentido de que em relação a terceiros de boa fé, no caso de os estatutos de uma sociedade por quotas preverem uma representação plural, a actuação de um só gerente em representação da sociedade a não vincule perante esses terceiros.
Ac. da RP, de 28.04.05 *in* www.dgsi.pt (Proc. n.° 0532201)

I – Não obstante a previsão no pacto social duma sociedade por quotas da intervenção de dois gerentes para vincular a sociedade, a intervenção de apenas um deles em representação da sociedade como aceitante duma letra, vincula esta perante o sacador.
II – Sempre constituiria abuso de direito a alegação da não-vinculação da sociedade quando os demais sócios-gerentes durante mais de sete anos se mantiveram totalmente alheios àquela.
Ac. da RL, de 22.01.02 *in* CJ, Ano XXVII, Tomo I, p. 80

Título III – Sociedades por quotas

I – Ainda que conste do pacto social a necessidade de duas assinaturas para obrigar a sociedade, se as letras que servem de base à execução forem assinadas apenas por um dos gerentes, que as assinou em nome da executada e dentro dos poderes que a lei lhe confere, tal acto vincula plenamente a sociedade, uma vez que se está no domínio das relações para com terceiros.

Ac. da RC, de 26.06.01 *in* www.dgsi.pt (Proc. n.º 1445-2001)

I – Nos termos do art. 374.º, n.º 2 do CC, feita a impugnação da assinatura do documento particular, incumbe á parte que o apresentou a prova da sua veracidade.

II – Em princípio, a sociedade por quotas que, face ao seu pacto social, tenha uma gerência plural – só podendo, assim, os respectivos poderes serem exercidos conjuntamente – ficará vinculada em relação a terceiros – que não têm de conhecer as limitações do contrato social a tal respeito – pelos actos praticados por um só deles em nome da sociedade e dentro dos poderes que por lei lhe são conferidos.

III – Não tendo a embargante sociedade provado, como lhe incumbia, que o banco embargado – portador da letra exequenda – sabia ou não podia ignorar que a gerência da sociedade era plural, só ficando vinculada pela assinatura conjunta dos seus dois gerentes, o acto praticado por aquele que assinou o título, em nome e em representação da embargante, sob a menção de "A Gerência", vinculou a sociedade, a qual, sendo obrigada cambiária, de ver contra ela a execução prosseguir.

Ac. da RC, de 01.02.00 *in* www.dgsi.pt (Proc. n.º 2736)

I – As actas das reuniões da gerência colegial das sociedades por quotas não são elemento indispensável para prova das deliberações que aí sejam tomadas.

II – Mesmo que o fossem, nada impede que dois gerentes dessa sociedade possam vinculá-la perante terceiros, pois isso não depende de deliberação da gerência colegial.

Ac. do STJ, de 08.06.99 *in* CJ, Ano VII, Tomo II, p. 139

I – A exigência de assinatura de dois gerentes para obrigar a sociedade, pode ser substituída por deliberação da assembleia geral se um deles está impedido de intervir por incompatibilidade de interesses.

II – Pode ser deliberada pela assembleia geral a outorga de procuração para a sociedade contestar acção contra ela proposta por um gerente cuja assinatura é necessária para a obrigar.

Ac. da RL, de 26.05.94 *in* CJ, Ano XIX, Tomo III, p. 106

I – Na gerência das sociedades por quotas – como aliás, na administração de todas as sociedades e até de pessoas colectivas em geral – há que dis-

574 *Regime Jurídico das Sociedades por Quotas*

*tinguir dois sectores: a gestão (também chamada administração "stritu sensu")
e a representação.*

*II – Na gerência colegial dos gerentes actuam em grupo, mediante delibe-
ração tomada em reunião cabendo a cada um direito a voto e não manifestação
directa de vontade em nome da sociedade. Daí a impossibilidade prática de um
"Conselho" exercer as funções representativas, mas tão só as de gestão.*

*III – O enxerto duma estrutura legal típica das sociedades anónimas numa
sociedade por quotas, não pode deixar de significar a descaracterização do
regime próprio desta última – com flagrante ofensa do disposto no artigo 1.°,
n.°s 2 e 3 do Código das Sociedades Comerciais.*

*IV – A representação passiva da sociedade regulada nos termos do n.° 3
do art. 261.° do C.S.C. tem carácter imperativo, sendo nula toda a disposição
em contrário do contrato de sociedade.*

*V – O art. 261.°, n.° 1 do C.S.C. é norma de natureza dispositiva (ou suple-
tiva). Os interessados não são forçados a conformar-se com os métodos aí estabelecidos relativamente ao funcionamento duma gerência plural.*

*VI – É vontade imperativa do sistema legal que os membros da adminis-
tração das sociedades anónimas se apelidam administradores ou directores em
certos casos (art. 278.°, n.° 1, al. b) e 424.°); e os das restantes sociedades,
gerentes.*

*VII – A estipulação no contrato social relativo a uma sociedade por quotas
duma estrutura legal própria da sociedade anónima, viola o princípio da tipicidade consagrado no artigo 1.°, n.°s 2 e 3 do C.S.C..*

Ac. da RL, de 18.04.91 *in* www.dgsi.pt (Proc. n.° 0045962)

ARTIGO 262.° – **(Fiscalização)**

**1 – O contrato de sociedade pode determinar que a sociedade
tenha um conselho fiscal, que se rege pelo disposto a esse respeito para
as sociedade anónimas.**

**2 – As sociedades que não tiverem conselho fiscal devem designar
um revisor oficial de contas para proceder à revisão legal desde que,
durante dois anos consecutivos, sejam ultrapassados dois dos três
seguintes limites:**

a) **Total do balanço: 1 500 000 euros;**

b) **Total das vendas líquidas e outros proveitos: 3 000 000 euros;**

c) **Número de trabalhadores empregados em média durante o
exercício: 50.**

**3 – A designação do revisor oficial de contas só deixa de ser neces-
sária se a sociedade passar a ter conselho fiscal ou se dois dos três**

Título III – Sociedades por quotas

requisitos fixados no número anterior não se verificarem durante dois anos consecutivos.

4 – Compete aos sócios deliberar a designação do revisor oficial de contas, sendo aplicável, na falta de designação, o disposto nos artigos 416.º a 418.º

5 – São aplicáveis ao revisor oficial de contas as incompatibilidades estabelecidas para os membros do conselho fiscal.

6 – Ao exame pelo revisor e ao relatório deste aplica-se o disposto a esse respeito quanto a sociedades anónimas, conforme tenham ou não conselho fiscal.

7 – Os montantes e o número referidos nas três alíneas do n.º 2 podem ser modificados por portaria dos Ministros das Finanças e da Justiça.

NOTAS:

I. Anteprojectos: FERRER CORREIA (art. 99.º); VAZ SERRA (art. 100.º) e RAÚL VENTURA (art. 75.º).

II. O n.º 2 tem a redacção introduzida pelo DL n.º 343/98, de 06 de Novembro.

III. Conforme já referimos nas anotações aos arts. 248.º e 252.º, os órgãos sociais dividem-se em órgãos deliberativos ou internos (a assembleia geral) e órgãos representativos ou externos.

Para além desta classificação, podemos ainda considerar:

a) Os órgãos necessários

Os órgãos necessários são os órgãos cuja existência é imperativa, não podendo ser contratualmente afastados.

Os órgãos necessários das SQ são a assembleia geral (art. 248.º) e a gerência (arts. 252.º e ss.). Estamos, aqui, perante a estrutura bicéfala necessária de que fala JOÃO ESPIRITO SANTO *in* "Sociedades por Quotas e Anónimas – Vinculação: Objecto social e Representação Plural", Almedina, 2000, p. 359.

b) Os órgãos facultativos

Os órgãos facultativos são os órgãos cuja existência, não sendo obrigatória, depende de estipulação contratual.

O órgão facultativo das SQ é o conselho fiscal previsto no artigo em anotação. MENEZES CORDEIRO e outros *in* "Código das Sociedades Comerciais – Anotado", p. 686, consideram que o conselho fiscal é um órgão necessário meramente eventual.

O conselho fiscal só pode ser constituído por via do contrato (contrato inicial ou respectiva alteração), ficando, assim, excluída a criação por deliberação social.

576   *Regime Jurídico das Sociedades por Quotas*

Sendo o conselho fiscal um órgão facultativo, importa referir que, na sua ausência, a fiscalização da administração da sociedade cabe aos sócios, através do direito de informação (cfr. anotações ao art. 214.º) e, se necessário, com recurso a inquérito judicial (cfr. anotações ao art. 216.º). MENEZES CORDEIRO *in* "Manual de Direito das Sociedades", II, p. 429, fala, aqui, de fiscalização inorgânica.

Em relação aos objectivos da fiscalização, cfr. MENEZES CORDEIRO, *ob. cit.*, p. 427.

IV. Ao conselho fiscal das SQ aplica-se o disposto a esse respeito para as SA (parte final, do **n.º 1**).

Embora o **n.º 1** se reporte apenas ao conselho fiscal, a remissão deve ser "entendida como para o *órgão de fiscalização* das sociedades anónimas, seja conselho fiscal ou fiscal único", RAÚL VENTURA *in* "Sociedades por Quotas", vol. III, p. 207.

O regime dos órgãos de fiscalização das SA está compreendido nos arts. 413.º a 423.º-A, sendo de destacar, entre outros, o art. 420.º (na redacção introduzida pelo DL n.º 185/2009, de 12 de Agosto), relativo à competência do conselho fiscal, que ora se transcreve:

"*1 – Compete ao fiscal único ou conselho fiscal:*

a) Fiscalizar a administração da sociedade;

b) Vigiar pela observância da lei e do contrato de sociedade;

c) Verificar a regularidade dos livros, registos contabilísticos e documentos que lhe servem de suporte;

d) Verificar, quando o julgue conveniente e pela forma que entenda adequada, a extensão da caixa e as existências de qualquer espécie dos bens ou valores pertencentes à sociedade ou por ela recebidos em garantia, depósito ou outro título;

e) Verificar a exactidão dos documentos de prestação de contas;

f) Verificar se as políticas contabilísticas e os critérios valorimétricos adoptados pela sociedade conduzem a uma correcta avaliação do património e dos resultados;

g) Elaborar anualmente relatório sobre a sua acção fiscalizadora e dar parecer sobre o relatório, contas e propostas apresentados pela administração;

h) Convocar a assembleia geral, quando o presidente da respectiva mesa o não faça, devendo fazê-lo;

i) Fiscalizar a eficácia do sistema de gestão de riscos, do sistema de controlo interno e do sistema de auditoria interna, se existentes;

j) Receber as comunicações de irregularidades apresentadas por accionistas, colaboradores da sociedade ou outros;

l) Contratar a prestação de serviços de peritos que coadjuvem um ou vários dos seus membros no exercício das suas funções, devendo a contratação e a remuneração dos peritos ter em conta a importância dos assuntos a eles cometidos e a situação económica da sociedade;

Título III – Sociedades por quotas 577

m) Cumprir as demais atribuições constantes da lei ou do contrato de sociedade.

2 – Quando seja adoptada a modalidade referida na alínea b) do n.º 1 do artigo 413.º, para além das competências referidas no número anterior, compete ainda ao conselho fiscal:

a) Fiscalizar o processo de preparação e de divulgação de informação financeira;

b) Propor à assembleia geral a nomeação do revisor oficial de contas;

c) Fiscalizar a revisão de contas aos documentos de prestação de contas da sociedade;

d) Fiscalizar a independência do revisor oficial de contas, designadamente no tocante à prestação de serviços adicionais.

3 – O fiscal único ou qualquer membro do conselho fiscal, quando este exista, devem proceder, conjunta ou separadamente e em qualquer momento do ano, a todos os actos de verificação e inspecção que considerem convenientes para o cumprimento das suas obrigações de fiscalização.

4 – O revisor oficial de contas tem, especialmente e sem prejuízo da actuação dos outros membros, o dever de proceder a todos os exames e verificações necessários à revisão e certificação legais das contas, nos termos previstos em lei especial, e bem assim os outros deveres especiais que esta lei lhe imponha".

5 – No caso de sociedades que sejam emitentes de valores mobiliários admitidos à negociação em mercado regulamentado, o fiscal único ou o conselho fiscal devem atestar se o relatório sobre a estrutura e práticas de governo societário divulgado inclui os elementos referidos no artigo 245.º-A do Código dos Valores Mobiliários.

6 – No parecer a que se refere a alínea g) do n.º 1, o fiscal único ou o conselho fiscal devem exprimir a sua concordância ou não com o relatório anual de gestão e com as contas do exercício, para além de incluir a declaração subscrita por cada um dos seus membros, prevista na alínea c) do n.º 1 do artigo 245.º do Código dos Valores Mobiliários".

Sobre a competência dos órgãos de fiscalização, cfr. PINTO FURTADO *in* "Competências e funcionamento dos órgãos de fiscalização das sociedades comerciais", Nos 20 Anos do Código das Sociedades Comerciais, vol. I, Coimbra Editora, 2007, pp. 609 e ss..

V. Nos termos do **n.º 2**, as sociedades que não tiverem conselho fiscal devem designar um ROC para proceder à revisão legal desde que, durante dois anos consecutivos, sejam ultrapassados dois dos três seguintes limites:

a) Total do balanço: 1 500 000 euros;

b) Total das vendas líquidas e outros proveitos: 3 000 000 euros;

c) Número de trabalhadores empregados em média durante o exercício: 50.

578   *Regime Jurídico das Sociedades por Quotas*

O legislador considerou que as SQ, em princípio, não têm estrutura e dimensão suficientes para justificar a obrigatoriedade do conselho fiscal. No entanto, se tal dimensão atingir determinados valores impõe-se a fiscalização por um ROC.

Em relação à al. c), do **n.º 2**, tenhamos presente a classificação de empresa prevista no art. 100.º, do CT. Assim, de acordo com o n.º 1, deste preceito, considera-se:

"a) Microempresa a que emprega menos de 10 trabalhadores;

b) Pequena empresa a que emprega de 10 a menos de 50 trabalhadores;

c) Média empresa a que emprega de 50 a menos de 250 trabalhadores;

d) Grande empresa a que emprega 250 ou mais trabalhadores".

Diga-se que o número de trabalhadores corresponde à média do ano civil antecedente (n.º 2, do art. 100.º, do CT).

O **n.º 2** deu acolhimento à 4.ª Directiva da CEE sobre Direito das Sociedades (Directiva 78/660/CEE, do Conselho, de 25 de Julho de 1978, publicado no Jornal Oficial n.º L 222 de 14/08/1978 p. 0011 – 0031), cfr. preâmbulo do DL n.º 262/86, de 02 de Setembro (que aprovou o CSC).

Esta directiva assentava nos seguintes considerandos:

"– que a coordenação das disposições nacionais respeitantes à estrutura e conteúdo das contas anuais e do relatório de gestão, aos métodos de avaliação, assim como à publicidade destes documentos, no que respeita nomeadamente à sociedade anónima e à sociedade de responsabilidade limitada, reveste uma importância particular quanto à protecção dos associados e de terceiros;

– que se impõe uma coordenação simultânea nesses domínios para as referidas formas de sociedades, já que, por um lado, a actividade dessas sociedades se estende frequentemente para além dos limites do território nacional e que, por outro lado, só oferecem como garantia a terceiros o seu património social; que, aliás, a necessidade e a urgência de uma tal coordenação foram reconhecidas e confirmadas pelo artigo 2.º, n.º 1, alínea f), da Directiva 68/151/CEE (3);

– que, além disso, é necessário estabelecer na Comunidade regras jurídicas equivalentes mínimas quanto ao âmbito das informações financeiras a divulgar junto do público por sociedades concorrentes;

– que as contas anuais devem dar uma imagem fiel do património, da situação financeira, assim como dos resultados da sociedade; que, com esta finalidade, devem prever-se esquemas de carácter obrigatório para a elaboração do balanço e da conta de ganhos e perdas e que deve fixar-se o conteúdo mínimo do anexo, assim como do relatório de gestão; que, todavia, podem ser concedidas derrogações em favor de certas sociedades tendo em conta a sua pouca importância económica e social;

– que os diferentes métodos de avaliação devem ser coordenados na medida necessária de modo a assegurar a comparabilidade e equivalência das informações contidas nas contas anuais;

Título III – Sociedades por quotas 579

– *que as contas anuais de todas as sociedades a que se aplica a presente directiva devem ser objecto de publicidade, em conformidade com a Directiva 68/151/CEE; que, todavia, igualmente neste domínio, certas derrogações podem ser concedidas em favor das pequenas e médias sociedades;*
– *que as contas anuais devem ser controladas por pessoas habilitadas cujas qualificações mínimas serão objecto de coordenação posterior e que só as pequenas sociedades podem ser isentas desta obrigação de controlo;*
– *que, quando uma sociedade faz parte de um grupo, é desejável que sejam publicadas contas do grupo dando uma imagem fiel das actividades do conjunto do grupo; que, todavia, até à entrada em vigor de uma directiva do Conselho relativa às contas consolidadas, se torna necessário prever derrogações a certas disposições da presente directiva;*
– *que, para responder às dificuldades resultantes do estado actual das legislações de certos Estados-membros, o prazo estabelecido para a aplicação de certas disposições da presente directiva deve ser mais longo que o prazo previsto em geral a este respeito".*

De acordo com o art. 51.°, n.° 1, da 4.ª Directiva, as sociedades devem fazer controlar as contas anuais por uma ou várias pessoas habilitadas face à lei nacional para o controlo das contas, as quais devem igualmente verificar a concordância do relatório de gestão com as contas anuais do exercício.

Da leitura conjugada dos arts. 11.° e 51.°, n.° 2, da 4.ª Directiva, resulta que aos Estados-membros era conferida a possibilidade de isentar da obrigação supra referida *"as sociedades que, na data de encerramento do balanço, não ultrapassem os limites quantitativos de dois dos três critérios seguintes:*
– *total do balanço: 1 000 000 unidades de conta europeias;*
– *montante líquido das vendas e prestações de serviços: 2 000 000 unidades de conta europeias;*
– *número de membros do pessoal empregue em média durante o exercício: 50,*
– *estabeleçam um balanço sintético tomando apenas as contas precedidas de letras e de algarismos romanos previstos nos artigos 9.° e 10.° com menção separada das informações exigidas entre parêntesis nas rubricas D, II, do activo e C do passivo no artigo 9.° e na rubrica D, II, no artigo 10.°, mas de uma maneira global para cada rubrica referida.*

O prazo de 2 anos consecutivos (exigido para a persistência dos limites) justifica-se, porquanto o resultado "de um só exercício pode ser ocasional", RAÚL VENTURA *in* "Sociedades por Quotas", vol. III, p. 207.

VI. Nas sociedades sujeitas a revisão legal nos termos do **n.° 2**, os documentos de prestação de contas e o relatório de gestão devem ser submetidos

580 *Regime Jurídico das Sociedades por Quotas*

a deliberação dos sócios, acompanhados de certificação legal das contas e do relatório do revisor oficial de contas (art. 263.°, n.° 5).

VII. Os montantes e o número referidos no **n.° 2** podem ser modificados por portaria dos Ministros das Finanças e da Justiça (**n.° 7**).

Na sua versão inicial, o **n.° 2** tinha a seguinte redacção:

"As sociedades que não tiverem conselho fiscal devem designar um revisor oficial de contas para proceder à revisão legal desde que, durante dois anos consecutivos, sejam ultrapassados dois dos três seguintes limites:

a) Total do balanço: 140.000 contos;

b) Total das vendas líquidas e outros proveitos: 280.000 contos;

c) Número de trabalhadores empregados em média durante o exercício: 50".

A portaria n.° 80-A/89, de 2 de Fevereiro, viria a elevar os valores das als. a) e b), para 180.000 contos e 370.000 contos, respectivamente. Por sua vez, a portaria n.° 95/97, de 12 de Fevereiro, viria a fixar tais valores em 350 000 contos e 600 000 contos.

Os valores actuais foram introduzidos pelo DL n.° 343/98, de 06 de Novembro.

VIII. Compete aos sócios deliberar a designação do ROC (**n.° 4**). Com efeito e uma vez que estamos perante uma imposição legal, não é exigida a designação por via do contrato.

A deliberação deve ser tomada por maioria dos votos emitidos (art. 250.°, n.° 3).

Na falta de designação do ROC, a mesma deve ser comunicada à Ordem dos Revisores Oficiais de Contas nos 15 dias seguintes, por qualquer sócio ou membro dos órgãos sociais (art. 416.°, n.° 1 *ex vi* **n.° 4**). Note-se que o art. 416.°, n.° 1, faz referência expressa ao prazo de designação, o qual não está previsto no artigo em anotação.

Perante esta lacuna "deve esperar-se pela assembleia anual para haver certeza de que os requisitos estão verificados e, em caso afirmativo, a designação deve ser feita nessa mesma assembleia", RAÚL VENTURA *in* "Sociedades por Quotas", vol. III, p. 209

Depois de recebida a referida comunicação, a Ordem dos Revisores Oficiais de Contas deve, no prazo de 15 dias, nomear oficiosamente um ROC para a sociedade, podendo a assembleia geral confirmar a designação ou eleger outro ROC para completar o respectivo período de funções (art. 416.°, n.° 2 *ex vi* **n.° 4**).

Na falta de designação, o **n.° 4** remete ainda para os arts. 417.° (*"nomeação judicial a requerimento da administração ou de accionistas"*) e 418.° (*"nomeação judicial a requerimento de minorias"*).

IX. Em relação à duração do mandato do ROC, PAULO OLAVO DA CUNHA *in* "Direito das Sociedades…", p. 671, considera que o art. 415.° (que impõe o prazo de 4 anos) não é aplicável às SQ.

Título III – Sociedades por quotas   581

Ainda no entendimento deste autor, *ob. cit.*, p. 672, se a sociedade, ao eleger o ROC nos termos do **n.° 2**, não estabeleceu "prazo de duração das respectivas funções, devemos entender que a designação é feita sem prazo até ao momento em que, estando reunidas as condições previstas no n.° 3 do art. 262.°, delibere revogar a designação feita ou, antes disso, se pretender proceder à substituição do ROC anteriormente eleito".

X. A designação e a cessação de funções, por qualquer causa que não seja o decurso do tempo, dos membros dos órgãos de fiscalização estão sujeitas a registo (art. 3.°, n.° 1, al. m), do CRC).

XI. Ao ROC são aplicáveis as incompatibilidades estabelecidas para os membros do conselho fiscal (**n.° 5**).

Sobre as incompatibilidades importa dar nota da alteração introduzida pelo DL n.° 76-A/2006, de 29 de Março. Com efeito, na versão anterior a 2006, as incompatibilidades dos membros do conselho fiscal, fiscal único e ROC estavam tratadas no art. 414.°, n.ºs 3 e ss.. Com a referida alteração, o legislador optou por dar autonomia sistemática à tal matéria, que assim passou a estar regulado no art. 414.°-A.

Ao ROC nomeado pela Ordem dos Revisores Oficiais de Contas são aplicáveis as incompatibilidades previstas no art. 414.°-A (art. 416.°, n.° 3 *ex vi* **n.° 4**).

XII. Ao exame pelo revisor e ao relatório deste aplica-se o disposto a esse respeito quanto a SA, conforme tenham ou não conselho fiscal (**n.° 6**).

Esta remissão aplica-se apenas ao exame do revisor e ao seu relatório, ficando excluída a respectiva aprovação, a qual, de acordo com os arts. 246.°, n.° 1, al. e) e 263.°, n.° 5, compete aos sócios.

A propósito do **n.° 6**, RAÚL VENTURA *in* "Sociedades por Quotas", vol. III, p. 210, refere que a última frase suscita algumas dúvidas, porquanto nas SQ, "para haver revisor de contas isolado não pode haver conselho fiscal e assim não se compreende que ao exame e relatório desse revisor isolado sejam mandados aplicar preceitos editados para o caso de a sociedade ter conselho fiscal. A única explicação visível consiste em o legislador, que nos n.ºs 2, 3, 4 e 5 apenas tratava do revisor isolado obrigatório não havendo conselho fiscal, no n.° 6 passou a reportar-se tanto a esse como ao revisor que obrigatoriamente é um dos membros do conselho fiscal".

XIII. O Estatuto da Ordem dos Revisores Oficiais de Contas, foi aprovado pelo DL n.° 487/99, de 16 de Novembro com as alterações introduzidas pelo DL n.° 224/2008, de 20 de Novembro.

XIV. Cfr., para além da bibliografia já citada, GABRIELA FIGUEIREDO DIAS *in* "Controlo de quotas e responsabilidade dos ROC", Temas societários, n.° 2,

582 Regime Jurídico das Sociedades por Quotas

IDET, Almedina, 2006, pp. 153 e ss.; "Fiscalização de sociedades ..."; "Estruturas de fiscalização de sociedades e responsabilidade civil", Nos 20 Anos do Código das Sociedades Comerciais, vol. I, Coimbra Editora, 2007, pp. 803 e ss. e "A fiscalização societária redesenhada: independência, exclusão de responsabilidade e caução obrigatória dos fiscalizadores", Reformas do Código das Sociedades, colóquios n.° 3, IDET, Almedina, 2007, pp. 277 e ss..

JURISPRUDÊNCIA:

I – A nomeação de membros para o conselho fiscal, ao abrigo do art. 418.° do CSC, constitui um direito potestativo, mas de exercício judicial.

II – Tal não exclui a possibilidade de existência de um litígio como pressuposto de intervenção do tribunal arbitral, prevista em cláusula compromissória.
Ac. da RP, de 20.07.06 *in* www.dgsi.pt (Proc. n.° 0632696)

I – Tem a natureza de potestativo o direito, concedido pelo art. 418.° do C. Soc. Com. à minoria nele referida, de requerer a nomeação de mais um membro efectivo e um suplente para o conselho fiscal.

II – Esta disposição deve ser interpretada extensivamente de forma a abranger os casos em que a fiscalização da sociedade anónima cabe a um fiscal único.

III – O confronto deste art. 418.° com o n.° 2 do art. 5.° do Dec. Lei n.° 49 381, de 15/11/69, aponta para a desnecessidade de o requerente desta nomeação fazer prova de que sem ela os seus interesses não estão eficazmente acautelados.

IV – A posterior sujeição deste requerimento ao processo de jurisdição voluntária regulado no art. 1484.° do C. Proc. Civil não envolve, atenta a mera instrumentalidade do processo civil face ao direito das sociedades comerciais, a exigência suplementar de verificação de requisitos não mencionados naquele art. 418.°.

V – Para que o abuso do direito possa relevar, na modalidade do "venire contra factum proprium", é necessário que, além da criação da confiança, se verifique o investimento na mesma, através de um comportamento do destinatário do "factum proprium" que evidencie a expectativa nele criada e revele os danos que advirão da falta de tutela eficaz para ele.
Ac. da RL, de 02.05.06 *in* www.dgsi.pt (Proc. n.° 10492/2005-7)

I – A norma do artigo 418.° do Código das Sociedades Comerciais não é inconstitucional.

II – Nas condições fixadas no n.° 1 desse artigo 418.°, alguns accionistas podem requerer judicialmente a nomeação de membros efectivos e suplentes do órgão de fiscalização da sociedade, tanto no caso de se tratar de fiscal único como de conselho fiscal.
Ac. da RP, de 11.06.02 *in* www.dgsi.pt (Proc. n.° 0220670)

Título III – Sociedades por quotas 583

I – A ratificação da nomeação do ROC (Revisor Oficial de Contas) feita pelo órgão de gestão de uma sociedade deve ser feita na assembleia geral seguinte, ou seja, na (ou até à) 1.ª assembleia geral anual seguinte, sob pena de ficar sem efeito aquela nomeação, já que impondo a lei a independência funcional e hierárquica do ROC relativamente à empresa a que presta serviços, não permite ela que o mesmo fique ligado ao órgão de gestão que o nomeou, para além do lapso temporal entre duas assembleias, em situação de aparente promiscuidade, dependência e subordinação relativamente àquele mencionado órgão.

II – Não tendo sido ratificada a nomeação do ROC feita pelo órgão de gestão na assembleia geral seguinte, já não pode a mesma ocorrer posteriormente, recorrendo ao instituto da renovação da deliberação, pois, a lei apenas permite a renovação de deliberações que tenham tido existência de facto, embora sendo anuláveis, nulas ou inexistentes juridicamente.

III – A designação de um ROC tem que ser feita expressamente e não de forma implícita, considerando-a inerente à aprovação das contas quando sujeitas a revisão legal.

Ac. da RL, de 08.06.00 *in* CJ, Ano XXV, Tomo III, p. 206

I – A nomeação do revisor oficial de contas só é válida se feita em assembleia geral ou nesta for ratificada a contratação de revisor feita pelo órgão de gestão da sociedade, não validando essa contratação a comunicação da mesma feita à Câmara dos Revisores Oficiais de Contas.

II – São anuláveis as deliberações tomadas em assembleia geral sobre o relatório da gestão, balanço e contas e sobre a aplicação do resultado do exercício, se a certificação legal das contas e o respectivo relatório forem subscritos pelo revisor oficial de contas contratado pelo órgão de gestão da sociedade sem que o mesmo tenha sido nomeado pela assembleia geral ou a sua contratação ratificada pela mesma assembleia.

III – Não tendo sido suscitada no recurso para a Relação a questão "abuso de direito", não pode a mesma ser conhecida no recurso para o Supremo Tribunal de Justiça, visto se tratar de questão nova.

IV – Não comete nulidade (omissão de pronúncia) a decisão que se abstém de conhecer de determinada questão por se entender estar a mesma prejudicada pela solução dada a outras.

Ac. do STJ, de 10.11.98 *in* www.dgsi.pt (Proc. n.º 98A986)

I – O Estatuto dos Revisores Oficiais de Contas impõe, como forma privilegiada de nomear o Revisor Oficial de Contas, que seja a Assembleia Geral a fazê-lo, admitindo embora a possibilidade de essa designação ser feita, entre duas assembleias, pelo órgão de gestão, com obrigação de submetê-la à ratificação da Assembleia Geral seguinte.

584   *Regime Jurídico das Sociedades por Quotas*

II – Trata-se, pois, de uma imposição legal que a sociedade tem de cumprir sob pena de serem anuláveis as deliberações tomadas sobre assuntos onde esteja em causa a certificação legal por parte do Revisor Oficial de Contas, designadamente sobre os relatórios de gestão e de contas.

III – O conhecimento dado pelo presidente da mesa à assembleia de que foi admitido o Revisor Oficial de Contas ao serviço da sociedade, não corresponde a uma deliberação dos sócios, tomada em assembleia, traduzindo-se tão só numa informação à assembleia.

Ac. da RP, de 30.04.98 *in* www.dgsi.pt (Proc. n.º 9730129)

ARTIGO 262.º-A – **(Dever de prevenção)**

1 – Nas sociedades por quotas em que haja revisor oficial de contas ou conselho fiscal compete ao revisor oficial de contas ou a qualquer membro do conselho fiscal comunicar imediatamente, por carta registada, os factos que considere reveladores de graves dificuldades na prossecução do objecto da sociedade.

2 – A gerência deve, nos 30 dias seguintes à recepção da carta, responder pela mesma via.

3 – Na falta de resposta ou se esta não for satisfatória, o revisor oficial de contas deve requerer a convocação de uma assembleia geral.

4 – Ao dever de prevenção nas sociedades por quotas aplica-se o disposto sobre o dever de vigilância nas sociedades anónimas em tudo o que não estiver especificamente regulado para aquelas.

NOTAS:

I. O artigo em anotação foi aditado pelo art. 4.º, do DL n.º 257/96, de 31 de Dezembro.

II. A propósito do artigo em anotação, transcrevemos a seguinte passagem do preâmbulo do DL n.º 257/96, de 31 de Dezembro:

"Elaboradas as contas do exercício anual pelos administradores ou gerentes das sociedades comerciais, mostrou-se necessário, desde há muito, que as mesmas fossem examinadas por um órgão que comprovasse a sua conformidade com os preceitos legais, os princípios contabilísticos legalmente definidos e o contrato social antes de serem submetidas à aprovação dos sócios em assembleia geral. Foi esta missão confiada, entre nós, ao conselho fiscal.

Para preservar o segredo comercial, começou o conselho fiscal por ser composto por sócios da sociedade, cujas contas lhe cabia controlar. A superve-

niência da necessidade de reforçar a confiança dos sócios, dos credores sociais e até de eventuais investidores forçou a que o conselho fiscal fosse constituído por pessoas estranhas à sociedade, imparciais e independentes em relação à maioria da assembleia geral.

Nos tempos actuais, tem-se entendido que a única forma de manter a imprescindível confiança consiste em atribuir a fiscalização das contas das sociedades comerciais a peritos profissionais e independentes, que são, em Portugal, os revisores oficiais de contas. Facto este, de resto, já reconhecido pelo Decreto--Lei n.° 289/91, de 10 de Agosto, e pela Directiva do Conselho n.° 84/253/CEE (8.ª Directiva).

O Código das Sociedades Comerciais consagra a obrigatoriedade da existência de um conselho para as sociedades anónimas segundo um sistema misto para a sua composição: três ou cinco membros de que apenas um é revisor oficial de contas. Entretanto, a composição generalizada do órgão de fiscalização das contas das sociedades comerciais nos países europeus encaminhou-se para a figura do fiscal único, profissional dotado de qualificação técnica superior. Dos países da União Europeia só a Itália mantém uma estrutura idêntica à do conselho fiscal. O Decreto-Lei n.° 328/95, de 9 de Dezembro, sem abandonar a concepção adoptada pelo Código das Sociedades Comerciais, não deixa de destacar o papel essencial do revisor oficial de contas no tocante à certificação legal das contas.

Pelas razões expostas, impõe-se rever a natureza do conselho fiscal e a própria obrigatoriedade da sua existência, substituindo-a pela regra geral da existência do revisor oficial de contas.

É ao revisor oficial de contas que passa a ser atribuída, em regra, a competência para a fiscalização. Além disso, é-lhe atribuída uma nova competência, que se traduz no poder de desencadear procedimentos de alerta quando entenda que na prossecução do interesse da sociedade surgem dificuldades que a ponham em causa.

Estes procedimentos são meramente internos e ocorrem dentro das estruturas sociais. Porém, sob outro ponto de vista, não poderão deixar de ser encarados como meios preliminares de aviso para que sejam tomadas medidas recuperadoras da empresa".

MENEZES CORDEIRO e outros in "Código das Sociedades Comerciais – Anotado", p. 687, consideram que, com o presente artigo, pretendeu-se "comprometer os órgãos de fiscalização na identificação de situações de particular gravidade para a vida da sociedade, de forma a desencadear a adopção de medidas de reestruturação".

III. O n.° 1 impõe ao ROC ou a qualquer membro do conselho fiscal o dever de comunicar imediatamente, por carta registada, os factos que considere reveladores de graves dificuldades na prossecução do objecto da sociedade.

586 *Regime Jurídico das Sociedades por Quotas*

A comunicação deverá ser dirigida à gerência, enquanto representante da sociedade.

Depois de receber a comunicação, a gerência deve, no prazo de 30 dias, responder também por carta registada (**n.º 2**).

Tal resposta, uma vez que é dirigida ao declaratário, "só se torna eficaz se conhecida ou em posse da sociedade antes de completados os trinta dias a que se refere a lei, como resulta dos 224.º/1 e 295.º do CC", MENEZES CORDEIRO e outros *in* "Código das Sociedades Comerciais – Anotado", p. 688.

IV. Se a gerência não responder ou se apresentar resposta que não seja satisfatória, o ROC deve requerer a convocação de uma assembleia geral (**n.º 3**).

O pedido de convocação deve, igualmente, ser dirigido aos gerentes.

V. Ao dever de prevenção nas SQ aplica-se o disposto sobre o dever de vigilância nas SA em tudo o que não estiver especificamente regulado para aquelas (**n.º 4**).

O dever de vigilância está regulado no art. 420.º-A.

Da análise comparativa entre este preceito e o artigo em anotação resulta, desde logo, uma significativa diferença. De facto, enquanto que o artigo em anotação, na descrição dos factos constitutivos do dever de prevenção, recorre a um conceito, em certa medida, indeterminado ("os factos que considere reveladores de graves dificuldades na prossecução do objecto da sociedade"), o art. 420.º-A, por sua vez, indica, para além disso, um conjunto de exemplos-padrão que integram tal conceito ("reiteradas faltas de pagamento a fornecedores, protestos de título de crédito, emissão de cheques sem provisão, falta de pagamento de quotizações para a segurança social ou de impostos").

Da remissão para o art. 420.º-A (mais precisamente para os n.os 5 e 6) podemos ainda extrair que o ROC ou o conselho fiscal que não cumpra os deveres previstos nos n.os 1 e 3, embora não incorra em responsabilidade civil, é solidariamente responsável com os gerentes.

VI. A responsabilidade dos membros dos órgãos de fiscalização e do ROC está prevista nos arts. 81.º e 82.º, respectivamente.

VII. De salientar que, com a alteração introduzida pelo DL n.º 76-A/2006, de 29 de Março, também os titulares de órgãos sociais com funções de fiscalização passam a estar, expressamente, obrigados ao cumprimento de deveres de cuidado, empregando para o efeito elevados padrões de diligência profissional e deveres de lealdade, no interesse da sociedade (art. 64.º, n.º 2).

VIII. No caso de gerência singular, as notificações e declarações do gerente cujo destinatário seja a sociedade devem ser dirigidas ao órgão de fiscalização (art. 260.º, n.º 5).

CAPÍTULO VII
Apreciação anual da situação da sociedade

ARTIGO 263.º – **(Relatório de gestão e contas do exercício)**

1 – O relatório de gestão e os documentos de prestação de contas devem estar patentes aos sócios, nas condições previstas no artigo 214.º, n.º 4, na sede da sociedade e durante as horas de expediente, a partir do dia em que seja expedida a convocação para a assembleia destinada a apreciá-los; os sócios serão avisados deste facto na própria convocação.

2 – É desnecessária outra forma de apreciação ou deliberação quando todos os sócios sejam gerentes e todos eles assinem, sem reservas, o relatório de gestão, as contas e a proposta sobre aplicação de lucros e tratamento de perdas, salvo quanto a sociedades abrangidas pelos n.ºs 5 e 6 deste artigo.

3 – Verificando-se empate na votação sobre aprovação de contas ou sobre atribuição de lucros, pode qualquer sócio requerer a convocação judicial da assembleia para nova apreciação daqueles. O juiz designará para presidir a essa assembleia uma pessoa idónea, estranha à sociedade, de preferência um revisor oficial de contas, a quem atribuirá o poder de desempatar, se voltar a verificar-se o empate, e fixará os encargos ocasionados pela designação, os quais são de conta da sociedade.

4 – A pessoa designada pode exigir da gerência ou do órgão de fiscalização que lhe sejam facultados os documentos sociais cuja consulta considere necessária, e bem assim que lhe sejam prestadas as informações de que careça.

5 – Nas sociedades sujeitas a revisão legal nos termos do artigo 262.º, n.º 2, os documentos de prestação de contas e o relatório de gestão devem ser submetidos a deliberação dos sócios, acompanhados de certificação legal das contas e do relatório do revisor oficial de contas.

6 – Ao exame das contas pelo conselho fiscal e respectivo relatório aplica-se o disposto para as sociedades anónimas.

NOTAS:

I. O texto do **n.º 2**, do artigo em anotação foi rectificado pelo art. 13.º, do DL n.º 257/96, de 31 de Dezembro.

588   *Regime Jurídico das Sociedades por Quotas*

II. Apesar da sua epígrafe, o artigo em anotação não dispõe sobre a elaboração, conteúdo e aprovação do relatório de gestão e dos documentos de prestação de contas, limitando-se a regular o exercício do direito de informação dos sócios, relativamente a tais elementos.

Aquelas matérias estão, genericamente, tratadas nos arts. 65.º a 70-A.

III. A elaboração do relatório de gestão, as contas do exercício e demais documentos de prestação de contas previstos na lei, relativos a cada exercício anual, compete aos gerentes (art. 65.º, n.º 1).

Tais elementos devem ser apresentados ao órgão competente da sociedade e por este apreciados no prazo de três meses a contar da data do encerramento de cada exercício anual, ou no prazo de cinco meses a contar da mesma data quando se trate de sociedades que devam apresentar contas consolidadas ou que apliquem o método da equivalência patrimonial (art. 65.º, n.ºs 1 e 5).

A este propósito, PAULO OLAVO DA CUNHA *in* "Direito das Sociedades...", p. 299, refere que o "relatório de gestão deve ser divulgado aos sócios para que estes possam ajuizar acerca da bondade da condução dos negócios sociais e formar a sua decisão acerca do modo como a sociedade foi gerida durante o exercício a que se reporta, pronunciando-se em consciência aquando da aprovação das contas".

IV. Nos termos do n.º 1, do art. 66.º, o relatório da gestão deve conter, pelo menos:

a) uma exposição fiel e clara sobre a evolução dos negócios, do desempenho e da posição da sociedade

Esta exposição deve consistir numa análise equilibrada e global da evolução dos negócios, dos resultados e da posição da sociedade, em conformidade com a dimensão e complexidade da sua actividade (art. 66.º, n.º 2). Essa análise deve abranger tanto os aspectos financeiros como, quando necessário, referências de desempenho não financeiras relevantes para as actividades específicas da sociedade, incluindo informações sobre questões ambientais e questões relativas aos trabalhadores (art. 66.º, n.º 3).

De salientar ainda que, na sua apresentação, o relatório da gestão deve, quando adequado, incluir uma referência aos montantes inscritos nas contas do exercício e explicações adicionais relativas a esses montantes (art. 66.º, n.º 4);

b) uma descrição dos principais riscos e incertezas com que a mesma se defronta

De acordo com o n.º 5, do art. 66.º, o relatório deve ainda indicar:

a) A evolução da gestão nos diferentes sectores em que a sociedade exerceu actividade, designadamente no que respeita a condições do mercado, investimentos, custos, proveitos e actividades de investigação e desenvolvimento;

b) Os factos relevantes ocorridos após o termo do exercício;

c) A evolução previsível da sociedade;

d) O número e o valor nominal de quotas ou acções próprias adquiridas ou alienadas durante o exercício, os motivos desses actos e o respectivo preço, bem como o número e valor nominal de todas as quotas e acções próprias detidas no fim do exercício;

e) As autorizações concedidas a negócios entre a sociedade e os seus administradores, nos termos do artigo 397.°;

f) Uma proposta de aplicação de resultados devidamente fundamentada;

g) A existência de sucursais da sociedade;

h) Os objectivos e as políticas da sociedade em matéria de gestão dos riscos financeiros, incluindo as políticas de cobertura de cada uma das principais categorias de transacções previstas para as quais seja utilizada a contabilização de cobertura, e a exposição por parte da sociedade aos riscos de preço, de crédito, de liquidez e de fluxos de caixa, quando materialmente relevantes para a avaliação dos elementos do activo e do passivo, da posição financeira e dos resultados, em relação com a utilização dos instrumentos financeiros.

De acordo com o n.° 1, do art. 66.°-A (aditado pelo DL n.° 185/2009, de 12 de Agosto), as sociedades devem prestar informação, no anexo às contas:

a) Sobre a natureza e o objectivo comercial das operações não incluídas no balanço e o respectivo impacte financeiro, quando os riscos ou os benefícios resultantes de tais operações sejam relevantes e na medida em que a divulgação de tais riscos ou benefícios seja necessária para efeitos de avaliação da situação financeira da sociedade;

b) Separadamente, sobre os honorários totais facturados durante o exercício financeiro pelo revisor oficial de contas ou pela sociedade de revisores oficiais de contas relativamente à revisão legal das contas anuais, e os honorários totais facturados relativamente a outros serviços de garantia de fiabilidade, os honorários totais facturados a título de consultoria fiscal e os honorários totais facturados a título de outros serviços que não sejam de revisão ou auditoria.

As sociedades que não elaboram as suas contas de acordo com as normas internacionais de contabilidade adoptadas nos termos de regulamento comunitário devem ainda proceder à divulgação, no anexo às contas, de informações sobre as operações realizadas com partes relacionadas, incluindo, nomeadamente, os montantes dessas operações, a natureza da relação com a parte relacionada e outras informações necessárias à avaliação da situação financeira da sociedade, se tais operações forem relevantes e não tiverem sido realizadas em condições normais de mercado (n.° 2, do art. 66.°-A, aditado pelo DL n.° 185/2009, de 12 de Agosto).

A expressão 'partes relacionadas' tem o significado definido nas normas internacionais de contabilidade adoptadas nos termos de regulamento comunitário (al. a), do n.° 3, do art. 66.°-A, aditado pelo DL n.° 185/2009, de 12 de Agosto).

As informações sobre as diferentes operações podem ser agregadas em função da sua natureza, excepto quando sejam necessárias informações separadas

590 *Regime Jurídico das Sociedades por Quotas*

para compreender os efeitos das operações com partes relacionadas sobre a situação financeira da sociedade (al. b), do n.° 3, do art. 66.°-A, aditado pelo DL n.° 185/2009, de 12 de Agosto).

V. A informação respeitante às contas do exercício e aos demais documentos de prestação de contas, devidamente aprovados, está sujeita a registo (cfr. art. 3.°, n.° 1, al. n), do CRC e art. 70.°).

O pedido de registo de prestação de contas deve ser efectuado no prazo de seis meses a contar do termo do exercício económico (art. 15.°, n.° 4, do CRC).

Ao abrigo do art. 42.°, n.° 1, do CRC, o registo da prestação de contas consiste no depósito, por transmissão electrónica de dados e de acordo com os modelos oficiais previstos em legislação especial, da informação constante dos seguintes documentos:

a) Acta de aprovação das contas do exercício e da aplicação dos resultados;

b) Balanço, demonstração de resultados e anexo ao balanço e demonstração de resultados;

c) Certificação legal das contas;

d) Parecer do órgão de fiscalização, quando exista.

Tratando-se de contas consolidadas, o respectivo registo consiste no depósito, por transmissão electrónica de dados e de acordo com os modelos oficiais previstos em legislação especial, da informação constante dos seguintes documentos:

a) Acta da deliberação de aprovação das contas consolidadas do exercício, de onde conste o montante dos resultados consolidados;

b) Balanço consolidado, demonstração consolidada dos resultados e anexo;

c) Certificação legal das contas consolidadas;

d) Parecer do órgão de fiscalização, quando exista (art. 42.°, n.° 2, do CRC).

Importa, ainda, referir que nos termos do art. 70.°, n.° 2 (com a redacção introduzida pelo DL n.° 8/2007, de 17.01 e pelo DL 185/2009, de 12.08), a sociedade deve disponibilizar aos interessados, sem encargos, no respectivo sítio da Internet, quando exista, e na sua sede cópia integral dos seguintes documentos:

a) Relatório de gestão;

b) Relatório sobre a estrutura e as práticas de governo societário, quando não faça parte integrante do documento referido na alínea anterior;

c) Certificação legal das contas;

d) Parecer do órgão de fiscalização, quando exista.

VI. A falta de apresentação do relatório de gestão, das contas do exercício e dos demais documentos de prestação de contas confere a qualquer sócio o direito de requerer inquérito judicial (art. 67.°, n.° 1).

Por outro lado, se a proposta dos gerentes relativa às contas não for aprovada a assembleia geral deve deliberar motivadamente que se proceda à elaboração total de novas contas ou à reforma, em pontos concretos, das apresentadas (art. 68.°, n.° 1).

No prazo de 8 dias a contar da referida deliberação, os gerentes podem requerer inquérito judicial, em que se decida sobre a reforma das contas apresentadas, a não ser que a reforma deliberada incida sobre juízos para os quais a lei não imponha critérios.

A violação dos preceitos legais relativos à elaboração do relatório de gestão, das contas do exercício e de demais documentos de prestação de contas torna anuláveis as deliberações tomadas pelos sócios (art. 69.º, n.º 1).

VII. O relatório de gestão e os documentos de prestação de contas devem estar patentes aos sócios, na sede da sociedade e durante as horas de expediente, a partir do dia em que seja expedida a convocação para a assembleia destinada a apreciá-los; os sócios serão avisados deste facto na própria convocação (**n.º 1**).

O sócio pode consultar pessoalmente tais elementos, podendo fazer-se assistir de um revisor oficial de contas ou de outro perito (art. 214.º, n.º 4 *ex vi* **n.º 1**).

No exercício deste direito, o sócio pode, ainda, tirar cópias ou fotografias, ou usar de outros meios destinados a obter a reprodução da coisa ou documento, desde que a reprodução se mostre necessária e se lhe não oponha motivo grave (cfr., conjugadamente, o art. 576.º, do CC, o art. 214.º, 4 e o **n.º 1**).

A violação deste dever "pode acarretar as consequências previstas para a inobservância da obrigação de informar (215.º e 216.º)", Menezes Cordeiro e outros *in* "Código das Sociedades Comerciais – Anotado", p. 689.

VIII. Nos casos em que todos os sócios sejam gerentes e todos eles assinem, sem reservas, o relatório de gestão, as contas e a proposta sobre aplicação de lucros e tratamento de perdas, não é exigida outra forma de apreciação ou deliberação (**n.º 2**).

Para Raúl Ventura *in* "Sociedades por Quotas", vol. III, p. 213, a "justificação do preceito é evidente: todos s sócios são gerentes e todos eles estão de acordo quanto às contas e distribuição de lucros e tratamento das perdas; certamente esse acordo foi manifestado na qualidade de gerentes e não na de sócios, mas parece bastante a primeira dessas qualidades, não sendo admissível que, sobre tais assuntos, sejam manifestadas opiniões diferentes numa ou noutra dessas qualidades".

Nos termos conjugados dos **n.ᵒˢ 2, 5 e 6** e do art. 262.º, n.º 2, esta disposição não é aplicável às sociedades em que, durante dois anos consecutivos, sejam ultrapassados dois dos três seguintes limites:

a) Total do balanço: 1 500 000 euros;
b) Total das vendas líquidas e outros proveitos: 3 000 000 euros;
c) Número de trabalhadores empregados em média durante o exercício: 50.

Na sua versão original, o **n.º 2** remetia, erradamente, para os n.ᵒˢ 4 e 5. Tal remissão viria a ser rectificada pelo DL n.º 257/96, de 31 de Dezembro, passando a constar os **n.ᵒˢ 5 e 6**.

592   *Regime Jurídico das Sociedades por Quotas*

IX. A aprovação das contas de exercício e a atribuição de lucros dependem de deliberação dos sócios (al. e), do n.° 1, do art. 246.°).

Se houver empate na votação dessa deliberação qualquer sócio pode requerer a convocação judicial da assembleia para nova apreciação (1.ª parte, do **n.° 3**). A convocação judicial de assembleia de sócios está regulada no art. 1486.°, do CPC.

Nos termos da parte final do próprio **n.° 3**, o juiz designará, para presidir à assembleia, uma pessoa idónea, estranha à sociedade, de preferência um ROC, a quem atribuirá o poder de desempatar.

Ao juiz compete, ainda, a fixação dos encargos ocasionados pela designação, os quais são de conta da sociedade (**n.° 3** parte final). Para MENEZES CORDEIRO e outros *in* "Código das Sociedades Comerciais – Anotado", p. 689, esta norma constitui "uma forma de incentivar os sócios a um entendimento".

A pessoa designada pelo tribunal pode exigir da gerência ou do órgão de fiscalização que lhe sejam facultados os documentos sociais cuja consulta considere necessária, e bem assim que lhe sejam prestadas as informações de que careça (**n.° 4**).

X. Nos termos conjugados do **n.° 5** e do art. 262.°, n.° 2, os documentos de prestação de contas e o relatório de gestão devem ser submetidos a deliberação dos sócios, acompanhados de certificação legal das contas e do relatório do ROC, nas sociedades em que, durante dois anos consecutivos, sejam ultrapassados dois dos três seguintes limites:

a) Total do balanço: 1 500 000 euros;
b) Total das vendas líquidas e outros proveitos: 3 000 000 euros;
c) Número de trabalhadores empregados em média durante o exercício: 50.

XI. Conforme resulta do **n.° 6**, ao exame das contas pelo conselho fiscal e respectivo relatório aplica-se o disposto para as SA (mais precisamente os arts. 451.° e 452.°).

JURISPRUDÊNCIA:

I – Em sociedade por quotas, a deliberação social de aprovação das contas está dependente da discussão e aprovação do relatório de gestão, não bastando a simples exibição desse relatório.

II – A omissão dessa formalidade tem como consequência a anulabilidade da deliberação.

Ac. da RP, de 30.04.01 *in* www.dgsi.pt (Proc. n.° 0150302)

I – A forma de representação a que alude o n.° 4 do artigo 249.° do Código das Sociedades Comerciais só vale para uma determinada assembleia geral, não podendo ser utilizada quando se pretenda suprir representação para várias assembleias;

Título III – Sociedades por quotas   593

II – Não se tendo elaborado o relatório de gestão nos termos do n.º 4 do artigo 65.º do Código das Sociedades Comerciais, são anuláveis as deliberações sobre a aprovação do balanço e contas do exercício, a distribuição dos resultados e a transferência do saldo da conta dos resultados.
Ac. da RL, de 04.05.95 *in* www.dgsi.pt (Proc. n.º 0073316)

I – Não tendo o sócio gerente de uma sociedade por quotas prestado contas em assembleia geral, pode outro sócio exigi-las judicialmente.
II – Quem não for titular da quota não pode ter a qualidade de sócio e quem for titular da quota tem necessariamente a qualidade de sócio.
III – A cessão de quotas implica sempre a transferência, do cedente para o cessionário, de todos os direitos a elas inerentes, salvo se houver convenção em contrário.
Ac. da RP, de 16.06.94 *in* www.dgsi.pt (Proc. n.º 9420404)

I – Com a parte final do n.º 1 do artigo 263.º do Código das Sociedades Comerciais a lei pretende regular o exercício do direito de informação dos sócios.
II – É anulável, nos termos do artigo 58.º, n.º 1, alínea a) do Código das Sociedades Comerciais, a deliberação tomada em assembleia geral de cujo aviso convocatório não conste que o relatório de gestão e os documentos de prestação de contas estavam patentes aos sócios, na sede da sociedade e durante as horas de expediente, a partir do dia em que a convocatória foi expedida.
III – É todavia abusiva a pretensão do A. de ver anulada uma tal deliberação se acaso se prova que, não obstante tal omissão, ele exerceu na plenitude o seu direito de informação que inclui a possibilidade de se fazer acompanhar por um revisor oficial de contas ou outro perito e, desde que haja necessidade e não haja motivo sério a desaconselha-lo, tirar cópias ou fotocópias ou usar outros meios destinados a obter a reprodução mecânica de documentos.
IV – O artigo 62.º do Código das Sociedades Comerciais, que permite a renovação por outra de uma deliberação nula por vícios de formação ou de uma deliberação anulável desde que esta não enferme do vício da precedente, não contempla a possibilidade de renovação de uma deliberação inexistente.
V – É inexistente "qua tale" uma deliberação que não seja dos sócios mas antes de um qualquer outro corpo social.
VI – A designação do revisor oficial de contas é uma obrigação legal da sociedade e não dos sócios isoladamente considerados aos quais apenas é reconhecida a faculdade de, nos termos dos artigos 416.º a 418.º do Código das Sociedades Comerciais promoverem aquela designação.
VII – O relatório de gestão e os documentos de prestação de contas devem estar patentes aos sócios desde o dia da expedição da convocatória para a assembleia geral, mas a certificação legal das contas e o relatório do revisor oficial de contas só têm de estar disponíveis quando aqueles elementos são submetidos à assembleia.

594   *Regime Jurídico das Sociedades por Quotas*

VIII – É inadmissível que, na formação da deliberação de uma sociedade, a votos puros e simples se somem votos emitidos sob condição.
Ac. da RP, de 21.12.93 *in* www.dgsi.pt (Proc. n.° 9340288)

O gerente de uma sociedade por quotas não está obrigado à prestação de contas a outro sócio que também é gerente, mas tal princípio supõe gerência efectiva por parte dos dois sócios.
Ac. da RP, de 06.12.93 *in* www.dgsi.pt (Proc. n.° 9350798)

Se o relatório de gestão e os documentos de prestação de contas não se encontram patentes aos sócios da sociedade por quotas na sede da sociedade, durante as horas de expediente, a partir do dia em que foi expedida a convocação para a assembleia destinada a apreciá-los, e se cada sócio não foi avisado desse facto na própria convocatória, verifica-se irregularidade formal da convocação que tornam anuláveis as deliberações que forem aprovadas nessa assembleia.
A lei visa assegurar não só o exercício do direito à informação dos sócios, mas também garantir a publicidade de certos actos sociais e o respeito pelo princípio da igualdade de tratamento de todos os sócios.
Uma coisa é os documentos serem enviados para o domicílio dos sócios, prática não imposta por lei alguma, e outra é o relatório de gestão e os documentos de prestação de contas se encontrarem patentes a todos os sócios na sede da sociedade durante as horas de expediente.
Ac. da RL, de 02.12.92 *in* www.dgsi.pt (Proc. n.° 0062631)

O sócio de uma sociedade por quotas pode pedir, judicialmente, a prestação de contas da gerência ao sócio que a exerceu.
Ac. da RL, de 07.05.92 *in* www.dgsi.pt (Proc. n.° 0061152)

O art. 263.°, n.° 3 do Código das Sociedades Comerciais não é aplicável às situações constituídas antes da sua entrada em vigor.
Ac. da RL, de 07.10.90 *in* www.dgsi.pt (Proc. n.° 0011322)

*ARTIGO 264.° – **(Publicidade das contas)***
O depósito do relatório de gestão e dos documentos de prestação de contas referidos no artigo 70.° é dispensado para as sociedades por quotas que não ultrapassem dois dos limites fixados no artigo 262.°, n.° 2, independentemente de terem ou não conselho fiscal.

NOTAS:
O artigo em anotação foi revogado pelo art. 6.°, do DL n.° 257/96, de 31 de Dezembro.

CAPÍTULO VIII
Alterações do contrato

ARTIGO 265.° – **(Maioria necessária)**
1 – As deliberações de alteração do contrato só podem ser tomadas por maioria de três quatros dos votos correspondentes ao capital social ou por número ainda mais elevado de votos exigido pelo contrato de sociedade.
2 – É permitido estipular no contrato de sociedade que este só pode ser alterado, no todo ou em parte, com o voto favorável de um determinado sócio, enquanto este se mantiver na sociedade.
3 – O disposto no n.° 1 deste artigo aplica-se à deliberação de fusão, de cisão e de transformação da sociedade.

NOTAS:

I. O **n.° 2** foi revogado pelo art. 19.°, al. c), do DL n.° 57-A/2007, de 31 de Outubro.

II. O artigo em anotação trata apenas da maioria exigida para a alteração do contrato.
O regime da alteração do contrato está genericamente previsto nos arts. 85.° e ss..

III. A alteração do contrato de sociedade, quer por modificação ou supressão de alguma das suas cláusulas, quer por introdução de nova cláusula, só pode ser deliberada pelos sócios (art. 85.°, n.° 1, 1.ª parte). Esta regra está igualmente prevista na al. h), do n.° 1, do art. 246.°.
O conceito legal de alteração do contrato de sociedade limita-se "à modificação do conteúdo deste, afastando as alterações dos sujeitos do contrato", RAÚL VENTURA *in* "Alterações do Contrato de Sociedade", 2.ª edição, reimpressão, Almedina, 1996, p. 17.
Assim, a transmissão da quota *mortis causa* ou por acto *inter vivos* (ex. cessão de quotas) não implicam alteração do contrato de sociedade.
Por sua vez constituem alterações do contrato de sociedade, *v.g.* a modificação do objecto social, a mudança de sede, o aumento e redução do capital social, a modificação da regra da vinculação societária. No fundo e como salienta PAULO OLAVO DA CUNHA *in* "Direito das Sociedades…", p. 739, "qualquer modificação (substancial) do contrato de sociedade que decorra de um acto jurídico que lhe seja directamente dirigido".

Segundo RAÚL VENTURA *in* "Alterações do Contrato ...", p. 17, considera que a alteração pode incidir "apenas sobre a expressão verbal desta; por exemplo, se não se pretende modificar a substância duma norma, mas apenas redigi-la de modo mais claro, há alteração do contrato".

RODRIGO SANTIAGO *in* "Sobre o exercício ...", p. 36, considera que a maioria aqui prevista aplica-se "apenas às *alterações do contrato que envolvam cláusulas constitucionais* (...)".

IV. A alteração do contrato de sociedade deve ser reduzida a escrito, sendo, em princípio, suficiente a acta da respectiva deliberação (art. 85.º, n.os 3 e 4).

A própria deliberação, bem como a lei ou o contrato de sociedade podem, no entanto, exigir outro documento (art. 85.º, n.º 4, parte final). Neste caso, qualquer gerente tem o dever de, com a maior brevidade e sem dependência de especial designação pelos sócios, praticar os actos necessários à alteração do contrato (art. 85.º, n.º 5).

Em princípio, a alteração do contrato de sociedade não tem efeito retroactivo, o qual só pode ser atribuído por unanimidade (art. 86.º, n.º 1).

No caso de alteração que envolva o aumento das prestações impostas pelo contrato aos sócios, o mesmo só é ineficaz para os sócios que nele não tenham consentido (art. 86.º, n.º 2).

V. No que diz respeito à tomada da deliberação de alteração do contrato de sociedade, o art. 85.º, n.º 2, preceitua que a mesma obedecerá ao disposto para cada tipo de sociedade.

Em relação às SQ, vale o disposto no **n.º 1**, o qual impõe que as deliberações de alteração do contrato sejam tomadas por maioria (qualificada) de $^3/_4$ dos votos correspondentes ao capital social.

Verifica-se, aqui, uma diferença face ao regime geral dos contratos. De facto, nos termos do art. 406.º, n.º 1, do CC, os contratos só podem modificar-se por mútuo consentimento dos contraentes.

Neste contexto FILIPE CASSIANO DOS SANTOS *in* "Estrutura associativa...", p. 366, refere que, sendo a regra a alteração por maioria "então a sociedade não pode ser um contrato. Mesmo aceitando que a estrutura e as regras organizatórias que a regem têm origem e natureza contratual, a conclusão é inevitável: se, nos contratos, rege a regra do consenso nas alterações à regulamentação contratual; se, nas sociedades, o contrato pode ser alterado por maioria; então a sociedade, tendo eventualmente essa origem contratual, vai para lá dela, autonomizou-se., porque as alterações ao contrato de sociedade são alterações não contratuais".

Este mesmo autor, *ob. cit.*, p. 367, acaba por concluir que o princípio maioritário "tem um fundamento único, igual quer nas decisões tomadas no quadro dos estatutos quer naquelas que alteram esse quadro: o princípio maioritário é uma regra da estrutura colectiva, interna a esta, e não uma regra do contrato".

No caso de atribuição de voto duplo nos termos do art. 250.°, n.° 2, os $^3/_4$ exigidos "são calculados sobre a totalidade dos votos possíveis, ou seja, os votos simples mais os votos duplos", RAÚL VENTURA *in* "Alterações do Contrato ...", p. 50.

O contrato de sociedade pode exigir número mais elevado de votos para a alteração contratual (parte final do **n.° 1**). Esta elevação "reporta-se naturalmente à maioria tal como ela é contada para determinar o mínimo legal; se o contrato exigir uma maioria calculada por outro critério, não está a elevar a maioria mínima legal, mas sim a introduzir um novo requisito, ao lado da maioria mínima legal", RAÚL VENTURA, *ob. cit.*, p. 48.

Segundo PEREIRA DE ALMEIDA *in* "Sociedades Comerciais e Valores Mobiliários", p. 73, as "cláusulas que estabeleçam um regime mais rigoroso para a alteração dos estatutos destinam-se normalmente a salvaguardar a posição de sócios que detêm uma minoria do capital inferior a 25%.

À minoria que tem o poder de impedir as modificações dos estatutos costuma chamar-se *minoria de blocagem*".

Nada parece impedir que o contrato de sociedade imponha a unanimidade para a sua alteração (a qual está, aliás, presente no momento da sua celebração). RAÚL VENTURA *in* "Alterações do Contrato ...", p. 48, alerta, no entanto, para o problema que a previsão do efeito que a exigência de unanimidade poderá colocar quanto à alterabilidade do contrato.

A deliberação de alteração contratual pode ser revogada. Ainda no entendimento do referido autor, *ob. cit.*, p. 54, a revogação traduz-se no "acto cujo único efeito pretendido consiste na retroactiva destruição da deliberação anteriormente tomada".

Quanto à aplicação analógica do art. 386.°, n.° 5, no caso de bloqueio deliberativo, veja-se PINTO FURTADO *in* "Deliberações de Sociedades...", p. 222.

VI. A fusão, a cisão e a transformação das SQ dependem de deliberação dos sócios (al. i), do n.° 1, do art. 246.°).

Tal deliberação só pode ser tomada por maioria de $^3/_4$ dos votos correspondentes ao capital social (cfr., articuladamente, os **n.os 1 e 3**).

O contrato de sociedade pode exigir um número ainda mais elevado de votos (cfr., articuladamente, os **n.os 1 e 3**).

Em relação à deliberação de fusão importa salientar que a remissão para o regime da alteração do contrato está igualmente prevista no art. 103.°, n.° 1.

A aprovação da transformação deve ser deliberada separadamente (al. b), do art. 134.°).

JURISPRUDÊNCIA:

1. O gerente de uma sociedade por quotas, ainda que munido de uma procuração dos outros gerentes com atribuição de poderes para tal, carece, em abso-

598 Regime Jurídico das Sociedades por Quotas

luto, de legitimidade substancial para renunciar ao arrendamento do local da sede da sociedade.

2. Um tal acto apenas pode ser validamente tomado por deliberação dos sócios, em assembleia geral regularmente convocada.

3. O dito acto de renúncia não vincula, pois, a sociedade (art. 268.º, n.º 1, CC (1)), porque exorbita dos poderes legais do gerente (art. 260.º, n.º 1, CSC), e porque, implicando uma alteração do contrato de sociedade, teria de partir de uma deliberação dos sócios (citado art. 85.º, n.º 1, CSC).

4. O art. 514.º, n.º 1, CPC, impõe-se ao próprio Supremo, não obstante os comandos dos art. 722.º, n.º 2, CPC ("O erro na apreciação das provas e na fixação dos factos materiais da causa não pode ser objecto do recurso de revista...") e no art. 26.º, LOFTJ (2) ("Fora dos casos previstos na lei, o Supremo Tribunal de Justiça apenas conhece de matéria de direito").

Ac. do STJ, de 09.10.03 *in* www.dgsi.pt (Proc. n.º 03B2755)

I – O exercício judicial dos direitos inerentes à quota indivisa pode ser levada a cabo pelo representante comum.

II – A simples comunicação escrita à sociedade da nomeação do representante comum é formalmente bastante para legitimar a intervenção deste na acção.

III – Na deliberação de alteração do contrato de sociedade, para efeitos de cálculo da maioria qualificada, não pode ser considerado o capital social pertencente à sociedade.

Ac. da RE, de 02.05.02 *in* CJ, Ano XXVII, Tomo III, p. 239

A mudança de sede de uma sociedade comercial envolve alteração do contrato de sociedade com as consequências daí resultantes em matéria de consentimento e de formalidades.

A obrigação assumida por gerente, em escritura de trespasse de um estabelecimento comercial, da sociedade trespassante deliberar a transferência da sua sede social no prazo de 30 dias, é nula por intromissão na exclusiva competência dos sócios.

Ac. da RL, de 18.12.01 *in* www.dgsi.pt (Proc. n.º 00104102)

I – A alteração do contrato de sociedade é da competência exclusiva dos sócios, devendo fazer-se por maioria qualificada nos termos do disposto no art. 265.º do CSCom.

II – Assim, é de indeferir liminarmente a providência cautelar em que é pedida a substituição do sistema de gerência plural, consignado no pacto social, pelo sistema conjunto, já que constitui uma alteração do contrato da sociedade.

Ac. da RC, de 11.07.00 *in* www.dgsi.pt (Proc. n.º 792/2000)

I – O aumento de capital de uma sociedade por quotas, à sombra do n.º 2 do artigo 533.º do Código das Sociedades Comerciais, só até 1 de Novembro de

Título III – Sociedades por quotas 599

1990 podia ser deliberado por maioria simples. A partir dessa data, envolvendo ele alteração do contrato, só pode ser levado a cabo por 3/4 dos votos correspondentes ao capital social.

II – Sem tal maioria qualificada, a deliberação é susceptível de anulação.

Ac. do STJ, de 26.11.96 *in* www.dgsi.pt (Proc. n.º 96A630)

A divisão ou cessão de quotas não constitui alteração do contrato que exija a maioria qualificada prevista no artigo 265.º, n.º 1 do Código das Sociedades Comerciais de 1986.

Ac. do STJ, de 01.02.95 *in* www.dgsi.pt (Proc. n.º 085839) e CJ, Ano III, Tomo I, p. 57

A divisão e cessão de quotas não constituem alterações do contrato de sociedade pelo que não lhes é aplicável o disposto no art. 265.º do CSC, bastando, pois, a maioria simples prevista no n.º 3 do art. 250.º do mesmo código, para operar validamente o consentimento para aquelas operações.

Ac. da RL, de 10.03.94 *in* www.dgsi.pt (Proc. n.º 0063216)

I – Se uma deliberação tomada pela assembleia geral de uma sociedade não obedecer aos pressupostos estruturais ou substanciais estabelecidos na lei, está viciada.

II – São anuláveis e não nulas as deliberações tomadas com violação de norma imperativa, mas respeitante ao seu processo formativo.

III – O disposto no n.º 1 do artigo 265.º do Código das Sociedades Comerciais, constituí uma norma imperativa, não podendo, nas sociedades por quotas, estabelecer-se uma cláusula estatutária que permita a deliberação do aumento de capital social com menos votos dos correspondentes a 75% do capital social.

IV – Uma deliberação que se limita a determinar um aumento de capital social, não ofende nenhum preceito da lei, porém, se tal deliberação for tomada por simples maioria e não por maioria qualificada, há violação de uma norma imperativa que não resulta do conteúdo da deliberação, mas de um seu pressuposto.

V – Os interesses lesados com tal violação, são apenas os interesses dos sócios ao tempo da deliberação que podem ser protegidos através da acção anulatória prevista no artigo 59.º do Código das Sociedades Comerciais.

Ac. do STJ, de 06.10.93 *in* www.dgsi.pt (Proc. n.º 083882)

ARTIGO 266.º – **(Direito de preferência)**
   1 – Os sócios gozam de preferência nos aumentos de capital a realizar em dinheiro.

600 Regime Jurídico das Sociedades por Quotas

2 – Entre sócios, o cálculo da repartição do aumento de capital será feito:

a) **Atribuindo a cada sócio a importância proporcional à quota de que for titular na referida data ou da importância inferior a essa que o sócio tenha pedido;**

b) **Satisfazendo os pedidos superiores à importância referida na primeira parte da alínea a), na medida que resultar de um ou mais rateios das importâncias sobrantes, em proporção do excesso das importâncias pedidas.**

3 – A parte do aumento que, relativamente a cada sócio, não for bastante para formar uma nova quota, acrescerá ao valor nominal da quota antiga.

4 – O direito de preferência conferido por este artigo só pode ser limitado ou suprimido em conformidade com o disposto no artigo 460.°

5 – Os sócios devem exercer o direito referido no n.° 1 até à assembleia que aprove o aumento do capital, devendo para este efeito ser informados das condições desse aumento na convocatória da assembleia ou em comunicação efectuada pelos gerentes com, pelo menos, 10 dias de antecedência relativamente à data de realização da assembleia.

NOTAS:

I. O n.° **5** tem a redacção introduzida pelo DL n.° 76-A/2006, de 29 de Março.

II. O aumento do capital social pode assumir-se como um meio de financiamento, resultante da inexistência ou insuficiência de capitais próprios para a realização da actividade social ou como um instrumento associado a um processo de crescimento da sociedade.

PAULO OLAVO DA CUNHA *in* "Direito das Sociedades...", p. 445, considera que o "aumento do capital implica, formalmente, a substituição da cifra por um número de montante superior, e substancialmente, uma maior responsabilidade da sociedade perante terceiros e o acréscimo dos meios de que dispõe para prosseguir a sua actividade".

Para uma análise da evolução histórica e direito comparado, cfr. PEDRO DE ALBUQUERQUE *in* "Direito de Preferência dos Sócios em Aumentos de Capital nas Sociedades Anónimas e por Quotas", Almedina, 1993, pp. 66 e ss..

O aumento do capital social, sendo uma alteração do contrato, depende de deliberação dos sócios (arts. 85.°, n.° 1 e 246.°, n.° 1, al. h)). Cfr. anotações ao art. 265.°.

III. As modalidades de aumento de capital são:

a) O aumento de capital por novas entradas

O aumento de capital por novas entradas "é aquele que proporciona verdadeiramente novos meios à sociedade, dotando-a de capitais de que ela não dispunha", Paulo Olavo da Cunha *in* "Direito das Sociedades...", p. 445.

Esta modalidade subdivide-se em:

a.1) aumento por novas entradas em dinheiro

a.2) aumento por novas entradas em espécie

De acordo com o n.º 1, do art. 87.º, a deliberação de aumento do capital deve mencionar expressamente:

i) A modalidade do aumento do capital;

ii) O montante do aumento do capital;

iii) O montante nominal das novas participações;

iv) A natureza das novas entradas;

v) O ágio, se o houver;

vi) Os prazos dentro dos quais as entradas devem ser efectuadas, sem prejuízo do disposto no artigo 89.º;

vii) As pessoas que participarão nesse aumento. Nesta hipótese bastará, conforme os casos, mencionar que participarão os sócios que exerçam o seu direito de preferência ou que participarão só os sócios, embora sem aquele direito (art. 97.º, n.º 2).

Da deliberação pode ainda constar:

– quais as entradas já realizadas e que não é exigida por lei ou pelo contrato a realização de outras entradas (art. 88.º, n.º 2, *a contrario*). Se a deliberação não fizer esta referência, o capital considera-se aumentado e as participações consideram-se constituídas na data em que qualquer membro da gerência declarar, por escrito e sob sua responsabilidade, quais as entradas já realizadas e que não é exigida pela lei, pelo contrato ou pela deliberação a realização de outras entradas (art. 88.º, n.º 2). Se esta declaração do gerente não puder ser emitida no prazo de 1 ano por falta de realização das entradas, a deliberação de aumento de capital caduca decorrido esse prazo (art. 89.º, n.º 3).

– a referência à exigibilidade das entradas em dinheiro que a lei permite diferir (art. 89.º, n.º 2, *a contrario*). Na falta desta referência, as entradas em dinheiro são exigíveis a partir do registo definitivo do aumento de capital (art. 89.º, n.º 2).

O aumento de capital por novas entradas depende do registo definitivo de um aumento anterior e do vencimento de todas as prestações de capital, inicial ou proveniente de anterior aumento (art. 87.º, n.º 3).

Para todos os efeitos internos, o capital considera-se aumentado e as participações consideram-se constituídas na data da deliberação, se da respectiva acta constar quais as entradas já realizadas e que não é exigida por lei ou pelo contrato a realização de outras entradas (art. 88.°, n.° 1).

Às entradas nos aumentos de capital aplica-se o preceituado quanto a entradas da mesma natureza na constituição da sociedade (art. 89.°, n.° 1). A propósito das entradas, cfr. os arts. 202.° e ss..

b) O aumento de capital por incorporação de reservas (arts. 91.° e ss..)

Nesta modalidade, o aumento opera por incorporação de reservas disponíveis para o efeito (art. 91.°, n.° 1).

Nos termos do n.° 4, do art. 91.°, a deliberação deve mencionar expressamente:

a) A modalidade do aumento do capital;

b) O montante do aumento do capital;

c) As reservas que serão incorporadas no capital.

A deliberação de aumento de capital poderá indicar se são criadas novas quotas ou se é aumentado o valor nominal das existentes (art. 92.°, n.° 3, 1.ª parte). Na falta desta indicação será aumentado o valor nominal das quotas existentes (art. 92.°, n.° 3, 2.ª parte).

O aumento de capital por incorporação de reservas está dependente da aprovação das contas do exercício anterior à deliberação (art. 91.°, n.° 2, 1.ª parte). De sublinhar que, se já tiverem decorrido mais de seis meses sobre essa aprovação, a existência de reservas a incorporar só pode ser aprovada por um balanço especial, organizado e aprovado nos termos prescritos para o balanço anual (art. 91.°, n.° 2, 2.ª parte).

A gerência e, quando deva existir, o órgão de fiscalização devem declarar por escrito não ter conhecimento de que, no período compreendido entre o dia a que se reporta o balanço que serviu de base à deliberação e a data em que esta foi tomada, haja ocorrido diminuição patrimonial que obste ao aumento de capital (art. 93.°, n.° 2).

A lei impõe, ainda, que estejam vencidas todas as prestações do capital, inicial ou aumentado (art. 91.°, n.° 3).

Ao aumento do capital por incorporação de reservas corresponderá o aumento da participação de cada sócio, proporcionalmente ao valor nominal dela, salvo se, estando convencionado um diverso critério de atribuição de lucros, o contrato o mandar aplicar à incorporação de reservas ou para esta estipular algum critério especial (art. 92.°, n.° 1).

Para maiores desenvolvimentos sobre o aumento do capital social por incorporação de reservas, cfr., entre outros, Paulo de Tarso Domingues *in* "O aumento do capital social gratuito ou por incorporação de reservas", Direito das Sociedades em Revista, Ano 1, vol. 1, Almedina, 2009, pp. 215 e ss. e Raúl Ventura *in* "Alterações do Contrato ...", pp. 257 a 372.

Título III – Sociedades por quotas

IV. O aumento do capital social está sujeito a registo (art. 3.º, n.º 1, al. r), do CRC).

O aumento do capital social só produz efeitos contra terceiros depois da data do respectivo registo (art. 14.º, do CRC).

O pedido de registo de aumento do capital por incorporação de reservas deve ser acompanhado do balanço que serviu de base à deliberação, caso este não se encontre já depositado na conservatória (art. 93.º, n.º 1).

V. O artigo em anotação e os arts. 267.º a 269.º constituem uma das principais novidades do CSC, resultando da transposição da 2.ª Directiva da CEE sobre Direito das Sociedades (Directiva 77/91/CEE, do Conselho, de 25 de Julho de 1978, publicado no Jornal Oficial n.º L 026 de 31/01/1977 p. 0001 – 0013).

Importa referir que embora a 2.ª Directiva tivesse como objecto as SA, o nosso legislador optou por ir mais longe, estendendo-a às SQ.

Conforme se lê no preâmbulo do DL n.º 262/86, de 02 de Setembro (que aprovou o CSC):

"Os preceitos sobre alterações do contrato em geral (artigos 85.º e 86.º) e, especialmente, sobre o aumento e redução do capital (artigos 87.º a 96.º), visam claramente reforçar a protecção dos sócios e dos credores sociais. É de ressaltar, a este propósito, que se transpuseram para o Código preceitos da 2.ª Directiva Comunitária sobre o aumento e redução do capital das sociedades anónimas, estendendo-se em boa parte às sociedades por quotas e criou-se um direito legal de preferência na subscrição de quotas e acções (artigos 266.º e 452.º a 454.º)".

A 2.ª Directiva assentava nos seguintes considerandos:

"Considerando que a prossecução da coordenação prevista no n.º 3, alínea g) do artigo 54.º, e no Programa Geral para a Supressão das Restrições à Liberdade de Estabelecimento, iniciada com a Directiva n.º 68/151/CEE reveste particular importância para as sociedades anónimas, porquanto a actividade destas sociedades é predominante na economia dos Estados-membros e estende-se, frequentemente, para além dos limites do seu território nacional;

Considerando que, para assegurar uma equivalência mínima da protecção dos accionistas e dos credores destas sociedades, é necessário, sobretudo, coordenar as legislações nacionais respeitantes à sua constituição, bem como à conservação, ao aumento e à redução do seu capital;

Considerando que, no território da Comunidade, os estatutos ou o acto constitutivo de uma sociedade anónima devem permitir aos interessados conhecer as características essenciais de tal sociedade e, nomeadamente, a composição exacta do seu capital;

Considerando que devem ser adoptadas normas comunitárias para conservar o capital, que constitui uma garantia dos credores, proibindo, nomeadamente, que seja afectada por indevidas distribuições aos accionistas e limitando a possibilidade de a sociedade adquirir acções próprias;

604   *Regime Jurídico das Sociedades por Quotas*

Considerando que, em conformidade com os objectivos referidos no n.° 3, alínea g), do artigo 54.°, é necessário que, em matéria de aumento e de redução do capital, as legislações dos Estados-membros assegurem a observância e harmonizem a aplicação dos princípios que garantem a igualdade de tratamento dos accionistas que se encontram em condições idênticas e a protecção dos titulares de créditos anteriores à deliberação de redução".

No que directamente diz respeito ao artigo em anotação, importa ter em linha de conta o art. 29.°, da 2.ª Directiva, que se transcreve:

"1. Em todos os aumentos do capital subscrito por entradas em dinheiro, as acções devem ser oferecidas com preferência aos accionistas, proporcionalmente à parte do capital representada pelas suas acções.

2. Os Estados-membros podem:

a) Não aplicar o disposto no n.° 1 às acções com um direito limitado de participação nas distribuições, na acepção do artigo 15.°, e/ou na partilha do património social, em caso de liquidação;

ou

b) Permitir que, quando, numa sociedade em que existam várias categorias de acções, dotadas de diferentes direitos no tocante ao voto, à participação nas distribuições, na acepção do artigo 15.°, ou à partilha do património social em caso de liquidação, o capital subscrito for aumentado pela emissão de novas acções de uma dessas categorias, o exercício do direito de preferência pelos accionistas das outras categorias só possa ser efectivado depois de os accionistas da categoria correspondente à novas acções emitidas terem exercido o seu direito de preferência.

3. A oferta da subscrição a título preferencial, bem como o prazo no qual este direito deve ser exercido, devem ser objecto de publicação no boletim nacional designado em conformidade com a Directiva n.° 68/151/CEE. Todavia, a legislação de um Estado-membro pode deixar de exigir esta publicação sempre que todas as acções da sociedade forem nominativas. Neste caso, todos os accionistas devem ser informados por escrito. O direito de preferência deve ser exercido em prazo que não deve ser inferior a catorze dias, a contar da publicação da oferta ou do envio das cartas aos accionistas.

4. O direito de preferência não pode ser limitado nem suprimido pelos estatutos ou pelo acto constitutivo. A limitação ou supressão deste direito podem, todavia, ser decididas pela assembleia geral. O órgão de direcção ou de administração deve apresentar a essa assembleia um relatório escrito que indique os motivos para limitar ou suprimir o direito de preferência e justifique o preço de emissão proposto. A assembleia delibera segundo as regras de quórum e de maioria prescritas no artigo 40.°. A deliberação deve ser objecto de publicidade, a efectuar segundo as modalidades previstas pela legislação de cada Estado-membro, nos termos do artigo 3.° da Directiva n.° 68/151/CEE.

5. A legislação de um Estado-membro pode estabelecer que os estatutos, o acto constitutivo ou a assembleia geral, deliberando em conformidade com as regras de quórum, de maioria e de publicidade indicadas no n.° 4, possam conceder o poder de limitar ou de suprimir o direito de preferência ao órgão da sociedade autorizado a decidir o aumento de capital subscrito, nos limites do capital autorizado. Esta competência não pode ter um prazo de exercício superior à do poder previsto no n.° 2 do artigo 25.°.

6. Os n.ᵒˢ 1 a 5 aplicam-se à emissão de quaisquer títulos convertíveis em acções ou providos de um direito de subscrição de acções, mas não à conversão dos títulos, nem ao exercício do direito de subscrição.

7. Não se verifica a exclusão do direito de preferência, na acepção dos n.ᵒˢ 4 e 5, quando, de acordo com a deliberação de aumento do capital subscrito, as acções forem emitidas em favor de bancos ou outras instituições financeiras, para que estes as ofereçam aos accionistas da sociedade, nos termos dos n.ᵒˢ 1 e 3".

VI. Os sócios gozam de preferência nos aumentos de capital a realizar em dinheiro (**n.° 1**).

Da leitura deste preceito podemos, desde logo, concluir que não existe direito de preferência nos casos de aumentos de capital por entradas em espécie e por incorporação nas reservas. A justificação desta limitação assenta no facto de "a subscrição em dinheiro colocar "todos os sócios em pé de igualdade, quanto ao objecto da entrada, pois todos têm idêntica possibilidade e possuir e fazer entrar na sociedade o mesmo objecto, o que manifestamente não acontece quando a entrada deve consistir em bens diferentes de dinheiro", RAÚL VENTURA *in* "Alterações do Contrato ...", p. 188.

MARIA JOÃO PESTANA DE VASCONCELOS *in* "Do direito de preferência dos sócios em aumentos de capital nas sociedades anónimas e por quotas", Nos 20 Anos do Código das Sociedades Comerciais, vol. I, Coimbra Editora, 2007, p. 511, entende que "uma vez consagrada a possibilidade de a assembleia geral limitar ou suprimir o direito de preferência dos sócios quando o interesse social o justifique, não seria necessário suprimir *ex lege* o direito de preferência dos sócios nos aumentos de capital por entrada em espécie. Acresce que, a supressão *ex lege* do direito de preferência dos sócios pode propiciar abusos de maioria, ou seja, pode levar a que a maioria delibere um aumento de capital por entradas em espécie com o único intuito de afastar o direito de preferência dos restantes sócios".

VII. As finalidades básicas reconhecidas ao direito de preferência são:
a) a conservação da percentagem de capital de que cada sócio é titular
Como explica RAÚL VENTURA *in* "Alterações do Contrato ...", pp. 184 e 185, no momento da deliberação de aumento do capital social, a medida dos direitos e interesses dos sócios é determinada pela proporção entre o montante das quotas de que cada um é titular. "Se houver um aumento de capital em que cada sócio actual não participe na percentagem actual, esta diminuirá".

As consequências deste facto são a diminuição do «peso de voto» e o potencial "prejuízo quanto ao valor da acção ou quota, se o activo líquido da sociedade exceder o montante do capital", RAÚL VENTURA, *ob. cit.*, p.185.

Neste seguimento, o direito de subscrição de quotas de aumento ao capital evita este prejuízo "pois mantém o activo líquido (activo líquido activo + montante da subscrição) repartido na mesma proporção entre os sócios", RAÚL VENTURA, *loc. cit..*

b) a exclusão da entrada de estranhos na sociedade

c) a necessidade de assegurar a manutenção do direito às reservas e a outras mais-valias

Para MENEZES CORDEIRO *in* "Manual de Direito das Sociedades", II, p. 435, "pode suceder que o aumento nominal se quede aquém do valor percentual por ele figurado; ora ao ficar fora do aumento, o sócio visado iria perder o inerente maior-valor".

VIII. O titular do direito de preferência é o sócio, entendido como aquele "que tendo realizado uma entrada, ou assumido a obrigação de realização dessa entrada, é parte no contrato de sociedade", PEDRO DE ALBUQUERQUE *in* "Direito de Preferência …", p. 186.

Para MARIA ÂNGELA SOARES *in* "Aumento do Capital", Problemas do Direito das Sociedades, Almedina, 2003, p. 250, não podem beneficiar do direito de preferência os titulares de quotas "cujos direitos estejam suspensos à data da deliberação de aumento do capital".

O direito de preferência foi, aqui, concebido como um direito potencialmente alargado a todo o aumento de capital, sem estar sujeito a nenhuma medida fixa.

Como salienta PEDRO DE ALBUQUERQUE *in* "Direito de Preferência …", p. 45, para "um único sócio, ele pode ir desde um mínimo, determinado pelo pedido individual e pela proporção das quotas antigas, até um máximo abarcador da totalidade do aumento de capital".

Através deste direito, a todos os sócios é concedida prioridade em relação a terceiros (não sócios), na aquisição, mediante certa entrada, de uma participação social. Cfr. RAÚL VENTURA *in* "Alterações do Contrato …", p.185.

IX. O direito de preferência dos accionistas está regulado nos arts. 458.º e ss..

Para maiores desenvolvimentos sobre esta matéria, *vide*, entre outros, OSÓRIO DE CASTRO *in* "Valores Mobiliários – Conceito e espécies", Universidade Católica, 1998, pp. 209; NOGUEIRA SERENS *in* "Direito de preferência dos accionistas em aumentos de capital", Direito das Sociedades em Revista, Ano 1, vol. 1, Almedina, 2009, pp. 153 e ss.; SOVERAL MARTINS *in* "Cláusulas do contrato de sociedade que limitam a transmissibilidade das acções", Almedina, 2006, pp. 623

e ss. e MENEZES CORDEIRO *in* "Da preferência dos accionistas na subscrição de novas acções: exclusão e violação", ROA, Ano 50, I, 1990, pp. 345 e ss..

X. Nos termos do **n.º 2**, o cálculo da repartição do aumento de capital, entre sócios, será feito:

a) Atribuindo a cada sócio a importância proporcional à quota de que for titular na referida data ou da importância inferior a essa que o sócio tenha pedido

Esta alínea manda atribuir a cada sócio uma (nova) participação proporcional à quota ou quotas de que este seja titular. Tal atribuição tem como limite o montante da participação que o sócio tenha declarado querer adquirir. Cfr. RAÚL VENTURA *in* "Alterações do Contrato ...", p. 197.

Para ALEXANDRE DE SOVERAL MARTINS *in* "A reforma do CSC e o aumento de capital nas sociedades por quotas", Estudos em Honra do Professor Doutor JOSÉ DE OLIVEIRA ASCENSÃO, vol. II, Almedina, 2008, p. 1254, o primeiro cálculo que tem de ser realizado é "determinar a proporção entre o valor nominal de cada quota e o valor do capital social. Essa é a proporção que deve ser mantida no aumento de capital. Se A tem uma quota que equivale a 10% do capital social, tem direito a essa proporção no aumento do capital".

O sócio pode pretender aumentar a sua participação em valor inferior àquela a que teria direito. Cfr. ALEXANDRE DE SOVERAL MARTINS *in* "A reforma do CSC ...", p. 1254.

b) Satisfazendo os pedidos superiores à importância referida na primeira parte da alínea a), na medida que resultar de um ou mais rateios das importâncias sobrantes, em proporção do excesso das importâncias pedidas

MARIA JOÃO PESTANA DE VASCONCELOS *in* "Do direito de preferência dos ...", p. 525, fala, aqui, de um direito de preferência de segundo grau.

Esta solução pressupõe que "os interessados declaram exercer o seu direito de preferência numa porção do aumento de capital superior à que resultaria da aplicação da proporção no capital da sociedade; quando assim não aconteça, não há mais interesses de sócios a cautelar e na parte do sobrante do aumento de capital podem participar terceiros ou sócios", RAÚL VENTURA *in* "Alterações do Contrato ...", p.197.

Este autor, *ob. cit.*, p. 198, salienta ainda que, conforme diz expressamente esta alínea, o "novo ou novos rateios fazem-se em proporção do excesso das importâncias pedidas e não do montanha das suas participações antigas".

Tenhamos em consideração que o rateio pode não se justificar. De facto mesmo tendo "em conta o «excesso das importâncias pedidas» pode ficar uma parte do aumento por atribuir", ALEXANDRE DE SOVERAL MARTINS *in* "A reforma do CSC ...", p. 1254.

Quanto à determinação do valor teórico do direito de preferência, *vide* PEDRO DE ALBUQUERQUE *in* "Direito de Preferência ...", pp. 245.

XI. O montante subscrito por cada sócio no aumento irá formar uma nova quota. Note-se que, nos termos do art. 219.º, n.º 2, a cada sócio não pode caber mais do que uma nova quota.

No caso de aumento por incorporação de reservas, a respectiva deliberação deverá indicar se são criadas novas quotas ou se é aumentado o valor nominal das existentes (art. 92.º, n.º 3, 1.ª parte). Na falta desta indicação será aumentado o valor nominal das quotas existentes (art. 92.º, n.º 3, 2.ª parte).

A parte do aumento que, relativamente a cada sócio, não for bastante para formar uma nova quota, acrescerá ao valor nominal da quota antiga (**n.º 3**).

O valor nominal da quota não pode ser inferior a € 100 (art. 219.º, n.º 3).

Assim, se todas as novas quotas tiverem valor nominal superior ao mínimo legal, as mesmas serão formadas e atribuídas com o valor resultante do cálculo previsto no **n.º 2**.

No entanto, se o montante do aumento do capital não for suficiente para formar uma nova quota com valor superior ao mínimo legal, o mesmo deverá acrescer ao valor nominal da quota antiga (no fundo, deixa de haver uma nova quota).

XII. O direito de preferência, enquanto "direito componente do *status socii*, enquanto *direito abstracto* (…), não pode ser derrogado nem pelo contrato nem por deliberação dos sócios, ainda que unânime.

Neste sentido, tal direito, para além de inderrogável, é também irrenunciável – pelo que uma deliberação visando suprimi-lo será *nula* e não meramente anulável, como já se sustentou entre nós", MARIA ÂNGELA SOARES *in* "Aumento do Capital", p. 252.

O legislador admite, no entanto, a limitação ou supressão do direito de preferência concreto (direito dos sócios participarem nos aumentos de capital efectivamente deliberados), o qual está submetido "à lógica do comércio privado", PEDRO DE ALBUQUERQUE *in* "Direito de Preferência …", p. 123.

De facto e conforme dispõe o n.º 2, do art. 460.º *ex vi* **n.º 4**, o direito de preferência dos sócios pode ser limitado ou suprimido por deliberação da assembleia geral que deliberar o aumento de capital, desde que o interesse social o justifique.

Neste caso, ao interesse do sócio contrapõe-se o interesse da sociedade. Conforme salienta MARIA JOÃO PESTANA DE VASCONCELOS *in* "Do direito de preferência dos …", p. 528, a "atribuição aos sócios de um direito de preferência absolutamente inderrogável, poderia, assim, ser contraproducente para os interesses sociais, tanto mais que, muitas vezes, a necessidade de supressão do referido direito faz parte de uma estratégia levada a cabo pela sociedade para assegurar a sua própria sobrevivência".

PEDRO DE ALBUQUERQUE *in* "Direito de Preferência …", p. 341, sustenta que o interesse social tem natureza contratual, traduzindo no interesse comum dos sócios na realização do contrato de sociedade.

Título III – Sociedades por quotas

Para maiores desenvolvimentos sobre a relação entre o interesse social e a limitação ou supressão do direito de preferência, *vide* MARIA JOÃO PESTANA DE VASCONCELOS *in* "Do direito de preferência dos ...", pp. 537 e ss..

A deliberação de limitação ou supressão do direito de preferência deve ser tomada em separado de qualquer outra deliberação, por maioria de $^3/_4$ dos votos correspondentes ao capital social (cfr., articuladamente, o art. 460.º, n.º 4 *ex vi* **n.º 4** e o art. 265.º).

A gerência pode apresentar uma proposta de limitação ou supressão do direito de preferência, devendo submeter à assembleia um relatório escrito, donde constem a justificação da proposta, o modo de atribuição das novas quotas, as condições da sua liberação, o respectivo preço e os critérios utilizados para a sua determinação (art. 460.º, n.º 5 *ex vi* **n.º 4**).

MARIA JOÃO PESTANA DE VASCONCELOS *in* "Do direito de preferência dos ...", p. 555, salienta que a deliberação que limite ou suprima o direito de preferência sem cumprir os requisitos exigidos é anulável, nos termos do art. 58.º, n.º 1, al. a).

XIII. O direito de preferência deve ser exercido até à assembleia que aprove o aumento do capital, devendo os sócios, para este efeito, ser informados das condições desse aumento na convocatória da assembleia ou em comunicação efectuada pelos gerentes com, pelo menos, 10 dias de antecedência relativamente à data de realização daquela (**n.º 5**).

O **n.º 5** tem a redacção introduzida pelo DL n.º 76-A/2006, de 29 de Março.

Na redacção anterior, o direito de preferência tinha que ser exercido no prazo de dez dias a contar da data da deliberação de aumento de capital ou da recepção da comunicação dirigida pelos gerentes aos sócios.

No regime actual, o direito de preferência deve ser exercido antes da deliberação de aumento de capital.

ARMANDO MANUEL TRIUNFANTE *in* "Código das Sociedades ...", p. 266, considera que na génese do novo regime "se encontra a necessidade de acelerar o processo de aumento de capital, reunindo-se, logo na assembleia geral que delibere sobre o aumento de capital, todas as informações sobre quem pretende, de facto, concorrer a esse aumento".

O direito de preferência é exercido através de uma declaração de vontade do sócio.

Esta declaração, embora vincule o respectivo autor, estará "dependente de uma condição suspensiva (a aprovação do aumento de capital nas condições informadas previamente) para que possa produzir efeitos na esfera social e individual", ARMANDO MANUEL TRIUNFANTE *in* "Código das Sociedades ...", p. 266.

Para este mesmo autor, *loc. cit.*, o prazo para exercer o direito de preferência é "uma prazo de caducidade tal como dispõe em geral o art. 298.º, n.º 2, do CC". Cfr., ainda, PEDRO DE ALBUQUERQUE *in* "Direito de Preferência ...", p. 253.

Este prazo não é fixo. Na verdade, o **n.º 5** limita-se a estabelecer um limite mínimo (10 dias).

O direito de preferência deve ser exercido "até à assembleia que aprove o aumento do capital".

ARMANDO MANUEL TRIUNFANTE *in* "Código das Sociedades ...", p. 267, salienta que tal exercício pode ser efectuado "até à assembleia geral que delibere o aumento de capital, inclusive. Pensamos que o sócio pode, mesmo na própria assembleia geral, declarar que pretende exercer essa faculdade individual".

Com entendimento diverso, ALEXANDRE DE SOVERAL MARTINS *in* "A reforma do CSC ...", p. 1256, defende que o direito de preferência "tem de ser exercido *antes da assembleia* que aprove o aumento de capital. *Até à* assembleia só pode ser antes da assembleia: não pode ser na assembleia. *Até* é um preposição que indica movimento no tempo e exprime uma aproximação a um limite".

A comunicação para a preferência, tratando-se de uma declaração receptícia, só produz efeitos após o conhecimento do destinatário (cfr. art. 224.º, n.º 1, do CC).

Para o exercício da preferência, aos sócios é concedido o direito à informação das condições do aumento, de forma a garantir a formação da vontade livre e esclarecida.

Quanto à natureza jurídica da comunicação, veja-se PEDRO DE ALBUQUERQUE *in* "Direito de Preferência ...", pp. 123 e ss..

Segundo este autor, *ob. cit.*, p. 253, se o direito de preferência não for exercido dentro do respectivo prazo, "extingue-se, independentemente das circunstâncias que possam estar por detrás da atitude do sócio".

XIV. No caso de violação do direito de preferência, o sócio pode haver para si a quota alienada, contanto o requeira dentro do prazo de seis meses, a contar da data em que teve conhecimento dos elementos essenciais da alienação e deposite o preço devido nos 15 dias seguintes à propositura da acção (art. 1410.º, do CC). Quanto à aplicabilidade do art. 1410.º, do CC, *vide* RAÚL VENTURA *in* "Alterações do Contrato ...", p. 209; PEDRO DE ALBUQUERQUE *in* "Direito de Preferência ...", p. 383 e MARIA JOÃO PESTANA DE VASCONCELOS *in* "Do direito de preferência dos ...", pp. 556 e ss..

A deliberação social que viole o direito abstracto de preferência é nula, nos termos do art. 56.º, n.º 1, al. d). Cfr. MARIA JOÃO PESTANA DE VASCONCELOS *in* "Do direito de preferência dos ...", p. 553.

JURISPRUDÊNCIA:

I – A quota de um sócio pode ser dividida mediante transmissão parcial e não é necessário o consentimento da sociedade quando a transmissão ocorra entre sócios, apenas devendo a divisão ser comunicada à sociedade por escrito ou tacitamente.

Título III – Sociedades por quotas 611

II – A divisão só tem eficácia perante a sociedade quando for registada.
III – Tendo uma sócia duma sociedade adquirido a outro sócio uma parte duma quota deste, que fez acrescer à sua, e tendo apresentado cópia da escritura desta transacção na assembleia geral convocada para o aumento de capital e concessão de preferência aos sócios, não é motivo de destituição dos gerentes a não inclusão da sócia no aumento de capital por ela não usar do direito de preferência.
Ac. da RC, de 04.02.03 *in* CJ, Ano XXVII, Tomo I, p. 29

I – O prazo de 30 dias para propositura de acção de anulação de deliberação social, previsto na al. a) do n.º 2 do artigo 59.º do Código das Sociedades Comerciais, conta-se, no caso de deliberação para exclusão de sócio, da Assembleia que declarou efectivamente essa exclusão e não da que ordenou a notificação do sócio para efectivar a prestação a que estava obrigado, "sob pena de, não o fazendo, a sociedade iniciar o processo da sua exclusão".
II – O exercício do direito de preferência, nos termos do artigo 266.º, n.º 5 do CSC obriga o sócio a efectivar a sua participação no aumento de capital da sociedade, deliberado em assembleia geral, sob pena de, não o fazendo, poder ser excluído da mesma sociedade.
Ac. da RL, de 08.05.97 *in* www.dgsi.pt (Proc. n.º 0012562)

I – A entrada de novos sócios em sociedade por quotas, por aumento de capital por eles inteiramente subscrito, não enquadra negócio jurídico entre eles e os antigos sócios, se estes se limitam simplesmente a não exercer o seu direito de preferência.
II – As quotas adquiridas por esses novos sócios não podem ser arrestadas, uma vez que os seus titulares nada devem aos arrestantes, que são credores de outros sócios por terem cedido a estes as quotas que naquela sociedade detinham.
Ac. do STJ, de 04.11.93 *in* CJ, Ano I, Tomo III, p. 90

ARTIGO 267.º – **(Alienação do direito de participar no aumento de capital)**
1 – O direito de participar preferencialmente num aumento de capital pode ser alienado, com o consentimento da sociedade.
2 – O consentimento exigido no número anterior é dispensado, concedido ou recusado nos termos prescritos para o consentimento de cessão de quotas, mas a deliberação de aumento de capital pode conceder o referido consentimento para todo esse aumento.

612 *Regime Jurídico das Sociedades por Quotas*

3 – No caso previsto na parte final do número anterior, os adqui-rentes devem exercer a preferência na assembleia que aprove o aumento de capital.

4 – No caso de o consentimento ser expressamente recusado, a sociedade deve apresentar proposta de aquisição do direito por sócio ou estranho, aplicando-se, com as necessárias adaptações, o disposto no artigo 231.º

NOTAS:

I. O **n.º 3** foi introduzido pelo DL n.º 76-A/2006, de 29 de Março.

II. No que diz respeito ao direito de preferência dos sócios, vigora o princípio da alienabilidade.

Com efeito, o direito de participar preferencialmente num aumento de capital pode ser alienado (1.ª parte, do **n.º 1**).

A forma mais frequente de transmitir o direito de preferência concreto ou activado é a venda por acto entre vivos. "Nada impede, porém, que se trate de um negócio de outro tipo: doação, troca, dação em cumprimento, etc.", PEDRO DE ALBUQUERQUE *in* "Direito de Preferência ...", p. 244.

O direito de preferência pode ser alienado a um sócio ou a um terceiro estranho à sociedade.

Note-se que a transmissão depende da efectiva realização do aumento de capital. Assim, se a deliberação de aumento de capital ficar sem efeito, "a transmissão do direito de preferência deve considerar-se resolvida", PEDRO DE ALBUQUERQUE *in* "Direito de Preferência ...", p. 244.

Conforme salienta este autor, *loc. cit.*, nota 350, a razão desta regra "está no facto de a alienação ou disposição do direito de preferência ser considerada inseparável da execução da operação do aumento de capital".

III. A alienação do direito de preferência carece de consentimento da sociedade (2.ª parte, do **n.º 1**).

Esta condição de eficácia impõe-se, desde logo, por razões de coerência do sistema. Com efeito, o legislador, em matéria de consentimento, estabeleceu um paralelismo entre a alienação do direito de preferência e a cessão de quotas.

Assim, exigindo a lei o consentimento para a cessão de quotas (art. 228.º, n.º 2), não faria sentido que a alienação do direito de preferência não ficasse sujeita a essa mesma exigência.

Quanto ao fundamento do consentimento da sociedade, cfr. anotações ao art. 228.º.

A falta de consentimento da sociedade implica a ineficácia da alienação do direito de preferência no aumento de capital. Veja-se, para a cessão de quotas, o art. 228.º, n.º 2.

Título III – Sociedades por quotas · 613

Por força, ainda, do referido paralelismo, o consentimento para a alienação do direito de preferência é dispensado, concedido ou recusado nos termos prescritos para o consentimento de cessão de quotas (1.ª parte, do **n.º 2**). Cfr. anotações ao art. 228.º.

Por motivos de ordem prática e de economia procedimental, a 2.ª parte, do **n.º 2**, admite que a deliberação de aumento de capital conceda o consentimento para todo esse aumento. Desta forma, evita-se que o consentimento tenha que ser solicitado depois da deliberação de aumento de capital.

Neste caso, os adquirentes devem exercer a preferência na assembleia que aprove o aumento de capital (**n.º 3,** preceito introduzido pelo DL n.º 76-A/2006).

Na opinião de PEREIRA DE ALMEIDA *in* "Sociedades Comerciais e Valores Mobiliários", p. 741, esta regra "não deixa de ser estranha, uma vez que, os adquirentes, "não sendo sócios, não têm o direito de participar na assembleia". Cfr., ainda, ARMANDO MANUEL TRIUNFANTE *in* "Código das Sociedades ...", p. 269 e ALEXANDRE DE SOVERAL MARTINS *in* "A reforma do CSC ...", pp. 1258 e 1259.

IV. No caso de o consentimento ser expressamente recusado, a sociedade deve apresentar proposta de aquisição do direito por sócio ou estranho (**n.º 4**).

Se o alienante não aceitar a proposta no prazo de 15 dias, fica esta sem efeito, mantendo-se a recusa do consentimento (art. 231.º, n.º 1, 2.ª parte *ex vi* **n.º 4**).

De acordo com o art. 231.º, n.º 2 *ex vi* **n.º 4**, a alienação do direito de preferência para a qual o consentimento foi pedido torna-se livre:

a) Se for omitida a proposta da sociedade;

b) Se a proposta e a aceitação não respeitarem a forma escrita e o negócio não for celebrado por escrito nos 60 dias seguintes à aceitação, por causa imputável à sociedade;

c) Se a proposta não abranger todos os direitos de preferência para cuja alienação o sócio tenha simultaneamente pedido o consentimento da sociedade;

d) Se a proposta não oferecer uma contrapartida em dinheiro igual ao valor resultante do negócio encarado pelo cedente, salvo se a transmissão for gratuita ou a sociedade provar ter havido simulação de valor, caso em que deverá propor o valor real da quota, calculado nos termos previstos no art. 1021.º, do CC, com referência ao momento da deliberação;

e) Se a proposta comportar diferimento do pagamento e não for no mesmo acto oferecida garantia adequada.

Os n.ºs 1 e 2, do art. 231.º, só são aplicáveis se o direito de preferência (que é inerente à quota) estiver há mais de três anos na titularidade do alienante, do seu cônjuge ou de pessoa a quem tenham, um ou outro, sucedido por morte (art. 231.º, n.º 3 *ex vi* **n.º 4**).

Se a sociedade deliberar a aquisição do direito de preferência, o mesmo pode ser adquirido pelos sócios que declarem pretendê-lo no momento da respec-

614 *Regime Jurídico das Sociedades por Quotas*

tiva deliberação, proporcionalmente às quotas que então possuírem; se os sócios não exercerem esse direito, pertencerá ele à sociedade (art. 231.º, n.º 4 *ex vi* **n.º 4**).

AGOSTINHO CARDOSO GUEDES *in* "O exercício do direito de preferência", Publicações Universidade Católica, 2006, pp. 214 e 215, considera que a "aquisição dos direitos pela sociedade, ou por terceiro, seja mais um ónus imposto à sociedade do que propriamente um direito – tratar-se-á, como já vimos, de um mal menor imposto à sociedade para não sacrificar completamente o interesse do sócio de quem partiu o pedido de consentimento (situação que se verificaria se lhe fosse imposta uma proibição pura e simples de alienar)".

V. Para maiores desenvolvimentos sobre os problemas que o artigo em anotação pode suscitar, *vide* ARMANDO MANUEL TRIUNFANTE *in* "Código das Sociedades …", pp. 269 e ss. e MENEZES CORDEIRO e outros *in* "Código das Sociedades Comerciais – Anotado", pp. 696 e ss..

ARTIGO 268.º – **(Obrigações e direitos de antigos e novos sócios em aumento de capital)**
1 – Os sócios que aprovarem a deliberação de aumento de capital a realizar por eles próprios ficam, sem mais, obrigados a efectuar as respectivas entradas na proporção do seu inicial direito de preferência, se nesse caso o tiverem.
2 – Sendo o aumento de capital destinado à admissão de novos sócios, estes devem declarar que aceitam associar-se nas condições do contrato vigente e da deliberação de aumento do capital.
3 – A declaração prevista no n.º 2 do artigo 88.º apenas pode ser prestada depois de todos os novos sócios terem dado cumprimento ao disposto no número anterior.
4 – Efectuada a entrada em espécie ou em dinheiro, pode o interessado notificar, por carta registada, a sociedade para proceder à declaração prevista no número anterior em prazo não inferior a 30 dias, decorrido o qual pode exigir a restituição da entrada efectuada e a indemnização que no caso couber.
5 – A deliberação de aumento do capital caduca se a sociedade não tiver emitido a declaração, na hipótese prevista no número anterior, ou se o interessado não cumprir o disposto no n.º 2 deste artigo, na data que a sociedade lhe tenha marcado, por carta registada, com a antecedência mínima de 20 dias.

NOTAS:

I. Os **n.ᵒˢ 2, 3, 4 e 5** têm a redacção introduzida pelo DL n.° 76-A/2006, de 29 de Março.

II. Nos termos do **n.° 1,** os sócios que aprovarem a deliberação de aumento de capital a realizar por eles próprios ficam, sem mais, obrigados a efectuar as respectivas entradas na proporção do seu inicial direito de preferência, se nesse caso o tiverem.

O **n.° 1** é o único número do artigo em anotação que mantém a redacção primitiva.

Este preceito estabelece que os sócios, após a aprovação da deliberação de aumento de capital, ficam automaticamente obrigados a efectuar as respectivas entradas.

III. No caso de aumento de capital destinado à admissão de novos sócios, estes devem declarar que aceitam associar-se nas condições do contrato vigente e da deliberação de aumento do capital (**n.° 2**).

Este preceito tem a redacção introduzida pelo DL n.° 76-A/2006, reflectindo a preocupação do legislador na simplificação dos actos relativos às sociedades.

De facto e no que diz respeito à redacção anterior, é de destacar a eliminação da referência à escritura de aumento de capital, a qual deixou de ser exigida nos termos do art. 85.°, n.° 3.

A declaração aqui prevista traduz-se, no fundo, numa declaração negocial emitida após a celebração do contrato de sociedade.

Como vimos na anotação ao art. 266.°, da deliberação de aumento de capital devem constar quais as entradas já realizadas e que não é exigida por lei ou pelo contrato a realização de outras entradas (art. 88.°, n.° 2, *a contrario*). Se a deliberação não fizer esta referência, o capital considera-se aumentado e as participações consideram-se constituídas na data em que qualquer membro da gerência declarar, por escrito e sob sua responsabilidade, quais as entradas já realizadas e que não é exigida pela lei, pelo contrato ou pela deliberação a realização de outras entradas (art. 88.°, n.° 2).

Esta declaração só pode ser prestada depois de os novos sócios declararem que aceitam associar-se nas condições do contrato vigente e da deliberação de aumento do capital (cfr., articuladamente, **n.ᵒˢ 2 e 3**).

Se o interessado não emitir a declaração de concordância prevista no **n.° 2**, a sociedade deve interpelá-lo, por carta registada, com a antecedência mínima de 20 dias, para o efeito, sob pena de caducidade da deliberação de aumento do capital (**n.° 5**, 2.ª parte).

IV. Pode suceder que a declaração prevista no art. 88.°, n.° 2, não seja emitida. Neste caso, o interessado, depois de efectuada a entrada em espécie ou em dinheiro, pode notificar, por carta registada, a sociedade para proceder à referida declaração em prazo não inferior a 30 dias, decorrido o qual pode exigir a restituição da entrada efectuada e a indemnização que no caso couber (**n.° 4**).

A falta desta declaração determina, ainda, a caducidade da deliberação de aumento do capital (**n.° 5, 1.ª** parte).

ARTIGO 269.° – (**Aumento de capital e direito de usufruto**)
1 – Se a quota estiver sujeita a usufruto, o direito de participar no aumento do capital será exercido pelo titular da raiz ou pelo usufrutuário ou por ambos, nos termos que entre si acordarem.

2 – Na falta de acordo, o direito de participar no aumento de capital pertence ao titular da raiz, mas, se este não declarar que pretende subscrever a nova quota em prazo igual a metade do fixado no n.° 5 do artigo 266.°, o referido direito devolve-se ao usufrutuário.

3 – A comunicação prescrita pelo n.° 5 do artigo 266.° deve ser enviada ao titular da raiz e ao usufrutuário.

4 – A nova quota fica a pertencer em propriedade plena àquele que tiver exercido o direito de participar no aumento do capital, salvo se os interessados tiverem acordado em que ela fique também sujeita a usufruto.

5 – Se o titular da raiz e o usufrutuário acordarem na alienação do direito de preferência e a sociedade nela consentir, a quantia obtida será repartida entre eles, na proporção dos valores que nesse momento tiverem os respectivos direitos.

NOTAS:

I. Anteprojectos: FERRER CORREIA (art. 129.°) e VAZ SERRA (art. 146-b).

II. Em relação ao usufruto de quotas, cfr. anotação ao art. 219.°.

III. O n.° 2, do art. 23.°, refere que, para além dos direitos indicados nos arts. 1466.° e 1467.°, do CC, o usufrutuário da quota goza, ainda, dos mais direitos que lhe são atribuídos pelo CSC, como por exemplo, o direito de participar no aumento do capital previsto no **n.° 1**.

Título III – Sociedades por quotas

O usufrutuário e o titular da raiz podem acordar quanto ao exercício do direito de participação no aumento do capital. Nos termos deste acordo, o direito pode ser exercido:

a) pelo usufrutuário;
b) pelo titular da raiz;
c) ou por ambos.

IV. Na falta de acordo, o direito de participar no aumento do capital pertence ao titular da raiz (**n.º 2**, 1.ª parte).

Todavia, se este não declarar que pretende subscrever a nova quota no prazo de 5 dias, o referido direito devolve-se ao usufrutuário (cfr., articuladamente, **n.º 2**, 2.ª parte e o art. 266.º, n.º 5).

V. A comunicação referente às condições do aumento deve ser enviada ao titular da raiz e ao usufrutuário (cfr., articuladamente, **n.º 3**, 2.ª parte e o art. 266.º, n.º 5).

VI. A nova quota fica a pertencer em propriedade plena àquele que tiver exercido o direito de participar no aumento do capital (**n.º 5**, 1.ª parte).

Os interessados podem, no entanto, acordar na constituição de novo usufruto sobre a mesma (**n.º 5**, 2.ª parte).

VII. Se o titular da raiz e o usufrutuário acordarem na alienação do direito de preferência (art. 267.º, n.º 1, 1.ª parte) e a sociedade nela consentir (art. 267.º, n.º 1, 2.ª parte) a quantia obtida será repartida entre eles, na proporção dos valores que nesse momento tiverem os respectivos direitos.

VIII. Nos termos do art. 92.º, n.º 4, havendo quotas sujeitas a usufruto, este incidirá nos mesmos termos sobre as novas quotas ou sobre as existentes, com o valor nominal aumentado.

JURISPRUDÊNCIA:

I – Em regra, o direito de voto inerente à quota é exercido pelo usufrutuário que, deste modo, administra simultaneamente a sociedade e a quota. Porém, quando se trate de deliberações que, genericamente, «importem alteração dos estatutos» da sociedade, o voto pertence conjuntamente ao usufrutuário e ao titular da raiz (art. 23.º n.º 2 do CSC e art. 1.467.º n.º 1, al. b), e n.º 2 do C.C.).

III – Nas deliberações em que o voto pertence conjuntamente ao usufrutuário e ao titular da raiz, devem ambos manifestar a sua vontade por meio de votos separados, embora quanto à sociedade esse voto valha como um só. Daqui resulta que só haverá voto relativo à quota quando ambos se pronunciarem concordantemente; doutro modo, não haverá voto em nenhum sentido.

V – Todavia, no caso de deliberação de aumento do capital social por novas entradas, os direitos do usufrutuário da quota e do titular da raiz encontram-se tegulados no art. 269.º do CSC e não no seu art. 23.º n.º 2. De acordo com esse art. 269.º, na deliberação de aumento do capital social o que prevalece é o voto do titular da raiz da quota.

Ac. do STJ, de 04.07.02 *in* CJ, Ano X, Tomo II, p. 147

CAPÍTULO IX
Dissolução da sociedade

ARTIGO 270.º – **(Dissolução da sociedade)**
1 – A deliberação de dissolução da sociedade deve ser tomada por maioria de três quartos dos votos correspondentes ao capital social, a não ser que o contrato exija maioria mais elevada ou outros requisitos.
2 – A simples vontade de sócio ou sócios, quando não manifestada na deliberação prevista no número anterior, não pode constituir causa contratual de dissolução.

NOTAS:

I. O artigo em anotação trata essencialmente da maioria exigida para a deliberação de dissolução da sociedade.

O regime da dissolução (genericamente previsto nos arts. 141.º e ss.) foi profundamente alterado pelo DL n.º 76-A/2006, de 29 de Março. Sobre o sentido geral da reforma instituída, Cfr. FILIPE CASSIANO DOS SANTOS *in* "Dissolução e Liquidação Administrativas de Sociedades", Reformas do Código das Sociedades, colóquios n.º 3, IDET, Almedina, 2007, pp. 141 e ss..

II. Para PAULO OLAVO DA CUNHA *in* "Direito das Sociedades...", p. 768, a "dissolução é o facto extintivo da sociedade, correspondendo ao fim da sua vida; tem o objectivo de liquidar e partilhar o património social remanescente. Isto é, à deliberação de dissolução, à declaração de dissolução ou à verificação da dissolução – portanto por causa automática – da sociedade, deverá seguir-se a respectiva liquidação que tem por finalidade a partilha do património social".

Por sua vez, PEREIRA DE ALMEIDA *in* "Sociedades Comerciais e Valores Mobiliários", p. 789, entende que a dissolução é uma modificação e não extinção da sociedade, uma vez que esta "conserva a sua personalidade jurídica até ao registo do encerramento da liquidação (art. 160.º, n.º 2)".

III. De acordo com o art. 141.º, n.º 1, a sociedade dissolve-se nos casos previstos no contrato e ainda:
  a) Pelo decurso do prazo fixado no contrato;
  b) Por deliberação dos sócios;
  c) Pela realização completa do objecto contratual;
  d) Pela ilicitude superveniente do objecto contratual;
  e) Pela declaração de insolvência da sociedade.

620 *Regime Jurídico das Sociedades por Quotas*

Conforme resulta da referida al. b), a sociedade pode ser dissolvida por deliberação dos sócios. De salientar que a dissolução da sociedade está incluída no âmbito da competência obrigatória dos sócios (art. 246.º, n.º 1, al. i)).

A deliberação de dissolução deve ser tomada por maioria qualificada de $^3/_4$ dos votos correspondentes ao capital social (**n.º 1**, 1.ª parte).

Esta norma impõe uma maioria mínima (podemos falar, aqui, de uma imperatividade mínima), permitindo que o contrato fixe uma maioria mais elevada.

Na opinião de RAÚL VENTURA *in* "Dissolução e Liquidação da Sociedade", 2.ª reimpressão, Almedina, 1999, p. 65, o contrato pode mesmo estipular a unanimidade, porquanto não existe diferença substancial entre maioria superior e esta e, por outro lado, porque, sendo a maioria calculada pelo número de votos e não por cabeças, "pode suceder que a maioria exigida pelos estatutos ou mesmo a maioria exigida pela lei conduzam efectivamente a uma exigência de unanimidade: por exemplo, uma sociedade por quotas com dois sócios, um dos quais possua mais de 25% do capital social".

IV. No caso de dissolução imediata decorrente do decurso do prazo fixado no contrato, da realização completa do objecto contratual ou da ilicitude superveniente do objecto contratual, os sócios podem deliberar, por maioria simples dos votos produzidos na assembleia, o reconhecimento da dissolução e, bem assim, pode qualquer sócio, sucessor de sócio, credor da sociedade ou credor de sócio de responsabilidade ilimitada promover a justificação notarial ou o procedimento simplificado de justificação (cfr., articuladamente, o n.º 1, als. a), c) e d) e o n.º 2, do art. 141.º).

V. A dissolução da sociedade deliberada pela assembleia geral não depende de forma especial (art. 145.º, n.º 1).

Neste caso, a administração da sociedade ou os liquidatários devem requerer a inscrição da dissolução no serviço de registo competente e qualquer sócio tem esse direito, a expensas da sociedade (art. 145.º, n.º 2).

De referir que o encerramento da liquidação está sujeito a registo (art. 3.º, n.º 1, al. t), do CRC).

VI. De acordo com o n.º 1, do art. 142.º, a dissolução administrativa pode ser requerida com fundamento em facto previsto na lei ou no contrato e quando:

a) Por período superior a um ano, o número de sócios for inferior ao mínimo exigido por lei, excepto se um dos sócios for uma pessoa colectiva pública ou entidade a ela equiparada por lei para esse efeito;

b) A actividade que constitui o objecto contratual se torne de facto impossível;

c) A sociedade não tenha exercido qualquer actividade durante dois anos consecutivos;

Título III – Sociedades por quotas 621

d) A sociedade exerça de facto uma actividade não compreendida no objecto contratual.

Ao abrigo do art. 143.°, o procedimento administrativo de dissolução deve ser instaurado oficiosamente pelo serviço de registo competente, caso não tenha sido ainda iniciado pelos interessados, quando:

a) Durante dois anos consecutivos, a sociedade não tenha procedido ao depósito dos documentos de prestação de contas e a administração tributária tenha comunicado ao serviço de registo competente a omissão de entrega da declaração fiscal de rendimentos pelo mesmo período;

b) A administração tributária tenha comunicado ao serviço de registo competente a ausência de actividade efectiva da sociedade, verificada nos termos previstos na legislação tributária;

c) A administração tributária tenha comunicado ao serviço de registo competente a declaração oficiosa da cessação de actividade da sociedade, nos termos previstos na legislação tributária.

O regime jurídico dos procedimentos administrativos de dissolução e de liquidação está previsto no Anexo III, do DL n.° 76-A/2006, de 29 de Março, entretanto, rectificado pela DRect n.° 28-A/2006, de 26 de Maio e alterado pelo DL n.° 318/2007, de 26 de Setembro.

Para melhores desenvolvimentos sobre este regime, veja-se MENEZES COR-DEIRO e outros *in* "Código das Sociedades Comerciais – Anotado", pp. 1289 e ss..

VII. A simples vontade de sócio ou sócios, quando não manifestada na deliberação de dissolução da sociedade, não pode constituir causa contratual de dissolução (**n.° 2**).

O legislador procurou impedir que a simples vontade (arbitrária) de um ou alguns sócios, manifestada à margem da deliberação de dissolução, pudesse implicar, pura e simplesmente, a extinção da sociedade.

JURISPRUDÊNCIA:

I – A dissolução da sociedade comercial não é, em si mesma, equivalente à sua extinção, pelo que a deliberação que aprovou a dissolução da sociedade comercial não pode consubstanciar, também em si, um acto de disposição de quota.

II – O princípio da pessoalidade do direito do sócio, consagrado no art. 8.°, n.° 2 do CSC, procurando imunizar o ente societário das dissensões familiares, apenas respeita aos actos sociais, vigorando, quanto às relações externas, em pleno, as regras imperativas do regime patrimonial de bens.

III – Sendo a participação social bem comum do casal, o acto do sócio que vota a deliberação de dissolução da sociedade é um acto de administração extraordinária.

622 *Regime Jurídico das Sociedades por Quotas*

IV – Proibindo ao art. 1678.°, n.° 3 do CC a prática de actos de administração extraordinária sem o consentimento do outro cônjuge, necessita o cônjuge sócio do consentimento do seu consorte para votar deliberação de dissolução da sociedade comercial.

Estando tal voto, na falta do dito consentimento, viciado, sendo, por isso, anulável, desde que na deliberação tenha reflexo.

Ac. do STJ, de 19.06.08 *in* CJ, Ano XVI, Tomo II, p. 111

CAPÍTULO X
Sociedades unipessoais por quotas

As sociedades são as pessoas colectivas constituídas por duas ou mais pessoas que se obrigam a contribuir com bens ou serviços para o exercício em comum de certa actividade económica, que não seja de mera fruição, a fim de repartirem os lucros resultantes dessa actividade (cfr. art. 980.º, do CC).

A este exercício colectivo da actividade mercantil contrapõe-se o exercício individual centrado na figura do empresário (em nome individual).

Sucede que, como é consabido, o exercício da actividade mercantil implica sérios riscos (álea inerente ao comércio), os quais, no quadro deste exercício individual, podem acarretar a ruína da empresa, do próprio empresário e, eventualmente, da família deste.

Em face desta realidade, os empresários viam no exercício individual um risco injustificado e desproporcional em relação aos benefícios pretendidos, optando pelas formas societários onde a responsabilidade era limitada à entrada realizada inicialmente.

Como salienta RICARDO COSTA *in* "A Sociedade por Quotas Unipessoal no Direito Português", Almedina, 2002, pp. 113 e 114, a "experiência demonstrava que aí os associados que se juntavam ao proprietário do negócio apenas o faziam para satisfazer o formalismo legal, fazendo com que a sociedade *de facto* unipessoal proliferasse, contornando os textos legislativos que a proibiam ou a "condenavam" em termos originários".

Neste contexto, começou a formar-se um juízo favorável à limitação de responsabilidade do empresário individual.

Do elenco das soluções apresentadas pela doutrina, duas mereceram especial destaque: o estabelecimento individual de responsabilidade limitada (EIRL), o qual assentava, como o nome indica, na limitação da responsabilidade do comerciante individual e a sociedade unipessoal de responsabilidade limitada.

O legislador português optou, inicialmente, pelo EIRL (DL n.º 248/86, de 25 de Agosto). Dos motivos que estiveram na base desta opção legislativa (constantes do preâmbulo do DL n.º 248/86) destaca-se, naturalmente, a "fidelidade à ideia da sociedade-contrato".

Com efeito e conforme se lê no referido preâmbulo, a opção pela SUQ (originária) constitui uma renúncia "ao conceito tradicional da sociedade como contrato. Dogmaticamente, a sociedade é contrato e é instituição". Pelo que a referida opção pressupõe "uma construção dogmática em que aquela primeira componente (a ideia de contrato) é obliterada, ficando a sociedade reduzida à sua vertente institucional. E isto porque, bem atentas as coisas, e perspectivada agora a matéria a outra luz, a sociedade passa a ser preferentemente olhada como uma técnica de organização da empresa. O número daqueles que podem tirar proveito dessa técnica passa a não interessar. A sociedade de uma única pessoa não deixa de ser sociedade".

624 *Regime Jurídico das Sociedades por Quotas*

Certo é que o EIRL, por motivos que não cumpre agora aflorar, não viria a vingar no universo jurídico-comercial português.

Por sua vez, as SUQ, movendo-se num *terreno dominado* pelo princípio da contratualidade (enquanto princípio básico de criação de uma sociedade), eram vistas como um fenómeno estranho e excepcional. De notar que um sector da doutrina foi mesmo muito pouco simpático na sua qualificação, apelidando-as de "absurdo", "aberração jurídica", etc.. Cfr. RICARDO COSTA *in* "As Sociedades Unipessoais", p. 26.

BRITO CORREIA *in* "A sociedade unipessoal por quotas", Nos 20 Anos do Código das Sociedades Comerciais, vol. I, Coimbra Editora, 2007, p. 642, fala mesmo de "uma mentira, a começar pelo nome".

De qualquer maneira aproximava-se o momento da sua afirmação.

De facto, com a 12.ª Directiva da CEE sobre Direito das Sociedades (Directiva n.º 89/667/CEE, do Conselho, de 21 de Dezembro de 1989, publicado no Jornal Oficial n.º L 395 de 30/12/1989 p. 0040 – 0042), a Comunidade Europeia deu o impulso percursor que faltava, superando as reservas e hesitações manifestadas pelos Estados-membros quanto ao fenómeno da unipessoalidade societária. Cfr. RICARDO COSTA *in* "As Sociedades Unipessoais", p. 40.

A 12.ª Directiva assentava nos seguintes considerandos:

"Considerando que é necessário coordenar, de modo a torná-las equivalentes, determinadas garantias que são exigidas, nos Estados-membros, às sociedades, na acepção do segundo parágrafo do artigo 58.º do Tratado, a fim de proteger os interesses tanto dos sócios como de terceiros;

Considerando que, neste domínio, por um lado, as Directivas 68/151/CEE (4) e 78/660/CEE (5), com a última redacção que lhes foi dada pelo Acto de Adesão de Espanha e de Portugal, e a Directiva 83/349/CEE (6), com a última redacção que lhe foi dada pelo Acto de Adesão de Espanha e de Portugal, relativas à publicidade, validade das obrigações e invalidade da sociedade, bem como às contas anuais e às contas consolidadas, são aplicáveis ao conjunto das sociedades de capitais; que, por outro, as Directivas 77/91//CEE (7) e 78/855/CEE (8), com a última redacção que lhes foi dada pelo Acto de Adesão de Espanha e de Portugal, e a Directiva 82/891/CEE (9), relativas à constituição e ao capital, bem como às fusões e às cisões, só são aplicáveis às sociedades anónimas;

Considerando que, pela sua resolução de 3 de Novembro de 1986, o Conselho adoptou, em 3 de Novembro de 1986, o programa de acção para as pequenas e médias empresas (PME) (10);

Considerando que as reformas introduzidas em algumas legislações nacionais, no decurso dos últimos anos, com o objectivo de permitir a existência de sociedades de responsabilidade limitada com um único sócio, deram origem a disparidades entre as legislações dos Estados-membros;

Considerando que é conveniente prever a criação de um instrumento jurídico que permita a limitação da responsabilidade do empresário individual, em

Título III – Sociedades por quotas 625

toda a Comunidade, sem prejuízo das legislações dos Estados-membros que, em casos excepcionais, impõem a responsabilidade desse empresário relativamente às obrigações da empresa;

Considerando que uma sociedade de responsabilidade limitada pode ter um único sócio no momento da sua constituição, ou então por força da reunião de todas as partes sociais numa só pessoa; que, enquanto se aguarda a coordenação das disposições nacionais em matéria de direito dos grupos, os Estados-membros podem prever certas disposições especiais, ou sanções, aplicáveis no caso de uma pessoa singular ser o único sócio de diversas sociedades ou quando uma sociedade unipessoal ou qualquer outra pessoa colectiva for o único sócio de uma sociedade; que o único objectivo desta faculdade é atender às particularidades actualmente existentes em determinadas legislações nacionais; que os Estados-membros podem, para esse efeito, e em relação a casos específicos, prever restrições ao acesso à sociedade unipessoal ou a responsabilidade ilimitada do sócio único; que os Estados-membros são livres de estabelecer regras para enfrentar os riscos que a sociedade unipessoal pode apresentar devido à existência de um único sócio, designadamente para garantir a liberação do capital subscrito;

Considerando que a reunião de todas as partes sociais numa única pessoa, bem como a identidade do único sócio, devem ser objecto de publicidade de num registo acessível ao público;

Considerando que as decisões adoptadas pelo sócio único, na qualidade de assembleia geral de sócios, devem assumir a forma escrita;

Considerando que a forma escrita deve ser igualmente exigida para os contratos celebrados entre o sócio único e a sociedade por ele representada, desde que esses contratos não digam respeito a operações correntes celebradas em condições normais".

O legislador português, através do DL n.º 257/96, de 31 de Dezembro, viria a transpor esta Directiva, dando *corpo de lei* às SUQ.

Os fundamentos desta medida legislativa estão devidamente explanados no preâmbulo do DL n.º 257/96, mais precisamente na passagem que se transcreve:

"As sociedades de responsabilidade limitada são a forma por excelência escolhida pelas pequenas e médias empresas. É clara entre nós a propensão dos empresários para a utilização deste tipo de sociedades como forma de enquadramento jurídico das suas empresas. As sociedades unipessoais por quotas existem em quase todos os Estados membros da Comunidade Europeia, já por razões jurídicas, já por razões económicas. Importa introduzi-las no nosso direito das sociedades.

Na verdade, estas sociedades podem facilitar o aparecimento e, sobretudo, o são desenvolvimento de pequenas empresas, que, como é reconhecido, constituem, principalmente em épocas de crise, um factor não só de estabilidade e de

626   Regime Jurídico das Sociedades por Quotas

criação de emprego mas também de revitalização da iniciativa privada e da actividade económica em geral. Permitem, efectivamente, que os empreendedores se dediquem, sem recurso a sociedades fictícias indesejáveis, à actividade comercial, beneficiando do regime da responsabilidade limitada.

A criação do estabelecimento individual de responsabilidade limitada pelo Decreto-Lei n.° 248/86, de 25 de Agosto, não atingiu esses resultados. Fiel à doutrina tradicional, o legislador de então não conseguiu ultrapassar a concepção contratualista da sociedade e por isso rejeitou qualquer concessão à sua concepção institucional. Quedou-se pela constituição de um património autónomo afectado a um fim determinado, mas desprovido dos benefícios da personalidade jurídica. Afastou-se expressamente das soluções já nessa altura adoptadas pela Alemanha e pela França. Portugal tornou-se o único Estado membro da Comunidade Europeia a optar pela via do estabelecimento individual de responsabilidade limitada. Teve-se como indiscutível que a sociedade unipessoal não era instrumento apropriado à realidade do nosso país e daí enveredar-se por uma pretensa e difícil inovação. Negou-se a personalização a algo que a reclamava.

É certo que a instituição das sociedades unipessoais por quotas levantou inicialmente delicados problemas doutrinais. Não faltou quem considerasse um «absurdo» a existência legal de sociedades unipessoais. Essa dificuldade recebeu uma resposta teórica, em que a sociedade unipessoal constituiria a excepção à regra das sociedades pluripessoais. Mas importa sobretudo facultar às pessoas uma forma de limitação da sua responsabilidade que não passe pela constituição de sociedades fictícias, com «sócios de favor», dando azo a situações pouco claras no tecido empresarial.

Foi esta realidade que justificou a Directiva n.° 89/667/CE, bem como as alterações legislativas ocorridas, designadamente em Espanha com a Lei 2/1995, de 23 de Março, em França com a Lei n.° 85/697, de 11 de Julho, na Itália com o Decreto Legislativo n.° 88, de 3 de Março de 1993, e na Bélgica com a Lei de 14 de Julho de 1987.

É ainda o reconhecimento dessa realidade que serve de primacial fundamento à presente institucionalização.

Impõe-se, pois, sem abjurar, de momento, nenhuma das figuras legalmente estabelecidas, criar um novo tipo de sociedade, em que a responsabilidade do sócio único seja limitada. Sobretudo em relação às pequenas e médias empresas, espera-se que este novo tipo de sociedade constitua mais uma escolha que facilite a sua legalização e uma adaptação maior ao importante papel que desempenham no tecido económico nacional.

Daí que a criação de sociedades unipessoais por quotas possa ser originária ou superveniente. Não se acolhe, nesta fase inicial, a possibilidade, que a prática imporá ou não, da criação autónoma e por tempo indeterminado da sociedade anónima unipessoal.

Para a cabal prossecução dos objectivos enunciados, foram consagrados alguns princípios de segurança, tanto do sócio único como de terceiros.

Foram também tidas em conta as injunções da referida directiva e a necessidade de prosseguir na via da harmonização das legislações dos Estados membros da União Europeia."

Com a criação das SUQ colocou-se "um ponto terminal num longo caminho, marcado pela hesitação em *deformar* através de tal possibilidade o esquema societário de prossecução das actividades económicas. Deste modo, a necessidade de transpor a 12.ª Directiva apenas veio dar o último, mas imprescindível, golpe na autoridade de uma visão conceitualista que impedia ainda que se rompesse com a sociedade-contrato", RICARDO COSTA *in* "As Sociedades Unipessoais", Problemas do Direito das Sociedades, Almedina, 2003, p. 42.

ENGRÁCIA ANTUNES *in* "Direito das Sociedades Comerciais", Almedina, 2000, p. 100, refere que a consagração legislativa das SUQ não só fez cair uma das "vacas sagradas" da doutrina societária tradicional (o seu arreigado paradigma contratualista), como acabou por inaugurar todo um novo horizonte de reflexão doutrinal e dogmática.

CATARINA SERRA *in* "As *Novas* Sociedades Unipessoais por Quotas", Scientia Iuridica, XLVI, 1997, n.os 265/267, p. 127, refere mesmo que com o DL n.º 257/96, "foi dado o golpe de misericórdia no princípio da contratualidade, acabando o legislador por se render à inevitabilidade da constituição de sociedades unipessoais como meio de o comerciante individual limitar a sua responsabilidade pessoal".

Para PEREIRA DE ALMEIDA *in* "Sociedades Comerciais e Valores Mobiliários", p. 386, a "grande **vantagem** das SUQ é permitir a limitação da responsabilidade a actividades comerciais exercidas individualmente, quer originariamente, quer *a posteriori*, sem que a transição para a pluripessoalidade ou para a unipessoalidade importe alteração do ente jurídico com as necessárias consequências fiscais e emolumentares, como acontecia com o EIRL".

Quanto à natureza das SUQ, as opiniões dividem-se.

Para AA. como RICARDO COSTA *in* "As Sociedades Unipessoais", pp. 45 e ss.; BRITO CORREIA *in* "A sociedade unipessoal ...", p. 644; PEREIRA DE ALMEIDA *in* "Sociedades Comerciais e Valores Mobiliários", p. 386 e FILIPE CASSIANO DOS SANTOS *in* "Sociedades unipessoais por quotas, exercício individual e reorganizações empresariais – reflexões a propósito do regime legal", Direito das Sociedades em Revista, Ano 1, vol. 1, Almedina, 2009, p. 118 e "A Sociedade Unipessoal por Quotas – Comentários e Anotações", Coimbra Editora, 2009, pp. 46 e ss., a SUQ não é um novo tipo societário, mas sim uma modalidade do tipo quotista dotada de uma regulamentação específica.

Por seu turno, AA. como MENEZES CORDEIRO *in* "Manual de Direito das Sociedades", II, p. 435 e OLIVEIRA ASCENSÃO *in* "Direito Comercial", IV, 2000, pp. 135 e 136, consideram que estamos perante um tipo societário autónomo.

628   *Regime Jurídico das Sociedades por Quotas*

Cfr., para além das obras citadas, RICARDO COSTA *in* "Unipessoalidade Societária", miscelâneas n.º 1, IDET, Almedina, 2007, pp. 41 e ss..

ARTIGO 270.º-A – **(Constituição)**

1 – A sociedade unipessoal por quotas é constituída por um sócio único, pessoa singular ou colectiva, que é o titular da totalidade do capital social.

2 – A sociedade unipessoal por quotas pode resultar da concentração na titularidade de um único sócio das quotas de uma sociedade por quotas, independentemente da causa da concentração.

3 – A transformação prevista no número anterior efectua-se mediante declaração do sócio único na qual manifeste a sua vontade de transformar a sociedade em sociedade unipessoal por quotas, podendo essa declaração constar do próprio documento que titule a cessão de quotas.

4 – Por força da transformação prevista no n.º 3 deixam de ser aplicáveis todas as disposições do contrato de sociedade que pressuponham a pluralidade de sócios.

5 – O estabelecimento individual de responsabilidade limitada pode, a todo o tempo, transformar-se em sociedade unipessoal por quotas, mediante declaração escrita do interessado.

NOTAS:

I. O artigo em anotação (que havia sido aditado pelo DL n.º 257/96, de 31 de Dezembro e, entretanto, alterado pelo DL n.º 36/2000, de 14 de Março) tem a redacção introduzida pelo DL n.º 76-A/2006, de 29 de Março.

II. A propósito do artigo em anotação, importa destacar os arts. 2.º, 3.º e 7.º, da 12.ª Directiva, cujo texto se transcreve:

"(Artigo 2.º)

1. A sociedade pode ter um sócio único no momento da sua constituição, bem como por força da reunião de todas as partes sociais numa única pessoa (sociedade unipessoal).

2. Enquanto se aguarda uma coordenação das disposições nacionais em matéria de direito dos grupos, as legislações dos Estados-membros podem prever disposições especiais ou sanções aplicáveis:

a) Quando uma pessoa singular for o sócio único de várias sociedades, ou

Título III – Sociedades por quotas

b) Quando uma sociedade unipessoal ou qualquer pessoa colectiva for o sócio único de uma sociedade.

(Artigo 3.°)

Quando a sociedade se torne unipessoal por força da reunião de todas as partes sociais numa única pessoa, tal facto, bem como a identidade do sócio único, deve ou ser indicado no processo ou transcrito no registo, nos termos dos n.ᵒˢ 1 e 2 do artigo 3.° da Directiva 68/151/CEE, ou ser transcrito num registo mantido na sociedade e acessível ao público.

(Artigo 7.°)

Um Estado-membro pode decidir não permitir a existência de sociedades unipessoais no caso de a sua legislação prever a possibilidade de o empresário individual constituir uma empresa de responsabilidade limitada com um património afecto a uma determinada actividade desde que, no que se refere a essas empresas, se prevejam garantias equivalentes às impostas pela presente directiva bem como pelas outras disposições comunitárias aplicáveis às sociedades referidas no artigo 1.°".

III. A unipessoalidade societária pode ser:

a) Originária

Neste caso, a SUQ forma-se mediante negócio jurídico originário (**n.° 1**).

Como é evidente, o acto jurídico constitutivo de uma SUQ é um negócio jurídico unilateral e não um contrato, uma vez que nele intervém apenas um sujeito. Cfr. BRITO CORREIA *in* "A sociedade unipessoal ...", p. 643.

Do acto unilateral constitutivo devem constar "as declarações que inscrevam os elementos do art. 980.° do Código Civil, para o qual o art. 1.°, n.° 2, do Código das Sociedades remete implicitamente: o sócio deve assim declarar querer constituir uma estrutura nova, distinta da sua pessoa e de configuração societária (bastará para o efeito a declaração geral de querer constituir uma sociedade unipessoal por quotas), para a qual se deve a obrigar a entrar com bens (por aplicação do art. 202.°, n.° 1, por força do art. 270.°-G, não se admitem entradas em serviços), à qual deve ficar o exercício de actividades económicas comerciais ou não comerciais mas que não sejam de mera fruição (n.ᵒˢ 3 e 4 do art. 1.°: tratar-se-á no primeiro caso de uma sociedade comercial e no segundo de uma sociedade civil sob forma comercial) – fixação que se faz na cláusula que determina o objecto da sociedade – e para a qual estabelece a prossecução de um escopo lucrativo. Como contrapartida da sua obrigação de entrada e da constituição da estrutura, ele recebe uma quota", FILIPE CASSIANO DOS SANTOS *in* "Sociedades unipessoais ...", pp. 124 e 125.

b) Superveniente

A unipessoalidade societária superveniente resulta da transformação da estrutura empresarial ou societária adoptada originariamente. Sobre a propriedade

630   *Regime Jurídico das Sociedades por Quotas*

da expressão "transformação", *vide* RICARDO COSTA *in* "A Sociedade por Quotas …", pp. 277 e ss., nota 261.

Neste grupo podemos incluir:

b.1. A transformação de um sociedade por quotas (pluripessoal) resultante de qualquer concentração das quotas na titularidade de um único sócio (n.os 2 e 3)

O termo "concentração" reporta-se "ao resultado que consista em se dar a reunião na titularidade de um mesmo sujeito da totalidade das quotas de uma sociedade por quotas, seja com unificação numa quota única seja mantendo a pluralidade de quotas", FILIPE CASSIANO DOS SANTOS *in* "A Sociedade Unipessoal …", p. 69.

As causas da concentração podem ser variadíssimas, sendo de destacar a cessão de quotas (art. 228.º) e a transmissão *mortis causa* (art. 225.º). Para maiores desenvolvimentos sobre as causas de concentração, veja-se RICARDO COSTA *in* "A Sociedade por Quotas …", pp. 270 e ss., nota 259.

A transformação não é automática, uma vez que depende de declaração do sócio único na qual manifeste a sua vontade de transformar a sociedade em SUQ, podendo essa declaração constar do próprio documento que titule a cessão de quotas (**n.º 3**).

O **n.º 3** refere apenas que a declaração pode (não necessariamente) constar do próprio documento que titule a cessão de quota. Assim, nada parece excluir que a declaração do sócio seja ulterior ou, sendo contemporânea, não conste daquele documento.

FILIPE CASSIANO DOS SANTOS *in* "A Sociedade Unipessoal …", p. 72, depois de rejeitar, fundamentadamente, a aplicação do regime do direito civil, considera que "basta que seja determinável com segurança a vontade de conversão, qualquer que seja a forma por que se exprime. Com efeito, não prescindindo, ainda assim, a lei de uma vontade do sócio, há que entender que o que está em causa é tão-só o exacto apuramento de uma vontade especificamente dirigida à conversão ou transformação, não relevando o meio por que se exprime, desde que permita esse apuramento".

A transformação torna inaplicáveis todas as disposições do contrato de sociedade que pressuponham a pluralidade de sócios (**n.º 4**). Segundo OLIVEIRA ASCENSÃO *in* "Direito Comercial", p. 132, esta "descrição não é inteiramente exacta, porque logo que a unipessoalidade surge essas disposições perdem aplicabilidade".

Note-se que, neste caso, o sócio único pode evitar a unipessoalidade se, no prazo legal, restabelecer a pluralidade de sócios (art. 270.º-D, n.º 4).

MENEZES CORDEIRO e outros *in* "Código das Sociedades Comerciais – Anotado", p. 706, salientam que o "sócio único terá interesse em regularizar uma situação de unipessoalidade superveniente através da transformação em sociedade unipessoal por quotas, uma vez que se não o fizer corre o risco de responder pessoal e ilimitadamente pelas dívidas da sociedade, em caso de insolvência desta, se os credores sociais provarem que, nesse período, não foi observado o princípio da separação de patrimónios, de acordo com o artigo 84.º".

Com efeito, nos termos do n.º 1, do art. 84.º, se for declarada insolvente (o preceito utiliza, ainda, a expressão falida) uma sociedade reduzida a um único sócio, este responde ilimitadamente pelas obrigações sociais contraídas no período posterior à concentração das quotas, contanto que se prove que nesse período não foram observados os preceitos da lei que estabelecem a afectação do património da sociedade ao cumprimento das respectivas obrigações.

Por outro lado, a unipessoalidade superveniente, que se mantenha por período superior a um ano, constitui causa de dissolução administrativa por força da al. a), do n.º 1, do art. 142.º. O regime jurídico dos procedimentos administrativos de dissolução e de liquidação está previsto no Anexo III, do DL n.º 76-A/2006, entretanto, rectificado pela DRect. n.º 28-A/2006, de 26.05 e alterado pelo DL n.º 318/2007, de 26.09.

Finalmente, refira-se que a transformação não implica uma nova sociedade, cfr. jurisprudência seleccionada.

b.2. A transformação de um EIRL mediante declaração escrita do interessado (n.º 5)

A declaração aqui exigida deve traduzir-se numa manifestação da vontade de transformar o EIRL em SUQ.

A propósito da criação de SUQ em consequência de cisão, cfr. FILIPE CASSIANO DOS SANTOS *in* "Sociedades unipessoais ...", pp. 125 e ss. e "A Sociedade Unipessoal ...", pp. 66 e ss.

IV. A sociedade unipessoal por quotas é constituída por um sócio único, pessoa singular ou colectiva, que é o titular da totalidade do capital social (**n.º 1**).

A premissa legal para a aplicação do regime das SUQ é a concentração da titularidade da totalidade da quota ou das quotas num só sujeito. Parece, assim, que "a lei nacional optou por um conceito puramente *objectivo* e *formal* de sócio único, de tal maneira que a mera presença de uma pluralidade declarada de sócios impedirá a qualificação da sociedade como unipessoal. O factor decisivo, com efeito, para que exista uma sociedade por quotas em situação *qualificante* de unipessoal e se aplique de forma directa a disciplina especial da SQU é que a sociedade tenha sido instituída por uma única pessoa, assumindo esta *ab initio* o núcleo integral de participações na sociedade, ou que todas as participações tenham passado a ser detidas pelo mesmo sujeito", RICARDO COSTA *in* "A Sociedade por Quotas ...", p. 403. Cfr., ainda, FILIPE CASSIANO DOS SANTOS *in* "Sociedades unipessoais ...", p. 122.

Sobre o usufruto, o penhor, a contitularidade e a comunhão conjugal nas SUQ, *vide* RICARDO COSTA *in* "A Sociedade por Quotas ...", pp. 420 e ss. e FILIPE CASSIANO DOS SANTOS *in* "A Sociedade Unipessoal ...", p. 62.

632 Regime Jurídico das Sociedades por Quotas

JURISPRUDÊNCIA:

1. Os herdeiros do sócio de uma sociedade unipessoal, por eles, entretanto, extinta, não podem ser directamente condenados, ao abrigo do disposto no art. 163.º, n.º 1, do CSC, a pagar as dívidas da sociedade, por, após o falecimento do sócio, não terem passado automaticamente a ser os titulares da quota do falecido.

2. Com efeito, com a morte do sócio, o titular da quota passou a ser a respectiva herança indivisa e os recorrentes passaram a ser, apenas, herdeiros da universalidade dos bens que integravam o acervo da herança, neste se incluindo a quota que o falecido detinha na sociedade.

3. Deste modo, a responsabilidade pelas dívidas da sociedade recai sobre a própria herança e não sobre os herdeiros, sendo embora limitada ao montante que a herança eventualmente tenha recebido na partilha dos bens da sociedade (art. 163.º, n.º 1, do CSC).

4. Tal não significa, porém, que os herdeiros do sócio não possam ser responsáveis pelas dívidas da sociedade extinta, mas, para fazer accionar essa responsabilidade, é necessário alegar e provar que a sociedade extinta tinha bens, que, em consequência da sua dissolução e extinção, esses bens ou alguns desses bens tinham revertido para a herança do sócio, e que a herança deste tinha sido já partilhada pelos recorrentes, competindo o ónus de alegação e prova de tais factos ao autor/credor da sociedade extinta.

5. Não tendo sido alegados nem provados os aludidos factos, os herdeiros do sócio não podem ser condenados a pagar à autora/trabalhadora da sociedade os créditos salariais de que esta lhe era devedora, mesmo que tal condenação fosse restrita ao montante que eles, "porventura, hajam recebido em partilha" da sociedade, uma vez que a lei adjectiva não admite condenações condicionais.

Ac. do STJ, de 07.05.09 *in* www.dgsi.pt (Proc. n.º 08S3257)

1. A transformação de uma sociedade comercial por quotas em sociedade unipessoal não implica a sua dissolução e a criação de uma nova sociedade;

2. Continuando a tratar-se da mesma pessoa jurídica, a referida transformação não implica cedência do gozo da coisa locada em que funciona a sede da sociedade a terceiros, pelo que não existe a correspondente obrigação de comunicação do facto ao senhorio. (A.P.)

Ac. da RL, de 20.09.07 *in* www.dgsi.pt (Proc. n.º 4600/2007-6)

A substituição ao R. no locado da sociedade unipessoal por ele constituída, sem autorização do A., dá lugar ao despejo, por violação da alínea f) do n.º 1 do art. 64.º do RAU.

Ac. da RP, de 06.04.06 *in* www.dgsi.pt (Proc. n.º 0631414)

A citação, por carta registada com aviso de recepção, de uma sociedade comercial identificada como sociedade por quotas, quando já se havia transfor-

Título III – Sociedades por quotas 633

mado em sociedade unipessoal em resultado da concentração na titularidade de um único sócio da totalidade das quotas da sociedade, não configura erro de identidade do citado, uma vez que a referida transformação não implica a constituição de uma nova sociedade.
Ac. da RL, de 05.05.04 *in* www.dgsi.pt (Proc. n.° 9023/2003-4)

ARTIGO 270.°-B – **(Firma)**
A firma destas sociedades deve ser formada pela expressão 'sociedade unipessoal' ou pela palavra 'unipessoal' antes da palavra 'Limitada' ou da abreviatura 'Lda.'

NOTAS:

O artigo em anotação foi aditado pelo DL n.° 257/96, de 31 de Dezembro. Sobre a firma cfr. anotações ao art. 200.°.

ARTIGO 270.°-C – **(Efeitos da unipessoalidade)**
1 – Uma pessoa singular só pode ser sócia de uma única sociedade unipessoal por quotas.
2 – Uma sociedade por quotas não pode ter como sócio único uma sociedade unipessoal por quotas.
3 – No caso de violação das disposições dos números anteriores, qualquer interessado pode requerer a dissolução das sociedades por via administrativa.
4 – O serviço de registo competente concede um prazo de 30 dias para a regularização da situação, o qual pode ser prorrogado até 90 dias a pedido dos interessados.

NOTAS:

I. O artigo em anotação foi aditado pelo DL n.° 257/96, de 31 de Dezembro.
Os **n.ᵒˢ 3** e **4** têm a redacção introduzida pelo DL n.° 76-A/2006, de 29 de Março.

II. Nos termos do **n.° 1,** uma pessoa singular só pode ser sócia de uma única SUQ. Podemos falar aqui do princípio da exclusividade.

634 Regime Jurídico das Sociedades por Quotas

O legislador procurou "evitar situações extremas e ilegítimas de prolongamento ao limite da irresponsabilidade pessoal do sócio único, deixando credores pessoais e sociais em situação duplamente precária", MENEZES CORDEIRO e outros *in* "Código das Sociedades Comerciais – Anotado", p. 708.

Para FILIPE CASSIANO DOS SANTOS *in* "A Sociedade Unipessoal ...", p. 83, a "justificação para esta regra é impedir que um mesmo sujeito proceda a mais do que uma limitação de responsabilidade para exercícios não colectivos: a proliferação de sociedades unipessoais com o mesmo sócio leva ao alargamento da limitação da responsabilidade nos exercícios, o que coloca em questão interesses dos credores e do tráfico em geral".

Cfr., ainda, CATARINA SERRA *in* "As *Novas* Sociedades ...", p. 136.

Note-se, no entanto, que esta restrição poderá constituir "uma limitação à liberdade de iniciativa económica privada, no que tange ao direito de criação de empresas, de questionável constitucionalidade à face do disposto no 61.º/1 da CR", MENEZES CORDEIRO e outros *in* "Código das Sociedades Comerciais – Anotado", p. 708.

Para uma análise critica à bondade do sistema, *vide* FILIPE CASSIANO DOS SANTOS *in* "A Sociedade Unipessoal ...", pp. 83 e ss..

III. Os sócios das SQ podem ser pessoas colectivas ou singulares.

O número máximo de sócios das SQ não está fixado na lei, a qual se limita a estabelecer o número mínimo de 2 (art. 7.º, n.º 2).

No entanto, tratando-se de sócio que seja uma SUQ, este não poderá ser sócio único de uma SQ (**n.º 2**). A finalidade desta norma é evitar "a cumulação indirecta de duas sociedades na titularidade da mesma pessoa singular", MENEZES CORDEIRO e outros *in* "Código das Sociedades Comerciais – Anotado", p. 708.

No entendimento de FILIPE CASSIANO DOS SANTOS *in* "A Sociedade Unipessoal ...", p. 85, o "fundamento do preceito é evitar o encadeamento de responsabilidades limitadas de um sujeito único, que o regime dos grupos também acautela, e é evitar assim a fuga ao regime dos grupos".

Cfr., ainda, CATARINA SERRA *in* "As *Novas* Sociedades ...", p. 136.

IV. Se uma pessoa singular for sócia de mais do que uma SUQ ou se uma SQ tiver como sócio único uma SUQ, qualquer interessado pode requerer a dissolução das sociedades por via administrativa (cfr., conjugadamente, os **n.ᵒˢ 1, 2 e 3**).

Na redacção anterior ao DL n.º 76-A/2006, o **n.º 3** previa a dissolução judicial, a qual, nos termos desse diploma foi substituída pela dissolução administrativa.

Conforme resulta expressamente do n.º 1, do art. 142.º, a dissolução administrativa pode ser requerida com fundamento em facto previsto na lei, como é o caso do **n.º 3**.

Título III – Sociedades por quotas

O regime jurídico dos procedimentos administrativos de dissolução e de liquidação está previsto no Anexo III, do DL n.º 76-A/2006, entretanto, rectificado pela DRect n.º 28-A/2006, de 26.05 e alterado pelo DL n.º 318/2007, de 26.09.

FILIPE CASSIANO DOS SANTOS *in* "A Sociedade Unipessoal ...", p. 92, salienta que a constituição de uma sociedade contra a proibição do **n.º 2** é nula por força do art. 294.º, do CC.

Para este autor, *loc. cit.*, a "cominação da dissolução significa apenas que a sociedade-instituição não é afectada pela nulidade".

Importa ainda referir que até à dissolução, sendo nulos os actos violadores dos **n.ºs 1 e 2**, "a imputação de responsabilidades dá-se ao sócio único e à sociedade-sócio", FILIPE CASSIANO DOS SANTOS, *ob. cit.*, p. 93.

V. O serviço de registo competente concede um prazo de 30 dias para a regularização da situação (**n.º 4**). Na redacção anterior ao DL n.º 76-A/2006, o **n.º 4** estabelecia um prazo de regularização de seis meses, o qual era concedido pelo tribunal.

Esta alteração de prazos teve como finalidade coordenar esta solução com o regime imposto pelo art. 9.º, n.º 1, al. b) e n.º 2, do Anexo III, do DL n.º 76-A/2006, cfr. ARMANDO MANUEL TRIUNFANTE *in* "Código das Sociedades ...", p. 276.

O prazo de 30 dias pode ser prorrogado até 90 dias a pedido dos interessados e mediante decisão do conservador do registo comercial (**n.º 4, 2.ª** parte).

ARMANDO MANUEL TRIUNFANTE *in* "Código das Sociedades ...", p. 276, considera que, "apesar da formulação legal, não caberá ao conservador recusar a prorrogação do prazo a não ser que o pedido seja patentemente dilatório. Por outro lado, a prorrogação será, na generalidade dos casos, pelo período máximo (os 90 dias) e não menos (excepto os casos em que sejam os requerente a solicitar, eles próprios, um prazo inferior). Radicamos esta nossa posição no facto de o conservador não ser uma autoridade judiciária".

Estes prazos "destinam-se a permitir corrigir a situação, pelos interessados, sobrepondo-se o interesse privado na manutenção da sociedade, decorrente ainda do princípio do *favor negotti*, sobre o interesse público em decretar a dissolução da sociedade, por não preenchimento dos requisitos legais", MENEZES CORDEIRO e outros *in* "Código das Sociedades Comerciais – Anotado", p. 709.

ARTIGO 270.º-D – **(Pluralidade de sócios)**

1 – O sócio único de uma sociedade unipessoal por quotas pode modificar esta sociedade em sociedade por quotas plural através de divisão e cessão da quota ou de aumento de capital social por entrada

636   *Regime Jurídico das Sociedades por Quotas*

de um novo sócio, devendo, nesse caso, ser eliminada da firma a expressão 'sociedade unipessoal', ou a palavra 'unipessoal', que nela se contenha.

2 – O documento que consigne a divisão e cessão de quota ou o aumento do capital é título bastante para o registo da modificação.

3 – Se a sociedade tiver adoptado antes o tipo de sociedade por quotas, passará a reger-se pelas disposições do contrato de sociedade que, nos termos do n.º 4 do artigo 270.º-A, lhe eram inaplicáveis em consequência da unipessoalidade.

4 – No caso de concentração previsto no n.º 2 do artigo 270.º-A, o sócio único pode evitar a unipessoalidade se, no prazo legal, restabelecer a pluralidade de sócios.

NOTAS:

I. O artigo em anotação foi aditado pelo DL n.º 257/96, de 31 de Dezembro, tendo, entretanto, sido alterado pelo DL n.º 36/2000, de 14 de Março.

O **n.º 2** tem a redacção introduzida pelo DL n.º 76-A/2006, de 29 de Março.

II. Como vimos na anotação ao art. 270.º-A, as SUQ podem ter origem na transformação de uma SQ (pluripessoal), resultante da concentração das quotas na titularidade de um único sócio.

O **n.º 1** prevê a hipótese inversa, ou seja, a transformação de uma SUQ numa SQ (plural), decorrente de divisão e cessão da quota ou de aumento de capital social por entrada de um novo sócio. ALEXANDRE SOVERAL MARTINS *in* "Código das Sociedades Comerciais – Alterações introduzidas pelo Decreto-Lei n.º 257/96, de 31 de Dezembro", Revista Jurídica da Universidade Moderna, Ano I, n.º 1, 1998, p. 309, faz uma critica à distinção terminológica feita pelo legislador, usando no art. 270.º-A a expressão "transformação" e no artigo em anotação o termo "modificação".

Importa salientar que as transformações previstas no art. 270.º-A e no artigo em anotação não implicam a formação de uma nova sociedade com personalidade jurídica própria.

Segundo MENEZES CORDEIRO e outros *in* "Código das Sociedades Comerciais – Anotado", p. 710, esta "situação explica que o substrato subjectivo societário possa assentar quer na unipessoalidade, quer na pluripessoalidade, enquanto realidades transitórias e em mutação. A passagem da pluripessoalidade à unipessoalidade e o retorno desta àquela são vistos como fases da vida societária, que não afectam o essencial denominador comum da existência de uma sociedade comercial".

Para estes autores, *loc. cit.*, este fenómeno está na origem da solução repristinatória consagrada no **n.° 3**.

Quanto à divisão e cessão de quotas e aumento de capital social, cfr., respectivamente, as anotações aos arts. 221.°, 228.° e 266.°.

Em consequência da transformação deve ser eliminada da firma a expressão "sociedade unipessoal", ou a palavra "unipessoal", que nela se contenha (**n.° 1**, 2.ª parte). Aqui impõe-se, naturalmente, o princípio da verdade dos elementos que compõem a firma. Cfr. anotações ao art. 200.°.

III. O documento que consigne a divisão e cessão de quota ou o aumento do capital é título bastante para o registo da modificação (**n.° 2**).

A redacção deste número foi introduzida pelo DL n.° 76-A/2006, o qual substituiu a expressão "escritura" pela expressão "documento". Esta alteração enquadra-se numa política de simplificação dos actos relativos às sociedades. Com efeito, por força daquele diploma, a escritura pública deixou de ser exigida para a divisão (art. 221.°, n.° 2) e cessão de quotas (art. 228.°, n.° 1), passando a ser suficiente a mera redução a escrito.

Por sua vez, o aumento de capital (que, enquanto alteração do contrato, estava sujeito a deliberação consignada em escritura pública) passou também a depender apenas de redução a escrito, sendo suficiente a acta da respectiva deliberação (art. 85.°, n.°s 3 e 4).

IV. Se a sociedade tiver adoptado o tipo de SQ, passará a reger-se pelas disposições do contrato de sociedade que pressuponham a pluralidade de sócios (cfr., conjugadamente, os **n.°s 3** e o art. 270.°-A, n.° 4). OLIVEIRA ASCENSÃO *in* "Direito Comercial", p. 132, fala aqui de uma revivescência destas disposições.

V. No caso de concentração na titularidade de um único sócio das quotas de uma SQ, este pode evitar a unipessoalidade se, no prazo legal, restabelecer a pluralidade de sócios (cfr., conjugadamente, o **n.° 4** e o art. 270.°-A, n.° 2).

ARTIGO 270.°-E – **(Decisões do sócio)**

1 – Nas sociedades unipessoais por quotas o sócio único exerce as competências das assembleias gerais, podendo, designadamente, nomear gerentes.

2 – As decisões do sócio de natureza igual às deliberações da assembleia geral devem ser registadas em acta por ele assinada.

NOTAS:

I. O artigo em anotação foi aditado pelo DL n.° 257/96, de 31 de Dezembro.

638   Regime Jurídico das Sociedades por Quotas

II. A propósito do artigo em anotação, importa destacar o art. 4.º, da 12.ª Directiva, cujo texto se transcreve:

"*1. O sócio único exerce os poderes atribuídos à assembleia geral de sócios. 2. As decisões adoptadas pelo sócio único no domínio a que se refere o n.º 1 devem ser lavradas em acta ou assumir a forma escrita*".

III. Nas SUQ, o sócio único exerce as competências das assembleias gerais (**n.º 1**).

As competências das assembleias gerais estão previstas no art. 246.º. Nos termos do n.º 1, deste preceito, dependem (obrigatoriamente) de deliberação dos sócios os seguintes actos, além de outros que a lei ou o contrato indicarem:

a) A chamada e a restituição de prestações suplementares;

b) A amortização de quotas, a aquisição, a alienação e a oneração de quotas próprias e o consentimento para a divisão ou cessão de quotas;

c) A exclusão de sócios;

d) A destituição de gerentes e de membros do órgão de fiscalização;

e) A aprovação do relatório de gestão e das contas do exercício, a atribuição de lucros e o tratamento dos prejuízos;

f) A exoneração de responsabilidade dos gerentes ou membros do órgão de fiscalização;

g) A proposição de acções pela sociedade contra gerentes, sócios ou membros do órgão de fiscalização, e bem assim a desistência e transacção nessas acções;

h) A alteração do contrato de sociedade;

i) A fusão, cisão, transformação e dissolução da sociedade e o regresso de sociedade dissolvida à actividade.

Por sua vez, o n.º 2, do art. 246.º, estabelece as seguintes competências supletivas das assembleias gerais:

a) A designação de gerentes;

b) A designação de membros do órgão de fiscalização;

c) A alienação ou oneração de bens imóveis, a alienação, a oneração e a locação de estabelecimento;

d) A subscrição ou aquisição de participações noutras sociedades e a sua alienação ou oneração.

Cfr. anotações ao art. 246.º.

IV. O legislador, na parte final do **n.º 1**, optou por destacar a nomeação de gerentes no âmbito das competências do sócio único (a qual não constava do art. 4.º, da 12.ª Directiva).

No nosso entendimento, esta referência é redundante, uma vez que a designação de gerentes já consta das competências (supletivas) das assembleias gerais (al. a), do n.º 2, do art. 246.º). Para MENEZES CORDEIRO e outros *in* "Código das

Sociedades Comerciais – Anotado", p. 711, esta reprodução tem como efeito útil o reforço da "ideia de que pode haver diferenciação entre a titularidade no domínio da sociedade unipessoal e a titularidade na gestão da mesma".

De salientar que também nas SUQ, a gerência pode ser singular ou plural.

V. O art. 4.º, da 12.ª Directiva, e consequentemente o artigo em anotação, utilizam a expressão "decisão" e não "deliberação".

Na verdade, a deliberação pressupõe a assembleia geral, a qual, entendida como o órgão supremo da sociedade composto pelo colégio dos sócios, não existe nas SUQ.

Como refere RICARDO COSTA *in* "A Sociedade por Quotas ...", p. 548, "se o conceito de assembleia reclama a ideia de uma pluralidade de pessoas que dispõem do direito de voto para discutirem questões de interesse comum e que se subordinam ao princípio da maioria, isso excluirá que essa definição se refira à vontade que é a expressão de um sujeito isolado e titular exclusivo do poder volitivo que a sustenta".

O sócio não tem "que se constituir em assembleia – não há esse órgão na sociedade unipessoal. Há, simplesmente, decisões sociais do sócio único", FILIPE CASSIANO DOS SANTOS *in* "Sociedades unipessoais ...", p. 128. Podemos assim falar de um órgão-sócio.

Por conseguinte, não são, aqui, aplicáveis as disposições sobre convocação, reunião e deliberação em assembleia geral (art. 248.º, n.ºs 3 e 4), uma vez que estamos perante preceitos que pressupõem a pluralidade de sócios (art. 270-G). Cfr. RICARDO COSTA *in* "A Sociedade por Quotas ...", pp. 562 e ss..

COUTINHO DE ABREU *in* "Da empresarialidade...", p. 146, entende que o sócio único não está impedido de deliberar em assembleia geral. Cfr., ainda, ALEXANDRE SOVERAL MARTINS *in* "Código das Sociedades ...", p. 310, nota 7; MENEZES CORDEIRO e outros *in* "Código das Sociedades Comerciais – Anotado", pp. 711 e 712 e PAULO OLAVO DA CUNHA *in* "Direito das Sociedades...", p.616 e ss..

VI. Independentemente da questão supra referida, certo é que as decisões do sócio de natureza igual às deliberações da assembleia geral devem ser registadas em acta por ele assinada (**n.º 2**). Este preceito resultou da transposição da 12.ª Directiva, mais precisamente do art. 4.º, n.º 2.

A inscrição em acta impõe-se por força do interesse geral no funcionamento das estruturas societárias e do interesse dos terceiros que contactam com uma SUQ em ver facilitado "o controlo do respeito pelos preceitos que os tutelam", FILIPE CASSIANO DOS SANTOS *in* "A Sociedade Unipessoal ...", p. 105.

A acta aqui prevista constitui uma formalidade *ad substantiam*.

Como anotam MENEZES CORDEIRO e outros *in* "Código das Sociedades Comerciais – Anotado", p. 712, em "face do carácter imperativo do preceito, a acta é um documento com força probatória, que assume a natureza de formalidade

640   *Regime Jurídico das Sociedades por Quotas*

ad substantiam, insusceptível de ser substituído por outro meio de prova e verdadeiramente constitutivo da decisão respectiva. Só a acta fará prova da existência e da veracidade da decisão tomada em sociedade unipessoal por quotas, assegurando a transparência no âmbito da unipessoalidade societária e evitando manipulações *a posteriori* dos termos da decisão".

Quanto às actas, veja-se o art. 63.°.

ARTIGO 270.°-F – (**Contrato do sócio com a sociedade unipessoal**)

1 – Os negócios jurídicos celebrados entre o sócio único e a sociedade devem servir a prossecução do objecto da sociedade.

2 – Os negócios jurídicos entre o sócio único e a sociedade obedecem à forma legalmente prescrita e, em todos os casos, devem observar a forma escrita.

3 – Os documentos de que constam os negócios jurídicos celebrados pelo sócio único e a sociedade devem ser patenteados conjuntamente com o relatório de gestão e os documentos de prestação de contas; qualquer interessado pode, a todo o tempo, consultá-los na sede da sociedade.

4 – A violação do disposto nos números anteriores implica a nulidade dos negócios jurídicos celebrados e responsabiliza ilimitadamente o sócio.

NOTAS:

I. O artigo em anotação foi aditado pelo DL n.° 257/96, de 31 de Dezembro.

O **n.° 1** tem a redacção introduzida pelo DL n.° 76-A/2006, de 29 de Março.

II. A propósito do artigo em anotação, importa destacar o art. 5.°, da 12.ª Directiva, cujo texto se transcreve:

"1. Os contratos celebrados entre o sócio único e a sociedade por ele representada devem ser lavrados em acta ou assumir a forma escrita.

2. Os Estados-membros podem decidir não aplicar o disposto no número anterior às operações correntes celebradas em condições normais".

III. Numa análise apriorística, as SUQ representam um espaço privilegiadíssimo de abusos da personalidade jurídica e de promiscuidade entre negócios pessoais e sociais do sócio único. MENEZES CORDEIRO *in* "Manual de Direito das

Sociedades", II, p. 454, escreve que os "mecanismos internos de fiscalização das sociedades repousam, em grande parte, na pluralidade dos sócios. Desde o momento em que tal pluralidade não se verifique, multiplicam-se os riscos de total instrumentalização da sociedade unipessoal e de confusão entre o património desta e o do sócio único".

RICARDO COSTA *in* "A Sociedade por Quotas ...", p. 686, salienta que a confusão do património pessoal do sócio e do património social pode implicar "a prática de actos susceptíveis de empobrecer os activos da sociedade, por um lado, e de onerar o seu passivo, por outro".

No fundo e conforme salienta CATARINA SERRA *in* "As *Novas* Sociedades ...", p. 137, importa aqui "evitar a hipótese de sucumbência do interesse social perante o interesse particular do sócio, dissuadir o sócio de comportamentos abusivos que venham a converter a sociedade, ao arrepio doa função que o legislador reservou para ela (de operador *autónomo* da actividade económica), em mero instrumento de realização dos seus planos pessoais e que possam lesar interesses de terceiros".

Perante este quadro, o legislador comunitário, no art. 5.º, da 12.ª Directiva, optando por não proibir a auto-contratação, impôs "uma certa transparência nas relações contratuais entre sócio e sociedade, a fim de os terceiros melhor poderem fazer valer eventuais direitos", COUTINHO DE ABREU *in* "Da empresarialidade...", p. 149.

Assim, a função do artigo em anotação é, fundamentalmente, proteger as SUQ e os seus credores em relação a comportamentos ilícitos do sócio único.

Refira-se ainda que o regime aqui previsto está especialmente vocacionado para as sociedades em que o sócio único é igualmente o gerente único, "de forma a fiscalizar com acuidade a legalidade dos contratos outorgados pelo sócio na *dupla veste* de pessoa singular e administrador e representante legal da SUQ", RICARDO COSTA *in* "A Sociedade por Quotas ...", p. 686.

IV. Os negócios jurídicos celebrados entre o sócio único e a sociedade devem servir a prossecução do objecto da sociedade (**n.º 1**). A propósito do objecto social, cfr. considerações prévias da presente obra.

Segundo FILIPE CASSIANO DOS SANTOS *in* "A Sociedade Unipessoal ...", p. 112, o artigo em anotação aplica-se "aos actos praticados com escopo lucrativo mas cuja relação com o objecto se questiona: se passarem pelo crivo do critério geral da conveniência sob o ponto de vista do gestor normalmente diligente, têm que ser considerados válidos".

A redacção do **n.º 1** foi introduzida pelo DL n.º 76-A/2006. A 2.ª parte deste número (eliminada por aquele diploma) previa que a autorização para os negócios jurídicos celebrados entre o sócio único e a sociedade tinha de constar da escritura de constituição da sociedade ou da escritura de alteração do contrato de sociedade ou de aumento do capital social.

Por força daquele diploma, a escritura pública deixou de ser exigida para a constituição da sociedade (art. 7.º, n.º 1).

De igual forma, também a alteração do contrato e, consequentemente, o aumento de capital, deixaram de estar sujeitos a tal formalismo (art. 85.º, n.ºs 3 e 4).

V. Nos termos do **n.º 4**, os efeitos da celebração de negócios jurídicos entre o sócio único e a sociedade que não sirvam prossecução do objecto da sociedade são:

a) a nulidade dos respectivos negócios;

b) a responsabilidade ilimitada do sócio.

MENEZES CORDEIRO e outros *in* "Código das Sociedades Comerciais – Anotado", p. 714, salientam que a nulidade "representaria uma sanção insuficiente, em prejuízo dos credores sociais. A sanção da ilimitação de responsabilidade do sócio único e, portanto, da cessação do privilégio da responsabilidade limitada da sociedade, estabelece o melhor equilíbrio, num caso manifesto de levantamento da personalidade colectiva, cuja atribuição se justifica nas circunstâncias legalmente fixadas".

FILIPE CASSIANO DOS SANTOS *in* "A Sociedade Unipessoal ...", p. 116, alerta, no entanto, para o facto de a responsabilidade aqui prevista ser "a decorrente da violação das regras legais e da consequente nulidade do negócio e dos efeitos desta: o sócio responde pelas consequências que o negócio teve para a sociedade e pelas consequências que a declaração de nulidade acarreta. Quer dizer: o negócio é nulo e não produz qualquer efeito, tudo se passando juridicamente como se não tivesse sido realizado".

Assim, fica excluída do âmbito desta norma, a responsabilidade pelo cumprimento ou pelas dívidas da sociedade.

VI. Nos termos do n.º 1, do art. 84.º, se for declarada insolvente (o preceito utiliza, ainda, a expressão falida) uma sociedade reduzida a um único sócio, este responde ilimitadamente pelas obrigações sociais contraídas no período posterior à concentração das quotas, contanto se prove que nesse período não foram observados os preceitos da lei que estabelecem a afectação do património da sociedade ao cumprimento das respectivas obrigações.

Quanto à relação entre o artigo em anotação e o art. 84.º, cfr. RICARDO COSTA *in* "A Sociedade por Quotas ...", pp. 727 e ss. e OLIVEIRA ASCENSÃO *in* "Direito Comercial", pp. 133 e ss..

A propósito da aplicação do **n.º 4** às sociedades de pluralidade fictícia, veja-se RICARDO COSTA *in* "A Sociedade por Quotas ...", pp. 443 e ss..

Título III – Sociedades por quotas

ARTIGO 270.°-G – **(Disposições subsidiárias)**
   Às sociedades unipessoais por quotas aplicam-se as normas que regulam as sociedades por quotas, salvo as que pressupõem a pluralidade de sócios.

NOTAS:

   I. O artigo em anotação foi aditado pelo DL n.° 257/96, de 31 de Dezembro.

   II. Sobre as disposições aplicáveis e não aplicáveis às SUQ, cfr. RICARDO COSTA *in* "A Sociedade por Quotas ...", pp. 443 e ss.; MENEZES CORDEIRO e outros *in* "Código das Sociedades Comerciais – Anotado", p. 715 e FILIPE CASSIANO DOS SANTOS *in* "A Sociedade Unipessoal ...", pp. 116 e ss.

BIBLIOGRAFIA

ABREU, COUTINHO DE
- "Curso de Direito Comercial", vol. I, Almedina, 1998
- "Curso de Direito Comercial", vol. II, Almedina, 2002
- "Da empresarialidade – As empresas no direito", Almedina, 1996
- "Deveres de cuidado e de lealdade dos administradores e interesse social", Reformas do Código das Sociedades, colóquios n.° 3, IDET, Almedina, 2007
- "Providências de recuperação de empresas e falência", BFD, vol. LXXIV, Coimbra, 1998
- "Vinculação das sociedades comerciais", Estudos em Honra do Professor Doutor JOSÉ DE OLIVEIRA ASCENSÃO, vol. II, Almedina, 2008

ALARCÃO, RUI DE
- "Direito das Obrigações", lições policopiadas, Coimbra, 1983

ALBUQUERQUE, PEDRO
- "A vinculação das sociedades comerciais", ROA, Ano 55, III, 1995
- "Da prestação de garantias por sociedades comerciais", ROA, Ano 57, I, 1997
- "Direito de Preferência dos Sócios em Aumentos de Capital nas Sociedades Anónimas e por Quotas", Almedina, 1993

ALMEIDA, CARLOS FERREIRA DE
- "Contratos", II, Almedina, 2007
- "Texto e Enunciado na Teoria do Negócio Jurídico", vol. II, Almedina, 1992

ALMEIDA, MOITINHO DE
- "Anulação e Suspensão de Deliberações Sociais", 3.ª edição, Coimbra editora, 1996

ALMEIDA, PEREIRA DE
- "Sociedades Comerciais", 3.ª edição, Coimbra Editora, 2003
- "Sociedades Comerciais e Valores Mobiliários", Coimbra Editora, 2008

Amaral, Freitas do
- "Curso de Direito Administrativo", 2.ª edição, vol. I, Almedina, 1994

Andrade, Manuel de
- "Teoria Geral da Relação Jurídica, vol. I, Almedina, 1987
- "Teoria Geral da Relação Jurídica", vol. II, reimpressão, Almedina, 1992

Antunes, Engrácia
- "Direito das Sociedades Comerciais", Almedina, 2000

Ascensão, Oliveira
- "Direito Civil – Reais", 5.ª edição, reimpressão, Coimbra Editora, 2000
- "Direito Civil – Teoria Geral", vol. II, Coimbra Editora, 1999
- "Direito Comercial", vol. IV (Sociedades Comerciais), Lisboa, 2000
- "Invalidades das Deliberações dos Sócios", Problemas do Direito das Sociedades, Almedina, 2003
- "O Direito – Introdução e Teoria Geral – uma perspectiva Luso-Brasileira", 7.ª edição, Almedina, 1993

Caeiro, António
- "A parte geral do Código das Sociedades Comerciais", separata do BFD, Coimbra, 1988
- "As modificações ao Código das Sociedades Comerciais", *Ab Uno Ad Omnes*, 75 anos da Coimbra Editora, Coimbra Editora, 1998
- "As cláusulas restritivas da destituição do sócio-gerente", Temas de Direito das Sociedades, Almedina, 1984

Caeiro, Pedro
- "A desconsideração da Personalidade Jurídica das Sociedades Comerciais", AAFDL, 1994

Candeias, Ricardo
- "Os gerentes e os actos de mero expediente", ROA, Ano 60, I, 2000

Canotilho, Gomes
- "Direito Constitucional – Teoria da Constituição", 3.ª edição, Almedina, 1999

Canotilho, Gomes/Vital Moreira
- "Constituição da República Portuguesa – Anotada", vol. I, 4.ª edição, Coimbra Editora, 2007

Castro, Durval
- "Do Mandato Civil e Comercial – O Gerente de Sociedades – O Contrato de Mediação", V. N. Famalicão, 1967

CASTRO, OSÓRIO DE
- "Da prestação de garantias por sociedades a dívidas de outras entidades", ROA, Ano 56, II, 1996
- "Valores Mobiliários – Conceito e espécies", Universidade Católica, 1998

COELHO, EDUARDO LUCAS
- "Formas de deliberação e de votação dos sócios", Problemas do Direito das Sociedades, Almedina, 2003

CORDEIRO, MENEZES
- "A lealdade no Direito das Sociedades", ROA, Ano 66, Tomo III, 2006
- Anotação ao acórdão da RL, de 18.12.08, RDS, Ano I, n.º 2, Almedina, 2009, pp. 443 a 448
- Anotação ao acórdão da RL, de 02.10.08, RDS, Ano I, n.º 2, Almedina, 2009, pp. 427 a 441
- Anotação ao acórdão do STJ, de 22.01.09, RDS, Ano I, n.º 2, Almedina, 2009, pp. 421 a 425
- "Da Boa fé no direito civil", Almedina, 1997
- "Da preferência dos accionistas na subscrição de novas acções: exclusão e violação", ROA, Ano 50, I, 1990
- "Da Responsabilidade Civil dos Administradores nas Sociedades Comerciais", Lex, Lisboa, 1997
- "Do levantamento da personalidade colectiva", Direito e Justiça, vol. IV, 1989/90
- "Do registo de quotas: as reformas de 2006, de 2007 e de 2008", RDS, Ano I, n.º 2, Almedina, 2009
- "Manual de Direito Comercial", I volume, Almedina, 2001
- "Manual de Direito das Sociedades", I, Almedina, 2004
- "Manual de Direito das Sociedades", II, Almedina, 2006
- "O levantamento da personalidade colectiva – No direito civil e comercial", Almedina, 2000
- "SA: Assembleia Geral e Deliberações Sociais", Almedina, 2009
- "Sociedade por quotas – poderes do gerente – cessação de funções", RDS, Ano I, n.º I, Almedina, 2009
- "Tratado de Direito Civil Português", I Parte Geral, Tomo I, Almedina, 1999

CORDEIRO, MENEZES e outros
- "Código das Sociedades Comerciais – Anotado", Almedina, 2009

CORREIA, ANTÓNIO FERRER/VASCO LOBO XAVIER/MARIA ÂNGELA COELHO/ANTÓNIO CAEIRO
- "Sociedade por quotas de responsabilidade limitada – Anteprojecto de lei – 2.ª redacção e exposição de motivos", RDE, Ano III, n.º 1, Janeiro/ /Junho, 1977, Universidade de Coimbra

Correia, Brito
- "A sociedade unipessoal por quotas", Nos 20 Anos do Código das Sociedades Comerciais, vol. I, Coimbra Editora, 2007
- "Direito Comercial", vol. II, 4.ª tiragem, AAFDL, 2000
- "Parecer sobre a capacidade de gozo das sociedades anónimas e os poderes dos seus administradores", ROA, Ano 57, 1997, II

Correia, Ferrer
- "A sociedade por quotas de responsabilidade limitada segundo o Código das Sociedades Comerciais", Temas de Direito Comercial e Direito Internacional Privado, Almedina, 1989
- "Lições de Direito Comercial", vol. I, Universidade de Coimbra, 1973
- "Lições de Direito Comercial", vol. II, Universidade de Coimbra, 1968

Correia, Pupo
- "Direito Comercial", 7.ª edição, Ediforum, 2001

Costa, Adalberto
- "Regime Legal da Concorrência", Almedina, 2004

Costa, Almeida
- "Direito das Obrigações", 7.ª edição, Almedina, 1998
- "Noções Fundamentais de Direito Civil", 4.ª edição, Almedina, 2001

Costa, Salustiano
- "Código Comercial", 6.ª edição, Tomo I, Rio de Janeiro, 1909

Costa, Ricardo
- "A Sociedade por Quotas Unipessoal no Direito Português", Almedina, 2002
- "As Sociedades Unipessoais", Problemas do Direito das Sociedades, Almedina, 2003
- "Unipessoalidade Societária", miscelâneas n.º 1, IDET, Almedina, 2007

Cottino, Gastone
- "Diritto Commerciale", volume primo, Padova, 1976

Cunha, Carolina
- "A exclusão de sócios (em particular, nas sociedades por quotas)", Problemas do Direito das Sociedades, Almedina, 2003
- "Vinculação cambiária de sociedades: algumas questões", Nos 20 Anos do Código das Sociedades Comerciais, vol. I, Coimbra Editora, 2007

Cunha, Paulo Olavo
- "Designação de Pessoas Colectivas para os Órgãos de Sociedades Anónimas e por Quotas", Direito das Sociedades em Revista, Ano 1, vol. 1, Almedina, 2009

- "Direito das Sociedades Comerciais", 3.ª edição, Almedina, 2007
- "O novo regime da redução do capital social e o artigo 35.º do CSC", Homenagem da FDL ao Professor Doutor INOCÊNCIO GALVÃO TELLES – 90 anos, Almedina, 2007

DIAS, GABRIELA FIGUEIREDO
- "A fiscalização societária redesenhada: independência, exclusão de responsabilidade e caução obrigatória dos fiscalizadores", Reformas do Código das Sociedades, colóquios n.º 3, IDET, Almedina, 2007
- "Controlo de quotas e responsabilidade dos ROC", Temas societários, n.º 2, IDET, Almedina, 2006
- "Estruturas de fiscalização de sociedades e responsabilidade civil", Nos 20 Anos do Código das Sociedades Comerciais, vol. I, Coimbra Editora, 2007
- "Fiscalização de sociedades e responsabilidade civil (após a reforma do código das sociedades comerciais)", Coimbra Editora, 2006

DOMINGUES, PAULO DE TARSO
- "A vinculação das sociedades por quotas no Código das Sociedades Comerciais", Revista da FDUP, Ano I, Coimbra Editora, 2004
- "Capital e património sociais, lucros, reservas e perdas", Estudos de Direito das Sociedades, coordenados por COUTINHO DE ABREU, Coimbra, 1998
- "Do capital social", 2.ª edição, Coimbra Editora, 2004
- "Garantias da Consistência do Património Social", Problemas do Direito das Sociedades, Almedina, 2003
- "O aumento do capital social gratuito ou por incorporação de reservas", Direito das Sociedades em Revista, Ano 1, vol. 1, Almedina, 2009
- "O novo regime da redução do capital social", Estudos em Honra do Professor Doutor JOSÉ DE OLIVEIRA ASCENSÃO, vol. II, Almedina, 2008
- "O regime das entradas dos sócios com créditos", Nos 20 Anos do Código das Sociedades Comerciais, vol. I, Coimbra Editora, 2007
- "Os Meios Telemáticos no Funcionamento dos Órgãos Sociais", Reformas do Código das Sociedades, colóquios n.º 3, IDET, Almedina, 2007

DUARTE, RUI PINTO
- "Curso de Direitos Reais", Principia, 2.ª edição, 2007
- "Suprimentos, prestações acessórias e prestações suplementares – notas e questões", Problemas do Direito das Sociedades, Almedina, 2003
- "Tipicidade e atipicidade dos contratos", Almedina, 2000

ESTACA, JOSÉ MARQUES
- "O Interesse da Sociedade nas Deliberações Sociais", Almedina, 2003

FERNANDES, CARVALHO
- "Lições de Direitos Reais", 3.ª edição, 2.ª reimpressão, *Quid Iuris*, 2000

FERNANDES, CARVALHO/JOÃO LABAREDA
- "Código da Insolvência e da Recuperação de Empresas – Anotado", 2.ª edição, *Quid Iuris*, 2008

FERNANDES, CARVALHO/PAULO PITTA E CUNHA
- "Assunção de dívida alheia. Capacidade de gozo das sociedades anónimas. Qualificação de negócio jurídico", ROA, Ano 57, 1997, II, pp. 712 e 713;

FONSECA, HUGO DUARTE
- "Sobre a Interpretação do Contrato de Sociedade nas Sociedades por Quotas", Coimbra Editora, 2008

FRADA, CARNEIRO DA
- "Uma «terceira via» no direito da responsabilidade civil?", Almedina, 1997
- "*A business judgment rule* "no quadro dos deveres gerais dos administradores", ROA, Ano 67, 2007, I

FONSECA, TIAGO SOARES DA
- "O Direito de Exoneração do Sócio no Código das Sociedades Comerciais", Almedina, 2008

FRANÇA, MARIA AUGUSTA
- "Direito à exoneração", FDL/CEJ, Novas perspectivas do Direito Comercial, 1988

FURTADO, PINTO
- "Comentário ao Código das Sociedades Comerciais – ARTIGOS 1.º A 19.º", Almedina, 2009
- "Competências e funcionamento dos órgãos de fiscalização das sociedades comerciais", Nos 20 Anos do Código das Sociedades Comerciais, vol. I, Coimbra Editora, 2007
- "Curso de Direito das Sociedades", 3.ª edição, Almedina, 2000
- "Deliberações de Sociedades Comerciais", Almedina, 2005
- "Deliberações dos sócios", Almedina, 1993
- "Títulos de Crédito", Almedina, 2000

GOMES, JANUÁRIO DA COSTA
- "Revogação do mandato civil", Almedina, 1989

GOMES, JÚLIO
- "O conceito de enriquecimento, o enriquecimento forçado e os vários paradigmas do enriquecimento sem causa", Universidade Católica, 1998

Bibliografia

GONÇALVES, A. LUIS
– "Exercício do direito de preferência pelos sócios de uma sociedade por quotas na cessão de uma das quotas", RDES, Ano XXXVII, n.° 19, 1995

GONÇALVES, LUIZ DA CUNHA
– "Comentário ao Código Comercial Português", vol. I, empresa editora J.B., 1922

GUEDES, AGOSTINHO CARDOSO
– "O exercício do direito de preferência", Publicações Universidade Católica, 2006

HART, HERBERT
– "O conceito de Direito", Fundação Calouste Gulbenkian, 1986

HENRIQUES, PAULO
– "A Desvinculação Unilateral *Ad Nutum* nos Contratos Civis de Sociedade e de Mandato", Coimbra Editora, 2001

HORSTER, HEINRICH
– "A parte Geral do Código Civil Português", reimpressão, Almedina, 2000

JORGE, PESSOA
– "O mandato sem representação", reimpressão, Almedina, 2001

JUSTO, SANTOS
– "Direitos Reais", Coimbra Editora, 2007

LABAREDA, JOÃO
– "A cessação da relação de administração", Direito Societário Português – Algumas questões, *Quid Iuris*, 1998
– "Da Alienação e Oneração de Participações Sociais por Sócio Casado", Direito Societário Português – Algumas questões, *Quid Iuris*, 1998
– "Da designação de pessoas colectivas para cargos sociais em sociedades comerciais", Direito Societário Português – algumas questões, *Quid Iuris*, 1998
– "Direito à informação", Problemas do Direito das Sociedades, Almedina, 2003
– "Posição do sócio alienante na deliberação sobre o pedido de consentimento", Estudos em Homenagem ao Professor Doutor RAÚL VENTURA, vol. II, FDUL, 2003
– "Prestação de garantias por sociedades comerciais a dívidas de outras entidades" *in* "Direito Societário Português – Algumas Questões", *Quid Iuris*, 1998, Lisboa
– "Sobre a Deliberação de Amortização de Quotas", Direito Societário Português – Algumas questões, *Quid Iuris*, 1998

LEITÃO, MENEZES
- "A Responsabilidade do Gestor Perante o Dono do Negócio no Direito Civil Português", Almedina, 2005
- "Código da Insolvência e da Recuperação de Empresas – Anotado", 4.ª edição, Almedina, 2008
- "Contrato de Sociedade Civil", Direitos das Obrigações, 3.º volume, sob coordenação de MENEZES CORDEIRO, AAFDL, 1991
- "Direito da Insolvência", Almedina, 2009
- "Direito das Obrigações", Vol. I, Almedina, 2000
- "Direito das Obrigações", Vol. II, 3.ª edição, Almedina, 2005
- "Garantias das Obrigações", Almedina, 2006
- "Pressupostos da exclusão de sócio nas sociedades comerciais", 2.ª reimpressão, AAFDL, 2004

LIMA, PIRES DE/ANTUNES VARELA
- "Código Civil Anotado", vol. I, 4.ª edição, Coimbra Editora, 1987
- "Código Civil Anotado", vol. II, 3.ª edição, Coimbra Editora, 1986

LOURENÇO, SANTOS
- "Das sociedades por Cotas", II volume, Ottosgrafica, 1950, Lisboa

MACHADO, BATISTA
- "Do princípio da liberdade contratual", Obra Dispersa, vol. I, Scientia Iuridica, 1991

MAIA, PEDRO
- "Deliberações dos sócios", Estudos de Direito das Sociedades, coordenados por COUTINHO DE ABREU, Coimbra, 1998
- "O Presidente das Assembleias de Sócios", Problemas do Direito das Sociedades, Almedina, 2003
- "Registo e Cessão de Quotas", Reformas do Código das Sociedades, colóquios n.º 3, IDET, Almedina, 2007
- "Tipos de sociedades", Estudos de Direito das Sociedades, coordenados por COUTINHO DE ABREU, Coimbra, 1998

MARIANO, CURA
- "Direito de Exoneração dos Sócios nas Sociedades por Quotas", Almedina, 2005

MARTINEZ, ROMANO/FUZETA DA PONTE
- "Garantias de Cumprimento", 4.ª edição, Almedina, 2003

MARTINS, ALEXANDRE SOVERAL
- "A reforma do CSC e o aumento de capital nas sociedades por quotas", Estudos em Honra do Professor Doutor JOSÉ DE OLIVEIRA ASCENSÃO, vol. II, Almedina, 2008

- "Capacidade e Representação das Sociedades Comerciais", Problemas do Direito das Sociedades, Almedina, 2003
- "Cessão de Quotas", Almedina, 2007
- "Cláusulas do contrato de sociedade que limitam a transmissibilidade das acções", Almedina, 2006
- "Código das Sociedades Comerciais – Alterações introduzidas pelo Decreto-Lei n.º 257/96, de 31 de Dezembro", Revista Jurídica da Universidade Moderna, Ano I, n.º 1, 1998
- "Da personalidade e capacidade jurídicas das sociedades comerciais" *in* "Estudos de Direito das Sociedades", sob a coordenação de COUTINHO DE ABREU, Coimbra, 1998
- "O exercício das actividades concorrentes pelos gerentes de sociedades por quotas", BFD, vol. LXXII, Coimbra, 1996
- "Os administradores delegados das sociedades anónimas – algumas considerações", Fora do texto, Coimbra, 1998
- "Os Poderes de Representação dos Administradores de Sociedades Anónimas", Coimbra Editora, 1998
- "Sobre o Consentimento da Sociedade para a Cessão de Quotas", BFD, Volume Comemorativo, Coimbra Editora, 2003

MARTINS, CARVALHO
- "Responsabilidade dos administradores ou gerentes por dívidas de impostos", 2.ª edição, Coimbra Editora, 1999

MARTINS, SOVERAL/ELISABETE RAMOS
- "As participações sociais", Estudos de Direito das Sociedades, coordenados por COUTINHO DE ABREU, Coimbra, 1998

MATOS, ALBINO
- "Constituição de sociedades", 5.ª edição, Almedina, 2001

MESQUITA, HENRIQUE
- Parecer, ROA, Ano 57, 1997, II

MENDES, CASTRO
- "Teoria geral do direito civil", vol. I, AAFDL, 1995

MENDES, EVARISTO
- "Lucros de exercício", RDES, Ano XXXVIII, Janeiro-Dezembro, n.ᵒˢ 1, 2, 3, 4, 1996

MONCADA, CABRAL
- "Filosofia do Direito e do Estado", vol. 2.º, reimpressão, Coimbra Editora, 1995

MONTEIRO, PINTO
 – "Cláusula penal de indemnização", reimpressão, Almedina, 1990
 – "Negócio jurídico e contrato de sociedade comercial", Nos 20 Anos do Código das Sociedades Comerciais, vol. I, Coimbra Editora, 2007

NETO, ABILIO
 – "Código das Sociedades Comerciais", 2.ª edição, Ediforum, 2003

NUNES, AVELÃS
 – "O direito de exclusão de sócios nas sociedades comerciais", reimpressão, Almedina, 2002

OLIVEIRA, LUÍS SERPA
 – "Prestação de garantias por sociedades", ROA, Ano 59, I, 1999

OLIVEIRA, NUNO PINTO
 – "Contrato de Compra e Venda", Almedina, 2007

PEREIRA, AVEIRO
 – "O contrato de suprimento", Coimbra Editora, 1997

PEREIRA, SOFIA GOUVEIA
 – "As Prestações Suplementares no Direito Societário Português", *Principia*, 2004

PINTO, MOTA
 – "Cessão da Posição Contratual", reimpressão, Almedina, 2003
 – "Teoria Geral do Direito Civil", 3.ª edição, Coimbra Editora, 1993

PINTO, ALEXANDRE MOTA
 – "Capital social e tutela dos credores para acabar de vez com o capital social mínimo nas sociedades por quotas", Nos 20 Anos do Código das Sociedades Comerciais, vol. I, Coimbra Editora, 2007
 – "Do Contrato de Suprimento – O financiamento da sociedade entre capital próprio e capital alheio", Almedina, 2002

PITA, MANUEL ANTÓNIO
 – "Direito aos Lucros", Almedina, 1989
 – "Direito Comercial", Fisco, Lisboa, 1992
 – "O regime da sociedade irregular e a integridade do capital social", Almedina, 2004
 – "O uso e fruição de bens na realização do capital social", Homenagem da FDL ao Professor Doutor INOCÊNCIO GALVÃO TELLES – 90 anos, Almedina, 2007

PRATA, ANA
 – "Dicionário Jurídico", Almedina, 1995

PROENÇA, BRANDÃO
- "A Resolução do Contrato no Direito Civil", Coimbra Editora, 1996

QUINTAS, PAULA/HELDER QUINTAS
- "Código do Trabalho – Anotado e Comentado", Almedina, 2009
- "Regime Jurídico dos Títulos de Crédito", 2.ª edição, Almedina, 2008

RANGEL, RUI
- "A Vinculação das Sociedades Anónimas", Edições Cosmos, 1998

REDINHA, JOÃO
- "Contrato de mútuo", sob a coordenação de MENEZES CORDEIRO, Direito das Obrigações, 3.º vol., AAFDL, Lisboa, 1991

REIS, NUNO TIAGO TRIGO DOS
- "Os deveres de lealdade dos administradores de sociedades comerciais", Temas e Direito Comercial, Cadernos "O Direito", n.º 4, Almedina, 2009

RIBEIRO, MARIA DE FÁTIMA
- "A Tutela dos Credores da Sociedade por Quotas e a "Desconsideração da Personalidade Jurídica"", Almedina, 2009

RIVAROLA, MARIO
- "Sociedades Anónimas", Tomo II, 5.ª edição, libreria "El Ateneo" Editorial, Florida, Buenos Aires, 1957

RODRIGUES, DUARTE
- "A administração das sociedades por quotas e anónimas – Organização e Estatuto dos Administradores", Petrony, Lisboa, 1990

SÁ, FERNANDO OLIVEIRA E
- "A transformação de créditos em capital e o problema das entradas em espécie ocultas", nos 20 Anos do Código das Sociedades Comerciais, vol. II, Coimbra Editora, 2007

SANTIAGO, RODRIGO
- "Sobre o exercício do direito de voto nas sociedades comerciais", Dois estudos sobre o Código das Sociedades Comerciais, Almedina, 1987

SANTO, JOÃO ESPIRITO
- "Sociedades por Quotas e Anónimas – Vinculação: Objecto social e Representação Plural", Almedina, 2000

SANTOS, FILIPE CASSIANO DOS
- "A Sociedade Unipessoal por Quotas", Coimbra Editora, 2009
- "Direito Comercial Português", Coimbra Editora, 2007
- "Dissolução e Liquidação Administrativas de Sociedades", Reformas do Código das Sociedades, colóquios n.º 3, IDET, Almedina, 2007

- "Estrutura Associativa e Participação Societária Capitalística", Coimbra Editora, 2006
- "O direitos aos Lucros", Problemas do Direito das Sociedades, Almedina, 2003
- "Sociedades unipessoais por quotas, exercício individual e reorganizações empresariais – reflexões a propósito do regime legal", Direito das Sociedades em Revista, Ano 1, vol. 1, Almedina, 2009

SENDIM, PAULO/EVARISTO MENDES
- "A natureza do aval e a questão da necessidade ou não de protesto para accionar o avalista do aceitante", Almedina, 1991

SERENS, NOGUEIRA
- "Direito de preferência dos accionistas em aumentos de capital", Direito das Sociedades em Revista, Ano 1, vol. 1, Almedina, 2009
- "Notas sobre a sociedade anónima", 2.ª edição, Coimbra Editora, 1997
- "Penhor de Quota", parecer, CJ, Ano XXI, Tomo IV

SERRA, CATARINA
- "As *Novas* Sociedades Unipessoais por Quotas", Scientia Iuridica, XLVI, 1997, n.os 265/267
- "O Novo Regime Português da Insolvência – Uma Introdução", 3.ª edição, Almedina, 2008

SILVA, SOARES DA
- "Responsabilidade civil dos administradores de sociedades: os deveres gerais e os princípios da *corporate governance*", ROA, Ano 57, Tomo II, 1997

SOARES, ÂNGELA
- "A transferência internacional da sede social no âmbito comunitário", IDET, Temas Societários, n.º 2, Almedina, 2006
- "Aumento do Capital", Problemas do Direito das Sociedades, Almedina, 2003

TAVARES, ASSIS
- "As Sociedades Anónimas", vol. I, 2.ª edição, Livraria Clássica Editora, Lisboa

TELLES, INOCÊNCIO GALVÃO
- "Venda a descendentes", ROA, Ano 39, Lisboa, 1979

TORRES, CARLOS PINHEIRO
- "Direito à Informação nas Sociedades Comerciais", Almedina, 1998

TRIUNFANTE, ARMANDO MANUEL
- "Código das Sociedades Comerciais – Anotado", Coimbra Editora, 2007

Bibliografia

VARELA, ANTUNES
- "Das Obrigações em geral", vol. I, 8.ª edição, Almedina, 1994
- Parecer *in* CJ, Ano I, Tomo I, 1993 (Usucapião de quotas)

VARELA, ANTUNES/MIGUEL BEZERRA/SAMPAIO NORA
- "Manual de Processo Civil", 2.ª edição, Coimbra editora, 1985

VASCONCELOS, LUÍS PESTANA DE
- "A Cessão de Créditos em Garantia e a Insolvência – Em Particular da posição do Cessionário na Insolvência do Cedente", Coimbra Editora, 2007

VASCONCELOS, MARIA JOÃO PESTANA DE
- "Do direito de preferência dos sócios em aumentos de capital nas sociedades anónimas e por quotas", Nos 20 Anos do Código das Sociedades Comerciais, vol. I, Coimbra Editora, 2007

VASCONCELOS, PAIS DE
- "A participação social nas sociedades comerciais", Almedina, 2005
- "A procuração Irrevogável", Almedina, 2002

VENTURA, PAULO
- "Algumas notas sobre as recentes alterações ao Código das Sociedades Comerciais", BOA, 42, Maio/Agosto de 2006

VENTURA, RAÚL
- "Adaptação do Direito Português à 1.ª Directiva do Conselho da Comunidade Económica Europeia sobre Direito das Sociedades", DDC, 2, 1980
- "Alterações do Contrato de Sociedade", 2.ª edição, reimpressão, Almedina, 1996
- "Objecto da sociedade e actos *ultra vires*", ROA, Ano 40, 1980
- "Sociedades por Quotas", vol. I, 3.ª reimpressão da 2.ª edição, Almedina, 2004
- "Sociedades por Quotas", vol. II, 2.ª reimpressão da 1.ª edição, Almedina, 1999
- "Sociedades por Quotas", vol. III, 2.ª reimpressão da 1.ª edição, Almedina, 1999
- "Dissolução e Liquidação da Sociedade", 2.ª reimpressão, Almedina, 1999

VIEIRA, JOSÉ ALBERTO
- "Direitos Reais", Coimbra Editora, 2008
- "Negócio Jurídico", Coimbra Editora, 2006

VIVANTE, CESARE
- "Traitê de Droit Commercial", Tome II – Les societés commerciales, Griard & Briére libraires editeurs, Paris, 1911

XAVIER, BERNARDO
- "Curso de Direito do Trabalho", 2.ª edição, Verbo, 1996

XAVIER, RITA LOBO
- "Participação social em sociedade por quotas integrada na comunhão conjugal e tutela dos direitos do cônjuge e do ex-cônjuge do "sócio"", Nos 20 Anos do Código das Sociedades Comerciais, vol. III, Coimbra Editora, 2007

XAVIER, VASCO LOBO
- "Anulação de deliberação social e deliberações conexas", reimpressão, Almedina, 1998
- "Direito Comercial", sumários, Coimbra, 1977-78

XAVIER, VASCO LOBO/MARIA ÂNGELA COELHO
- "Lucro obtido no exercício, Lucro de Balanço e Lucro Distribuível", Coimbra, 1982

ÍNDICE GERAL

ABREVIATURAS 7

PREFÁCIO 9

CONSIDERAÇÕES PRÉVIAS 11
    Resenha histórica 11
    Enquadramento jurídico 11
    Personalidade e capacidade jurídicas das sociedades 14
    Fim social 18
    Objecto social 22
    Tipo societário 24
    Integração de lacunas 28

TÍTULO III
Sociedades por quotas

CAPÍTULO I
Características e contrato

ARTIGO 197.º – (Características da sociedade) 29

ARTIGO 198.º – (Responsabilidade directa dos sócios para com os credores sociais)   34

ARTIGO 199.º – (Conteúdo do contrato) 41

ARTIGO 200.º – (Firma) 45

ARTIGO 201.º – (Montante do capital) 52

CAPÍTULO II
Obrigações e direitos dos sócios

SECÇÃO I
Obrigação de entrada

ARTIGO 202.º – (Entradas) 60

ARTIGO 203.º – (Tempo das entradas) 69

660 Regime Jurídico das Sociedades por Quotas

ARTIGO 204.º – (Aviso ao sócio remisso e exclusão deste) 75
ARTIGO 205.º – (Venda da quota do sócio excluído) 80
ARTIGO 206.º – (Responsabilidade do sócio e dos anteriores titulares da quota) .. 85
ARTIGO 207.º – (Responsabilidade dos outros sócios) 88
ARTIGO 208.º – (Aplicação das quantias obtidas na venda da quota) 92

SECÇÃO II
Obrigações de prestações acessórias

ARTIGO 209.º – (Obrigações de prestações acessórias) 94

SECÇÃO III
Prestações suplementares

ARTIGO 210.º – (Obrigações de prestações suplementares) 105
ARTIGO 211.º – (Exigibilidade da obrigação) 112
ARTIGO 212.º – (Regime da obrigação de efectuar prestações suplementares) 114
ARTIGO 213.º – (Restituição das prestações suplementares) 118

SECÇÃO IV
Direito à informação

ARTIGO 214.º – (Direito dos sócios à informação) 123
ARTIGO 215.º – (Impedimento ao exercício do direito do sócio) 142
ARTIGO 216.º – (Inquérito judicial) 148

SECÇÃO V
Direito aos lucros

ARTIGO 217.º – (Direito aos lucros do exercício) 156
ARTIGO 218.º – (Reserva legal) 173

CAPÍTULO III
Quotas

SECÇÃO I
Unidade, montante e divisão da quota

ARTIGO 219.º – (Unidade e montante da quota) 179
ARTIGO 220.º – (Aquisição de quotas próprias) 187
ARTIGO 221.º – (Divisão de quotas) 197

SECÇÃO II
Contitularidade da quota

ARTIGO 222.º – (Direitos e obrigações inerentes a quota indivisa) 209
ARTIGO 223.º – (Representante comum) 221
ARTIGO 224.º – (Deliberação dos contitulares) 229

SECÇÃO III
Transmissão da quota

ARTIGO 225.º – (Transmissão por morte) 233
ARTIGO 226.º – (Transmissão dependente da vontade dos sucessores) 245
ARTIGO 227.º – (Pendência da amortização ou aquisição) 248
ARTIGO 228.º – (Transmissão entre vivos e cessão de quotas. Regime geral) 252
ARTIGO 229.º – (Cláusulas contratuais) 269
ARTIGO 230.º – (Pedido e prestação do consentimento) 280
ARTIGO 231.º – (Recusa do consentimento) 285

SECÇÃO IV
Amortização da quota

ARTIGO 232.º – (Amortização da quota) 294
ARTIGO 233.º – (Pressupostos da amortização) 301
ARTIGO 234.º – (Forma e prazo de amortização) 306
ARTIGO 235.º – (Contrapartida da amortização) 312
ARTIGO 236.º – (Ressalva do capital) 317
ARTIGO 237.º – (Efeitos internos e externos quanto ao capital) 323
ARTIGO 238.º – (Contitularidade e amortização) 327

SECÇÃO V
Execução da quota

ARTIGO 239.º – (Execução da quota) 330

SECÇÃO VI
Exoneração e exclusão de sócios

ARTIGO 240.º – (Exoneração de sócio) 335
ARTIGO 241.º – (Exclusão de sócio) 350
ARTIGO 242.º – (Exclusão judicial de sócio) 358

662 · Regime Jurídico das Sociedades por Quotas

SECÇÃO VII
Registo das quotas

ARTIGO 242.º-A – (Eficácia dos factos relativos a quotas) 370

ARTIGO 242.º-B – (Promoção do registo) 371

ARTIGO 242.º-C – (Prioridade da promoção do registo) 373

ARTIGO 242.º-D – (Sucessão de registos) 374

ARTIGO 242.º-E – (Deveres da sociedade) 374

ARTIGO 242.º-F – (Responsabilidade civil) 376

CAPÍTULO IV
Contrato de suprimento

ARTIGO 243.º – (Contrato de suprimento) 377

ARTIGO 244.º – (Obrigação e permissão de suprimentos) 390

ARTIGO 245.º – (Regime do contrato de suprimento) 394

CAPÍTULO V
Deliberações dos sócios

ARTIGO 246.º – (Competência dos sócios) 403

ARTIGO 247.º – (Formas de deliberação) 412

ARTIGO 248.º – (Assembleias gerais) 421

ARTIGO 249.º – (Representação em deliberação de sócios) 431

ARTIGO 250.º – (Votos) 435

ARTIGO 251.º – (Impedimento de voto) 441

CAPÍTULO VI
Gerência e fiscalização

ARTIGO 252.º – (Composição da gerência) 450

ARTIGO 253.º – (Substituição de gerentes) 468

ARTIGO 254.º – (Proibição de concorrência) 474

ARTIGO 255.º – (Remuneração) 485

ARTIGO 256.º – (Duração da gerência) 491

ARTIGO 257.º – (Destituição de gerentes) 494

ARTIGO 258.º – (Renúncia de gerentes) 525

ARTIGO 259.º – (Competência da gerência) 531

Índice Geral

ARTIGO 260.º – (Vinculação da sociedade) 541

ARTIGO 261.º – (Funcionamento da gerência plural) 564

ARTIGO 262.º – (Fiscalização) 574

ARTIGO 262.º-A – (Dever de prevenção).. 584

CAPÍTULO VII
Apreciação anual da situação da sociedade

ARTIGO 263.º – (Relatório de gestão e contas do exercício) 587

ARTIGO 264.º – (Publicidade das contas) 594

CAPÍTULO VIII
Alterações do contrato

ARTIGO 265.º – (Maioria necessária) 595

ARTIGO 266.º – (Direito de preferência)... 599

ARTIGO 267.º – (Alienação do direito de participar no aumento de capital) 611

ARTIGO 268.º – (Obrigações e direitos de antigos e novos sócios em aumento de capital)... 614

ARTIGO 269.º – (Aumento de capital e direito de usufruto)................................... 616

CAPÍTULO IX
Dissolução da sociedade

ARTIGO 270.º – (Dissolução da sociedade)... 619

CAPÍTULO X
Sociedades unipessoais por quotas

.... 623

ARTIGO 270.º-A – (Constituição)... 628

ARTIGO 270.º-B – (Firma).. 633

ARTIGO 270.º-C – (Efeitos da unipessoalidade) 633

ARTIGO 270.º-D – (Pluralidade de sócios).. 635

ARTIGO 270.º-E – (Decisões do sócio) 637

ARTIGO 270.º-F – (Contrato do sócio com a sociedade unipessoal) 640

ARTIGO 270.º-G – (Disposições subsidiárias)... 643

BIBLIOGRAFIA.. 645

ÍNDICE GERAL.. 659